죽음과 내셔널리즘

서울대학교 아시아연구소총서
모노그래프시리즈 8

죽음과 내셔널리즘
전후 일본의 특공위령과 애도의 정치학

초판 1쇄 발행 2018년 8월 15일
초판 2쇄 발행 2019년 12월 10일

지은이 이영진
펴낸이 오세정
펴낸곳 서울대학교출판문화원

출판등록 제15-3호

주소 08826 서울 관악구 관악로 1
대표전화 02-880-5252 | 팩스 02-888-4148
도서 주문 02-889-4424, 02-880-7995
이메일 snubook@snu.ac.kr
홈페이지 www.snupress.com

ISBN 978-89-521-2011-3 94380
978-89-521-1413-6 (세트)

이 연구는 2014년도 서울대학교 아시아연구소 박사학위논문상의 지원을 받아 수행되었음.

서울대학교 아시아연구소총서
모노그래프시리즈 8

죽음과 내셔널리즘

전후 일본의 특공위령과 애도의 정치학

이영진 지음

서울대학교출판문화원

Death and Nationalism

Commemoration of Kamikaze Soldiers and Politics of Mourning in Post-war Japan

Yungjin Lee

Seoul National University Press

머리말

천안함, 그리고 비교의 유령

2010년 그해 봄, 나는 도쿄에 있었다. 일본 가고시마에서 필드워크를 마치고 돌아와, 필드에서 수집한 자료들을 정리하며 학위논문을 어떻게 써야 할지 고민하며 하릴없이 시간을 보내던 시절이었다. 일본 열도의 최남단 가고시마鹿兒島는 고구마 소주의 산지이자, 활화산 사쿠라지마桜島와 모래찜질 온천으로 유명한 관광지다. 하지만 이곳은 일본 우익의 정신적 아버지(우리에겐 '정한론'征韓論의 주창자로 더 잘 알려진) 사이고 다카모리西鄕隆盛의 고향이자, 아시아·태평양전쟁 말기에는 '특공긴자'特攻銀座(특공대로 넘쳐나는 마을이라는 뜻)로 번성했던 지역이기도 했다.

지난 전쟁의 기억이 현대 일본 사회에 어떻게 다시 환기되고 하나의 정치적 힘을 갖게 되는가를 '지역'의 맥락에서 살펴보면서 그러한 전쟁의 기억이 중앙의 정치와 연동하는 메커니즘을 분석한다는 것이 가고시마에 들어가기 전 연구계획서에 끄적거린 나름의 거창한 연구목적이었다. 물론 '필드'가 그렇게 계획서에서 마음먹은 것처럼 움직이는 공간이 아니라는 것을 알게 되기까지는 그리 많은 시간이 걸리지 않았다. 좌충우돌과 우여곡절 끝에 1년의 필드워크를 마치고 다시 도쿄로 돌아온 후 한동안은 글을 쓸 엄두가 나지 않았다. 하지만 얼마쯤 시간이 흐르니 책장 한구석에 치워 놓았던 자료들이 슬슬 '유통기한 만료'의 빨간불을 깜빡이면서 경고의 손짓을 보내기 시작했다. '천안함' 뉴스를 들었던 것은 그렇게 하루 종일 이국의 도서관 귀퉁이 책상에 홀로 앉아 논문을 구상하던 바로 그 시절이었다.

천안함을 둘러싸고 나왔던 이야기들은 한국전쟁 이후 대한민국의 정치사에서 이미 익숙하게 되풀이되어 온 내러티브의 연장이었다. '우리' 군함이 '북괴'의 공격—물론 그 공격이 정말 '인간어뢰', 즉 내 연구 테마이기도 한 '특공'인지는 여전히 모르겠지만—을 받아 격침되었고, 그 결과 배에 타고 있던 많은 장병들이 소중한 목숨을 잃었다. 우리 사회는 그들의 희생을 전 국민적으로 애도해야 하며, 또 그런 무자비한 만행을 저지른 '북괴'에 대한 복수심을 더욱 고양해야 한다는 이야기는 어린 시절부터 끊임없이 들어 왔던 친숙한 이야기였다. 아마 그 이야기가 2010년의 내게 낯설게 들렸던 것은 '남한'이라는 땅을 벗어나 바다 건너에서 그 소식을 접했고, 더욱이 특공의 성지 가고시마에서의 필드경험을 거친 이후였기 때문일 것이다. 머릿속에서 '비교의 유령'el deminio de las comparaciones이 수다스럽게 말을 걸기 시작했던 것도 그때부터였다. 20세기 초 마닐라의 식물원 앞에서 유럽 체류 시절의 대식물원들을 어쩔 수 없이 상상하게 되는 자기 자신을 발견하는 그 기괴한 경험 속에서 호세 리살José Rizal[1]에게 나타났던 그 매혹적인 악마demonimo 말이

1 필리핀 근대문학의 아버지이자 필리핀 민족주의 운동의 시조로 평가받는 인물이다. 대표작으로 최초의 타갈로그어 소설인 『나에게 손대지 말라Noli me tangere』(1886), 『체제전복El filibusterismo』(1892) 등의 작품이 있다. 1896년 민족주의 비밀결사단체가 폭동을 일으켰을 때 체포되어 마닐라에서 공개 총살당했다.

다(Anderson, 2009).

사실 천안함이 왜 침몰했는지, 그 이유를 둘러싼 의혹들에 대해서는 '솔직히' 그다지 관심이 없었다. 인류를 저 멀리 달나라로 보낼 수도 있는 최첨단 과학기술의 시대에 부서진 선체까지 확보한 시점에서 그 침몰 원인을 정확히 알아낼 수 없다는 사실이 문외한인 나로서도 도저히 이해가 안 되는 구석이 있긴 하지만, 역시 그것은 내 전문 지식 바깥의 영역이었다. 2013년 상영된(하지만 곧 상영이 취소된) 〈천안함 프로젝트〉라는 다큐멘터리 역시 내게는 작품 자체의 내용보다는 오히려 왜 이런 작품을 둘러싸고 '외압설'이 제기되는지가 신비로울 뿐이었다. 그 당시 내게 낯설게 느껴졌던 것은, 적어도 원인이야 어찌 됐건 이미 고인이 되어 버린 그들의 죽음 앞에서는 어떤 이의제기도 할 수 없는, 우리 사회의 저 강고한 터부taboo였다. 매스컴은 연일 장병들 개개인의 이력과 초상, 그리고 오열하는 유족들의 모습을 담아내면서 자숙自肅 모드를 만들어갔다. 그들의 죽음은 국가를 위한 숭고한 '희생'이 되어야 했다. 이에 대해 의문을 갖는 것은 그들의 죽음을 '개죽음'[2]으로 만드는 비국민적인 행위로 간주되었다.

그들의 죽음을 희생으로 환치시키며 애도하는 것은 국민국가에서 일반적인 관행이라고 할 수 있다. 문제는 하나의 국민국가 내부에서라면 그다지 문제가 되지 않을 이러한 믿음과 관행이 국민국가를 넘어선 보다 확장된 공동체를 모색함에 있어 당연시될 수 있는가 하는 점이다. 불행히도, 당장 동아시아라는 범주를 떠올린다 해도 골치 아픈 문제들

2 이 책에서 앞으로 자주 사용되겠지만 '개죽음'은 무의미한 죽음을 의미하는 말로, 일본어에서도 '犬死'로 표기되고 한국어와 같은 의미로 사용되고 있다. 학술적인 어휘라고 보기는 어렵지만 양 사회에서 공통적으로 사용되고 있고, 또 그 의미장에 대한 분석이 이 연구에서 중심적인 부분을 차지하기 때문에 이 책에서는 작은따옴표를 붙여 '개죽음'이라고 표기하기로 한다.

이 발생하기 시작한다. 주지하다시피 20세기 동아시아의 역사는 피로 얼룩진 전장의 역사였다. 수많은 사람들이 국민의 이름으로 동원되어 전장에서 죽임을 당했고, 군인뿐만 아니라 민간인들까지 총력전이라는 새로운 전시 체제하에서 죽음을 비켜 갈 수 없었다. 1945년 일본의 패망, 그리고 뒤이은 중국과 한반도의 내전을 거치며 동아시아에서 탄생한 국민국가들은 겹겹이 쌓인 시체들의 토대 아래 이루어진 국가였다. 그리고 그 국가들은 매년 그 전사자들을 기념하며 자신의 불멸성을 되새긴다. 때로 그날은 8월 15일, 6월 25일처럼 서로 겹쳐지기도 한다.

이렇듯 동일한 전장에서 총부리를 겨누다 쓰러져 간 서로 다른 죽음들을 기념하는 국가들 사이의 연대는 어떻게 가능한 것일까. 야스쿠니의 일본 총리(각료) 참배 문제가 불거져 나오기만 하면 경색되곤 하는 한중일 삼국의 불편한 관계 속에서 동아시아 각국이 공유할 수 있는 애도의 작법을 만들어 내는 것은 가능한가. 한국의 현충원과 야스쿠니신사 혹은 가고시마의 특공평화기념관, 또 중국의 난징학살기념관은 서로 공존할 수 있는 것일까.

물론 전쟁의 성격이나 역사의 특수성을 고려한다면 섣부른 비교는 많은 무리가 따를 수밖에 없다. 하지만 천안함의 애도의 물결 속에서 전시기 야스쿠니신사의 초혼제를, 천안함 용사들의 영정 사진에서 가고시마 특공평화기념관에 걸려 있는 영정 사진을, 그리고 난징학살기념관에서 히로시마의 원폭기념관을 떠올리는 것은 도착적이지만, 죽음을 둘러싸고 국민국가 내에서 이루어지는 일반적인 애도가 갖는 문제, 나아가 동아시아가 공유할 수 있는 새로운 애도의 가능성을 생각해 보는 하나의 방법이 될 수 있을 것이다. 그것은 동아시아라는 상상의 공동체가 성립할 수 있는 최소한의 토대에 대한 문제제기이기도 하다.

「패전후론」이 던진 물음

미리 고백을 해 두자면, 내게 전쟁의 기억과 죽음을 둘러싼 국민국가적 상상력은 무엇인가라는 물음을 촉발시켰던 문제의 텍스트는 1995년에 발표된 가토 노리히로加藤典洋의 「패전후론敗戰後論」(『군조群像』 1995년 1월호에 게재되어 이후 1997년에 다른 두 편의 글과 함께 『敗戰後論』[東京: 講談社]이라는 동명의 저서로 출간되었고, 그다음 해인 1998년 『사죄와 망언 사이에서』라는 제목으로 한국에서도 번역·출간되었다)이었다.

이 논고에서 그는 아시아에 대한 사죄와 망언이 되풀이되는 전후 일본의 현실을 '지킬 박사와 하이드의 인격분열'로 비유하면서, "지금도 예를 들어 300만의 자국의 사자는 말하자면 그늘에 가려진 존재이며, 저 야스쿠니 문제는 이러한 상황의 정확한 음화陰畫, 이 '공백'을 메우기 위해 300만의 자국의 사자를 '깨끗한' 존재(영령)로 애도하기 위한 내향적인 자기自己, 하이드의 시도"(加藤典洋, 1997: 61)라고 '진단'한다. 1990년대 후반 '역사주체논쟁'이라고도 불린 논쟁을 불러일으킨 이 논고는 '끝나지 않는 전후'의 '끝나지 않는 속죄'와 '끝나지 않는 반성'에 질려 있던 사람들에게 확실히 새롭고 매력적인, 즉 '무료한 전후'를 끝내는 즉효성을 기대하기에 충분한 '처방전'이었다. 더구나 걸프전쟁 이후, 참가국 가운데 가장 많은 전비를 지불했음에도 불구하고 그에 걸맞은 국제적 지위를 얻지 못하고 있던 자국의 현실에 불만을 가진 많은 사람들에게 그것이 설득력 있게 느껴졌다는 것은 전후 일본 사회의 감정의 구조의 한 단면을 보여 주는 것이기도 했다.

물론 가토의 논리는 많은 문제점을 안고 있다. 무엇보다 전후 일본 사회가 호헌파護憲派라는 '외향적인 자기'와 개헌파改憲派라는 '내향적인 자기'로 인격분열되었다는 식의 전제는 지극히 강압적인 '이분법'적 발상이다. 또 그 전제 아래 300만 일본인 사자와 2천만 아시아 희생자를 대비시키면서 2천만 아시아 희생자에 대한 '진정한 애도'를 위해 '우리' 300만 일본인 사자를 먼저 애도해서 '진정한' 주체를 세워야 한다는 식의 논의는 '우리들 일본인의 명예'를 강조하는 보수주의 언설과 상당 부분 겹쳐진다. 다시 말하면 '우리 일본인'이라는 수사 아래, 그 안에 존재하는 다양한 죽음들이 내셔널한 일본인의 죽음으로 회수되어 버리는 것이다. 이미 이러한 문제에 대해서는 "일본의 그 전쟁이 의롭지 않은 전쟁, 침략전쟁이었다는 것을 인정하면서 그 전쟁에서 죽은 자들에 대한 책임에 관해서는 어째서 '일본의 300만 사망자들'에 대한 '애도'를 '2천만 아시아의 사망자들'에 대한 '애도'나 '사죄'에 '앞세울' 것을 주장하는 걸까…. 침략자들의 비극에 대한 애도를 그들의 희생이 되었던 사람들의 '비극'에 대한 책임보다 '앞세운'다는 것은 윤리적으로도 정치적으로도 말이 안 되는 소리"(高橋哲哉, 2000: 216-217. 번역 일부 수정)라는 비판도 다카하시 데쓰야高橋哲哉를 비롯한 진보 진영으로부터 제기되었다.

하지만 이러한 비판에도 불구하고, 가토의 문제제기의 중요성은 무엇보다도 아시아·태평양전쟁기에 발생한 자국 전사자의 애도에 대한 공적 합의가 존재하지 않는 일본 사회를 이해할 수 있는 하나의 틀로서 '비틀림'이라는 메타포를 제시했다는 점에 있다. 과거 '아시아 해방을 위한 성전聖戰'에서 희생된 영령으로 추앙받았던 이들 전사자의 제사가 패전 후 '연합군 총사령부'General Headquarters of Supreme Commander for the Allied Powers, GHQ에 의해 금지되고, 나아가 '전후 민주주의'라는 미명 아래 지난 전쟁 역시 '침략전쟁'이라는 인식을 받아들여야 했던 전후 일본 사회는, 지난 전쟁에서 죽은 전사자들의 죽음에 대해 적절한 애도를 하지 못한 채 '평화의 초석'平和の礎이라는 애매한 수사로 일관해 왔다. 문제는 전후 한 시기 일본 사회의 감정의 구조를 적절하게 대변해 왔던 이 수사가 1990년대에 접어들면서 점차 그 힘을 잃어 가고

있다는 것이다. '평화의 초석'이라는 수사는 그 애매함에도 불구하고, '지난 전쟁은 일본 사회 내에 많은 희생을 낳았지만 그 희생을 딛고(그 희생자들의 가호로) 전후 일본은 평화롭고 풍요로운 국가로 성장했다'는 일본 사회 내부의 공감대를 형성해 줄 수 있었다. 하지만 냉전 체제의 해체 이후 지난 전쟁에 대한 다양한 기억들이 아시아적 차원에서 터져 나오기 시작하면서, 이러한 '국내용' 수사는 설득력을 잃어 가고 있다. 이러한 상황 속에서 '일본인'의, '일본인'에 의한, '일본인'을 위한 전쟁 책임이라는 친숙한 관용구로 집약할 수 있는 가토의 논의는, 그 비판자들이 보기에 논리적인 파탄이야 어찌 됐건 결과적으로는 적지 않은 일본인의 '실감'實感에 강한 호소력을 지니며, 그렇기 때문에 '공감'共感을 얻었을 것이다.

자, 그렇다면 문제가 복잡해지기 시작한다. '미국에는 알링턴이 있고 한국에는 현충원이 있듯이, 일본에도 전몰자를 추도하는 시설이 필요하다. 그런데 현재 일본에는 그런 공식적인 시설이 없다. 과거에는 야스쿠니신사가 그 역할을 수행했지만, 전후 GHQ의 지령에 의해 일개 종교법인으로 전락한 상태다. 야스쿠니 문제가 계속 제기되는 이유는 어쩌면 그런 공식적인 시설이 존재하지 않기 때문이 아닌가. 그렇다면 우리도 새로운 국립 전몰자 추도시설을 만들어야 한다'는 이야기가 일본 사회 내에서 새롭게 등장하는 것도 그 때문이다. 이것은 '당연한' 것일까. 아니, 오히려 전쟁의 패배를 통해 국가가 국민에게 희생을 요구하는 것에 이의를 제기하며 그러한 국립 전몰자 추도시설을 만드는 것에 끊임없이 저항해 온 전후 일본의 역사에서 우리가 무엇을 배워야 하는 것은 아닐까. 가고시마로의 '여행'은 이런 '불온한' 문제의식으로부터 출발했다.

***

이 책은 2012년 서울대학교에 제출한 필자의 박사학위논문 「전후 일본의 특공위령과 죽음의 정치」를 수정·보완한 것이다. 학위논문을 내고 나서 한동안은 계속 논문의 일부를 발표했다. 귀중한 토론을 할 기회를 얻었고 그 과정에서 여러 선생님들로부터 유용한 논평들을 들을 수 있었다. 또 과분한 상(2014년 제1회 서울대학교 아시아연구소 학위논문상)을 받기도 했다. 이처럼 계속해서 연구주제를 심화시킬 기회가 있었음에도 불구하고, 언젠가부터 논문은 책상 구석으로 밀려나 있었다. 신자유주의의 광풍이 휘몰아치는 아카데미라는 공간에서 계속 '작업'에 동원된다는 핑계를 대기도 했지만, 책 작업이 늦춰진 가장 큰 이유는 필자의 게으름이다. 하지만 2011년 일본 동북부를 강타한 3·11 복합 진재, 2014년의 세월호 참사, 그리고 가습기 살균제 사건이 연이어 터지면서, 죽음과 애도의 문제를 연구해 온 자로서 무엇인가 '발언'해야 한다는 압박과 그로 인한 스트레스가 한동안 필자를 짓눌렀던 것도 저서 작업이 늦춰진 이유였다.

정부와 기업의 무책임, 그리고 사회의 무관심과 때로는 '차가운' 시선 속에서 계속 이어졌던 무수한 죽음의 행렬들을 지켜보면서 한동안은 이런 주제에서 멀리 떠나고 싶다는 생각이 들었다. 특히 2014년 8월 특별법을 촉구하는 유가족의 '단식'이 이루어지던 광화문 광장 바로 옆에서 '폭식 투쟁'이라는 '어처구니없는' 행위가 버젓이 행해지는 현실, 그리고 그 풍경을 애써 외면하는 사회의 민낯을 보면서, 내가 고민해 온 '애도의 정치'가 과연 적실한가 하는 자괴감이 엄습하기도 했다. '애도의 정치'의 정당성은 기나긴 문명화 과정을 거치며 인류 사회가 보편적으로 갖게 된 죽음에 대한 성스러움에서 연유하는 것이다. 그렇다면 그 최소한의 성스러움마저 사라져 버린 사회, 유족의 최소한의 권리마저 통용되지 않는 사회에서 '애도'라는 프레임은 여전히 유효한 것일까.

이런 패배감에 젖어 있던 어느 날, 다시 광화문 광장에 촛불이 켜졌다. 그리고 '100만', '200만'이라는 믿기 힘든 숫자의 사람들이 모인 현장에서 다시금 떠올랐던 것이 망각의 심해 속으로 가라앉고 있던 '세월호'였다. 2년 6개월이 넘는 세월 동안 진상 규명은커녕, 거리에 내몰린 유족들에게 눈길 한 번 주지 않은 채 전횡을 일삼던 정부가 서서히 무너져 내리고 있었다. 그리고 연이은 촛불집회 과정에서 출현한 하나의 이미지가 나를 사로잡았다. 그것은 세월호의 아이들을 가득 태운 고래가 촛불로 가득한 광화문 광장 위로 떠오르는 이미지였다.

물론 그 당시에도, 그리고 1년 이상의 세월이 지나 버린 지금은 더욱더 그런 황홀한 빛의 이미지를 떠올릴 자신이 내게는 없다. 그날 세월호 진상 규명의 목소리가 가득 울려 퍼지던 광화문 광장에서 나를 압도했던 이미지는, 자신들이 죽은 이유를 알지 못한 채 바닷속 깊은 곳을 떠돌고 있는 아이들의 가녀린 손들이 탐욕스럽게 자기 배만 채우고 있는 어른들을 배에서 하나씩 끄집어내어 검은 바닷속으로 빠트리고 있는 모습이었다. 그 처참하고 공포스러운 풍경은 보는 이들의 마음을 이지러지게 한다. 하지만 바로 그 멜랑콜리의 검은 심연이야말로 애도의 정치를 가능하게 하는 본질적 원천이 아닐까. 그리고 학위논문을 쓰면서 내가 전후 일본 사회라는 시공간에서 찾고자 했던 것도 바로 그 심연이 아니었을까. 산 자들은 항상 그 심연과 함께 살아간다고 하는 그 당연한 사실을 잊어버린 채 살아가는 사회에서….

물론 2016년 겨울 광화문에서의 경험이 책 작업을 마무리 짓게 한 직접적인 동기는 아니었다. 하지만 애도의 이미지라는 것이 본질적으로 파괴될 수 없는 것이라면, 비록 전후 일본이라는 우리에게는 익숙하지 않은 시공간이기는 하지만, 국가주의의 눈부신 서치 라이트의 불빛 속에서도 꺼지지 않는 반딧불의 미광lucciole에 대한 기록을 공표하는 작업을 더 이상 늦춰서는 안 되겠다는 결심이 섰다. 지난 10여 년 동안 나름대로 계속해서 고민해 온 결과물에 이런 서문 아닌 서문을 쓰고 있는 이유도 그 때문이다. 그다음 몫은 아주 우연한 계기로 이 책을 읽게 될 이름 모를 독자들과 그 사이의 공간을 배회할 비교의 유령에게 넘겨 주면서.

＊＊＊

감사의 글은 필연적으로 '누락'을 수반하기 마련이다. 더구나 이 책과 같이 예기치 않게 오랜 시간이 흘러 세상에 나온 경우, 그 세월을 거슬러 올라가 그 과정에 직간접적으로 도움을 주신 모든 분들께 감사의 말씀을 드린다는 것은 애초부터 불가능한 일이다. 다만 '수업시대'의 한 결산인 학위논문의 출간에 있어 특별히 은혜를 입은 분들께 감사의 인사를 드리면서, 감사의 글을 대신하고자 한다.

우선 지도교수인 김광억 선생님께 감사의 인사를 드리지 않을 수 없다. 이 글이 낯선 세계에 대한 단상들과 비평에 머무르지 않고 학문적 언어로 정리되기까지 선생님께 입은 사은師恩은 형용하기 어려운 것이다. 인류학이라는 학문의 특성상, 더구나 문자사회인 일본이라는 필드의 성격상 6년의 박사과정 중 3년 반 이상을 일본에서 보내야 했던 상황 속에서, 낯선 이국땅에서, 또 여러 경계를 넘나들 수밖에 없었던 연구주제의 성격상 종종 길을 잃고 미아가 되곤 했던 필자에게 선생님께서는 하나의 학문적 좌표를 제공해 주시면서 격려와 질책을 아끼지 않으셨다. '수업시대'를 무사히 마치고 한국 사회에서 한 사람의 '인류학자'로서 역할을 할 수 있게 된 것은 선생님의 인내와 엄격한 가르침

덕분이다.

아울러 17년에 이르는 '수업시대' 동안 과연 인류학이 무엇을 할 수 있을지 고민하던 필자에게 학문적 언어의 사용법뿐만 아니라 그 자세까지도 일깨워 주신 서울대학교 인류학과의 여러 선생님들께도 감사의 인사를 드리고 싶다. 특히 오명석 선생님의 대학원 수업은 개방적인 분위기 속에서 학문적 주제들을 자유로이 논의하며 자신의 생각을 정리할 수 있는 중요한 장이었다. 권숙인 선생님은 무문자 사회의 연구 전통이 강한 인류학계에서 '일본' 연구자로서 겪을 수 있는 어려움과 함께 그 가능성에 대해서도 많은 가르침을 주셨다. 또 정향진 선생님의 대학원 세미나에서는 문화와 감정, 그리고 사회 속에서 '감정'이 갖는 힘에 주목해야 한다는 귀중한 가르침을 얻을 수 있었다.

서울대학교 외교학과의 최정운 선생님은 인류학이라는 분과학문을 넘어 '사회과학'이란, 아니 '학문'이란 무엇이며, 또 그것을 어떻게 해야 하는가를 몸소 일깨워 주셨다. 분과학문의 장벽에 불만을 느끼던 사회과학대학의 몇몇 박사과정 학생들이 의기투합해서 연구실에 찾아갔을 때 따뜻하게 맞아 주시고 치기 어린 열정을 격려해 주시면서 시작되었던 '독서회'는 어느덧 12주년을 맞이하게 되었다. 매달 거의 한 번도 빠짐없이 열렸던 독서회는 인류학·사회학·정치학·역사학 등 다양한 분야의 소장 연구자들이 동서고금의 '고전'을 함께 읽으며 치열한 논의를 전개해 온, 한국 사회에서 보기 드문 장이다. 선생님께서는 기꺼이 그 공간을 만들어 주시고 항상 그 향연의 장을 주관하시며 많은 진지한, 하지만 설익은 논의들이 이후 결실을 맺을 수 있도록 도와주셨다. 필자가 오랜 외국 생활을 하면서도 외로움을 느끼지 않고 학문 생활을 계속해 갈 수 있었던 것은 무엇보다 이 독서회의 따뜻한 분위기, 그리고 구성원들의 우정 어린 격려가 있었기 때문이다. 이 자리를 빌려 선생님과 동학들에게 거듭 감사의 말씀을 드린다.

전남대학교 홍성흡 선생님, 서울대학교 채수홍 선생님, 목포대학교 홍석준 선생님, 전북대학교 임경택 선생님, 순천향대학교 박동성 선생님이 학부 시절 필자의 선생님이자 선배로서 베풀어 준 격려와 배려는 항상 큰 자극과 힘이 되었다. 또 어려운 시절, 장정아 선배, 이경묵 선배, 고은강 선배, 김용진 선배, 박경섭 선배, 정문영 선배, 박지환, 배영미, 심정명 등 헤아릴 수 없는 동학과 선후배들로부터 받았던 격려와 후의厚意 역시 잊을 수 없는 기억으로 마음속에 남아 있다.

현재 필자가 재직하고 있는 서강대학교 트랜스내셔널 인문학연구소는 안정적인 환경에서 집필 작업을 마칠 수 있도록 따뜻한 배려를 아끼지 않았다. 지구적 기억의 소통과 연대를 지향하는 연구소의 어젠다를 심화시키는 데 이 책이 조그마한 기여가 되었으면 한다.

일본에서 지냈던 오랜 세월 동안 만났던 많은 분들께도 감사의 인사를 드리지 않을 수 없다. 당시 가고시마대학의 니시무라 아키라西村明 교수(현 도쿄대학 교수)는 가고시마에서 안정된 필드워크를 할 수 있도록 가고시마대학의 외국인 연구원직을 주선해 주셨다. 도쿄대학 총합문화연구과 교수이자 반려伴侶의 지도교수이기도 한 이와모토 미치야岩本通弥 교수는 필드워크를 마치고 도쿄에 돌아온 필자에게 논문 집필에 전념할 수 있는 환경을 조성해 주셨다. 그 외에도 전후 일본의 기억 연구와 전사자 위령 전반에 대한 라이브러리 조사를 하던 시절, 엄청난 지적 자극과 함께 격려를 아끼지 않으셨던 도미야마 이치로冨山一郎 선생님, 가와무라 구니미쓰川村邦光 선생님, 그리고 시마조노 스스무島薗進 선생님께도 이 자리를 빌려 감사드린다.

또 가고시마 현지조사 과정에서 일면부지의 필자에게 분에 넘치는 호의를 베풀어 주신 야마모토 겐지山元研二 씨, 사사키 도모노리佐々木智憲 씨, 그리고 생협 평화 그룹의 모든 분들께도 감사의 마음을 전하고 싶다. 특히 매주 주말이면 야마모토 선생님과 가고시마 각지를 돌아다니며 조사했던 기억, 야쿠시마屋久島에 매장된 조선인의 유골을 찾기 위해 사사키 씨와 함께 떠났던 필드여행, 생협 평화 그룹의 정례회와 공동조사, 그리고 지인들과 함께 밤을 새워 가며 가고시마 소주를 마시면서 이야기를 나누던 많은 시간들은 잊을 수 없는 순간순간들이다. 그러한 만남들은 필드에 오기 전 작성했던 연구계획서를 산산조각으로 분해하여 다시금 재구성하게 만들었던 필드가 갖는 힘이자 동시에 선물gift이라고도 할 수 있을 것이다. 이 책의 출간이 그 '환대'에 대한 하나의 응답이 되기를 바랄 뿐이다.

이 책의 근간이 되는 2009년 2월부터 12월까지의 첫 가고시마 현지조사는 동북아역사재단의 후원으로 이루어졌다. 그리고 서울대학교 대외협력본부의 지원으로 2010년 8개월 동안 도쿄에서 조사 자료들을 정리하고 논문의 문제의식을 심화시키는 시간을 가질 수 있었다. 서울대학교 아시아연구소는 과분한 상을 주었을 뿐만 아니라, 이 책의 출간 과정에도 재정적 지원을 아끼지 않았다. 또 서울대학교출판문화원의 현우진 님은 이 책이 완성되기까지 지난한 편집·교정 과정을 세심하게 도맡아 주셨다. 모두에게 감사드린다.

마지막으로 가족들에게 감사의 마음을 전한다. 학위 과정의 기나긴 연구를 안정적으로 수행할 수 있었던 것은, 그리고 이 책을 출간할 수 있었던 것은 오롯이 가족의 지지와 격려, 그리고 그들의 '보이지 않는 손' 덕분이다. 책의 '저자'author라는 것이 진실로 존재하는 것이라면, 거기에 이 보이지 않는 손은 반드시 어떤 형태로든 그 이름을 올려야 할 것이다.

2018년 8월

이영진

차례

이 책은 필자의 박사학위논문과 이후 수정·보완되어 학회지와 단행본에 실린 필자의 글을 바탕으로 단행본 구성과 형식에 맞춰 대폭 수정한 것이다. 이 책의 저본이 된 논문은 다음과 같다.

- 「네이션 안에서 네이션을 벗어나기: 『상상의 공동체』를 둘러싼 물음들」, 『인문학연구』 55, 조선대학교 인문학연구원, 2018. 2.
- 「'전적'(戰跡)이라는 기억의 장: 가고시마 생협의 '평화활동'을 중심으로」, 『일본비평』 16, 서울대학교 일본연구소, 2017. 2.
- 「감정기억의 굴레에서 벗어나기 위하여: 야스쿠니 문제 재론」, 『기억과전망』 32, 민주주의기념사업회, 2015. 6.
- 「광신과 애국 사이: 전후 일본영화에 비춰진 특공의 표상」, 『일본연구논총』 40, 현대일본학회, 2014. 12.
- 「근대 일본 사회의 원한의 한 계보」, 『일본비평』 11, 서울대학교 일본연구소, 2014. 8.
- 「'帝國'의 그림자와 마주한다는 것: 竹内好와 동아시아」, 『일본연구』 59, 한국외국어대학교 일본연구소, 2014. 3.
- 「애국과 동아시아」, 한순미 외, 『우리 시대의 사랑』, 전남대학교출판부, 2014.
- 「전후일본과 애도의 정치: 전쟁체험의 의의와 그 한계」, 『일본연구논총』 37, 현대일본학회, 2013. 6.
- 「'산화'(散華)와 '난사'(難死): 전후 일본의 특공의 기억과 재현에 관한 연구」, 『한국문화인류학』 45(3), 한국문화인류학회, 2012. 9.
- 「전시기 가고시마의 조선인 강제연행을 둘러싼 기억의 정치」, 『일본연구논총』 35, 현대일본학회, 2012. 5.
- 「근대 일본의 전사자 위령에 대한 연구사적 접근: 전후 일본학계를 중심으로」, 『비교문화연구』 17(2), 서울대학교 비교문화연구소, 2011. 7.
- 「조선인 특공대원이라는 물음: 위령과 기억을 중심으로」, 『차세대인문사회연구』 7, 한일차세대학술포럼, 2011. 3.

제1부

서론

1. 연구의 배경 및 목적

매해 8월이 되면 일본에서는 지난 세기의 전쟁을 기억하는 다양한 기념행사가 거행된다. 굵직굵직한 행사만 보더라도, 8월 6일 히로시마, 그리고 9일 나가사키에서 열리는 평화기념식, 그리고 8월 15일 정부 주최로 도쿄의 부도칸武道館에서 열리는 전국전몰자추도식全國戰歿者追悼式, 그 외에도 지방자치단체나 가족, 개인이 주재하는 다양한 추도 행사들이 줄을 잇는다. 또한 이 공식행사에 맞춰 다양한 시민단체나 종교단체가 주최하는 개별 추도식 혹은 기념행사까지 포함한다면, 전후 일본 사회에서 8월은 실로 전국적인 '추도의 달'—민속학자 이로카와 다이키치(色川大吉, 1990)의 표현을 빌린다면, '성령월'聖靈月—이라고 할 수 있을 것이다. 나아가 매스컴이나 학계를 중심으로 지난 전쟁이 집중적으로 재조명되고 각종 시민단체들의 집회가 개최되는 등 이 시기는 국민/국가의 의미, 지난 전쟁의 성격, 나아가 반전/평화의 의미까지, 전후 일본의 기억의 정치에서 가장 중요한 쟁점들이 한꺼번에 쏟아지고 또 논의되는 중요한 시기다. 전쟁으로 인해 죽은 사람들을 마음 한구석에 기억하고 또 추도하는 이들이 여전히 남아 있는 이상, 전후 일본에서 '전쟁'은 여전히 계속되는 진행형의 사건인 것이다.

이 전쟁사자死者[1]들을 어떻게 기념하고 자리매김할 것인가, 즉 어떻게 제사 지낼 것인가를 둘러싼 문제는 전후 일본에서 '죽음의 정치'라고도 부를 수 있는 영역을 구성한다. 제사는 죽은 개인을 기억하는 사적 전통에서 출발하지만, 공적 역사의 차원과 융합하면서 집단적 기억을 형성해 내는 가장 효과적인 장치, 즉 '죽음의 기억장치'(김광억, 2000)라고 할 수 있다. 그리고 이들의 죽음을 기리는 '위령'慰靈, '추도'追悼, '현창'顯彰이라는 말들은, 전후 일본 사회에서 서로 경합하면서 지난 전쟁에 대한 언설의 정치의 장을 형성해 왔다. '왜 이들의 죽음이 그토록 문제시되는가'라는 물음은, 국민국가 일반이 갖는 공통적인 측면(Mosse, 1990; Anderson, 1991)에서 고찰해야 할 과제이면서, 동시에 근대 일본이 치른 전쟁의 성격에 대한 면밀한 고찰을 요구한다. 특히 일

1 여기서 '전쟁사자'라는 표기는 나가사키 원폭위령제를 통해 전후 일본의 전쟁사자 위령에 대해 고찰한 종교학자 니시무라 아키라西村明의 논의에서 그 개념을 차용한 것이다. 우리에게 익숙한 '전사자'가 아닌 '전쟁의 사자'(혹은 전쟁사자)라고 표기한 이유는, 전후 일본에서 '전사자'라는 호칭이 전쟁에서 죽은 군인·군속 등 전투원에 한정되어 사용되어 왔다는 점을 명기하기 위해서다. 니시무라는 '전쟁사자'를 군인·군속 등 전투에 의해 죽은 넓은 의미에서의 전사자(전병사자도 포함)에 더해, 공습, 오키나와전투, 원폭 등에 의해 죽은 비전투원인 전재사자戰災死者를 포함한, 전쟁에 의해 죽은 사자 전반을 포함하는 용어로 사용하면서, 대표적인 전재사자인 히로시마·나가사키의 원폭위령을 둘러싼 전후 일본의 정치적 장을 분석한다(西村明, 2006: 3-5 참조). 실로 전후 일본에서 지난 전쟁에서 죽은 사람들을 어떤 호칭으로 명명할 것인가의 문제는 단순한 커뮤니케이션의 문제가 아니라, '이름/명명의 정치'라고 부를 수 있는 싸움의 내깃돈이기도 하다. 이 문제는 이 책의 제2부에서 본격적으로 다루고자 하지만, 일단 여기서는 일종의 분석적 개념으로서 지난 전쟁에서 죽은 사람 일반을 총칭하는 경우는 '전쟁사자'로, 군인·군속 등 전투에 의해 죽은 사람의 경우는 '전사자'로 표기한다.

본 사회 내에서 이른바 '15년전쟁'十五年戰爭이라고도 일컬어지는 1931-1945년 시기, 흔히 '300만'이라 일컬어지는, 자국의 역사상 유례가 없는 다수의 희생자들을 어떻게 기억하고 기념해야 할 것인가의 문제는 전쟁의 성격, 나아가 전후 일본이라는 국가의 성격과도 직결되는 문제였다.

전후 처음으로 도쿄의 신주쿠교엔新宿御苑에서 열린 전국전몰자추도식(1952년 5월)에 참석한 요시다 시게루吉田茂 총리가 전국의 전몰자 유족 대표들 앞에서 했던 식사式辭는 그런 점에서 음미할 필요가 있다.

> … 바야흐로 평화조약이 그 효력을 일으키면서, 우리나라가 독립국으로서 다시 국제사회에 복귀하기에 이르게 된 이 시기를 맞아, 나는 지나사변(중일전쟁의 일본식 표기—인용자 주) 이래 국가 전체의 전몰자들에 대한 추도식을 거행하며 그 명복을 빌고, 또한 그 유가족들의 고통에 깊은 동정의 뜻을 표하며, 다시 이러한 불행이 되풀이되지 않도록 기원祈念하고자 합니다.
>
> 또 나는 전쟁에 의해 상해를 입은 많은 사람들이나 아직 이역에서 떠돌고 있는 30만에 달하는 동포를 생각하기에 이르면, 실로 만감이 가슴에 차오르는 것을 금할 수 없습니다.
>
> 전쟁에서 조국을 위해 목숨 바친 전몰자는 **몸을 바쳐 고귀한 평화의 초석이 되고, 민주 일본의 성장발전을 희망하고 있을 것**을 믿어 의심치 않습니다. 오늘의 추도식에 있어, 우리는 전몰자를 생각하며, 진심으로 그 명복을 빌고자 합니다.(『日本遺族通信』 제35호, 1952. 5. 5. 굵은 글씨 강조는 인용자)

특히 식사의 후반부에서 강조되는 것처럼, 전몰자가 국가에 몸을 바쳐 평화의 초석이 되었고 이것이 민주 일본의 성장발전과 연결된다는 발언은, 이후에도 정도와 이 발언의 대상의 차이는 있지만(그 전쟁이 구체적으로 어떤 전쟁을 의미하는가, 즉 1937년 이후의 전쟁을 의미하는가 아니면 '15년전쟁'을 의미하는가. 또는 그 추도의 대상이 국내의 300만 전사자에 국한된 것인가 아니면 아시아의 피해 민중들에게까지 확대되는가), 전후 일본 정부의 일관된 공식 입장이라고 할 수 있을 것이다. 다시 말하면 전후의 전몰자추도식은 "죽은 자를 그 구성원으로 한 '민주주의'의 정체가 지향되는 장소"이며, 전후의 민주주의는 "전사자를 원리로 한 '죽은 자의(를 위한) 민주주의'"라고도 할 수 있을 것이다(北村毅, 2009: 221).[2]

하지만 이러한 기념식이 대다수의 국민국가들에서 보이듯 국가의 주도에 의해 위로부터 아래로 만들어진 것이라고 단정 지어서는 곤란하다. 오히려 전후 일본에서의 전쟁의 기념/기억화 과정에서 특징적인 점은, 전쟁의 사자들을 자리매김하려는 노력이 중앙정부가 아니라 아래로부터의 끈질긴 노력에 의해 이루어졌고, 정부는 이에 편승하는 측면이 강했다는 사실이다. 그 아래로부터의 가장 대표적인 세력이 1947년에 결성된 '일본유족회'다. 1951년 간다神田의 히토쓰바시一橋 공립강당에서 개최된 제1회 전국유족대표자대회(제2회부터 '전국전몰자유족대회')에서 결의된 '선언'을 보면, 그 아래로부터의 목소리가 거의 그대로 정부 정책으로 계승되었음을 확인할 수 있다.

> 전쟁 최대의 희생자는 우리 유족이다. 우리 육친은 국가의 공무를 수행하다 쓰러진 것이다. 국가는 유족에 대해 당연히 보상을 해야 한다.

2 기타무라 쓰요시北村毅에 따르면, 이러한 '죽은 자의(를 위한) 민주주의'는 전후 일본 사회에서 우파의 상용구로도 이야기할 수 있는 것이라 한다. 그 예로 기타무라는 '죽은 자의 민주주의'를 발양하는 장을 전개하는 마치무라 노부타카町村信孝나, 자신이 이상으로 하는 정체는 '죽은 자를 참여시키는 민주주의'라고 주장하는, 『전쟁론』으로 잘 알려진 대표적인 우익 만화가 고바야시 요시노리小林よしのり의 입장을 소개한다(北村毅, 2009: 383).

> 그런데 전후 5년여 '제5회 국회의 결의'에도 불구하고, 800만 유족은 지금 한층 사회적 냉우와 경제적 고난 속에 방치되어 있다. …
>
> 유족을 이 상태로 방치해서는 **도의국가의 확립은 있을 수 없다.**
>
> 우리 800만 유족은 오늘, 여기 힘차게 일어서서 **200만 전몰자의 영에 맹세하며,** 끝까지 요구의 관철을 기한다. 이와 같이 선언한다.(田中伸尙[外], 1995: 46에서 재인용. 굵은 글씨 강조는 인용자)

물론 죽음에 대한 이러한 의미 부여에 반대하는 다양한 목소리들 역시 전후 일본에서 중요한 정치세력을 형성해 왔다. 여기서 다음과 같은 물음이 제기된다. 이들 죽음을 단순히 침략전쟁에 동원되어 안타깝게 죽어 간 '개죽음'으로 보아야 할 것인가, 아니면 그들을 국가를 위해 고귀한 목숨을 바친 '영령'英靈으로 보아야 할 것인가. 죽은 이에 대한 추도가 개인적인 차원만이 아닌 국가적인 차원에서 이루어지지 않으면 안 된다는 주장이 전후 일본 사회에서 제기되는 이유는 무엇일까. 이러한 논리는 지극히 당연한 발상인가, 아니면 의도적으로 만들어진 것인가. 만들어진 것이라면 그러한 생산에 직접적으로 관여한 주체는 누구인가. 그리고 이 사자들을 '영령'이라 명명하고 기념하는 과정에서 누락되고 간과되는 죽음을 어떻게 자리매김해야 할 것인가.

본 연구는 특히 현대 일본 사회에서 '특공'特攻에 대한 기념과 위령이 전개되어 온 양상에 주목하면서 '전후 일본에서의 죽음과 정치'라는 문제의식을 심화시키고자 한 시도다. '가미카제'神風라는 이름으로 우리에게도 잘 알려진 '특공'은 '특별공격대'를 줄여서 부르는 말로, 1944년 레이테 전투에서 처음 등장한 이래 1945년 전쟁이 끝날 때까지 지속적으로 전개된 자폭 공격을 일컫는다. 흔히 폭탄을 실은 비행기에 의한 몸체공격만을 연상하기 쉽지만, 실제로 전쟁 당시에는 '항공특공' 외에도 인간이 탑재하는 어뢰를 이용한 수중특공回天, 베니어판으로 만들어진 함정을 이용한 자폭공격인 해상특공震洋 등 다양한 특공작전이 구상되고 또 전개되었다.

아시아·태평양전쟁 말기 일본군에 의해 자행된 특공작전이 일반적인 자폭 공격과 구별되는 가장 커다란 특징은, 특공이 자폭(=파일럿의 죽음)을 전제로 사전에 조직화된 작전의 일환으로 전개되었다는 것이다. 전투기 파일럿이 비행기의 조종이 불가능하다고 판단해서 그대로 적함에 돌격, 자폭했던 사례는 비단 일본뿐만 아니라 미국이나 유럽 등지의 전장에서도 종종 있어 왔으며, 이들은 전쟁영웅으로 미화되고 또 찬미되었다. 하지만 특공작전은 이와 같은 어쩔 수 없는 상황(귀환이 불가능한 상황)에서 파일럿의 개인적인 결단에 의해 감행되는 자폭공격이 아니라, 군의 '전술'로 채용되어 '제도' 혹은 '조직'의 일환으로 전개된 작전이었다는 데 그 비극성이 있다.[3] 그리고 잘 알려진 것처럼 특공기는 250kg 혹은 500kg의 폭탄과 편도분 연료만을 실은 채, 절대로 살아서 돌아올 수 없는 적지(필리핀과 오키나와의 앞바다)를 향한 출격을 명령받았다.[4] 말 그대로 특공작전은 "절대로 살아서 포로가 되지

3 특공작전의 창시자라고도 알려진 당시 해군 소장 오니시 다키지로大西瀧治郞의 전기傳記를 쓴 구사야나기 다이조草柳大藏는, 이러한 특공작전의 특수성을 '특공'과 '결사'의 차이로 설명한다. "'결사'는 '죽음'을 주관에 맡기는 것이다. 또 '결사대'는 항상 배후에 '구조'가 준비되어 있다. 러일전쟁의 뤼순 공격 시기에도 결사대의 배후에는 구조함대가 배치되어 있었다는 것이다. 하지만 '특공'은 죽음을 객관에 맡긴다. 당사자는 '죽음을 각오'하고 있는 것이 아니라, '죽을' 수밖에 없는 임무를 수행하는 것이다. 또 하나의 중요한 차이는, '결사'는 어떤 국면에만 해당하는 것이지만, '특공'은 소위 '제도'로서 채용된, 지속적인 조직이라는 점이다."(草柳大藏, 2006: 2)

4 물론 생존자들에 따라 그 기억이 서로 다르기는 하지만, 기본적으로 당시 일본군 전투기의 연료탱크 용량으로는 아무리 연료를 가득 채워도 가고시마의 특공기지에서 오키나와까지의 거리를 왕복하는 것이 '물리적으로' 불가능했다고 한다. 이것이 '편도분의 연료만 싣고 떠났다'는 신화를 만들어 낸 한 원

마라"라는 전시기 일본군의 악명 높은 규범인 '전진훈'戰陣訓이 상징하는 생명경시 풍조가 극단에 이른 한 형태였다고 말할 수 있을 것이다.

일본군의 특공작전이 갖는 또 다른 비극성은 작전의 목적이 더 이상 전과를 올리는 것이 아니라, 자폭=죽음 그 자체로 변질되었다는 점에 있다. 1944년 필리핀의 레이테 전투에서 처음 실시된 특공작전의 경우, 숙련된 조종사들에 의해 작전이 수행되고 또 이러한 새로운 형태의 공격에 대해 아연한 나머지 연합군 측 역시 적절히 대응하지 못했기 때문에 상당한 성과를 올릴 수 있었다. 하지만 특공작전의 본질이 간파되고 연합군 함대의 레이더망과 방공포화가 완벽하게 구축되면서, 또 다가올 마지막 본토 방어 작전을 위해 숙련된 조종사들과 주력 전투기들을 온존시키고자 하는 군 상층부의 의도하에 미숙련 조종사들이 대거 특공작전에 투입되면서 작전의 성공률은 점차 낮아졌다. 즉, 가고시마 기지에서 출격한 특공기는 연합군 함대가 있는 곳에 도달하기도 전에, 이미 연합군의 레이더망에 간파되어 항공모함에서 출격한 연합군 전투기에 의해 격추당했던 것이다. 성능 자체에서 이미 연합군의 전투기에 비해 떨어지고, 더구나 무거운 폭탄을 싣기 위해 무기 등 자체 방어를 위해 필요한 장비를 전부 들어낸 채 제대로 속력조차 낼 수 없었던 특공기는, 연합군 전투기들의 손쉬운 먹잇감에 불과했다.[5]

인이었다고도 할 수 있을 것이다.

5 연합군 전투기의 시속이 대개 600km를 넘었던 것에 비해 특공기의 주력을 이루던 '97식전투기'의 최고 시속은 470km를 넘지 못했다. 특공작전에 동원된 대다수 전투기의 성능도 마찬가지였으며, '고물' 전투기에 대한 불평은 특공작전에서 살아남은 사람들의 체험기나 인터뷰에서 빠짐없이 등장하는 주요 에피소드 중 하나다. 당시 특공작전에 동원된 전투기들의 성능에 대해서는 吉田裕(2002: 222) 참조.

이렇듯 특공작전에 구식 항공기를 위주로 할당하고, 또 파일럿들도 대부분 학도병(견습 사관)이나 소년항공병 등 정규 군인이 아닌, 실전 경험도 없고 숙련도가 낮은 병사들을 투입했다는 사실에서, 이미 군부 역시 특공작전의 '비효율성'은 인지하고 있었음을 알 수 있다. 하지만 그럼에도 불구하고 특공작전은 오키나와전투가 끝나는 1945년 6월, 아니 패전을 맞이하게 되는 8월 15일까지(실제 작전은 육해군 모두 6월에 끝났지만, 특공대라는 조직은 계속 남아 있었다는 점에서) 계속되었다. 바로 여기에 "특공의 목적은 전과戰果에 있는 것이 아니라 죽는 것에 있다"(森山康平, 2003: 51)는 한 특공대 지휘관의 언명이 암시하듯, "죽음의 자기 목적화"(山口隆, 2010: 76)라는 특공의 또 다른 특징이 내재해 있다. 특공은 오키나와전투와 더불어 결국 본토 방어를 위한 시간을 벌기 위한時間稼ぎ '비인간적인' 소모용捨石 작전에 불과했던 것이다. 그리고 그 결과, 1944년 필리핀의 레이테 전투에서 1945년 8월 패전에 이르기까지, 즉 아시아·태평양전쟁의 말기에 해당되는 1년이 채 안 되는 짧은 기간 동안 수천 명의 꽃다운 젊은이들이 세계 전사戰史상 유례가 없는 이 '무모한' 자전으로 소중한 목숨을 잃었다.

특공작전이 갖는 이런 독특한 측면들 때문에 '특공'은 패전 이후 일본 사회 내에서 많은 '이야깃거리'들을 만들어 냈다. 지금도 일본 대형 서점의 아시아·태평양전쟁 관련 서가에는 '특공' 관련 에세이집이나 수기, 회고록 등이 별도로 분류되어 있으며, 히로시마·나가사키에서 '종전기념일'로 이어지는 8월의 '성령월'에 맞춰 매년 새로운 특공 관련 도서들이 출판되고 또 관련 연극이나 영화가 상영된다. 그리고 이러한 미디어들이 만들어 내는 특공의 죽음에 대한 가장 전형적인 내러티브는 조국애에 충만한 순수한 젊은이들의 헌신적인 희생 혹은 순국殉國이다. 전후 일본 사회가 특공대에 과도한 관심을 보인 것은 특공대원의 죽음이 아시아·태평양전장의 다른 일본 병사들과는 달리 적군, 나아가 전장의 민간인들의 피가 튀지 않은(즉, 오염되지 않은) 가장 '순수한' 형태의 죽음이라는 점에서, 지난 전쟁의 '죽음'을 다루는 일본 사회의 담론 구조에 가장 적합한 측면을 갖추고 있었기 때문이기도 하다.

하지만 '특공사'特攻死의 의미에 대해 이렇게 단일한 내러티브만이 존재하는 것은 아니다. 우선 특공사는 자신들의 제사를 지내 줄 후손, 즉 집안의 '선조'先祖가 되기 위한 최소한의 조건을 갖추지 못한 채 10-20대라는 어린 나이에 소중한 목숨을 잃었다는 점에서, 일본 사회의 고유한 죽음 관념에서 본다면 가장 바람직하지 못한 형태의 죽음, 즉 '이상사'異常死로 간주될 '여지'가 다분하다. 동시에 특공사는 지난 전쟁, 그리고 전쟁을 수행한 국가에 대한 가장 강력한 비판 논리일 수 있는 '개죽음'이라는 측면도 가지고 있기 때문에 8월 15일의 '전국전몰자추도식'으로 대변되는 기존의 공식적인 기념 방식에 균열을 가져올 수 있는 위험성도 내포하고 있다. 이렇듯 '순수한 희생'이라는 공식적인 포장 뒤에 숨겨져 있는 특공사라는 죽음이 갖는 다양한 의미들이 현재 일본에서 기억/기념되고 언설화되는 양상을 고찰하는 것이 본 연구의 일차적 과제다.

죽은 자를 기념/기억하는 실천의 한 양식을 일본 사회에서는 '위령'慰靈이라는 말로 불러 왔다. '위령'은 죽은 자의 영을 위로한다는 의미로 전전戰前[6]부터 사용되어 전후에 접어들면서 더욱 일반화되어 사

6 일본에서는 자국의 현대사를 1945년 8월의 패전 이전을 뜻하는 전전戰前과 그 이후를 의미하는 전후戰後로 구분한다. 여기서 '전쟁'의 범위를 둘러싸고는 일본 사회 내에서도 여러 이견이 있지만, 1931년부터 1945년까지 15년에 걸친 아시아·태평양전쟁을 일컫는다는 점에 대해서는 학계 내에서 일반적인 동의가 이루어진 상태다. 이렇듯 전전이라는 표현이 내포하는 애매함에도 불구하고 일본 사회에서 전전이 전후와 대비되어 전쟁이 있었던 시기를 의미하는 말로 사용되어 온 역사성을 고려하여, 일본의 시대 인식을 드러내기 위해 이 책에서는 전전과 전후라는 용어를 그대로 사용할 것이다.

용된 말이지만(小松和彦, 2002: 179), 위령은 행사 주체나 참가자, 위령의 대상—민간인인가 군인인가—, 그리고 시기와 장소에 따라 미묘한 차이를 띠며 다양한 방식으로 전개되어 왔다. 특히 지난 전쟁을, 그리고 그 전쟁에서 희생된 사람들을 어떻게 기념하고 기억할 것인가의 문제는 전후 일본 사회에서 중요한 정치적 장을 형성해 왔다. 그 한 예로, 한국에서도 매스컴 등을 통해 잘 알려진 '야스쿠니신사 문제'나 '충혼비 문제' 소송의 경우 일본 사회 내에서는 주로 정교분리政教分離라는 맥락에서 논쟁이 제기되어 왔지만, 실제로 그 문제의 핵심은 지난 전쟁에서 국가를 위해 싸우다 죽은 이들을 어떻게 자리매김해야 할 것인가에 있다고 해도 지나친 말은 아니다. 더구나 패전으로 인해 지난 전쟁의 정당성을 부인당한, 그리고 적어도 그 전쟁의 '침략적' 성격을 공식적으로 부인할 수 없는 일본 사회 내에서 전사자의 기념이라는 문제는 여타의 국민국가들처럼 전장에서 스러진 병사들의 죽음을 '국가를 위한 성스러운 죽음'으로 정당화하기 어려운 독특한 상황에 처해 있다. 그리고 이러한 독특성이 역설적으로 전후 일본에서 죽음의 정치를 더욱 복잡하고 역동적으로 만드는 요인이기도 하다.

이렇듯 본 연구는 전사자의 죽음에 대한 공식적인 합의가 이루어지지 않은(이루어지기 어려운) 전후 일본 사회라는 장에서, 좌우를(혹은 진보와 보수를) 막론하고 '함부로 평가할 수 없다'는 암묵적 합의 아래 하나의 '금기'로 신성화되어 있는 특공의 죽음이 내포하는 양의성에 주목하면서, 현재까지 이루어지고 있는 특공위령, 나아가 전사자 위령 일반에 대해 '비판적으로' 검토하고자 한다. 그것은 물론 '전후'라는 시간성(연속과 단절을 염두에 둔다면 전시기를 포괄하는), 그리고 패전국 일본이라는 공간성의 자장 안에서 이루어지는 죽은 자들에 대한 '위령'이라는 실천의 '내적 논리'를 탐구하면서, 그 실천들이 봉착할 수밖에 없는 곤경dilemma들을 그 내적 논리 안에서 규명해 내는 것이다. 나아가

이 연구는 전후 일본의 전사자 위령이 과연 죽음(죽은 자)을 마주하는 산 자들의 적절한 태도인가를 윤리적·철학적으로 성찰한다는 의미에서 '비판'Kritik의 측면을 지닌다. 그것은 국가를 위해 싸우다 죽은 자를 국가는 어떻게 기억/기념해야 할 것인가라는 근대국민국가의 본질적인 물음에 대한 성찰이기도 하다.

그리고 그런 점에서 본 연구는 일본 지역연구라는 범주에 속하면서도 개별특수적인 사례연구의 범위를 넘어선다. 특히 한국의 경우 '전후'라는 시기 설정의 전제조건이기도 한 전쟁, 즉 '제국일본'帝國日本이라 불렸던 시기를 일본과 '불행히도' 공유('식민지 조선'植民地朝鮮)하고 있다는 점에서, 전후 일본의 전사자 위령/기념을 비단 일본 사회만의 문제로 국한시킬 수 없는 처지다. 그 한 예로 1945년 가고시마에서 오키나와를 향해 출격한 이들 특공대 전사자 중에는 현재 '공식적으로' 확인된 것만으로도 11명의 조선인 특공대원이 존재하며(지란 특공평화회관 전시 참조), 이들의 존재는 현재까지도 양국의 '과거사'에 짙은 그림자를 드리우고 있다. 그 그림자는 한국의 연구자가 베버M. Weber적 의미의 '가치중립'value free을 고수한다고 해서 말끔히 해소될 수 있는 성격의 것이 아니다. '과거사'는 현재까지도 연구자들이 자신의 시각, 나아가 언어 선택마저도 자율적으로 규제하게 하는, 그리고 이를 무시했을 경우 연구 자체를 위험에 빠트리는 일종의 '부비 트랩'으로 작용하고 있기 때문이다. 하지만 이는 본 연구가 다루는 전후 일본의 전사자의 위령과 기념, 나아가 전쟁의 기억이라는 테마가 단순히 일본 사회라는 일국적 문제에 국한된 것이 아니라, 동아시아적 차원에서 함께 해결해 나가야 할 중요한 과제임을 역설적으로 상기시켜 준다. 동시에 그것은 본 연구가 의도하든 의도치 않든 지금까지 '과거사' 문제와 대면해 온 많은 연구들의 궤적 위에 놓여 있음을 의미하는 것이기도 하다.

2. 연구의 방법

전후 일본의 전사자 위령과 기념/기억의 문제라는 큰 틀 속에서 특공사의 의미 및 가고시마 지역의 특공위령과 기억의 문제를 교차·검토하고자 하는 연구 과제를 수행하기 위해 본 연구에서는 문헌 연구와 필드워크라는 두 방법론을 병행하고자 한다.

제2부에서 본격적으로 다루겠지만, 1945년 패전 이후를 의미하는 '전후'戰後라는 시기는 총력전에서 살아남은 이들에게—그것이 전장이든 아니면 후방(일본 용어로는 '銃後')이든—지난 전쟁을 바라보는, 그리고 그 전쟁에서 죽은 자들을 기억하는 독특한 정서를 만들어 냈다. 전후에 만들어진 이러한 감정의 결을 읽어 내기 위한 하나의 개념적 도구로서 이 글에서 차용하는 것이 레이먼드 윌리엄스R. Williams의 '감정의 구조'structure of feeling라는 개념이다.

물론 '감정의 구조'는 모호한 개념이다. 그 개념의 주창자 윌리엄스 역시 감정의 구조를 하나의 '문화적 가설' 정도로 규정하고 있으며, 이에 대한 정확한 정의를 내리지는 않았다(그가 쓴 문화와 사회에 대한 어휘 사전인 『키워드』에도 이 개념은 빠져 있다). 다만 그는 "충동, 억제, 경향 등이 지닌 특징적인 요소, 특히 의식과 여러 관계가 지닌 특수한 정서적 요소인데, 이것은 생각과 대비되는 감정이 아니라 느껴진 생각thought as felt이고 생각된 느낌feeling as thought"이자, "살아 있으면서 끊임없이 서로 작용하는 연속적인 흐름 속에 놓여 있는, 현재적인 것a present kind에 대한 실천적 의식"(Williams, 2009: 269) 정도로 성기게 정의한다.

윌리엄스가 감정의 구조에 주목한 이유는 세계관이나 이데올로기와 같은 고정되고 정형화된 개념들로는 파악하기 어려운, 생동적이고 상호관련적인 연속성procedure 속에 놓여 있는 현재적인 실천적 의식들을 파악할 수 있는 개념적 틀을 만들어 내기 위해서였다. 이때 감정은 더 적절하고 넓은 의미에서 '경험'experience에 해당하는 의미 영역이다. 특히 그가 주목하는 것이 충동, 억제, 경향 등을 이루는 특징적 요소로서, 이는 의식과 관계의 구체적·정서적 요소라는 점에서 '감정'이라는 용어가 선택되었다. 또한 이를 '구조'로 파악한다는 것은 그것을 상호 관련적이면서 긴장관계에 있는 특정한 내적 연관들을 지닌 하나의 '세트'set로 본다는 것을 의미한다(Williams, 2009: 268-270).

이렇게 본다면 감정의 구조란 개인들과 사회 구성체들 사이의 상호관계를 묘사해 내기 위해 고안해 낸 개념이자,[7] 사회적인 것을 형성 완료된 것 혹은 과거적인 것으로, 그리고 주관적인 것과 개인적인 것을 습관적으로 매도하는 기존의 경향에 저항하며, 지금 여기의 현재적이면서 동적인 실천적 의식practical consciousness을 포착해 내기 위한 하나의 방법론적 개념라고 할 수 있다.[8]

7 물론 감정의 구조라는 개념 외에도 이러한 한 사회의 집합정서를 분석하기 위한 개념 틀로서 뒤르켐E. Durkheim의 집합표상représentation collective이나, 프랑스의 아날학파 역사학이 개념화한 심성mentalité, 또 인류학에서는 에토스ethos 등의 개념들이 다양한 분과에서 지금까지 논의되어 온 것이 사실이다. 하지만 집합표상은 근대 인식론적 함의가 매우 강하여, 인식만이 아닌 규범과 감정까지를 내포하는 마음의 총체를 다루기에는 충분히 자유롭지 않으며(김홍중, 2009: 23), 아날학파의 심성은 오랜 시간 동안 변하지 않는 한 사회 전반의 감정의 구조를 지칭하는 경향이 강하다. 또한 에토스 역시 "한 사회 구성원들이 영위하는 생활의 색조, 성격, 성질이자, 그것의 도덕적·미적 양식이며 분위기"(Geertz, 1998: 157)라는 기어츠의 정의가 시사하듯, 한 사회에서 오랫동안 축적되어 온 문화체계적 성격이 강해, 시대의 흐름에 따른 사회 구성원들의 감수성의 변화를 파악하는 데는 한계를 갖는다.

8 윌리엄스는 감정의 구조를 사회적 성격social character과 대비해서 사용하기도 한다. 그 한 예로 1840년대 잉글랜드 사회에서 지배적인 사회적 성격이 산업적이며 상업적인 중산층의 도덕, 즉 개인적인 노력과 그로 인한 재정적 성공에 기초한 일에 대한 믿음, 중요한 미덕으로서의 절약·엄숙·열정이라면, 이 시대 감정의 구조는 사회적 불안정에 기인하는 두려움anxiety이라는 것이다. 사회적 성격이 윤리ethic에 해당한다면, 감정의 구조는 경험의 영역에 속한다

문학 텍스트를 포함한 문헌 자료 검토와 병행하여 본 연구가 기본적으로 채택한 방법론은 인류학적 필드워크field work다. 필드워크라는 방법론은 현재 사회학이나 역사학 등 여러 분과학문에서도 활발하게 사용되고 있기 때문에, 굳이 여기에 '인류학적'이라는 형용사를 붙이는 것이 다소 '고루하게' 느껴질지도 모른다. 하지만 전후 일본에서의 전사자 제사와 위령이라는, 한국인 연구자에게 다소 '민감한' 주제를 다룸에 있어, 필드워크의 가장 고전적인 '참여'participation와 '관찰'observation의 관계에 대한 문제는 다시 한 번 숙고할 필요가 있다고 생각한다. 이는 흔히 '참여관찰'이라고 친숙하게 붙여서 사용되는 방법론 내부의 긴장에 대한 재고再考 요청이기도 하다.

또한 이러한 문제제기에는 기나긴 문자사회의 전통을 가진 연구대상지, 더구나 그 내부에서 이미 오래전부터 '민속학적' 연구가 축적되어 온 사회의 문화현상을 연구함에 있어, 인류학적 지식이 갖는 차별성을 어떻게 확보할 것인가라는 물음도 내포되어 있다. 일본 민속학의 창시자라고 불리는 야나기타 구니오柳田國男는 당시 서구에서 유행하던 '민족학'(≒인류학)과 자신이 종사하고 있는 '민속학'의 차이를 의식하면서, 민속학이 갖는 우월성을 다음과 같이 주장한 바 있다.

> 민간전승의 채록과 토속조사의 차이에서 가장 주의해야 할 점은, 전자[민속학]는 지역을 주요 대상으로 하지만, 후자[민족학]는 여행자나 우연한 방문자 위치에서 보는 낯선 인종을 대상으로 한다는 점이다. 살면서 경험한 것 혹은 직접 조사 이외에는 자료를 구하지 않는다는 점에서는 양자가 일치한다. 하지만 한쪽은 미세한 내부의 심리적 현상까지 정밀하게 조사할 수 있지만, 그에 비해 다른 한쪽은 그야말로 대략적인

고 할 수도 있다(Williams, 1975: 66-67; Harding and Pribram, 2004: 868).

> 견문밖에 기대할 수 없다.(柳田國男, 2001a[1934])

민족학자(≒인류학자)는 여행자나 우연한 방문자일 수밖에 없기 때문에 대략적인 견문밖에 기대할 수 없는 한계를 갖는 반면, 민속학자는 미세한 내부의 심리적 현상까지 정밀하게 조사할 수 있다는 점에서 민속학적 지식이 그 질에서 우월하다는 것이다. 물론 여기에는 각 나라의 민속은 그 땅에 살고 있는 학자들이 연구해야 한다는 '일국민속학'一國民俗學을 제창했던 야나기타의 '자부심'도 깃들어 있다. 이 문제를 그는 다음과 같이 바꿔 말하기도 한다.

> 우연한 방문자가 5년, 3년 있다 하더라도 지켜보는 쪽보다는 관찰당하는 쪽이 더 걱정이 많다. 사람은 역시 한 고향 한 가족끼리는 서로 말 없이도 알아차릴 수 있는 것을 남에게는 잘 보여 주려고 하지 않는다.(柳田國男, 2001b)

물론 '안에 있는 자'의 시선이 갖는 특권에 대한 야나기타의 주장이 갖는 문제점, 즉 '꿰뚫어 볼 수 있다는 지나친 믿음 때문에, 보이는 것 역시 하나의 사적私的인 시선의 산물'에 불과한 것이 아닌가라는 문제가 은폐될 수 있다는 점에 대해서는 야나기타의 텍스트에 대한 해체론적 독해를 시도한 고야스 노부쿠니子安宣邦가 이미 지적한 바 있다. 일상의 평민의 생활을 향하는 야나기타의 시선에는 이미 이 대상들을 '국민'이라는 주제로 해석해 가려는 욕망, 즉 국민주의적 시선의 욕망이 내포되어 있다는 것이 그 비판의 주된 요지다(이상 子安宣邦, 2003: 31-32). 하지만 고야스의 지적은 민속학적 지식이 갖는 이데올로기성에 대한 문제제기로서는 타당하지만, "미세한 내부의 심리적 현상까지 정밀하게 조사할 수 있다는" 민속학적 지식(필자는 물론 이러한 민속학적 지식이 갖는 장점에 대해서는 동의한다)에 대해 민족학적(≒인류학적) 지식이 갖는 '단독성'(우위성이 아닌)을 어떻게 확보할 수 있을 것인가에 대한 해답을 주지는 않는다.

이 문제를 풀어 나가는 데 하나의 실마리를 제공해 주는 논의가 '이방인'Stranger에 대한 짐멜G. Simmel의 성찰이다.[9] 이방인이란 무엇인가? 짐멜에게 이방인이란 기본적으로 "오늘 와서 내일 가는 그런 방랑자가 아니라, 오늘 와서 내일 머무는 방랑자", 즉 "더 이상 이동하지는 않지만 오는 것과 가는 것의 분리를 완전히 극복하지는 못한" 불완전한 존재다. 하지만 이렇듯 사회 속의 개별적 요소와 접촉하면서도 다른 한편 친족관계나 지역적·직업적 고정 상태에 따른 그 어떠한 개별적 요소와도 유기적으로 결합할 수 없다는 그 위치성이 그에게 '객관성'이라는 힘을 부여해 준다. 이때 '객관성'이란 개입을 배제한 초연함을 의미하기보다는 "일종의 긍정적이고 특별한 종류의 참여"를 의미한다. 또한 객관성을 지닌 인간은 "주어진 것에 대한 인식, 이해 및 평가를 미리 결정짓는 그 어떠한 고착된 관념에도 속박되지 않는다"는 점에서 '자유'를 보장받을 수 있다(이상 Simmel, 2005: 79-83).

인류학자는 여행자나 우연한 방문자가 아니라, 어떤 의미에서는 장기간 그들과 함께 생활하면서도 그 분리를 극복하지 못하는 '이방인'인 셈이다. 그리고 그 가까움과 멂의 관계를 체현하는 존재로서의 이방인에 대한 짐멜의 성찰은 현지조사를 수행하는 인류학자가 겪게 되는 위치성positioning, 즉 참여와 관찰의 간격을 이해하는 데 많은 시사

9 여기서 짐멜의 '이방인' 개념은, 베트남전쟁 이후 출몰한 전사자의 유령이 베트남 사회에서 갖는 의미에 대해 인류학적 조사를 수행한 권헌익(Kwon, 2008)이 현지조사를 하는 인류학자의 위치성에 대해 논의한 대목에서 시사를 받은 것이다.

점을 제공해 준다. 우선 전후 일본에서 실천되는 전사자 제사와 위령, 그리고 이를 둘러싸고 전개되는 담론의 정치를 분석하기 위해 '필드워크'라는 방법론을 사용한다는 것은, 일본인의 생사관生死觀을 포함한 죽음의 문화에 대한 깊이 있는 이해의 토대 위에 그 실천이 이루어지는 장에 연구자 자신이 들어가는 것, 즉 '참여'를 전제로 한다. 그러나 연구자는 그 문화권 안으로 들어갈 수는 있지만 결코 그 사회문화의 완전한 구성원이 될 수는 없다. 그러한 경계성, 즉 '끼인' 존재로서의 불완전한 존재성이 하나의 연구대상으로서 타문화를 '관찰'할 수 있는 시선을 획득하는 데 있어 중요한 조건이라는 것은 분명하다. 이런 의미에서 본다면 필드워크는 그러한 단절들을 의식하고 체험하면서 또 그것을 극복하는 과정이라고 해야 할 것이다. 이는 본 연구가 객관적 데이터를 수집하는 실증주의적 연구와는 달리, "타자에 대한 이해를 통해 자아에 대한 이해에 도달한다"(Rabinow, 1977)는 현상학적 방법론에 가까운 것임을 의미하는 것이기도 하다.

나아가 '이방인'에 대한 논의는 근대 일본의 민속학적 지식에 내포된 '국민주의'의 한계를 더욱 철저히 성찰할 수 있는 하나의 관점을 제공해 준다. 앞서 언급한 야나기타 구니오의 여러 저작 중에서도 이 책의 논의와 관련하여 가장 주목해야 할 저작은 패전을 전후하여 집필된 『선조의 이야기先祖の話』(1946)일 것이다. 이 저작은 이후 야나기타의 '조령신앙'祖靈信仰 학설의 집대성으로 평가받으면서 지금까지도 일본의 선조 제사를 논의할 때 빠지지 않고 등장하는 텍스트다. 하지만 살아 있는 존재들의 집합의식에 있어 야나기타가 그리는 이상적 사회 형태로서 '선조들의 사회'는 선조가 될 수 없는 타자, 즉 이방인으로서의 '유령'ghost들을 철저히 배제한 장에서 성립하는 것이다. 이는 야나기타가 주창하는 '일국민속학'이 당도한 하나의 길이기도 했다.[10] 하지만 '대동아공영'大東亞共榮이라는 슬로건을 제창하던 전시기 일본 사회에서 전사자들은 일본 민족만이 아닌 식민지 조선이나 타이완 등 다양한 종족 집단ethnic group을 포함하고 있었다는 것이 주지의 사실이다. 이렇듯 이방인이라는 관점은 무엇보다 '일국민속학'적 구도 안에서는 원칙적으로 누락될 수밖에 없는, 선조가 될 수 없는 타자들을 '발견'해 내는 하나의 틀을 제공해 줄 수 있다.

본격적인 필드워크는 2009년 2월부터 12월까지, 가고시마에서 11개월에 걸쳐 이루어졌다. 2009년의 조사에서는 위령제라는 의례ritual의 속성에 주목하면서, 위령제가 이루어지는 가운데 그 지역사나 지역정치의 역학관계 등 다양한 요인이 서로 맞물리는 상황을 사회적 드라마social drama라는 관점에서 파악하고자 노력했다. 또 필드워크 이외에도 해당 지역들의 향토자료나 지역 주민들과의 인터뷰 등을 통한 자료수집 작업도 병행되었다. 과거 특공기지였던 가고시마에서 특공의 기억

10 후지이 다카시藤井隆至는 1940년을 전후해서 야나기타가 제안한 '비교민속학'의 정치사상적 함의에 대한 논의를 통해 야나기타의 아시아 인식의 일단을 검토한 바 있다. 이 연구에서 그는 야나기타가 1919년 중국·조선 등지의 여행, 그리고 국제연맹위임통치위원회 위원으로서의 활동경험에서 얻은 아시아 인식이 1930년 중반에 접어들면서 '아시아주의'에 비견될 만한 사상적 성취를 이루며, 이것이 1940년 전후의 비교민속학에 대한 제안으로 나아갔음을 지적하고 있다. 하지만 이러한 야나기타의 제안에도 불구하고 실제로 비교민속학은 성취를 이루지 못하고 좌절되고 만다. 그것은 무엇보다도 야나기타 자신의 강한 일국민속학적 지향, 그리고 전쟁으로 인한 연구자들의 인적 상실 등의 문제에서 기인하는 것이었다. 물론 후지이는 야나기타의 일국민속학적 지향에 대해, 한 지역의 문화는 외국인이 아닌 그 지역 출신의 전문가에게 맡겨야 한다는 야나기타의 강한 의지의 소산이었다고 정리하면서, 일국민속학이 갖는 '비非간섭주의'를 어느 정도 옹호하고 있는 듯 보인다. 하지만 야나기타의 아시아 인식이 싹트는 중국·조선 여행이 이루어진 시기가 조선의 3·1운동, 중국의 5·4운동이 일어난 해였음에도 불구하고 이에 대해 야나기타가 거의 아무런 관심을 보이지 않았다는 것은 그의 아시아주의가 갖는 필연적인 한계였음을 지적하는 대목이자, 야나기타 민속학의 아시아관을 이해하는 데 중요한 시사점을 던져 준다(이상 藤井隆至, 1995).

을 상대화하기 위한 하나의 방법으로 실제 특공작전이 전개된 무대이기도 했던 오키나와에서 특공작전이 어떻게 기억되고 있는지를 파악하기 위해 인터뷰 및 회상기 등의 문헌조사를 실시했다. 이러한 조사들을 통해 가고시마뿐만 아니라 전후 일본 사회 전반에서 특공작전이 갖는 의미, 그리고 전사자를 위령/기념/기억하는 실천이 갖는 의미를 보다 깊이 이해할 수 있었다. 2010년과 2011년 매년 2-3회에 걸쳐 가고시마를 방문, 2주간 일정의 추가조사를 수행했다. 추가조사는 반세, 이즈미, 지란 등 가고시마 각지에서 특공위령제가 집중적으로 열리는 4-5월, 그리고 지난 전쟁에 대한 관심이 고양되는 '종전기념일'(8월 15일. 보다 정확히 말한다면 '패전기념일'이지만, 현재 일본에서 사용되는 공식명칭으로 표기한다) 즈음의 8월에 실시했다.[11]

앞서 언급한 것과 같은 참여와 관찰에 대한 어느 정도의 이론적 이해를 전제로 한다 하더라도 실제 조사 과정에서 이 양자를 넘나드는 과정은 말처럼 결코 자연스럽지 않으며, 그 과정에서의 '긴장'은 연구자 내부에서도 끊임없는 단절의 지점들을 만들어 냈다. 특히 특공의 위령과 기억에 대해 연구하는 한국인 조사자의 경우 한국과 일본 양국가 사이의 '과거사'라는 연결 고리 때문에 그 긴장이 더욱 증폭될 수밖에 없었다. 왜냐하면 앞서 언급했던 것처럼 본 연구의 대상이기도 한 특공대원들이 비명에 스러져 간 시기는 동아시아 과거사 문제의 원천인 일본의 식민지 지배와 그 최종 귀결로서의 아시아·태평양전쟁과 그대로 겹쳐지기 때문이다.

11 학위논문 작성 이후에도 필자는 2018년까지 매년 한두 차례 방학 기간을 이용해 단기간의 추가조사를 계속해서 수행해 왔다. 특히 그 추가조사의 필드 데이터는 이 책의 제4부과 제5부를 재집필하는 과정에서 덧붙여졌음을 밝혀 둔다.

또한 가고시마에서 한국인 연구자가 특공을 조사한다는 것은 전쟁 말기 특공기지 건설을 위해 강제연행된 조선인 노동자나 조선인 특공대원이라는 존재와 어떤 의미에서든 '조우'할 수밖에 없는 필연성을 내포한다. 실제로 특공위령제 이후 이어진 교류회에서도, 처음엔 자연스러운 분위기 속에서 위령제에 대한 이야기를 나누던 상황이 필자가 한국인이라는 사실이 알려지면서 전혀 다른 방향으로 바뀌는 상황을 종종 체험할 수 있었다. 귀속지위인 '한국인'이라는 위치로 인해 '왜 당신은 위령제를 보러 왔는가'라는 물음에서부터 '당신은 왜 과거의 전쟁을 연구하는가', 나아가 '한국인으로서 위령제를 보고 무엇을 느꼈는가' 등의 물음에 대한 답변이 끊임없이 요구되었던 것이다. 이러한 되풀이되는 과정을 통해 어느 정도의 상호이해에 도달했을 경우에만 원래의 중심 화제였던 특공위령제 이야기로 다시 돌아갈 수 있었는데, 필자에게는 이 긴장의 순간이 타자와의 조우라는 측면에서 매우 인류학적이면서 흥미로운 테마이기도 했다.

이 연구에 「조선인 특공대원이라는 물음」(제4부 제3장)과 「전시기 가고시마의 조선인 강제연행을 둘러싼 기억의 정치」(제5부 제3장)가 포함된 것 역시 어떤 의미에서는 필드워크라는 과정이 만들어 낸 철저한 '우연성'의 산물이었다. 서두에서 밝혔다시피, 필드인 가고시마로 향했을 때 필자의 본래 의도는 특공대의 기억을 둘러싼 가고시마 지역 내의 다양한 실천들(위령, 전시관 건립, 각종 답사 프로그램 운영)에 주목하면서, 전후 일본의 지역사회에서 전쟁에 대한 기억이 언설화되는 양상, 또 그 기억을 둘러싸고 일어나는 여러 전투적 양식을 고찰하는 것이었다. 이는 야스쿠니신사나 전국전몰자추도식으로 대표되는 중앙 레벨의 전쟁의 기억을 둘러싼 전투가 지방 레벨에서는 어떤 양상으로 전개되는가, 그 겹침과 어긋남의 측면에 주목하면서 동시에 전국 규모의 거대한 기억의 전투를 기술하는 과정에서 간과되기 쉬운 유족들의

'감정'의 문제에 대해 고찰하는 것이기도 했다.

하지만 본격적인 필드워크가 전개되는 과정에서 필자는 계속 현재의 가고시마에 남아 있는 '식민지 조선'이라는 문제에 의도적으로든 우연적으로든 대면encounter하지 않을 수 없었다. 그러한 만남은 종종 진행되고 있는 연구 작업에 혼선을 가져다주기도 했지만, 동시에 지난 전쟁을 일본 사회 내부의 문제로만 보는 전후 일본 사회의 주류 담론에서 벗어나 아시아적 맥락에서 다시금 사유하게 하는 성찰의 기회를 제공해 주었다. 그것은 어쩌면 학문적 연구의 사전 조작(조사 계획)을 보기 좋게 '뛰어넘어 버리는' 필드가 갖는 힘이자 선물gift이라고도 할 수 있을 것이다.[12] 그 최초의 대면들이 주는 놀라움과 의아함, 좌절을 어떤 방식으로든 다시금 학문적 언어로 재정리하려는 노력의 흔적

12 그것을 우리는 '환대'가 갖는 힘이라고 이야기할 수도 있을 것이다. '환대'에 대한 일련의 세미나에서 데리다는 소포클레스의 『콜로누스의 오이디푸스』를 독해하면서, 저주에 의해 스스로 눈을 찌르고 유랑하는 '이방인' 오이디푸스를 환대하는 아테네의 왕 테세우스의 태도에서 무조건적인 환대의 한 가능성을 발견해 낸 바 있다. 『콜로누스의 오이디푸스』가 노래하듯, 절대적 환대를 받은 오이디푸스는 그 답례로 적국의 침입으로부터 영원히 보호되도록 아테네를 축복해 주었다. 소포클레스를 끌어들이는 데리다의 의도는 이방인에게 초인적인 능력이 있음을 말하려는 것도, 무조건적인 환대를 긍정하려는 것도 아니다. 데리다의 입장은 절대적 환대의 불가능성이 주는 가능성 — 그 불가능성은 나의 시도 속에 거주하는 것이고, 나를 중재하고 내 정체성의 복합성에 기여한다는 점에서 — 에 대한 긍정, 그리고 이 절대적 환대(환대의 법)가 환대의 법들의 평온함을 '문제시하는' 자력처럼 계속 사유되어야 한다는 것(Derrida, 2004: 29)이다. 물론 "무조건적인 환대에 (감히 말하여) 정당성을 인정하면서, 한정되고 제한 가능하고 한계를 획정할 수 있는, 한마디로 계산 가능한 권리(환대의 법들)가 발효되게 하는"(Derrida, 2004: 149) 구체적인 방법이 무엇인지에 대해서 데리다는 얼버무린다. 하지만 이방인으로서 필드의 경험, 그리고 필드가 선사해 주었던 환대는 분명히 인류학자들이 필드워크를 통해 얻을 수 있는 소중한 선물임에 틀림없다. 그렇다면 인류학자의 작업 결과물은 또 다른 의미의 호혜적 증여가 될 수 있을까.

들이 이 책의 구석구석에 묻어 나오기를 바랄 뿐이다.

3. 조사 대상지 개관

본 연구의 조사 대상지는 일차적으로 가고시마의 각 지역에 흩어져 있는 예전 특공기지들이다. 가고시마는 총면적 9,188km^{2}에 남쪽으로 야쿠시마屋久島, 아마미 오오시마奄美大島를 비롯한 여러 섬들을 아우르는 일본 본토 최남단의 현이다. 기후가 연중 온화하고, 여전히 분화가 계속되고 있는 활화산섬인 사쿠라지마桜島와 온천이 있으며, 거리에는 야자수가 심어져 있어 남국 이미지의 관광지로도 잘 알려져 있다. 하지만 역사적으로 가고시마는 사쓰마薩摩라 불리며, 조슈長州, 현재의 야마구치현와 더불어 일본의 근대를 연 메이지유신의 주역들을 배출한 중심지이자 일본 해군의 발상지로도 유명하다. 또한 "사쓰마는 예로부터 사람들을 모아 성을 쌓는다"는 말이 있듯이, 다른 지역에 비해 상무적인 전통이 현저히 강하고 사무라이가 차지하는 비율도 높은 지역이었다. 한편 아시아·태평양전쟁 말기에는 오키나와전투가 벌어지던 오키나와 해역을 향해 무수한 특공대원들을 띄워 보냈던 특공기지였으며, 점차 밀려오는 미군의 일본 본토 상륙작전(올림픽 작전)에 대비해 당시 현 인구수보다 많은 일본군 병력이 주둔했던 역사도 가지고 있다. 말하자면 가고시마는 아시아·태평양전쟁의 마지막 단계인 '본토 방어'를 위한 최전진 기지였던 셈이다.

일본의 패색이 짙어지던 1945년 무렵에 이르면 가고시마에는 항공과 해상을 아울러 무수한 특공기지들이 세워지는데, 그중 항공특공기지만 하더라도 미완성 4개소를 포함해서 총 19개소에 달한다(해군 15개소[미완성 3개소], 육군 4개소[미완성 1개소]).

[표 1-1] 전시기 가고시마의 항공특공기지

건설 연도	기지 위치	비고
1921	가사노하라(笠野原)	
1936	가노야(鹿屋)	
1938	가고시마시(鹿兒島市)	
1940	이즈미(出水)	
1941	지란(知覽*)	
1942/43	제1고쿠부(國分第一), 이와카와(岩川), 이부스키(指宿)	
1943/44	구시라(串良), 제2고쿠부(國分第二), 나카타네(中種子), 기카이지마(喜界島), 도쿠노시마(북)(德之島北*), 반세(万世*)	
1944/45	다루미즈(垂水), 도쿠노시마(남)(德之島南), 노이쿠라(野井倉), 오하라(小原), 아오토(靑戸*)	도쿠노시마(남), 노이쿠라, 오하라, 아오토는 미완성

*표시가 되어 있는 것은 육군의 항공기지이고 나머지는 모두 해군의 항공기지다.
출처: 鹿兒島縣[編](1967)과 柳原敏昭(1994)를 토대로 작성

당시 가고시마의 특공기지 건설 현황과 관련해서 우선 염두에 두어야 할 사실은, 특공기지는 일반 군 기지와 달리 특공기가 출격할 수 있는 비행장, 즉 격납고, 활주로, 엄호시설掩体豪 등 제반 시설을 갖추어야 하기 때문에 상당한 규모의 시설이었다는 점, 그리고 [표 1-1]에서 잘 드러나듯, 당시 가고시마 내의 특공기지들이 전쟁의 후반기인 1942년부터 집중적으로 건설되었다는 점이다. 당시의 물자부족과 인력부족, 그리고 건설공사가 대부분 기계가 아닌 사람의 힘에 이루어졌다는 사실을 고려하다면, 전쟁 말기 가고시마는 말 그대로 현 전체가 특공기지 건설에 매달려야 했다고 해도 과언이 아니다. 그럼에도 노동력을 충당하지 못해 당시 조선이나 중국 등에서 연행된 노동자들이 집단으로 동원된 사실은, '조선인강제연행'에 대한 재일 사학자 박경식의 선구적

인 연구(朴慶植, 1965) 이후 가고시마 내 시민단체들의 조사에 의해 미약하게나마 밝혀진 바 있다.

그리고 이곳 가고시마에서, 전체 특공대원 사망자 3,915명(해군 2,527명, 육군 1,388명)의 70%에 가까운 2,640명의 젊은이들이 구름 너머 남쪽 바다를 향해 출격해 목숨을 잃었다(日本戰沒學生記念會[編], 1995: 19-20; 柳原敏昭, 1995: 23-24).[13] 전반적으로 대도시에 공습이 집중된 다

13 일단 여기서 특공 전사자 수는 항공특공에만 한정했다. 항공특공의 경우도 서지에 따라 그 숫자가 크게 다르며, 정확한 특공 전사자 수는 현재 공식적으로 명확히 밝혀진 바 없다. '특공사'라는 죽음의 성격이 갖는 애매함도 그에 작용한다. 당시 "해군은 후하고, 육군은 엄격하다"는 말이 있을 정도로 해군은 특공기뿐만 아니라 지원을 나간 전투기나 전과 확인을 위해 출격한 전투기도 귀환하지 못했을 경우 특공기와 동시에 특공 전사로 취급한 반면, 육군은 이를 인정하지 않고 많은 경우 '돌입'을 목격한 확인자 혹은 돌입을 알리는 무선신호가 있는 경우에 한해서 '특공사'로 인정했기 때문이다(山口隆, 2010: 115). 하지만 이 책의 제4부 제3장 조선인 특공대의 사례에서도 고찰하겠지만, 패전 직전의 혼란스러운 상황에서 특공사 여부가 과연 제대로 확인될 수 있었는가 하는 문제는 남아 있다.
전체 항공특공 전사자 수의 경우는 일본전몰학생기념회日本戰沒學生記念會가 편찬한 『들어라 와다쓰미의 소리: 일본전몰학생의 수기きけわだつみのこえ: 日本戰沒學生の手記』를 참고했지만, 공표된 것 중 가장 많은 수치가 4,615명(半藤一利, 2004-2006), 가장 적은 수치가 3,803명(讀賣新聞戰爭責任檢証委員會[編], 2006)이라고 할 때 대략의 중간치는 산정할 수 있다. 한편 가고시마의 항공특공 전사자 수는 가고시마현 내 각 지방의 향토지에 실린 특공 전사자 수를 통계 작업한 야나기하라 도시아키의 연구(柳原敏昭, 1995)를 참조했다. 야나기하라에 따르면 오키나와전투를 위해 출격한 특공대원 전사자 수로만 한정한다면 총 3,067명으로, 가고시마에서 출격한 특공대원 전사자 수는 전체 특공 전사자 수의 85%에 달한다. 지역별로 본다면 가노야 826명, 지란 431명, 구시라 406명, 제1고쿠부 249명, 이즈미 207명, 제2고쿠부 147명, 반세 196명, 이와카와 87명, 이부스키 82명, 다루미즈 9명으로 합계 2,640명이다. 또한 지란 특공평화회관의 경우, 자체조사를 통해 오키나와전투에서 희생된 육군특공 전사자 수를 총 1,036명으로 합계하고 있다. 이 중 조선인 특공대원 전사자 수는 '공식적으로' 11명이다.

른 지역과는 달리 가고시마의 경우, 당시 122곳의 시정촌 중 111곳이 공습을 당하는 등 거의 현 전체가 미군기의 거센 공습의 대상이 되었던 이유가 가고시마 이곳저곳에 세워진 특공기지 때문이라는 지적은 설득력이 있다(鹿兒島縣中學校社會科教育硏究會[編], 1998: 67, [지도 1-2] 참조). 이는 공습을 피하기 위해 만들어진 지하호 중 남아 있는 것의 5분의 2가 가고시마에 집중되어 있다는 사실을 보더라도 알 수 있다.[14] 그야말로 가고시마는 '특공긴자'特攻銀座라는 명칭에 손색이 없는 지역이었던 것이다.

물론 현재 이 특공기지들은 모두 파괴 혹은 해체되거나 그 시설의 일부가 민간 비행장으로 대체되었다. 단지 군데군데 존재하는 방공호나 격납고, 도로가 되어 버린 활주로, 그리고 그 격지에 세워진 위령비나 기념비만이 예전 이곳이 연일 특공기가 출격했던 기지였음을 말해주고 있을 뿐이다. 또한 일부 지역에서처럼 예전 특공기지 일대가 '평화공원' 등의 이름의 기념공원으로 정비되거나, 지란의 경우와 같이 관광지화된 사례도 있다. 매년 지역 단위의 특공위령제가 거행되는 장소도 거의 평화공원이나 위령비가 세워져 있는 주변 공간이다.

하지만 특공기지라고 해서 모두 동일한 것은 아니다. 지란이나 반세万世와 같은 구 제국육군 관할의 특공기지가 있는가 하면, 이즈미, 가노야, 고쿠부, 구시라 등과 같은 구 제국해군 관할의 특공기지도 있다. 이 양자의 특공기지는 전전부터 개성이 뚜렷했으며, 그 차이는 구성원들의 아비투스 속에 그대로 남아 현재까지도 위령식의 풍경이나 기념관의 전시내용 등에서 드러난다. 한편 지란과 같이 1980년대부터 '마

14 2001년 국토교통성 조사 결과에 따르면 일본 전역에 남아 있는 5,003개의 지하호 중 가고시마에 남아 있는 것이 1,991개라고 한다(『朝日新聞』, 2005. 4. 11).

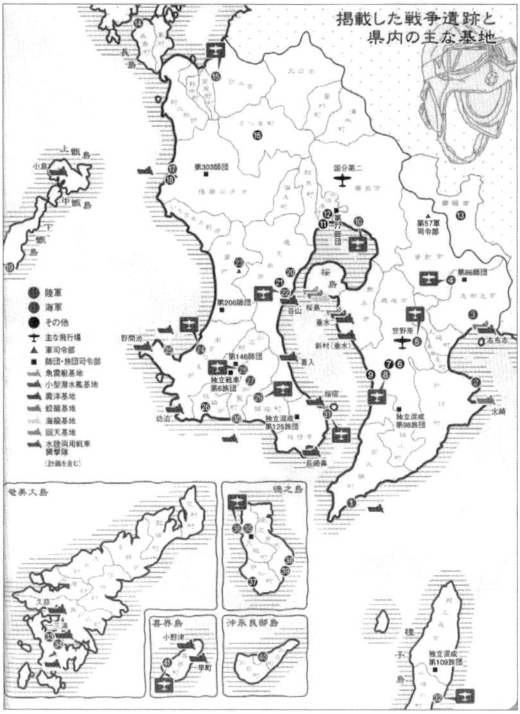

[지도 1-1] 전시기 가고시마 특공기지 분포도

비행기 모양 표시는 항공기지이고, 배 모양 표시는 신요 혹은 가이텐 등 수중특공기지다.

출처: 南日本新聞社[編](2006)

을 만들기'町づくり의 일환으로 옛 기지가 있었던 곳에 '특공관음' 및 '특공평화회관'을 만들어서 매년 60만 명 이상의 관광객을 유치하는 등 활발한 움직임을 보이는 마을이 있는가 하면, 제대로 된 안내판도 갖추지 못한 채 (옛 기지의 흔적들이) 폐허와 같이 방치되어 있는 마을도 있다.

본 연구에서는 이들 중에서도 특히 지난 특공대 기지의 흔적을 강하게 가지고 있는 지란과 반세, 이즈미, 그리고 고쿠부 네 지역에 주목했다. 지란은 두말할 나위 없이 현재 가고시마를 대표하는 '특공 성지'로서 전국적인 주목을 받는 지역으로, 위령제뿐만 아니라 마을 전체가 총력을 기울여 만들어 낸 자체적인 전시기념관을 가지고 있다는 점에서 특공의 기억이 만들어지는 과정을 보여 주는 대표적인 공간이다.

[지도 1-2] 1945년 당시 가고시마 공습 현황

짙게 칠해진 부분이 공습을 당한 지역이다. 검은색 동그라미는 비행장, 흰색 동그라미는 해상특별공격대가 위치한 지역을 의미한다.

출처: 鹿兒島縣中學校社會科敎育研究會[編](1998: 67)

이에 비해 거리상 지란에서 얼마 떨어져 있지 않은 반세의 경우는 위령의 역사를 보더라도 지란보다 늦게 시작되었고, 초기부터 예전 기지 생존자 1인의 의지가 기념 사업 및 경관 조성에 강하게 반영되면서 같은 육군특공기지 마을이면서도 특공의 위령/기념에 있어 지란과는 사뭇 다른 양상을 보이고 있다. 한편 이즈미와 고쿠부는 육군기지가 아니라 해군기지였다는 점에서 육군과의 차별성을 보여 줄 수 있는 지역일 뿐만 아니라, 자체 기념관을 가지고 있지 못하다는 점에서도 다른 면모를 보여 주는 곳이라 사료되어 선정하였다.

4. 이 책의 구성

이 책은 크게 제1부 서론을 포함해 6부로 구성되어 있다. 제2부는 본격적인 분석에 들어가기 전 일종의 도입부로, 본 연구의 대상이기도 한 '전후戰後 일본'이라는 시공간이 갖는 의미와 함께, 기억의 정치memory-politics에 대한 이론적 논의들을 고찰하는 장이다. 또한 본고의 핵심 키워드이기도 한, 전쟁에서 죽은 자를 의미하는 전후 일본 사회 내의 호칭인 '전사자'와 '전몰자', '영령', 그리고 '애도'와 관련해 사용되는 '위령', '추도', '현창' 등의 의미를 둘러싸고 전후 일본에서 전개되어 온 담론의 정치를 총체적으로 재구성한다. 전후 60년이라는 기간은 짧은 시간이 아니다. 이 시기 동안 일본 사회에서는 지난 시기 자국이 수행한 전쟁을 어떻게 보아야 할 것인가, 실제로 죽은 전사자들을 어떻게 불러야 할 것인가, 그리고 이들 전사자를 어떻게 제사 지낼 것인가 등의 문제를 둘러싸고 실로 다양한 논의들이 두껍게 축적되어 왔던 것이다. 하나의 언설은 그 전체 담론의 구조에서 차지하는 권력의 역학관계 안에서 작동하며, 그 구조는 시간이라는 역사성을 통해 형성된다. 현재 두드러지게 드러나는 언설들의 주의·주장만을 분석하는 것은 그 언설이 갖는 정치적 프로파간다의 측면에 눈을 빼앗겨, 실제로 그 언설들이 출현하는 장의 역학관계를 망각하는 우를 범하기 쉽다. 이는 엄밀히 말하면 지성知性의 후퇴, 나아가 포기나 다름없다(최정운, 1999). 그런 의미에서 이 어휘들이 갖는 역사성과 정치성을 엄밀히 따져 묻는 작업은 근대 일본의 전사자 제사/위령과 그 기억의 문제를 다루는 본격적인 분석에 들어가기에 앞서 일종의 '바닥을 까는' 작업이라고 할 수도 있을 것이다.

또한 다소 장황하게 보일지도 모르는 이 작업은 현대 한국 사회라는 맥락에서 더욱 필연적으로 요청되는 것이기도 하다. 왜냐하면 '전사자', '전몰자', '영령' 혹은 '위령', '추도', '현창' 등의 어휘는 현대 한국 사회에서도 일반적으로 사용되기 때문에 자칫 혼란을 가중시킬 수 있기 때문이다. 동일한 한자 문화권, 더구나 식민지 시기를 통해 근대어의 번역 과정을 일본과 공유하는 한국 사회에서, 전후 일본 사회의 문화적 맥락을 보다 정확히 번역translation하기 위해서라도 그 어휘들을 둘러싼 전후 일본 사회의 담론의 정치를 명확히 규명하는 작업은 필요했다.

제3부에서는 근대 일본의 전사자 위령/기념의 문제에 대해 고찰한다. 국가를 위해 싸우다 죽은 병사들을 기념하는 것은 근대국민국가의 가장 중요한 역할이라고 할 수 있을 것이다. 더구나 근대국민국가 수립(메이지유신) 이후, 1877년 세이난전쟁, 1894년 청일전쟁, 1904년 러일전쟁, 1917년 시베리아파병, 1931년 만주사변(1937년 중일전쟁), 1941년 태평양전쟁 등 매 10년마다 전쟁이 벌어지고 그 결과 만성적인 전쟁 상태에 있었던 일본 사회에서 전사자 제사는 무엇보다도 중요한 국가 행사였고, 야스쿠니신사는 전 일본 국민의 성전聖殿으로서의 역할을 자임해 왔다. 또 야스쿠니신사의 제전 이외에도 부대 내의 위령제, 지역사회의 공장公葬, 그리고 이에家 레벨의 제사에 이르기까지 전전 일본 사회에서 전사자 제사는 실로 다양한 층위에서 이루어졌다. 이렇게 성황리에 이루어지던 전사자 제사는 패전 이후 GHQ의 지령에 의해 한동안 금지되고, 1960년대에 접어들어서야 비로소 국가 주도의 행사로 부활하게 된다. 물론 지난 전쟁의 정당성이 박탈당한 사회에서 전사자에 대한 위령/기념은 전전과는 다른 방식으로 치러질 수밖에 없다. 하지만 그럼에도 전전의 전사자 위령은 하나의 전례로서 전후의 전사자 위령에 많은 부분 영향을 미치고 있다. 따라서 그 연속과 단절의 측면을 살펴보기 위해서도 전전 일본에서 다층적으로 이루어지던 전사자 위령/기념에 대한 고찰은 반드시 선행되어야 할 것이다.

제4부에서는 패전 직후 일본 사회의 전사자 위령을 둘러싼 사회적 분위기에 대한 검토(제1장)로부터, 가고시마의 특공위령을 중심으로 위령/기념이 점차 정착되어 가는 과정process을 고찰한다. 지란과 이즈미, 반세, 그리고 고쿠부 네 지역에서 이루어지는 위령제에 대한 현지조사와 문헌 자료를 토대로 재구성한 제4부 제2장에서는 동일한 특공위령제가 지역별로 어떻게 비슷하면서도 상이한 방식으로 치러지는가에 주목하면서, 전몰자에 대한 위령/기념을 국가가 적어도 독점하기 어려운 전후 일본 사회에서 전사자 위령/기념이 갖는 의미의 다층적 측면을 고찰하고자 했다. 이 층위는 지난 전쟁의 성격을 둘러싼 전후 일본 사회의 다양한 해석들의 층위와도 겹쳐지는 것이다. 특히 현재 가고시마에서 벌어지고 있는 특공위령에 대한 상세한 민족지적 고찰은, 흔히 야스쿠니신사로 대변되는 중앙의 전사자 위령과 비교해서 지방 차원에서는 그 위령이 어떠한 방식으로 전개되고 있으며 그 공통점과 차이점은 무엇인가를 이해하는 데 많은 통찰을 제공해 줄 수 있을 것이다. 나아가 현시점에서 이들 위령 행위의 의미를 검토하는 것은 전사자의 죽음을 국가의 영역으로 회수해 버리는 '내셔널한 위령'을 넘어서는 방법은 무엇인지, 그 가능성을 모색하는 하나의 길이기도 하다.

또한 제4부 제3장에서는 전후 일본에서의 특공의 위령과 기억을 이해하는 또 하나의 창으로서, 일본에서, 그리고 한국 사회에서 조선인 특공대원이 표상되고 기억되는 과정에 대해 고찰했다. 앞서 언급한 것처럼 지란 특공평화회관 안에 있는 특공대원의 명부에는 11명의 조선인 특공대원의 이름이 영정 사진과 함께 전시되어 있으며, 특공평화회관 입구에는 지란에서 출격한 조선인 특공대원들을 위한 〈아리랑의 비〉라는 기념비가 세워져 있다. 이렇듯 그 평가의 정당성 여부를 떠나서라도 조선인 특공대원들에 대한 관심이 현대 일본 사회에서 계속적으로 제기되고 있는 반면, 한국 사회에서 이들의 존재는 여전히 '친일파'라는 오명을 벗지 못하고 있다. 최근 들어 이들의 존재에 대한 관심이 한국 학계에서도 조금씩 제기되고는 있지만, 그 논의들은 조선인 특공대원에 대한 기억이 생산되는 과정에 대한 전반적인 정리 혹은 이들 조선인 특공대원의 지원 동기 분석에 머무르고 있으며, 한국 사회에서 이들의 존재가 어떻게 기억되고 표상되어 왔는지에 대한 구체적인 분석에까지는 이르지 못하고 있다. 이러한 점에 주목하여 본 연구에서는 이들 조선인 특공대원에 대한 지금까지의 일본 사회의 관심 및 현재 일본 사회에서 그들이 대중문화를 통해 소비되는 현상의 의미를 명확히 하는 한편, 그들의 존재가 한국 사회에 던지는 의미에 대해서도 생각해 보고자 했다.

제5부에서는 '특공긴자' 가고시마라는 지역사회 내에서 특공에 대한 기억들이 어떻게 만들어지고 또 어떻게 그 기억을 둘러싼 투쟁이 전개되고 있는가라는 문제의식에서 출발하여, '특공 성지'라 불리는 지란의 이미지 창출 과정과 함께 지란을 중심으로 만들어지는 특공의 기억에 '저항'하는 가고시마 사회 내부의 움직임에 대해 고찰한다. 우선 제5부 제1장에서는 지란이라는 마을의 지역사에 주목하여 '특공 성지'가 만들어지는 과정process을 역사적으로 추적하면서, 현재 지란에 있는 두 곳의 특공 관련 전시관(지란 특공평화회관, 호타루관)이 실제적으로 만들어 내고 있는 특공에 대한 내러티브들narratives의 특징들을 살펴본다. 지란 특공평화회관은 가고시마, 즉 일본의 최남단에 위치하고 있다는 불리한 지리적 접근성에도 불구하고 매년 60만 명 이상의 관람객이 찾아올 정도로 일본 내에서 인기 있는 관광지다. 물론 여기에는 일본 사회 내에서 특공이라는 대상 자체가 갖는 '무게감' 외에도, 이곳을 무대로 한 영화 〈호타루ホタル〉의 엄청난 흥행 성공, 그리고 고이즈미 준이치로小泉純一郎나 이시하라 신타로石原愼太郎 등 일본의 '인기 있는' 우익 정치인들이 결의를 다지기 위해 찾는 장소로서 지란을 거론했던

것 등이 중요한 배경으로 자리하고 있을 것이다. 고이즈미 전 총리는 취임 初 "총리가 된 지금 어려운 일이 있으면 특공기에 탔던 청년들의 마음가짐과 나 자신을 비교한다. … 그러면 지금 내가 겪고 있는 어려움은 아무것도 아니라는 생각이 들어 다시 박차고 일어선다"(『연합뉴스』, 2001. 5. 22)는 자신의 특공관, 나아가 야스쿠니관을 밝힌 바 있다. 다시 말하면 지란은 야스쿠니신사와 더불어 전후 일본의 전쟁에 대한 내러티브의 형성 및 기억의 정치에서도 중요한 위치를 차지하고 있는 것이다.

따라서 '특공평화회관'과 같은 전시관/기념관은 기억의 장으로서의 전시라는 관점에 의거, 그 운영주체 및 전시가 만들어 내는 내러티브, 아울러 전시를 기획하는 측과 보는 측의 상호작용을 '관광'이라는 맥락에서 고찰하는 데 있어 중요한 연구대상이다. 이와 함께 전쟁 혹은 '원폭'을 테마로 한 일본의 여러 전시관들(예를 들어 야스쿠니신사의 전쟁박물관인 '유슈칸'遊就館이나 원폭과 평화를 주제로 한 히로시마·나가사키의 평화기념전시관, 오키나와의 히메유리ひめゆり 전시관과 평화기념전시관 등)과의 비교를 통해 지란의 전시관이 일본의 기억의 장에서 차지하는 위치를 보다 명확히 드러내고자 시도했다.

제2장에서는 지란이 만들어 내고 있는 특공의 표상에 대해 문제를 제기하며, 지난 전쟁과 특공의 의미에 대해 새롭게 생각하고자 하는 지역사회 내부의 다양한 움직임에 주목하고자 했다. 그중에서도 가고시마 생협 평화 그룹은 40대에서 70대에 이르는 다양한 연령대의 여성들을 중심으로, 일반 시민의 관점에서 지난 전쟁을 어떻게 보아야 할 것인가라는 문제를 제기하면서, 지역사회 내의 전쟁 관련 유적들을 꾸준히 답사하고 또 자료집을 발간하는 등 활발한 활동을 전개하고 있는 풀뿌리 시민운동 단체다. 제2장에서는 특히 지란 중심의 기존 특공관광에 이의를 제기하며 이들 모임이 만들어 낸 새로운 대안 답사 프

로그램의 의의와 더불어 그 한계까지도 생각해 보고자 했다.

한편 제3장에서는 상대적으로 많은 관심을 받은 '조선인 특공대원'이라는 존재에 비해 여전히 역사의 암흑에 묻혀 있는 '조선인 강제연행'에 관한 문제를 새롭게 제기하고자 했다. 본 연구의 논의와는 다소 거리가 있어 보이는 '강제연행'의 문제를 다룬 이유는 무엇보다 현재 일본 사회에 범람하고 있는 특공대에 대한 낭만화, 다시 말하면 기지에서 출격한 특공대원 개개인의 '로맨틱한' 일화들과 그들의 헌신적인 조국애만이 부각되는 상황에서, 이러한 대중문화적 소비의 기반을 이루는 감상주의sentimentalism를 넘어 특공의 역사 및 그 현재적 의미를 리얼하게 파악하는 하나의 시점을 확보하기 위해서다. 무수한 특공기들을 하늘로 날려 보낸 기지를 "누가 만들었는가"라는 브레히트B. Brecht적인 물음은 그런 의미에서 여전히 신선하다.

실제로 당시 가고시마 각지의 특공비행장 건설 현장에는 강제연행되어 온 수많은 조선인·중국인 노동자들이 있었다. 하지만 '가고시마 강제연행을 생각하는 모임'(1992-현재)과 같은 소수의 불교계 중심의 시민운동을 제외한다면, 강제연행에 관한 지역사회의 관심은 점차 엷어지고 있는 것이 현실이다. 그럼에도 자신들이 살고 있는 지역이 전쟁에 어떻게 휩쓸려 들어갔는가, 그리고 남녀노소를 불문하고 지역주민 전체가 '비행장 건설'에 동원된 역사를 재확인함과 동시에 구 식민지나 점령지의 사람들이 어떻게 강제연행되어 결국 비극적인 죽음을 맞이했는가 하는 문제를 직시하고자 하는 노력은 특공이라는 문제를 통해 '평화'를 생각하고 또 계승하고자 하는 데 있어 중요한 문제를 던져 준다고 생각된다.

결론인 제6부에서는 본 연구의 논의들을 정리하면서 동시에 새로운 문제를 던진다. 근대 일본의 전사자 위령/기념의 특징, 그리고 전후의 전개 양상에 대한 비판적 고찰은 필연적으로 하나의 물음과 맞닥뜨리게 된다. '죽음/죽은 자와 어떻게 마주해야 할 것인가'라는 윤리적·실천적 물음이 그것이다. 내셔널한 위령에 대한 비판은 그 '너머'에 대한 하나의 상像까지 제시했을 때 더욱 설득력을 얻을 수 있을 것이기 때문이다. 물론 이 물음에 대한 완벽한 답을 사회과학의 영역에 속하는(혹은 인문학적인) 인류학이라는 학문의 영역에서 제시하기란 어려울 것이다. 그런 의미에서 이 책의 결론은 '잠정적'이다. 하지만 그 물음에 대한 답을 찾아가는 과정 자체를 포기한다면, 지금의 우리가 맞닥뜨린 난제難題 앞에서 한 걸음도 더 나아가지 못할 것이라는 점 역시 분명하다.

내셔널한 위령, 혹은 일반적이고 관습적인 '애도' 행위를 넘어서는 다양한 실천과 사유들이 갖는 의미에 대해 성찰하고자 했던 본 연구의 시도는 그 난제를 해결하기 위한 출발점으로서 중요한 의미를 갖는다. 나아가 전쟁 말기 이국의 땅에서 비참한 생의 종말을 맞이했음에도 정상적인 상喪의 작업을 거치지 못한 채, 해방 이후에도 일본과 한국 그 어느 쪽의 '애도의 공동체'에도 편입되지 못하고 계속 이역을 떠돌고 있는 '조선인 특공대원' 혹은 강제연행된 조선인 노동자들이 원한怨恨의 목소리들에 귀를 기울이는 것은, 미약하지만 학문이 할 수 있는 '해원'解冤의 한 수단일지도 모른다.

제2부

연구의 시각과 이론적 쟁점들

19세기 후반부터 전개된 근대 일본의 국민국가 건설 과정을 보면 류큐琉球처분, 세이난전쟁, 청일전쟁, 타이완출병, 러일전쟁, 시베리아출병, 만주사변, 중일전쟁, 태평양전쟁(대동아전쟁) 등 끊임없는 전쟁으로 점철되어 왔음을 확인할 수 있다. 다시 말하면 근대 일본이라는 국민국가는 그 본질상 '전쟁국가'였으며, 전사자에 대한 위령의 역사 역시 기나긴 전사前史를 가지고 있다. 따라서 현재 전후 일본에서 유통되는 전사자를 부르는 여러 호칭들, 즉 '전몰자'戰歿者나 '영령'英靈이라는 호칭이나, 애도를 둘러싼 여러 담론들, '위령'慰靈, '추도'追悼, '현창'顯彰 등의 말들이 언제 어떠한 맥락에서 등장하고 사용되어 왔는지 그 역사성을 검토하는 것은, 본격적인 분석에 들어가기에 앞서 불필요한 혼란을 피하기 위해서라도 우선적으로 요청되는 작업이다. 왜냐하면 담론은 결코 현실을 있는 그대로 묘사하는 행위가 아닐 뿐만 아니라 현실과 관계없는 말, 빈말로 끝나는 것도 아니기 때문이다. 담론은 현실 이전의 힘, 폭력에 근거한 것이고, 다시 현실을 만드는 힘의 필수적인 수단이다(최정운, 1999: 89).

실제로 전쟁사자들을 어떻게 불러야 할 것인가, 그들의 죽음을 어떻게 자리매김해야 할 것인가라는 문제는, '지난 과거의 전쟁을 어떻게 평가해야 할 것인가' 하는 문제, 즉 전쟁의 성격 문제와 맞물려 전후 일본에서 핵심적인 정치의 장을 형성해 왔다. 물론 일본 사회 내에서 야스쿠니 문제나 충혼비 문제의 소송은 주로 헌법의 '정교분리'라는 틀 안에서 제기되어 왔지만(Hardcare, 1989), 실제로 그 문제의 핵심은 지난 전쟁에서 국가를 위해 싸우다 죽은 자들을 어떻게 자리매김해야 할 것인가, 그리고 그들을 어떠한 방식으로 애도해야 할 것인가라는 국민국가의 '비밀의 영역'에 관한 것이라고 생각된다. 이러한 논의의 연장선상에서, 여기에서는 특히 전후 일본에서 논란의 여지로 남아 있는 '영령' 담론과 또 이들을 애도하는 방식을 가리키는 여러 표현, 즉 '위령', '현창', '추도'라는 말들의 역사성에 대해 검토하기로 한다. 그러나 이에 앞서 먼저 고찰하지 않으면 안 되는 주제는 본 연구가 다루는 시간대, 즉 '전후'라는 문제설정이다.

제1장 '전후'라는 문제설정

나는 그 복사지를 받아들고 다 읽기도 전에 '사실'을 완전히 이해하였다. 그것은 패전이라는 사실이 아니었다. 내게 있어, 단지 나에게 있어서만은, 무서운 나날이 시작된다는 사실이었다. 그 이름을 듣는 것만으로도 나를 부르르 떨게 하는, 게다가 그것이 절대로 찾아오지 않을 거라고 나 자신을 속여 왔던, 인간의 '일상생활'이라는 것이 드디어 어찌해 볼 도리 없이 내일부터 나에게도 시작된다는 사실이었다.

_미시마 유키오三島由紀夫, 『가면의 고백假面の告白』 중에서

1. 모순으로서의 전후

역사에 있어 '시기구분' 혹은 '기점'이 중요한 것은 그것이 단지 연구나 해석상의 편의를 제공하기 때문만은 아니다. 그것은 다른 시기와 구별되는 그 시기의 역사적 특수성과 물적 토대뿐만 아니라 상부구조 모두가 그 시기를 살아가는 사람들의 체험 속에 각인되어 있기 때문이다. 세계사의 시간과 개별 국가의 시간은 서로 밀접한 관련을 맺으면

서 흘러가면서도, 동시에 그 체험의 양상에 따라 상이함을 지닌다.

'전후'는 물론 일본 사회의 고유한 시간대가 아니라 제2차 세계대전 이후라는 전 세계적인 시간대라고 할 수 있으며, 따라서 패전국으로서의 일본은 승전국이 아닌 다른 패전국들과 그 경험을 공유한다고 할 수 있다. 이는 지난 전쟁에서 죽은 전사자를 어떻게 위령하고 기념해야 하는가라는 난제難題에 대해서도 마찬가지다. 승전국의 경우는 전사자에 대한 사적인 애도가 애국심, 정의, 그리고 국가에 대한 희생 등 지배적 담론과 훨씬 쉽게 공명한다. 이는 제2차 세계대전의 전승국이었던 미국을 떠올리면 쉽게 이해할 수 있다. 하지만 패전국에서는 상황이 다르다. 전시하에 제창된 국가의 '정의'에 대한 회의나 반발, 국가나 군대에 대한 불신은 패전에 의해 그 불만을 억누르는 힘이 소멸하면서 폭발하게 된다.

이는 일본의 전후가 세계사와 밀접한 연관성(제2차 세계대전의 패배)을 가지면서도, 그 시공간을 살아간 일본인들의 복잡다단한 체험이 반영되는 시기라는 문제의식으로 이어진다. 아시아의 맹주에서 한순간에 모든 것을 잃어버린 패전국으로 전락하면서, 이전의 모든 가치들이 일시에 곤두박질치는 가운데 한때 자랑스러운 '황국'皇國의 병사가 쓸모없는 '기생충' 같은 존재로 전락해 버리는 상황(坂口安吾, 1998), 즉 기존의 모든 가치들이 전도되어 선과 악이 뒤바뀌어 버리는 상황은 일반인들로서는 감내하기 어려운 것임에 틀림없다.

이러한 전후의 모순된 체험들에 대한 가장 소중한 사색과 통찰이 이루어진 공간은 '문학장'이었다. 소위 '무뢰파'無賴派(패전 후 기성 모럴과 현실에 대한 절망을 자학적으로 표현한 작가군)로 불리며 전쟁 직후 일본의 젊은 세대들을 사로잡았던 다자이 오사무太宰治나 사카구치 안고坂口安吾, 그리고 그들과는 다른 독특한 세계를 개척한 미시마 유키오 등은 전후 일본에서 살아가는 사람들의 극심한 정신적 공황, 당시의 표현을 빌린다면 '교다쓰'虛脫(허탈) 상태를 예리한 필치로 그려 낸 대표적인 작가들이다.

천황의 항복선언을 듣고 일본 군인으로서 정말 죽어야 한다고 결심했던 그 순간 저 멀리서 들려오던 '탕탕' 하는 망치 소리에 무엇인가에 홀린 듯이 짐을 싸고 집으로 돌아오지만, 돌아와서 무엇인가에 진지하게 몰입하려고만 하면 귀에 들려오는 '탕탕' 소리에 결국 아무 일도 하지 못하고 괴로워하는 청년의 모습은, 급격하게 바뀌어 버린 전후의 현실에 적응하지 못하고 비틀거리는 인간 군상의 한 단면이라고 할 수 있을 것이다(다자이 오사무, 「탕탕トカトントン」). 또 육체적인 쾌감의 결핍을 전쟁, 그리고 계속되는 공습경보로 충족시켜 온("며칠간 공습경보가 울리지 않으면 여자는 안절부절못하며 굉장히 지루해했고, 바람기가 다시 발동하려 했다. 그러다 공습경보가 울리면 거짓말처럼 진정되었다.") 여인에게 전후는 공허함의 도래를 의미하는 것이었다(사카구치 안고, 「전쟁과 한 여자戦争と一人の女」). 한편 전전에는 건강상의 이유로(물론 의사의 '오진' 때문이었지만) 동세대의 젊은이들의 행렬에 동참하지 못하고 후방에서 근로동원에 종사하며 욕구불만과 안도감이 혼재하는 이율배반적인 시간을 보내던 청년에게 전후의 통지는 "절대로 찾아오지 않을 것이라고 속여 왔던" 일상생활의 시작을 의미하는 것이기도 했다(미시마 유키오, 『가면의 고백』).

하지만 오오카 쇼헤이大岡昇平가 그리듯 필리핀, 뉴기니에서 싸우다가 미군의 포로로 잡혀 포로수용소에서 패전 소식을 듣는 주인공의 뺨에 흘러내리는 "불현듯 터져 나오는 눈물"(오오카 쇼헤이, 『포로기俘虜記』)은 단순히 전쟁에 졌다는 사실이 주는 억울함이나 분함에서 나오는 것만은 결코 아니었다. 그는 그 눈물의 의미를 다음과 같이 기록한다.

나는 혼자 남았다. 조용히 눈물이 흘러내렸다. 반응이 둔해서 언제나 남들보다 뒤늦게 우는 것이 내 버릇이다. 나는 촛불을 불어 끄고 어둠 속에 앉아서 눈물이 자연히 뺨에 흐르도록 내버려 뒀다. 결국 조국은 패하고 말았다. 위대한 메이지 선인들의 업적을, 삼대째에 이르러 모두 망쳐 버린 것이다. 역사를 잘 모르는 나는 문화의 번영이란 국가의 번영에 수반되는 것이라 생각했다. 그 광인들이 사라진 일본에서는 모든 것이 합리적으로, 원한다면 민주적으로 행해지겠지만, 우리는 모든 면에서 더욱더 왜소해질 것이다. 위대, 장엄, 숭고 등의 표현은 우리와 멀어질 것이다. … 그러나 당황할 필요는 없다. 지난 50년 동안 일본이 오로지 전쟁으로 인해 번영했다는 사실은 의심의 여지가 없다. 그러고 보면 군인들은 우리에게 줬던 것을 다시 빼앗아 갔을 뿐이다. 메이지 10년대의 위인들은 우리와 비교도 안 되는 낮은 문화 수준 속에서 각고의 노력으로 자기를 단련했다. 이제부터 우리가 그곳으로 되돌아간다 한들 무슨 지장이 있겠는가.(大岡昇平, 2010: 365-366)

이러한 모순된 경험은 비단 직접 전투를 치른 일반 병사뿐만 아니라 후방에 있었던 일반 국민들 역시 공유하고 있었다. 패전을 맞은 상황이나 또 자신들이 속해 있던 사회적 계급의 차이에 따라 각각 다양하게 경험될 수밖에 없다는 점을 감안한다 하더라도, 전후라는 경험은 공통적으로 봉건적 가족제도의 철폐, 여성 투표권의 인정, 치안유지법의 폐지 등으로 요약되는 새로운 자유와 일상생활의 시작이라는 기묘함과 당혹감, 그것도 새로운 자유가 자신들이 지금까지 '악'惡이자 '귀축'鬼畜으로 규정했던 연합군에 의해 공식적으로 주어진다는 모순으로 점철되었던 것이다. 그 모순을 다자이는 누구보다 예리하게 파악하고 있었다.

"일본에서 지금 새삼스럽게 어제의 군벌관료를 공격한다 한들 그건 더

> 이상 자유사상이 아니야. 편승사상이지. 참된 자유사상가라면 지금 무엇보다도 외치지 않으면 안 될 것이 있어." "뭐, 뭡니까? 무엇을 외치면 되겠습니까?" 갓포레가 허둥거리며 질문을 했다네. "알고 있지 않나?" 라고 말하고 에치고의 사자는 똑바로 무릎을 꿇고 앉아 "천황폐하 만세! 이 외침이라네. 어제까지는 낡은 것이었지. 그러나 오늘날에 있어서는 가장 새로운 자유사상이야. 10년 전의 자유와 지금의 자유의 내용이 다르다는 건 이걸 말하는 거야. … 오늘날의 참된 자유사상가는 이 외침 밑에 목숨을 바쳐야 해"라고 말했다.(太宰治, 2010: 165)

이러한 전후 일본인들의 모순된 경험은, 다워(Dower, 1999)의 적절한 표현을 빌린다면 "패배를 껴안는"embracing defeat 것이기도 했다. 다워는 GHQ의 일련의 민주화 조치가 일본 사회에 가져온 충격과 이에 대한 일본인들의 반응을 다음과 같이 묘사한다.

> 이 시기는 정말로 드물게도 유동적인 순간이었다. 역사상 그 이전에도 없었고, 그 이후에도 없었다. 가토 에쓰로加藤悦郎(일본의 만화가. 미군정 아래 최초의 1년을 그린 『선물 받은 혁명贈られた革命』라는 화집을 출간하였다—인용자 주)처럼 수많은 일본인들이 위로부터의 혁명을 진심으로 환영했다. 혁명은 희망의 불을 밝히고 상상력의 섬광을 빛어냈다. 미국의 지배는 낡은 사회의 권위주의적 구조에 균열을 초래했고 이는 전례 없는 개인의 자유와 아울러 미처 예기치 못했던 여러 형태의 민중 표현의 만개로 이어졌다.(Dower, 1999: 84)

이러한 반응들은 패전 후의 짧았던 이 시공간이 결코 GHQ의 전횡에 의해 이루어진 것만은 아니었음을 의미한다. 사회파 추리소설의 창시자이자 전후 일본의 '국민작가'로 불리는 마쓰모토 세이초松本清張는

『일본의 검은 안개日本の黑い霧』라는 르포를 통해 GHQ의 내부 대립으로 벌어진 틈새를 열심히 파고 들어가는 일본인들의 모습을 생생하게 그려 낸다.

다시 말하면 전쟁에서 패한 일본인들에게 전후라는 경험은 '몰락'이자 더불어 '신생'新生이었다. 소수의 일본인들은 그 모순을 외부의 포로수용소에서 남들보다 조금 더 일찍 경험했고, 대다수의 일본인은 패전 이후 본토에서 경험하게 될 것이었다. 연합군은 포로나 어린아이들도 무자비하게 죽인다는 '데마'(유언비어)에 익숙해 있던 일본인들에게 이는 엄청난 충격이었다. 제사題詞로 인용한 미시마 유키오의 『가면의 고백』에서 주인공을 '부르르 떨게 했던 실감'은 그 충격의 또 다른 이름일 것이다.

한편 이 시기는 패전 이후 선물처럼 찾아온 자유와 민주주의의 보급, 그리고 급격한 경제성장과 함께 풍요의 사회가 도래하면서 일본인들의 기억 속에서 점차 '잊힌' 시기이기도 하다. 특히 1960년대 이후 일본 사회의 정체성을 설명하는 이데올로기 틀로 작용했던 '일본인론'日本人論, '일본문화론'日本文化論 등의 담론은 전전과 전후의 연속성을 상정하며 일본이라는 시공간을 단일하고 정태적인 것으로 고착시키면서, 전쟁, 그리고 이어진 전후의 10년(혹은 15년)을 일탈, 왜곡, 혹은 빛바랜 사진 한 장으로 정리해 버린다. 도쿄에 있는 '에도도쿄박물관'江戸東京博物館이나 '쇼와관'昭和館의 전시가 보여 주듯, 혹은 2005년 개봉해 일본에서 화제를 모은 영화 〈올웨이즈: 3번가의 석양〉이 그려 내는 것처럼, 이 시기는 공습에 의한 폐허, 암시장, 전후 소련군에 의해 무장해제되어 시베리아로 끌려가シベリア抑留 돌아오지 않는 가족의 문제 등 전쟁이 할퀴고 간 상흔과 가난이 여전히 남아 있지만, 그럼에도 불구하고 전후 민주주의라는 이상 속에서 평화와 재건을 꿈꾸며 모두들 열심히 하루하루를 살아가던 시절이기도 하다.

이렇듯 전후라는 시간대에 대해 서로 모순되는 것처럼 보이는 다양한 기억들이 혼재하는 가장 큰 이유 중 하나는 패전이라는 감각이 둔화되는 것과도 연결되어 있다. 다시 말하면 패전 직후 일본인들이 느꼈던 '전쟁에 졌다'는 실감이 점차 무뎌지면서, 전후를 패전 이후가 아닌 전쟁 이후로 보는 시각이 일본 사회에 점차 뿌리내리기 시작했다는 것이다. 물론 이러한 기억의 풍화에 가장 커다란 역할을 수행한 것은 매스미디어였다. 현재 일본 사회에 정착되어 있는 '8월 15일이라는 종전終戰의 신화'가 만들어지는 과정을 추적한 사토 다쿠미佐藤卓己의 연구는 전후 일본 사회에서의 기억의 풍화의 일면을 잘 보여 준다. 실제로 오늘날 일본 사회에서 8월 15일은 아무런 이견 없이 '종전기념일'로 받아들여지지만, 전후 어느 시기까지도 종전기념일을 8월 15일이 아닌 천황의 포츠담 선언 수락이 결정된 8월 14일로 해야 하나, 아니면 미군함 미주리호에서 정식으로 항복이 조인된 9월 2일로 해야 하나를 둘러싸고 일본 사회 내에서도 논의가 분분했다고 한다. 이러한 다양한 의견들이 기각되고 옥음방송이 흘러 나간 8월 15일이 종전기념일로 정착되는 데 가장 기여한 것은 신문이나 방송 등의 매스미디어였다. 다시 말하면 "'전전의 조사弔詞'여야 할 옥음방송을 '전후의 축사祝辭'로" 만들어 내면서, 지난 전쟁은 패전이 아닌, 천황의 성단聖斷에 의해 종식된 것이라는 새로운 신화가 만들어진 것이다(佐藤卓己, 2005).[1]

1 2006년 8월 9일 나가사키長崎 원폭위령제에 참석하기 위해 탔던 하카타博多발 나가사키행 기차의 옆 좌석에 동승했던 70대 한 일본인 남성과 나누었던 대화를 잠시 적어 두고자 한다. 나가사키 원수폭 금지대회에 참가하러 간다고 말하면서, 그는 8월 15일을 '종전기념일'이 아닌 '패전기념일'로 불러야 한다고 거듭 되뇌었다. 물론 거기에는 지난 전쟁을 체험한 세대의 실감이 반영되어 있다. 실제로 그는 야마구치山口 소년항공학교에서 패전을 맞이했다면서, 야마구치에 투하될 예정이었던 원폭이 나가사키로 바뀌게 되어 목숨을 건졌다는 운명론적 실감, 그리고 그 이유로 전후의 여러 평화 운동에 관여했던 것

이는 패전이라는 경험이 그 사회에 가져오는 많은 모순들과 긴장에도 불구하고 내부에서 싹트는 새로운 사회상의 모색이라는 가능성의 공간이 봉쇄당하고, 그 모순들이 체제 내화하는 것이기도 했다. 패전 직후 급조된 첫 황족 총리 히가시쿠니 나루히코東久邇稔彦의 입을 통해 나왔던 '일억 총참회'라는 슬로건은 이러한 맥락에서 이해될 수 있을 것이다. 그것은 결코 일본 국민 전체가 지난 전쟁에서 침략국의 국민으로서 피해를 입은 아시아의 여러 나라에 책임을 지고 참회를 해야 한다는 의미가 아니었다. 일억 총참회의 진정한 의미는 이번 전쟁의 패배에 대해 누구누구의 잘잘못을 따지기 전에 일본 국민 전체가 천황에 대해 총참회해야 하며, 그것이 일본이 부활로 가는 첫걸음이라는 것이었다. 다시 말하면 그 발언은 패전이 불러일으킬 수 있는 모든 사

이 계기가 되어, 지금도 매년 히로시마·나가사키에서 열리는 원수폭 금지대회에 참여한다고 했다.

'종전'이라는 단어가 풍기는 위화감에 대해서는 많은 작가들도 언급한다. 앞서 언급한 『포로기』의 저자 오오카는 필리핀의 포로수용소에서 접한 일본의 신문 기사를 보며 다음과 같이 비꼬아 말한다. "우리는 [패전을 다룬 일본 신문을 보고] 이번 전쟁이 '패전'이 아니라 '종전'이며, 그 결과로 일본에 상륙한 외국군대가 '점령군'이 아니라 '진주군'이라는 사실을 알게 되었다."(大岡昇平, 2010[1948]: 397) 이와 유사하게 제국육군의 사관으로 패전을 맞이했던 이오 겐시飯尾憲士는 조선인 특공대원의 실화를 다룬 논픽션 작품인 『가이몬다케開聞岳』(1985)에서 패전과 종전이라는 어감의 차이를, 같이 전쟁을 체험한 동급생의 입을 빌려 다음과 같이 기록한다. "네[飯尾]가 예전에 있었던 군대의 '높으신 분들'은 꽤 괜찮은 말을 생각해 내는 데만큼은 재능이 있었던 것 같아. 퇴각退却이라고 말하지 않고 전진轉進이라고 한다거나. 종전이 아니야. 패전이지. 패전은 일본인으로서 기뻐해야 할 현상이란 말이야. 저 전쟁에 이겨서 군대나 예전 경찰이나 특고特高 등 사상범을 적발하는 사복형사가 거리를 휘젓고 돌아다닐 것을 상상하면 소름이 끼쳐. 패전으로 일본은 다시 태어난 거야. 종전이라는 말은 승전국이 사용하는 말이야. 우리들은 쇼와 20년 8월 15일의 패전기념일을 축복하지 않으면 안 돼."(飯尾憲士, 1985: 49-50)

회적 갈등들을 은폐하려는, 마루야마 마사오丸山眞男의 표현을 빌린다면 "위험한 상황에 처한 오징어가 먹물을 뿌리는"(丸山眞男, 1956: 322) 것과 같은 지도부의 '발상'에서 나온 것이다. 전후의 사상가 다케우치 요시미竹内好가 8·15를 회상하며 '굴욕'이라고 명명한 데는 이런 복잡한 심경이 깔려 있었다.

> 8·15는 내게 굴욕의 사건이다. 민족의 굴욕이며 나 자신의 굴욕이다. 떠올리기 쓰라린 사건이다. 포츠담 혁명이 진행되는 참담한 과정을 보며 통절하게 느낀 것은 8·15 시기에 공화제를 실현할 가능성이 전혀 없었는가 하는 것이었다. 가능성이 있었는데도 가능성을 현실로 바꾸려는 노력을 게을리했다면 우리 세대는 자손에게 남긴 무거운 짐에 대해 연대책임을 져야 한다.(竹内好, 2011: 30)

2. '전후'라는 시기 설정을 둘러싼 일본 내의 논의들

전후라는 용어는 그 개념상 시간구분의 의미를 내포하고 있으며, 따라서 전후라는 시기를 언제부터 언제까지로 잡아야 할 것인가에 대해 일본 사회 내에서도 실로 다양한 논의들이 이루어져 왔다(加藤典洋, 1997; Gluck, 1997; Dower, 1999; 小態英二, 2002). 이 논의들을 종합하면 대략 다음과 같은 구분이 가능할 것이다. 일단 일본의 경제기획청이 "이제는 '전후'가 아니다もはや戦後ではない"라고 선언했던 '1955년'은 그 한 단절점을 이룬다.[2] 1955년은 실질국민총생산GNP이 이미 전전의 수준까지 회

2 실제로 『경제백서』가 발간된 것은 1956년이지만, 이는 1955년의 경제성과에 대한 평가라는 의미에서, 여기서는 1955년을 그 한 분기점으로 보았다. 참고

복되고, 일본이 고도경제성장기(이른바 '진무경기'神武景氣)로 진입하기 시작하는 상징적인 해다. 패전 직후 일본을 지배했던 궁핍과 혼란, 사회질서의 카오스 상태가 마치 먼 옛날의 이야기였던 것처럼, 물질적 풍요와 안정이 일본 사회에 도래한 것이다. 1968년에 이르면, 일본은 서독을 제치고 세계 제2의 경제대국으로 도약한다.

또 하나의 단절점으로 이야기되는 것은 쇼와 천황이 죽은 1989년이다. 이미 그해 전 가을부터 천황의 병세는 시시각각 매스컴을 통해 보도되었다. 심지어 최초의 토혈 사태가 발생한 후에는 모든 신문들이 특별란을 만들어 검출된 미소한 분량의 하혈과 그것을 보충하기 위한 수혈량, 체온과 맥박 수까지 보도하고(Field, 1995: 34), 연말 상점가의 네온사인 불빛마저 제한하는 등 일본 사회는 일종의 '자숙自肅 모드'에 들어가 있는 상태였다.[3] 1989년 1월 천황이 마침내 죽었을 때, 당시

로 "이제는 전후가 아니다"라는 말은, 원래 『분게이슌주文藝春秋』 1956년 2월호에 실린 나카노 요시오中野好夫의 평론 「이제는 전후가 아니다」를 1956년의 『경제백서』가 결론의 제목으로 사용하면서 일본 사회에 커다란 센세이션을 불러일으킨 대사다.

3 근대 일본에서 천황에 대한 상像이 만들어지는 과정을 역사적으로 분석한 민중사가 야스마루 요시오安丸良夫는 당시 천황의 와병으로 발생한 일본 사회의 과잉 자숙현상을 지켜보면서 전후 40년이 지난 현재까지도 "천황의 권위가 그물망처럼 일본 사회를 에워싸고" 있다는 사실에 놀라움을 표한다. "천황의 중태가 보도된 1988년 가을에는 전국 각지의 이벤트와 축제나 페스티벌에 관한 문자가 사라지고 텔레비전의 상업방송에서 '건강'이나 '삶의 환희'와 같은 표현이 제거되었다. 백화점이나 슈퍼마켓의 식품 매장에서는 경사스러운 날에 먹는 찰밥이 모습을 감추었다. 전국의 가을 축제가 중지되어 생계가 어려워진 노점상 부부가 자살한 사건도 있었다. … 그 후 쇼와 천황의 죽음에 즈음해서 조기 게양과 직장에서의 묵도, 그리고 여기에 보조를 맞춘 텔레비전의 특별방송, 엄중한 경계태세에서 치러진 장례식과 즉위식, 다이조사이大嘗祭, 그리고 나가사키 시장 총격사건 등이 있었다. 경계태세와 관련해서 한마디 덧붙이면, 예를 들어 사전에 이루어진 경찰의 지도에 따라 장례식 당일 밤은 신주쿠 가부키초의 번화가에 네온사인이 꺼지고 야쿠자도

일본열도에서 살아가던 사람들은 과거 메이지 천황의 죽음을 "한 시대의 종언"으로 선언했던 국민작가 나쓰메 소세키夏目漱石의 소설 『마음こころ』(1914)의 한 장면을 떠올리며, 또 한 시대가 끝났음을 느꼈을지도 모른다. 그것은 전쟁으로 점철된, 그리고 패전이 남긴 잿더미와 전후의 기적적인 부흥을 모두 아우르는, 말 그대로 한 시대의 종언이었다. 이는 자신들을 종종 쇼와昭和 이후, 즉 헤이세이平成에 태어났다는 의미에서 "헤이세이 태생"平成生まれ이라고 이야기하면서 이전 시기에 태어난 사람들과 자신을 구분하는(혹은 쇼와 세대들에 의해 구분당하는) 현재 10-20대 젊은이들의 아이덴티티에서도 느낄 수 있는 실감이다. 하지만 쇼와 시대의 종언은 단순히 천황이라는 한 개인 혹은 상징의 소멸만은 아니었다. 국제정치적 맥락에서 본다면 그것은 냉전 체제의 종언, 또 일본 사회 내부만을 본다 해도 전후 일본 사회를 견인했던 고도경제성장과 그 여파로 찾아온 물질적 풍요와 번영의 시대가 끝나고, 흔히 '잃어버린 10년'이라고 이야기되는 장기 정체, 그리고 폐색감閉塞感이 지배하는 '불가능성의 시대'(大澤眞幸, 2008)로의 진입을 알리는 결절점이기도 했다.

하지만 이렇듯 전후를 둘러싼 여러 논의들은 여전히 일본 사회 내부에 한정되어 있어, '제국' 일본의 몰락이 남긴 유산들의 문제를 제대로 반영하고 있지 못하는 듯이 보인다.[4] 그 한 예로 일본의 패전 후

사무실 문을 닫았다. 원래 야쿠자는 추석이나 설날에도 장사를 하는 법인데, '나도 27년간 야쿠자를 해 왔지만 이런 일은 처음이야'라는 말에서도 알 수 있듯이 야쿠자 두목도 전혀 새로운 경험을 했다."(安丸良夫, 2008: 3)

4 예외적으로 전전과 전후 일본인의 경계boundary를 추적해 나가는 작업을 통해 일본인, 일본 국민이라는 허구성을 지적해 온 오구마 에이지小熊英二는 전후 일본의 내셔널리즘과 공공성을 다룬 저서(『民主と愛國: 戰後日本のナショナリズムと公共性』)의 서문에서 일본의 전후를 세 단계로 구분한다. 첫 번째 전후는 더 이상 전후가 아니라는 인식이 싹튼 1955년까지의 시기이고,

바로 미군의 관할하에 들어간 오키나와로서는 1972년 미국의 오키나와 반환을 전후의 시작으로 인식할 것이다. 아니, 여전히 섬 전체의 20%(일본 본토 전체에서 기지 집중 비율로 본다면 75%)가 미군의 기지로 남아 있는 상황에서, 또 미군 범죄나 전투기 추락 등 대형 사고가 끊이지 않는 상황에서 전후가 끝났다고 단정 지을 수 없다는 주민들도 있다. 오키나와의 소설가 메도루마 슌의 표현(실제로 그의 저서의 타이틀이기도 한)(目取眞俊, 2005)을 빌린다면, 오키나와는 아직 '전후 제로(0)년'인 것이다.

또한 구 식민지 출신의 국민으로 자신들의 의사와는 무관하게 일본으로 흘러 들어왔지만, 일본의 패전 후 얼마 지나지 않아 아무런 동의 없이 국민으로서의 지위를 박탈당하고 '반半난민'(徐京植, 2002)의 처지로 전락한 채, 지금까지 일본 사회로부터 갖은 유무형의 차별을 감내하며 살아가고 있는 재일조선인들에게도 전후는 결코 끝난 것이 아니다. 그래서 "일선동조론日鮮同祖論의 대본大本의 대신大神의 피가 흐르고 있음으로 하여 적자赤子로" 전전 일본 사회에 끌려온 아버지를 둔 한 재일조선인 여성 시인은, 자숙 속에 '침묵'이 강요되고 일본 자본주의의 성공을 찬미하는 식전으로 치러진 천황의 장례식장을 보면서 "당신, 죽지 말지어다 아직은"이라고 되뇌어 절규했던 것이다(宗秋月, 「비탄의

두 번째 전후는 현재 일본인들에게 '전후는 풍요로웠다'고 기억되는 1955년 이후 고도경제성장과 그 이후 풍요의 시기다. 오구마가 이 두 전후를 구분하는 것은 첫 번째 시기와 두 번째 시기가 예컨대 '국가'와 '민족'과 같은 어휘의 사용에 있어서도 질적으로 너무 상이한 시기이기 때문에, 이를 두 시기를 통틀어 '전후'라고 일컬을 경우 발생할 수 있는 오해와 혼란을 차단하기 위해서인 것으로 보인다. 마지막으로 세 번째 전후는 1990년대 이후의 시기로, 이 시기는 냉전의 종언과 국제질서의 유동화에 직면하기 시작하면서, 이전의 전쟁의 기억을 자물쇠로 걸어 놓고 만들어 온 '우리 일본 국민' 의식이 흔들리기 시작하는 시기다(小熊英二, 2002: 11-14).

패러독스哀のパラドックス」. Field, 1995에서 재인용). 나아가 전후를 둘러싼 논란은 1980년대 이후 쟁점화된 역사교과서 문제나 한국·타이완·필리핀 출신의 구 일본군 '위안부'였던 할머니들의 소송, 야스쿠니신사 참배 문제, 전쟁피해 보상 등 여러 갈등들이 끊이지 않고 일어나고 있는 동아시아라는 지정학적 공간으로 확대된다. 다시 말하면 일본의 전후는 일본 사회 내의 여러 문제들, 그리고 동아시아라는 맥락에서 다시 검토할 필요가 있다.[5]

이와 관련하여 미국의 일본사학자인 캐롤 글럭C. Gluck은, 1995년 일본 사회에서 유행한 '전후 50년'이라는 수사적 표현이 보여 주듯, 세계 제2차 세계대전을 치른 다른 서구 국가들과는 달리 50년에 걸쳐 '전후'라는 용어가 일본 사회에서 사용되어 온 역사의식의 특수성에 주목하며, 전후에 대한 일본 사회의 인식의 틀pattern을 다섯 가지로 분류한다. 그것은 각각, 천황의 항복선언으로 대표되는 '신화사적mythistoric 전후', 전전의 전도/부정을 '영웅적 서사heroic narrative로 그려 온 전후', 미 제국 내의 '종속적 독립국'으로서의 일본을 의미하는 '냉전으로서의 전후', 일본 좌파가 고안하고 비판하며 또 끊임없이 선전했던 '진보

5 베를린 장벽의 붕괴, 소비에트의 몰락 등 냉전 체제의 종식을 전후의 종식으로 받아들이는 서구 유럽과 달리 동아시아라는 지정학적 공간에서 냉전 체제의 종식은 전후에 대한 새로운 문제제기의 출발점이기도 했다. 그 이유는 이 지역에서 1945년 패전 직후 일본의 전쟁책임을 묻고자 하는 시도 자체가 냉전 체제라는 구조하에 좌절되었기 때문이다. 즉, 당시 일본 식민지배의 피해국인 조선은 냉전의 부산물인 내전을 겪고 있었고, 중국의 경우 냉전 체제하의 적성국이었다는 점에서, 그리고 대다수의 동남아시아 국가는 전후 미국이 주도하는 냉전 체제하에서 일본의 경제블록으로 편입되어야 했기 때문에, 전후란 무엇인가라는 문제가 공론화되기 어려운 상황이었다. 냉전 체제의 종식과 더불어 동아시아에서 가열되고 있는 역사와 기억을 둘러싼 싸움은, 일종의 지연된 전투이자 전후 수십 년 동안 갇혀 있던 유령의 출현이라고 할 수 있을 것이다.

적 전후', 사생활주의로서의 '중간계급의 전후'다. 물론 이러한 구분은 그 나름의 의미를 지니면서도 실제 사회현실에서는 서로 밀접하게 연관되어 있는 것이다. 나아가 글럭은, 일본의 전후가 전전과의 단절로 인해 달성되지 못한 근대로의 길("근대의 덧씌우기")로 요약될 수 있으며, 이는 공적인 측면을 방기함으로써 적어도 사적인 측면(생활의 측면)에서는 달성되었지만, 1990년대 중반에 접어들어 이러한 안정이 깨어지면서 더욱 불투명해지고 있다고 전망한다(Gluck, 1997). 특히 전후 냉전이라는 구조하에 영웅적 서사로 동결되어 온 일본인들의 기억이 냉전 체제의 붕괴와 함께 마침내 파열되기 시작하면서, 일본인들의 기억에서 전후 시대는 끝났다기보다는 이제 막 시작되었다고 보는 것이 타당하다는 글럭의 견해는 설득력이 있다.

한편 마르크스주의 역사학자인 해리 하루투니언H. Harootunian에게 일본의 전후는 국민의 기억을 분류하고 조직하기 위한 범주로서 지속의 시간성을 영원의 공간적 풍경과 '지금'에 응고시키는 수사trope나 다름없다. 다시 말해 현대 일본 사회에서는 기억에 의거하면서 역사를 부인하는 반복의 구조를 재도입하는 움직임이 계속되고 있으며, 이러한 '전후'의 공간화와 이에 뒤따르는 시간성의 거절이야말로 전후 일본과 세계사적 자본의 운동의 광범위한 공모를 명확히 보여 주고 있다는 것이다. 특히 그는 역사와 기억을 동일시하며, 기억과 애도를 응축시켜 도덕적 목적으로 전화하고, 민족주의적인 감정·원한·희생을 기록하는 방대한 문서고archive를 기초로 공동체적 윤리를 재구성하고자 하는 현재 역사수정주의자들의 시도를 비판하면서, 전후라는 장을 서로 다른 언설들과 시간성이 공존하는 복수의 역사들의 불균등한 장으로 바라볼 것을 제안한다(이상 Harootunian, 2000 참조).

이상의 논의들은 공통적으로 전후를 단지 패전 이후의 어느 한 시기라는 역사적 시간을 넘어서는, 다시 말하면 전쟁, 그리고 패전에 이은 다양한 담론 활동의 산물로서, 즉 전쟁을 겪은 사람들이 기억하는 전쟁에 대한 많은 담론들과 오늘날의 일본 사회에서 전후를 기억하고 이야기하는 담론들의 중층적 결합의 산물(Sakai, 2005)로서 인식할 것을 요청하고 있다. 전후를 과거의 사건이 아니라 현대 일본 사회에서 끊임없이 재구성되는 기억의 산물로 이해하면서, 기억의 정치라는 프리즘을 통해 고찰하고자 하는 본 연구의 문제의식 역시 여기에 있다. 패전 이후 고도경제성장과 중산층 사회의 신화(전체 인구의 98%가 자신을 중산층으로 생각하는 신화)에 의해 봉합된 채 묻혀 있던 기억들이, 냉전의 종언 혹은 근대의 종언에 대한 논의와 더불어 다시 망령처럼 등장하고 있는 현재의 상황은 전후를 다시 한 번 객관적으로 점검해 볼 중요한 전환점이라고 할 수 있을 것이다.

제2장 집합기억, 기억의 정치에 대한 이론적 검토

기억에 대한 연구는 현대인류학·역사학에서도 낯선 영역은 아니다. 기억에 관한 관심의 증가는 정체성의 정치가 고양되고 거대서사가 몰락하는 1980년대의 조류와 밀접한 관련을 갖는다(Cole, 2005: 106). 테사 모리스-스즈키T. Morris-Suzuki가 "내셔널리즘의 글로벌화"(Morris-Suzuki, 2005)라는 역설적 현상의 귀결이라고 적절하게 표현한 바 있듯이; 20세기 후반부터 진행된 홀로코스트, 난징대학살, 위안부 문제 등 지난 전쟁의 기억을 둘러싼 전 세계적인 규모의 투쟁이라는 현실 역시 기억에 대한 관심을 촉발시켰다. 전후 일본의 맥락에서 보더라도, 1990년대는 한때 '정설'定說로 간주되어 왔던 '전후역사학'에 대한 비판이 첨예화되면서 기존의 역사학에 대한 재고와 함께 기억에 대한 관심이 커져 갔던 시기이며, 1990년대 중반 이후 '전후 50년'이라는 시점과 맞물려 기억 연구의 폭발적 증가를 가져온 시기다. 그리고 이러한 변화는 전쟁체험자의 고령화에 의해 '사적'私的 차원의 기억이 풍화하는 한편, 집합명사로서의 '국민'nation을 주어로 하는 공동체로의 '레토릭적 동일화'가 촉진되는, 다시 말하면 내셔널한 일체감이 강조되는 경향(奧田博子, 2010: xi)과도 맞물리고 있다.

기억 연구의 출발점에 있어, 20세기 초 사회학자인 모리스 알박스M. Halbwachs의 작업을 그 선구로 놓는 점에 있어서는 대다수 학자들의 견해가 일치한다. 기억에 대한 개인주의적·철학적 차원을 넘어, 기억이 그 내용 및 구성, 전달의 면에서 지극히 사회적이고 집단적인 현상임에 주목하면서, 알박스는 일찍이 '집합적 기억'collective memory이라는 개념을 제안한 바 있다. 물론 집합적 기억이라는 개념은 '사적 기억'personal memory이라는 차원 자체를 무시한 것이 아니라, 한 개인의 기억에 있어 그 촉발이나 형성, 보존에 사회(타인)가 관여하며 집단 성원들이 같은 경험을 함으로써 같은 내용의 기억을 공유한다는 정도의 의미를 지니고 있었다(Halbwachs, 1980: 23. 김영범, 1999: 576-577에서 재인용). 또한 공식적이고 인위적이며 단일한 관점을 갖는 역사와 그 대립항으로서 비공식적이고 불규칙적이며 복수적 성격을 갖는 (집합) 기억이라는 이분법적 구도를 초기에 제시한 것도 그였다(Halbwachs, 1980: 80-86).

한동안 학계에서 잊혔던 그의 논의가 60여 년의 세월 후에 연구자들에게 다시 주목을 받게 된 이유는 무엇보다 집합적 기억의 사회적 구성성, 특히 집합적 기억에서 물질이나 공간이 갖는 중요성을 지적하고 프레임이라는 사고를 제기했다는 점에서, 그리고 집단에 의한 기억과 제도화된 기억을 구별함으로써 집합적 기억이 병렬 결합하며 그 장 내에서 기억의 상호투쟁이 일어난다는 것을 지적했다는 점(栗津賢太, 2006: 89)에서, 다시 말하면 기억의 정치라는 문제의식을 환기하고 있다는 점에서 오늘날 기억 연구의 중요한 논의들을 선취하고 있기 때문이라고 할 수 있을 것이다. '기억의 장'les lieux de mémoire이라는 유행어를 만들어 내면서, 많은 연구자들에게 역사와 기억의 관계, 또한 기억의 정치에 관한 관심을 불러일으킨 기념비적 작업으로 평가되고 있는 프랑스의 역사학자 피에르 노라P. Nora가 주도한 일련의 작업 역시 많은 부분 알박스의 논의로부터 이론적 프레임을 빌려오고 있다.[6]

'기억의 장'이라는 개념은 주지하다시피 '기억'과 '장'이라는 두 개념의 조합어다. 거대한 기억의 장 프로젝트의 권두 논문(「기억과 역사 사이에서」)에서, 오늘날 기억의 장에 대한 관심이 증가하는 것은 바로 우리의 세계가 그 기억을 상실해 가고 있기 때문이라는 역설에서부터 출발한 노라는 기억과 역사를 다음과 같이 구분한다. '기억'이 "삶이자, 언제나 살아 있는 집단에 의해 생겨나고 그런 이유로 영원히 진화되어 가며, 기억력과 건망증의 변증법에 노출되어 있고, 의식하지 못한 채 끊임없이 왜곡되며, 활용되거나 조작되기 쉬운" 것이라면, 역사란 "더 이상 존재하지 않는 것에 관한 미완성의, 그리고 언제나 새로운 문제를 제기하는 재구성reconstruction"(Nora, 2010a: 20-21)이다. 또한 '장'lieux이란 물리 공간적 의미에서 3차원적 장소가 아닌, 기억술론의 전통 속에서 일관적으로 계승되어 온 개념으로 'loci'(장소들: 장소의 라틴어 복수형)이자 'topoi'(장소들: 장소의 그리스어 복수형)에 가깝다. 다시 말하면 '기억의 장'이란 '집합적' 또는 '사회적 공동체'에서 공유된 기억의 준거점으로, '함께 기억하는 것'com-memoration이 '기념', '축하'를 의미하고, '공통의 장소'commom-place가 '상투어', '평범한 것', '흔한 것'을 의미하듯, 그러한 포괄적 의미의 '장소'를 지칭한다(정지영 외 편, 2015: 20-21).

이러한 기억의 장의 대표적인 예가 라마르세예즈와 같은 국가國歌, 삼색기, 박물관, 기록보관소, 묘지, 축제, 세대, 기념일, 전몰자추도기념관 등의 '장'이다. 여기서 '장'은 이곳저곳을 가리키는 물질적 의미의 장소만은 아니며, 장이 갖는 세 가지 속성, 즉 물질적·기능적·상징

6 노라는 『기억의 장』 시리즈의 결론부에서 "오래전에 나온 그[알박스]의 책 『기억의 사회적 틀』이 『집단기억』이라는 제목으로 다시 출판된 것은, 역사가들로 하여금 기억에 대한 새로운 관심을 불러일으킨 원인이라기보다는 오히려 그 결과"(Nora, 2010b: 403)라며, 알박스의 저작이 갖는 위치를 자리매김한다.

적 측면이 서로 충족되었을 때 비로소 진정한 의미의 기억의 장이 된다. 예를 들어 세대generation는 인구학적인 내용을 기준으로 본다면 물질적이고, 그것이 추억의 결정화와 추억의 전달작용을 동시에 수행하기 때문에 기능적이며, 또 하나의 사건이나 소수의 사람들이 겪은 하나의 체험을 가지고 거기에 참여하지 않은 다수의 사람들을 특징짓기 때문에 본질적으로 상징적이라는 점에서 기억의 장이 된다(Nora, 1996). 그의 논의를 받아들인다면, 이 책의 무대이기도 한 '전후 일본'이라는 시공간, 전중세대나 전후세대, 그리고 특공대원의 위령제나 특공평화기념관 등은 일본 사회의 대표적인 기억의 장으로 자리매김할 수 있다.

기억의 장에 대한 노라의 논의는 서문이라는 글의 성격을 고려한다 해도 지극히 난해하며, 특히 기억과 역사의 상관관계에 대해서 명확한 규정을 내리지도 않는 '불친절한' 글이다. 따라서 이 논고가 초기에 영어권에 번역·소개되었을 때(1984년)에는 비판도 만만치 않았다. 특히 노라 기억론의 의의를 일부 계승하면서도, 노라의 논의가 "일반인들의 과거의 체험에 대한 순수하고 진정한 앎을 가리키는 것"으로서의 기억과, "권력의 소산이자, 문화적 엘리트, 식민자, 지배자 계급에 속하는 다른 사람들의 관점에서 쓰인 것"으로서의 공식의 역사라는 이분 구도로 이해될 위험성이 있다고 지적한 리사 요네야마의 비판(Yoneyama, 1999: 27)은 정곡을 찌른다. 이러한 독해의 가능성은 현시대는 역사에 의해 진정한 기억이 소멸되어 가는 시대라고 보는, 다시 말해 기억으로부터 역사로의 이행이라는 노라 자신의 문제설정, 그리고 기억의 장 논의 전반에 흐르는 애매함과 추상성에 기인하는 것이기도 하다. 또한 기억의 장에 대한 연구가 오히려 사회 전반적인 기념commemoration 열풍을 부추겼다는 비판에 대해서는 노라 자신도 어느 정도 수긍하고 있을 정도다.[7]

주목해야 할 것은 노라도 지적한 것처럼, "오늘날 프랑스인의 기억을 매개로 옛 프랑스를 새로이 성찰하기" 위한, 즉 "프랑스라는 외연을 가진 기억의 국민경제"(정지영 외 편, 2015: 22)를 창조하고자 한 프로젝트가 왜 전 유럽으로 수출되고 나아가 유럽과는 다른 근대국민국가 건설을 거쳤던 동아시아의 기억 연구에도 영향을 미쳤는가 하는 점이다. 이는 기억의 장이 프랑스적 특수성으로 출발했지만 하나의 보편성을 담아낼 수 있는 모듈module로서 작용하면서 다양한 변이형들을 생각할 수 있게 하는 틀의 역할을 하고 있음을 의미하는 것이다.

다만 "우리가 더 이상 거기에 거하지 않는 기억의 살아남은 장소들, 반半 공식적·제도적이면서 반 감정적·감상적 기억의 장소들, 더 이상 전투적인 열의나 열정적인 참여를 불러일으키지는 않지만 무언가 상징적인 삶이 아직도 고동치는, 만장일치의 감정이 없는 만장일치의 장소들"(Nora, 2010a: 43)이라는 노라의 언명에서 드러나듯, 프랑스 사회에서 기억의 장은 이제 사회 내에서 어느 정도 합의된 장으로서의 성격을 지닌다. 하지만 비교적 최근, 그리고 빠른 속도로 근대화·식민·내전을 겪으면서 국민국가를 건설해 온 동아시아의 여러 나라에서 기억의 장은 프랑스에서와 같이 그렇게 안정되고 고정된 장소일 수 없다. 동아시아 기억의 장 프로젝트를 주도했던 연구자들이 지적하듯 동아시아의 역사적 현실은 국민사적 기억의 토폴로지topology를 구축하는

7 노라가 직접 저술한 『기억의 장』 시리즈 3권의 결론에 해당하는 마지막 논고(「기념의 시대」)는 기억의 장을 둘러싼 여러 오해에 대한 해명의 성격이 강한 글이다. 특히 기억의 장 연구가 프로젝트 팀의 의도와 무관하게 기념 열풍을 부추기게 된 원인에 대해 노라는 "기억의 장악력이 너무 강한 나머지 기념행사를 치르려는 시대의 과욕이 기념제 현상을 제어하려는 시도마저도 삼켜 버렸기"(Nora, 2010b: 359) 때문이라고 지적한다. 기념제의 강박에서 벗어난 형태의 역사를 추구했던 시도가 기념제에 압도되어 버렸으며, 그 결과 '기억의 장'이라는 표현이 탄생하자마자 비판적 거리 두기를 위해 만들어진 장비가 기념제의 탁월한 도구가 되어 버렸다는 것(Nora, 2010b: 359)이다.

것을 간단히 용납하지 않는다. 왜냐하면 동아시아의 역사는 중화제국, 일본의 제국주의와 전쟁, 냉전, 한국전쟁, 그러한 역사가 만들어 낸 디아스포라의 존재, 그리고 오늘날의 글로벌화 등으로 '일본'이나 '한국'이라는 단위를 국민사적으로 나누기에는 너무나 얽혀 있기 때문이다(정지영 외 편, 2015: 31-32). 나아가 기억의 장 프로젝트에는 국민주의적 기억을 넘어서는 식민지 문제 등과 같은 다양한 불협화음의 요소들, 다시 말하면 '공동의 기억'에 선행하는 '공동의 망각'이라는 문제가 처음부터 누락되어 있었다는 점을 지적해 둘 필요가 있다. 다시 말하면 '기억의 장'이란 원래부터 무수히 존재하는 여러 기억들을 누락시키고 '기억의 구멍'trou de memoire 속으로 빠트리면서, 그 위에 '균질적이며 공허한' 상상의 연속적 공간을 형성했을 때 비로소 성립하는 공간인 것이다(정지영 외 편, 2015: 25).

이러한 기억의 장의 동질화·국민주의화에 맞서, 내러티브화된 역사, 제도화된 역사에 내러티브의 복수성·다성성이라고도 할 수 있는 기억을 대치하는 방법은 이미 푸코의 선구적인 성찰(Foucault, 1975) 이후 많은 사회과학 연구자들에 의해 제창된 바 있다. 역사를 매끄하며 필연적인 진화 발전의 흐름이 아닌 그 단절과 뒤엉킴에 주목하면서 동시에 그 장에 기입되는 권력의 효과에 천착한 푸코의 일련의 계보학적 작업들은 승자들의 공적 기억/역사에 포섭되지 않는 무수한 파편의 기억들, 즉 '대항기억'counter-memory과 기억의 정치memory politics라는 문제설정에도 많은 시사를 던져 주었다. 더욱이 이러한 문화정치는 결코 과거의 어떤 순수한 경험이 어딘가에 존재하며 그것을 진짜 기억으로 계승하는 작업을 의미하지 않는다. 오히려 여기에는 "어떤 특정의 사건이나 체험이 자연스러운 것으로 권위를 가지게 되는 한편, 다른 사건이나 체험은 진정하지 못한 것으로 간주되어 가는 매개의 과정process"이 실로 중시된다. 이는 「역사철학테제」에서 벤야민W. Benjamin이

쓴 것처럼, "과거를 거슬러 올라가는 것", "위기의 순간에 다른 기억을 포착하는 것", 즉 과거의 시간을 현재의 극히 절박한 것으로 바꿔 가는 기억의 변증법으로서의 사회실천을 의미하는 것이기도 하다. 즉 공허하고 동질적인 '보편적 역사'에 맞서, 과거에 있었을지도 모르는 무수한 저항점—벤야민의 표현을 빌린다면 혁명적·메시아적인 '바로 지금'—을 명확히 함으로써 역사의 필연성에 대해 되묻는다는 문제설정도 기억의 정치에는 내포되어 있다(이상 Yoneyama, 1999: 28-33 참조).

기념비는 그러한 상이한 기억들의 경합이 격렬하게 일어나는 대표적인 기억의 장이라고 할 수 있을 것이다. 그 한 예로 스터켄M. Sturken은 미국의 베트남전쟁 기념비 건립을 둘러싼 사회적 기억의 경합을 다루면서, 건립 주체인 재향군인회와 정부, 그리고 실제 기념비 디자인을 설계한 건축가와 건립 이후 기념비를 찾아오는 시민들에 이르기까지 미국 사회 내에서 베트남전쟁에 대한 다양한 기억들이 기념비라는 구조물을 둘러싸고 어떻게 경합하는지를, 기념비 건립 단계부터 건립 이후까지의 기간에 걸쳐 분석한다(Sturken, 1997). 집합적 기억은 단일한 전체가 아니라 "아이덴티티를 형성하는 액티브한 과거"라고 할 수 있으며, 기억의 장은 결국 "기억실천memory practice의 장"이라는 올릭의 논의(Olick, 1999)는 이러한 관점에서 시사적이다. 왜냐하면 여러 집단에 의한 기억실천의 장이라는 시각은, 다양하며 자주적인 문화적·사회적 시도가 결국은 국민국가의 자장으로 회수되는 사태로 그려져 버리는 경향이 강한 국민국가론과는 다른, 보다 역동적인 분석의 가능성을 제시해 주기 때문이다.

'기억실천의 장'이라는 관점은 전후 일본이라는 시공간의 역동성을 고찰하는 데도 효과적인 분석 틀임이 입증된 바 있다. 그 한 예로 히로시마의 기억의 정치를 테마로 한 연구에서 '피폭자'被爆者들의 증언 활동이 갖는 의미에 주목한 요네야마는, 이들의 증언 활동이 전후 일본 사회에 의해 부여되는 '피폭자'라는 단일한 정체성(위험한 존재로서 터부시되는)을 거부하고 자신들 개개인이 처해 있는 다양한 위치성positionality에 대한 자각과 함께 피폭 경험이라는 트라우마trauma를 '치유'하는 역할에 주목한다(Yoneyama, 1999: 3장 참조).[8] 또한 다양한 위치성에 대한 자각은, 히로시마라는 표상을 통해 일본이라는 국가를 가해자가 아닌 피해자로 전화시키는 전후 일본의 담론공간을 균열시키는 힘으로 작용하기도 한다. 여기서 주목해야 할 점은, 기억의 우회mnemonic detours를 통해 증식되는 증언storytelling의 장소들이 공식적인 역사의 초상과는 상이한 히로시마의 기억들을 만들어 내는(Yoneyama, 1999: 114) 역할을 한다는 것이다. 그녀의 작업은 전쟁체험이라는 경험을 상기하고 이를 증언하는 작업이 국민국가의 균질한monolithic 담론공간을 균열시키는 비판적 지식critical knowledge으로 전화될 수 있음을 보여 주는 좋은 사례연구다.[9]

8 요네야마의 작업은 기억의 정치, 특히 대항기억의 생산으로서의 증언 활동에 초점을 맞추고 있기 때문에, 이러한 증언 활동이 피폭자 개개인에게 있어 갖는 치유의 의미에 대해서는 그다지 밀도 있는 분석이 이루어지지 않는다. '피폭자'라는 사회적 낙인을 찍힌 사람들 개개인에게 증언 활동이 갖는 의미는 무엇일까. 마이클 타우시그M. Taussig는 나치 통치 시기 유태인 피해자였던 티머만Timerman의 담론을 분석하면서, 가해자가 만들어 내는 환각에 맞서 자신의 몸에 가해진 폭력에 대해 이야기하는 것이야말로 서사를 통해 테러의 문화를 매개하는 것이자 테러에 반하는 말하기/글쓰기의 과정임(Taussig, 1984: 494)을 명언한 바 있다. 이렇게 본다면 피폭자라는 사회적 낙인과 함께 전후 일본 사회의 피해자 담론의 담지자(그 피해의 흔적이 몸에 각인되어 있다는 의미에서)이기도 한 피폭자들의 증언은, 전후라는 사회가 자신들에게 강요한 이중의 억압에 의해 망각되었던 것들의 귀환으로 해석할 수 있지 않을까. 다시 말하면 프로이트적 의미에서 기억은 억압된 과거의 진실을 재생한다는 뜻에서 개개인에게 치유의 역할을 할 수 있다는 것이다.

9 전장의 군인이나 피폭자와 같은 특별한 체험을 가진 사람들이 아니더라도, 전쟁체험은 모든 일본의 국민들이 다양한 방식으로 공유한 경험이다. 그 한

한편 오키나와전투의 기억에 대한 일련의 연구를 통해 도미야마 이치로(冨山一郎, 2006)는 상상의 공동체로서 일본인이 만들어지는 일상의 실천 속에, 일본인으로 회수될 수 없는 임계영역이 끊임없이 발생한다는 사실을 '전장'이라는 공간에서 발견해 낸다. 그의 표현을 빌린다면 전후 일본이란 전장의 기억을 봉인한 사회다. 그리고 전장에서 죽은 자를 대리하여 말하는 구조가 지속되면서 그 봉인은 더욱 강화되어 왔다. 하지만 그 봉인이 하나의 만들어진 환상에 불과한 것이라는 사실을 드러내 주는 것은 바로 그 전장을 통과해 온 사람들의 몸, 그리고 죽은 자의 시체인 것이다. 회수될 수 없는 잔여기억의 발화, 이것은 증언의 영역을 통해 구체화된다. 도미야마는 전후 일본 사회가 간과해 온 증언의 영역("죽은 자를 대리하여 말하는 것이 아니라, 죽은 자와 함께 어떤 시간성 속에서 대화하는 것")을 다시 문제화함과 동시에, 그 고통이라는 비언어적 체험을 이해하고 또 언어화하는 과제를 이후의 연구자들에게 부과하고 있다.

이상의 논의들은 전후 일본에서 전사자의 죽음을 둘러싼 기억의 정치를 고찰하고자 하는 본 연구의 기획에도 많은 시사점을 제공해 준다. 노라가 분석의 대상으로 하는 현대 유럽 사회와 달리 여전히 국민국가의 경계가 확고하고 또 지난 역사의 상처가 치유되지 못하고 남아 있는 동아시아적 상황이라는 차이를 염두에 둔다 하더라도, 국가에

예로, 마쓰키(Matsuki, 2001)는 1926년에서 1934년까지 쇼와 1세대의 전쟁체험에 대한 심층 인터뷰를 통해, 전쟁, 그리고 1945년의 패전이라는 과거의 내적 경험이 기억과 행위의 현재적 구성에 어떤 영향을 미치는지를 보여 준다. 이는 국가나 매스컴에 의해 만들어지는 전쟁에 대한 균질적인 기억의 공간에 포섭될 수 없는 개개인들의 체험의 복잡성, 나아가 그 체험의 상기가 전후 일본의 기억의 정치에서 중요한 저항의 힘으로 작용할 수 있음을 의미한다.

의해 주도되는 국민사가 전반적으로 해체되면서, 국민적 기억을 둘러싼 여러 정치집단들의 난립과 경쟁이 과열되는 현 상황은 지극히 동시대적인 것이다. 국가를 위해 싸운 병사의 죽음을 기념하는 의례의 장은, "무명전사의 묘지와 비석만큼이나 근대문화로서의 내셔널리즘을 훌륭하게 표상하는 것은 없다"(Anderson, 1991: 8)는 베네딕트 앤더슨의 테제가 이야기하는 것처럼, 내셔널한 상상력을 불러일으키는 가장 효과적인 기억의 장이라고 할 수 있을 것이다. 일본 사회에서 이러한 무명전사의 묘지를 대체하는 것이, 근대국가의 성립과 함께 국가(천황)를 위해 싸우다 전사한 사람들을 제사 지내는 야스쿠니신사, 그리고 가고시마에 한정해서 본다면 특공대원들의 죽음을 위령하는 지란의 관음당과 또 이들을 기념하는 특공평화회관과 같은 장이라는 것은 두말할 나위가 없다.

물론 전후 일본 사회는 패전에 의해 지난 전쟁의 정당성을 부정당했다는 점에서, 무명전사의 묘지와 국가의 관계설정에 있어 여타의 국민국가와는 다소 상이한 양상을 보인다. 전후 일본 사회에서는 전사자의 기념을 정부(국가)가 적어도 공식적으로는 독점할 수 없는 상황이 60여 년에 걸쳐 이어져 왔기 때문이다. 이는 전후 GHQ의 「신도지령神道指令」(1946)에 의해 신사에 대한 국가의 개입이 적어도 '원칙적으로'는 금지되면서, 육해군의 관리하에 별격관폐사로서 국가의 전폭적인 지원을 받던 야스쿠니신사가 일개 종교법인으로 전락하는 처지를 감내해야 했던 역사와도 맞물린다. 이러한 상황에서 이들 전사자를 기념하고 제사 지내야 한다는 목소리가 일본유족회와 같은 민간의 기구로부터 제기되었고, 1963년 이후 현재까지 매년 8월 15일 정부 주도의 전몰자추도식이 개최되고 있기는 하지만, 이 추도식은 전전 그러한 역할을 담당했던 야스쿠니신사와는 원칙적인 '단절'하에서 이루어지고 있다.

하지만 국가가 이런 기억의 장에 '공식적으로' 개입하기 어려운 현실이야말로, 지난 전쟁을 바라보는 인식에 대한 논의에서부터 전사자의 죽음을 어떻게 애도해야 할 것인가에 대한 논의에 이르기까지 일본 사회 내의 여러 다양한 기억들의 경합을 가중시키고 있음에 주목할 필요가 있다. 실로 일본 사회 내에서 전쟁의 기억은 시기에 따라, 그리고 집단에 따라 다양한 방식으로 전유appropriation되고 있다.[10]

앞서 서론에서도 언급한 가토의 「패전후론」(1995)이 주목을 받은 것 역시 이러한 일본 사회의 동요가 낳은 하나의 결과라고 할 수 있을 것이다. 냉전 체제의 붕괴와 더불어 정상국가에 대한 논의가 고조되는 가운데, 국가를 위해 싸우다 죽은 전사자를 공개적으로 애도할 수 없는 일본의 현실, 그리고 지난 전쟁의 기억을 둘러싸고 치열해지는 아시아 각국과의 관계 속에서, 지난 전쟁은 무엇이었는가라는 지금까지 망각되어 온 물음들이 전후 50년이 지난 일본 사회에 다시 귀환한 것이다. 가토가 지닌 감각의 탁월성은 이 문제에 대한 논의를 전사자에 대한 애도라는 기억의 장에 국가가 공식적으로 개입하기 어려운 그 공백으로부터 시작했다는 것이다. 물론 이 논의는 자국의 300만 사자에 대한 애도가 우선인가, 아니면 아시아의 2천만 사자에 대한 애도가 우선인가라는 선후의 문제, 자기중심주의와 타자중심주의, 전쟁책임과

10 시기적으로 본다면 패전 직후 전쟁책임과 관련하여 일본 사회 내부에서도 상당한 정도의 문제제기가 이루어지던 것이, 냉전의 영향하에 미국의 대일 점령정책이 급선회하면서 점차 변질되는 가운데, 1950년대에 이르면 대외적으로는 필요최소한의 전쟁책임을 인정하면서 국내에서는 전쟁책임의 문제를 사실상 부정하거나 불문에 부치는 이중잣대double bind가 성립하게 된다. 하지만 일본인의 전쟁관 자체가 어떤 의미에서는 특이한 국제환경의 소산이었기 때문에 1980-1990년대에 접어들면서 중국을 비롯한 아시아 지역의 부상, 냉전 체제의 붕괴와 같은 국제적인 변화에 직면하여 동요하고 있는 실정이다(이상 吉田裕, 1995 참조).

윤리의 문제, 전사자는 국가에 회수되어야 하는가 등의 여러 논쟁이 뒤섞인 가운데 혼미상태로 끝나 버렸지만, 이는 전사자에 대한 애도가 일본 사회 내의 전쟁과 전후를 둘러싼 기억의 경합에 있어 여전히 가장 중심적인 문제—예의 '뜨거운 감자'—임을 입증하는 예라고 해야 할 것이다. 전후라는 문제설정과 기억의 정치라는 구도에서 전사자에 대한 애도를 테마로 삼은 본 연구의 문제의식 역시 여기에 있다.

제3장 사자를 어떻게 불러야 할 것인가
전사자와 전몰자, 그리고 영령

전후 일본에서 지난 전쟁의 희생자들을 부르는 가장 일반적인 호칭은 '전몰자'戰沒者다. 이 호칭은 1952년 5월 2일 전후 처음으로 도쿄의 신주쿠교엔新宿御苑에서 열린 정부 주최의 추도식에서 공식적으로 등장한 이래, 1963년부터 매년 개최로 정착된 정부 주최의 '전국전몰자추도식'이라는 공식 행사를 통해 일반적으로 통용되기 시작했다. 또한 '전몰자'는 지난 전쟁과 관련하여 각종 원호 관련 법률의 대상자를 나타내는 호칭으로도 사용되고 있다. 하지만 전몰자란 누구인가, 즉 전몰자의 개념과 범위에 대해 일본 사회는 여전히 하나의 통일된 상을 갖지 못하고 있는 실정이다. 왜냐하면 전몰자라는 개념 안에는 지난 전쟁에 대한 보상이라는 경제적 문제뿐만 아니라, 지난 전쟁의 성격 규정이라는 보다 본질적인 물음이 내포되어 있기 때문이다.

전후 일본 사회에서 전몰자의 개념을 둘러싼 변천 과정을 검토하면서 남상구(南相九, 2004: 20)는 일본 사회에서 '전몰'戰沒[歿]이란 개념은 "전쟁이나 전장에서 전투에 의한 죽음, 즉 전사"라는 의미가 강하다는 것, 즉 "전몰자의 사전적 개념에는 전쟁이 원인이 되어 사망한 민간인은 포함되지 않는다"는 점을 지적한 바 있다. 이는 1952년 4월에 제정된

「전상병자전몰자유족등원호법戰傷病者戰沒者遺族等援護法」(이하 '유족등원호법'으로 표기)에서 국가보상의 대상을 '군인군속이었던 자, 또는 이들의 유족'에 한정하여, 공습이나 원폭 등의 피해자를 제외한 것과 직접적으로 관련되어 있다. 하지만 이 법은 1958년 개정되면서 '준準군속', 그리고 이후 종군간호부들도 국가보상의 대상으로 편입된다. 여기서 '준군속'이란 신분은 민간인이지만 국가총동원법 등의 법률과 군의 명령에 의해 전쟁에 동원되어 피해를 입은 자를 '보상'하기 위해 전후에 만들어진 법률적 개념이다.

한편 매년 8월 15일에 열리는 '전국전몰자추도식'의 추도 대상인 전몰자의 범위에 대해 일본 정부는 1963년 제1차 추도식을 앞두고 다음과 같은 각의결정을 내린 바 있다.

> 본 식전의 전몰자의 범위는 지나사변支那事變 이후 전쟁에 의한 사몰자死沒者(군인·군속 및 준군속 외, 외지에서 비명에 쓰러진 자, 내지에서의 전재사몰자戰災死沒者 등을 포함한 것)로 한다.(田中伸尙[外], 1995: 166에서 재인용)

이는 추도의 대상인 전몰자에 군인·군속·준군속의 사자뿐만 아니라 '전재사몰자' 등도 포함하고 있음을 의미한다. 단, 여기서는 지나사변 이전의 전몰자는 제외됨과 동시에 일본인만이 추도 대상이라는 점(谷口眞, 1998: 177-178)도 지적해야 할 것이다. 이처럼 전후 일본 사회에서 '전몰자'의 범위는 고정된 것이 아니라, 전후 법률의 제정이나 개정, 그리고 정치적 고려에 의해 흔들리고 변화해 왔음을 알 수 있다.

그렇다면 이렇게 변화해 온 전몰자 개념이 내포하는 모순적인 측면들에 대해 좀 더 구체적으로 살펴보자. 우선 첫째로, 전후 일본 사회에서 전몰자라는 개념은 공식적인 석상에서조차 혼동되어 사용되어 왔다는 사실을 지적할 필요가 있다. 1993년에 나온 『전상병자전몰자유족등원호법 등의 일부를 개정하는 법률안 참고자료參議院厚生委員會調査室編』를 보면, 국내 전몰자 구성에 대해 '군인·군속 전몰자 약 210만, 준군속 전몰자 약 20만, 일반인 80만(전재 50만, 외지 30만), 합계 약 310만이라고 정의하고 있다(이상 田中伸尙[外], 1995: 146에서 재인용). 즉, 국내 전몰자 310만 중에 군인·군속이나 준군속은 전몰자로 표기되는 데 반해, 일반인은 단지 일반인으로 표기되고 있는 것이다. 한편 전국전몰자추도식에서의 총리 추도사를 검토해 보면 300만 전몰자를 상정하면서도 "조국의 위기에 목숨을 바친"이라는 표현이 압도적으로 많이 등장하는 것에서 알 수 있듯이, 전몰자를 전쟁의 일반 피해자가 아닌 국가를 위해 싸우다 죽은 전사자로서 현창하고자 하는 의도를 엿볼 수 있다. 물론 '조국을 위해 목숨을 바쳤다'라는 표현은 1988년 이후 점차 사라지고, "조국의 안위를 바라며, 전장·직장·전재로 쓰러져, 혹은 전후 먼 이역의 땅에서 죽은 300만 전몰자"(1988년 다케시타 노보루竹下登 총리 추도사)라는 표현에서 드러나듯 전몰자의 범위가 확장되고 있다(南相九, 2004: 26-27 참조).

둘째, 보상 문제를 둘러싸고 유족등원호법이 만들어졌을 때, 그 적용 시기를 둘러싸고도 논란이 제기되었던 처음 그 대상자는 중일전쟁(1937) 이후로 한정되어 있었다. 그 후 1974년부터 급부금과 조위금에 대해서는 그 대상을 '만주사변'(1931)까지 소급시켜 개정이 이루어졌으며, 이는 현재까지 지속되고 있다. 즉 일본인 전몰자에 대한 전후 보상은 '15년전쟁'을 대상으로 이루어지고 있는 것이다. 이렇듯 적용 시기의 문제가 중요한 이유는 그것이 현창의 문제와도 연동되기 때문이다. 전후 폐지되었다가 1964년 각의 결정에 의해 부활된 「전몰자의 서위 및 서훈에 대한 법률」을 보더라도 그 대상자는 원호법의 개정에 맞춰 범위가 확대되고 있다. 다시 말해 '지난 전쟁의 성격이 어찌 됐건' 그 전쟁에서 싸웠던 사람들은 현창되어야 한다는 논리가 보상이라는 문제를 통해 재생산되고 있는 것이다(南相九, 2004).

셋째, 전몰자의 범위는 순수하게 전후의 '일본 국민'으로 한정되었다. 이는 한때 '일본 국민'이었던 구 식민지 출신의 징병·징용자들이 애초부터 전몰자의 범주에서 배제되었음을 의미한다. 하지만 이러한 논리의 모순성은 전후 전범과 국적조항을 둘러싼 적용 예를 보더라도 확연히 드러난다. 주지하다시피 제2차 세계대전의 전범에는 일본인뿐만 아니라 조선인이나 타이완인 등 구 식민지 출신들도 상당수 포함되어 있었고, 그들은 현지에서 이루어진 약식 재판을 거쳐 '형장의 이슬'로 사라지기도 했다(林えいだい, 2005; 内海愛子, 2008). 이에 대해 이들 구 식민지 출신자는 1952년 6월 평화조약 발효와 동시에 일본 국적을 상실했기 때문에 조약 제11조에서 말하는 '일본 국민'에는 해당하지 않으며, 구속을 받아야 할 법률상의 근거가 없다고 해서 인신보호법에 의한 석방청구재판을 도쿄지방재판소에 제기했고, 사건은 급기야 최고재판소에 송부된다. 하지만 그해 7월 30일 최고재판소 대법정은 전원 일치로 청구는 인정되지 않는다는 판결을 내렸다. 판결 요지는 "전범자로서 형刑이 책정된 당시 일본 국민이며, 또한 그 후 평화조약 발효 직전까지 일본 국민으로서 구금되어 있던 자에 대해 일본국은 평화조약 제11조에 의해 형의 집행 의무를 지고, 평화조약 발효 후 국적의 상실 또는 변경은 위의 의무에 영향을 미치지 않는다"는 것이었다(이상 田中伸尙[外], 1995: 125-126 참조).[11]

11 일본 '국민'의 범주에서 조선인·타이완인 등과 같은 구 식민지인들을 제외하려는 시도는 전후 1946년의 헌법 제정 과정에서 이미 이루어지고 있었다. GHQ가 만든 헌법 초안을 번역하는 과정에서 'the people'이라는 단어를 둘러싸고 논란이 벌어지는데, 결국 이 단어는 보다 원래적 의미에 가까운 '진민'人民(인민)이 아닌 '고쿠민'國民(국민)으로 번역된다. 그리고 그 번역자의 의도에 대해 다워J. Dower는 본질적으로 보수파들은 인민주권이라는 말의

이 논리에 내포되어 있는 아이러니를 지적하면서, 다나카 노부미사 외(田中伸尙[外], 1995: 126)는 최고재판소의 판결과 각종 전후보상 입법의 국적조항을 아울러 생각했을 때, "국적을 잃어도 죄는 남는" 한편, "국적을 잃었기 때문에 보상은 없다"는 논리를 "아무리 생각해도 이해하기 어렵다고 말할 수밖에 없다"는 '씁쓸한' 평가를 내린다. 하지만 이렇게 국가보상에서는 철저히 제외시키면서,[12] 2000년대부터 아

성격을 약화시키는 것뿐 아니라 국가가 보장하는 권리를 일본 국적자에게 제한하기 위해 '고쿠민'이라는 말을 쓴 것이 아닌가라고 논평한다. 문제는 '고쿠민'이 이후 '모든 일본 국적자'all nationals를 지칭하는 것으로 해석되면서—실제로 그 어휘의 논리적 결론이기도 한—정부는 구 식민지 출신인 타이완인, 특히 조선인들에 대해 평등한 시민적 권리를 부정하는 데 성공했다는 것이다. 나아가 그는 이 개정이 지니는 노골적으로 인종차별적인 성격은 의회 심의 과정에서 '용어상'의 수정을 거치면서 강화되고, 이것이 1950년대에 의회를 통과하게 될 차별적 입법으로 이어지게 된다고 주장한다(Dower, 1999: 393-394). 이러한 다워의 해석에는 일본인 연구자인 고마고메 다케시駒込武도 원칙적으로 동의한다. 하지만 고마고메는 다나카 히로시田中広의 연구를 정리하면서 이러한 애매한 규정이 이미 일본점령 직후 GHQ 자신이 내린 것이라는 점을 덧붙인다. 1945년 11월의 GHQ 지령을 보면 "군사상의 안전이 허락하는 한 중국인인 타이완인 및 조선인을 해방인민으로서 처우할 것"이라고 방침을 정하지만, 여기에는 "단, 필요한 경우에는 적국인으로서 처우해도 좋다"는 예외조항이 덧붙어 있었다는 것이다. 그리고 그 뒤를 잇기라도 하듯 같은 달 일본의 '제국의회'에서 「중의원선거법」의 개정부칙을 통해 "호적법의 적용을 받는 자", 즉 타이완인·조선인의 선거권을 잠정적으로 정지하는 것을 결정하고, 1947년 5월에는 타이완인·조선인을 등록의 대상으로 간주하는 「외국인등록령」이 칙령으로 공포된다. '일본국헌법'이 시행되는 것은 그다음 날이었다(이상 駒込武, 1996: 379).

12 단, 구 식민지인들 중에서도 타이완의 전몰자유족과 전상병자에 대해서는 「타이완주민인 전몰자의 유족 등에 대한 조위금 등에 관한 법률」(1988)에 의해 조위금과 위문금으로 200만 엔이 지불되었다. 또 특별영주자로서 일본에 영주하고 있는 자(조선반도·타이완 출신)이면서 원군인군속 등에 해당하는 자 및 그 유족에게는 「평화조약 국적이탈자 등인 전몰자 유족 등에 대한 조위금 등의 지급에 관한 법률」(2001)에 의해 조위금 260만 엔, 전상병

시아 각국의 유족들로부터 제기된 '야스쿠니신사 합사 반대', 즉 현재 야스쿠니신사에 합사되어 있는 자신들의 가족구성원을 신사의 명부에서 제명해 달라는 요구에 대해, 야스쿠니신사는 그들은 전시기 일본제국을 위해 싸웠고 한번 합사된 가미神를 다시 빼낸다는 것은 불가능하다는 논리로 거절하고 있다.

이렇게 본다면 전후 일본에서 전몰자라는 호칭은 보상을 비롯한 각종 정치적 게임의 전개 과정하에서 변화를 거듭해 온, 하지만 여전히 그 범위를 한정할 수 없는 '막연한' 용어임을 알 수 있다. 더구나 전몰자라는 개념은 전쟁에 의해 죽음을 당했다는 '피해'의 성격을 은연중에 부각함으로써 실제로 전후 일본의 심정 영역에서의 전쟁관(즉 피해자 담론)을 뒷받침해 왔다는 것도 부정할 수 없다. 전후 일본열도의 도처에 세워진 위령비들이 특공대원, A급 전범, 시베리아 억류자, 향토출신자 등 다양한 전사자들 각각의 죽음의 상황이나 해석의 다양성을 지워 가면서, 이들을 '평화의 초석'平和の礎이라는 수사 아래 평준화된 '전몰자'라는 한 덩어리의 전사자 집단으로 만들어 갔다는 점(北村毅, 2009: 300) 역시 간과해서는 안 된다. 이는 전몰자라는 호칭이, 각 시대의 정치적 역학이나 사회적 상황에 크게 좌우되는 것이라는 그 불안정성에도 불구하고 우리의 인식 틀을 용이하게 형성해 버리는 한계를 내포하는 문제적인 용어임을 의미하는 것이다.

이러한 논란을 피하기 위해서, 전쟁에서 죽은 사람들의 전체집합으로서 '전쟁사자'를 설정하고, 그 전체집합 안에 직접적인 전투 과정

자에게는 위문금 및 노후생활설계지원 특별급부금 400만 엔이 지급되었다. 하지만 이 금액은 일시금일 뿐만 아니라, 일본군인의 경우 1998년 약 1,850만 엔(2004년 1,962,500엔), 중상병자의 경우 2004년 (1,132,700-568,400엔)+(5,723,000-1,853,000엔)이라는 점에서 알 수 있듯이, 금액의 차이는 현저하다는 것을 지적할 필요가 있다(이상 南相九, 2004: 144-145 참조).

으로 죽은 '전투사자'에서부터 '전병사자', 국가총동원체제하에서 공습이나 원폭 등 비전투원에 대한 공격에 의해 죽은 '전재사자' 등에 이르기까지 그 죽음의 의미를 명확히 구분할 필요가 있다는 주장도 제기된 바 있다(西村明, 2006). 하지만 '전쟁사자' 역시 전몰자/전사자를 둘러싼 기존의 논란으로부터 벗어나기 위한 하나의 임의적인 호칭에 불과하며, 그 갈등을 해소했다고 보기는 어려울 것이다. 이렇듯 현재 일본 사회 내에서는 전몰자라는 호칭이 여전히 '공식적으로' 사용되고 있기는 하지만 사회적 합의의 수준에까지 이르지는 못한 채, 죽은 자들을 어떻게 불러야 할 것인가에 대해서는 논란이 계속되고 있다.[13]

13 2010년 2월에 일본의 고쿠가쿠인國學院대학에서 열린 '위령과 추도 연구회 심포지엄: 진혼·위령·현창의 민속'이라는 학술대회에서도 전몰자 개념을 둘러싼 논란은 재연되었다. 대회의 한 발표자가 현재의 전몰자 개념을 그대로 쓰면서 동시에 '영령'이라는 호칭을 사용한 것에 대해 전몰자라는 개념이 갖는 애매성이 질의 토론자에 의해 제기되고, 이에 대해 리버럴한 성향의 한 패널로부터 전몰자라는 호칭 자체가 전후에 본격적으로 사용된 피해자 중심주의적 뉘앙스가 강한 호칭이라는 점, 지난 전쟁이 국민 총동원 체제하에 이루어진 전쟁이며 비전투원인 국민 역시 전쟁수행에 참여·협력했다는 점을 전제로 한다면, 군인·군속 및 민간인을 모두 아울러 '전사자'라는 호칭을 쓰는 것이 적절하다는 논의에 이르기까지 실로 다양한 논의가 이루어졌다. 보수의 아성牙城처럼 여겨지던 고쿠가쿠인대학에서 전몰자 개념을 둘러싸고 이러한 논의가 이루어졌다는 점이 상당히 흥미로웠다. 하지만 이보다 한층 충격적인 발언은 종합토론이 끝난 후 플로어의 의견을 듣는 자리에서 나왔다. 한 신사의 신직神職이라고 자신의 소속을 밝힌 한 고령의 청중이 거의 울먹임에 가까운 목소리로 "대동아전쟁에서 죽은 병사들의 죽음은 개죽음이 아니었다"고, 전후 잘못된 교육을 받은 사람들에 의해 "실로 이러한 지경에 이르게 되었지만, 대동아전쟁은 주지하다시피 아시아를 해방하기 위한 전쟁이 아니었는가"라며 현재의 상황을 감정적으로 성토하기에 이른 것이다. 심포지엄이 거의 막바지에 이른 시간이긴 했지만, 이 발언은 당시 회의장 내에 상당한 반향을 불러일으켰고, 지난 전쟁에 대한 보다 실증적인 연구가 필요함을 사회자가 이야기하는 것으로 심포지엄은 끝이 났다. 고쿠가쿠인대학에서 일어난 이 에피소드는 전몰자/전사자 개념을 둘러싼 논란이 단순히 그 용어의

'전몰자'와 더불어 논란의 대상이 되는 것이 '영령'이라는 호칭이다. '영령'은 한국 사회에서도 과거 국민의례 식순의 '순국선열 및 호국영령에 대한 묵념'과 함께 울려 퍼지던 '애수 어린' 음악을 기억하는 세대들에게는 결코 낯설지 않다. 하지만 실제로 '영령'의 원뜻이 무엇인지, 또 어떤 경위로 한국 사회에서 사용되게 되었는지에 대해서는 그다지 많은 논의가 이루어지지 않은 것이 현실이다. 하지만 이 책의 연구대상이 전후 일본 사회의 위령이니만큼, 여기서는 일본 사회에서 '영령'이라는 개념의 계보를 파악하는 데 논의를 한정하기로 한다.[14]

일본 사회에서도 '영령'이란 결코 오래전부터 사용되던 말이 아니다. 전몰자의 영을 가리키는 '영령'이라는 호칭이 일반적으로 사용되기 시작한 것은 러일전쟁 이후부터였다는 무라카미 시게요시의 학설(村上重良, 1974)은 현재까지도 다수의 연구자들에 의해 받아들여지고 있다(田中丸勝彦, 2002; 新谷尚紀, 2006). 무라카미에 따르면, 러일전쟁 이

정합성을 토론하는 학계의 논의를 넘어, 지난 전쟁의 성격과 관련하여 국민 일반의 심정의 문제와도 맞물린 보다 복합적인 기억 투쟁의 측면을 지니고 있음을 상징적으로 보여 준다.

14 한국국립묘지의 전사자 제사에 대해 고찰한 지영임(2004)에 따르면, 해방 이후부터 한국 사회에서 전사자들을 부르는 이름으로 '영령'이라는 호칭이 쓰이고는 있지만, 그 이외에 '군신', '순국영령', '호국의 혼' 등의 호칭도 종종 사용되었다는 점에서 '영령'이 초기부터 일반적으로 사용되었다고 볼 수는 없으며, '영령'이라는 호칭이 '죽은 사람의 영혼의 경칭'으로 사용되고는 있지만 전사자 영혼의 호칭으로서 일반적으로 사용된 것은 아니었다. 그러던 것이 한국전쟁 이후 1955년 국군묘지가 건립되고 1956년에 현충일이 제정되면서, 텔레비전이나 신문 등에서 '영령'이라는 말이 점차 쓰이기 시작했고 1960년대로 들어서면서 '영령'이라는 말이 정착되었다는 것이다. 이렇듯 '영령'이라는 말의 정착이 과연 한국 사회의 전통적인 사자 제사의 흐름에서 나온 것인지, 아니면 식민지 시대를 거치는 가운데 '제국일본'의 '영령 제사'에서 영향을 받은 것인지 그 영향관계를 추적하는 것은 별도의 논의의 장이 필요할 것이다.

전 전몰장병의 영에 대해 '충혼', '충령' 등의 호칭이 사용되기도 했지만, 천황에 대한 충성은 일본 국민에게 당연한 것이라는 천황제 교육이 침투하면서 전몰자 개개인의 충성에 역점을 둔 '충혼'이라는 말보다 몰개성적인 '영령'이라는 미칭이 적당한 것으로 인정되었다고 한다(村上重良, 1974: 156). 특히 『야스쿠니신사지靖國神社誌』(1911)에서 제신祭神을 '영령'이라고 부르면서부터 야스쿠니신사와 영령은 불가분의 관계를 갖게 되고, 또 그 권위성이 입증되었다(新谷尚紀, 2006: 159). 메이지 시기 신문을 보더라도 '영령'이라는 표현이 등장하고 있는 초기의 기사는 러일전쟁 이후인 메이지 1939년 5월 3일 자 『고쿠민신문國民新聞』에 실린 야스쿠니신사의 합사제 기사다. 그 기사는 "용감하게 싸워 충성스럽게 죽은 영령이 가장 엄숙한 의식을 통해 제사 지내졌다는 신문 보도는 전장에서의 육해군 군대의 사기를 고무하는 데 크게 도움이 될 것"이라고 전하고 있다(田中丸勝彦, 2002: 16 참조).

'영령'이 근대에 들어와 새로이 만들어진 말이라는 것은 과거 일본에서 나온 사전들에 대한 시계열적 검토를 통해서도 확인할 수 있다. 다나카마루 가쓰히코田中丸勝彦에 따르면, 메이지 초기인 1890년에 출간된 사전(『겐카이言解』)만 하더라도 '영령'이라는 항목은 없다고 한다. 1932년에 출간된 『다이겐카이大言海』, 그리고 1935년에 출간된 『지엔辭苑』에는 '영령'이라는 단어가 나오지만, 그 뜻은 각각 '영혼과 동일', '영준한 망혼'(『다이겐카이』), '뛰어난 사람의 영혼', '사자의 영의 존칭'(『지엔』) 등으로, 여전히 전몰장병의 영의 의미는 없었다. 하지만 전후의 『고지엔広辭苑』 제1판에 이르면 (1) '뛰어난 사람의 영혼', (2) '사자의 영의 존칭, 특히 전사자의 영'이라는 전몰장병의 의미가 등장하고, 이는 1991년의 제4판에 이르기까지 지속된다. 가장 최근에 나온 『간와다이지텐漢和大字典』에서는 (1) '뛰어난 이의 영혼', (2) '죽은 자의 영혼에 대한 경칭. 영혼英魂', (3) '뛰어난 영기靈気. 또는 그것이 모여 태어난 위인'에 이어, (4) 일본어 특유의 숙어 의미로서 '전사자의 영혼의 경칭'으로 기술되면서 현재적 의미로 정착된다(田中丸勝彦, 2002: 13-14).

그렇다면 '영령'은 어떤 시점에서, 어떤 계기로 일본 사회에서 오늘날과 같은 의미로 받아들여지게 된 것일까. 다나카마루의 논의를 계속 참고한다면, 초기만 하더라도 야스쿠니신사에서는 전몰자의 영을 의미하는 말로 '御靈'이라는 표현이 자주 사용되고 있었다. 하지만 훈독으로 '미타마'みたま라고 읽히는 이 한자는 음독할 경우 무섭고 경외해야 할 대상인 '원령'怨靈의 의미를 강하게 내포하는 '어령'御靈, ごりょう이 되기 때문에 전몰자의 영의 호칭으로서는 적절하지 못하다는 점이 지적되었다. 정부·국가의 입장에서 국가를 위해 싸우다 죽은 군인의 영혼이 일본 사회의 전통적인 '어령 신앙'의 계보에 속하는 '원령', 즉 세상을 떠돌면서 재앙을 불러일으키는 영으로 간주되는 상황은 바람직하지 못할 것이다. 한편 초기에 전사자를 가리키던 또 다른 호칭인 '國傷'은 '국사에 순사한 사람'이라는 뜻을 가지고 있지만, 여기서 '상'傷은 '부상당해 쓰러진다', '젊은 나이에 죽는다'는 부정적인 의미를 갖고 있기 때문에, 이 호칭 역시 메이지 초기에 조금 사용되다가 점차 사라지게 된다. 이렇듯 한학에 정통했던 유신지사나 메이지 정부·군 관계자가 러일전쟁 후 군이 기존의 '國傷'이나 '御靈'이 아닌 '영령'이라는 새로운 단어를 고집한 것은 민중의 반발을 돌리고 민심을 장악하기 위한 정치적 배려였다는 것이 다나카마루의 해석이다(이상 田中丸勝彦, 2002: 21-26).

이렇게 출현한 '영령'이라는 호칭이 사회에 뿌리내리는 데는 영령 제사라는 장을 여러 겹으로 감싸는, 영령과 전장을 이야기하는 장치들의 역할이 컸다. 그 장치들의 예로 민속학자 시게노부 유키히코重信幸彦는 과거 각급 소학교에 설치된 전몰자의 기념당, 귀환병사의 체험담, '말 없는 개선' 등과 같이 영령을 기리는 창가, 그리고 영령에 대한 미담美談 등을 열거한다. 즉, 이들 전몰자의 현창과 찬미의 말이라는 장치가 '화려하고 장엄한 공장公葬'과 일체를 이루면서, 영령을 모범이자 규범으로서 규정해 갔다는 것이다(重信幸彦, 2002: 256). 러일전쟁 이후 촌락 단위에서 일어난 '충혼비' 건설 붐도 이러한 영령 담론의 확산에 영향을 미친 중요한 요인이다. 하지만 영령 담론이 더욱 특별한 의미를 갖게 되는 것은 아시아·태평양전쟁기에 접어들면서, 즉 '성전'聖戰 관념과 결합하면서부터다. 이를 우리는 '전사 → 영령·위령 → 교육 → 징병 → 전사'로 이어지는 소위 '영령 사이클'의 완성으로 보아도 될 것이다.

물론 영령을 바라보는 이러한 시각에 대해서는 반론도 만만치 않다. 그 진영의 대표적 인사인 고쿠가쿠인대학 교수 사카모토 고레마루阪本是丸는 '영령'이라는 말이 출현하기 시작하는 시기에 대해서는 무라카미나 다나카마루의 논의에 전반적으로 동의하면서도(호칭의 출현 시기를 러일전쟁보다 조금 앞선 청일전쟁 시기로 파악하고는 있지만), '충혼', '충령'과 '영령'의 차이에 집착할 필요는 없다고 주장한다. "'충의'의 천황으로의 수렴이 '국민국가'로의 길이자 개성과 보편성을 함께 갖춘 충혼귀인 '영령'으로의 승화 과정이며, 결코 개성 있는 '충혼', '충령'이 소멸하고 몰개성적인 '영령'으로 변질된 것은 아니"(阪本是丸, 2007: 3)라는 입장이다. 이러한 시각에는 야스쿠니신사를 국가신도의 근간으로 파악하는 무라카미의 학설에 대한 반발과 함께 메이지 시기에 완성된 천황제 근대국민국가가 갖는 긍정적인 측면을 강조하려는 의도도 반영되어 있다. 무라카미 진영과 사카모토 진영의 논쟁은 결국 메이지 시기 근대 일본 국민국가에서 전사자에 대한 의미 부여가 어떻게 변화했는가를 둘러싼 지식사회학적 차원의 논의이지만, 이 호칭들이 여전히 현실에서 여러 담론주체들에게 다른 의미로 사용되고 있다는 점에서 현재진행형의 정치투쟁이기도 하다.

패전 이후 국가를 위해 목숨을 바친 전사자를 현창하는 영령 담론은 한동안 공식적인 언설공간에서 사라졌다. 그 배경에 GHQ의 엄격한 검열 시스템이 작용하고 있었음은 물론이다. 전후 GHQ가 공식적인 업무에 들어가는 1945년 10월 이후부터 샌프란시스코 조약이 체결되어 사실상 GHQ 체제가 종식되는 1952년까지 신문 지면에 '영령'이라는 단어는 거의 등장하지 않으며, 설혹 나온다 하더라도 전전 명예로운 죽음으로 이미 야스쿠니신사에 합사되어 있는 사람들이 실제로는 살아 있더라는 황당무계한 사실들을 추적한 가십 기사(『아사히신문朝日新聞』, 「살아 있는 영령生きていた英靈」) 등이 주를 이룬다. 전시기 죽어서 마을로 돌아온 '영령'들은 성대한 장례식과 함께 촌장을 비롯한 지역 주민들에 의해 정중한 대접을 받았다. 하지만 전쟁 말기가 되면서 이런 성대한 공장 시스템은 붕괴되고, 전후가 되면 상황은 완전히 뒤집어진다.

그렇다면 '영령'이라는 말이 전후 일본의 공식 언설공간에 재등장하면서 하나의 주요한 정치적 담론으로 부상하기 시작하는 것은 언제부터인가. 그 상징적인 출발점으로 언급되는 시기가 전몰자들의 가족 등이 중심이 되어 조직된 '일본유족회'(1947년 '일본유족 후생연맹'으로 발족, 1953년 '일본유족회'로 개칭)의 조문에 "영령의 현창"이라는 조항이 새로이 삽입되고, 구체적 사업(제3조)의 1행에 "영령의 현창 및 위령에 관한 사업"이 명시되는 1960년대 중반이다. 여기서 "영령의 현창"이란 말 그대로 전몰자인 군인·군속을 국난에 몸을 바친 고귀한 희생자로 치켜세우며, 그들을 야스쿠니신사에 제신으로 합사, 국가의 손으로 '위령'한다는 것이다(田中伸尙[外], 1995: 63-65 참조). 이 조항의 의미는 일본유족회의 전신이었던 일본후생연맹의 표어, "전쟁의 방지", "세계의 항구 평화", "전 인류의 복지에 공헌"이라는 슬로건과 비교해 볼 때 더욱 명백해진다. 이미 1960년대 초부터 일본유족회는 『유족통신遺族通信』

등을 통해 '영령정신'英靈精神을 계속 주입하고 있었던 것이다.

> 전시기 일본은 이전에 겪어 보지 못한 엄청난 곤란에 직면했고, 그러한 상황하에 살아가는 사람들은 자연스레 평화를 위해, 그리고 모국의 안전을 위해 스스로 목숨을 희생했다. 우리가 애국심의 한 표현으로서 이들에게 감사의 마음을 표현하는 것은 시간을 거슬러 올라간다 해도 당연한 일이다. **영령의 정신은 [국가를 사랑하고 이에 감사하는] 이러한 감정에 뿌리 내려 있으며, 이는 우리 애국심의 중심에 서 있다.**(「英靈精神とは何か」, 『遺族通信』, 1961. 6. 30. 田中伸尙[外], 1995: 210에서 재인용. 굵은 글씨 강조는 인용자)

전후 일본에서 보수주의 세력이 주창하는 영령 담론이 이 시기에 이르면 완전히 틀을 갖추게 됨을 확인할 수 있는 대목이다. 나아가 이는 1960년대 후반부터 유족회와 자민당 내 보수세력들이 주도한 「야스쿠니신사 국가호지國家護持 법안」, 그리고 법안 통과의 실패 이후 '영령에 응답하는 모임'英靈に答える會 결성 등을 통하여 구체적으로 실체화된다. 물론 「야스쿠니신사 국가호지 법안」은 1963년 전국전몰자유족대회에서 제1차 요망사항으로 결의가 나온 지 4년 만에 완성되어 1967년부터 다섯 차례에 걸쳐 국회에 상정되지만, 결국 국회를 통과하지 못한 채 1974년 '폐안'이 되어 소멸되었다. 하지만 법안 상정을 둘러싼 일련의 과정은 영령 담론이 전후 일본에서 중요한 정치적 언설의 장 속으로 자리 잡아 가는 상황 자체를 반영하고 있는 것이다.[15] 그리고 여기에는

15 「야스쿠니신사 국가호지 법안」이 만들어지는 과정에서 볼 수 있듯, 1967년 처음 만들어진 「중의원법제국안」 제1조에는 영령이라는 단어가 들어가지 않았다. "제1조: 야스쿠니신사는 전몰자 및 국사에 '순국'한 자에 대한 국민의 숭경의 상징이자, 그 감사와 존경의 마음을 표하기 위해, 이들 사람들의 유덕을 기리고, 그 공훈을 칭송하는 행사 등을 행하며, 이를 통해 그 위업을 영원

육친의 죽음의 의미를 묻는 유족들의 '실감'이라는 강력한 감정적 힘이 깔려 있었다.

물론 전후의 영령 담론이 '대동아전쟁'을 '자존자위의 전쟁'이나 '아시아해방 전쟁' 등과 같이 긍정적으로 평가하는 가치관에 서서, 단순히 전쟁에서의 전몰을 '위업'으로 칭양하는 성격만을 갖는 것은 아니다. 실제로 『유족통신』 등 기관지를 보면 1960년대 전까지만 해도 영령현창이나 애국주의 등과 같은 유족회의 슬로건에 거부감을 갖는 유족, 특히 유아遺兒들의 발언이 빈번했다(田中伸尙[外], 1995; 北村毅, 2009). 또 다른 예로, 1960년대 후반에 일본종교단체연합회(新日本宗教團体連合會, 이하 '신소렌'으로 표기)가 내걸었던 '야스쿠니신사 국민호지론'을 보면, 일본이 수행한 전쟁을 침략전쟁까지는 아니더라도, '좋지 않은', '잘못된' 전쟁이라는 부정적 전쟁관에 서면서 전몰자를 희생자로서 추도하는 입장에 서 있었다.

이렇듯 미묘하게 차이가 나는 입장들을 종교사가인 나카시마 미치오中島三千男는 '위업자형 영령관'과 구별되는 '희생자형 영령관'으로 규정한 바 있다. 물론 여기서 희생자가 어떻게 '영령'이 될 수 있는가라는 문제가 제기될 수 있지만, 그들의 커다란 희생 위에 전후 일본이 평화국가·민주국가로 변화했다는 식으로 해석함으로써 적어도 '국내'에서는 모순이 해결될 수 있었다. 실제로 전후 일본 국가가 그들을 평화의 초석이니, 전후 일본 건설의 주춧돌이니 하고 자리매김하면서 '영령'

히 전하는 것을 목적으로 한다."(유가족의원협의회 '야스쿠니신사 국가호지에 관한 소위원회' 수정안) 하지만 이 안은 다시 여러 차례 내부수정을 거쳐 1968년 3월 12일 다음과 같이 결정되어 국회에 제출된다. "야스쿠니신사는 **전몰자 및 국사에 '순국'한 자의 영령 존숭의 국민감정을 거울삼아, 이를 공적으로 제사 지내고,** 그 유덕을 기리고, 이를 위로하며, 그 공훈을 칭송하는 … [이하 동일]"(田中伸尙[外], 1995: 212-217. 굵은 글씨 강조는 원문).

이라는 호칭으로 기념할 수 있는 근거도 여기에 있다. 문제는 이 두 입장 모두 '가해자'로서의 전몰자라는 의식은 가지고 있지 않다는 점이다(中島三千男, 1995: 234). 결국 '희생자형 영령관'에 선다 하더라도 가해의 측면을 중화시키고 피해의 측면은 강조한다는 점에서 전후 일본의 '애매한' 전쟁사관의 한 연장이라는 사실에는 변함이 없다.

근대 일본의 전쟁과 함께 태어난 '영령'은 전후를 거치면서 더욱 성스러우면서 동시에 저주받은 양가성을 띤 존재로 화하게 된다. 실제로 현재 일본 사회에서 국가가 수행한 폭력의 극한적 형태인 전쟁에 의해 목숨을 잃은 이들 '영령'은 국가의 영웅으로서 기념될 수도 없고, 또 그 '희생'을 종교적으로 위령/현창하기도 어려운 곤경dilemma에 처해 있다. 이를 시계열적으로 이해한다면, '영령 사이클'이 효과적으로 작동하던 전전의 시기에는 이들을 영령으로 기념하고 또 그들의 희생을 애도하는 국민적·국가적 시스템이 존재했지만, 전체주의적 총동원과 이로 인한 국민들의 막대한 희생을 낳은 전쟁이 패전으로 끝나면서 그 시스템이 붕괴되어 버리고 말았다는 해석도 가능할 것이다.

하지만 이러한 운명은 '영령'이라는 존재가 만들어지던 태초부터 부여된 것인지도 모른다. 조르조 아감벤G. Agamben은 근대 생명-정치bio-politics의 극단을 탐구하면서 '호모 사케르'Homo Sacer라는 새로운 종種의 출현을 예고한 바 있다. 호모 사케르는 세속적 법의 영역으로부터도 또 종교의 영역으로부터도 배제된, 주권적 결정의 참조대상으로서 포함인 동시에 배제 속에서 작동하는, 말 그대로 '벌거벗은 생명'을 의미한다(Agamben, 2008). 제2차 세계대전 시기에 그 틀이 완성된 전체주의 국가, 그리고 수용소라는 제도를 벌거벗은 생명을 근원적 정치요소로 하는 생명-정치적 패러다임의 한 전형이라고 본다면, 그 전체주의 국가의 부속품인 병사는 또 다른 한 극단의 '벌거벗은 생명'의 지위를 부여받게 된다. 왜냐하면 병사의 신체는 즉 엄밀히 푸코적 의미의 근대

규율discipline 권력의 대상이자 생명권력bio-power의 대상이면서 동시에 전쟁과 같은 '예외상태'가 닥치면 얼마든지 '소모품', 다시 말하면 '인간 모르모트'VP로 사용될 운명이기 때문이다(병사의 죽음에 국가가 직접적으로 책임을 지지 않는다).[16] 그 가장 솔직하면서도 적나라한 표현이 미군병사를 의미하는 'GI'Government Issue(정부 자산)일 것이다.

물론 근대국가는 국가를 위해 싸우다 죽은 병사를 '성화'聖化하고 기념함으로써, 그 죽음이 불러일으킬 수 있는 많은 의문들을 차단하고, 거기에 하나의 단일한 의미('호국영령')를 부여하고자 노력해 왔다. 자의적으로 동원하여 죽였지만, 그 희생을 성화함으로써 근대국가가 국민에게 행사하는 권력행사의 본질을 은폐하려고 하는 것이다. 하지만 그 '성화', 기념이 과연 완벽한 봉인이 될 수 있을까. 전후 일본 사회에서 '영령'의 사체死體는 산 자의 세계에도 죽은 자의 세계에도 속하지 못한 채 그 중간영역에서 방황하고 있는 것은 아닐까. 산 자들의 세계를 지키는 호국의 가미神가 되지도, 그렇다고 정당한 애도의 절차를

16 이미 푸코는 『성性의 역사』 1(1976)에서 근대 사회에 접어들면서 죽게 '만들고' 살게 '내버려 두는' 권력에서 살게 '만들고' 죽게 '내버려 두는' 생명-권력bio-power의 도래에 대해 언급한 바 있다(Foucault, 1990: 148). 물론 이는 '대체'를 의미하는 것이 아니다. 그는 콜레주드프랑스의 강연에서 "실제로 우리 앞에 존재하는 것은 주권, 규율, 통치적 관리라는 삼각형"임을, 그리고 "인구가 바로 이 삼각형의 핵심 표적이며, 안전장치가 바로 이 삼각형의 핵심 메커니즘"임을 강변한 바 있다(Foucault, 2011: 162). 하지만 죽음의 권력에 대비되는 생명-권력, 즉 19세기에 정식화된 새로운 권력의 분석에 너무 치우친 나머지, 출생률과 사망률, 건강의 수준, 수명, 장수, 그리고 이것들을 변화시킬 수 있는 제반 조건들에 대한 일련의 개입 및 '조절'에 기초한 이 권력이 어떻게 사회 구성원들에게 죽음의 권한을 행사하는가에 대한 논의는 상대적으로 깊이 있게 이루어지지 못했다. 호모 사케르에 대한 아감벤의 논의는 푸코의 논의에서 상대적으로 공백으로 남아 있는 바로 이 지점에서 시작된다.

거쳐 저 너머 죽은 자들의 세계로 가지도 못한 채 방황하는 유령들과 함께 살아가고 있는, '만성적인 멜랑콜리 상태'의 사회. 하지만 그 멜랑콜리를 자각하지 못한 채 '이제 전후는 끝났다'고 자축하고 있는 사회가 바로 이 책이 연구대상으로 하는 '전후 일본'이다.[17]

17 공동체 사회에서 성원의 죽음은 그 경위가 어찌 됐건 하나의 트라우마로 남는다. 따라서 사체가 부패해 해골이 되어 가는 과정을 통제하면서 생물학적 사건으로서의 죽음을 사회적 과정으로 변화시키기 위해 대다수의 사회는 일련의 '의례'를 정교화해 왔다. 에르츠R. Hertz는 죽음의 집합표상에 관한 연구에서 죽은 자를 진정으로 죽음에 이르게 하는 '이중장의'二重葬儀가 전 세계적으로 보편적인 풍습임을 지적하고 있다(Hertz, 1960). 근대국민국가의 전몰자 의례는 이러한 전통적 의례를 국가적 기념이라는 형태로 대치한 한 예라고 할 수 있을 것이다. 하지만 신체가 과학적·의학적 생명정치의 관리대상이 되고, 생과 사가 불분명해져 가는 근대화의 과정은 이중장 등의 의례를 통해 확보되던 죽은 자의 세계와 산 자의 세계의 균형을 점차 잠식해 간다. 이렇게 본다면 호모 사케르는 이 과정에 휩쓸려 생명/죽음 자체가 정치화되어 버린 인간의 생존조건 그 자체라고 말해도 좋을 것이다(田中純, 2004: 111-115 참조).

제4장 애도와 언어의 정치
위령, 추도, 현창 담론의 지형도

제2부에서 마지막으로 고찰해야 할 것은 지난 아시아·태평양전쟁에서 죽은 전사자들에 대한 산 자의 대응 방식을 의미하는 표현들인 '위령', '추도', '현창' 담론의 계보다. 여기서 '위령', '추도', '현창'과 같은 말들은 결코 연구자가 만들어 낸 분석적 개념이 아니라, 전후 일본 사회의 담론의 장 내부에서 유통되고 일반화되어 온 언설들이다. 전후 일본이라는 시공간 속에서 이 말들은 지난 전쟁에서 죽은 자에 대한 산 자의 대응은 어떠해야 하는가라는 물음을 던지면서 서로 경합해 왔다.

우선 '위령'慰靈은 죽은 자와 산 자의 관계에 대한 일본 사회의 인식 틀을 반영하는 표현으로, 현재 한국 사회에서도 친숙하게(커다란 거부감 없이) 사용되고 있는 용어다. 하지만 이 단어가 일본 사회에서 언제부터 등장했는지, 그리고 그 의미가 무엇인지에 대한 고찰로 들어가면, 문제는 그리 단순하지 않다. 왜냐하면 전후 일본 사회에서 이 단어는 정교분리라는 문제를 둘러싸고 실로 무수한 논란을 불러일으킨 하나의 진원지 역할을 해 왔기 때문이다. 따라서 근대 일본의 전사자 제사에 관한 본 논의에 있어, '위령'을 둘러싸고 전후 일본 사회에서 나온 여러 담론들을 정리하는 것은 가장 우선적으로 요청되는 작업이라고 할 수 있을 것이다.

현재 '위령'이라는 말이 언제부터 사용되었는가에 대해서는 일본 학계 내에서도 의견이 분분하지만, 전후(1945년 일본의 패전 이후)로 접어들면서 일반화되었다는 점은 통설로 받아들여지고 있다(小松和彦, 2002; 新谷尙紀, 2009). 야나기타 구니오柳田國男의 일련의 저작을 보더라도(『정본 야나기타 구니오집定本 柳田國男集』의 색인을 보더라도) '위령'이라는 단어는 등장하지 않으며, 패전 직후 출간된 백과사전인 『고지엔広辞苑』(1950) 초판, 그리고 제2판(1969)에서도 '위령'은 동음의 항목 중 맨 마지막을 차지하고 있었다. '위령'이라는 단어 이외에 흔히 사용되는 말로 '공양'供養이나 '제사'祭祀 등이 있지만, 이마저도 명확한 구분 없이 사용되고 있는 것이 현실이다(新谷尙紀, 2009: 170-176 참조). 민속학자 야노 게이이치矢野敬一 역시 "위령이 널리 유통되기 시작한 것은 전후"(矢野敬一, 2006: 6)부터라는 전제에 동의하면서, 위령, 추도, 현창 담론의 역사적 관계성을 다음과 같이 정리한다.

> 본서에서는 불교, 신도 등 종교를 불문하고 성직자가 관여해서 무엇인가의 종교적 의례를 수반해 사자의 영에 대응하는 경우를 '위령'으로 정의하고, 다른 한편 성직자가 관여하지 않고 사자를 상기하며 애도하는 경우를 '추도'라고 정의한다. 이 양자를 개념상 준별하는 것은 근대 일본에 있어서는 불완전하나마 정교분리의 원칙이 관여하고 있기 때문이다. **근대에서 보이는 죽은 자에 대한 태도에 대해, 여기서는 종교적 의례를 수반한 '위령'과 세속적 성격을 농후하게 띠는 '현창'을 양극으로, 그 중간에 종교적 색채·세속성이 모두 희박한 '추도'가 위치한다고 본서에서는 개념화해 두고 싶다.**(矢野敬一, 2006: 6-8. 굵은 글씨 강조는 인용자)

여기서 위령이 강한 종교적 색채를 띠고 있다는 점은 일본 사회 내에서도 일반적으로 받아들여지고 있지만(赤澤史朗, 2005; 西村明, 2006; 新谷尚紀, 2000, 2006), 야노의 주장처럼 위령이 과연 "불교, 신도 등 종교를 불문하고" 보편적으로 적용될 수 있는 것인가에 대해서는 입장이 갈린다. 특히 이에 대한 비판은 위령이라는 사상이 갖는 특정 종파적 성격을 지적하는 기독교나 불교, 신종교 측에서 제기되어 왔다. 그 한 예로 '나가사키 충혼비 소송'의 원고였던 오카 마사하루岡正治道는 위령과 추도의 차이를 언급하면서, '위령'을 "원초적인 심정으로부터 생긴 어떤 상태 ― 즉, 초자연적·초개인적 존재인 '영'을 관념(확신)하고 이를 '위로한다'는 어떤 내심의 의지 ― 를 가리키며, 그 외적 표출로서의 행위(신도행위)를 가리키는 어휘"라고 주장했다. 즉, 불교나 기독교에는 위령이라는 사고방식은 없으며, 종교성(특히 신도적 성격)의 유무로 위령과 추도를 엄밀히 구분해야 한다는 것이다(岡正治道, 1975: 55. 西村明, 2006: 16-17에서 재인용). 아카자와 시로赤澤史朗 역시 위령 개념이 내포하고 있는 독특한 영혼관에 대해 다음과 같이 조심스런 견해를 피력한다.

> '위령'이라는 말의 의미는 … '죽은 자의 영혼을 위로하는 것'이다. 이렇게 보면 '위령'이라는 행위 속에는 사람이 죽더라도 '영혼'은 남는다는 관념이 있으며, 더욱이 '죽은 자의 영혼'을 살아 있는 지상의 인간이 '위로한다'는 것이 가능하다는 이해가 있다고 말할 수 있다. 그렇다면 이 '위령'이라는 행위에는, 예를 들어 자각되지 않더라도 어떤 종류의 종교적 견해가 포함되어 있다고 말할 수 있다. 왜냐하면 영혼이 존재한다는 것 자체가 하나의 종교적 판단이며, 예를 들어 영혼이 존재한다는 사고방식에 서 있더라도, '죽은 자의 영혼'은 이미 초월적인 신의, 또는 부처의 손안에 있으며, 지상의 인간이 여기에 영향을 미치거나 '위로한다거나' 하는 것은 불가능하다는 별종의 종교 관념도 존재하기 때문이다.(赤澤史朗, 2005: 8-9)

위령이라는 행위 안에는 사람이 죽어도 영혼은 남는다는 믿음, 또한 사자의 영혼은 불안정하며 부유하는 성향이 있기 때문에 이들 영혼을 불러내어 위무하여 편안히 해야 하고, 그 영혼이 영성을 획득하면서 가미로 받들어진다는 일련의 신도적 관념들이 응축되어 있으며, 이처럼 모든 종교에 통용될 수 있다고 볼 수는 없다는 논리다. 따라서 정교분리가 헌법으로 제도화된 전후 일본 사회에서 전시기 국가신도의 위험성과 폐해를 문제시한 연구자와 종교가 등 일군의 진영에서는, 전사자의 영혼을 위로한다는 뜻으로 사용되어 온 '위령'이라는 용어가 갖는 문제점을 일찍부터 지적해 왔다.

1975년 8월 15일 전국전몰자추도식 단상에 설치된 표주標主의 문구 변화를 둘러싼 논란은 이상의 논쟁이 학문적 차원을 넘어 사회적 갈등으로 비화될 수 있음을 상징적으로 보여 준 사례다. 1963년 제1회 추도식이 실시된 이래 1974년까지 사용되었던 '전국전몰자추도지표'全國戰沒者追悼之標라는 표주가 1975년의 전국전몰자추도식에서 갑자기 '전국전몰자지령'全國戰沒者之靈으로 바뀌면서, 그 경위를 둘러싸고 종교계를 비롯한 일부 세력들이 민감하게 반응하기 시작했던 것이다. 그중에서도 기독교계나 신소렌 등의 종교단체들은 성명을 통해 이러한 변화가 헌법의 정교분리 원칙에 반한다는 항의와 함께, 이를 원래 문구인 '표'標로 복원해 줄 것을 요구했다.[18] 하지만 어떤 사전 설명도 없이 '표'를

18 기독교계 신문인 『그리스도 신문』에서는 이 변화에 대해 "종래 정부 주최로 행해진 이 추도식에는 종교색이 극도로 제거되어 왔지만, '전몰자지령'戰沒者之靈으로 표기된 것은 이번이 처음…"(『그리스도 신문』, 1975. 8. 30)이라고 보도했다. 신소렌 역시 "'령'靈이란 말은 특히 종교적인 표현이며, 영에 대해 예배하고, 묵도하고, 헌화하고, 이를 위로한다는 행위는 명백히 종교적인 것이라고 말하지 않을 수 없다"(靖國神社問題特別委員會[編], 1978)는 성명을 낸 바 있다(이상 田中伸尙[外], 1995: 173-174 참조).

'령'으로 변경한 것에 대해 후생성은 사전에 일본유족회 등의 '강한 요망'이 있었으며, 1976년 이후에도 원래로 돌릴 의향은 없다고 표명했다. 그리고 종교계 신문을 제외한 언론들의 전반적인 침묵, 그리고 여론의 무관심 속에 현재까지도 전국전몰자추도식에서 '전국전몰자지령'이라는 표기는 그대로 유지되고 있다.

그렇다면 그러한 변화가 발생한 이유는 무엇일까. 연구자들은 공통적으로 1975년이라는 해가 다섯 차례나 상정된 「야스쿠니신사 국가호지 법안」이 결국 폐안이 된 다음 해라는 것, 그리고 미키 다케오三木武夫 총리가 '사인'私人의 자격이긴 하지만 전후 현직 총리로서는 처음으로 8월 15일 당일 야스쿠니신사에 참배한 해라는 점에 주목하면서, 표주 문구 변화의 정치적 의미를 읽어 내고 있다(川村邦光, 2003; 新谷尚紀, 2006). 특히 신타니 다카노리는 그러한 변화가 미키 총리 재직 시기에 일어난 사건이라는 점에 초점을 맞춰, 당시 자민당 내 소수파였던 미키 총리와 주류 보수파의 역학관계에 의한 타협의 산물이라는 설, 혹은 우익에 의한 미키 총리 구타 사건 등의 영향 때문이라는 설을 제기하기도 한다(新谷尚紀, 2006). 물론 그 설들은 검증된 것은 아니지만, 표주의 문구 변화가 갖는 정치적 의미를 중시한다면, 중앙 차원의 움직임이 1980년대에 들어 지역사회의 전몰자 제사에 미치는 '무의식적' 영향을 고려하는 데도 하나의 중요한 설명 틀이 될 수는 있을 것이다. 실제로 조사 대상지인 가고시마의 지란에서 매년 거행되는 전몰자추도행사를 보더라도, 초기에는 '추도식'과 '위령제'라는 명칭이 줄곧 혼재되어 사용되다가 1985년 이후부터는 '지란 특공기지 전몰자위령제'로 표현이 굳어진다.

하지만 그렇다고 하더라도 전국전몰자추도식이나 지란의 전몰자위령제의 전개 흐름에 있어, 문구의 변화와 맞물리는 실제적인 식사의 내용이나 식순 등의 변화가 거의 없다는 점에도 주목할 필요가 있다.

이는 실제로 위령제가 이루어지는 현장에서, '위령사'慰霊の言葉와 '추도사'追悼の言葉가 아무런 구별 없이 혼재되어 사용되는 상황에서도 확인할 수 있다. 또한 교리상 위령이라는 발상 자체를 받아들이지 않는 정토진종의 승려가 불교식으로 치러지는 지란의 전몰자위령제에서 독경을 하는 모습도 종종 볼 수 있다.[19]

이러한 맥락에서 이 책에서는 전후 일본에서 '위령'이라는 용어가 갖는 정치성을 고려하면서도, 추도를 개인적이고 보편적인 애도의 행위를 일컫는 언설로, 위령은 신도神道적인 관념이 강하게 깃들어 있는 언설로 단정적으로 구분하는 태도 역시 경계하고자 한다. 오히려 중요한 것은 위령이 그 용어의 관습적 의미장의 경계boundary를 넘나들면서 전후 일본 사회에서 죽은 자에 대한 산 자의 복잡미묘한 감정이 응축된 실천적 제도의 한 유형을 형성해 왔다는 사실, 그리고 죽음을 대하는 하나의 실천으로서의 위령 속에는 가까운 가족·지인의 죽음을 어떻게든 납득시키고자 하는 산 자(유족)의 강한 감정적 힘이 넘쳐흐르고 있다는 사실이다.

"이미니에게 역사적 사실이란 아이의 죽음이 아니라, 오히려 죽은 아이를 의미하는 것"(小林秀雄, 1978: 206)이라는 고바야시 히데오小林秀雄의 언명은 위령이라는 행위를 객관적으로 대상화할 때 사회과학자가 빠지기 쉬운 오류를 잘 지적해 준다. "죽은 아이에 대해서 어머니는 이를 마음에 새겨 아는 것이지, 아이의 죽음이라는 실증적 사실을 마

19 신란親鸞을 사조로 하는 일본 불교인 정토진종에서는 사람은 죽으면 모두 극락왕생하여 아미타불이 된다고 믿기 때문에, 산 자가 죽은 자의 영을 위로한다는 신도식의 '위령'이라는 생각 자체를 받아들이지 않는다. 실제로 1984년 나카소네 야스히로中曾根康弘 총리의 야스쿠니신사 공식참배를 위헌이라며 소송한 원고 측에는 정토진종, 그중에서도 니시혼간지파西本願寺派의 승려가 많았는데, 그들의 논리는 이러한 종교적 신념에 입각해 있었다.

음에 새겨 알 수는 없는"(小林秀雄, 1978: 207) 것이다. 위령이라는 행위의 본질에 내포된, 죽은 자에 대한 산 자의 실천이 불러일으키는 감정적 힘에 대해 주목하지 않는다면(Rosaldo, 2002), 그것은 하나의 정치적 이데올로기에 대한 또 하나의 이데올로기적 반反비판에 머무를 수밖에 없다.

이러한 관점에서 볼 때 '추도'가 개인적이고 보편적인 애도의 행위를 일컫는 용어라는 전제 역시 검토할 필요가 있다. '위령'이라는 개념에는 '영을 위로한다'는 축자적 의미 외에 추가로 그 위무된 영혼이 영성을 획득해서 가미로 받들어 모셔진다는 동태까지 포함해야 한다는 주장이 내포되어 있다는 해석(新谷尚紀, 2006: 160-161 참조)은 물론 '위령'과 '추도'를 구분하는 중요한 시사점을 제공해 준다. 하지만 상대적으로 중립적인 의미로 사용되는 '추도', '애도'라는 용어 역시 정교분리가 일찍부터 정착된 영미 사회에서 일반적으로 사용된 'mourning'의 번역어적 성격이 강하다. 그런 점에서 '추도'나 '애도'라는 용어를 죽음에 대한 하나의 보편적인 태도로 간주하기 전에 그 용어가 갖는 문화적·역사적 검토가 선행되어야 하며, 이 용어들은 전후 일본 사회에서 무의식적으로(무비판적으로) 사용되는 위령이라는 개념이 내포하는 문제를 환기하기 위한 하나의 '방법'으로서만 그 의미를 지닌다고 해야 할 것이다.[20]

20 보편적인 감정의 잣대로 사용되는 'mourning'이나 'grief'라는 용어가 내포하는 개별문화특수적(서구적) 성격에 대해서는 비에주비츠카A. Wierzbicka의 누스바움(M. Nussbaum, 2001) 비판(Wierzbicka, 2003)에서도 지적된 바 있다. 비에주비츠카는 누스바움의 작업이, 감정을 전적으로 문화적으로 구성되는 것으로 보는 한쪽 극단과 감정을 전적으로 인간 보편적인 것으로 보는 다른 한쪽 극단을 모두 비판하면서 감정과 문화의 관계, 그리고 감정과 언어의 관계를 고려하는 데 있어 다양성과 보편성의 균형을 유지한 좋은 시도임은 일단 인정한다. 하지만 누스바움은 감정과 관련된 언어를 구사하는 데 있

마지막으로 남는 문제는 '현창'顯彰이다. 한자어의 의미 그대로 '현창'이라는 용어는 '공적 등을 세간에 알리고, 표창하는 것'으로, 현창의 대상에게는 어떤 '공적'功績이 있으며, 어떤 가치관에 서서 그것을 평가한다는 뜻이 내포되어 있다(赤澤史朗, 2005: 9). 전후 일본 사회에서 '영령의 현창'이란 슬로건의 의미는 전몰자인 군인·군속을 국난에 몸을 바친 고귀한 희생자로 치켜세우며, 그들을 야스쿠니신사에 제신으로 합사, 국가의 손으로 '위령'한다는 것이다(田中伸尙[外], 1995: 63-64). 발족 이후 7개월이 지난 1953년 10월의 시점에서 일본유족회가 최우선 목표로 내건 것은 '영령의 현창'이었고, 이는 현재까지 야스쿠니신사와 일본유족회, 그리고 지방의 호국신사 등에서 일관되게 주장하는

어 개별문화특수적인 어휘인 일상 영어(그 한 예로 'grief')를 보편적인 감정의 잣대로 아무런 근거 없이 사용하고 있다는 것이 비에주비츠카의 누스바움 비판의 핵심이다. 이는 문화 번역translation의 문제와도 연관된다. 다른 문화권에서 보이는 독특한 감정적 표현을 인류학자들이 자문화 언어로 기술할 때 종종 빠지는 오류는 자기 문화권의 감정을 잣대 혹은 프리즘으로 투과해서 그 현상을 설명하는 것으로, 'Balinese grief'나 'Russian grief'는 그 대표적 예다. 하지만 비에주비츠카가 보기에 'grief'라는 개념은 앵글로색슨 사회에서 나타나는 독특한 감정을 나타내는 용어로, 발리에도, 그리고 러시아에도 이러한 감정과 정확하게 들어맞는 어휘는 존재하지 않는다. 따라서 발리 혹은 러시아의 사회에서 나타나는 감정을 기술할 때 'grief'라는 단어를 사용하는 것은 문화에 대한 심대한 오독이 된다.
따라서 이러한 오류를 막기 위한 하나의 방법으로 비에주비츠카는 그러한 감정적 경험의 저장고이자 가이드이기도 한 그 문화의 언어에 보다 주의를 기울일 것을 요청한다. 감정을 비롯한 보편적인 인간의 행동을 나타내는 개념어에 대한 비교-언어적cross-linguistic 고찰도 필요하다. 비에주비츠카의 논의는 타문화(특히 감정)를 재현하는 데 있어 종종 빠지게 되는 자민족중심주의적 오류를 정확하게 지적한다. 하지만 레비스트로스라면 '감정소'라고 했을 보편적인 감정을 추출해 내고, 개별 문화의 구체적인 언어생활 맥락에 주의를 기울이면서, 그들의 문화(감정)를 자문화의 언어로 번역한다는 것은 지난한 작업이 아닐 수 없다.

슬로건이기도 하다. 가고시마에서 치러지는 특공위령제를 주관하는 단체들의 이름 중에서도 '○○慰靈顯彰會'는 가장 일반적이다.

물론 '현창'이라는 용어가 언제부터 등장하게 되었는가를 확인하는 것은 어려운 일이지만, 적어도 야스쿠니신사의 전신인 도쿄초혼사東京招魂社 창건 시(1869년)부터 위령과 현창이 하나의 세트처럼 사용되어 온 것은 분명하다. 초혼사 창건 시의 축사祝詞를 보더라도, 천황을 위해 싸우다 죽은 사람들의 행적에 대해 "신속하게 적들을 토벌하여 세상을 평안하게 하고, 오로지 그 공을 기리기 위하여" 초혼사를 창건했다고 기록되어 있다(靖國神社[編], 1983a: 34에서 재인용). 야스쿠니신사의 제신이 천황을 위해 싸우다 죽은 사람, 즉 '공훈'功勳이 있는 자에 한정된다는 것은 잘 알려진 사실이다.

전후에도 야스쿠니신사 측이나 자민당 진영 내에서는 위령과 현창이 하나의 세트로 사용되는 것을 당연한 사실로 받아들인 것으로 보인다. 앞서 언급했던 「야스쿠니신사 국가호지 법안」을 둘러싼 여러 수정 경위를 살펴보더라도, 야스쿠니신사 국가호지에서 신사의 종교적 성격의 여부에 관해서는 유족회 측과 자민당 법안위원회 측 사이에 여러 의견대립이 있었지만, 위령과 현창의 관계 자체를 문제시하는 대목은 찾기 어렵다. 몇 번의 수정을 거쳐 만들어진 법안의 제1조(1967년 11월 30일 「중의원법제국안」)를 보더라도, '영령' 문구의 삽입을 둘러싼 논의의 흔적은 보이지만 위령("위로하고")과 현창("그 공훈은 칭송하고", "그 위업은 영원히 전하는")이 하나의 세트로 기술되는 것에 대해서는 아무런 모순을 자각하지 못한 것처럼 보인다. 다시 말하면 「야스쿠니신사 국가호지 법안」은 헌법의 정교분리 조항을 비켜 가기 위해 야스쿠니신사를 종교가 아닌 '국민도덕시설'로 변화시키는 데 초점이 맞춰져 있을 뿐, 전사자의 '유덕'이나 '업적', '위업'을 기리고 미화하고 현창한다는 생각 자체가 갖는 문제성에 대한 고려는 전혀 찾아볼 수 없는 것이다.

하지만 이 위령=현창이라는 등식은 이후 야스쿠니 반대파들의 공격 표적이 되었다. 왜냐하면 현창이 공적을 전제로 한다고 할 때, 공적은 어떤 가치관에 서서 평가하는 것일 수밖에 없으며, 이때 그 기준이 적어도 전시기 일본에서는 국가/천황을 위해 죽었는가의 여부라는 사실은 자명하기 때문이다. 다시 말하면 현창은 곧 전사의 미화, 찬미와 연결되는 것이다. 앞서 언급했듯이 이 문제는 전후 일본을 전전과의 관계에서 단절로 볼 것인가 아니면 지속으로 볼 것인가, 나아가 이전 전쟁의 성격을 어떻게 정의할 것인가의 문제와도 관련된 핵심적인 쟁점이자 동시에 결코 간단히 해결될 수 없는 문제였다. 여기에는 다음과 같은 세 가지 아포리아가 가로놓여 있다.

첫째, 제3부에서 구체적으로 검토하겠지만, 일단 전쟁에서 싸우다 죽은 자에 대한 제사는 일본이라는 근대국민국가의 수립 이래 계속해서 이루어져 온 것으로, 단순히 국가가 위로부터 추진한 것이 아니라 메이지 시기 이후부터 계속되어 온 국가와 국민의 공명, 즉 이심전심以心傳心=감심感心이라는 '감정의 공동체'라는 차원을 고려해야 한다는 것이다(羽賀祥二, 1994: 363-367). 그 한 예로 1993년 8월 호소카와 모리히로細川護熙 당시 총리의 '침략전쟁' 발언에 대해 일본유족회는 '영령에 대한 모독'이라고 맹렬히 반발했다. 유족에게 자신의 육친이 침략자이자 범죄자로 여겨지는 것은 참기 힘든 일이 아닐 수 없었을 것이다. 당시 『유족신문』의 지면을 장식했던 "아버지는 과연 침략자였던가"라는 표제어에는 이러한 유족들의 심정이 담겨 있었다. 따라서 전후 일본에서 지난 전쟁에 대한 해석과 평가의 문제는 단순히 이성이나 논리의 차원뿐만 아니라 감정emotion의 차원을 함께 고려하지 않으면 안 된다. 또한 이처럼 국가의 정책과 가족 개인의 행위를 준별할 수 없는 것은, 바꿔 말하면 현재에도 '영령'이 국가와 이에家의 유대로서 기능하고 있는 것을 증명한다(田中丸勝彦, 2002: 39-40)는 점도 아울러 염두에 두어야 할 것이다.

둘째, 국가를 위해 싸우다 죽은 자를 기념하고 현창하는 행위는 국민국가 일반에서 공통적으로 행해지고 있다는 점에서, '그런데 왜 일본은 예외여야 하는가?'라는 물음에 대해 정면으로 돌파해 나가지 않으면 안 된다는 것이다. '미국에는 알링턴이 있고, 소련이나 다른 외국에도 무명전사의 묘지가 있다. 어디든 나라를 위해 쓰러진 사람에 대해 국민이 감사를 바치는 장소가 있다. 그것은 당연하다. 그렇지 않다면 누가 나라에 목숨을 바칠 것인가?'라는 논리는 국민국가 체제 아래서 살아가는 사람들에게는 설득력이 있는 호소다. 실제로 1985년 나카소네 당시 총리는 야스쿠니신사 공식참배 직전의 강연에서, 전몰자들을 국가·국민이 어떻게 대해야 할 것인가라는 물음에 대해 "국가를 위해 (싸우다) 숨진 사람에게 국민이 감사를 드리는 것은 당연한 것이며, 그렇지 않으면 누가 국가에 목숨을 바치겠는가"(제5회 자민당 가루이자와軽井沢역 세미나 특별강연)라고 역설한 바 있다. 패전이라는 상황을 고려하지 않는다면, 이는 모든 국민국가가 당연하게 받아들이는 전제다. 따라서 '일본이라는 국가가 전사자를 기념하는 것은 잘못이다'라는 '단죄'의 차원에 머물러서는 안 되며, 오히려 공식적인 전사자 기념과 현창을 어렵게 했던 전후 일본의 '특수한' 경험을 토대로 근대국민국가 일반의 전사자 기념/현창의 논리에 대한 비판의 논리를 모색해 나가지 않으면 안 된다.

셋째, 보다 근원적인 문제로, 제사에 있어 '현창'적 측면과 '추도'적 측면이 그렇게 확실히 나눠질 수 있는 것인가 하는 점이다. 이 점은 여전히 논의의 여지가 남아 있다. 전후 일본 사회에서 종래의 야스쿠니신사나 충혼사 등의 시설에 대한 비판은 다양한 변이가 있지만, 그 중에서도 뚜렷한 경향은 전사자에 대한 영령·현창적 측면과 추도적 측면을 서로 양극적인 입장으로 보면서, 전의를 고양시킨다는 점에서

전자에 내포된 '군사주의적 성격'이나 '국가신도적 성격'을 비판하는 것이었다. 하지만 우리의 현충원이 그러하고 미국의 알링턴이 그러하듯이, 위령과 현창이 대극적 입장인지는 여전히 의문이다. 실제로 현창이나 국가적 승인을 거치는 것을 통해서 비로소 이루어지는 추도도 존재하기 때문이다. 이에 대해 정치적 레벨에서 현창인가 추도인가를 쟁점으로 하는 것이 아니라, 전쟁사자의 위령 자체에 '고양'(フルイ[奮い]: 폭력성의 발동을 촉진시키는 경향성)의 국면과 '진정'(シズメ[鎮め]: 자율적·타율적 폭력성을 억제·억압하는 경향성)의 국면이라는 양면성이 있으며, 이 양자의 역학관계를 통해 메이지 시기 이후 현재까지 일본 사회의 위령의 양상을 파악해야 한다는 주장도 제기된 바 있다. 여기에는 예를 들어 원폭사를 당한 나가사키 의과대학 학생들에 대해 전후 야스쿠니신사 합사를 자진해서 요청하는 유족들의 태도를 바로 보수적인 입장으로 정리해 버릴 수 있는가, 즉 유족들의 심정의 문제를 단순히 정치적 레벨에서 파악해서는 곤란하지 않은가라는 물음이 내포되어 있다(西村明, 2006: 특히 제1장과 제6장 참조).

이러한 니시무라 아키라西村明의 논리는 이데올로기론과 정치주의에 매몰되기 쉬운 전사자 제사 문제를 위령이 갖는 본질적인 속성, 즉 산 자와 죽은 자의 관계성의 문제로 파악하게 하는 새로운 시각을 제공한다는 점에서 시사적이다. 하지만 이러한 시각이 국가의 제사가 갖는 정치적 함의의 중요성을 간과하는 방식으로 독해되어서는 곤란하다. 그보다는 (물론 니시무라의 논의 자체에는 명확하게 드러나지 않지만) 전전부터 내려오는 국가의 제사가 갖는 헤게모니가 전후 상당한 타격을 입긴 했지만 여전히 국민 공동체에서 일정 정도의 영향력을 행사하고 있다는 것, 그리고 전후 일본 사회의 국가 비판, 내셔널리즘 비판은 그 헤게모니의 핵심 토대를 이루는 감정의 문제를 사실상 방관해 왔다는 것, 그 결과 전후 일본 사회에서 전개되는 '현창'파와 '애도'파의 논쟁이, 가토 노리히로의 비유(加藤典洋, 1997)를 빌린다면 '지킬과 하이드'와 같은 인격분열의 양상을 띠며 전개되어 왔다는 것을 '발견'해 내는 방식으로 그의 논의를 읽어야 할 것이다.

그렇다면 실제 국가적 위령 행사가 어떠한 방식으로 전 국민을 하나의 감정으로 묶어 내는 감정의 공동체를 만들어 냈는가invention, 그리고 그러한 창출은 어떠한 메커니즘에 의해 이루어지는가, 한편 그러한 감정의 공동체가 가상의/환상의 토대 아래 구축되어 있으면서도 어떠한 실제적인 힘power을 가지고 있고 또 어떻게 그 힘이 행사되어 왔는가. 다음 본론에서는 이러한 애도의 문제를 전전과 전후라는 시계열 내에서 추적하면서, 그러한 전후 정치의 주술적 속박呪縛에서 벗어날 수 있는 실천적 전망을 어떻게 확보할 수 있는가의 문제까지 논의를 심화하고자 한다.

제3부

근대 일본의 전사자 위령:

메이지 시기에서 아시아·태평양전쟁기까지

제1장 국가와 위령
연구사적 검토

주랑식 현관의 빛 속에서 영웅들이 그들의 무훈을 보여 주고 있었지만, 내게 그들은 그다지 평판이 좋아 보이지 않았다. 즉 그들은 회오리바람에 채찍질당하고, 수액을 흘리는 나무 그루터기에 베이고, 빙하 덩어리에 갇혀 꽁꽁 언 채 어두컴컴한 깔때기 같은 지옥에서 허덕이는 무리들과 별반 다르지 않아 보였다. 따라서 이 주랑은 전승기념탑 위에서 빛나는 승리의 여신상을 감도는 은총의 영역과는 정반대인 지옥인 셈이었다. 종종 탑 위쪽에 서 있는 사람들이 보였다. 하늘을 배경으로 서 있는 그들은 가위로 오리는 그림책 인물들처럼 까만 테두리를 두른 듯 보였다. 나는 가위와 풀통을 가지고 그림책 인물들을 오려서 정문 앞, 수풀 뒤, 기둥 사이, 그 밖에 내키는 대로 여기저기에 배치하지 않았던가. 저 탑 위에 햇빛을 받으며 서 있는 사람들 역시 이처럼 즐거운 변덕에서 만들어진 형상들이었다. 영원한 일요일이 그들을 감싸고 있었다. 아니면 그것은 영원한 스당sedan의 날이 아니었을까.

_발터 벤야민W. Benjamin, 『1900년경 베를린의 유년시절』 중에서

1. 문제의 소재所在

대전쟁The Great War 이후 다시 전쟁의 불길한 그림자가 짙게 드리워지기 시작하던 1930년대 유럽 사회, 유대인에 대한 탄압이 점차 거세어지던 고향 베를린을 떠나 망명길에 나선 발터 벤야민W. Benjamin은 유년 시절 베를린의 정경을 형상화하는 작업에 착수한다. 그는 이 작업에 대해 "지나간 과거사를 개인사적으로 돌이킬 수 없는 우연의 소산으로 보는 것이 아니라, 사회적으로 돌이킬 수 없는 필연적인 것으로 통찰"(Benjamin, 2007b: 33)하고자 함이라고 그 의의를 부여하고 있다.

그중에서도 이 장의 논의와 관련하여 흥미로운 것이 당시 베를린 시내에 세워져 있던 '전승기념탑'에 대한 회상이다. 프랑스-프로이센 전쟁(스당 전투) 승리를 기념하며 세워진 이 탑에 대한 어린 시절의 인상은, 벤야민에게 "빛나는 승리의 여신상을 감도는 은총의 영역과는 정반대인 지옥"이자, 어린아이가 가위와 풀로 오리기 장난을 하는 것처럼 "즐거운 변덕에서 만들어진 형상들"로 남아 있다. 프로이센 민족의 빛나는 승리를 기념하는 전승기념탑이 실은 "죽은 자들의 무시무시한 유령들이 봉인된 하나의 기념비"라는 것, 그리고 그 유령들은 "언어의 땅 속 깊은 곳에서 울려나오는 웅얼거림"(Benjamin, 2007a: 123) 처럼 "피비린내 나는 목소리만 알 뿐, 산 자들의 왕국에서 무슨 일을 저지르든 개의치 않는"(Benjamin, 2007a: 123) 존재들이라는 것. '전승기념탑', 그리고 '전몰용사기념비'에 대한 짧은 인상비평(「전승기념탑」, 「전몰용사기념비」[『일방통행로』에 수록])을 통해 벤야민은 죽은 자의 입을 빌려 산 자들이 자신의 이야기를 만들어 내는 근대국가의 본질, 나아가 죽은 자와 어떻게 마주할 수 있을 것인가, 아니 마주해야 할 것인가라는 이 책 전체의 논의를 선취하고 있었다고 볼 수 있지 않을까.

전쟁기념비에 대한 벤야민의 찰나적인 성찰은 이후 베네딕트 앤더슨에 의해 계승된다. 잘 알려진 것처럼 근대 문화로서의 내셔널리즘의 비밀을 무명전사의 묘지와 비석에서 찾고 있는 앤더슨의 논의는 크게 두 가지로 정리될 수 있을 것이다. 하나는 국가를 위해 싸우다 죽은 전사자에 대한 기념이 근대국민국가의 가장 중요한 사업의 하나가 되었다는 점이며, 다른 하나는 이러한 기념 행위가 일찍이 존재하지 않았던, 근대에 들어와 새롭게 만들어진 것이라는 점이다. 다시 말하면 무명용사의 기념비나 무덤이 건설되고 그것이 "귀기 서린 국민적 상상력"ghostly national imaginings을 뿜어내기 시작한 것은 근대에 들어서면서부터라는 것이다(Anderson, 1991). 이는 근대국민국가의 '만들어진 전통'invented tradition의 가장 전형적인 예라고도 할 수 있을 것이다. 하지만 이제는 광고 문구로 사용될 정도로 상투화되어 버린 『만들어진 전통』이라는 편서의 결론에서 홉스봄E. J. Hobsbawm이 강조했던 것은, 창출된 전통의 '인위성'이라기보다는, 그러한 창출을 가능하게 만든 내적 기반이었다. 다시 말하면 전통의 창출이라는 조작들이 가장 성공적이었던 때는 특정 집단의 절실한—물론 항상 분명하게 이해된 것은 아니지만—필요를 충족시켜 주는 관행들을 이용했을 때라는 것, 즉 그것들은 어느 순간 갑자기 '창출'될 수는 없으며, 이용되거나 창출되기 이전에 먼저 '발견'되어야 한다는 것이다(Hobsbawm and Ranger, 2004: 567). 또한 창출된 전통이라는 논의에 흔히 뒤따르는 그 인위성에 대한 비판을 백번 인정한다 하더라도, 거기에는 그러한 인위적 창조물을 필요로 하는 현실이 있다는 사실 그 자체를 부정할 수는 없다.

이상은 근대 일본의 전사자 위령이라는 문제를 분석함에 있어서도 중요한 시사점을 주는 지적들이다. 야스쿠니의 전사자 제사가 근대에 들어와 새롭게 만들어진 것임은 분명하다. 하지만 야스쿠니의 제사로 수렴되는 전사자의 위령이 무엇 때문에, 그리고 어떤 과정을 거치면서 근대 일본 사회에서 국민 전체가 공유해야 할 것으로 받아들여졌는가의 문제는 '발명'invention이라는 논리만으로는 설명될 수 없다. 다음 절에서는 근대 일본의 전사자 위령에 대한 일본 학계의 연구들을 리뷰하면서, 야스쿠니의 제사를 비롯한 전사자 제사가 일본 사회에서 어떤 과정을 거쳐 만들어지고, 또 그 제사가 어떻게 정착되어 가는지를 파악하고자 한다.

2. 전사자 위령 연구의 동향 (1): 국가신도 문제와 관련하여

근대 일본 사회에서 정치와 종교의 관계(소위 '정교분리'의 문제), 혹은 사람들의 종교적 동향을 어떻게 이해해야 할 것인가의 문제를 파악하는 데 있어, 전후 일본 학계에서 가장 커다란 축이 국가신도 연구였다는 점에는 이론異論의 여지가 없을 것이다. 그리고 현재 역사적 사실을 둘러싼 실증의 측면과 관련해 여러 비판이 제기되고 있지만,[1] 전후 국

1 특히 국가신도 체제를 메이지유신에서부터 패전 이후까지 일원론적으로 발전한 것으로 파악한 무라카미의 논의에 대해, 최근 사카모토 고레마루(阪本是丸, 2007)나 나카시마 미치오(中島三千男, 1995) 등의 연구에 의해 메이지 10년대 후반부터 20년대에는 적극적인 신사정책이 나타나지 않는다는 사실이 역사적으로 명확히 밝혀지면서, 국가신도라는 개념 그 자체가 불필요한 것이 아닌가 하는 의견까지 일부 신도학자나 제도사 연구자로부터 나오고 있다. 원래 전후, '국가'신도라는 말은 그 선구자인 무라카미에게서 단적으로 보이는 것처럼 국민의 신교자유를 간섭하는 국가를 강하게 비난한다는 마르크스주의적 입장에서 사용된 것이다. 따라서 국가신도라는 개념이 불필요하다고 주장하는 측이 무라카미의 논의를 비판하는 견해를 취하는 이상, 이 진영의 논리에는 전전 일본의 국가나 신사가 국민을 억압한 사실은 없었다는 정반대의 주장이 암묵적으로 내포되어 있다. 하지만 이러한 신도학자나 제도사 연구의 흐름에 대해 이소마에 준이치磯前順一는 이들 연구가 주로 신사제도로부터 논의를 전개하는 것이며, 국가신도가 일반의 신사만이 아니라 야스쿠니 신사와 같이 창건신사 혹은 궁중제사를 구성요소로 조직되어 있다는 사실을

가신도 연구에서 종교학자 무라카미 시게요시의 일련의 연구(村上重良, 1970, 1974, 1977)가 갖는 획기적인 의의에 대해서는 그 관점의 차이에도 불구하고 일본 내 대다수 연구자들 역시 인정하고 있다(羽賀祥二, 1994; 田中丸勝彦, 2002; 赤澤史朗, 2005; 西村明, 2006; 矢野敬一, 2006; 磯前順一, 2007).

국가신도에 대한 무라카미의 정의가 갖는 장점은 무엇보다 간단명료함에 있다. 이를 간단히 정리하면 다음과 같다. (1) 국가신도는 메이지 시기 제사와 종교의 분리에 의해 형식상 종교로부터 벗어나면서, 교파신도, 불교, 기독교 등 소위 신불기독교 위에 군림하는, 세계 자본주의 국가에서는 유례가 없는 특이한 국가종교다. (2) 국가신도가 된 신사신도는 국가의 제사를 일정한 형식에 따라 치르는 것을 통해 근대 천황제국가의 종교적 성격의 기초를 이루게 되었다. (3) 내용을 결여한 국교로서의 국가신도는 일반종교를 복속시켜 국가신도 체제를 형성하는 것을 통해 국가종교로서의 실체를 가질 수 있었다. (4) 정부는 국가제도의 당연한 귀결로서 종교공인제도를 채용하고, 신도·불교·기독교 3교를 직접적인 통제하에 두고 국가신도 체제를 확립했다(村上重良, 1970: 118-119). 즉, 전전의 영령 제사의 흐름, 다시 말해 초혼사招魂社에서부터 야스쿠니신사로의 발전 과정은 "전몰자 개개의 초혼이 '영령'이라 불리는 몰개성적 제신집단에 대한, **국가에 의한 위령현창으로 변질해 가는 과정이라는**"(村上重良, 1974: ii-iii. 굵은 글씨 강조는 인용자) 것이야말로 무라카미 학설의 골자라고 할 수 있을 것이다.

생각한다면, 신사제도사만으로 국가신도의 전체상을 논한다는 것은 무리가 있을 것이라고 비판한다. 나아가 현재, 이들 제도사 연구는 개개의 법령 의도를 실증적으로 음미하는 것이라 해도, 이들 제도가 결국 사회적으로 어떠한 영향을 끼치고 있는가를 논의하는 데는 이르지 않고 있다는 점도 아울러 지적한다(이상 磯前順一, 2007).

무라카미에 따르면 '초혼'이란 하늘로부터 죽은 자의 영을 불러내 제사 지내는 종교 관념으로, 원래의 고대신도에는 없었던 관념이지만 고대 사회에서 신도가 불교나 유교 및 민간신앙과 습합되는 과정에서 넓게 퍼진 것이다. 그리고 이때의 초혼은 불행한 죽음을 당한 사람들의 혼을 위로하고 제사 지내는 '어령' 신앙적 성격이 강했고(제2부 제3장 참조), 실제로 근대 이전 일본 사회에서는 불교의 원친평등怨親平等 사상의 영향도 있어, 적군과 아군을 가리지 않고 모두 함께 제사 지내는 관습이 일반적이었다고 한다. 하지만 1869년 창설된 도쿄초혼사東京招魂社의 초혼제는 이러한 어령 신앙의 민중적 기반을 일부 배경으로 하면서도, 내전에서 죽은 모든 병사들이 아닌, 천황을 위해 싸우다 죽은 관군만을 제사 지내면서 기존의 관습에서 벗어난다. 또한 각 번에서 개별적으로 이루어지던 기존의 초혼 의례를 국가가 독점하기 시작하면서, 숨진 전사자들의 충혼을 강조하며 훈공·표창의 성격이 강하게 대두하기 시작한 것도 새로운 초혼제의 독특한 특징이라고 할 수 있다(村上重良, 1974: 45-55 참조).

그로부터 10년 후인 1879년, 도쿄초혼사는 '별격관폐사'라는 사격社格을 부여받으면서 그 이름도 '야스쿠니신사'로 개칭된다. 하지만 이는 단순히 이름이 바뀐 것에 그치는 것이 아니라 종교시설 그 자체의 변질을 의미하는 것이었다. 왜냐하면 초혼사에서는 소위 전사자 개인의 영혼이 주인공이었다면, 야스쿠니신사에서는 '국가'가 확실히 전면에 등장했기 때문이다. 또한 주역이 개인의 영혼에서 국가, 즉 근대 천황제국가로 이행한 것은, 강한 개성을 가지고 있었던 '영혼'이 점차 개성을 상실하고 추상화되어 야스쿠니의 가미로 승화해 가는 과정이기도 했다(村上重良, 1974: 111). 이렇듯 야스쿠니 제사는 일본인의 전통적인 어령 신앙의 흐름을 계승하면서도 막부 말기의 정치적 위기에 대응해서 창출된 완전히 새로운 종교 관념에 기초한 것이자, 천황天皇에 대해 충성을 바친 전사자만을 신으로서 제사 지낸다는 점에서는 기존 일본인의 죽음에 대한 관념마저 바꿔 버렸다는 것이 국가신도에 대한 무라카미의 이해였던 것이다.[2]

전후의 신도 연구에서 이상의 무라카미의 작업이 갖는 연구사적 의의는 부정할 수 없는 것이다. 그 의의에 대해 종교사가인 하가 쇼지羽賀祥二는 (1) 신도의 발전사적 방법, 즉 원시신도에서 국가신도로의 발전, 더욱이 전후에 해체되기까지의 신도의 역사를 전체적으로 명확히 하는 것을 목표로 하고 있었다는 점, (2) 종교제도, 교의, 제사, 초혼·위령, 축제일 등 근대의 국가신도가 포함하는 다양한 요소를 종합적으로 해명하고 있다는 점, (3) 근대 일본의 여러 종교와의 관계에서 국가신도란 무엇인가에 대한 명쾌한 정의를 행한 점 등을 거론하며 그 의의를 평가하고 있다. 다시 말해 전전부터 전후에 이르는 긴 시야를 가

2 메이지 시기 초혼사에서 야스쿠니신사로의 전개 과정에 대해 오에 시노부大江志乃夫는 무라카미와 비슷한 관점에서 "진혼에서 위령으로, 위령에서 현창으로"라는 흐름으로 정리한다. 그에 따르면 초기의 초혼제는 당시 정부(에도 막부)에 의해 억울하게 죽음을 당한 지사志士들을 제사 지내는 것에서 출발했다는 점에서 어령 신앙적 계보가 강했다고 한다. 하지만 1868년 6월 에도의 초혼제에 이르면 상황이 달라진다. 왜냐하면 이 초혼제에서는 전쟁에서 죽은 관군만을 제사 지냄으로써, 패군이라는 오명하에 비참하게 전장에 버려진 원령은 완전히 무시하고 있기 때문이다. 또한 같은 해 5월에 교토의 히가시야마東山에서 거행된 초혼제에서는 페리 제독 내항 이래 숨진 유신지사들의 지조를 천하에 공표해 그 충혼을 위로한다고 하여, 어령진제가 아닌 위령진제에 그치고 있다. 이렇게 천황을 위해 관군만을 제사 지내는 관습은 야스쿠니 제사에 의해 그대로 계승되고 위령의 성격에 덧붙여 훈공·표창의 성격이 강하게 대두되었다는 것이 오에의 대략적인 논의다(이상 大江志乃夫, 1984). 이러한 논의를 담은 저서는 '이와테岩手 야스쿠니 소송' 및 '미노箕面 충혼비 소송'의 의견서를 묶어 출판된 것으로, 논의에 있어 정확한 출처가 생략되어 있는 경우가 많아 그 영향관계를 확인하기는 힘들지만, 국가신도에 대한 무라카미의 일련의 논의에서 많은 시사를 받은 것은 분명해 보인다.

지고 근대의 국가신도가 포함하는 다양한 요소들을 아우르면서 근대 일본의 독특한 현창 종교인 국가신도를 연구대상으로 설정했다는 점에서, 전후 국가신도 연구에 있어 무라카미의 위치는 확고부동하다는 것이다(羽賀祥二, 1994: 10).

물론 현재까지 축적된 메이지 시기의 신도 연구(安丸良夫, 1979; 中島三千男, 1995; 羽賀祥二, 1994; 島薗進, 2006; 阪本是丸, 2007)를 종합해 본다면, 무라카미의 연구가 전전기의 국가신도 체제를 메이지 시기에 그대로 투영해서 국가와 신사의 관련을 과대하게 파악했으며, 그 접근도 현실의 (야스쿠니 국가호지 반대) '운동'에 상당 부분 개입하는 방식에서 이루어졌다는 점은 분명하다.[3] 실제로 패전 이후부터 사용되기 시작된 (GHQ에 의해 1945년 12월에 발효된 「신도지령神道指令」에서 처음 언급되었다) '국가신도'라는 용어를, 소급하여 전전의 신도의 양태를 지칭하며 사용하는 것은 적절하지 않다는 지적도 있다(大原康男, 1993).

하지만 하가는 이러한 연구의 경향성은 당시 일본 내의 근대사 연구 전반에서 나타나고 있었기 때문에 무라카미만이 비판받아서는 안 되며, 오히려 전후 어떤 시기까지의 천황제와 국가신도에 대한 비판의

3 무라카미 스스로도 저서의 서론에서 밝히고 있듯이, 그가 국가신도 연구를 하게 된 동기는 "야스쿠니신사의 국영화가 현실의 문제가 된 현재, 야스쿠니신사와 호국신사에 대한 과학적 연구는 점점 중요하고 긴급한 과제가 되고 있으며, 금후의 반대운동의 진전은 야스쿠니의 사상에 대한 이론적 비판의 전개와 분리하기 어렵게 결합되어 있는" 현실, 하지만 "문제의 중요성에도 불구하고 이 분야의 연구는 현재 현저히 뒤처져 있으며, 야스쿠니신사·호국신사를 근대 천황제 국가의 전체 구조 속에서 자리매김하면서, 야스쿠니 사상의 본질과 역할을 규명하는 작업은 이제 시작 단계에 있다고 말하지 않을 수 없는" (村上重良, 1974: iii. 강조는 원문) 현실에서 비롯한 것이었다. 즉 처음부터 그의 연구는 상당히 실천적이고 운동론적인 목적 아래에서 이루어졌음을 확인할 수 있다.

특징적 경향이 무라카미의 연구에도 반영되어 있다고 이해해야 한다고 적절히 변호한다(羽賀祥二, 1994). 또한 종교학자 시마조노 스스무島薗進는 무라카미 학설에 대한 반대 진영의 비판을 일부 인정하면서도, 국가신도의 제도적 출현 시기 자체보다는 "신도적 관념이나 실천이 근대적으로 전개되는 상태로서의" 국가신도를 파악하는 것이 중요하다고 주장하면서 무라카미 학설을 비판적으로 지지한다(島薗進, 2006, 2010). 시마조노의 입장을 따른다면, 국가신도를 좁은 의미의 신사신도로 보는 기존의 관점은 그 본질을 흐리는 것이다. 다시 말해 국가신도는 "황실제사와 이세신궁伊勢神宮을 정점으로 하는 신사 및 신기제사神祇祭祀에 높은 가치를 두고 신적인 계보를 계승하는 천황을 신성한 존재로 숭경하며 천황 중심의 국체國体를 유지하고 번영을 기원하는 사상과 신앙실천의 시스템"(島薗進, 2010: 59)으로 보아야 한다는 것이다.

한편 근대의 국가신도를 종교제도나 교의뿐만 아니라, 제사, 초혼·위령, 축제일 등 다양한 관점에서 파악하고자 한 무라카미의 시각은 이후 많은 후속연구들에 영감을 주었다. 푸코의 '규율권력'이라는 관점을 받아들이면서, 메이지 시기 천황을 중심으로 한 일련의 의례들에 주목한 후지타니T. Fujitani의 저작 *Splendid Monarchy: Power and Pageantry in Modern Japan* (1996)은 그 한 전범이라고 할 수 있을 것이다. 메이지 시기의 신사나 전몰자 제사의 정비, 그리고 천황의 순행巡幸, pageant에 주목한 이 연구는 이러한 일련의 시도들이 근대 초기 일본의 상징적·의례적 지형의 기본 구도를 만들어 내면서 국민 형성을 위한 구심적인 내러티브 역할을 수행했음을 규명한 바 있다. 특히 1880년대 말부터 도쿄나 교토 등지에서 계속 이루어지는 천황의 순행이 앤더슨이 국민국가의 전제조건이라고 말한 '균질적이고 공허한 시간', 즉 국민들 자신이 시간을 공유하고 있다는 동시성을 만들어 내는 데 커다란 역할을 했다는 지적은 근대 일본에서 국가의 '의례'가 수행한 의미에 대한 정확한 평가라고 할 수 있을 것이다.[4] 하지만 이 연구 역시 내러티브 연구가 종종 빠지기 쉬운 함정인 '왜 그러한 내러티브를 사람들(국민들)이 받아들이게 되었는가'라는 물음에 대해 그다지 설득력 있는 답변을 제시하지 못한다는 점은 아쉬움으로 남는다.[5]

하가의 논의가 갖는 장점은 근대 초기 전통사회가 해체하면서 인간의 사회적 관계를 뒷받침하는 윤리감각이 붕괴되는, 즉 공동체의 위기가 민심의 위기로 의식되는 과정에서 의례(즉, 제사)의 역할에 주목

4 물론 권력의 유지에 있어 힘이나 정통성에 비해 형식과 의례가 갖는 중요성은 19세기 발리왕국의 사례연구를 통해 기어츠가 개념화한 '극장국가'theater state에 대한 연구(Geertz, 1980) 이후 인류학 내부에서도 꾸준히 논의되어 왔다. 16세기 말 이래 서구 정치이론을 지배해 온 권력론 혹은 국가론, 또 그에 기초한 국가의 기호론적semiotic 가치에 대한 반성에서 제기된 느가라Negara 모델이 기존의 이데올로기적 국가장치에 중독되어 온 사회과학자들에게 상징이 갖는 중요성에 대한 인식과 더불어 많은 시사점을 던져 주고 있는 것은 부정할 수 없다. 하지만 느가라 모델을 하나의 추상적 모델을 넘어 실체화해서는 곤란할 것이다. 더구나 '근대국민국가'라는 시스템이 일반적으로 보급된 현대의 국가 체제를 분석 대상으로 함에 있어 이데올로기론적 측면을 도외시한다는 것은 치명적인 결함이다.

5 후지타니는 메이지 국가가 만들어 낸 새로운 내러티브가 결코 아무런 이음새도 문제도 없는 내러티브는 아니었음을 여러 번 강조한다. 하지만 결국 그 내러티브가 "20세기에 들어서면서 비로소 스스로 문제를 해결할 잠재력을 지니게 되었다"(Fujitani, 1996: 91)든가, "이런 단층선에도 불구하고 지배적인 국민적 내러티브가 머잖아 그 국민에 대해 강력한 암시가 되었다는 것을 의심할 수는 없다. 그것은 황실 중심의 단일 역사를 공유한다는 것을 제시했으며(바꿔 말해서 기억을 규율화하려 했으며), 미래에 투사될 수 있는 천황과 그 정부로 표상되는 국가 공동체의 통일된 의지가 있음을 시사했다"(Fujitani, 1996: 91)고 결론 내리는 데 머무르고 있을 뿐, 왜 그런 내러티브가 사람들에게 침투할 수 있었는지 그 토대에 대해서는 그다지 설득력 있는 논의를 제시하지 못한다. 오히려 그가 강조하는 것은 그러한 내러티브를 만들어 낸 지배집단의 전략, 즉 "군주의 화려한 스펙터클과 동시에 일어난 무질서한 순간보다, 규율적인 훈련을 만들어 낸 근대 일본의 수많은 제도들의 증식"(Fujitani, 1996: 229)에 있는 것으로 보인다.

하면서도, 여기서 한 걸음 더 나아가 사회적 질서의 붕괴감각 속에서 유동하지 않을 수 없는 '민심'의 통합을 가능하게 한 메커니즘, 즉 역사를 공유하는 국민으로서의 '공감共感의 구조'가 형성되는 과정에 주목했다는 점이다.

하가는 근대 일본의 국가 형성 과정에서 사회의 일반 민중들에게 나타나는 특징으로 야스마루 요시오安丸良夫가 지적한 민중들의 '과잉동조'(安丸良夫, 1979) 성향을 언급하면서, 이러한 과잉동조성이 "군과 신, 선조와 자손의 이중의 이항관계에 상승적으로 영향을 끼치면서 국가공동체에 민족적인 핵('국민의 생명')을 만들어 냈음"을, 그리고 그 상승작용이 강해지면 강해질수록 공동체의 친밀성은 증대되는 반면 타자는 철저히 배제·차별해 가는 논리를 만들어 냈다고 주장한다. 이러한 친밀성의 다른 표현이 '이심전심以心傳心의 논리', 즉 '공감의 구조'다. 다시 말하면 공감의 구조는 근대 일본이라는 사회적 현실에 뿌리내려embedded 있고, 개개인의 감정에 앞서 구조화된, 하지만 동시에 개개인의 감정의 유의미한 원천으로서 상호관련적이면서 동시에 긴장관계에 있는 특정한 내적 연관을 지닌 "집합적이고 시대적인 감응의 양식", 근대 일본 사회의 "마음의 레짐"(김홍중, 2009)이라고 할 수 있을 것이다(이상 羽賀祥二, 1994: 363-367 참조).[6]

국가가 이데올로기의 밑바닥에 이심전심의 논리를 두는 한, 제사

6 하가는 이를 극장세계의 비유를 들어 다음과 같이 이야기한다. "등장인물-배우-관객의 관계는 전사자-유족-근린 주민들에 비교될 수 있다. 더욱이 여기에는 전사자들의 가족은 충의의 인물의 유족이며, 그 입장에 어울리는 행동이 요구된다. 친자·형제 등의 이항관계가 상실된 것을, 전사자=충의의 전사자와 유족이라는 관계가 보완한다. 그뿐 아니라, 필경 충의의 전사자와 그 출신지의 주민, 나아가 전사자와 남겨진 국민이라는 이항관계의 연쇄가 만들어지게 될 것이다. '우리와 같은' 전사자를 생각하게 되는 것이다."(羽賀祥二, 1994: 367)

라는 의례는 무엇보다 이러한 장을 만들어 내는 효과적인 기능을 수행하게 된다. 나아가 이러한 '감동', '감심', '감화'의 시스템은 야스쿠니신사나 지방의 초혼사뿐만 아니라, 전사자기념비·충혼비, 증위贈位(생전의 공로를 평가하여 사후에 그 위계를 높이는 것. 일본 군대의 경우 전사 후에는 일반적으로 1계급 특진, 전시 말기 특공대 전사자의 경우는 2계급 특진이 보장되었다) 등의 제도로서 급속히 정비되고, 이항관계의 망에 사람들을 포섭해 가며 이러한 '이심전심'의 시스템이 '강압억제의 순환'을 끝없이 재생산해 간다(羽賀祥二, 1994: 367). 특히 규모나 성격 면에서도 이전의 전쟁과는 본질적으로 다른 "민족적 이상 사태"이자 "격렬한 내셔널 쇼크"(色川大吉, 2015: 308)를 초래한 러일전쟁을 거치고 난 후, 야스쿠니 제사가 단순한 정치적 당파의 초혼제가 아닌 '국민의 제사'로 받아들여졌을 것임은 어렵지 않게 상상할 수 있을 것이다.

그 한 예로, 러일전쟁 전후의 야스쿠니신사의 제신 수를 비교해 보더라도, 메이지 시기부터 청일전쟁 이전까지 26년 동안의 야스쿠니의 '제신' 수가 1만 4,722명, 그리고 청일전쟁기의 '제신' 수가 1만 3,619명인 데 비해, 러일전쟁의 경우 8만 8,429명(1998년 10월 기준)으로 그 수는 압도적으로 늘어난다(『靖國神社百年史 資料編 上』, 1983. 秦郁彦, 2010: 56에서 재인용). 또한 전사자의 구성을 보더라도 러일전쟁 이전의 전사자들이 대개 사족士族 출신들인 데 비해, 이 시기에 이르면 국민개병제의 여파로 향토의 일반 평민들이 주를 이루게 되고, 그 결과 유족들 역시 그 대상이 전 국민이라는 범위로 확대된다는 점도 중요하다.[7] 전 국민이 동원된 전쟁과 그로 인한 막대한 수의 전사자들이 국민

7 역사학자 오오하마 데쓰야大濱徹也는 야스쿠니신사에 내는 새전賽錢과 신사 부속 전쟁박물관인 유슈칸遊就館 입장객 수를 통해 야스쿠니신사의 참배객 수를 대략 계산한 바 있는데, 그 통계를 보면 다음과 같다. 1893년에 23만 2천 엔

국가의 핵심인 '애도의 공동체'를 만들어 냈던 것이다. 그리고 국제사회의 대다수가 러시아의 우세를 점친 전쟁에서 일어난 기적적인 승리와 강화는 전 세계적인 칭송과 함께 일본인의 내셔널한 프라이드를 한층 고양시켰다.

이러한 전사자와 유족의 수와 구성의 변화는 이심전심의 시스템, 즉 공감의 구조가 어느 정도 완성된 시기로서 러일전쟁기 이후를 상정하는 하가의 논의를 뒷받침하는 하나의 증거가 될 수 있을 것이다. 그것은 다른 말로 하면, 메이지 일본이 전력을 다해 추구해 간 국민국가nation-state가 이 시기에 이르면 완성되었음을 의미하는 것이기도 했다. 하지만 이러한 공감의 구조는 구성원들에게 강력한 영향을 미친다는 점에서 하나의 실체이자 동시에 상상력에 의해 매개된 것이라는 점에서 상상적인 것假像이라는 사실을 간과해서는 안 된다.[8] 다시 말하면

이하였던 새전은 1894년에 약 34만 2천 엔으로, 1895년에는 52만 6천 엔으로 늘어나 2년간 220% 증가한다. 러일전쟁 즈음에는 그 증가세가 더욱 현저하다. 1904년의 새전액은 전년의 67만 8천 엔에서 124만 엔으로 두 배 가까이 늘었고, 1905년에는 218만 엔으로 다시 두 배로 증가, 그다음 두 해에도 200만 엔이 넘었다고 한다. 이러한 증가는 유슈칸의 입장객 수의 증가와도 비례한다. 1894년 입장객은 전년도의 7배를 넘어 700만 명 이상으로 급증했으며, 1905년 러일전쟁기에 이르면 1,100만 명에 이르렀다고 한다(大濱徹也, 1973: 174-175).

8 가라타니 고진柄谷行人은 국민국가 성립의 토대를 칸트 이후의 독일 낭만파 철학(대표적인 논자로서 헤겔)에서 나타나는 감성과 오성의 일원화에서 찾고 있다. 주지하다시피 철학사에서 오성悟性과 더불어 감성을 인간 인식의 두 기둥으로 설정한 최초의 중요한 인물은 칸트다. 하지만 칸트는 이 양자가 하나의 뿌리에서 생기는 것이라고 말하면서도 그 뿌리를 적극적으로 제시하려고 하지는 않았다. 왜냐하면 그것은 칸트가 보기에는 상상적인 것假象에 불과하기 때문이다. 감성과 오성을 직접적으로 연결하는 시도는 상상적인 것을 실체화하는 오류를 범할 수 있다. 하지만 셸링, 피히테로 이어지는 독일 낭만파는 칸트가 구분하려 했던 감성과 오성의 이원성을 초월하는 직관적 지성을 도출해 내고자 했으며, 이를 통해 감성과 오성을 종합하고 실체화

이심전심의 시스템으로서의 공감의 구조가 갖는 힘에 대한 '인정'은, 이를 일본이라는 국민국가 성립의 기초로서 실체화하는 데 있다기보다는, 왜 그러한 시스템이 출현했는가, 그리고 그러한 시스템을 만들어 내는 동력은 어디에서 왔는가에 대한 논의를 전개하기 위한 전제로서 유효할 뿐이다.

3. 전사자 위령 연구의 동향 (2): 국민도덕론과 향토와 관련하여

근대 일본 사회에서 전사자 위령을 둘러싼 풍속의 변화를 견인하는 이데올로기로서 주목해야 할 또 하나의 시도가 메이지 말엽에 등장하는 '국민도덕론'이다. 러일전쟁 이후 자유사상의 보급, 공산적 사회주의의 대두와 함께 혼란스러워지는 국민사상의 재편성, 이에家 제도나 선조제사의 쇠퇴 과정 등의 위기에 대응하는 과정에서, 이노우에 데쓰지로井上哲次郎나 호즈미 노부시게穂積陳重를 비롯한 메이지 이데올로그들은 국민도덕의 문제를 선조제사의 연장선상에서 고려하기 시작한다(矢野敬一, 2006). 특히 도쿄제국대학 철학과 교수이자 국민도덕론의 창시자라고도 할 수 있는 이노우에는 1911년 「국민도덕개론」을 발표하면서, 국민도덕을 신도, 무사도, 가족제도, 선조숭배, 충효와의 관계에서 검토한다. 이와 동시에 신도를 국가적 제사, 나아가 도덕의 문제와 연관시켜 사고하는 논리, 즉 "신사를 적극적으로 활용한 국민교화정책이자 엄밀한 의미에서 국가신도 체제"(磯前順一, 2003: 104) 역시 러일전쟁 전후에 점차 확립되고 있었다는 점도 주목을 요한다. 이러한 움직임은

하는 데 이르며 그 과정에서 발견된 것이 네이션이었다는 것이 가라타니의 주된 논의다(柄谷行人, 2004: 28-40 참조).

근대국가의 기본원리이자 헌법에도 규정된 '정교분리' 조항을 피해 가기 위한 메이지 정부의 한 수단이기도 했다.[9]

국민도덕론의 보급은 호주제도 정비와 같은 메이지 정부의 새로운 이에 제도 창설과 관련해서 이해할 필요가 있다. 단순한 혈연적 생활공동체를 넘어 호주 대 가족이라는 새로운 권력관계를 통해 정비된 이에 제도는, 국가를 모방해서 가족관계의 틀을 만들어 내면서 국가와 이에 사이의 친화적이며 호환적인 관계를 만들어 내는 한편, 개개의 이에 단위에서 전통적으로 갖고 있던 선조 관념을 국가 단위로 확장하는 가능성의 토대를 구축하는 작업으로 나아간 것이다. 다시 말하면 국가는 하나의 커다란 가족으로, 천황은 가장이며, 가족이 가장을 따르는 것처럼 국민은 천황을 따르고 귀의해야 한다는 논리다. 이렇게 본다면 국민도덕론이란 메이지 40년대에 등장한 국가주의적 도덕운동으로, 봉건사회에서 근대적인 국민국가로 이행하는 데 있어 개인과 전체의 관계를 어떻게 설정하고, 국가의 한 성원으로서 전체에 대한 의무를

9 그러한 논리의 한 전형이 '신사비종교론'이다. 신사비종교론은 1900년 관제 변경에 의해 내무성 신사국이 신사국과 종교국으로 분리되어 행정 면에서 신도가 종교로부터 독립되면서, 즉 신도가 국가의 제사로 자리매김되면서 대두되었다. 하지만 여기서도 국가신도가 종교인가 아닌가에 대한 명확한 설명은 제시되지 않았는데, 그 이유는 국가신도를 종교가 아니라고 명확하게 규정하면 제국헌법의 전 체계가 성립된 근본원칙을 붕괴시키게 되는 반면, 국가신도를 종교라고 규정하면 제국헌법에 있는 신교의 자유를 전면적으로 부정하게 되기 때문이다. 결국 국가신도의 종교적 성격에 관한 논의라는 다루어서는 안 되는 성역에 도전한 결과, 역시 이 본질적인 모순을 해결하지 못하고 신사법 제정은 보류된다(大江志乃夫, 2001: 112-113). 하지만 여기서 지적해야 할 것은 외부자의 시각에서는 너무나 분명한 '모순'이 적어도 일본 국내에서는 중요한 문제로 자각되지 않았으며, 신사는 제사이지 종교가 아니라는 논리로 너무 쉽게 봉합되어 버렸다는 점이다. 신사비종교론의 모순에 대해서는 이영진(2004) 참조.

어떻게 자각시켜 실천해 가야 하는가 하는 물음에 대한 메이지 정부의 해답이라고 할 수 있을 것이다(이상 矢野敬一, 2006: 17-23 참조). 근대 일본에서 선조제사와 국민의례의 상관관계에 대해서는 민속학자인 가와무라 구니미쓰川村邦光 역시 비슷한 맥락에서 지적한다.

> 선조제사와 충혼忠魂제사는 모두 이에-무라村-구니國·코스모스를 연결하는, 근대국민국가에 적합한 종교의례-국민의례로서 보급되었다. 말하자면 천황교天皇教-야스쿠니교靖國教-선조교祖先教라는 삼위일체의 정치적 종교 체제가 근대 일본의 국민통합의 정신적 기축이 된 것이다. 계속되는 민족적·국민적 위기에 의해 이 삼위일체의 정치적 종교 체제는 세련되어 가고, 국민국가로서의 응집성 역시 높아졌다. 균질화·표준화된 국민의례가 전국 어디에서나 동일한 방식으로 집행되었다. 이는 예전의 자연스러운 풍경으로서 익숙해지게 되고 자명한 것으로 정착되었다. 마치 데자뷔의 만성화와 같이. 그리고 영혼은 다양한 차이·다원성이 사상捨象된 채, 균질적인 내용을 가진 기호로 전국에 충만해 간 것이다.(川村邦光, 2006: 198)

중요한 점은 창출된 '국민도덕론'이 단순히 정부의 공식 이데올로기에 머무르지 않고, 점차 일본 사회 전역에 헤게모니의 장을 형성해 갔다는 것이다. 물론 이에의 공동성이 그것과 다른 공동성을 내포한 국가와 접합하기 위해서는 반드시 이를 전환하기 위한 장치가 필요하다. 그 장치로서 역사학자 이로카와 다이키치色川大吉는 '메이지천황이라는 상징 조작', '선조제사의 세속적·국가적 통일', '가족제도의 위기와 그 환상성', '국정교과서에 의한 교육의 힘' 등 네 가지 요인을 거론한 바 있다(色川大吉, 2015: 300-307 참조). 그가 제시한 요인들이, 예를 들어 천황의 순행 등과 같은 메이지 정부의 상징조작에 관한 연구

(Fujitani, 1996), 학교 교육, 특히 수신교과와 국민 형성의 관계에 대한 연구(川村邦光, 2006) 등 후속연구들에 의해 보완되고 있다는 것은 연구사적 측면에서 보더라도 흥미로운 대목이다.

이에와 국가를 연결하는 또 하나의 중요한 고리(상상력)는 '향토'였다(임경택, 2005; 矢野敬一, 2006). 일가一家에 있어서는 일가 공동의 선조를, 향토에 있어서는 향토 공동의 선조 즉 '우지가미'氏神를, 일국一國에 있어서는 일국 공동의 선조를 제사 지낸다는 메이지의 이데올로그 이노우에의 논리에서 드러나듯, 향토라는 차원은 일찍부터 국민도덕론 안에서 '선조숭배'를 통해 구성되는 시스템의 일환으로 편입되어 있었다. 다시 말하면 국민도덕론이란 개개인을 역사의식이라는 회로를 통해 이에, 향토, 나아가 일본으로 동일화시켜 나가면서, 국민적 선조라는 예전에는 없던 새로운 대상을 만들어 내고 거기에 의미를 부여하려는 시도였다. 국가에 대한 공헌을 통해 국민 누구나 역사상 이름을 남기는 국민적 선조가 될 수 있다는 이야기는, 타이완출병, 청일전쟁, 러일전쟁 등 끊임없는 전쟁으로 점철된 메이지 시기를 살아가는 사람들의 관심을 내셔널한 차원으로 회수하면서 이들을 '국민'으로 훈육하는데 효과적인 이데올로기였을 것이다. 특히 전시기 지역사회 출신의 전사자들을 제사 지내기 위해 향토 레벨에서 치러지는 공장公葬이나 위령제는 전사자의 추도와 현창을 둘러싼 '감정의 공동체'를 형성하는데 가장 중요한 의례들이었다(이상 矢野敬一, 2006 참조).

일본이라는 국가가 본격적인 전시 체제로 돌입하는 1931년 만주사변 이후가 되면, "기원제祈願祭나 위령제, 초혼사와 군신軍神신사의 건축을 축으로, 신사는 국가를 수호하는 종교적 기관으로서 급속히 부상해 가면서", "이들 제전의 거행이나 신사 건설은 동시에 신사에 대한 국민의 집단적 참배를 촉진하는"(赤澤史朗, 1985: 201) 계기가 된다. 이는 지방에 있던 일련의 초혼사가 국가의 칙령에 의해 '호국신사'護國神社로 개칭되고(「초혼사를 호국신사로 개칭하는 건」[내무성령內務省令 제12호, 1939년]), 또 '부현 1신사제'府縣 1社制를 원칙으로 한 호국신사제도가 신설되면서(「초혼사 창립에 관한 건」[발사發社 제30호 신사국장통첩神社局長通牒, 1939년]),[10] 국가신도 체제가 점차 정비되고 지방의 초혼사가 이 체제 안으로 편입·위계화되어 가는 움직임과 밀접히 연관되는 것이기도 했다.

호쿠리쿠北陸 지방의 대표적인 군사 도시 가나자와金沢의 위령공간에 대한 향토사학자 모토야스 히로시의 연구(本康宏史, 2002)는 이러한 중앙의 움직임이 실제 지역 차원에서 어떻게 전개되고 있었는지를 구체적인 사례를 통해 보여 준다. 가나자와의 경우, 1930년대에 접어들면 시내 중심부에서 떨어져 있던 초혼사를 시내 중심으로 이전·증축하는 논의가 '봉찬회'奉贊會라는 반半관적인 조직의 주도하에 진행되어 건립되고, 1939년에 이르면 '이시카와石川 호국신사'라는 이름으로 개칭되는 등 변화가 시작된다. 물론 이 지역에서는 메이지 초기부터도 초혼사가 시내 중심에서 떨어져 있다는 이유로 초혼제는 시내 중심부에서 거행하는 이중적 상황이 전개되고 있었다. 하지만 시내 중심에 호국신사를 건립한다는 것은 단순히 초혼사와 초혼제의 괴리상태를 제도적으로 해소하는 의미만이 아니다. 초혼사에 초혼제뿐만 아니라 장병들의 무운을 기원하는 기원제를 필두로 한 결의, 선전, 봉축 등 모든 국가 이데올로기의 발양의 장(현창 공간)으로서의 역할을 부과하는 성격도 아울러 지니고 있었던 것이다(本康宏史, 2002: 224-225). 즉 초혼사와 같은 위령공간의 창출을 통해 민중의식을 통합하려는 구상이 실

10 '부현 1신사제'를 원칙으로 한 호국신사제도가 칙령으로 공포된 것은 1939년이지만, 실제로 이 제도에 대한 논의는 1934년 내무성 초혼사제도에 관한 내규나 그 이후 구체적으로 움직임을 개시한 내무대신 자문기관인 '신사제도조사회'의 활동에서도 확인할 수 있는 것처럼 1930년대 초부터 계속된 일련의 흐름이었다(本康宏史, 2002: 229-233 참조).

제 정책의 차원에서 이루어지고 있었음을 여기서 확인할 수 있다.

그리고 이러한 실천들에 학문적 권위와 정당성을 부여해 주고, 또 교육현장으로 침투하여 국민('우리 일본인')을 만들어 나가는 가장 대표적인 분과학문이 '향토'를 연구의 주 무대로 했던 '민속학'이었다는 점을 덧붙여 두고자 한다. 하루투니언이 지적하는 것처럼, 민속학은 "근대 일본에서 '국민의 이야기'가 출현하는 과정에서 진짜 공동체의 부재를 메우는 허구의 공동체로서의 국가라는 추상을 창작하는 첨단의 임무를 완수한 대표적인 학문"으로서의 역할을 해 왔다. 민속학은 메이지 일본의 국가기획을 지적·사상적으로 뒷받침했던 대표적인 근대적 분과학문이었다는 것이다(이상 Harootunian, 2002). 또한 민속학은 근대교육체계, 대표적으로 학교라는 현장으로 침투하면서, 지역적인 것 혹은 재래적인 것을 고유한 국민문화의 '전통'으로 '발견'해 가는 기능을 수행하는 동력으로서의 역할도 자임했다. 야나기타의 민속학에 공감한 현장의 교사들이 주도한 민속교육은 '국민'이 되어 갈 어린 학생들의 지적 자양분 역할을 수행했다(小國喜弘, 2001). 이는 근현대 일본 사회의 전사자 제사/위령 등을 둘러싼 언설, 즉 '말들의 풍경'을 이해하는 데 있어 그 정치적 함의에 대한 보다 예리한 시선이 필요함을 의미하는 것이기도 하다.[11]

11 현대 일본 사회의 위령 연구의 언어를 사실상 만들어 낸 야나기타의 민속학적 작업(특히 미타마 신앙, 선조제사론 등)이 갖는 이데올로기적 문제에 대해서는 조금 더 상세한 고찰이 필요하다. 특히 패전 직전부터 저술되기 시작해서 그 이듬해 출판된 『선조의 이야기先祖の話』(1946)에 대해서는, 그의 논의가 '순국' 이데올로기를 창출하여 결과적으로 대동아전쟁의 긍정으로 나아갔다는 거센 비판이 전후 민속학계 내부에서도 계속해서 제기된 바 있다. 이러한 논란을 둘러싼 일본 학계의 일련의 논의로는 新谷尙紀(2002); 岩田重則(2003); 川村邦光(2006), 그리고 한국 학계의 연구로는 임경택(2005); 남근우(2008) 참조. 전후 일본의 전사자 위령에서 야나기타의 『선조의 이야기』가

지금까지의 논의를 요약한다면, 근대 초기부터 전개된 국민도덕론과 같은 이데올로기 교육, 이심전심의 시스템과 공감의 구조 형성, 나아가 영령 제사에 대한 매스미디어의 언설의 힘 등은 영령 제사를 일본 사회 감정의 구조의 핵심에 위치하도록 만든 요인들이라고 할 수 있을 것이다. 그리고 대외 전쟁이 심화되는 1930년대에 접어들면 위령 행사는 규모나 조직 면에서 더욱 확대되며, 이와 함께 천황을 위해, 그리고 조국을 위해 싸우다 죽은 자의 영을 제사 지내는 야스쿠니신사는 실로 국민도덕의 장으로 자리 잡아 간다. 이렇듯 짧은 시간 안에 인위적으로 창출된 전통이 일본 국민 전체가 공유하는 장으로 발전하는 데는, "스스로 자각하지 못하면서도 그 속에서 살 것을 강요받는 관습적인 측면이 압도적으로 우세하기 때문에 거기서 벗어나면 안심하지 못하고 결국은 거의 신경증적인 불안에 휩싸이는" 근대 일본의 '과잉동조적인 특질'(安丸良夫, 1979: 10-11)이 작용하고 있었다. 그 공동체의 친밀성이 커지면 커질수록 타자는 배제되고 차별될 수밖에 없으며, 자아는 점차 공동체에 그 우위를 내 주게 될 수밖에 없다. 그리고 이러한 과잉동조적인 특질이, 총력전 체제하에 들어가면서 일본이라는 사회에서 살아가는 사람들을 더욱 촘촘한 거미줄 망에 고정시키며 옴짝달싹 못하게 만들었던 것이다.

4. 망령의 행방

근대 일본의 전사자 제사·위령에 대한 이상의 논의들은, 서론에서 잠깐

갖는 의미에 대해서는 이영진(2017) 참조.

언급했듯이 무명전사의 묘지에 드리운 '귀기'에서 근대국민국가의 비밀을 찾고자 했던 베네딕트 앤더슨의 문제의식으로 다시 수렴된다. 앤더슨의 지적처럼, 무명전사의 묘지는 죽은 자와 산 자, 그리고 아직 태어나지 않는 자라는 과거, 현재, 미래를 '균질적이고 공허한 시간'에 포섭시키는 장치나 다름없다. 프랑스 혁명(그 자체가 유럽에서의 국민국가 등장의 신화적 사건이기도 한)의 역사가임을 자부했던 미슐레J. Michelet가 "죽은 자死者를 대리하여 말하는 것이 역사가의 의무"라고 말했을 때, 그는 근대국민국가에서 이들 죽은 자의 위상을 누구보다 민감하게 감지하고 있었다. 그리고 그보다 한 세대 뒤에 르낭E. Renan은 죽은 자(선조)와 앞으로 태어날 자(자손)의 상호적 교환을 영속의 전제로 하는 기존의 공동체가 해체되면서, 그 영속성을 보증하는 새로운 무엇인가가 요청되었을 때 그 역할을 국민/민족이 담지해 가게 되는 새로운 전환기의 역사를 다음과 같이 웅변적으로 선언한다.

> 과거에는 영광의 유산과 함께 나누어야 할 후회스러운 유산이 있고, 미래에는 실현해야 할 공통의 계획이 있습니다. 즉, 고통을 함께하고 즐기고 기대하는 것, 바로 이것이 공동의 세계관이나 전략적인 사고에 맞춘 국경보다 훨씬 더 가치 있는 것입니다. 인종과 언어의 다양성에도 불구하고 사람들이 이해하는 것이 바로 이것입니다. 저는 조금 전에 '고통을 함께하는 것'이라고 말했습니다. 그렇습니다. 함께하는 고통은 기쁨보다 훨씬 더 사람을 단결시킵니다. 국민적인 추억이라는 점에서는 애도가 승리보다 낫습니다. 애도의 기억들은 의무를 부과하며 공통의 노력을 요구하기 때문입니다. 그러므로 민족은 이미 치러진 희생과 여전히 치를 준비가 되어 있는 희생의 욕구에 의해 구성된 거대한 결속입니다.(Renan, 2002: 81)[12]

이러한 앤더슨의 논의는 죽은 자에 대한 태도를 둘러싸고 18세기 유럽 사회에서 나타나는 커다란 단절선에 주목한 역사가 필립 아리에스P. Ariès의 논의와도 공명하는 것이다. 변화의 원인으로 아리에스는 내셔널리즘의 지적知的 형태로서 콩트A. Comte의 실증주의를 예시한다(Ariès, 1975). 이에 대한 구체적인 설명을 제시하지는 않지만 그는 사회가 죽은 사람들과 살아 있는 사람들로 구성되어 있으며, 나아가 인류 내지 위대한 존재의 중핵을 이루는 것은 사랑의 대상으로서의 친근한 타자이자 역사상의 위대한 사자들이라는 콩트의 사상이, 기존의 공동체가 붕괴되어 가는 현실에서 한 사회의 과거와 현재, 미래를 이어 줄 새로운 무엇인가를 찾고자 하는 모색에 많은 영감을 주었으리라는 것은 미루어 짐작할 수 있다. 자신이 제창한 '인류교'의 사원으로서 콩트가 영감을 받았던 것은 당시 프랑스에 건설된 팡테온Panthéon이었다. 결국 이 애매한 상상력의 종교는 유야무야로 끝나고 말지만, 이후 정비되는 전사자 묘지(제1차 세계대전 이후 정점에 달하는)와 그러한 상상력의 정점이라고 할 수 있는 '무명전사의 묘지'로 이어지는 일련의 흐름을 본다면, 그것은 많은 부분 콩트의 유산에 빚지고 있음을 알 수 있다.[13]

12 하지만 민족 형성의 토대에 대한 르낭의 관념은 혈연·영토 등과 같은 원초적 요인에 의한 것은 아니다. 오히려 그는 『민족이란 무엇인가』라는 연설문의 전 장에서 민족 형성의 토대로 간주되어 온 인종적·언어적·종교적·지리(자연적 국경선)적 요인들을 하나하나 부정하면서, 민족이 하나의 의지의 표현임을 그 유명한 "매일매일의 국민투표"라는 메타포를 통해 주장한다. 이런 점에서 그는 철저히 18-19세기 계몽주의의 아들이다. "인간들의 대결집, 건전한 정신과 뜨거운 심장이야말로 민족이라 부르는 도덕적 양심을 창출합니다. 이 도덕적 양심이 공동체를 위해서 개인을 버린 그 희생들을 바탕으로 하여 자신의 힘을 증명하는 한 그것은 정당하며 존재할 권리가 있습니다." (Renan, 2002: 83)

13 물론 조국을 위해 죽은 병사들에게 국가가 명예를 부여하고 제사를 지내는 관습은 고대에도 성행했던 것이다. 이는 펠로폰네소스 전쟁에서 전사한 아테네

이 장은 '전사자 묘지'로 상징되는 근대국민국가 체제가 이미 어느 정도 정비된 이후의 일본 사회의 변화에 초점을 한정했다는 점에서, 이러한 19세기 초반 유럽의 발명품들이 ('관 주도 민족주의'의 산물로서) 처음 일본 사회에 수입되고 받아들여지기까지의 전사前史는 다루지 않았다. 이를 위해서는 수입된 근대국민국가의 제도적 틀이라는 외적 요인 외에 제사·귀신에 대한 근대 일본의 유학적 담론에서부터 이후 모토오리 노리나가本居宣長나 히라타 아쓰타네平田篤胤로 대변되는 근세 국학에 의한 변형, 그리고 이러한 국학주의자들의 주도로 이루어지는 메이지 초기 일본의 의례 정비 등 내적 요인(子安宣邦, 2002, 2004)까지 함께 고려해야 할 것이다.

다만 근대국민국가라는 장치 자체가 하나의 수입품으로서 들어온 메이지 일본에서 전사자와 국가의 관계를 구축하려는 초기의 시도, 그리고 수입된 근대국민국가의 제도적 틀이 일본 사회에서 '생각하기

병사들을 위한 페리클레스의 유명한 '장례연설'이나 아테네의 케라메이코스나 도모로스의 도로 양측에 늘어서 있는 전사자의 묘를 떠올리면 바로 납득할 수 있는 사실이다. 칸토로비츠E. Kantorowicz는 「중세정치사상에서 조국을 위해 죽는다는 것」이라는 논문에서 '조국을 위한 죽음'pro patria mori이라는 관념이 '주군을 위한 죽음'pro domino mori으로 변형되는 중세의 단절기를 거치면서 근세에 다시 부활해 가는 과정을 검토한다. 물론 그는 그 부활의 시점을 프랑스 혁명 이후의 근대국민국가보다는 조금 이전, 특히 프랑스나 영국과 같은 국가의 경우는 '영토적 국민국가'territorial national state의 출발이라 일컬어지는 13세기까지 소급한다(이상 Kantorowicz, 1951). 하지만 이러한 칸토로비츠의 논의는 앤더슨이나 홉스봄의 논의와 대치된다기보다는 오히려 보완의 역할을 한다. 앞서 언급한 것처럼, 홉스봄이 근대의 창출된 전통은 창출되기 이전에 먼저 발견되어야 한다고 이야기했던 그 문화적 관행에 대해 칸토로비츠는 훌륭한 주석을 제시하고 있는 것이다. 그리고 앤더슨(Anderson, 1991)이나 모스(Mosse, 1990)는 그러한 유산이 근대에 들어와 하나의 모델로 다시 정비되고, 근대화(근대국민국가 모델의 수출)라는 과정과 함께 세계로 확산되는 과정을 보여 주고 있다고 할 수 있는 것이다.

좋은 것'good to think으로 받아들여지는 과정은 결코 순탄하고 매끄러운 것만은 아니었다는 사실을 덧붙이고 싶다. 앞서 언급한 야스마루가 그려 낸 것처럼, 그 역사는 천황숭배·국가신도 등 국가 주도로 만들어지는 신앙과 무수한 민간 신앙들 사이의 피비린내 나는 격투의 역사이기도 했다. 물론 결과론적으로 본다면 결국 민간신앙 측의 패배의 역사임에 분명하지만, 그 과도기적 측면이 갖는 역동성이 몰고 온 파장을 간과한다면 우리는 실제 역사의 한 단면을 보는 것에 안주하는 게 될 것이다.

마지막으로 소환된 망령亡靈, spectre의 행방에 주목해 보자. 민족/국민이라는 불멸의 공동체에 의해 소환된 그들은 결국 그렇게 국민-국가의 틀 안으로 다시 회수되고 소멸해 버리는 것일까. 우리는 제국일본에서 이러한 국민도덕론과 영령 제사가 민중의 감정 구조 안에 자리잡아 가는 과정에서 '수신교과서'로 대표되는 메이지 정부의 이데올로기적 통제와 조직적인 동원이 이루어져 왔음을 지적했다. 그러나 르낭이 오래전에 지적한 것처럼, 프랑스 국민은 저 성 바르톨로메의 학살을, 그리고 그는 감추고 있지만 파리 코뮌의 기억을 잊음으로써 만들어질 수 있었다. 다시 말하면 '국민'이란 기억에 의해서만이 아니라 망각에 의해서도 만들어지는 것이며, 그 망각은 국민의 역사에 있어 '바람직하지 않은' 많은 사자들을 기억의 저편에 묻는 행위이기도 하다. 그 망각이 결코 완벽할 수 없으며, 항상 그 경계를 침범하는 또 다른 망령들을 끊임없이 만들어 내는 것은 그런 의미에서 당연하다. '네이션의 선성善性'the goodness of nation을 인정하면서도 앤더슨이 묵시록처럼 예언하듯, 그 망령들은 "균질적이고 공허한 시간"을 침범하면서 끊임없이 "머나먼 전방을 응시하는 형제들의 연대", 즉 내셔널리즘에 불온한 그림자를 드리우는 것이다(Anderson, 1998: 367). 그들의 존재와 목소리가 영령 제사가 가장 엄숙하게 치러지던 전시기, 그리고 패전과 더불어 영령 제사가 금지되는 전후에 어떤 방식으로 출현하는가, 그리고 이러한 변화들이 전전의 감정공동체에 어떤 균열을 가져오며 또 이를 봉합하기 위한 어떤 시도들이 전개되는가, 그 정치적 장을 고찰하는 것은 다음의 과제가 될 것이다.

제2장 전시기 일본 사회의 영령 제사와 유족

1. 전시기 일본 유족이 처했던 상황에 대한 역사적 개관

근대 일본의 시작과 더불어 점철된 일련의 전쟁들은 전사자의 수만큼이나 많은 유족들을 낳았다. 그리고 이렇게 늘어 가는 유족들을 어떻게 배려하고 처우할 것인가의 문제는 정부에게 간과할 수 없는 핵심적인 사항이었다. 왜냐하면 앞으로의 전쟁에 국민들을 계속 '충량忠良한' 병사로서 동원하기 위해서라도 정부는 죽음에 대한 어떤 대가를 지불하지 않을 수 없었기 때문이다. 또 사랑하는 육친이나 지아비를 잃은 유족들은 정부의 정책에 가장 비판적인 세력이 될 수 있다는 점에서 정부로서는 이를 견제해야 할 필요도 있었다. 따라서 정부는 '집안의 기둥'이라고 할 수 있는 지아비나 아버지를 상실한 유족들이 자부심을 가지고 살아갈 수 있도록 하기 위한 경제적 지원 및 상징적 조작에 일찍부터 힘을 기울였다.

여기서 먼저 지적해야 할 한 가지 흥미로운 사실은 현재와 같이 정부에 커다란 힘을 행사하는 압력단체로서의 '유족회'라는 조직은 전후에 만들어졌다는 점이다. 실제로 전전에는 정부가 유족들에게 명예를 부여할 때도 이 명예성을 지나치게 강조하는 것은 그다지 적절하지 못하다는 견해마저 내부에서 제기될 정도였다. 예를 들어 중일전쟁기에 유족에게 '훈족'勳族이라는 칭호를 부여하는 것은 어떤가 하는 논의가 있었을 때 정부는 거부 원칙을 고수했다. 일본에 유족이라는 특권계급은 없으며, 원호를 받고 있는 사람들도 이후에는 대상에서 제외되어야 할 때가 오기 때문이라는 것이 그 이유였다(軍事保護院援護課長 青柳一郎, 1941. 一ノ瀨俊也, 2005: 122에서 재인용). 여기서 우리는 유족이 명예의식(프라이드)을 갖는 것은 허용하되 그것이 국가에 대한 권리 의식·특권의식으로 전화해서는 안 된다는 것이 당시 정부의 기본 입장임을 확인할 수 있다. 물론 전전기에 유족회가 전혀 없었던 것은 아니다. 하지만 지역 단위로 결성된 이들 유족회 역시 지아비나 육친에 대한 현창을 주목적으로 하도록 지도받으면서 정부가 염려하는 '권리' 주장을 위한 단체가 되지 않도록 정부 차원이나 지역 레벨에서 끊임없이 감시를 받았다(一ノ瀨俊也, 2005: 125-126).

이러한 감시와 지도의 역할을 담당한 주체가 방면위원 및 지도촉탁이었다. 이들의 주요 업무는 일본 각지의 지방 레벨의 총후봉공회銃後奉公會 단위로 설치된 부인지도원과 원조협력하며, 전사자 유족·군인유족의 상담 지도를 행하는 일에서 은급恩給(공무원이나 군인이 퇴직 또는 사망했을 때 본인 또는 그 유족에게 안정된 생활을 할 수 있도록 지급되는 금전. 패전 이후 일시 폐지되었지만, 샌프란시스코 강화조약 이후 다시 부활했다)을 둘러싼 유가족 내부의 분쟁을 중재·조정하는 일 등 실로 유족 생활의 미세한 부분까지 침투하여 이들을 관리하는 활동 전반을 아우르는 것이었다(一ノ瀨俊也, 2005: 90-115). 실로 '명예의 유족'이라는 감시 체제가 만들어진 것이다.

그러나 감시와 지도만으로는 유족들을 국가의 이데올로기에 포섭시킬 수 없다. 따라서 국가는 시종이나 여성 황족 혹은 왕족 등을 파견해서 유족들의 상황을 시찰하고 그들의 슬픔을 위무하고 격려하거나, 유족들을 도쿄의 야스쿠니신사가 주최하는 초혼제에 초청하여 참배시키는 등 다양한 전략을 동시에 취했다. 즉, "자애의 시선에 의한 지배"라고 명명할 수 있는 이러한 장치에 의해, 유족들은 전사자의 유족만이 갖는 명예라는 특권에 감읍感泣하면서 육친의 죽음을 감격이나 명예심으로 전화시켜 갔던 것이다(一ノ瀬俊也, 2005: 127-159). 지역사회 단위로 주최하는 공장公葬에서부터 야스쿠니신사의 초혼제에 이르는 일련의 제사들은 이들의 죽음을 성화聖化하고 현창하는 대표적인 의례였다.

그렇다면 이러한 이데올로기 정책은 당시 일본 사회 내부에 어느 정도까지 파급력을 가지고 있었을까. 다시 말하면 전전의 유족들, 나아가 일반 국민들은 전사자 제사를 둘러싼 국가의 정책들을 어떻게 받아들였는가. 야스쿠니신사의 초혼제에서 표출되는 감격 혹은 당시의 여러 문건들에 묻어 있는 감정들을 단순한 '허위의식'으로 치부할 것인가, 아니면 거기서 어떤 '진정성'을 읽어 낼 수 있을 것인가. 다음 절에서는 전시기 일본의 전사자 제사의 실태와 야스쿠니 초혼제에 참석한 유족들이 남긴 일련의 기록들을 통해 육친을 잃은 유족들의 내밀한 감정의 결들을 읽어 내고자 한다. 전사자의 죽음을 둘러싼 전후 일본 사회의 감정과 기억의 문제라는 테마에 근접해 들어가기 위해서도, 전시기 유족들의 감정의 구조에 대해 간단한 밑그림을 그리는 것은 필수적인 선행 작업이라고 할 수 있을 것이다.

2. 전시기 유족들의 감정의 구조: 감정의 공동체의 탄생

출정을 앞둔 아들이 부모에게, 혹은 아버지가 자식들이나 부인에게 '자신을 만나고 싶거든 나중에 야스쿠니에 찾아오라'는 말을 남기면서 전장을 향해 떠나는 광경은 비단 상투적인 전쟁영화에 등장하는 장면만은 아니었다. 1930년대 후반의 일본 사회에서 이 풍경은 실제로 도처에서 흔히 연출되었다.[14]

국가 역시 전장에서 죽은 이들의 죽음이 '개죽음'이 아닌 '명예로운 죽음'이라는 점을 국민들에게 인식시키기 위해 많은 노력을 기울였다. 대표적인 '장치'dispositif들이 야스쿠니신사가 주관하는 합사제, 그리고 지역사회에서 실시되는 각종 공장이었다. 특히 봄과 가을 2회에 걸쳐 치러지는 야스쿠니신사의 합사제는 그 규모에 있어서나 참배하는 사람들의 수에 있어서나 당시 일본 사회에서 가장 성대한 행사 중 하나로, 야스쿠니신사가 이 시기 어떤 방식으로 상징들을 조작하고 또 창출해 가면서 근대 일본의 전사자 위령의 대표적인 장이자 성지로 자리매김되었는지 그 메커니즘을 살펴볼 수 있는 좋은 소재를 제공해 준다.

야스쿠니신사 합사제의 기원은 1869년 구 막부군과 싸우다 숨진 신정부 측 병사(일명 '유신지사')들을 기리는 초혼제로 거슬러 올라간다. 하지만 메이지·다이쇼 시대만 하더라도 초혼제는 그런 엄숙한 행사가 아니었다. 당대의 기록에 따르면 초혼제의 풍경은 경내에 스모대회나 노能 등의 경연이 펼쳐지고, 저녁에는 불꽃놀이가 밤하늘을 수놓는 등 한여름의 잔치와 같았다고 한다(村上重良, 1974: 154). 이러한 초혼제의 분위기가 변하기 시작하는 것은 중일전쟁 발발 다음 해인 1938년

14 그 한 예로 일본유족회가 1963년 발간한 『초석: 전몰자 유족의 체험기록いしずえ: 戰沒者遺族の体驗記錄』에서 아들을 잃은 한 어머니는 전장으로 떠나기 전 아들의 모습을 다음과 같이 기억한다. "(아들은) '제가 마지막에 가는 곳은 야스쿠니신사예요. 저를 보고 싶으시면 구단九段에 오세요'라고 말했습니다. 이렇게나 빨리 그날이 오리라고는 생각지도 못했습니다. 야스쿠니신사 앞에 배례하고 있노라면, '어머니, 와 주셨습니까. 건강하셨습니까'라고 웃으며 말하는 아들의 얼굴이 떠오릅니다."(日本遺族會[編], 1963: 303)

경부터다(村上重良, 1974; 秦郁彦, 2010). 우선 횟수로 보더라도 중국과의 전면전으로 인한 전사자의 수가 급격히 늘어나면서 매년 한 차례 열리던 합사제가 1938년부터는 두 차례로 늘어나게 된다(매년 4월과 10월. 이는 현재까지도 4월의 춘계제사春季例大祭와 10월의 추계제사秋季例大祭라는 형식으로 계속되고 있다). 야스쿠니신사 측 역시 신사에 찾아오는 유족들을 위해 전사자의 합사대제가 열릴 때마다 전국의 유족들에게 초청장을 보내고 시내 교통편을 제공하는 등의 지원 사업을 실시하기도 한다. 또한 천황이 참석하는 초혼제 실황은 일본방송협회에 의해 라디오로 전국에 실황 중계되는 등 야스쿠니신사의 합사제는 전시기 국민의 제전으로 자리 잡아 간다.

그렇다면 1943년 4월 22일 초혼제를 시작으로 28일까지 1주일간에 걸쳐 열린 제62회 야스쿠니신사 임시대제의 풍경을 당시의 신문기사 등을 토대로 간략히 스케치해 보자. 제62회 야스쿠니신사의 정식 초혼제는 4월 22일이었다. 하지만 그 이틀 전인 20일부터 야스쿠니신사 경내에는 접수구가 설치되고, 신사는 전국 각지에서 찾아온 유족들로 붐비기 시작한다. 초혼제 당일 오후 3시, 스즈키鈴木 궁사의 주관으로 본전에서 봉고제奉告祭가 실시된다. 그리고 뒤이어 저녁 7시, 4만 명에 달하는 유족들이 초혼제정招魂祭庭에 모두 모인 가운데, 임시대제의 하이라이트인 초혼제가 거행된다. 경내의 불이 모두 꺼지고 칠흑 같은 어둠 속에서 오하구루마御羽車가 등장하면, "아버지가 오신다"라는 어린아이들의 외침 소리와 함께 남편을 잃은 부인, 아들을 잃은 부모들의 빰에는 어느덧 하염없이 눈물이 흘러내리고 경내는 마침내 울음바다가 된다. 그 울음바다 속으로 오하구루마가 유유히 지나가 마침내 본전에 당도한다. 그리고 뒤이은 궁사의 봉안을 끝으로 오후 10시경 초혼제는 막을 내린다.

다음 날인 임시대제 첫날에는 이미 야스쿠니의 가미가 되어 버린

[표 3-1] 1929-1972년 야스쿠니신사 합사제 및 합사자 수 추이

연도	월	횟수	합사자 수	비고
1929	4	*45	167	메이지유신(15), 청일전쟁(21), 제남사변(131)
1932	4	*46	531	제남사변(26), 무사(霧社)사건(28), 만주사변(477)
1933	4	*47	1,711	메이지유신(13), 만주사변
1934	4	*48	1,668	만주사변
…	…	…	…	…
1938	4	*52	4,532	만주사변(324), 중일전쟁
	10	*53	10,334	만주사변(184), 중일전쟁
1939	4	*54	10,389	만주사변(110), 중일전쟁
	10	*55	10,379	만주사변(321), 중일전쟁
…	…	…	…	…
1942	4	*60	15,017	만주사변(248), 중일전쟁
	10	*61	15,021	만주사변(761), 중일전쟁
1943	4	*62	19,987	만주사변(1,343), 중일전쟁
	10	*63	19,991	만주사변(1,225), 중일전쟁, 태평양전쟁(808)
1944	4	*64	20,005	만주사변(1,641), 중일전쟁(7,866), 태평양전쟁
	10	*65	20,197	만주사변(715), 중일전쟁(3,109), 태평양전쟁
1945	4	*66	41,318	만주사변(755), 중일전쟁(3,510), 태평양전쟁
	11	*임시초혼제		
1946	4	67	26,887	중일전쟁(1,046), 태평양전쟁
1947	4	68	59,078	중일전쟁(1,941), 태평양전쟁
1948	5	69	64,937	만주사변(1), 중일전쟁(170), 태평양전쟁
…	…	…	…	…
1952	10	*73	12,518	만주사변(7), 중일전쟁(137), 태평양전쟁

[표 3-1] 계속

연도	월	횟수	합사자 수	비고
1953	10	74	13,723	만주사변(8), 중일전쟁(91), 태평양전쟁
1954	4	75	33,752	만주사변(2), 중일전쟁(171), 태평양전쟁
1954	10	*76	236,460	중일전쟁(116), 태평양전쟁
…	…	…	…	…
1971	10		8,390	중일전쟁(219), 태평양전쟁
1972	10		7,418	만주사변(6), 중일전쟁(208), 태평양전쟁
합계(1929-1972) 중 아시아·태평양전쟁 사망자 수			2,319,994	만주사변(17,137), 중일전쟁(187,288), 태평양전쟁(2,115,569)

1. *는 천황이 직접 참석한('천황친배'가 이루어진) 합사제를 의미한다. 천황친배는 간헐적으로 계속 이루어지다가 1975년을 마지막으로 더 이상 천황이 야스쿠니신사에 방문하지 않음으로써 일단 끝이 났다.
2. 비고란의 괄호 안 숫자는 합사자 수이고 괄호 안 숫자가 없는 것은 나머지로 추정된다. 원문을 그대로 표기하였다.
3. 비고란에 실린 각 사건의 명칭은 현대 한국 사회에서 통용되는 명칭으로 바꾸어 표기한 것이다. 원문(『야스쿠니신사 백년사 자료편 상靖國神社百年史 資料編 上』)의 표기에 따른다면 중일전쟁은 '지나사변', 태평양전쟁은 '대동아전쟁'이다.
4. 1955년부터 1970년까지도 매년 한두 차례 합사제가 거행되었다. 이 표는 『야스쿠니신사 백년사 자료편 상』에 실린 1972년까지의 자료를 대상으로 한 것으로, 합사제는 현재까지도 계속 진행되고 있다.

출처: 靖國神社[編](1983a)

전사자 앞에서 유족들의 승전昇殿 참배가 이루어진다. 또 이날 유족들에 한해 평소에는 민간인의 출입이 금지된 황실 정원인 신주쿠교엔新宿御苑 배관拜觀이라는 특혜가 제공된다. 저녁이 되면 야스쿠니신사 인근 마을에 사는 아이들이 위문대를 꾸려 유족들의 숙소를 방문하기도 한다.

임시대제의 또 하나의 중요한 행사는 둘째 날에 실시되는 천황의 야스쿠니신사 참배다. 당시 아라히토가미現人神라 불리며 절대적 외경의 대상이었던 천황이 직접 야스쿠니신사에 '왕림'하여 가미가 된 자신의 아들 혹은 남편에게 참배하는 광경은 유족들에게는 '다시없는 영광'

처럼 느껴졌을 것이다. 천황의 친배를 정점으로 임시대제 행사도 하나 둘 끝이 나고 유족들은 이후 열병식이나 전쟁박물관인 유슈칸, 황거, 우에노上野 동물원 등을 방문한 후 다시 귀향길에 오르게 된다. 이것이 1938년부터 1945년 패전에 이르기까지 매년 두 차례 되풀이되던 합사제의 일반적인 풍경이었다.[15]

그렇다면 합사제의 하이라이트인 초혼제의 내부로 보다 깊숙이 들어가 보자. 다행히 초혼제의 경우, 내용이나 분량의 제약이 있는 신문 기사 외에도, 당대 최고의 국문학자이자 민속학자, 그리고 신도학자이기도 했던 오리구치 시노부折口信夫가 직접 초혼제에 참석하고 남긴 「초혼 의례에 참석해서招魂の御儀を拝して」라는 텍스트가 남아 있어, 당시(1943년 4월 22일) 초혼제의 풍경을 보다 정밀하게 엿볼 수 있다. 오리구치가 정치精緻하면서도 서정敍情적인 필치로 아름답게 그려 낸 초혼제의 풍경은 저자 자신의 지나친 '감정이입'을 경계해서 읽는다면, 당시 이루어진 야스쿠니신사의 초혼제에 대한 훌륭한 민족지적 자료로서의 가치가 있으며, 그 때문에 이후 전시기 야스쿠니신사의 초혼제를 다루는 연구들에서 종종 인용되어 왔다(高橋哲哉, 2005; 川村邦光, 2007a). 조금 길지만 인용해 보기로 한다.

> 이리하여 초혼제가 거행되기 시작했습니다. … 어슴푸레 월출이 가까워 그 빛에 하늘은 조금씩 밝아 오고 있었지만, 지상에는 아직 어둠이 깔려 있었습니다. 거기에 몇만인지도 알 수 없는 사람들이 대단히 경건한, 또한 동시에 깊은 그리움을 느끼며 계셨습니다. 그 가운데 어두어

15 지금까지 서술한 1943년 야스쿠니신사 임시대제의 풍경은 1943년 4월 20-28일 자 『아사히신문朝日新聞』의 임시대제 관련 기사를 통해 필자가 재구성한 것이다.

둑한 불빛 속에서 마치 물결 위에 떠오르는 것처럼 희디흰 신주神主·신인神人의 손에 의해 떠올려지는 것이 있었지요. 고향 마을 오래된 신사 축제의 밤의 신행神幸을 마음에 떠올리게 하듯, 사뿐사뿐 무엇인가가 하늘을—지상에서 약간 높은 하늘을 둥실둥실 날아서 흩어지고 있는 듯할 때, 오하구루마를 비롯해 그 뒤를 따르는 사람들의 행렬이 그 경건한 그리움에 충만한 사람들 앞에 다다랐습니다. 그리하여 유유히 떠다니는 구름을 밟아 가며, 한 무리의 구름과 같은 모습의 오하구루마를 에워싼 바로 그때, 나의 눈에 들어온 것은 내 앞에 계신, 앞서도 말씀드린 것과 같은, 여행길에서 만날 수 있는 노인들의, 할머니들의 … 모습이었습니다. 어떠한 심정이신 것일까, 기뻐하고 계실까, 슬퍼하고 계실까, 아무 생각도 없이 어린아이와 같은 심정으로 그 오하구루마의 움직이는 모습을 보고 계신 것은 아닐까 하는 식으로, 나는 문득 생각했습니다. 저희들의 마음가짐으로서는—일본 국민의 마음가짐으로서는 이만큼 기쁘지 않으면 안 될 정도로 기뻐하지 않으면 안 될 때는 없습니다. 그러나 또한 생각하면, 지금이야말로 인간으로서 영원한 헤어짐의 순간입니다. 평범한 인간의 몸은 계속 삶과 죽음을 되풀이하며, 또는 풀 이삭과 같이 말라비틀어졌다가 다시 번성하고, 또 번성했다가 말라비틀어지지만, 가미가 되면 이제 영구히 살아가게 되는 것입니다. … 이 신들은 영원히 살아가시겠지만, 우리네들은 이대로 사라져 가는 것이라는 기쁨과 동시에 깊은 인생의 상념에 잠겨 있으시리라고 생각합니다. 나는 이것이야말로 국민으로서 느낄 수 있는 영혼 깊숙한 곳까지 사무치는 깊은 감격이라고 생각합니다. 이러한 깊은 정신으로부터 일본인의 끝 모르는 강함이 나오는 것입니다.(折口信夫, 1968: 396-399)

민속학과 신도학에 관한 한 당대 최고의 지식인이었던 오리구치가 보기에 야스쿠니신사의 초혼과 합사의식은 생소한 것이었다. 왜냐하면 여러 사자의 영들을 한 좌座의 가미로 합사하는 의례나 3년이 지나면 전사자의 영이 가미가 된다는 논리는 전통적인 일본 신도의 논리와는 다소 거리가 먼 것이었기 때문이다. 저명한 민속학자인 야나기타 구니오가 야스쿠니 제사에 다소 거리를 두었던 이유도, 이 제사가 신사 측이 주장하는 것과는 달리 일본 고유의 신도적 전통과는 차이가 나는 새로운 의식이었기 때문이다.

이런 생소한 제사에 오리구치가 깊은 감명을 받은 이유는 무엇일까. 이를 단순히 시국에 영합한 태도로 간주해 버려도 좋은 것일까. 오리구치의 텍스트를 독해해 가면서, 가와무라 구니미쓰는 특히 합사제를 지켜보는 오리구치의 시선에 주목한다. 앞의 인용에서도 잘 드러나듯, 오리구치의 시선이 향하는 곳은 먼 곳에서 야스쿠니신사를 찾아온 전사자들의 유족, '고향 시골 마을 정취 그대로인 분들'의 얼굴과 자태, 그리고 그 얼굴에 드리워진 '실로 그리운 생각', '착잡한 마음'이다. 오리구치가 감명을 받은 것은 영혼들이 이승과 저승을 왕래한다는 고대 신앙을 자명한 것으로 받아들이는 그들의 모습이다. 하지만 단순히 그러한 유족들에게서 받는 감명만으로는 야스쿠니 제사를 이처럼 열광적으로 그려 낼 수는 없을 것이다. 거기에는 '야스쿠니신사의 제사'가 새로운 가미의 제사법으로서 발견되고, 그것이 '현재의 신앙'이 되어 가고 있음에 대한 자각이 동시에 자리 잡고 있었다(川村邦光, 2007a: 145 참조).

오늘날과 같은 근대세계에서 가미가 만들어지고 있다는 현실, 그리고 유족들이 묵묵히 그것을 받아들이고 있는 현장을 목격하면서, 당시 오리구치 역시 강렬하게 가슴에 벅차오르는 "감격"과 같은 실감을 느꼈을 것이다. 물론 여러 가지 의문이 제기될 수 있다. 평범한 인간의 몸은 끊임없이 죽음과 재생을 되풀이하지만 야스쿠니의 가미는 그 본전本殿에서 영원히 머무르며 살아간다는 그의 해석은 자신이 평생에 걸쳐 연구했던 일본의 가미 관념과 어느 정도 일치하는 것일까. 그는 어느 정도 그 신앙(혹은 정신)을 실제로 믿었던 것일까. 동시에 그 유족들은 정말로 오리구치가 기술하는 것처럼, "아무 생각도 없이 어린아이와 같은 심정으로" 그 초혼제를 지켜보고 있었던 것일까. 그리고 이를 "일본 국민의 마음가짐으로서는 이만큼 기쁘지 않으면 안 될 정도로 기뻐하지 않으면 안 될 때는 없다"고 받아들였을까. 오리구치 역시 "그러나 또한 생각하면, 지금이야말로 인간으로서 영원한 헤어짐의 순간"이라는 문장을 덧붙이면서, 육친을 잃은 유족들이 느끼는 슬픔이라는 감정에 머뭇거리는 듯한 포즈를 취하기도 한다. 하지만 이 일말의 주저는 바로 이어지는 '불멸의 존재로서의 가미'와 이를 지켜보는 국민들의 "영혼 깊숙한 곳까지 사무치는 깊은 감격"에 의해 봉합되어 버린다.

따라서 남겨진 과제는 그 봉합되어 버린 감정의 이면들을 추적해 나가는 작업이다. 그 감정의 이면을 잘 보여 주는 사례로 우선 1930년대 말 일본에서 크게 유행했던 〈구단의 어머니九段の母〉(1939)[16]라는 노래를 살펴보기로 하자. 물론 정형화된 유행가 가사를 통해 과연 당대 민중들의 심정의 단면을 추출해 낼 수 있는가 하는 의문이 제기될 수 있다. 하지만 상투적이고 통속적인 노래에 불과하다고 치부해 버리기 전에 이런 노래가 어떻게 당시 민중들의 마음을 사로잡았는가 하는 점에 조금 더 깊이 천착해 볼 필요가 있다. 왜냐하면 정형화된 노래가사의 이면에 깃든 절실한 정감의 주름이나 강한 원망 혹은 절망에 천착하면서 그 정서의 깊이를 탐구하는 방법은 당대 민중의 심정 세계를 파악하는 훌륭한 수단이 될 수 있기 때문이다(見田宗介, 1977: 6).

이 노래는 사랑하는 아들을 잃고 야스쿠니신사의 위령제에 참가

16 이 노래에 대해서는 가와무라 구니미쓰川村邦光가 이미 흥미로운 분석을 한 바 있다(川村邦光, 2006). 여기서 구단九段은 야스쿠니신사가 위치한 도쿄 시내의 언덕 이름이다.

하기 위해 저 멀리 도호쿠의 시골 지방에서 기차로 도쿄의 우에노上野역에 도착한 후 다시 야스쿠니신사가 있는 구단九段까지, "길을 잘 몰라서 답답한" 마음에 "지팡이에 의지한 채, 지친 몸을 끌며 하루가 온종일 걸리는" 머나먼 상경 길에 오르는 시골 어머니의 등장과 함께 시작된다. 이 노래는 당시 야스쿠니신사 초혼제에 유족의 참가가 시작된 시기와도 겹친다는 점에서 더욱 세간의 주목을 받았을 것이다. 드디어 신전 앞에 당도해 "아가야, 왔다, 만나러 왔다"고 거듭 되뇌어 보지만, 시골 아낙의 눈에는 너무나 압도적인 신사의 위용에, 그것도 자식이 영령, 즉 야스쿠니의 가미가 되었다는 사실에 "황송한" 마음이 들어 어머니는 기쁨의 눈물을 흘린다. 하지만 그렇다고 그 시골 어머니의 심정을 당시의 이데올로그들이 선전하듯 "영혼 깊숙한 곳까지 사무치는 깊은 감격"이라고 하기에는 그 노랫소리가 너무나 구슬프고 처절하다. 당시 일본 대중들이 그 노래에 마음을 빼앗겼던 이유 역시 매년 두 차례씩 수만 명의 젊은이들이 야스쿠니의 가미로 합사되는 가운데 신이 된 아들을 보며 기쁨의 눈물을 흘리는 어머니를 노래하는 그 구슬프고 처절한 곡조 때문이었다(이상 川村邦光, 2006: 196-197 참조).

세 번째로 검토하고 싶은 텍스트는 전후 일본유족회가 전국 유족들의 수기를 모아 편집한 『초석: 전몰자 유족의 체험기록いしずえ: 戰沒者遺族の体験記録』(1963)이다. 편찬자인 전후 일본유족회의 정치성은 감안한다 해도, 이 텍스트에 실린 개별 수기들에는 전전·전후를 관통하는 유족들의 심정, 특히 남편을 잃은 부인들의 심정이 잘 드러난다. 그 한 예로, 중국 북부 전선에서 남편을 잃은 미에현三重縣의 한 미망인은 1940년 4월에 개최된 춘계 임시대제에 초대되었을 때의 인상을 다음과 같이 기억한다.

이윽고 해도 지고 밤의 장막이 드리워져 드디어 미타마시로御靈代(죽은 이의 영혼 대신에 모시는 칼, 거울, 화상 등의 물건 — 인용자 주)가 옆에 늘어선 우리들 유족의 앞을 통과할 때 주위에서 흐느껴 우는 소리가 터져 나오고, 자식의 이름을 부르는 부모, "아버지"라고 울부짖는 아이, 남편의 이름을 외치는 부인… 희비가 교차하는 광경이었습니다.(日本遺族會[編], 1963: 29)

그리고 이 "물아일체의 상황에서" 회고록의 저자는 죽은 남편을 "자신의 목숨이 다할 때까지 지역 신사에 받들어 모실 것을"(日本遺族會[編], 1963: 30) 결의했다고 한다. 야스쿠니신사에 대한 이러한 감정은 국가로부터 받던 군인은급이 정지되고, 주위 사람들로부터 손가락질을 받는 패전 직후의 전도된 상황에서 더욱더 강렬해졌을 것이다. 자신들 유족을 보호해 줄 국가도 군도 해체돼 버린 상황에서 그들이 의지할 수 있는 대상은 야스쿠니신사뿐이었기 때문이다.

그렇다면 전쟁으로 아버지를 잃은 아이들은 아버지의 죽음에 대해 어떻게 생각하고 있었을까. 이들의 심정이 잘 드러나는 자료가 당시 은사재단군인원호회恩賜財團軍人援護會(이하 '원호회'로 표기)라는 단체가 각 지부별로 편집해서 발간한 일련의 『신전 앞의 감격社頭の感激』 시리즈다. 원호회는 1939년 이래로 매년 1회 경비 전액을 지원하며 도쿄 이외 지역에 거주하는 전사자 유아들의 야스쿠니신사 참배 사업을 실시했다. 『신전 앞의 감격』이라는 책자는 당시 참배여행을 다녀온 소학생들이 야스쿠니신사에 가서 느꼈던 소감들을 적은 수기 모음집으로, 선발 과정에서부터 귀로에 이르는 참배여행의 경로나 여행을 다녀온 아이들이 참배 과정에서 느낀 세세한 감정들을 확인할 수 있는 좋은 자료다. 다음은 그 수기들의 일부다.

야스쿠니신사 앞에 도착해서 정면에 빛나는 국화 문양을 보았을 때, 나는 아버지가 신으로 모셔져 있다는 이야기가 무슨 뜻인지 확실히 알게 되었습니다. 이 거룩한 신사에서 신이 되신 아버지가 "가즈코和子가 와 주었구나. 많이 컸구나"라고 말씀하시는 듯한 느낌이 들어, 지그시 신사 안쪽을 응시했습니다. … 나는 말할 수 없는 감격에 가슴이 벅차올라 머릿속에 아무것도 떠오르지 않았습니다. 참배를 마치고 다시 다이도리이大鳥居 앞에 섰을 때 나는 히비야日比谷 공회당에서 들었던 "여러분들의 아버지는 나라를 위해 훌륭한 공훈을 세우시고 지금은 신으로 모셔져 있는 것입니다. 이는 한 가문의 명예요, 결코 울거나 슬퍼하면 안 됩니다. 아버지의 가르침을 깊게 마음에 새기고 가문의 명예를 위해 건강히 공부를 계속해서 장래 훌륭한 국민이 되어 나라를 위해 몸을 바치지 않으면 안 됩니다"라는 말씀이 확실히 이해가 되었습니다.(軍人援護會秋田縣支部[編], 1941: 11)

초목이 돋아나는 3월 말 그리운 아버지와의 대면이 있었다. … 궁성을 요배하고 히비야 공회당에 갔다. 공회당에서 황공하옵게도 황후 폐하로부터 과자 전달식이 있었다. … 벚꽃이 피는 구단의 야스쿠니신사에 도착했을 때는 단지 기쁜 마음뿐이었다. 아버지를 만나기 앞서 손을 씻고, 입을 깨끗이 하고, 몸 전체를 깨끗하게 했다. 아버지는 정전正殿의 저 깊숙한 곳에서 많이 자란 내가 건강하게 아버지를 만나러 온 것을 보고 얼마나 기뻐하실까. 나는 눈을 감았다. 그리고 "아버지는 나라를 위해 목숨을 바치신 훌륭한 분입니다. 저는 먼저 어머님께 효도를 하고, 빨리 어른이 되어서 나라를 위해 몸을 바치겠습니다. 안심하세요"라고 맹세했다.(川崎教育史編纂委員會, 1958. 島薗進, 2010: 153-154에서 재인용)

인용에서 드러나듯, 작문집에 실린 소감문의 대다수는 죽은 부친을 만난 기쁨과 아버지의 뒤를 이어 나라를 위해 목숨을 바치겠다는

각오라는 2부 구성의 규격화된 형식을 갖추고 있다. 이는 작문집에 실린 수기들이 군국주의가 가장 극성을 부리던 1940년대 초반에 발간되었다는 점, 그리고 "유아들의 자발적 행위가 아니라 국가에 대한 은혜의식을 심으려는 '교육'의 일환으로"(一ノ瀨俊也, 2005: 142) 쓰인 것이라는 점에서 연유하는 것이기도 하며, 따라서 책자에 적힌 그대로 당시 유아들의 심정을 유추하는 데는 어느 정도 무리가 따른다. 발행 시기는 전후이지만 『초석』을 독해할 때도 이런 주의는 동일하게 요청된다. 하지만 그렇다고 해서 규격화된 양식에 깃들어 있는 유아들과 유족들의 감정을 당시의 통제된 환경 혹은 국가 이데올로기의 영향으로 인한 '허구'라고 단정 지어서는 곤란하다. 그렇게 치부해 버렸을 경우 당시의 기록들에 묻어 나오는 감정의 충일감, 슬픔과 환희가 뒤엉키는 그 복잡한 심정들이 전부 사상되어 버리기 때문이다.

이 문제를 이해하는 데는 발화의 내용, 즉 의미보다 언어의 용법이나 그것이 사용되는 방식, 즉 수행적 발화의 중요성을 강조했던 비트겐슈타인R. Wittgenstein이나 오스틴J. Austin의 논의가 보다 중요한 시사점을 던져 준다. 발화의 내용보다 더욱 주의 깊게 고찰해야 할 것은 '말한다는 행위'act of saying, 또는 '무엇인가를 말한다는 실천'a practice of saying certain thing이다(Ryang, 1997: 216 참조). 이와 비슷한 관점에서 전전 일본 육군 장교들의 학교 교육과 그 내면화 과정을 연구한 히로타 데루유키広田照幸는 전시기 병사나 민중의 복종을 가능하게 했던 것으로 '무사無私의 헌신'과 같은 이데올로기의 '내용'이 아니라 '형식'에 주목한다. 즉 학교 교육, 군대의 내무반 교육, 매스컴을 이용한 교화 등을 통해 군인칙유의 복창이나 국민정신총동원운동과 같이 이데올로기에 관한 '상투어구'를 끊임없이 되풀이하면서 '숨겨진 커리큘럼'으로서 기존 질서의 재확인과 실질적인 복종이 가능했다는 것이다(広田照幸, 1997: 383).[17]

육친의 죽음을 성대히 기념하는 야스쿠니신사의 합사제나 지역 사회의 공장은 이러한 '상투어구'가 사용되는 '이데올로기 발동의 장'(一ノ瀬俊也, 2004: 324)의 가장 대표적인 예라고 할 수 있을 것이다. 아들, 지아비, 혹은 아버지의 죽음을 끊임없이 명예로운 죽음으로 상찬하는 장에서, 유족들은 이러한 '상투어구'를 되풀이하는 것을 통해 관 주도 이데올로기를 부단히 재확인하고 규범화·절대화하면서 그 공간에 자신을 동일시해 버리게 되었는지도 모른다. 무엇보다도, 전사자들의 명예로운 죽음을 현창하는 전 국민적 상징으로서의 야스쿠니신사라는 존재는 어린 나이에 아버지를 여읜 아이들이 성장 과정에서 겪었던 외로움과 고통을 포근하고 자애롭게 감싸 주는 '대부'의 역할을 하고 있었다고 보는 것이 더욱 타당할 것이다. 그리고 그 때문에 유아들은 그 어려웠던 시절 깨끗하게 정돈된 야스쿠니신사에 와서 죽은 아버지와

17 전시기 일본 사회의 교화 프로그램의 작동방식에 대해 히로타는 다음과 같이 분석한다. "학교 교육, 군대의 내무반 교육, 매스컴을 이용한 교화 등을 통해 달성된 것은, 많은 사람들에게 있어서는 '선악의 가치판단의 기준'='정의'의 소재에 관한 승인이며, '상투어구를 되풀이하는 것'의 계속된 연습=문법의 획득이었다. 그리고 그것이야말로 '내면화'의 실상이었던 것은 아닐까. 또 하나 지적하고 싶은 것은 그러한 교화는 조직·집단의 질서를 유지하고 그것을 정당화하는 기능을 했다는 점에서는 어느 정도 유효했다는 것이다. 국민정신총동원운동에서 보이는 운동 형태나 군대 내에서의 군인칙유의 복창도 '충성한 신민이라는 것을 증명하는 정기권을 보여 주는' 기회를 반복하는 것으로 명령-복종 관계가 끊임없이 재확인되고, 당국이나 상관의 명령에는 거역할 수 없다는 점을 주입하는 효과가 있다. 이를 통해 서민이나 하급 병사의 복종 조달이 가능해진다면 목적은 달성된 것이다. 그러한 의미에서 이데올로기 교화는 반드시 '무사無私의 헌신'이 내면적인 규범성으로까지 달성되지 않더라도 전시 체제를 지지하는 기능을 했다고 말할 수 있을 것이다. 말하자면 이데올로기의 주입 내용이 아닌 형식이 '숨겨진 커리큘럼'으로서 기존 질서의 부단한 재확인과 실질적인 복종 조달을 가능하게 한 것이다." (広田照幸, 1997: 383)

상상적으로 '대면'하면서 그만큼의 감격을 토로했다. 그리고 이러한 경험들이 쌓여 나가는 가운데 "전사戰死를 둘러싼 새로운 감정의 공동체"(矢野敬一, 2006)는 점점 확고해져 갔을 것이다.[18]

3. 감정의 공동체의 균열과 봉합

'전사를 둘러싼 감정의 공동체'는 일본 국민으로서 모두가 어려움을 감내해야 했던 '전시'라는 극한 상황이 빚어낸 하나의 공동 체험이라고 할 수 있을 것이다. 내 아버지만이 아닌 네 형(오빠) 혹은 네 남편의 전사 통지를 계속해서 받아야 했던 공동체 내에서 죽음은 나만의 것이 아닌 '우리 모두의 것'으로 경험될 수 있었다. 그리고 지역사회에서 성대하게 치러지는 공장 혹은 야스쿠니신사의 초혼제에 참석함으로써, 그들은 서로의 '결여'/'상실'을 확인함과 동시에 전사자들이 가미로 승화되는 일련의 절차들에 위안을 받았을 것이다. 엄숙하면서도 정갈하게 치러지는 의례들을 보면서 그들은 "우리는 지금 성스러운 전쟁

18 물론 1930년대 후반의 시점에서도 전사자를 위령하기 위한 의식적인 면에서의 합일점이 확고하게 만들어지지 않았고, 공장 역시 각 시정촌 단위로 실시되었으며, 개별 전사자의 대우를 둘러싼 상황에 대해 현이 어느 정도 적극적으로 파악하고 있었는가에 대해서도 일정하지 않았던 점은 역사적으로 확인된다. 한편 시정촌 차원에서는 공장의 종교적 형식에 관해 신도와 불교 사이의 대립이 발생하기도 했다(矢野敬一, 2006: 89-92 참조). 그렇다고는 해도 그 다양성만을 강조해서는 안 된다. 공장 자체가 포함한 스펙터클성, 또한 거기에 동원되는 사람들의 의례행위 공유에 의해 발생하는 정치성을 통해 전사자의 죽음이 향토의 명예로서 받아들여지는 과정은 각 시정촌에서 치르는 공장의 공통된 특징이었다. 그리고 이 과정을 거치면서 전사를 둘러싼 감정의 공동체가 서서히 만들어져 갔던 것이다(矢野敬一, 2006: 105).

을 치르고 있고, 그 전쟁에서 나의 아버지와 너의 지아비가 목숨을 바쳐 싸우다가 전사했다"는 인식하에 나와 네가 하나 되는 일련의 성스러운 체험을 했을지도 모른다. 앞 절에서 인용한 여러 텍스트들은 당시 일본인들이 경험했던 체험의 일단을 잘 보여 준다.

거기에는 분명히 당시 일본인들이 느꼈던 어떤 '진정성'authenticity이 깃들어 있다. 하지만 이러한 감정의 공동체가 계속 유지된다는 것 역시 불가능한 것이다. 그 균열의 징조는 전쟁이 장기화되면서 점차 분명해진다. 그 한 예로 한때 육친을 잃은 유족들의 슬픔을 어느 정도 상징적으로 해소시켜 주는 역할을 하던 합사제의 위상은, 전황의 악화와 더불어 점차 약화되면서 패전이 임박한 1944년 말에 이르면 사실상 붕괴하기에 이른다. 실제로 1945년 봄의 합사제는 도쿄대공습 등이 그 이유이기도 했지만, 기간도 이틀로 축소되었을 뿐만 아니라 지방 유족의 참례도 폐지되는 등 그 위상이 현저히 약화되는 것을 확인할 수 있다. "예년이라면 전국에서 찾아온 유족의 승전참배로 기다리고 기다리던 감격의 신전 앞 풍경이 펼쳐졌겠지만, 유족의 초대를 폐지한 올해는 정결한 땅淨域에 어울리는 평온함에 … (임시대제가) 간결·장중하게 치러졌다"는 합사제 보도 기사(『朝日新聞』, 1945. 4. 26)는 '국민의 제전'으로서의 초혼제·합사제의 위상에 균열이 왔음을 완곡하게 표현하는 것과 다름없다. 이렇듯 극장국가(Geertz, 1980)에 있어 의례의 붕괴는 헤게모니의 몰락, 나아가 여러 다양한 목소리들이 "웅성거리는"babble on 이데올로기의 영역으로 이행하는(Comaroff and Comaroff, 1991: 24) 전주곡이었다.[19]

19 패전이 임박할 무렵 열린 초혼제 실황을 생방송하는 라디오 관계자들이 초혼제사 와중에 유족들 사이에서 터져 나오는 '불경한' 소리들("살인자! 내 아들을 돌려 달라!"라는 유족들의 비통한 목소리)이 마이크로 흘러 들어오는 것

한편 이 시기는 유족뿐만 아니라 전쟁에 참전한 청년들 내부에서도 국가의 영혼 제사에 대한 믿음이 점차 희미해져 가는 시기이기도 하다. 1943년에 학도병으로 해군에 입대하여 1945년 5월 특공대원으로 전사한 한 청년은 입대 전 쓴 일기에서 자신의 심정을 다음과 같이 토로한다.

> 교토역에서도 그다음 역에서도 유골들이 개선하고 있었다. 상자의 하얀 빛이 처절하게 느껴진다. 야스쿠니신사 앞에서 다시 만나자는 구절을 전쟁에 임했을 때 주저 없이 말할 수 있을까 하는 생각이 들었다.(『探究錄: 中尾武德遺稿集·戰沒學生の手記』. 大貫惠美子, 2004: 370에서 재인용)

또 교토대학 출신의 학도병으로 1942년 입영해서 종군 중 싱가포르에서 패전을 맞아 결국 전범재판에서 사형을 선고받은 한 청년이 남긴 유서는 패전과 더불어 야스쿠니로 대변되는 국가의 영혼 관리가 사실상 붕괴했음을 잘 보여 준다.

> 제 장례는 간단히 치러 주세요. … 제 불단과 묘 앞에는 묘에 바치던 기존의 꽃보다도 '달리아'나 '튤립'같이 화려한 서양의 꽃을 올려 주세요. 이는 제 마음을 상징하는 것으로, 죽은 후에는 특히 화려하고 밝게 지내고 싶습니다. 맛있는 양과자도 듬뿍 올려 주세요. 제 머릿속에 기억으로 남아 있는 불단은 아무래도 너무 적막합니다. 제 불단은 한층 밝고 화려한 것이었으면 좋겠습니다. 불교에 반하는 것인지는 모르겠지만,

을 차단하기 위해 무척이나 애를 썼다는 후일담 등은 국가주의 이데올로기와 실상의 괴리를 지적하기 위해 자주 인용되는 에피소드 가운데 하나다(角田三朗, 1977: 51).

부처가 되는 제가 원하는 것이니까 괜찮겠지요. 그리고 하나 바라는 것은 제가 죽은 날보다 차라리 제가 태어난 날인 4월 9일을 축하해 주셨으면 한다는 것입니다. 제가 죽은 날을 잊어 주세요. 제 기억에 남아 있는 것은 제가 태어난 날뿐이었으면 하는 바람입니다.(기무라 히사오木村久夫의 유서, 日本戰沒學生記念會[編], 1995: 328. 橋川文三, 1985b: 207-208에서 재인용)

이 유서에 대해 하시카와 분조橋川文三는 예전 메이지국가가 창설하고 확립시킨 야스쿠니 제사, 나아가 근대 초기 일본에 대한 뛰어난 관찰자였던 서양인 라프카디오 헌Lafcadio Hearn이 메이지 시대의 청년들에게서 엿보았던 투명한 신앙이 혼란에 빠졌으며, 나아가 일본인은 지난 전쟁을 겪으면서, 특히 패전의 사실성에 의해 자신의 영혼이 회귀해야 할 장소로서 이제 단지 고유의 조령신앙祖靈信仰에 의지할 수밖에 없음을 증명하는 것이라고 해석한다(橋川文三, 1985b: 207-210 참조).[20]

20 라프카디오 헌(일본명 小泉八雲)은 메이지 초기 교사(이후 도쿄대학 교수)로서, 일본에서 생활하며 메이지 당시의 풍경을 타자의 관점에서 생생하게 기록한 대표적인 서양인 작가다. 그는 청일전쟁 참전을 위해 조선으로 가던 중 잠시 자기 집에 들른 예전 제자와의 이야기를 통해 당시 메이지 청년들이 지닌 죽음관의 한 단면을 기술한다. 예전 제자였던 그 청년은 드디어 천황폐하를 위해 몸을 바칠 수 있게 되었다며 출정에 대한 기쁨을 토로한다. 헌의 눈에 비친 그 청년의 모습에는 죽음에 대한 일말의 주저도 보이지 않는다. 그 청년에게 "전사戰死는 명예로운 일이며, 정부는 유족의 뒷바라지를 철저히 할 것이기 때문에 군인으로서 전쟁은 전혀 두려운 일이 아니"기 때문이다. 그에게 유일하게 두려운 것은 대를 잇고 나아가 자신의 제사를 지내 줄 자식(아들)을 얻지 못하고 죽는 것뿐이다(小泉八雲, 1928: 251-257 참조). 헌의 붓을 통해 표현된 이 청년의 사생관에서 우리는 근대적 천황숭배와 전통적인 선조제사 관념이 모순 없이 혼융하는 메이지 시기의 투명한 신앙의 일면을 엿볼 수 있다. 헌이 남긴 이 기록은 이후 근대 일본의 정신 구조를 해명하고자 하는 가미시마 지로의 연구(神島二朗, 1961)나 쇼와 시기의 정신

전후가 되면 상황은 더욱 일변한다. 소설가 시시 분로쿠獅子文六는 「전후의 영령戦後の英霊」(1966)이라는 에세이에서, 전후의 그 일변한 세태에 분노를 느끼며 전전에는 하지 않았던 영령에 대한 묵도를 오히려 전후에 하게 되었다고 시니컬하게 적고 있다.[21] 1944년 침몰한 전함 무사시武蔵의 생존자로서 전전의 '군국소년'에서 전후 천황제의 가장 날카로운 비판자로 거듭났던, "천황에 배반당한" 심정을 강렬하게 토로했던 와타나베 기요시渡邊清 역시 지난 전쟁의 의미나 천황제는 철저히 부정하면서도 패전 직후 고향에서 치러지는 전사자 장례식의 쓸쓸한 풍경에 대해서는 다음과 같이 비판적으로 기록한다.

> 내가 소학생이었을 무렵, 마을 장례식村葬이라고 하면 교정 가득히 화환이나 조기弔旗가 줄지어 서 있고 온 마을 사람이 총출동하여 성대하게 행해졌는데, 오늘은 소학교 강당 안에서 형식만 갖춘 채 쥐 죽은 듯 거행되고 있다. 조문 방식이 패전을 계기로 해서 이렇게 변해 버린 것일까 하고 생각하면 한심하기 짝이 없다. 전쟁에서 이겼든지 졌든지 국난에 '순국'한 전사자임에는 변함이 없는 것 아닌가. … 국민복을 입은 오쿠라大倉 쪽의 친부가 그 옆의 중년 남자에게 작은 목소리로 "뭐든지

구조를 고찰했던 하시카와 분조의 연구(橋川文三, 1985b) 등에서 꾸준히 거론되고 있다.

21 시시는 이미 전후 초기 '살아 있는 영령'이라는 테마를 소설화한 바 있다. 「무뢰한 영령無頼の英霊」(1952)이라는 단편소설은 죽은 줄로만 알았던 과거 마을의 골칫덩어리 무뢰한이 전후 시베리아에서 살아 돌아와 펼쳐지는 에피소드를 간략하게 스케치한 작품이다. 생환한 그는 결코 과거의 무뢰한이 아니었다. 과거의 그를 알던 사람들은 그가 말수도 적어지고 사람을 대하는 태도도 한층 부드러워진 것에 대해 안심하면서도 동시에 의아해한다. 하지만 자신이 죽은 줄로만 알고 마을 사람들이 만들었던 자신의 묘 앞의 묘비를 뽑아 나막신을 만드는 그의 행동은 전장의 지옥을 경험하지 못한 마을 사람들로서는 이해할 수 없는 광기에 찬 또 하나의 '무뢰한적인' 행동일 뿐이다.

맥아더의 지령 때문에 촌장도 크고 성대하게 할 수 없다고 하네요. 지사나 현 의회로부터의 조사弔辭도 중지되었고, 스님의 수도 제한을 받는 것 같아요"라고 말했는데, 그것은 반드시 맥아더의 탓만은 아니라고 생각한다. 물론 나는 화려하게 해야 한다고 이야기한다거나 그 형식이나 외관상의 이야기를 하고 있는 것은 아니다. 이는 전사자에 대한 한 사람 한 사람의 마음의 문제다. 자신이 혹은 자기 자식이, 남편이, 형제가 만약 전사자였다면 어떨까 하는 생각을 전사자의 처지가 되어 생각해 본다는 마음의 문제다.(渡邊清, 2004: 132)

하지만 "제도화된 생사관의 해체"라고까지 생각될 수 있는 이러한 현상은 패전이 임박한 시기, 그리고 패전 직후에야 나타난 것이라는 점에 주의를 기울일 필요가 있다. 기나긴 15년전쟁 기간을 전반적으로 평가한다면, 간행된 대다수 유고집들의 편집 주체가 보수적인 일본유족회라는 점을 고려한다 하더라도, 적어도 유족들의 증언 속에서 당시 그들의 비탄의 감정을 국가(군부)가 인위적으로 통제하려는 시도는 그다지 드러나지 않는다. 그보다 초혼제에 참가했을 당시의 기억들을 뒤덮고 있는 것은 '희비의 교차', '체념', 그리고 '자부심' 등의 서로 다른 감정들이 뒤섞인 채 육친의 죽음을 어떻게든 받아들이는 자세다. 그리고 이러한 감정의 구조는 패전과 같은 결정적인 계기가 있다 해도 쉽사리 다른 것으로 대체될 수 있는 것이 아니다.

이러한 전후 일본 사회의 감정의 구조를 잘 보여 주는 사례가 1960년대 크게 유행했던 〈눈물의 구단자카涙の九段坂〉(1961)라는 노래다. 이 노래는 지난 전쟁에 아들을 잃은 늙은 어머니가 "숨을 헐떡이며 양산을 쓴 채" "불쌍한 아들의 혼이 모셔져 있다는" 야스쿠니신사 앞에 멈춰 서는 것으로 시작된다. 그때 어딘가 죽은 아들을 닮은 것 같은 남자가 늙은 어머니의 눈앞을 스쳐 지나간다. 아들이 살아 있었다면 그

정도 나이가 아니었을까 하는 생각에 어머니는 눈물이 앞을 가린다. 이 노래의 백미는 3절이다. 신사 앞에 선 어머니는 죽은 아들에게 "훌륭하게 전사했다고 칭찬하지 않을 수 없지만", 그럼에도 그것이 "애처로운 거짓말임을 감출 수 없어서" "용서해 달라며" 눈물을 짓는다. 여기에는 국가를 위한 죽음은 훌륭한 것이라는 전전의 규범이 전후 16년이 지난 1961년이라는 시점에서 여전히 살아 있으면서도, 그 규범을 1939년의 〈구단의 어머니〉처럼 순수하게 믿을 수도 없는 애처로움, 하지만 그렇다고 해서 '명예로운 전사'라는 말을 거짓으로 치부해 버리면 아들의 죽음이 쓸모없는 '개죽음'이 되어 버리기에, 여전히 '명예로운 전사'라는 말에 매달릴 수밖에 없는 어머니의 '속내'가 너무도 절묘하게 표현되어 있다. 아들을 잃은 절망감으로부터 이 어머니를 가까스로 지탱하고 있는 것은, 아들의 죽음이 무의미한 죽음이 아니라 나라의 위기에 자신을 희생한 '훌륭한 죽음'이기 때문에 아들이 야스쿠니신사의 가미가 되어 불멸의 존재가 되었다는 신화神話인 것이다(見田宗介, 1977: 131).

이렇듯 전사자의 죽음에 대한 일본 사회의 감정의 구조는 '순국'과 '개죽음'이 뒤얽히고 때로 경합하는 각축장이라고 해야 할 것이다. 전후 일본에서의 영령 제사와 그 감정의 정치, 그리고 그 핵심 무대인 야스쿠니신사를 이해하기 위해서는 전시기에서부터 이어져 내려오는 연속성과 단절의 양 측면을 동시에 고려할 필요가 있다.

4. 평가: 야스쿠니 제사를 어떻게 볼 것인가

야스쿠니 제사는 분명히 근대 일본의 군국주의 체제를 유지하기 위해 민중들의 정신세계를 통제하는, 영혼 지배의 한 방식이었다. 하지만 이러한 비판과 동시에 그럼에도 불구하고 전시기 일본 민중들이 야스쿠니 제사에 매달릴 수밖에 없었던 심정의 영역을 해명하지 않는다면, 이러한 주장은 손쉬운 이데올로기 비판에 머무를 수밖에 없다. 야스쿠니 제사는 일본 민중들의 다양한 전통 신앙들을 짓부수고 확립된 외부적인 것임에는 분명하지만, 동시에 그들은 이 야스쿠니 제사를 받아들이고 기존의 선조 제사 전통 속에 공존시켜 나갔기 때문이다. 이 문제를 사상사적 차원에서 천착한 정치학자 가미시마 지로神島二朗의 저작 『근대 일본의 정신 구조近代日本の精神構造』(1961)는 지금까지도 이 주제를 전공하는 많은 연구자들에 의해 거론되는 고전적인 텍스트다(橋川文三, 1985b; 羽賀祥二, 1994; 大江志乃夫, 2001; 川村邦光, 2006; 矢野敬一, 2006).

가미시마의 핵심적인 논지는 막부 말기에서 메이지국가의 건설에 이르는 정치적·사회적 변혁의 주체적 에너지의 주 원천이 예전부터 계승되어 오던 일계형가족의 이에家를 지키려는 노력과 장남 이하 차남들의 새로운 '이에' 창설 운동이었다는 것이다(神島二朗, 1961: 269). 다시 말해 메이지 시기의 이데올로기였던 '입신양명'立身揚名이 시사하듯 이에 중심적 인간이 점차 개인화되는 가운데 기존의 이에 제시기 개인성을 보장할 수 없게 된 상황에서 그 빈자리를 채워 주었던 것이 야스쿠니의 제사였다(神島二朗, 1961: 310).

이러한 논의의 연장선상에서 하시카와가 주목하는 것이 야스쿠니신사의 내전內殿에 봉안된 소위 '제신장'祭神帳이다. 왜냐하면 전몰자의 개인명을 간단한 이력과 함께 기록한 '제신장'이야말로, 이에에 귀속된 인간으로부터 벗어나 사람들 개개인이 개성(=명예)을 부여받는다는 자각/환상을 불러일으키는 장치의 역할을 수행하기 때문이다(橋川文三, 1974: 239). 물론 이러한 해석은 야스쿠니신사의 문제가 전사자의 개성을 소멸시켜 국가(천황)를 지키는 하나의 가미로 통합해 버리는 데 있다는 기존의 야스쿠니 비판에 대한 반反비판의 논리이기도 하다.

한편 근대 일본 사회에서 사람들의 마음을 통합하는 매체와 관련해서 가미시마 지로가 주목했던 것은 지방초혼사의 경영과 충혼비가 갖는 중요성이었다. 즉, 야스쿠니신사의 존재가 중앙으로부터 주로 문무관료를 통해 지방이나 하부에 전달·침투됨과 함께, 지방에서는 공적公的 제사에 대한 신뢰가 배양되고, 이것이 야스쿠니신사로 흘러가게 되며, 이것이 소학교의 창가나 교과에 채용되는 경로를 통해 일반 민중에 보급·확산되었다는 것이다(神島二朗, 1961: 317-318). 이는 앞서 제3부 제1장에서 언급했던 하가 쇼지(羽賀祥二, 1994)나 이치노세 도시야(一ノ瀨俊也, 2002, 2004), 야노 게이이치(矢野敬一, 2006) 등으로 이어지는 연구 전통을 만들어 내는 중요한 발견이다. 물론 1930년대 후반에 접어들면서, 민간에서 전개되는 다양한 위령의 흐름이 점차 국가 주도로 통합되고 또 위령보다도 현창과 무운 기원 등의 이데올로기 정책에 동원되는 가운데 일반 민중의 실제 신앙과 조금씩 유리되어 간다. 하지만 메이지 시기부터 내려오는 전몰자 제사의 전통과 이에 대한 국민들의 심정/욕망의 영역을 완전히 방기할 수 없다는 점(메이지국가가 완전히 자의적으로 전몰자를 제사 지내며 이용한 것은 아니라는 점)에서 야스쿠니신사에 대한 비판의 어려움이 있다는 지적(橋川文三, 1974)은 새겨 둘 만하다.

이렇게 본다면 『야스쿠니 문제靖國問題』의 저자 다카하시 데쓰야高橋哲哉를 비롯한 전후 혁신파의 한계는 분명하다. 그 한계는 바로 인간 본연의 보편적 윤리라는 추상적 차원에만 초점을 맞춰 유족들의 감정을 '허위의식'으로 판단하면서, 근대 일본이라는 독특한 상황논리에서 만들어지는 '슬픔의 정서'가 갖는 힘을 제대로 탐구하지 못했다는 것이다. 특공대의 비장한 죽음, 패전, 그리고 제국의 몰락이라는 일련의 사건은 전장에 동원된 전사자의 유족들은 물론, 그 전쟁에 동원되었던 대다수의 일본인들에게는 '슬픈' 과거의 체험이 아닐 수 없으며, 그 슬픔의 감정은 국가가 주도하는 현창의 논리와 아주 동떨어진 것이라 볼 수 없다. 따라서 그 슬픔이라는 감정의 특수성을 외면한 채, '현창을 멈추고 인간 보편의 정서인 애도의 논리로 돌아가라'는 식의 주장은 아무래도 설득력이 약하다. 이런 점에서 전후 일본의 진보적 지식계의 문제에 대해 "비일상적 사상과제에 익숙해져 온 (일본의) 진보적 지식인은 나날이 '심정화'心情化하는 사회생활로부터 급작스레 유리됨으로써 현실적 사회비판 기능을 발휘할 수 없는 상태에 있다"(孫歌, 2002: 124)고 비판한 쑨커의 발언은 이 장의 문제의식과 궤를 같이한다.

결론적으로, 야스쿠니 제사는 그 비판자들의 주장처럼 유족들의 슬픔을 억압하고 이를 기쁨으로 전환하는 장치라기보다는, 그 슬픔을 효과적으로 활용하고 그 비극적인 죽음이 불러일으키는 영웅주의를 환기시키면서 국민들을 매혹하는 '감정기관'emotive institution(White, 2005)으로 기능해 왔다고 해석하는 것이 더욱 타당할 것이다.[22] 그리고 전전의 어느 시점까지 그 감정기관은 분명히 절정의 힘을 구사하고 있었다. 그 위상이 쇠퇴하기 시작한 것은 역시 '전사戰死를 둘러싼 체계'(福井忠俊, 2000)가 붕괴되고[23] 야스쿠니신사를 중심으로 한 정교한 일련의 의례

22 현대 일본 사회에서 새로운 감정기관으로서 야스쿠니신사, 그리고 유슈칸遊就館이 갖는 힘에 대한 분석으로는 이영진(2015) 참조.

23 여기서 '전사를 둘러싼 체계'란, 근대 일본 사회에서 군대와 유족, 지역사회와 유족 사이에 전사의 실태 인식과 명예의 현창을 둘러싸고 맺어진 일련의 체계를 말한다. 즉, 전사를 확인한 군대로부터 그 실태 설명과 함께 그것이 '장렬한' 전사임이 증명되면, 군대는 전사자의 유골을 유족에게 인도하는 의식을 장중하게 거행한다. 뒤이어 출정할 병사들의 행렬이 의식의 성대함을 두드러지게 한다. 한편 군대로부터 연락을 받은 지역사회村에서는 성대한 마을장村葬을 거행한다. 이러한 행사는 평소라면 있을 수 없는 것으로, 학교의 어린 생도들도 참여해서 공식적인 분위기를 조성하는 것이다(이상 福井忠俊, 2000: 216-217 참조). 이러한 일련의 체계는 병사 개인의 전사와 가족에서의 그 수용이라는 과정이 국가, 그리고 후방의 사회와 긴밀히 결합되어 있으며, 전쟁협력의 기초를 확고하게 하는 장치였음을 보여 준다. 하지만 이 체계는

체계가 총체적인 난국을 맞이하는 패전 직전의 1940년대 중반, 나아가 「신도지령」에 의해 야스쿠니신사가 국가로부터 떨어져 나가는 패전 이후부터다. 따라서 야스쿠니에 대한 비판은 그 슬픔을 허위의식으로 치부하는 것이 아니라, 그 슬픔을 효과적으로 이용하는 감정기관의 메커니즘에 대한 정치한 분석, 그리고 현창의 논리에서 벗어나 '마음껏 슬퍼하라'는 강령이 아닌 슬픔과 연관된 다양한 감정들, 즉 분노, 원한, 회한 등이 갖는 힘에 대한 탐구로부터 출발해야 할 것이다.

태평양전쟁의 전국이 악화되면서 마침내 붕괴된다. 붕괴의 가장 결정적인 원인은 전장에서 죽은 유골들을 수집해서 이를 본국으로 송환하는 작업이 전국 악화로 인한 군 조직의 붕괴 때문에 어려워지면서, 유골의 송환을 바탕으로 실시되던 공장을 비롯한 전사자 제사 자체가 불가능해졌다는 데 있을 것이다.

제4부

전후 위령의 전개:
'순국'과 '개죽음'의 길항

역사에 '가정'이라는 것은 있을 수 없지만, 만약 일본이 제2차 세계대전에서 패하지 않았더라면 전사자에 대한 제사는 지금과 어떤 차이가 있을지를 생각해 보는 것은, 전후 일본의 전사자 위령이 갖는 '애매함'과 '비틀림'을 이해하는 데 조금이나마 유용할 듯하다. 앞에서 살펴본 것처럼, 전전 일본 사회에는 전사자들의 죽음에 어떠한 의미를 부여할 것인가에 대한 하나의 정형화된 틀이 존재했다. 야스쿠니 제사를 비롯한 각 군대에서 치러지는 위령제, 그리고 지방의 시정촌 단위로 실시된 제사公葬 등이 그것이다. 하지만 1945년 패전 직전의 1년이라는 기간에 죽은 전사자의 수가 1931년 만주사변으로 시작된 소위 15년전쟁 전사자 총 수의 8할을 차지한다는 사실에서 알 수 있듯이, 1943-1944년의 시점에 이르면 이미 전사자의 사체를 회수하고 이를 기념하는 일련의 절차를 진행할 수 있는 행정적 틀은 사실상 마비된 상태였다. 그리고 이들 군인 전사자 이외에도, 1944년부터 연합군에 의해 본격화된 도쿄·오사카·나고야 등 대도시를 중심으로 한 공습, 오키나와전투, 그리고 히로시마·나가사키 원폭 등 일련의 사태에 휘말려 죽은 민간인들과, 또 '징병', '강제연행' 등으로 전장에 내몰려 희생된 타이완인 및 조선인과 같은 구 식민지인들 등 그 다양한 죽음들에 어떤 의미를 부여해야 할 것인가에 대한 일관된 합의를 만들어 내지 못한 채 일본은 패전을 맞이한다. 일본 사회는 역사상 유례없이 발생한 엄청난 죽음들을 '회수'하지 못한 상황에서 '전후'를 맞이하게 된 것이다.

윈터J. Winter는 전간기戰間期 유럽 사회에서 나타난 전몰병사에 대한 추도 열기를 분석하면서, 영국, 프랑스, 이탈리아, 벨기에 등 유럽 각지에 무명전사의 묘지가 세워지기 시작하는 시점을 1920년대로 설정한 바 있다(Winter, 1995). 하지만 패전국 독일의 경우는 상황이 조금 달랐다. 왜냐하면 사회 내의 전몰자 추모 열기의 고양에도 불구하고, 지난 전쟁의 의미, 패배의 이유 등에 있어서 국민적 합의가 결여되어 있는 상황에서 '무명전사의 묘지'로 상징되는 하나의 성스러운 공간one sacred site을 만들어 낼 수 없었기 때문이다. 그렇다 하더라도 유럽 사회에서 이러한 전몰자 추모의 열기는 제1차 세계대전 이후의 전간기에 국한된 것이었다. 홉스봄이 동시대를 살았던 역사가의 시선으로 관찰하고 있듯이, 제2차 세계대전 이후 유럽 사회에서는 제1차 세계대전 이후와 같은 무명전사 기념비 붐은 없었으며, 전간기 때 보였던 '휴전기념일' 의식의 장엄함 역시 점차 퇴색되고 있었다(Hobsbawm, 1994). 승전국과 패전국을 막론하고 전몰자에 대한 공적인 추도는 쇠퇴해 갔다. 여기에는 나치즘이라는 도저히 승인할 수 없는 체제를 지지했고 그 결과 전 세계를 파멸로 몰고 갔던 한 사회(독일)의 지난 전쟁에 대한 총체적인 반성, 또 승전국이라 하더라도 두 차례의 전쟁을 통해 엄청난 수의 전사자를 낳은 전쟁의 비극성에 대한 '실감'이 자리하고 있다고 할 수 있을 것이다.[1]

1 반면 미국의 경우는 상황이 조금 달랐다. 두 차례의 대전은 모두 대양 너머에서 일어난 전쟁이었기 때문에 전쟁체험은 전쟁에 참전한 소수의 병사들만

그렇다면 전후 일본의 상황은 어떠했을까. 일본의 경우도 같은 패전국으로서 독일과 처지가 크게 다르지는 않았다. 전쟁에서 국가를 위해 싸우다 죽은 병사들의 죽음에 어떤 방식으로든 의미 부여를 해 주었던 야스쿠니신사의 제사나 지역사회의 제사는 GHQ의 명령에 의해 금지되었다. 심지어 그들의 죽음에 대해 이야기하는 것조차 GHQ의 검열에 의해 규제의 대상이 되었다(Dower, 1999: 413). 또 과거 국가와 전 국민의 칭송을 받던 영광스러운 죽음은 '개죽음'으로 그 의미가 완전히 뒤바뀌었다. 이런 전도된 상황에서 유족들은 어떤 방식으로든 자신들의 육친 및 지인의 죽음을 기억하고 애도하는 방식을 찾아내지 않으면 안 되었다.

이는 지난 전쟁의 성격에 대한 평가—지난 전쟁은 성전聖戰이었는가 아니면 '침략전쟁'에 불과한 것이었는가—와는 무관한, 육친 및 지인의 죽음을 받아들이는 살아남은 자들의 '감정'의 문제이기도 했다. 지난 전쟁이 무엇이었든, 그리고 천황제의 본질이 무엇이었든, 살아남은 자들은 함께 싸우다 죽은 이들에게 그들이 죽은 이유에 대해, 그리고 현재 살아남은 자신들의 삶의 의미에 대해 이야기해 주어야 하는 의무가 있다는 것. 이것은 당시 살아남은 자들이 가졌던 하나의 '실감'이기도 했다. 따라서 패전 직후 등장한 전몰병사의 추모에 대한 일련의 움직임과 언설들을 현재의 야스쿠니신사나 일본유족회, 또는 8월

의 것이었고, 특히 제2차 세계대전은 파시즘에 맞서 민주주의를 수행한 정의로운 전쟁이라는 인식이 사회 전체를 지배했다는 점에서, 또 두 차례의 전쟁을 거치며 국내 경제가 비약적으로 성장해 풍요의 사회가 도래했다는 점에서, 전사를 숭고한 대의명분을 위한 희생과 등치시키는 국가적 애도의 논리를 거스를 수 있는 논리가 들어설 여지는 없었던 것이다. 이러한 일치된 국가적 애도의 논리가 미국 사회에서 균열을 일으키기 시작하는 것은 베트남전쟁 이후다. 베트남전쟁 전사자의 애도를 둘러싼 미국 사회 내의 다양한 시각들과 갈등에 대해서는 Sturken (1997) 참조.

15일에 거행되는 국가의 공식적인 전몰자추도식에서 언설화되고 실천되는 영령 담론의 전사前史로서 간단히 자리매김할 수는 없다. 전후 일본의 위령을 고찰함에 있어 필자가 '전후'를 하나의 국면으로 설정하고자 하는 것은, 외견상으로는 서로 유사해 보이면서도 상이한 장에서 작동하는 언설의 실천, 그리고 그 각각의 장의 메커니즘을 인정하면서도 이들을 하나의 범주로 포섭해 내고자 하는 내셔널한 차원의 힘power에 대해 고찰함과 동시에 '균질적이면서 공허한' 국민국가라는 장 안에서 봉합될 수 없는 다양한 목소리들에 귀를 기울이고자 함이다.

제1장 전후 위령의 출발

1. 패전 직후의 풍경

패전 소식을 듣고 야스쿠니신사에 취재를 간 한 기자의 뺨에는 어느 샌가 그 자신도 모르게 눈물이 흘러내린다. "이는 어떤 눈물인가, 앞에도 뒤에도 떨어지면서 어깨에 흘러내리는 것은 '옥음'玉音을 듣고 있는 '야스쿠니' 영령들의 눈물인가. 나는 등 뒤로 다가오는 영령들의 얼굴을 느끼면서 이 신역神域에서 조서를 듣고 있는 것이다." 하지만 궁사의 이야기를 들으면서, 그는 자신의 "옥체를 돌보지 않고", "국민을 위해" 이러한 "성단"聖斷을 내린 천황에 대한 감사의 마음을 느끼게 된다. "특공대는 왜 만들어졌는가. 이는 무기의 부족을 메우는 정신이 응결된 것이었다. 특공대가 출현하지 않으면 안 되었던 전황에 대해 폐하는 이미 알고 계셨고, 국민의 전의에 대해서도 깊게 통찰하고 계셨던" 것이다. 그리고 마지막으로 기자는 "가미神을 잊어서는 안 된다. 야스쿠니의 가미는 구미의 신神과는 달리 우리의 존경을 모아 우리의 자랑을 응결시킨, 우리 육체의 분신이다. 우리는 우리의 가미를 야스쿠니의 가미와 함께 신성한 칙령을 받들어, 우리 야스쿠니의 가미와 함께 나아가 단결하여 특공대의 정신으로 폐하를 모셔야 할 것이다. 영원히 사라지지 않을 뛰어난 국민 일본인이여"라고 부르짖으면서, 새로운 일본의 재출발을 독자들에게 호소한다(『朝日新聞』, 1945. 8. 16).

『아사히신문』은 이 기사에 나오는 야스쿠니신사 궁사의 말을 그대로 표제로 사용해, 8월 21일부터 24일까지 4회에 걸쳐 「영령에게 사죄하며」라는 칼럼을 게재한다.[2] 이 시기는 점령군 제1진이 도쿄에 도착하기 바로 1주일 전이었다. 첫 번째 칼럼에서 소설가 오사라기 지로大佛次郎는 '옥음방송'玉音放送(일본의 패전을 알리는 천황의 종전 라디오방송을 의미한다. 여기서 '옥음'은 천황의 음성을 미화하는 표현이다)을 듣고 난 이후 잠들지 못했던 밤들과 지난 전쟁에서 죽은 지기知己들의 얼굴을 떠올리면서 상실의 슬픔에 잠긴다. 패전국의 국민으로서 이들 사자를 위무하기 위해 어떻게 해야 하는가. 물론 이에 대한 답은 이미 저자의 머릿속에 들어 있다. 천황이 '소칙'에서 분명하게 제시한 것처럼, "상처 입은 일본을 다시 일으켜 세워 훌륭한 조국으로 부활시키는 것"이라는 것. 그리고 오직 그때만이 "사자들의 영혼御靈에 진혼곡을 바칠 수 있으며", 또 사자들이 "평화롭게 웃으며 쉴 수 있을 것"(『朝日新聞』, 1945. 8. 22)이라는 것이다. 저자는 그때야말로 "죽음도 산 자와 죽은 자를 갈라놓지 못할 것"이라며 글을 맺는다. 동일한 칼럼을 썼던 다른 저자는, 특공출격을 위해 어떻게든 자신의 비행기를 안전하게 비행장까지 착륙시키다 큰 부상을 입고 출격 당일 전우들의 출격을 바라보며 숨을 거둔 한 특공대원을 생각하면서, 패전 소식을 듣게 된 그날의 처절한 슬픔을 토로한다.

2 1945년 8월 21일에서 24일까지 4회에 걸친 『아사히신문』의 이 칼럼들은 다워의 책(Dower, 1999)을 통해 그 소재를 확인할 수 있었다. 다워는 칼럼이 실린 횟수를 3회로 잘못 표기하고 있다.

이렇듯 서로 다른 소재를 취하고는 있지만 이 이야기들은 모두 동일한 논리 구조를 갖고 있다. 받아들이기 어려운 패전의 슬픔을 뼈저리게 느끼면서도, 먼저 희생된 이들을 생각하고 '조국 일본의 재건'에 대한 다짐으로 글을 맺는 구성이다. 실로 패전 직후 일본의 담론 공간에서 이런 언설들은 도처에서 넘쳐나고 있었다.[3] 패전 직후 지난 전쟁과 그것을 지탱했던 체제는 과연 무엇이었는가에 대한 일본인들의 의구심에 관해 최초로 명쾌한 해명을 제시한 마루야마 마사오丸山眞男의 「초국가주의의 논리와 심리超國家主義の論理と心理」나, 특공대의 용사가 암거래상인이 되고 전쟁미망인이 새로운 사내의 품에 안기는 꿈을 꾸는 시대 현실을 보면서 밑바닥까지 타락할 것을 외쳤던 사카구치 안고坂口安吾의 「타락론」과 같은 논의들이 나오는 데는 적어도 1년여의 시간이 더 필요했다. 패전 직후 살아남은 사람들의 마음속을 짓누르고 있었던 것은 역시 "전쟁에 졌을 때 죽은 이들에게 뭐라고 말해야 할 것인가"(Dower, 1999: 485)라는 자책이었다. 아무리 지난 전쟁과 그 지도부, 그리고 전

3 그 한 예로, 다워는 일본 최고의 엘리트 학부인 도쿄대학의 총장이었던 난바라 시게루南原繁가 패전 직후인 1945년 9월 전장에서 귀환한 학도와 동료직원들을 앞에 두고 한 다음의 연설을 인용한다. 난바라는 이후 1945년 11월의 귀환학생 환영회 축사에서, 또 1946년 3월 도쿄대학의 전몰학생과 직원을 위한 위령제의 추도사(「전몰학도에 고함」)에서도, 전몰자에 대한 자신의 변함없는 입장을 거듭 천명한다. "머지않아 대륙에서, 남양의 섬에서 우리의 '동료'들이 귀환할 것이다. 그리고 다시 강당을 채우고 조국재건의 이상과 정열을 불태우며 배움에 정진하는 날도 멀지 않았다. 단지 그날 영원히 돌아올 수 없는 수많은 준재들이 있음을 생각할 때, 슬퍼지지 않을 수 없다. 그들은 모두 무인으로서 용감히 싸워 죽은 것이다. 하지만 그들은 무인임과 동시에 최후의 날까지 학도라는 자부심을 버리지 않았다. 그들은 국가를 일으켜 세우는 것이 궁극적으로 진리와 정의라는 것을 굳게 믿었음이 분명하다. 오늘도 그들의 혼은 여기에 돌아와 우리들과 함께 있으며, 지금부터 시작될 제군들의 새로운 싸움을 축복하고 인도해 줄 것이라 생각한다."(南原繁, 1945. Dower, 1999: 488에서 재인용)

후의 현실에 대해 비판적인 견해를 가진 이라 해도, 살아남은 자로서 비판의 화살을 지난 전쟁에서 죽은 자들에게까지 던질 수는 없었다. 그들은 어찌 됐건 죽었고, 다시 살아날 수 없기 때문이다.

2. 사자의 목소리를 듣기: 유고집의 출간

패전 직후 일본 사회에서 지난 전쟁의 죽어 간 사자들의 목소리에 귀를 기울이고자 하는 집단적 열광의 밑바닥에 자리하고 있는 심정은 바로 자책과 부끄러움이었을 것이다. 그리고 그 노력은 유고집의 출간이라는 형태로 결실을 맺게 된다. 패전 직후 일본 사회에서 전몰자에 대한 상을 제시한, 초기의 그리고 가장 중요한 텍스트가 『머나먼 산하에はるかなる山河へ』(1947), 『들어라 와다쓰미의 소리きけわだつみのこえ』(초판: 1949, 신판: 1995)로 대표되는 일련의 학도병 수기집이라는 점에 대해서는 이론異論의 여지가 없어 보인다(高橋三朗, 1988; 保阪正康, 2002; 赤澤史朗, 2003b; 中村秀之, 2006; 福間良明, 2006, 2007). 특히 『들어라 와다쓰미의 소리』는 전작인 도쿄제국대학의 전몰학도 유고 모음집인 『머나먼 산하에』의 성공에 힘입어 유고 수집의 대상을 전국의 전몰학도로 넓힌 작품으로, 초판 3천 부가 출간 며칠 만에 매진되고, 그해 1년 동안만도 판을 거듭해서 20만 부 이상이 판매되어(1992년까지 180만 부가 판매되었다고 한다. 『朝日新聞』, 1992. 8. 15) 그해 도서 판매 4위를 기록할 만큼 엄청난 반향을 불러일으켰고, 이후 두 차례(1950년, 1995년) 영화화되는 등(물론 영화 역시 모두 흥행에 성공했다), 전후 일본 사회에 한 획을 그은 책으로 평가되고 있다(福間良明, 2006: 72-73).

이 책의 가장 큰 의의는 무엇보다 전쟁이나 군대에 대해 비판적 의식을 가졌던 전몰학도병이 존재했다는 것을 보여 줌으로써 전시기 국가가 제창한 '영령'과는 대조적인 전몰병사의 상像을 제시했고, 전쟁희생자의 추도를 평화사상과 연결시켰다는 점(赤澤史朗, 2003b)에 있다고 해야 할 것이다. 앞서 제3부에서 살펴보았듯이, 야스쿠니신사로의 합사에 의한 '위령'으로 대표되듯, 전시기 일본 사회에서 전사자 제사를 주관하고 영예를 부여하는 최종적인 주체는 어디까지나 국가였다. 물론 그 추도 속에 전사자에 대한 애도의 마음이 포함되지 않았다고 말할 수는 없지만, 어디까지나 '영령'의 범위는 '관군'官軍의 전사자에 한정되며, 병사는 천황이나 국가를 위해 싸우다 죽었을 때만 위령의 대상이 될 수 있었다.

그런 점에서 이 책에 실린 첫 번째 글이 학도병 출신의 특공대원으로 1945년 오키나와전투에 차출되어 '특공사'한 우에하라 료지上原良司의 유서라는 점은 의미심장하다. 투철한 자유주의자로서, 가고시마 지란의 특공기지에서 '일본은 반드시 질 거라고' 입버릇처럼 말했다는 일화로도 유명한 그는, 출격 직전 기지의 파견기자에게 맡긴 「소감所感」이라는 짧은 글을 통해 왜 파시즘이 필연적으로 자유주의에 패할 수밖에 없는지를 피력하면서도, 정작 자신은 특공으로 출격해 전사한다. 『들어라 와다쓰미의 소리』 첫 번째 장에 실린 그의 유고가 전후 일본 사회에서 '반전평화'를 희구하던 학도병의 상징적인 목소리로 자리매김된 것은, 자신의 의지와 반하는 전쟁에 특공대로 출격해 전사한 젊었던 그의 짧은 생애가 전후 살아남은 사람들에게 던져 주는 비극성 때문일 것이다.[4] 그는 자신의 자유를 억누르는 지배 체제에 저항하

4 『들어라 와다쓰미의 소리』에는 우에하라 료지가 자신의 부모님께 보낸 유서와 출격 직전 기지의 파견기자에게 건넸다는 「소감」 두 편이 실려 있다. 두 편의 내용은 대동소이하며 특히 자유주의자로서의 자신의 신념이 잘 드러나 있는데, 여기서는 전자의 일부를 잠깐 인용하고자 한다. "저는 명확히 말하면 자유주의를 동경하고 있었습니다. 일본이 진실로 영구히 살아남기 위해

지 못하고 결국 특공대원으로 죽음을 맞이하지만, 당시의 상황에서 국가나 체제에 대해 그러한 비판을 한다는 것은 쉬운 일이 아니었다. 그것은 비단 용기가 없어서가 아니라, 그렇게 되면 "살고 싶으니까, 살기 위한 수단으로 (그러한) 비판을 입에 올린 것이 아닌가"라며 비겁함의 발로로 받아들여질 수도 있기 때문이다. 그래서 그 젊은이들은 자신의 죽음을 통해 체제에 대한 비판을 토로할 수밖에 없었다. 전후의 사상가 후지타 쇼조藤田省三가 이러한 그들의 죽음과 자살 속에서 "해방, 구제, 그리고 구체적 생명을 넘어서는 추상적 권리에 대한 자각"을, 나아가 "그 최후의 정신 속에서 빛나고 있는 한 줄기의 빛나는 무엇"을 찾고자 했던 것 역시 그 때문이었다.

> 태평양전쟁 개시가 자살 행위였다는 사실을 전제로 하면 전사한 국민의 죽음은 다수가 자살이었다. 해군 예비고 학생들의 죽음 직전 남긴 일기에는 다음과 같이 적혀 있다. "절대로 죽지 않으면 안 된다. … 죽지 않고서는 아무것도 얻을 수 없다. 미련 없이 깨끗하게 죽어서 비로소 이처럼 복잡하게 뒤얽힌 기분도 풀리게 될 것 같다"고. 지배지에 대한 비판과 일상생활에 대한 애착이 온몸에 가득 차 있었지만 그걸 입 밖에 냈다가는 감방에 들어가게 된다. 그렇게 되면 살고 싶으니까, 살기 위한

서는 자유주의가 필요하다고 생각했기 때문입니다. 이는 바보같이 보일지도 모릅니다. 그것은 현재 일본이 전체주의적인 기운에 휩싸여 있기 때문입니다. 하지만 진실로 크게 눈을 뜨고 인간의 본성을 생각한다면 자유주의야말로 합리적인 주의라고 생각합니다. 전쟁에서 승패를 따질 때 그 국가의 주의를 보면 사전에 판명된다고 생각합니다. 인간의 본성과 일치하는 자연스러운 주의를 가진 국가의 승전은 불을 보듯 명확한 것입니다. 나의 이상은 허무하게 패배했습니다. 인간에게 일국의 흥망은 실로 중대한 것입니다만, 우주 전체에서 생각한다면 실로 사소한 것입니다…."(日本戰沒學生記念會[編], 1995: 14)

> 수단으로 비판을 입에 올렸다고 되기 십상이다. 하지만 그들은 '내 목숨이 아까운 것이 아니다. 목숨을 버리는 경우에조차 그에 관해 아무런 발언권이 없다'는 데 분개했던 것이다. 그것을 증명하기 위해서는 죽어 보이는 수밖에 없었다. 죽어서야 비로소 비판할 수 있는 것이다. 이러한 자살 속에 해방, 구제, 그리고 구체적 생명을 넘어서는 **추상적 권리**에 대한 자각이 깃들어 있다. 국가의 운명을 한 몸에 받아 안은 자살 속에서 일본의 국민적 사상사에 비로소 초월적 자각이 생겨났다는 것을 주목하지 않을 수가 있을까. 그들의 죽음을 떠나보낸 이들은 그 최후의 정신 속에서 빛나고 있는 한 줄기의 빛나는 **무엇**을 잊을 수는 없을 것이다. 우리의 빠른 결단을 부끄러워하고, **빠른** 결단밖에 내릴 수 없던 지배자에게 계속 지배당해 온 것을 부끄러워하면서, 너무 이른 자살이라는 결단을 **거부**한다는 의미에서 결단 내리지 않을 것을 맹세하며, 그 한 줄기의 광채를 계속 지켜보고 싶다.(藤田省三, 2009: 227. 굵은 글씨 강조는 원문, 번역 일부 수정)

물론 『들어라 와다쓰미의 소리』가 갖는 '정치성'에 대한 지적은 발간 직후부터 제기되었다. 편집자가 스스로 밝히고 있듯이 GHQ 점령 치하라는 당시 상황에서, 군국주의적 색채가 강한 유고들이 누락되거나 책에 실린 유고들 중에서도 일부 대목이 편집 과정에서 삭제되는 등 발간 과정에서 상당한 정치적 의도가 개입되었다는 사실은 이미 잘 알려져 있다(保阪正康, 2002). 하지만 그 점을 감안한다 하더라도, 전쟁에 비판적이었던 전몰학도병의 유고집, 나아가 반전평화를 기원하는 유서들에 많은 사람들이 공감했던 것은 '패전 직후'라는 시공간의 독특성 덕분이라고 해야 할 것이다.

3. 일본유족회의 성립과 전국전몰자추도식의 출발

현재 일본유족회(이하 '유족회'로 표기)는 자민당의 '표밭'이자 줄기차게 '영령의 현창'을 부르짖는 가장 대표적인 보수 압력단체로 유명하다. 하지만 유족회 역시 전후 초기에는 '보수주의'로만 단정 지을 수 없는 실로 다양한 목소리를 내고 있었다는 점은 기록해 둘 필요가 있다. 전몰자 유족의 경제적 궁핍을 개선하기 위해 유족들 자신의 노력으로 1947년 11월에 설립된 유족회(설립 당시 명칭은 '일본유족후생연맹'日本遺族厚生連盟이고, 1953년 '일본유족회'로 명칭이 변경되어 현재에 이른다)가 초기에 내건 슬로건—'평화', '전쟁의 방지', '전 인류의 복지'—에서 확인할 수 있듯, 유족회는 단순히 유족들의 경제적 이해를 위한 이익단체만은 아니었다. 기관지인 『일본유족통신日本遺族通信』을 보더라도 초기에는 일본군의 잔학 행위에 대한 반성이나 아시아에 대한 전쟁책임론도 공공연하게 이야기하고 있을 정도로 국제적인 면모가 엿보이며, 이에 대한 찬반 논의가 동 기관지에서 이루어지는 등 지금의 유족회로서는 상상하기 힘든 공론장이 당시에는 존재하고 있었던 것이다(田中伸尚[外], 1995: 34-50 참조).

> 전쟁에 의해 비참한 상황에 처한 사람들, 특히 아버지와 아들을 잃은 유족들로부터 이러한 이야기를 듣는다. 우리들은 전쟁 선동자에 이용당했던 것이다. 전쟁으로 이익을 가로채고자 한 자들에게 속았던 것이다. 이 전쟁은 정의의 전쟁이며 이 전쟁에 의해 동양의 평화가 온다는 선전에 속아 재산도 바쳤다. 하지만 결과는 어떠했는가. 전력에 있어서도 무모했고, 목적에 있어서도 침략이었다. 이 싸움은 패했다. … 우리들은 속은 것이다. 그래서 전쟁의 비참한 결과를, 우리들이 받아들이지 않으면 안 된다는 것은 말이 되지 않는다. 우리들은 적어도 육친을 잃은 것에

대한 보상을 받을 권리가 있다.

이러한 논리는 일리가 있다. 적어도 일본인인 우리들에게 그 논리는 이해가 된다. 하지만 이 논리가 국제적으로 통용될 것인가. 자신의 자녀를 전쟁으로 잃은 미국의 어머니가, 지아비를 잃은 중국의 부인이, 당연하다고 인정해 줄 것인가. … 아들을 전쟁으로 잃은 미국의 어머니는 말할 것이다. 당신은 속았다고 말한다. 하지만 그러한 전쟁선동자를 의회에 보내고 정치를 행하게 한 것은 도대체 누구인가. 무모한 전쟁을 지지하는 사람들을 의회에 보낸 책임은 당신들에게 있는 것이다. 무지가 국제사회의 면죄부는 아닌 것이다. 국내적으로 보면 언뜻 통하는 논리라 해도, 국제적으로는 반드시 통하지 않는다. … 우리들은 국제적인 관점에 서서 스스로의 주장을 생각할 필요가 있다.(「유족문제의 국제성遺族問題の國際性」, 『日本遺族通信』, 1950. 4. 25. 田中伸尙[外], 1995: 51-52에서 재인용)

이렇듯 패전 직후 유족회 내부에서조차 일본이 자행한 전쟁의 전장이었던 중국 등 아시아에 대한 전쟁책임론이 대두된 것은 분명한 사실이다. 하지만 이를 일본 사회의 전반적인 여론으로 간주하기는 어렵다는 점을 덧붙이지 않으면 안 된다. 오히려 전쟁책임론은 어디까지나 소수였고, 소수의 전쟁책임론마저 승전국인 중국에 대한 책임이 중심이었으며, 도쿄재판에서 일부 다뤄진 마닐라에서의 잔학 행위에 대한 책임론을 제외하면 전시 동남아시아의 여러 민족에 자행했던 잔학 행위에 대한 책임감은 거의 나타나지 않았다. 물론 당시 BC급 전범재판이 진행 중이었기 때문에 책임 추궁을 두려워한 일본인들이 입을 다무는 경향이 있었다는 점, 그리고 동남아시아 국가들이 당시 여전히 서구 열강의 식민지 치하 또는 독립 과정에 있었기 때문에 일본의 전쟁책임을 추궁할 수 없었다는 점 등의 사정이 있었다. 하지만 동남아시아에 대한 당대 일본인의 의식 수준이 낮았다는 것이 보다 본질적인

이유인지도 모른다(吉見義明, 1992: 88-89).[5]

물론 과거 '식민지'였던 '조선'에 대해서는 언급할 필요조차 없을 것이다. 그리고 소수나마 존재했던 전쟁책임론마저도 냉전 구조가 본격적으로 자리 잡고 공산화된 중국이 주요 적성국가가 되면서부터는, 중국 등지에서 일본군이 저지른 잔학 행위를 들추어내지 않는다는 미국의 정책전환에 기생한 채(Dower, 1999: 508) 점차 자취를 감추게 된다.

이러한 일본 사회 내의 보수화의 물결과 보조를 같이하듯, 패전 직후 「신도지령神道指令」(1945. 12)(정식명칭: 「국가신도, 신사신도에 대한 정부의 보증, 지원, 보전, 감독 및 홍포弘布의 금지에 관한 건」), 「공유지·학교 등 공공 격지 내에 건립된 충혼비 철거」(1946), 「공장 등에 대하여公葬などについて」(1946. 11) 등 패전 직후 GHQ에 의해 실시된 전몰자의 위령에 대한 엄격한 규제도 해를 거듭하면서 점차 완화되어 간다. 그리고 1952년 4월 28일 「샌프란시스코 강화조약」(대일평화조약)의 발효로 인해 연합군에 의한 일본 본토의 점령상태가 사실상 종결되면서, 이 지령들은 실질적으로 폐지되거나 무효화된다. 조약이 발효되기 전인 1951년 9월(조인 직후)에 이미 특정 종교를 상징하는 것이 아닌 한 공공단체가 공공용지·공립학교 격지 내에 위령비 등을 건립하는 것이나 공무원의 위령제 참석을 인정하는 「전몰자의 장제 등에 대하여戰沒者の葬制などについて」라는 '문부차관·인양 원호청 차장통달'이 발령되고 있었다(大原康男,

5 이러한 변화는 1953년 전범으로 필리핀의 수용소에 수감되었던 예전 병사들을 맞이하는 일본인들의 태도에서도 확연히 드러난다. 다워는 그 풍경을 다음과 같이 기록한다. "… 이 병사들이 전원 일본으로 송환되어 그들이 탄 배가 일본에 도착했을 때, 2만 8천 명이 넘는 사람들이 항구에 나와 맞이했다. 그 군중들 속에 천황의 육해군이었던 이 병사들이 필리핀에서 학살했던 민간인(여성과 아이를 포함해서)이나 포로들에 대해 한마디라도 꺼내는 사람은 없었다."(Dower, 1999: 515)

1993). 이와 동시에 전몰자의 유족에 대해서도 「전상병자전몰자유족등원호법戰傷病者戰沒者遺族等援護法」(1952. 4), 「구군인은급부활舊軍人恩給復活」(1953) 등 패전 직후 GHQ에 의해 금지되었던 경제적인 원호 조치가 다시 부활하고 있었다(厚生省援護局[編], 1977: 399).

이러한 상황 속에서 샌프란시스코 강화조약이 발효된 지 불과 4일 후인 1952년 5월 2일(아이러니하게도 전날인 5월 1일에는 황거 앞 광장을 피로 물들인 '피의 메이데이' 사건이 발생했다), 전후 처음으로 도쿄의 신주쿠 교엔에서 정부 주최의 '전국전몰자추도식'이 거행된다. 이는 '평화조약 발효 및 일본국 헌법 시행 5주년 기념식전'의 전날, "모든 국가의 행사에 우선해서" 거행된 첫 행사이기도 했다. 그렇다면 왜 국가의 '독립'과 주권의 '회복'을 축하하는 식전에 앞서, '전사자의 추도식'이 거행되어야 했을까. 물론 현재의 시점에서 이러한 물음을 던지는 것 자체가 우문愚問일 수 있다. 왜냐하면 당시 일본 사회에서 이러한 수순은 '거의' 당연한 것으로 받아들여졌기 때문이다.[6]

『아사히신문』의 여론 코너인 「천성인어天聲人語」에서는 1952년 4월 9일과 5월 2일, 2회에 걸쳐 "5월 3일의 독립축하식전에 앞서 전국전몰자추도식을 거행하는 것은 당연한 수순"이라고 표명하고 있다. "전쟁이 끝나고 꽤 오랜 기간 동안 전몰자 위령을 할 수 없는 시기가 이어졌지만, 이번에는 독립 전야의 전몰자추도로서 그 의미를 되새길 필요가

6 물론 이러한 움직임에 대한 비판의 목소리가 전혀 없었던 것은 아니다. 예를 들어 총리의 추도사 전문이 게재된 『아사히신문』 5월 2일 자 석간에 함께 실린 「사자의 영과 함께死者の靈とともに」라는 칼럼에서는 전사자들을 "희생자가 아닌 아시아 여러 나라의 독립을 위해 싸운 호국의 가미"라고 치켜세워 왔던 야스쿠니신사 궁사의 말을 하나의 핑계에 불과한 것으로 비판하고, "240만 사자의 영에 깊은 슬픔과 조의를 바침과 함께 사자의 영이 무엇을 소망하고 있는가를 진지하게 생각할 필요가 있다"는 견해가 피력되기도 했다. 하지만 전반적인 여론이 찬성을 향하고 있었음은 부인할 수 없는 사실이다.

있다"는 것이다. 이렇게 '축하'와 '추도'는 대응을 이루면서 양 식전은 죽은 자에 대해 국가가 독립을 보고하는 형식으로 이루어졌다. 국가를 위해 싸우다 죽은 자들에게 권위를 부여하는 것을 통해 공동체를 유지해 나가는 것이 국민국가의 가장 중요한 본질 가운데 하나라고 한다면, 전후 일본이라는 국민국가는 바로 여기서 출발했다. 물론 이 시점까지는 "작고하신 한 사람 한 사람은 비록 당시 **국책상의 오류로** 화를 입긴 했지만 충성의 사표이며 국토를 지켜 나간 우리의 동포입니다"(사토 나오타케佐藤尚武 참의원 의장의 말. 굵은 글씨 강조는 인용자), "전쟁 자체에 대한 비판과 전몰자에 대한 추도와 감사는 전혀 별개의 일입니다" 등의 추도사에서 보이듯 지난 전쟁에 대한 어느 정도의 비판의식은 남아 있었다는 점도 아울러 지적해 둘 필요가 있을 것이다(이상 『朝日新聞』, 1952. 5. 2. 참조).

1952년에 일회성으로 개최된 국가 주도의 추도식은 지도리가후치千鳥ヶ淵 전몰자 묘원이 준공된 1959년 3월 28일의 추도식을 제외하면 1962년까지 거행되지 않던 것이 1963년 5월 14일 각의결정閣議決定에 의해 8월 15일 히비야日比谷 공회당에서 공식적인 '제1회 전국전몰자추도식'이 개최된다. 그리고 1964년 야스쿠니신사 경내에서 제2회 추도식이 개최된 이후, 제3회부터는 매년 8월 15일 일본 부도칸武道館 개최가 관례가 되어 현재에 이르고 있다. 1963년에 이루어진 각의결정은 이후 현재까지 전국전몰자추도식의 뼈대를 이루고 있으므로, 조금 길지만 인용해 보기로 한다.

> 전국전몰자추도식의 실시에 관한 건(1963. 5. 14. 각의결정)
>
> 이번 대전大戰에서의 전체 전몰자에 대해, 국가 전체가 추도의 성의를 바치기 위해 다음과 같은 식전式典을 실시한다.

記

1. 정부 주최로 쇼와 38년[1963년] 8월 15일 히비야 공회당에서 천황황후 양 폐하의 임석하에 전국전몰자추도식을 실시한다.
2. 본 식전의 전몰자의 범위는 지나사변(중일전쟁의 일본식 표기 ― 인용자 주) 이래의 전쟁에 의한 사몰자(군인·군속 및 준군속 외, 외지外地에서 비명에 쓰러진 자, 내지內地의 전재사몰자 등도 포함한 것으로 한다)로 한다.
3. 본 식전은 종교적 의식을 수반하지 않는 것으로 한다.
4. 식전 당일은 관청 등 국립 시설에는 조기를 게양하는 것으로 하고, 지방 공공단체 등에 대해서도 같은 조치를 취하도록 권장한다. 또한 본 식전 중의 일정 시각에 전 국민이 일제히 묵도하도록 권장한다.
5. 본 식전에는 전국으로부터 유족 대표를 국비로 참례시킨다.

(厚生省援護局[編], 1977: 400. 굵은 글씨 강조는 인용자)

이러한 정부의 움직임에 대한 당시 야당인 사회당의 입장은 비판적이었다. 예를 들어 각의결정이 내려진 뒤 얼마 지나지 않은 1963년 6월 4일 사회당은 전국 중앙지 1면에 전국전몰자추도식의 정부 주최에 반대한다는 공식성명을 발표하고, 또 실제로 그해 열린 식전에는 불참한다. 사회당의 반대 논리는 "정부 주최의 전몰자추도가 군국주의를 부활시키고 헌법개악의 조건을 만들어 내고자 하는 정치적 목적을 나타내고 있다는 점" 때문에 "국민적 행사로서 적합하지 않다"는 것이었다(『朝日新聞』, 1963. 6. 4). 55년 체제가 성립한 직후인 당시의 사회당은 자민당과 함께 양대 정당으로, 현재의 정치적 위상과는 비교할 수 없는 커다란 정치세력이었음을 감안할 때 사회당의 공식성명이 갖는 무게는 큰 것이었다. 하지만 '순국'의 전몰자상에 있어서는 사회당 역시 당시 정부와 그다지 입장이 다르지 않았다. 비슷한 시기 사회당 정책심의회가 작성한 「야스쿠니신사의 국가호지 문제에 관한 태도」

(1964. 2. 29)라는 문건에서 보이듯 사회당의 논리는 "전쟁에 의해 국가를 위해 생명을 바친 사람들에 대해 국민으로서 숭경의 심정을 표현하는 것은 당연"하다는 것이었다(南相九, 2004: 54-55). 다시 말하면 전몰자에 대한 추도를 정부 주최로 하는 것에 대한 반대일 뿐, 전몰자는 국가를 위해 싸우다 죽었기에 현창해야 한다는 점에서는 동일했다.[7]

정부 역시 당시의 국내적 상황에서 정부 주최로 전몰자추도식을 치르는 것에 대해 제기될 수 있는 많은 반대의견들을 의식하고 있었던 듯이 보인다. 예를 들어 전몰자추도식의 입안 과정에서 후생성 원호국장은 **"전쟁에 대한 부정적 의견은 있지만"**이라는 단서를 달면서, 전쟁에서 죽은 사람들의 영을 위무하는 것이 국가의 도덕적 책임이라고 생각한다는 의견을 피력한다(『朝日新聞』, 1963. 6. 4. 굵은 글씨 강조는 인용자). 덧붙여 같은 패전국인 "서독 역시 매년 국회의사당에서 대통령이 주관하는 추도식이 거행된다"면서 그 필요성을 강조하고 있다. 이러한 입장은 1963년 제1회 대회 당시 이케다 하야토池田勇人 총리의 "전쟁에

7 물론 남상구가 지적하는 것처럼, 1969년 무렵을 계기로 지난 전쟁을 아시아에 대한 침략전쟁이라고 확실하게 규정하는 전제하에 전몰자의 상에 대한 사회당의 입장은 '국가를 위한 죽음'에서 '전쟁의 희생자'로 바뀌고 있다. 이러한 변화에 대해 남상구는 일단 긍정적으로 평가하면서도, 전몰자의 위상이 침략전쟁에 가담한 가해자가 아닌 전쟁희생자로서 자리매김되었을 뿐이며, 전몰자에 대한 사회당의 인식은 정부 여당의 추도·현창정책과 대립하는 것은 아니었다는 소극적인 평가를 내린다(이상 南相九, 2004: 56-57). 하지만 이러한 평가는 지나치게 엄격한 외부자적 입장에서 내려진 것이 아닌가 하는 의구심이 든다. 물론 그들을 가해자로 규정하는 것이 가장 깔끔할 수는 있겠지만, 가족구성원을 잃은 유족들에게 있어, 그리고 같은 국민공동체에 있어 그 희생이 '애도의 대상'이 아닌 다른 방식으로 자리매김될 수 있을까. 또한 가해자와 희생자라는 위치가 절대적인 대극에 존재하는 것도 아니다. 문제는 그 애도의 자리에서 어떻게 '국가를 위해'라는 국가의 논리에 회수되지 않고 지난 전쟁의 성격을 자각할 수 있는가 하는 것이다. 이 문제에 대해서는 제5부에서 논하기로 한다.

대한 비판은 어찌 됐건, 이들 전몰자의 공훈과 비명에 쓰러져 간 동포의 긴 한은 영구히 청사에 남기지 않으면 안 됩니다"(굵은 글씨 강조는 인용자)라는 추도사에서도 드러난다. 다시 말하면 전몰자에 대한 추도와 전쟁에 대한 평가는 전혀 별개의 것이라는 점이 정부의 입장이었다. 또한 군국주의의 부활이 아닌가라는 혐의에서 벗어나기 위해, 추도 대상인 전몰자의 범위를 군인·군속에 한정하지 않고 원폭·공습 등에 의한 다수의 민간인 전재 사망자도 포함시키는 방향으로 나아가고 있다.

물론 "전쟁에 대한 비판은 어찌 됐건"이라는 유보조항은 제4회 대회 때부터는 사라진다(田中伸尙[外], 1995: 168). 하지만 추도식을 실질적으로 주관해 온 후생성 원호국이 1977년 발간한 『인양과 원호 30년의 발걸음引揚げと援護三十年の歩み』이라는 보고서에서 추도식의 정당성의 근거로 "**전쟁에 대한 비판과는 별도로**, 국가를 위해 목숨을 바친 사람들을 위령하는 행사는 전승국에서도 패전국에서도 함께 이루어지고 있다"(厚生省援護局[編], 1977: 401. 굵은 글씨 강조는 인용자)는 전제를 깔고 있는 것에서 알 수 있듯이,[8] 전몰자에 대한 평가와 전쟁의 평가를 별도로 하는 논리는 지난 전쟁에 대한 가장 공식적인 '기억의 장'인 정부의 전몰자추도식에서 계속 관철되어 왔다.

1963년 이후 현재까지 계속 치러지고 있는 전몰자추도식에서의 총리의 추도사를 보면, 1952년 대회에서 요시다 시게루吉田茂 총리가 당시로는 '미래형'으로 했던 발언("전쟁에서 조국을 위해 목숨을 바친 전몰자는 고귀한 평화의 초석으로, 민주 일본의 성장발전을 희망하고 있을 것", 굵은 글씨

8 보고서의 전국전몰자추도식 항을 보면 (1) 추도식의 실시가 헌법의 규정에 어긋나지 않는가(특히 정교분리), (2) 왜 추도식이 개최되는 날짜가 8월 15일인가, (3) 군국주의의 부활을 의도한 것은 아닌가, (4) 왜 국가 주도로 행하는가 등 비판이 예상되는 하나하나의 질문에 대해 매우 치밀하게 논리를 준비하고 있었음을 알 수 있다(厚生省援護局[編], 1977: 400-402).

강조는 인용자)이 실제로 전후의 경제성장을 통해 그렇게 되었음을 확인하고 그들의 은덕을 현창하는 것으로 바뀌었음을 확인할 수 있다. 즉 "**전후 우리 국가는 평화를 기초로 문화와 경제에서 현저한 발전을 이루**었지만, 그 근저에는 지난 대전에서 조국의 광영을 확신하고 이역에서 산화해 간 많은 영혼의 강한 바람이 있었음을 하루도 잊어서는 안 될 것"(굵은 글씨 강조는 인용자)이라는 제4회 전국전몰자추도식에서의 이케다 총리의 추도사는 이후 1993년, 1994년의 자민당과 사회당의 연립정권기 당시 총리 추도사를 제외하면 거의 변화 없이 되풀이된다.

지난 전쟁의 대의명분이 옳건 그르건 국가를 위해 목숨을 바친 전몰자는 국가의 이름으로 추도, 나아가 현창되어야 한다는 명제는 사실 '논리적으로는' 많은 모순을 내포하고 있음에 틀림없다. 패전국의 입장인 데다가, 특히 지난 전쟁이 '해방전쟁'이 아닌 '침략전쟁'이었음을 인정할 수밖에 없는 상황에서 그 모순은 더욱 증폭될 수 있다. 전후 일본에서 1952년 전몰자추도식 이후 공식적인 전국전몰자추도식이 거행되는 1963년까지 걸린 10여 년의 세월은 이러한 모순, 그리고 정부 주도의 전몰자추도식에 대해 제기될 수 있는 여러 비판들—군국주의의 부활에 대한 비판이나 정교분리 문제에 대한 비판 등—에 대응하는 논리를 만들어 내기 위해 필요한 시간이었는지도 모른다(赤澤史朗, 2005: 158). 다시 말하면 전국전몰자추도식은 전몰자에 대한 추도 내용·형식을 둘러싼 국민적 합의가 곤란할 것을 예상하면서 주도면밀하게 준비하고 기획된 것으로, 1963년에 이르러서야 비로소 매년 개최가 가능하게 되었다는 것이다.

하지만 실제로 정식화되었을 때 전국전몰자추도식에 대한 반발 같은 것은 거의 찾아보기 어려웠다. 지난 전쟁이 옳건 그르건, 전후의 위령은 '평화의 초석'론으로 봉합되었다. 이 '평화의 초석'론에는 부인하기 어려운 '네이션의 선성善性'the goodness of nations(Anderson, 1998)이 깃들어 있는 것인지도 모른다. 하지만 이 '선성'이 사회에서 하나의 상징으로서의 힘을 갖기 위해서는 지난 전쟁을 체험한 사람들이 전쟁에 대해 갖는 여러 모순된 감정들이 서로 교차하고 경합을 벌이는 과정에서, '그럼에도 불구하고' 이루어지는 종합의 과정이 필요하다. 다시 말하면 '평화의 초석'론은 그런 모순들에도 불구하고 죽은 자들에 대해 갖는 산 자들의 다양한 심정들이 합의를 이룰 수 있는 하나의 지점이었던 것이다. 그렇다면 전쟁체험이 점점 풍화되는 가운데 '평화의 초석'론이 텅 빈 상징으로 전락해 가고 있는 오늘날의 일본 사회에서 전몰자에 대한, 그리고 전쟁에 대한 기억 투쟁은 어떠한 양상을 띠며 전개되고 있는가. 다음 장에서는 이 문제를 지란을 비롯한 가고시마의 여러 지역에서 치러지는 특공위령제를 통하여 더 구체적으로 살펴보기로 한다.

제2장 특공위령제의 전개와 성격

가고시마 지역의 특공위령제는 전후 일본의 대다수 지역에서 자발적으로 생겨난 위령제들과 그 시기가 대략 일치한다. 전후 지역사회의 유족회 등이 중심이 되어 위령비 건설이 주도적으로 이루어지던 시기는 1950년대 중반부터 1960년대 중반 사이이다(新田光子, 2005; 孝本貢, 2009). 가고시마에서는 지란이 1955년, 가노야 1958년, 이즈미 1960년 등 대략 1950년대 중후반에 예전 특공기지별로 위령제가 시작되었고, 제1고쿠부(1964년), 구시라(1969년), 반세(1972년), 제2고쿠부(1979년)에서 이들 위령제에 자극을 받아 1960년대 중반부터 위령제가 시작되었다. 물론 이러한 위령 붐이 발생하게 된 배경으로, 1960년대 '고도경제성장'의 결과 사람들의 삶이 경제적으로 윤택해지면서 과거를 되돌아볼 여유도 생겼기 때문이라는 설명은 설득력이 있다(新田光子, 2005: 245-246). 신문을 보더라도, 패전 직후 '특공 퇴물'로까지 불리며 지탄의 대상이었던 특공은 한동안 신문 지면에서 사라졌다가 1960년대 중반에 접어들면서 특공에 대한 회상 및 위령제에 대한 기사들과 함께 재등장하고 있다. 물론 여전히 1960년 안보투쟁과 그 후 전개된 학생운동의 영향 때문인지, 희생적 정신의 한 예로 특공대의 정신을 교육

하는 방위대학의 현실을 고발하는 기사(「가미들의 부활: 평화의 발자취神々の復活: 平和のあしもと」, 『朝日新聞』, 1965. 8. 10)도 신문 지면에 보이기는 하지만, 이는 역으로 그만큼 특공에 대한 일반 대중의 이미지가 변하고 있음을 방증하는 것이기도 하다. 그렇다면 과거 특공기지가 있었던 지역사회에서 특공의 죽음은 전후 어떻게 기억되고 위령되어 왔을까.

1. '특공사'란 무엇인가

특공의 위령을 고찰하기 위해 우선 '특공사'라는 죽음이 일본 사회에서 갖는 의미에 대해 검토할 필요가 있다. 일본 사회의 전통적인 죽음 관념 속에서 '전사', 즉 전장에서의 죽음은 어떻게 받아들여졌는가. 더구나 특공사는 전장에서 어쩔 수 없이 맞이하게 되는 죽음이 아니라 강요된 형태의 죽음이었다는 점에서 일반 전사와도 구별되는 독특함을 지닌다. 이러한 죽음의 차이에 대해 문화인류학자인 나미히라 에미코波平恵美子는 전장에서 병사의 죽음이 일본 사회의 죽음에 대한 관념에서 본다면 '이상사'異常死에 해당한다고 규정하며 그 이유를 다음과 같이 정리한다.

1. 자연사가 아니라 살해당했다는 것.
2. 자신의 집이 아닌 밖에서, 그리고 고향이 아닌 타향에서 죽었다는 것.
3. 자신의 가족·친족에 의한 간호를 받지 못하고 타인에 둘러싸여 죽었다는 것.
4. 유체遺體에 대해 이를 깨끗이 씻거나 통야通夜(일본의 장례 관습으로, 죽은 사람을 장사 지내기 전에 가족·친척·지인 등이 유해 가까이에서 밤새 지키는 것—인용자 주) 등 충분한 사자 의례가 이루어지지 않았다는 것.

5. 많은 경우 유체가 유족에게 돌아가지 못하거나 소재조차 알 수 없다는 것.(波平惠美子, 2004: 176-177)

일본 사회에서 일상적인 죽음의 경우 사후 49년 내지 50년이 지나면 죽은 이를 위한 개별 의례는 행하지 않는 것이 통례다. 하지만 전사자나 전몰자의 사자 의례는 50년이 훨씬 지나도 각 가정을 중심으로 치러지는 경우를 종종 볼 수 있다. 마을에 있는 공동묘지에 가 보더라도, '○○家代々之墓'라는 일상적인 가족묘 사이에 전사자의 경우는 개인의 비가 단독으로 세워져 있는 경우가 많다. 또한 매년 8월 15일에는 국가나 지자체 레벨에서도 전사자·전몰자를 위한 위령제가 개최된다. 이러한 차이는 병사의 죽음은 이상사이며, 따라서 통상적인 사자 의례로는 회수될 수 없다는 관념에서 비롯된 것으로 보인다.

앞에서 정리한 이상사의 여러 유형 중에서도 병사의 죽음이 통상적인 사자 의례로 처리되기 어려운 가장 큰 이유는 유체 때문이다. 이역의 전장에서 병사가 전사한 경우 전통적인 일본의 사자 의례에서 필수불가결한 유체를 회수하기 어렵다는 문제가 발생하며, 이러한 죽음은 일본의 전통적인 죽음 관념에 비추어 보았을 때 가장 '바람직하지 않은' 죽음인 것이다. 전시에 일본 군부가 병사 개개인의 복지나 생명에 대해 거의 신경을 쓰지 않으면서도 유체 송환에 대해서만큼은 이상하리만치 집착을 보인 이유, 그리고 야스쿠니 제사와 같은 전시기 국가 주도의 제사가 전후에 폐지된 이후에도 필리핀·뉴기니 등 예전의 전장에서 유골수집 사업이 전후 국가나 민간의 주도로 계속 이루어진 이유도 여기에 있다(이상 波平惠美子, 2004; 中野稔, 2004 참조).[9]

9 유체의 중시는 비단 일본을 포함한 동아시아의 전통적인 사자 의례에만 해당되는 것은 아니며, 고대 그리스나 로마와 같은 사회에서도 보편적으로 발

이러한 전사 중에서도 '특공사'의 경우, 앞에서 언급한 병사의 죽음이 내포하는 이상사적 특징에 더하여, (1) (바다에서 추락사한 경우가 대부분이라는 점에서) 최소한의 유체 확보 가능성조차 없다는 점, (2) 젊은 나이에 결혼을 하지 못하고(일가를 이루지 못하고) 죽었다는 점, (3) 그 결과 자신의 죽음을 기억하고 제사 지내 줄 자손이 없다는 점 등 통상적인 사자 의례로는 회수될 수 없는 더욱 극한적인 요소를 내포한다. 왜냐하면 유체를 확보할 수 없다는 사실은, 유족들에게 있어 과연 그의 죽음을 죽음으로 인정해야 하는가라는 실존적인 문제와 맞닥뜨리게 하기 때문이다. 실제로 '행방불명'이라는 상황은 확인 미상의 사회적 존재, 하소연免訴의 대상, 정체불명의 지위를 뜻하며, 사회적으로 죽음의 고통을 제어하는 모든 의식 및 관습조차 불가능하게 만든다(Le Naour, 2004: 82). 실제로 아들이 어딘가에 살아 있을 거라 믿으며 죽을 때까지 자식의 죽음을 인정하지 않은 어머니들이 감내해야 했던 고통은 어머니 사후에 출간된 형제나 자매들의 회고록에서도 간혹 보인다. 또한 젊은 나이에 가족을 이루지 못하고 죽었기 때문에 자신의 죽음을 기억하고 제사 지내 줄 자손이 없다는 것은, 야나기타 구니오柳田國男가 『선조의

견되는 관습이다. 아감벤은 아우슈비츠에 의해 훼손된 죽음의 존엄함을 회복하기 위한 성찰의 일환으로, 서구 사회에서 죽음, 그리고 사체 중시의 의미에 천착하는 작업을 통하여 다음과 같은 결론을 내린다. "망자의 신체에 주어지는 명예와 보살핌은 원래 죽은 자의 영혼(혹은 차라리 그의 이미지나 혼령)이 산 자들의 세상에 위협적인 존재(라틴어의 '*larva*', 그리스어의 '*eidōlon*' 혹은 '*phantasma*')로 남아 있지 않도록 하기 위한 것이었다. 장례의 역할은 바로 이 불편하고 불확실한 존재를 친근하게 말 잘 듣는 조상으로 순치시키는 것이었으며, 장례를 치름으로써 그들과의 명확한 숭배 관계의 수립이 가능해졌던 것이다."(Agamben, 2012: 120) 에르츠 역시 인류학적 관점에서 집으로부터 이탈된 "나쁜 죽음"의 영혼들에게 "죽음은 항구적인 것이며", 그 이유는 "사회가 항상 이 저주받은 개인들에 대해 배제의 태도를 유지할 것이기 때문"이라고 쓰고 있다(Hertz, 1960: 86).

이야기』(1946)에서 가장 우선적인 긴급과제로서 지적한 바로 그 문제('이에와 그 이에의 후손 없이 숨진 사람들의 관계')[10]와 직결된다.

하지만 전후 일본 사회에서 특공사란 무엇인가를 이해하기 위해서는 전쟁 말기, 그리고 전후라는 역사적 맥락을 고려할 필요가 있다. 1945년 봄이라는 시점은 일본의 어디에서나 죽음의 그림자가 짙게 드리워져 있던 시기였지만, 그중에서도 유독 특공의 죽음이 비극적인 색채를 강하게 띠는 이유는, 특공은 그 자체가 죽음을 전제로 한 출격이었다는 것, 즉 절대로 살아 돌아올 수 없는 작전이었다는 특수성 때문이다. 지란이나 반세의 기념관에 전시된 유서들에서도 드러나듯이 특공대의 죽음은 당시 일본에 만연해 있던 죽음의 미학을 가장 극명하게 보여 준 사례라고 할 수 있을 것이다.

이러한 유서들에는 당시를 풍미한 이데올로그인 일본 낭만파의 영향이 강하게 묻어 나온다. 야스다 요주로保田与重郎를 비롯한 일본 낭만파 시인들은 죽음을 통해 인간은 최종적으로 국민과 동일화될 수 있다고 말하면서, 젊은이들을 전장으로 밀어 넣는 이데올로그의 역할을 자임했다. 이들처럼 극단적으로 죽음을 찬미하지는 않았지만 당시 교토학파의 저명한 철학자 다나베 하지메田辺元 역시 「사생死生」이라는 강연을 통해 국가가 위기에 처한 상황에서 젊은이들의 죽음이 갖는 의미를 역설했다.[11] 강연회가 열리던 1943년 다나베의 강의실은, 당시 대

10 스스로도 민속학을 경세제민의 학으로 자부하던 야나기타에게 당시의 상황은 민속학자로서 어떤 개입을 자각하는 계기가 되었을 것이 분명하다. 야나기타의 『선조의 이야기』가 갖는 개입의 측면에 대해서는 이영진(2017: 30-34) 참조.

11 물론 다나베를 야스다 요주로를 비롯한 당시의 일본 낭만파와 동격에 놓는 데는 다소 무리가 따른다. 그는 정치적 이데올로그라기보다는 상아탑의 학자에 가깝다. 하지만 당시 전쟁을 수행하던 일본의 정황이나 군부의 독주에 대한 아무런 비판을 하지 못한 채 결과적으로 그가 군부의 전쟁수행에 적합한

학생의 특권이었던 징병유예가 폐지되고(1943. 9. 23) '학도출진'(1943. 10. 21)이 임박한 상황이기도 해서, 교토대학의 학생들뿐 아니라 강의를 들으러 찾아온 타 대학의 학생들로 꽉 찼다고 한다.

다나베는 이 강연에서 '사생'의 문제를 보는 세 가지 태도를 언급하면서, 에피쿠로스를 대표로 하는 자연과학적 인식론이나 하이데거를 대표로 하는 인간학적 입장(인간의 존재에 대한 자각)은 모두 추상적·관념적인 것으로, 그 어느 것도 현재 일본인들이 안고 있는 생사의 방황 문제를 해결해 주지는 못한다고 지적하며, 이를 해결할 수 있는 세 번째 입장, 즉 실제로 죽는 것으로서의 수련이라고 할 수 있는 실천론적 입장으로서의 '결사'決死를 제시한다. 여기서 '결사'란 죽음이 생의 안에 포함되는 것, 즉 죽음이 'Sein'(존재)이 아니고 'Sollen'(당위)에 속하는 것임을 의미한다. 나아가, 첫 번째와 두 번째 입장에서는 자연이나 실재, 신이나 절대 등이 인간과 직접적으로 관계를 맺는 데 반해, 세 번째 입장에서는 신과 인간의 사이에 '국가'가 개입하며, 이렇게 신과 인간의 사이에 국가가 개입하는 것이 현실이라는 것, 그리고 국가와 개인이 서로 일치하는 경지에 설 때 국가도 개인도 신의 절대성을 실현하게 된다는 것을 주장했다(이상 田邊元(1964[1943]) 참조). 다나베의 이러한 논리는 강연에서 다음과 같이 명확하게 표현된다.

사상적 토대를 제공하는 데 일익을 담당했다는 사실은 부정하기 어렵다. 다나베는 전후 자신의 책임을 통감하며 이렇게 고백했다고 한다. "나는 소심해서 (전시 사상통제에) 저항하지 못하고 당시의 지배적 분위기에 굴복해 버렸다. 이제 와서 아무리 후회해도 모자랄 것이다. 이윽고 맹목적 군국주의가 수많은 졸업생과 재학생들을 전장으로 내몰았고, 그중 끝내 목숨을 잃은 이가 철학도만도 열을 헤아린다. 스스로를 책망하고 통탄해 마지않으며 그저 머리를 조아리고 내 죄를 한탄할 뿐이다."(Heisig, 1990. Dower, 1999: 497-498에서 재인용)

국가의 존망이 위태로운 오늘날, 바야흐로 평상시와 같이 국가와 자기 사이에 간격을 두는 것은 우리에게 허용되지 않는다. 이제 국가와 자기는 밀착되어 있는 것이다. 국가와 자기가 합일한다는 것은 국가와 자기가 둘로서 하나가 되는 것과 같이 신을 매개로 해서 통일될 때 거기서 신이 실현되는 것이다. 이렇게 생각하면 국가와 개인, 그리고 신이라는 삼자는 상호 동적인 매개관계를 성립하고 있다. 국가와 개인이 거리를 두어서는 안 되는 오늘날의 상황에서 개인이 국가를 위해 몸을 던지는 것은 필연적이며, 거기에는 개인과 국가의 매개인 신이 들어온다. 국가에 직접적으로 결합해서 국가에 몸을 바치는 것은 신성이 실현된다는 신의 계시이지 않으면 안 된다. 국가에 몸을 바친 사람들을 신으로 제사 지내는 것도 이런 논리도 이해할 수 있다. 평상시에는 국가와 개인이 서로 거리를 두고 개인이 국가의 나아갈 방향에 의심을 갖는 경우도 있지만, 국가가 위태로운 시기에 국가와 개인은 하나가 되며, 국민은 필연적으로 국가에 몸을 바치게 된다. 국가에 거리를 두는 것은 동시에 자기 자신의 파멸을 의미한다. 국가가 위태로운 시기에 자신의 보전이라는 것은 있을 수 없다. 이처럼 국가와 개인이 서로 일치하는 경지에 설 때, 국가도 개인도 신의 절대성을 실현하게 된다. 이 입장에서는 자신이 살고 죽는 것이 아니라, 신·절대에 의해 죽게 되고 또 살게 되는 것이다. 따라서 국가와 거리를 두는 것이 우리에겐 허용되지 않는다. 즉, 국가에 몸을 바쳐야 한다. 여기에 처음 내가 오늘날 우리는 사생死生에 대해 생각하거나 말할 필요가 있다고 한 이유가 있는 것이다.(田邊元, 1964[1943]: 260)

물론 이 강연이 그의 의도대로 당시의 젊은이들에게 받아들여졌다고 할 수는 없다. 강연을 들은 어떤 학생은 단지 다나베의 '시골 할아버지'와 같은 인상에 호감을 가지기도 했고(大貫惠美子, 2004: 22), 그의 논리가 갖는 문제점들에 대해 "당시의 일본이 처한 현실적인 필요성에 대한 즉각적인 부응의 결과일 것"(林尹夫, 1993: 180-181)이라고 냉철하게 파악한 학생도 있었다.[12] 또 한 대학생은 다나베의 강연을 듣고 교토에서 도쿄로 돌아오는 길에 유골이 담긴 '하얀 상자'를 들고 있는 유족들을 보며, "교토역에서도, 그 다음다음 역에서도 유골이 개선하고 있었다. 상자의 하얀색이 애절하다. '야스쿠니신사 앞에서 벚꽃으로 피어 만나자꾸나, 자 그럼 안녕'이라는 말을 전쟁에 임했을 때도 망설임 없이 할 수 있을까"(中尾武德, 1997; 大貫惠美子, 2007: 346에서 재인용)라고 자문하며 강한 비애감을 느끼기도 했다. 하지만 그들 중 어느 누구도 당시의 시대적 분위기를 거스르지 못한 채 전장으로 향했으며(소위 '학도출진'), 또 그 가운데 일부는 특공대원으로 지원, 전사했다.

그들은 왜 자신에게 부과된 죽음의 명령을 거부하지 못했는가. 왜 그들은 삶과 죽음이라는 절체절명의 상황에서 체념해 버리고 말았는가. 물론 평화로운 현대를 살아가는 사람들의 시각에서 왜 그들은 저항하지 못했는가라고 비판하는 것은 적절하지 못할 것이다. 정치학자 이시다 다케시石田雄가 당시의 체험을 반추하며 고백하듯, 그 시기에 "자신을 포함해서 많은 국민들에게 있어 최후에 남겨진 길은 『하가쿠레葉隱』(에도 중기 사무라이의 수양서로 상무정신이 강하게 배어 있는 저작이다)나 야마모토 유조山本有三의 『후사쿠신묘不惜身命』가 잘 읽혔던 것처럼 어

12 하야시 다다오林尹夫는 다나베 교수의 강의를 들은 이틀 후 자신의 일기에 강의 내용을 세밀히 정리하면서 일기의 마지막에 다음과 같은 의미심장한 문장을 덧붙인다. "오늘 야마모토 이소로쿠山本五十六 연합함대 사령관장의 전사가 공표되었다. 이것이 무엇을 의미하는지, 우리들은 확실히 파악하지 않으면 안 된다."(林尹夫, 1993: 181) 하야시는 '학도출진'에 의해 해군항공대에 지원, 1945년 7월 28일 전사했다. 1940년 구제고등학교 시절부터 1944년 7월까지 작성된 그의 유고는 전후 그의 친형에 의해 출판되었다.

떻게 죽을 것인가를 생각할 수밖에 없는", 즉 죽을 수밖에 없다고 한다면 목숨을 아까워하지 않고 아름답게 죽는다는 '죽음의 미학'을 추구하는 길뿐이었다(石田雄, 1989: 80). 소설가 우메자키 하루오梅崎春生 역시 『사쿠라지마桜島』에서 주인공의 입을 빌려 당시 젊은이들의 심정을 다음과 같이 토로한다. "기라 하사장님, 나도 죽는다면 죽는 순간만이라도 아름답게 죽으려고 생각합니다."(梅崎春生, 1984)

이러한 젊은이들의 심정을 전제로 받아들인다면, 다나베가 제창한 사생의 철학은 죽음 이외에는 아무런 선택지가 남아 있지 않는 당대 젊은이들에게 자신의 죽음의 의미가 무엇인지 납득하게 해 주는 하나의 가르침이었는지도 모른다. 하지만 반대로 생각해 본다면, 이러한 죽음의 미학에 의한 지배가 군부 파시즘, 나아가 일본 파시즘의 진정한 본질이 아닌가 하는 해석도 가능하다. 그 자신이 한때 제국일본 육군의 견습사관으로, 일본 사회 내부에 존재하는 전전과 전후의 연속성에 대해 계속적으로 문제를 제기했던 야마모토 시치헤이山本七平는 이러한 "'죽음의 임재臨在'에 의한, 산 자에 대한 절대지배"를 제국일본 육군이라는 권력집단 지배의 본질이라고 규정한다.

> 군부 파시즘을 지탱하는 네 개의 기둥이라 할 수 있는 통수권, 군사비용, 실력자, 조직의 명예 밑에 깔려 있었던 것은 무엇인가. 그것은 바로 '죽음의 철학'이었다. 제국육군은 살아 있으면서도 "물에 빠진 시체이자 유골"(〈바다에 가면海行かば〉이라는 창가의 1절. 〈바다에 가면〉은 일본 고대가요집인 『만요슈万葉集』에 실린 노래로, 전쟁 당시 일본의 '국가'처럼 불리던 대표적인 국민가요다—인용자 주)과 같은 존재로서 산 자를 지배하는 그런 세계였다. 그것은 언론에 의한 지배가 아니라 죽음이라는 침묵에 의한 지배였기 때문에 '언어가 없는' 것이었다. … 제국육군의 어두운 지배력의 배후에는 '죽음의 지배력'이 존재했다. 그것은 집단자살의 조직과도 유사

하며, 일단 조직에 흡수되면 자신을 죽음과 동일시하는 사람의 지배로부터 헤어날 수 없는 것과 매우 유사한 상태가 된다. 그것은 1억 옥쇄라는 슬로건에서 엿볼 수 있으며, 주민 7천 명을 강제로 동반시켰다고 여겨지는 마닐라 방위대 2만 명의 최후에서도 나타나고, 오키나와에서도 엿볼 수 있다. 이러한 상황들을 통해 본토 결전이 어떻게 전개될지도 예측 가능했다. … '죽음과의 동거를 통해 산 자를 지배'하는 세상에 자유는 없다. 인권이나 법 따위는 공염불에 불과하다. 사람은 언젠가 죽는다는 인식은 죽음과 동거하며 산 자를 지배한다는 것과 아무런 관계가 없다. 이 '죽음과의 동거'를 통해 산 자를 절대적으로 지배하는 사상은 일본에서 제국육군이 생기기 이전부터 일본 사상 내부에 뿌리내려 온 것이며, 그것은 항상 일본적 파시즘의 온상이 될 수 있는 것이다.(山本七平, 2016: 389-390. 번역 일부 수정)

이러한 죽음의 미학을 '오래전부터(제국육군이 생기기 이전부터) 뿌리내려 온' 일본의 전통적인 사상이라고 할 수 있을지에 대해서는 논의의 여지가 있지만, 적어도 이러한 죽음의 미학이 1940년대 일본 파시즘을 지배했고, 그 하나의 부산물이 '특공'이었다는 논리는 설득력이 있다. 문제는 이렇게 '죽은 자의 특권'을 손에 쥐고 이를 통해 산 자들을 죽음으로 내모는 절대권력을 행사했던 권력집단 자체가 자신들이 죽어야 할 '도의적' 순간에는 온갖 이유를 대 가며 그 죽음을 비굴하게 회피했다는 데 있다. 특공대원들을 사지로 내몰면서, '너희들의 죽음을 결코 헛되이 하지 않겠다, 너희들이 모두 출격한 다음 우리가 너희들의 뒤를 따르겠다'면서 떠나는 그들의 뒤에 서서 손을 흔들었던 간부들은, 책임을 통감하고 자결한 극소수를 제외한다면 거의 전원이 전후 여러 '구차한' 이유를 대 가며 목숨을 연명했던 것이다. 죽음의 미학이 갖는 허구성과 도착 역시 여기에 있다.

패전과 더불어 특공의 죽음은 '개죽음'으로, 또 살아남은 특공대원들은 '퇴물'의 상징으로 전락했다. 하지만 일본 사회가 패전의 충격에서 점차 벗어나면서, 살아남은 자들은 그들의 비극적인 죽음에 대해 어떻게든 의미를 부여하고자 했다. 1952년 샌프란시스코 강화조약 발효 이후 유고집 발간 붐이 일어나는 가운데 특히 특공과 관련한 유고집이 다수 발간되고 또 영화로 제작되는 등 대중적인 인기를 모은 배경에는 특공대원의 죽음이 갖는 비극성에 대한 전후 일본 사회의 공감이 깔려 있다. 전통적인 의미의 제사가 불가능한 이들의 죽음에 대해, 유고집 간행은 살아남은 전우나 유족이 할 수 있는 가장 우선적인 위령이었다. 따라서 이들 유고집에는 여전히 생생한 육친의, 혹은 지인의 죽음에 대한 살아남은 자들의 실감이 강하게 반영되어 있다. 특공의 위령제는 이러한 전후 사회의 분위기 속에서 전개되어 가기 시작했던 것이다.

2. 특공위령제의 전개

가고시마의 예전 특공기지가 있었던 지역사회에서 특공에 대한 위령제가 실시되는 것은 전후 위령 붐이 일어나는 시기와 같은 1950년대 중후반부터다. 하지만 야스쿠니 제사라는 하나의 상징적인 중심축이 존재했기 때문에 어느 정도 표준화된 공장이 실시되었던 전시기와는 달리, 전후 지역사회의 특공위령제는 위령주체인 지역사회의 의욕, 기지의 지명도, 중심인물의 성격, 참가자의 구성 등에 따라 실로 다양한 양상으로 전개된다. 이즈미, 지란, 반세, 고쿠부 등 네 지역의 사례를 중심으로 특공위령제의 전개 양상을 구체적으로 살펴보기로 하자.

이즈미

현재 '이즈미 기지'라고 말할 때 이는 1943년에 들어선 '이즈미 해군항공대'를 의미한다. 이즈미 지역은 1937년경부터 비행장 용지의 매수가 시작되고 1938년 건설에 착수, 1940년경에 완성되어 1943년부터 기지로 활용되었다. '이즈미 해군항공대'는 초기에는 '요카렌'予科練[13]이나 전국의 대학·전문학교 출신의 비행전수예비학생들의 조종교육을 위한 기지였으나, 1945년 3월 오키나와전투를 앞두고 제1이즈미해군항공대가 한국(당시 조선)의 광주光州로 이동하면서, 이즈미는 작전부대의 기지로 전용되어 1945년 3월부터 특공출격이 시작된다. 그리고 이 기지에서 당시 200명 이상의 대원이 죽음의 전장으로 출격했다. 물론 미군의 공습으로 인해 격납고·활주로 등 비행장 시설이 거의 괴멸 상태에 처하면서, 그 이후로는 특공기지로서의 기능을 사실상 상실하게 된다. 전쟁 말기에는 미군의 남규슈 상륙을 저지하기 위해 연습기에 의한 특공작전이 계획되어 특공기 발진용 활주로도 급조되었지만, 결국 이 계획은 실시되지 못한 채 패전을 맞이하게 된다.

전후 10년이 지난 1955년경 항공자위대 제트기 조종학교 설치를 둘러싼 움직임이 있었지만, 전후 폐허가 된 땅을 일군 개척민들과 예전 공습으로 인한 파괴와 희생을 여전히 기억하는 부근 주민들이 데모대를 구성해 깃발을 들고 시청까지 행진하는 등 맹렬한 반대를 펼쳐 비행장의 재건은 무산되었다. 특히 패전 이후 해외에서 돌아온 사람들과, 전전 오키나와에서 소개되어 규슈에 왔지만 전후 오키나와에 미

13 요카렌의 정식 명칭은 '해군비행예과연습생'으로 전전 일본 해군이 항공 파일럿을 양성하기 위해 만든 제도다. 고등소학교 졸업자 14-20세의 젊은이를 대상으로 했다. 전쟁 말기 특공대원 중 많은 수가 이 요카렌 과정의 젊은이들이었다고 한다.

군기지가 들어서면서 돌아갈 수 없게 된 오키나와인(당시 이즈미 비행장이 있던 가노야 지구만 해도 11명이 오키나와인들로, 전체 개척자의 3분의 1을 점했다고 한다)들로 이루어진 개척민들이 개척 과정에서 겪었던 고난은 구술 기록으로 많이 남아 있다. 이러한 경험이 전후 자위대의 비행장 재건에 맹렬히 저항한 동기가 되었을 것이다. 또한 당시 주민들의 이러한 반대는 전전 비행장이 아닌 민가 지역에까지 자행되었던 처참한 공습의 경험과도 관련이 있는 것으로 사료된다. 실제로 이즈미 지역의 경우 비행장이 민가에서 그리 멀지 않은 곳에 있었기 때문에 1945년 3월부터 패전 직전인 8월까지 B29의 폭격 등 수차례의 공습을 받아 수십 명의 마을 주민들이 목숨을 잃었으며, 집이나 가재가 불타는 등 재산피해도 심각했다. 이 공습경험은 전후에도 이즈미 지역 주민들에게 깊은 상처로 남아 있었으며, 이는 많은 구술을 통해 확인되고 있다.[14]

이즈미의 특공위령제는 1960년 특공위령비 〈구름의 묘표雲の墓標〉의 건립과 더불어 시작되었다. 이즈미의 향토지에 따르면 위령비 건립에 가장 주도적이었던 인물은 당시 이즈미시의 도서관장이었던 다지마 히데타카田島秀隆다. 전후 고향인 이즈미로 돌아온 다지마는 이곳이 수많은 특공대원들이 출격하여 목숨을 잃은 기지였음에도 불구하고 아무런 흔적도 남아 있지 않다는 사실을 한탄하며 위령비 건립을 결심했다고 한다. 〈구름의 묘표〉라는 비명은 당시 이즈미 특공기지의 일화를

14 지역 문화지인 『이즈미 문화出水文化』(1966-현재)는 1988년에서 1990년까지 3회에 걸쳐 지역의 전쟁체험에 대한 특집인 「고향의 패전과 부흥ふるさとの敗戰と復興」(제69호), 「고향도 전쟁이었다ふるさとも戰場だった」(제71호), 「고향의 태평양전쟁ふるさとの太平洋戰爭」(제73호)을 게재했는데, 여기에는 과거 공습에 대한 체험이 상당한 비중을 차지했다. 특히 전쟁의 막바지인 1945년 8월 1일 대공습에 의해 국영 알코올 공장이 폭파된 것은 당시를 체험한 많은 사람들의 기억에 강렬하게 남아 있다.

소설화한 아가와 히로유키阿河弘之의 소설 『구름의 묘표雲の墓標』(1956)라는 작품에 등장하는 한 특공대원이 남긴 유서의 "구름이야말로 우리의 묘비명, 지는 해여, 비명碑銘을 비춰라"라는 구절에서 따온 것이다. 묘비의 뒷면에는 다음과 같은 문구가 새겨져 있다.

> 우리를 대신하여, 하나밖에 없는 생명을
> 남쪽 바다의 그 심연에 버린
> 젊은 용사들이여
> 오늘부터 편안히 잠들라

이 문구는 다지마 씨가 직접 지은 「신풍특공대원에게 바치는 만가挽歌」(1953. 9. 27)라는 시의 한 구절이기도 하다. 그 시의 이어지는 부분은 다음과 같다.

> **우리의 비겁함怯懦 때문에**
> 우리를 대신하여 하나밖에 없는 생명을
> 남쪽 바다의 그 심연에 버린
> 젊은 용사들이여
> 살아서는 가미로 떠받들어져
> 죽어서는 이름도 없고, 화환도 없고, 묘비명도 없이
> 남해의 거친 파도에 휩쓸리며
> 심연의 바다 밑에 누워 있을 때
> **그 티끌 하나 없는 눈동자에**
> **지금 이 세상은 어떻게 비춰지고 있을까.**(굵은 글씨 강조는 인용자)

'만가'라는 시의 특성이기도 하겠지만 "[죽은 특공대원의] 그 티

[사진 4-1] 이즈미 시립평화공원에 세워져 있는 〈구름의 묘표〉

끌 하나 없는 눈동자에 / 지금 이 세상은 어떻게 비춰지고 있을까"라는 구절에는 살아남은 자의 가책과 부끄러움이 강하게 배어 있다. 하지만 묘비명이 조각될 때 "우리들의 비겁함怯懦 때문에"라는 시 구절은 삭제되었다. 이를 삭제한 이유에 대해 현재 이즈미 특공위령현창회 부회장인 다케조에 쓰구오竹添三朗 씨는 "살아남은 우리들 역시 당시 목숨을 바칠 각오를 하고 열심히 싸웠기 때문에 비문에 겁쟁이라는 말을 새기고 싶지는 않았다"고 당시의 상황을 회고한다. 죽은 자에 대한 산 자의 상이한 위치성이 비문의 조각 경위를 통해 드러나는 흥미로운 에피소드다.[15]

15 이상의 이야기는 出水基地特攻碑保存會(1960) 및 다케조에 쓰구오 씨와의 인터뷰를 참조해서 재구성했다.

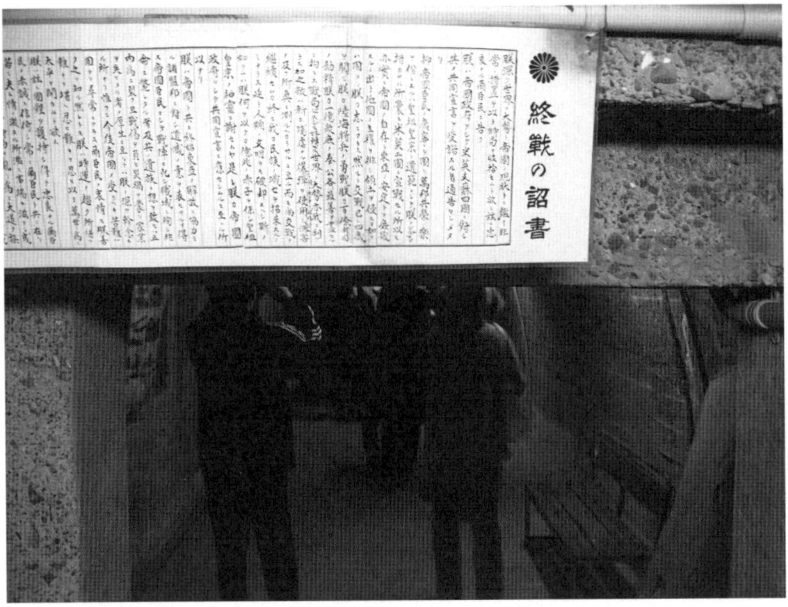

[사진 4-2] 공원 내 방공호 입구

위령비 건립 움직임은 급물살을 타면서, 1959년에 특공비 건립위원회가 조성되고, 지역 시민들과 유지들의 지원을 기금으로 해서 1년 후인 1960년 3월 위령비가 건설되어, 그해 4월 16일 예전 이즈미 비행장 부지(현재는 시립평화공원)에 이즈미 특공비 〈구름의 묘표〉의 제막식과 함께 첫 위령제가 실시된다. 위령제가 열린 4월 16일은 당시 특공기지를 모母기지로 한 제7은하대가 처음 특공을 감행한 날을 기념하는 의미로 선정되었다고 하며, 그 이후 현재까지 매년 4월 16일에 위령제가 거행되고 있다.

〈구름의 묘표〉 옆에 세워진 〈해군항공대 이즈미 기지 육상 공격대 은하대 출격지비海軍航空隊 出水基地 陸攻隊銀河隊出擊地碑〉(1995)와 〈진혼 순국영령비鎮魂殉國英靈碑〉(1996)가 건립된 것은 비교적 최근인 1990년대 중반의 일이다. 첫 번째 비는 명칭 그대로 이 땅이 예전 특공대가 출격한 기지였음을 기념하는 비로, 〈구름의 묘표〉 건립 시와는 달리 일반 시민의 모금뿐 아니라 예전 부대 관계자들의 지원까지 얻어 건립되었다. 하지만 비의 뒷면에 새겨진 "1943년 이즈미 해군항공대 개설 이후 젊은 대원들을 성심껏 지원하면서, **공습하의 기지 수복에도 힘써 준 이즈미 시민들 가운데도 많은 희생자가 생긴 것은 지극히 유감스러운 일이다. 전후 50년에 맞춰 전몰자 전원의 위령을 위해 여기에 비를 건립한다**"(굵은 글씨 강조는 인용자)라는 건립 취지에서 알 수 있듯이, 이 비는 특공 전사자뿐만 아니라 민간인 전몰자들도 위령하는 비다. 그리고 두 번째 비는 '동일한 전장에서 싸운 사람들도 동시에 위령과 현창을 해야 한다'는 취지에서 〈구름의 묘표〉 건립 이후 조사에 의해 판명된 특공 전사자들뿐만 아니라 항공대와 관련이 있던 전몰자 638명의 이름을 새긴 비다. 이는 '국가가 특공사로 인정한' 전사자만을 위령·현창한다고 밝히고 있는 지란과는 달리, 이즈미 기지에서 함께 싸운 전우를 기린다는 지역적·전우회적 발상이라고도 할 수 있을 것이다.

이즈미의 위령과 관련해 위령비의 계획에서 건립에 이르기까지 모든 것이 지역 유지들의 손에 의해 이루어졌다는 점은 특기할 만하다. 그래서인지 이즈미의 위령제는 다른 지역의 위령제와 비교해 보더라도, 지역적 색채가 훨씬 강하게 드러난다. 제1회 위령제부터 계속된 '전야제'는 그 대표적인 예다. 전야제 행사가 열리는 'King 호텔'은 제1회 대회 때부터 위령제와 관련된 연회가 열렸던 곳(당시는 'King 식당')으로, 이즈미 시내에 위치한 연회장이다. 전야제는 이즈미 특공비 현창회가 중심이 되어 이즈미 기지에서 출격한 원특공대원이나 교육대 시절 이즈미 기지에서 교육을 받은 군인들, 유족들과 지역 유지들, 그리고 자위대 고관들과 방위협회의 직원 등 150명 정도의 멤버들이 참가하는 일종의 교류회적 성격의 행사로, 교류회에 참가 의사를 밝힌 사람들에게만 좌석이 배정된다. 오후 6시부터 시작되는 교류회는 참석자에 대한 간단한 소개, 그리고 시장 등 위령제 관련 인사의 간단한 인사말로 시작해서 전통음악 공연 후 자유로운 분위기의 술자리로 이어진다. 물론 전야제는 위령제를 위해 일부러 전국 각지에서 이즈미까지 찾아온 외부 인사들을 위한 환영회의 성격도 가지고 있다. 참가자 다수가 고령이고, 다음 날 오전 위령제 행사 일정도 있어 연회는 2시간 정도로 끝난다.

1980년대 공동연구의 일환으로 이루어진 '전우회' 연구에서 이토 기미오伊藤公雄는 전후 일본 사회에서 조직되는 전우회의 결합양식을 체험과 소속에 따라 대부대 전우회와 소부대 전우회로 구분한 바 있다. 그 논의를 따른다면 대부대 전우회의 경우는 그 부대의 소속이 보다 강조되는 반면, 소부대 전우회의 경우는 그 부대의 체험이 보다 강조된다. 이러한 차이는 전우의 죽음을 이해하는 방식의 차이와도 연결된다. 대부대 전우회의 멤버들의 경우 체험의 공통성이 적기 때문에, 부대 내의 전사자들은 소부대 전우회와 비교해 보다 추상적인 형태, 즉 보다 직접성·구체성을 결여한 형태로 파악되며, 이렇게 추상화된 전사자들과의 연대는 의식-제도화된 틀을 통해 표현된다. 반면 전장의 '체험'을 공유하는 소부대 전우회의 경우 전사한 전우는 보다 구체적인 모습으로 현전하며, 전사한 전우와의 연대는 전우회에 모인다는 행위 자체에 의해 표현된다고 할 수 있다. 한 소부대 전우회의 멤버는 전우회에서 예전 함께 살고 함께 싸웠던 '죽은 전우가 등 뒤에 웅크린 채 참가하고 있는 듯한' 느낌을 갖는다고 말한다. 따라서 소부대 전우회의 경우는 의식-제도화된 틀을 그다지 필요로 하지 않으며, 야스쿠니 국가호지와 같은 정치적 운동에 대해서도 그다지 적극적인 움직임을 보이지 않는다(이상 伊藤公雄, 2005: 157-161).

이렇듯 체험과 소속에 의한 구분에서 본다면 이즈미의 위령제는 과거의 '체험'보다는 '소속'이 중시되는 전우회적 특징을 띤다. 왜냐하면 우선 특공대의 경우, 군 조직상으로 보더라도 단기간에 결성된 소규모의 부대이며, 출격까지 기지 체류기간도 길지 않아서 같은 특공기지 출신이라고 해도 같은 부대로서의 체험을 공유하기는 어렵기 때문이다. 하지만 '특공'이라는 작전의 특수성, 즉 절대로 살아 돌아올 수 없는 비극적인 작전에 참여했다는, 죽음을 목전에 둔 그 고난과 운명을 함께했다는 일체감이, 같은 내무반 생활 경험이 없는 그들을 하나의 공동운명체로 결속시키는 끈이 된다는 점에서 본다면 그들의 전우회는 '체험'에 가까운 것이라고 말할 수도 있다. 모리오카 기요미森岡清美가 지적한 것처럼, 특공대에게 전우는 죽음의 고민을 서로 지켜보면서 죽음의 실천을 함께한 '콘보이'convoy였다.[16] 그 외에도 이즈미의 경우는 1945년 3월 본격적인 특공작전이 전개되기 이전 2년 동안 요카렌의 교육기지로도 활용되었기 때문에, 예전 이즈미 기지 교육부대 출신도 교류회 및 위령제에 참가하면서 그 구성원의 성격은 보다 복잡해진다. 따라서 전면에는 특공의 위령을 내세우면서도, 실제적인 교류회 등의 모임에서는 자신들의 이전 추억과 관련하여 사람들이 분산되는 경향을 보인다.

공식 위령제는 교류회 다음 날인 16일 오전 10시 15분부터 12시 30분까지 대략 2시간에 걸쳐 치러진다. 이즈미의 위령제는 현재 가고시마 각지에서 전개되는 특공위령제의 일반적 형태인 '무종교식' 위령

16 모리오카는 당시 특공대 경험의 특징으로, 죽음을 같이하는 사람convoy과의 연대감을 지적한다. 이는 비록 기간은 짧더라도 함께 동고동락하면서 힘든 특공비행 훈련의 전 과정을 함께하고 같은 날 출격한다는 강렬한 공동체험이 만들어 내는 연대감이라고 할 수 있을 것이다. 물론 이 연대감은 소수의 출격부대 내의 대원들 사이에 형성된 것이지만, 같은 부대 내에서 살아남은 전우를 거의 찾아볼 수 없는 특공대의 경우는 그 범위가 같은 기지 경험을 가진 자로까지 확대된다. 이즈미 특공위령제에서도 동일한 기지에서 특공출격했다는 체험이 주는 연대감은 강하게 확인된다(森岡清美, 1995).

제의 양상을 가장 잘 보여 주고 있기 때문에 여기서 간략히 그 풍경을 소묘해 두고자 한다.

이즈미 특공위령제 당일, 원래 예정으로는 식전에 자위대의 퍼레이드가 계획되어 있었기 때문에 참석자들은 상당한 기대와 호기심으로 행사를 기다리고 있었다. 하지만 자위대의 일정 때문에 퍼레이드가 취소되었다는 방송이 나가자 식장이 술렁거리기 시작한다. 주위에서는 며칠 전 규슈의 어느 항구에 입항한 미국 핵잠수함 반대 데모 때문에 자위대 측이 몸을 사리는 것이 아니냐는 이야기도 들리지만, 일단 행사는 그대로 진행된다. 위령식장에서는 이즈미시의 사회복지협의회 직원들이 일찍부터 나와서 접수나 제반 준비들을 서두르고 있었다. 공원 입구에는 일본 국기인 '히노마루'와 해군을 상징하는 군함기의 깃발이 꽂혀 있어 의례가 이루어지는 공간을 여타의 공간들과 상징적으로 구분하고 있다. 위령의 무대라고 할 수 있는 위령비들 앞에는 이미 화환과 과일 등의 공물이 놓여 있고, 이들 위령비 뒤에는 이즈미 기지에서 출격해 전사한 대원들의 영정 사진들과 당시 부대 단체 사진들이 전시되어 있다. 식장에 일찍 도착한 참가자들 중 70대가 넘어 보이는 사람들이 사진들을 손가락으로 가리키며 당시의 상황을 이야기하는 모습도 보인다.

9시 30분이 지나자 의장대와 음악대를 태운 자위대 차량들이 속속 도착하면서, 공원 입구는 자위대 차량들로 빽빽이 들어찬다. 의장대와 음악대만 해도 40명이 넘기 때문에, 여기에 고위관료들과 수행원들까지 합하면 60명에 가까운 규모의 참석이다. 10시 무렵 어제 교류회가 있던 호텔에 숙박했던 유족들 및 관계자도 호텔 차량으로 도착하면서, 공원 안에 마련된 좌석들도 속속 채워진다. 한편 위령제가 열리는 공원의 바깥 보도에는 아침 일찍부터 상당수의 지역 주민들이 모이기 시작한다. 물론 위령을 목적으로 온 사람들도 있지만, 일부는 시골

소도시에서 접하기 힘든 볼거리를 보기 위해 찾아온 사람들이기도 하다. 이들과 위령제 참가자를 구분하는 경계는 공원 바깥의 2차선 차도다. 공원 입구를 막아선 자위대 차량들 때문에 외부인들이 들어설 공간이 별로 없다는 것도 이러한 경계를 만들어 내는 하나의 요인이다.

위령제에 앞서 사회자가 가노야 기지에서 출발한 해상자위대의 '위령비행' 관련 안내방송을 하자, 식장의 사람들은 모두 일어서서 하늘을 올려다보고 비행기가 지나가자 손을 흔들며 반갑게 맞이한다. 이러한 모습은 반세나 가노야, 지란 등 다른 지역의 위령제에서도 흔히 볼 수 있는 풍경이다. 비행기가 세 차례 공원 주위를 돌며 사라지자 참석자들은 다시 자리로 돌아가고, 군악대의 '기미가요'君が代 연주와 함께 의장대와 시의 소방단 간부들이 국기 게양대에 국기 및 군함기를 게양하는 것으로 공식 위령제는 시작된다.

위령제 행사 자체는 실제로 매우 단조롭게 전개된다. 국기 및 군함기 게양(국가제창: 의장대, 군악대, 시 소방단 간부) → 개식사 → 전몰전사의 미타마御靈에 대한 묵도 → 헌화에 이어 특공비현창회 회장, 유족 대표, 원특공대원 대표 3인의 위령사가 낭독된다. 위령사의 내용 역시 여타 위령제와 커다란 차이는 없다. 당시 이즈미 기지에 주둔했던 해당 부대에 대한 간략한 개관을 제외한다면, 위령사는 전후 조국의 평화와 번영은 그들의 숭고한 희생 덕분이라는 희생에 대한 의미 부여, 그리고 현재의 어려운 상황에도 불구하고 그들을 기억하며 평화를 지켜 나가야 한다는 다짐이라는 2부 구성으로 이루어진다. 위령사가 끝나면 일종의 막간극으로 자위대 의장대의 봉총捧銃과 자위대 음악대의 헌주獻奏가 이루어진다. 위령제의 절정은 음악대의 위령음악이 연주되는 가운데 참석자 전원에 의해 이루어지는 '헌화'다. 참석자들은 모두 줄을 지어 단상 옆의 꽃을 집어 들고 〈구름의 묘표雲の墓標〉에 헌화를 한다. 헌화가 끝나면 참석자 전원이 기립한 가운데 〈동기의 벚꽃同期の桜〉

이 제창되면서 위령제는 끝이 난다.

특공위령의 성격에 대해서는 다음 절에서 보다 본격적으로 분석할 것이기 때문에 위령제에 대한 소묘는 이것으로 마친다. 다만 여기서는 〈동기의 벚꽃〉 합창에 대해서만 간략히 덧붙이기로 하자. 원래 이 노래는 1930년대 후반 해군병 학교에서 즐겨 불린 노래로, 그 특유의 '비장한' 멜로디와 가사 때문에 전쟁 말기에는 육해군을 불문하고 특공대를 상징하는 노래로 널리 애창되었다고 한다. 그러한 유래 때문인지 가고시마의 거의 모든 특공위령제는 이 노래를 합창하면서 끝나는 것이 일반적이다. 특히 이 노래는 전후에 나온 전쟁이나 특공을 소재로 한 영화의 주제곡 및 엔딩 음악으로 전후 세대들에도 널리 알려진 곡이기 때문에 기미가요 제창 때보다도 참가자들의 반응이 훨씬 뜨겁다. 그런 점에서 〈동기의 벚꽃〉 합창은 위령제의 어떤 행사보다도 위령의 의미를 참가자들에게 각인시키고 또 정서를 환기시키는 중요한 실천이다.

지란

지란은 전시기 육군항공특공기지의 소재지이자 전후 가장 이른 시기에 위령제를 치르기 시작했고 현재 기념관까지 갖추고 있는 곳이라는 점에서, 현대 일본 사회에서 명실공히 특공의 성지로 인식되고 있다. 실제로 지란의 위령제는 가고시마의 여타 지역과 비교해서 가장 크고 잘 알려져 있다. 하지만 지란이 전후 초기부터 오늘날과 같은 규모와 지명도를 가지고 있었던 것은 물론 아니다.

지란의 지역 유지들에 의해 '관음당'이 조성되고 특공에 대한 위령제가 거행된 것은 1955년부터의 일이다. 관음당 건설 과정에서 가장 많은 노력을 기울인 사람은 전전 특공대원들의 단골 식당이었던 '도미야'富屋의 주인 도리하마 도메鳥浜トメ 여사였다. 그녀가 당시 어린 특공대원에게 쏟았던 사랑과 정성, 그리고 그녀를 어머니처럼 따르던 특공대원들과 그녀 사이에 얽힌 일화들은, 1992년 발간된 지역 문필가 아이보시 마사코相星雅子의 수필집의 성공 이래 소설이나 논픽션, 영화(〈호타루ホタル〉, 〈나는 그대를 위해서 죽으러 갑니다ぼくは君のためにこそ死に行く〉) 등에서 거듭 다루어지면서 이른바 '도메 전설'로 자리 잡아 가기 시작한다.

'도메 전설'의 정착은 지란이 가고시마를 넘어 전국적인 특공의 성지로 자리 잡는 과정과도 정확히 겹쳐진다. 출격 전날 도메에게 찾아와서 죽은 후 반딧불이 되어 다시 돌아오겠다고 말하고 떠난 특공대원이 다음 날 밤 실제로 반딧불이 되어 찾아왔다는 이야기, 또 전날 밤 눈물을 흘리며 모국의 노래인 〈아리랑〉을 부르고 다음 날 출격한 조선인 특공대원의 이야기 등은 그 대표적인 이야기들이다. 이 에피소드들은 그 진위와 관계없이 특공대원과 그들이 출격 전 마지막 나날을 보냈던 기지 마을을 강하게 묶어 주면서 사람들의 감동을 자아내고, 나아가 지란에 대한 친밀한 이미지를 만들어 내는 데 커다란 역할을 했다.

기록과 증언에 따르면 전후 지란에서의 특공위령은 도메 개인의 사적인 위령으로부터 시작되었다고 한다. 처음엔 비행장 주변에 묘표로 말뚝을 세우고, 거기에 꽃을 바치고 기도를 하는 것이 전부였다. 전후 초기만 하더라도 특공에 대한 사람들의 시선이 그다지 곱지만은 않았고, 점령기의 규제가 풀렸다고는 하나 공적 자치단체가 전사자 위령에 개입하는 것도 어려웠기 때문이다(相星雅子, 1992; 도리하마 메이큐鳥浜明久 씨와의 인터뷰, 2009. 5. 2). 이렇게 도메로부터 시작된 개인적인 위령이 특공관음당 건설로까지 나아가는 경위에 대해 『지란정 향토지知覧町郷土誌』(정町은 우리나라의 면 단위 정도의 지역행정 단위를 말한다. 이하 '『향토지』'로 표기)와 도메의 딸인 아카바네 레이코赤羽礼子는 다음과 같이 기록한다.

도리하마 도메가 특공기지가 있던 동쪽 구석에 말뚝을 세워, 이를 묘표로 매일 기원하고 있었다. 마침 소학교 1학년의 담임선생이던 유즈키 히로치카柚木弘親가 당시 정장町長이어서 그에게 관음상의 건립을 간원懇願했다. 특공대원은 나라를 위해 목숨을 바쳤기 때문에 그 영혼을 위무하는 행위는 공적으로 이루어지지 않으면 안 된다는 것이 도메의 바람이었다. 정장은 열의를 갖고 이에 응했다. '특공평화관음'이라는 이름은 발원의 취지에 따른 것이다.(知覽町鄕土史料調査委員會, 2008: 697)

엄마는 말이지, 언젠가 저기에 특공병사의 영혼靈을 애도하기 위해 관음상을 세울 작정이야. 지금은 아직 어렵지만, 반드시 관음상을 세울 거란다. 지금과 같은 세상에는 나라를 위해 죽어 간 사람들의 영혼이 성불成佛할 수 없어요. 하지만 엄마의 회향回向 정도로는 부족해서 말이지. … 대자대비의 관음보살님이라면 널리 중생을 제도해서 성불시켜 주신 분이니까, 관음보살님께 부탁드리는 것보다, 저 죽어 간 사람들을 위해 더 해 줄 수 있는 것은 없다고 생각한단다.(赤羽礼子·石井宏, 2001: 197)

이 기록에 따른다면 관음당은 도메의 진정이 받아들여지면서 1955년에 건립된다. 물론 마을 내에서도 혁신계 조직이나 노동조합의 반대 데모·진정 등이 없었던 것은 아니지만, 관음당 건립은 예정대로 이루어졌다.[17] 하지만 지금처럼 관음당 건립 초기부터 마을이 주도적으로 위령 행사를 준비했던 것은 아니다. 레이코 씨의 회상에 따르면, 『향토지』가 기술하고 있는 것처럼 정장町長이 "열의를 갖고 이에 응했"던 것은 아니며, 관음당 건설도 그의 임기 말에 이르러서야 겨우 완

17 2008년에 발간된 새로운 『향토지』에는 건립 당시 관음당 건립에 반대하는 데모·진정에 대한 이전의 기술이 빠져 있음에 주목하라.

성된 것이라고 한다. 또한 1955년 건립된 관음당의 규모는 사실 조그마한 불각에 불과했으며, 건립 이후에도 한동안은 마을 주민들의 무관심 속에 방치되었다. 건립 초기에 한동안 관음당을 거의 전적으로 도메 개인이 관리했다는 사실은 전후의 회상기 등에도 자주 나오는 대목이다(相星雅子, 1992). '호타루관'ホタル館의 관장이자 도메의 손자인 메이큐 씨는 할머니가 자신들 손자의 손을 잡고 함께 관음당 청소를 하러 데리고 갔던 기억을 이야기하면서, 당시 관음당 주변은 찾아오는 사람도 별로 없어 휑하니 방치되어 있었다고 말하고 있다(도리하마 메이큐 씨와의 인터뷰, 2009. 5. 3).

지란에서 첫 위령제가 거행된 것은 관음당의 개안식이 이루어진 1955년 9월 28일이다. 하지만 1950년대 후반만 하더라도 위령제는 지역사회 내에서 그다지 주목을 받지 못했다. 마을의 관보인 『정보町報』에 위령제 관련 기사가 나오는 것은 1961년부터이며, 그것도 마지막 면에 조그만 박스 기사로 「호국신사, 특공관음 여름 축제夏祭り 7월 28일 실시」라며 상황을 보도하고 있을 뿐이다. 오히려 당시에는 매년 12월에 열리는 호국신사와 지란정 및 지란정 유족회를 중심으로 한 지역 출신 전몰자위령제가 더욱 큰 행사였다. 하지만 해를 거듭하면서 특공관음 여름 축제에 원특공대원 및 유족을 포함한 특공 관계 참가자 수가 늘어나면서, 특공위령제에 대한 비중도 점점 커지기 시작한다. 전후 20주년을 맞이하는 1965년이 되면 호국신사·특공평화관음의 여름 축제夏祭り는 『정보』의 1면을 장식하는데, 이해부터 매년 특공위령제 소식은 1면의 가장 큰 기사로 보도된다. 물론 지역 출신 전몰자의 위령제 자체가 없어진 것은 아니다. 유족회가 주도하는 위령제는 매년 11월 호국신사에서 신도식으로, 시(자치체)가 주도하는 위령제는 매년 7월 마을회관에서 무종교식으로 거행되고 있다. 하지만 그 규모는 5월의 특공위령제와 비교할 수 없을 정도로 작다. 그리고 이에 비례하듯, 지역 출신

전몰자위령제는 지역사회의 공론장에서 점차 사라지는 것을 확인할 수 있다.

한편 궤도에 올라선 특공위령제는 더운 여름을 피해 달라는 참가자들의 요청에 의해 25주년 회기이기도 했던 1970년이 되면 날짜가 5월 28일로 변경되고, 특공동상 제막식이 열린 1974년 이후로는 다시 5월 3일로 변경되어 오늘에 이르고 있다. 5월 3일은 헌법기념일憲法記念日로, 4일 국민의 휴일國民の休日, 5일 어린이날こどもの日로 이어지는 연휴의 첫날이었고, 1990년대부터는 4월 29일 녹색의 날みどりの日(2007년 이후 쇼와의 날昭和の日로 변경되고 녹색의 날은 5월 4일로 이동하였다)부터 시작해서 5월 6일에 이르는, 소위 '골든 위크'golden week라 불리는 일본의 가장 긴 연휴의 중간에 끼어 있는 휴일이기도 하다. 그리고 제5부에서 보다 자세히 다루겠지만, 1980년대 중반에 들어서면서 마을 만들기 사업의 일환으로 마을이 주도적으로 특공기지 지란의 이미지 조성에 착수하면서부터, 지란은 가고시마를 넘어 전국적인 특공의 상징으로 자리 잡아 간다.

지란 위령제의 독특한 특징 가운데 하나는 지란에서 출격한 전사자 439명 외에도, 반세나 미야코노조都城 등 인근 육군특공기지에서 출격한 전사자들을 모두 합한 가고시마 지역 육군 항공대 전체 1,036명(자체 추정)의 전사자 전원에 대한 위령제를 거행하고 있다는 점이다. 이 숫자에는 특공사, 즉 몸체돌격을 하여 자폭이 확인된 전사 이외의 방식으로 죽은 사람들은 포함되지 않는다. 이는 다른 지역들이 주로 해당 기지를 연고로 특공사 여부를 막론하고 기지 출신 전사자들에 대한 위령을 하고 있는 상황과 비교해 본다면 지란만의 독특한 특징이라고 할 수 있다. 말 그대로 지란은 초기부터 육군특공기지의 대표라는 의식을 전면에 내세웠다.[18]

위령공간으로서 지란이 갖는 또 다른 특징은 호국신사와 특공관음당, 그리고 특공평화회관이 하나의 세트처럼 건립되어 있는 공간배치다. 『향토지』에 따르면 호국신사는 원래부터 여기에 있었던 것은 아니며, 예전의 초혼사 부지가 전후(1951년) 마을 소유 주택지가 되면서, 처음엔 도요타마히메신사豊玉姬神社로, 그리고 1959년에 다시 이곳으로 새로이 옮겨졌다고 한다. 물론 도요타마히메신사의 한 구석에서 전사자들의 영혼을 제사 지냈던 것은 일종의 임시방편이었고, 마을 내에서도 그 부적절성에 대한 문제가 제기되면서 1957년부터 새로운 호국신사 건립에 대한 논의가 시작되었다. 처음 예정지는 도요타마히메신사의 경내였다. 하지만 『정보』에도 건립지의 변경에 대한 이후 과정은 나타나 있지 않으며, 1959년에 과거 지란 비행장이 있던 부지에 호국신사를 건립했다는 결과만이 보도되고 있다.[19] 그 결과 관음당과 호국신사, 나아가 지역행정이 관여하는 특공평화회관이 함께 들어서면서, 말 그대로 '신도神道·불교佛教·행정行政'이라는 소위 '3종 세트'三種の神器가 '기묘한' 공존을 이루고 있다.

18 현재 지란의 관음당에는 '특공평화관음'이라는 불상이 안치되어 있다. 관음당 앞에 설치된 전시에 따르면, 이 불상은 원래 1952년 이전 육해군의 고위 관료들이 발기인이 되어 도쿄의 호국사에 안치한 '특공평화관음'에서 유래한 것이라고 한다. 이때 두 체의 불상이 만들어져, 해군 관련은 현재 도쿄 세타가야世田谷의 관음사觀音寺에, 육군 관련은 지란에 안치하는 것이 논의되었고, 지란이 이를 받아들여 현재에 이르고 있다는 것이다. 이러한 유래에서 본다면, 지란은 육군특공대원 전체를 대상으로 위령을 하겠다는 의식이 처음부터 있었다고 할 수 있다.

19 한 관계자의 말에 따르면, 구 지란 비행장으로 호국신사가 옮겨지게 된 것은 이 땅이 원래 시 소유지여서 다른 민간 사유지보다 부지로 적합했기 때문이라고 한다. 하지만 일본의 정교분리 원칙상 시 소유지에 종교시설을 세우는 것은 불가능하기 때문에, 민간인이 시로부터 그 토지를 구매하고 그 위에 호국신사를 건립하는 것으로 일이 진행되었다. 참고로 현재 지란의 위령공간(특공평화회관이 위치해 있는 시립평화공원)은 시 소유지이며, 호국신사와 관음당의 부지만이 민간의 소유로 되어 있다.

[사진 4-3] 지란 특공관음당

[사진 4-4] 지란 호국신사

하지만 이러한 '공존'은 지역사회에서는 커다란 문제 없이 받아들여졌다. 1955년 이후로 매년 개최된 '호국신사·특공평화관음의 여름 축제'만 하더라도, 호국신사의 제전 → 관음당의 위령제의 순서로 행사가 진행되었다. 호국신사에서는 1950년대부터 계속 지역 출신 전사자들을 위한 위령제가 거행되었기 때문에, 이 여름 축제에는 처음부터 특공대만을 위한 위령이 아니라 특공대와 지역 출신 전사자들의 위령이 뒤섞여 있었다. 이러한 혼합된 형태의 위령제가 점차 특공기지 전몰자위령제로 변화해 가는 과정에 대해서는 앞에서 언급한 바 있다. 그리고 관음당이 위령의 중심적인 공간으로 부각되면서 호국신사의 비중은 점차 축소되었다. 현재 호국신사는 별도로 봄과 가을 2회에 걸쳐 제사例大祭를 거행하고 있지만, 그 규모나 인지도는 '지란 특공기지 전몰자위령제'와는 비교할 수 없을 정도로 작은 편이다.

반세

반세는 당시 지란과 더불어 가고시마 남부 지역을 대표하는 육군특공기지였음에도 불구하고, '육군 최후의 비밀기지' 혹은 '환상의 기지'幻の基地라는 꼬리표에서 보이듯 비밀기지였기 때문에 전후 한동안 사람들의 기억에서 사라진 지역이었다. 실제로 반세 기지의 전모가 명확히 알려지게 된 것은, 전쟁 말기 미군 항공기가 찍은 반세 비행장의 사진(미국립공문서도서관 소장)이 2009년 봄 지란 특공평화회관의 자체조사에 의해 확인되면서부터의 일이다(『南日本新聞』, 2009. 4. 12). 그 전까지는 남아 있는 문서 자료도, 또 기지의 흔적도 거의 없었기 때문에, 반세 기지는 당시를 기억하는 사람들의 회상에 의해 그 면모가 추측되었을 뿐이었다. 또한 이 항공 사진이 반세가 아닌 지란 측의 조사에 의해 확인되었다는 사실, 그리고 이 사진의 원본이 반세가 아닌 지란 특공평화회관에 전시되어 있다는 사실은, 전후 '특공'에 대한 기억의 장으

로서 반세와 지란의 위상 차이를 분명하게 드러내 준다.

이런 연유로 위령제의 실시도 지란에 비해 늦었을 뿐만 아니라, 위령 관련 사업을 전개함에 있어서도 항상 지란을 강하게 의식하는 것처럼 보인다. 여기에는 지란이 전체 육군특공대원의 위령식을 함께 치르고 또 반세에서 출격한 특공대원의 유족들마저도 지란의 위령제에 참석하는 것에 대한 강한 자의식이 깔려 있다(苗村七郎, 1976: 389-390). 이러한 자의식은 위령비 건립에도 잘 반영되어 있다. 반세의 특공위령비에는 건립자의 이름이 없이, 뒷면에 '전쟁에서 살아남은 자와 뜻있는 주민들이 비를 건립하였다'는 비문만이 새겨져 있는데, 반세 측은 이에 대해 "**지란과는** 달리 반세 위령비의 경우에는 기부자의 이름은 가능한 익명으로 했으며, 이는 그 건립 의도가 **지란과는** 달리 순수한 위령에 있"(1994년 4월 10일 가세다시加世田市: 구 반세 지역을 포함한 현 행정구역 공민관에서 열린 나에무라 시치로苗村七郎 씨의 강연. 굵은 글씨 강조는 인용자)기 때문이라고 밝히고 있다. 거대한 화강암의 비에 측면을 응시하는 특공대원의 부조가 새겨진 비(〈영원히よろずよに〉) 앞에는 그 유래가 다음과 같이 적혀 있다.

> 쇼와 19[1944]년 태평양전쟁의 전국은 갑자기 악화되어 결정적 단계를 맞이하고 있었다. 여기 가세다시 후키아게하마吹上浜의 땅에 전세戰勢 전환의 신기神機를 바라며 지역민과 학도 등 군민이 일치 협력하여 반세 비행장이 건설되었다. 본토방위의 기지, 오키나와 결전의 기지로서 쇼와 20[1945]년 3월 28일부터 종전까지 육군특공 신부타이振武隊, 비행 제66전대·제55전대의 젊은 용사들은 조국을 지키는護持 초석이 되고자 이 땅에서 구름 저 너머로 발진했다. 한 기, 또 한 기. 출격해서 귀환하지 못한 자가 허다했고 공중에서 산화하거나 자폭했다. 장절壯絶하다 못해 비절悲絶하기까지 한 이 모습은 귀신도 곡할 노릇이었다. 종전 이후,

[사진 4-5] 〈영원히〉

> 조국은 눈부신 부흥을 이루어 냈다. 우리들 살아남은 자와 뜻있는 자는 영령의 진혼을 기원하며, 그 위훈偉勳을 칭송하기 위해 여기 비를 건립한다.(쇼와 47[1972]년 5월 29일)

이처럼 대원들의 장렬한 죽음에 대한 위령의 마음이 강하게 깃들어 있는 비문에는 살아남은 자와 뜻있는 자가 비를 건립했다고 새겨져 있다. 하지만 실제로 반세의 기념관과 그 주위를 돌아보노라면, 한 사람의 이름이 유독 눈에 띈다. 그의 이름은 나에무라 시치로苗村七郎(2012년 86세로 사몰). 과거 반세 기지에서 특공기를 목적지까지 안전하게 호위하는 전투부대인 '제66전대'(즉, 그 자신은 특공대원이 아니었음에도 불구하고, 그를 다루는 매스컴의 많은 기사는 그를 원특공대원으로 소개하고 있다)의 파일럿으로, 1972년 위령비에서 1993년 반세 특공평화기념관의 건립에 이르기까지 그의 존재를 빠뜨리고 전후 반세의 위령사를 이해한다는 것은 불가능하다. 당시 한 지역 신문(『鹿兒島新聞』, 1970. 7. 23)은 그가 위령비를 건립하게 된 계기를 다음과 같이 기록하고 있다.

> … 종전으로부터 25년. 나에무라 씨는 '전우나 유족을 한 사람이라도 더 찾아서 죽은 전우의 영을 위로하고 싶다'는 생각에 이전 기억을 더듬으면서 열심히 수소문했지만, 주소도 바뀌고 해서 소식은 거의 확인할 수 없었다. 그래서 종종 일 때문에 가고시마를 찾던 중, 당시 신세를 지던 숙사인 히류소飛龍莊의 여주인과 재회, 함께 반세 비행장을 방문하고, 내친 김에 바로 가세다 시청을 찾아 서무과장에게 "살아남은 전우로서 하루라도 빨리 예전 비행장이 있던 땅에 특공대의 비를 세워 죽은 전우의 영을 위로하고 싶다. 비 건립 자금 일부로서 사용해 달라"며 30만 엔을 위탁하면서, "한 명이라도 더 많이 대원들이나 유족을 찾아 모두 함께 위령하고 싶다"고 협력을 의뢰했다….(『鹿兒島新聞』, 1970. 7. 23)

결국 위령비는 이후 여러 우여곡절을 거치지만 나에무라라는 한 개인의 주도적 노력에 의해 건립된다. 이렇듯 한 특공기지의 전후 위령사 거의 전체가 한 개인의 손에 의해 쓰여 왔다는 점은 가고시마의 여타 특공기지와는 다른 반세만의 독특한 특징이라고 할 수 있다. 다시 말하면 반세는 다른 어떤 지역보다도 나에무라라는 한 개인의 전쟁 체험과 '주관'이 강하게 반영되어 있는 것이다. 그리고 이는 반세라는 위령공간에 다음과 같은 두 가지 성격을 부여하고 있다.

먼저 특공을 강조하는 다른 지역에 비해 '기지 마을'로서의 정체성을 강하게 부각시키고 있다는 점을 지적할 수 있다. 지란의 특공관음, 이즈미의 〈구름의 묘표〉, 또 고쿠부의 위령비에서 보이듯, 대다수 특공기지의 위령비가 특공대원을 위령의 대상으로 삼고 있는 데 반해,

반세의 위령비는 건립 초기 단계부터 전사한 특공대원(신부타이)만이 아닌, 반세 기지에서 출격한 엄호부대(제66전대와, 제55전대)나 통신부대 등의 전사자를 모두 아우르는 위령에 강조점을 두고 있다. 이는 반세의 위령비가 특공위령비라기보다는 특공기지의 비임을 의미하는 것으로, 비 건립 초기부터 그 위령의 대상이 특공대원에 한정되지 않은 기지의 병사들임을 명확히 한 것이라고 할 수 있다.[20]

특공평화기념관의 전시 역시 이러한 기지로서의 성격에 초점이 맞추어져 있다. 기념관 2층에 전시된 전사자들의 영정 사진을 보면, 지란의 기념관처럼 출격일순으로 전사한 특공대원들의 사진을 전시하는 방식이 아니라, 반세 기지 출신 전사자들을 중심으로 전시가 이루어지고 있다. 특히 주목을 요하는 것은 전시관에 걸려 있는 가네야마 쓰네키치金山常吉(본명 미상)라는 한 조선인의 영정 사진이다. 지란의 전시관에서는 찾아볼 수 없는 이 조선인 특공대원이 반세의 기념관에만 유독 전시되어 있는 이유는 무엇일까.

지란 측의 논리는 의외로 단순했다. (물론 지란 전시관 측은 그의 존재조차 알지 못했고, 필자가 그의 전사 기록을 제시하며 의뢰한 것이긴 하지만) 가네야마의 경우는 반세 기지로 귀환 도중 미군기의 급습으로 추락해 전사한 것이기 때문에 통상적 의미의('국가가 인정한') '특공사'로 인정되지 않는다는 것이다(지란 특공평화회관 큐레이터 야마키 사토시八卷聰 씨와의 인터뷰,

20 물론 이러한 위령비의 특징은 그 건립자인 나에무라가 특공대원의 생존자가 아닌 엄호부대 제66전대의 생존자라는 점에서 기인하는 것이기도 하다. 반세를 다룬 각종 TV 프로그램의 인터뷰에서 그는 비의 건립 의도에 대해 "일반 병대의 경우는 전사의 장소가 분명히 존재하지만, 항공대의 경우는 전사의 장소를 알 수가 없다. 전사 공보를 보더라도 특공의 경우는 어디서 전사했는지 알 수 없는 것이다. 따라서 항공대의 경우는 연료와 폭탄을 싣고 출격한 기지가 전사의 장소가 아닌가라는 생각으로 기지에 위령비를 세우게 되었다"(苗村七郎, 2009)고 밝히고 있다.

2009. 4. 12). 그러한 연유로 지란의 기념관에는 반세 기지에서 출격한 두 명의 조선인 특공대원 중 최정근崔貞根(일본명: 다카야마 노보루高山昇) 대위만이 전시되어 있다. 하지만 지란 측의 입장은 (특공사의 경위를 밝혀내는 것이 지극히 어렵다는 점은 감안하지 않는다 하더라도) 국가가 '특공사'로 인정한 죽음만을 전시하고 현창하겠다는 태도로, 어딘지 전전의 논리를 그대로 답습하고 있다는 '혐의'를 지울 수 없다. 이와 달리 반세의 경우는 특공사의 유무보다는 같은 기지에서 함께 싸운 전우에 대한 위령을 우선시한다는 점에서, 위령의 의미에 좀 더 충실한 것이 아닌가 하는 생각이 들기도 한다.

하지만 다른 한편으로 위령의 출발이 예전 부대원인 한 개인으로부터 시작되었다는 점에서 오히려 지역사회적인 색채, 나아가 유족들의 의향마저 한 개인의 카리스마에 의해 눌려 버린다는 점도 반세의 위령이 갖는 특질이다. 실제로 반세의 위령제에서 위령제의 주체인 유족이나 지역사회의 비중은 상대적으로 작고, 추도사에서 헌화·헌주에 이르기까지의 과정을 나에무라라는 한 개인이 독점하고 있다. 2009년과 2010년의 위령제에서도 구 대원의 추도사는 그의 몫이었고, 추도사의 분량 역시 다른 유족이나 봉찬회 회장에 비해 두세 배 길다. 2010년의 경우 추도사가 15분을 넘기자 장내가 술렁이며, 일부 원특공대원들의 얼굴에는 불편한 기색이 감돌기도 했다. 또한 위령제의 학생대표로 참석한 젊은이들 역시 반세 지역 출신이 아니라 나에무라의 모교인 간사이 지방의 한 대학 출신이었다.

반세 특공평화기념관의 전시 역시 하나부터 열까지 나에무라 개인의 전쟁관·특공관에 의해 덧씌워져 있다(현재 그는 반세 특공평화기념관의 명예관장이다). 과거 특공대원들의 연습기였던 복엽기 모형에 맨 중앙의 윗부분은 합장의 형태로 된 2층 건물인 현재 기념관의 외형 역시 그가 디자인한 것이다.[21] 전시관 내부에 별다른 안내판을 설치하지

[사진 4-6] 반세 특공평화기념관

않은 것 역시 그의 전쟁관, 나아가 위령관을 반영한 것이다. 그는 이에 대해 "전후 50년을 맞이하는 오늘, 누가 어떤 일을 했는가라는 책임 문제보다도 당시 상황이 실제 어떠했는지를 전해야 하며, 자기보신을 위해 타인의 책임 문제만을 추궁한 전후 미군 점령기의 사고방식은 이미 낡은 것이 되어 버렸다. 순진무구한 사고에 기초하여 '있는 그대로'의 영상이라고 할 수 있는, 즉 색안경을 끼지 않고 사실 그대로의 유품을 전시하는 것이야말로 중요한 것"(苗村七郎, 1993: 410)이라고 그 의도를 밝힌 바 있다. 이렇게 본다면 이 전시관은 거의 나에무라 일개인의 '철학'에 의해 디자인되고 건설된 것이라고 봐도 무방할 것이다.

21 디자인을 제안한 이유에 대해 나에무라는 "주지의 사실대로, 특공대원들은 젊은 시절 하늘을 날아오르는 것을 동경하며 처음부터 모두가 저 연습기를

이렇듯 한 개인의 헌신적인 노력(혹은 카리스마)이 반세라는 지역사회에서 특공대원들에 대한 위령을 가능하게 한 주요한 원동력이었음은 부인할 수 없지만, 동시에 그것이 반세의 위령에 미묘한 불협화음을 야기하고 있음을 확인할 수 있다. 그 결과 반세의 특공평화기념관은 근처 지란의 특공평화회관과는 비교할 수 없을 정도로 인지도가 떨어지고, 관람객 수도 적으며, 기념관 부지이기도 한 특공비 공원의 분위기 역시 황량하기 그지없다.[22]

고쿠부

마지막으로 해군특공기지가 있었던 고쿠부의 특공위령에 대해 간략히 검토하도록 하자. 과거 고쿠부에는 두 개의 기지가 있었는데, 그중 제1기지는 현재 육상자위대 기지가 위치해 있고, 제2기지는 현재 가고시마 공항의 일부로 사용되고 있다. 전후의 위령제 개최 상황을 보면 각 기지별로 (제1기지가 1964년, 제2기지는 1979년) 독자적으로 거행되어 오던 것이 2005년 두 지역이 기리시마霧島시로 합병되면서, 위령제의 주체도 '고쿠부·미조베溝邊 특공보존위원회'로 통합되어 2006년부터 매년 4월

타고 훈련을 했던 것이지, 결코 특공대로 출격하기 위해 비행기 조종기술을 배우기 시작했던 것이 아니다. 그들에게는 언젠가 평화로운 시대가 오면 이 복엽기(아카톤보)로 하늘을 자유롭게 날아오르고 싶다는 생각이 있었다"고 밝혔다.

22 반세를 방문했을 당시의 첫인상은 지란에 비한다면 황량할 정도로 차분하고 조용한 것이었다. 위령공간이라고 할 만한 것도 한때 기지가 있었음을 알려주는 '영문'營門과 죽은 특공대원들을 위령하기 위해 진입로에 띄엄띄엄 세워진 몇 기의 석등롱이 전부였다. 물론 찾아오는 이도 거의 없었다. 특공기념관을 보러 지란을 찾아온 사람들 중 극히 일부가 이웃 반세에도 특공기지가 있음을 전해 듣고 찾아오거나 또 극히 일부의 열성적인 사람들이 찾아온다. 매해 관람객 수의 통계를 공개하는 지란 특공평화회관에 비해, 반세 특공평화기념관 측은 관람객 수의 공개를 주저하고 또 꺼린다.

[사진 4-7] 고쿠부 제1기지 위령비

22일 위령제를 일괄적으로 치르는 것으로 바뀌었다. 하지만 위령제 자체가 통합된 것은 아니며, 오전에는 고쿠부에서, 오후에는 장소를 옮겨 미조베에서 위령제가 거행된다. 두 지역은 자동차로 30분 정도 떨어진 거리에 위치해 있기 때문에, 오전의 위령제 이후 회식까지 감안한다면 고쿠부의 위령제는 하루에 걸쳐 치러지는 셈이다.

다른 특공위령제와 다른 고쿠부 위령제의 특징은 위령제에서 유족회가 수행하는 역할에 있다. 여타 지역의 위령제에서는 유족이 초대받은 손님의 역할에 머무르는 반면, 고쿠부의 경우는 위령제를 조직하고 운영하는 역할을 맡고 있을 만큼 유족회의 비중이 크다. 유족회가 만든 위령제 안내 자료에 따르면, 유족회國分遺族の會가 구성된 것은 유족들의 주도와 지역 행정당국의 협조로 '유족명부'를 만든 다음 해인 1994년이다. 이와 함께 위령제 관련 업무도 살아남은 원특공대원들

[사진 4-8] 고쿠부 제2기지 위령비

로부터 유족회가 본격적으로 담당하게 되고, 유족들을 중심으로 한 모임도 매년 위령제 전날인 4월 21일 고쿠부에서 개최되고 있다. 위령제에 참석한 유족 수는 1993년 78명(41가족), 1994년 74명(33가족), 1995년 154명(56가족), 그 후에도 매년 60명 이상을 유지하고 있으며, 2009년에 참석한 유족 수도 66명(31가족)으로, 지란을 제외한다면 다른 지역들과 달리 상당한 수의 유족이 계속 참석하고 있음을 알 수 있다. 유족회의 역할 비중이 높다는 것, 그리고 전날 고쿠부에서 이루어지는 유족총회 등이 유족의 높은 참석률을 가능하게 하는 이유로 추정된다. 고쿠부에서 치러지는 위령제 외에도 유족회는 매년 10월 22일(2002년부터 시작) 야스쿠니신사에서 승전참배昇展參拜를 실시하고 있다.

고쿠부 위령제의 또 다른 특징은 이전 특공기지의 터를 그대로 육상자위대가 물려받았다는 것, 그리고 위령비 건립과 그 이후 관리에도 자위대가 관여하고 있는 것에서 알 수 있듯이, 자위대의 역할 비중이 상당히 높다는 점이다.[23] 물론 특공대의 위령에 있어 자위대가 전면에 나서는 것은 현재 일본의 정치적 상황에서 보더라도 많은 논란을 자아낼 수 있는 민감한 사항이다. 가노야에 있는 '항공기지 사료관'의 전시를 보더라도 1층이 자위대의 현재, 그리고 2층이 예전 가노야 특공기지의 전시로 전시공간을 구분하고 있는데, 이는 단순한 공간의 분리가 아니라, 해상자위대를 과거 제국해군의 계승으로 '공개적으로' 주장할 수 없는 현실을 반영하고 있는 것이다.

하지만 일본자위대 전 항공 막료장이었던 다모가미 도시오田母神俊雄의 논문(「일본은 침략국가였는가日本は侵略國家であったのか」[2008])이 일본 사회에 불러일으켰던 파장에서 알 수 있듯이, 지난 전쟁, 그리고 (구) 제국군대와 (현) 자위대의 관계에 관한 문제가 현재 일본 사회에서 뜨거운 논쟁의 불씨가 되고 있음은 부정할 수 없다. 그 한 예로 가고시마의 이즈미에서도, 2009년의 위령제 전날 이즈미 출신 자위대 막료장이 자신의 강연('국민과 자위대: 그 현상과 과제')에서 현 자위대는 과거의 군대 이미지와는 달리 평화를 지향하며 국민에게 친근한 군대라고 한 것에 대

23 현재 고쿠부 육상자위대 기지 정문 앞(예전 특공기지의 전투지휘소 터)에 세워진 위령비의 정면에는 건립 취지와 함께 건립 과정에서 자위대가 관여한 바가 명기되어 있다. "이 땅은 대동아전쟁이 한창이던 쇼와 18[1943]년 이즈미해군항공대 고쿠부 분견대가 설치되어 다음 해인 19년 8월 5일 고쿠부 해군항공대로서 개설, 연일 대원들이 훈련을 하던 곳이었지만, 쇼와 20년 초 적군이 오키나와 본토에 쳐들어올 무렵 해군특별공격대의 기지로 사용되어 400여 명의 젊은 용사들이 빙그레 웃으며 구름 흘러가는 저 너머로 출격, 돌아올 수 없는 장도를 떠나 위급한 조국을 위해 숨진 유서 깊은 토지다. 이 비는 덧없이 산화해 간 이 젊은이들 미타마御靈의 영원한 평안을 기원하며 조국의 평화회복에 이바지하기 위해 고쿠부시 및 자위대, 일반 유지들의 기금과 육상자위대 고쿠부 주둔부대원의 노력봉사로 건립된 것이다."(쇼와 39[1964]년 8월 15일)

해, 플로어에 있던 원특공대원 생존자의 "자위대는 정말 과거 제국일본의 군대와 단절된 것인가? 자위대는 특공대의 숭고한 정신을 어떤 식으로 계승할 생각인가?"라는 질문에 행사장의 분위기가 일순 얼어붙은 일화도 있었다.

이와 달리 고쿠부의 경우 자위대의 관여는 훨씬 뚜렷하다. 특히 2009년 위령제 폐회 후 참석자들의 점심식사 장소였던 자위대 기지식당에서, 점심을 제공한 자위대 측의 한 고위간부는 유족들이 고령화되고 지역사회의 힘만으로는 위령제의 개최가 어려운 상황에서 자위대가 이 사업을 계승하고 유지해 갈 것이라는 취지의 발언을 하기도 했다. 유족들의 고령화가 더욱 심화되는 가운데 고쿠부의 위령제에서 자위대의 관여가 앞으로도 계속 커질 것이라는 점은 분명해 보인다.

3. 특공위령의 성격

지금까지 살펴본 것처럼, 가고시마 각지에서 매해 치러지고 있는 특공위령제는 각 지역의 상황과 처지에 따라 조금씩 다른 양상으로 전개되고 있다. 하지만 이러한 다양성 못지않게, 가고시마의 '특공위령'은 각 지역사회가 자신의 마을에 있던 기지에서 출격한 특공대원의 죽음을 기리고 이를 위령한다는 사실에서 비롯하는 공통점을 지닌다. 그 공통점은 전후 지역사회 주관으로 치러지는 위령제나 전우회의 위령제와 비교해 보면 더욱 뚜렷해진다. '특공위령'은 이들 전사자와 직접적인 혈연관계가 없고 이 지역 출신도 아니지만 과거 특공기지가 있었다는 인연 때문에 해당 지역사회가 위령 행사에 주도적 역할을 하고 있다는 점에서, 또 특공 전사자와 유족·전우의 사이에 직접적인 관계성을 구축하고는 있지만 대부분의 특공위령제에서 그들은 어디까지나 '주빈'

즉 손님의 역할로 위령제에 참가하고 있을 뿐(물론 고쿠부와 같이 정도의 차이는 있지만)이라는 점에서 전후가 낳은 독특한 위령의 형태로 범주화할 수 있다. 나아가 지역사회 주민들의 주도로 유족과 원특공대원들을 초청하는 형식의 위령제가 거행되는 것은, 비행장 건설에서부터 시작해 죽음을 앞둔 특공대원들과의 개인적인 교류에 이르기까지 지난 전쟁의 기억에서 특공이 차지하는 위상이 그만큼 컸다는 사실을 방증하는 것이기도 하다. 다음에서는 '특공위령'과 전후의 일반적인 전몰자추도식의 비교를 통해 '특공위령'의 성격을 보다 구체적으로 드러내고자 한다.

첫째, 전사자의 죽음에 대한 의미 부여라는 측면에서 본다면 특공위령과 일반 전몰자추도식은 그 결을 같이한다. 특공위령제에서 울려퍼지는 위령사의 언설 구조는 대개 패전 직후 조국의 곤란했던 상황에서 희생된 이들(영령)의 가호로 전후 일본이 기적적인 부흥을 이룰 수 있었고, 현재의 어려움을 타개하는 데 그들의 도움을 바란다는 2부 구성을 취하고 있다는 점에서 전후 일본의 전몰자추도식 추도사의 언설 구조와 전반적으로 동일하다.

> … 21세기를 맞이하여 전쟁을 모르는 세대가 늘고, 미타마들이 몸을 던져 어려운 조국을 구하기 위해 죽었다는 사실마저 잊혀 가고 있는 가운데 오늘의 평화와 번영이 쌓아 올려져 왔습니다. 이 행복을 곰곰이 음미할 때, 이는 지금은 돌아가신 미타마들의 고귀한 희생과 가호에 의해 얻어진 선물賜物임을 알 수 있으며, 우리들은 이것을 하루도 잊어서는 안 됩니다. 계절이 바뀌고 시간이 흘러 세대가 바뀌어도 이 숭고한 정신을 현창하고, 사실史實을 올바르게 후세에 전하고, 평화를 계승해 가는 마을로서의 역할을 다하고, 미타마들이 국가의 안태를 염원하며 산화散華해 간 그 마음에 보답해 갈 것을 맹세합니다.(2002년 제48회 지란 특공위령제

추도사. 굵은 글씨 강조는 인용자)

> … 우리나라의 국내 사정은 오랫동안 **평화**가 계속되고 경제적으로도 커다란 발전을 이루어 경제대국으로까지 이야기할 수 있게 되었습니다. 이는 오로지 조국을 위해 몸을 바치고 싸워 전사하신 모든 영령들의 가호 덕분이며, 모든 영령들의 공적은 일본 국민으로서 결코 잊어서는 안 되는 것입니다.(2004년 제45회 이즈미 특공위령제 추도사. 굵은 글씨 강조는 인용자)

이 추도사들의 밑바탕에 공통적으로 깔려 있는 논리는 전후 일본 사회의 일관된 위령 논리인 '희생=평화의 초석'론이다. 물론 죽어 간 이들에 대한 위령과 현창이 반드시 지난 전쟁에 대한 미화를 의미하는 것은 아니다. 특공대원으로 이즈미 기지에서 출격 전사한 형을 기리는 한 유족대표의 추도사나 살아남은 특공대원의 추도사에는 지난 전쟁에서 무모한 특공작전을 계획한 군 수뇌부에 대한 강렬한 비판이 배어 나온다. 이는 지난 전쟁을 대동아전쟁으로, 그리고 자존·자위의 전쟁으로 자리매김하면서 특공대원들의 죽음을 성스러운 희생으로 치켜세우는 보수파들의 논리와는 확실히 일선을 긋는 것이다. 다시 말해 "정부 수뇌, 군 수뇌는 전국이 회복 불가능한 실정을 끝까지 숨기면서 형들(특공대원)을 고무하고 오키나와로 향하게 한 것"(1997년 이즈미 특공위령제 원특공대원 추도사)이라는 논리는, "개전 이후 우리 군은 전선 각지에서 커다란 전과를 냈지만, 시간이 흐르면서 육해군 장병의 용전, 군관의 노력, 일억중서一億衆庶의 봉공, 각각의 최선에도 불구하고 전국은 반드시 호전되지 않고 국운의 장래에도 중대한 위기가 닥쳐왔다"(2001년 이즈미 특공위령제 현창회장 추도사)는 논리와 그 성격상 현저한 차이가 난다. 한쪽이 무모한 전쟁과 그 결과인 특공작전을 전개한 군부에 대한 비판을 전제하고 있다면, 다른 한쪽은 모두들 전쟁에서 최선을 다했지만 결과가 좋지 않았다는 평가가 그 기조를 이루고 있기 때문이다.

하지만 동시에 이 두 논리가 커다란 모순 없이 특공위령제라는 장에서 뒤섞이고 있음을 간과해서는 안 된다. 다시 말하면 지난 시기의 전쟁에 대한 인식(혹은 역사 인식)에 있어 근본적인 차이를 가지고 있음에도 불구하고, 특공대원들의 희생에 대한 의미 부여("특공대원은 현재 일본의 번영과 평화의 초석이다")에 있어서만큼은 양자의 논리가 일치하고 있는 것이다. 여기서 우리는 1963년 8월 15일에 개최된 제1회 전국전몰자추도식에서의 이케다 하야토 총리의 추도사를 떠올릴 수도 있을 것이다.

이러한 위령의 본질은 그들의 희생이 초석이 되어 전후의 평화와 번영을 가져왔다는, 즉 "희생과 평화와 번영의 삼중주"(田中伸尙, 1998: 127)로 요약되는 전후 일본 평화주의의 한 지류라고 할 수 있다. 물론 지난 전쟁에 대한 인식(혹은 역사 인식)의 차이는 다양하며, 그 차이로 인해 특공의 죽음은 '순국'인가 '개죽음'인가를 둘러싼 논쟁이 불거지기도 한다. 하지만 이러한 갈등은 희생에 대한 의미 부여("특공대원은 현재 일본의 번영과 평화의 초석이다")를 통해 봉합되며, 그것이야말로 야스쿠니를 중심으로 하는 '순국', 히로시마·나가사키를 중심으로 하는 '평화'라는 이분구도가 자리 잡은 1960년대 이후 일본 사회에서 평화주의가 걸었던 궤적이기도 하다. 이런 애매함은 물론 "상징성의 약화"(赤澤史朗, 2005: 160)를 초래할 수 있지만, 이 논리가 이후 일본 사회에서 하나의 이데올로기를 넘어서는 국민적 합의를 도출해 냈다는 점을 동시에 지적해야 한다. 실제로 '희생=초석'론은 '순국'론과 '개죽음'론의 불협화음을 봉합하면서 일본 사회에서 받아들이지 않으면 안 되는 하나의 규칙 혹은 '국민감정'national sentiment으로 자리매김되어 왔다.[24]

둘째, 위령제의 형식이라는 측면에서 본다면, 대개의 특공위령제는 전후 일반화된 '무종교 형식'을 채택하고 있다는 점에서 동일한 양상을 띤다. 전후 일본에서 무종교 형식이란, 신도식神道式 혹은 불교식과 같은 특정 종교적 색채를 배제하고 '헌화' 등과 같이 종교적 성격을 띠지 않는 방식에 의한 추도를 의미한다. 지역에 따라 약간의 편차는 있지만, '개식사 → 국기게양 → 묵도 → 위령사/추도사 → 헌화 → 의장대 헌주 → 합창 → 폐식사'라는 대략적인 프로그램을 공유한다. 이렇듯 무종교식이 전후 위령제/추도식의 전형으로 받아들여진 데는 위령제/추도식 행사에 대한 지자체(총무과나 후생복지과)의 개입이라는 배경이 맞물려 있었다. 즉, 전후 헌법의 중요한 원리이기도 한 '정교분리' 조항 침해 논란, 소위 '야스쿠니 소송'[25]을 회피하기 위한 의식적인

24 기타무라 쓰요시北村毅는 전후 일본의 언설공간에서 '평화'가 전사자의 '피의 희생'과 세트로 사용되는 한 범汎이데올로기의 영역으로 존재해 왔다고, 즉 전사자의 '희생'이 현재의 '평화와 번영'을 가져왔다는 인과관계 속에서 전후가 표상되는 한, '평화'는 모든 사상 신조의 완충으로서, 변환자재의 이데올로기로서 기능해 왔다고 지적한다(北村毅, 2009: 223). 그렇다면 일본 사회에서 희생=초석=평화론이 커다란 이론異論 없이 받아들여지게 된 이유는 무엇일까. 이에 대해 이치노세 도시야는 지역사회의 전몰자 위령에 대한 연구(一ノ瀬俊也, 2002)에서, 전쟁의 의미에 대해 천착하면서도 자기 육친의 죽음이 헛된 죽음犬死이 되는 것을 받아들일 수 없을 경우, 유족에게 남은 유일한 선택지는 '국가를 위해'라는 초석론을 받아들이는 것이 아니었을까라는 물음을 던진다. 물론 이는 하나의 가능성으로서 받아들일 수 있다. 하지만 실제로 그 죽음의 의미를 묻는 다른 가능성들은 정말 부재했는가, 그리고 국가가 만들어 낸 '희생=초석'론 이외의 다른 대안의 논리들을 만들어 내는 데 왜 실패했는가라는 문제를 재고하지 않는다면, 이러한 설명은 단순한 '현상 긍정의 논리'로 귀착될 수밖에 없다.

25 여기서 '야스쿠니 소송'이란 주로 행정기관·입법기관과 그 장에 해당하는 시장·지사·현회의장·총리 등이 야스쿠니신사·호국신사·충혼비·충혼탑 등에서 신도식 범위 밖의 종교적인 '위령' 행위를 실행하고 다마쿠시 요금 등을 공비부담으로 하거나 그것을 행하는 단체에 공비를 보조하는 것을 위헌이라고 하여 주민 등이 그 손해배상을 요구하는 재판을 가리킨다.

노력이 여기에는 작용한 것이다. 실제로 일본 사회에서는 1975년의 미노箕面 충혼비소송, 1984년의 나카소네 총리 공식참배 위헌 소송, 1989년 에히메愛媛 다마쿠시玉串 요금 소송, 1991년 이와테岩手 야스쿠니 소송 등 1970년대 후반부터 일련의 '소송'이 제기되었고, 이 소송들은 정교분리에 대한 인식이 일본 사회 전반에 확산되는 계기가 되기도 했다.

이 점에 있어 한 가지 흥미로운 사례가 이즈미의 경우다. 전후 비교적 초기에 거행된 이즈미의 특공위령제는 초기에는 신도식神道式으로 치러졌지만, 4회(1963년)부터 현재와 같은 무종교식으로 바뀌게 된다. 그런데 이렇게 위령제의 형식이 바뀌게 된 이유에 대해, 이즈미에서 선대부터 계속 위령제를 관리해 온 다케조에 쓰구오 씨는 흥미롭게도 자치체의 문제보다 "자위대의 참가 여부 문제가 결정적이었다"고 이야기한다. 다시 말하면 기존 신도식의 경우 자위대 참가가 공식적으로 어렵기 때문에, 행사 주최 측이 위령제를 무종교적인 성격으로 바꿈으로써 그 공식 참가를 가능하게 했다는 것이다(다케조에 쓰구오 씨와의 인터뷰, 2009. 5. 20). 하지만 행사가 무종교식이라 하더라도 그것이 위령식 참가자 개인의 종교적 실천을 제약하는 것은 아니다. 실제 참가자들 중에는 헌화 도중 위령비 앞에서 (영혼을 부르는 의미에서) 두 번 박수를 치는 신도식 의례를 하는 경우도 있다.

물론 지란과 같이 제1회부터 지금까지 불교식 위령제를 고수하는 지역도 있다.[26] 흥미로운 점은 불교식으로 치러지는 위령제에 지자

26 불교식과 무종교식의 가장 커다란 차이는, 불교식에서는 무종교식의 위령제에 반드시 들어가는 '국기게양'과 '국가연주'가 빠지고 대신 '일동합장예배'와 '독경/분향'이 들어간다는 점이다. 하지만 '독경/분향'이 끝나면 승려가 퇴장하고, 무종교식의 가장 대표적인 특징이라고 할 수 있는 '헌화'도 식순에 포함되는데, 이처럼 지란의 위령제 역시 완전한 불교식이라고 할 수는 없으며, 굳이 분류한다면 불교식과 무종교식이 혼합된 일종의 '절충'syncretism이

체의 공직자들이 공직자 신분으로 화환을 바치거나 '분향'이라는 불교식 위령에 참가하는 것에 대해서는 별다른 논란이 없다는 점이다. '야스쿠니 소송'의 핵심 쟁점이었던 정교분리라는 원칙이 이 경우에는 지켜지지 않는 것이다. 정교분리와 관련된 논쟁이 대개 신도와 관련되어 있다는 점, 즉, 전시기 국가신도에 대한 비판과 관련하여 제기되고 있다는 점을 염두에 둔다면, 오랫동안 일본 사회의 생활종교였던 불교에 대한 일반 사회의 '관대함'은 어느 정도 이해할 수 있다. 아니, 보다 근원적인 측면에서 시민단체들의 반대에도 불구하고 공직자들의 다마쿠시 봉환이 일본 각지의 호국신사에서 으레 일어나고 있는 현실을 감안한다면, 그러한 관행에 반대하는 소송이 일어나는 것 자체가 이례적인 일이라고 해야 할지도 모른다.

셋째, 자위대의 개입 문제는 전후 전몰자추도식 일반과 특공위령제를 구분하는 중요한 차이라고 지적해야 할 것이다. 자위대의 참여 문제 때문에 위령제의 형식을 바꾼 이즈미 지역의 예는 앞서 언급했지만, 위령제에 있어 자위대 음악대의 연주는 대다수 특공위령제 행사에서 빠질 수 없는 필수요소다. "몇 해 전 위령제에는 자위대 음악대가 오지 않아서 위령제 모양새가 말이 아니었다"든가, "자위대 음악대가 군가도 연주해 주고 해야 홍도 나고 참석자들도 좋아한다"(반세 특공평화기념관 관장과의 인터뷰, 2009. 4. 16)든가 하는 한 위령제 관계자의 말은 위령제의 흥행을 위해 자위대 음악대를 유치하고 싶어 하는 주최 측의 속내를 잘 드러낸다. 물론 자위대의 개입(나아가 참배) 문제는 정교분리의 맥락에서 볼 때 전후 일본 사회에서 가장 민감한 이슈 가운데 하나다. 그 한 예로 현재까지도 자위대는 관례상 야스쿠니신사에는 참배하지 않으

라고 보는 것이 타당할 것이다.

[사진 4-9] 반세 특공위령제 풍경

[사진 4-10] 지란 특공위령제 풍경
두 위령제 모두에서 자위대 군악대가 참석해 연주를 하고 있다.

며, 그 대신 비종교 시설인 지도리가후치 전몰자묘원千鳥ヶ淵戰沒者墓苑에서만 참배를 하고 있다. 홋카이도 호국신사의 정기 제사例大祭에 자위대 고위관료가 참배하는 것을 둘러싸고도 일본 사회에서 논란이 일어난 적이 있다. 히로시마나 나가사키와 같이 원폭 희생자를 추도하는 기념식의 경우는 지역사회나 학교의 오케스트라가 그 역할을 담당하는 것이 일반적이다.

자위대의 참여가 불러일으키는 민감한 기류는 지금까지 불교식을 고수하며 정교분리의 원칙에 대해서마저 '초연해' 보이는 지란의 위령제에서도 감지된다. 2009년의 위령제에서도 위령제 시작 전에 음악을 연주하던 자위대 음악대가 승려의 입장과 동시에 좌석에서 일어나 퇴장하고, 분향이 끝난 후 승려가 퇴장하자 다시 입장해서 헌주獻奏와 위령합창 반주를 하는 '기묘한' 풍경이 연출되었다. 물론 그 이유를 묻는 질문에 대해 자위대 대원들은 회피하거나 대답하기 어렵다는 '애매한' 답변으로 얼버무린다. 하지만 이러한 '어색한' 상황이 연출된다는 것 자체가 정교분리와 자위대 개입 여부를 둘러싼 터부가 일본 사회에 여전히 남아 있음을 방증하는 것이기도 하다.

하지만 자위대의 개입은 관계자 및 유족의 고령화와 예산 부족으로 어려움을 겪고 있는 가고시마 지역사회의 현실상 피할 수 없는 상황이다. 지역경제 활성화를 위한 산업 유치에 어려움을 겪는 지자체에서 자위대 유치는 매력적인 대안으로 여겨지고 있으며, 실제로 가고시마현은 일본 전국에서 자위대 기지 비율이 가장 높은 지역 중 하나이기도 하다.

이미 위령제 주관 업무를 사실상 자위대에 넘겨준 고쿠부는 물론, 2009년 50주년을 맞이한 이즈미의 위령제에서도 자위대 문제는 중요한 이슈였다. 이즈미의 위령제는 처음부터 이즈미 기지에 대한 강렬한 기억을 가지고 있던 지역유지들과 원특공대원들이 중심이 되어 조직되었기 때문에, 비록 큰 규모는 아니더라도 계속해서 위령제를 꾸려 나갈 수 있었다. 하지만 전후 64년이 흐른 현재, 초기의 주도적 참가자들이 세상을 떠나고 또 다수가 고령화되면서, 위령제의 존속 여부는 이제 더 이상 간과할 수 없는 문제가 되었던 것이다. 2009년 위령제가 끝난 당일 오후 다케조에 씨 자택에서 연례로 개최되는 교류회(평가회)에서의 중심 화제 가운데 하나도 위령제의 존속 여부에 관한 것이었다. 저녁이 되면서 외부의 손님들이 하나둘 사라지고 운영 멤버들만이 남자 '이번은 50회 기념이니만큼 어떻게든 치러 냈지만, 내년에는 어떻게 할 것인가'라는 문제가 자연스레 제기되었다. 지금까지 여러 테이블에서 자유롭게 서로의 이야기를 나누던 술자리의 분위기는 일순 무거워졌다. 이후 '위령제에 충실하자', '기념관을 건설해야 한다', '자위대보다 시민들의 참여를 유도해야 한다' 등 다양한 의견들이 나왔지만, 결말이 나지 않은 채 모임은 끝이 났다.

물론 현 위령현창회의 회장은 이즈미시 시장이 맡고 있고, 위령제 관련 사무도 상당 부분 이즈미시 사회복지협의회 직원들이 맡고 있다는 점에서, 이즈미의 위령제에서도 지자체의 개입은 뚜렷하다고 할 수 있다. 과거 '특공비 보존회'에서 현 위령 주체인 '특공비 현창회'로의 변화는 단순히 명칭의 변경만을 의미하는 것이 아니다. 여기에는 1979년 제20회 위령제를 마치면서, 회원들의 죽음이나 고령화 때문에 어쩔 수 없이 개인들이 중심이던 '특공비 보존회'를 해체하고 기념비를 포함한 특공비 공원의 제반 시설을 모두 지자체에 위탁하는 형태의 진정서를 제출해 지자체가 이를 받아들였던 일련의 과정이 내포되어 있다. 실제로 현재 500-600명 정도의 인원이 참석하는 이틀간의 위령제 행사를 시의 도움 없이 치러 낸다는 것은 사실상 불가능하다. 이렇듯 위령제의 미래가 불투명한 상황에서, 자위대의 '적극적인' 개입이 어떤 의미에서든 위령제를 주관하는 측으로서는 반가울 수밖에 없을 것이다.

마지막으로 특공위령의 논리와 야스쿠니신사의 전사자 제사의 논리를 비교하면서, 전후 일본 사회에서 특공위령이 갖는 의미를 검토하고자 한다. 야스쿠니 제사의 본질이 "슬픔을 억압해 한사코 전사자를 현창하려고 하는 국가제사"(高橋哲哉, 2005)라는 일본 진보 진영의 논리에 대해서는 앞서 소개한 바 있다. 그리고 이러한 논리에는, 야스쿠니신사의 초혼제를 "죽은 자의 영혼을 개인의 영혼 혹은 유족의 영혼이 아닌, 국가신도하의 국가제사 대상으로서의 신령神靈으로 전화하는 의식"(大江志乃夫, 2001: 137)으로 간주하는 야스쿠니신사의 논리에 대해 전후 일본 사회가 견지해 온 비판적 시각이 면면히 계승되고 있다는 점도 지적했다.

양자의 위령관을 비교함에 있어 이를 '혼의 행방'의 문제로만 본다면, 전사자의 혼을 야스쿠니신사로 불러 모아 이를 현창한다는 논리가 적어도 특공위령제에서는 공공연하게 드러나지 않는다고도 볼 수 있다. 오히려 특공위령제는 지역사회의 주최로 유족 및 원특공대원들을 초청하여, 1년에 한 번 죽은 특공대원들을 기억하고 또 그들을 추도하는 '상喪의 작업'의 성격이 강하다. 육친이 어떻게 죽음을 맞이했는지 그 흔적이나마 찾기 위해 그들의 전사지로 알려진 오키나와나 사이판, 괌, 팔라우 등 남태평양의 섬들을 찾는 유족들의 전적 순례와 같이, 매년 위령제에 맞춰 유족들이 지란이나 이즈미 등 가고시마의 특공기지 마을을 찾아오는 데는 그 공간이 전사자들의 혼을 불러 모아 현창하는 곳이라는 관념보다는, 그들이 죽은 곳 혹은 마지막 출격을 한 장소가 바로 그곳이라는 '실감'이 강하게 작용한다.

하지만 지금까지 고찰한 것처럼 위령과 현창의 경계는 항상 애매하게 서로 걸쳐 있고, 또 전시기 야스쿠니 제사 시스템이 가장 잘 작동했던 시절에도 혼의 행방 문제는 항상 국가와 지역사회, 그리고 이에의 영역에 애매하게 걸쳐 있었다는 점(矢野敬一, 2003; 岩田重則, 2006)을 고려한다면, 특공위령제가 야스쿠니 제사와는 다른 독특한 애도의 형식을 취하고 있다고 말하기는 어렵다는 잠정적 결론을 제시할 수밖에 없다.

결론적으로 전후 60년이 지난 현재 특공위령제는 기억의 장으로서의 위상을 점차 상실해 가고 있는 듯 보인다. 특공사가 '순국'과 '개죽음'이라는 죽음의 두 속성이 빚어내는 긴장을 가장 극명하게 내포하고 있다는 점에서 특공위령은 기존의 내셔널한 위령이나 전국전몰자 추도식으로 대표되는 '평화의 초석'론의 허구성을 드러낼 수 있는 가능성을 가지고 있음에도 불구하고, 실제로 특공위령제에서는 유효 시기가 이미 지난 듯이 보이는 '평화의 초석'론만이 공허하게 되풀이되고 있다. 그것은 체험자와 유족의 고령화로 위령제가 그 기억의 장으로서의 위상을 상실해 가고 있음을 의미하는 것이기도 하다. 제5부에서는 위령을 대신하여 특공의 기억을 만들어 내는 새로운 감정기관emotive institution으로 자리 잡고 있는 특공기념관의 '재현의 정치'에 주목하면서, 가고시마에서 특공과 전쟁의 기억을 둘러싸고 어떠한 담론들이 만들어지며 또 경합이 이루어지고 있는지를 고찰하고자 한다.

4. 삼각병사의 위령제

매년 평화공원 부지에서 공식적으로 개최되는 특공위령제와는 별도로, 지란에서는 위령제가 끝나면 과거 특공대원들이 거처했던 숙사인 '삼각병사'三角兵舍 터에서 소규모의 위령제가 치러진다. 삼각병사는 예전 연합군의 공습 등을 피하기 위해 소나무 숲 속에 출격 대기 중인 특공대원들이 간신히 누워 잘 수 있는 정도의 규모로 건설된 반半지하 숙사다. 물론 지금은 흔적도 없이 사라져 버린 옛터에는 주변의 울창한 소나무들 사이에 가려 눈에 잘 띄지 않는 조그만 위령비 하나가 세워져 있을 뿐이다. 이곳 역시 '지란 필드 뮤지엄'의 일부이긴 하지만, 특공평화회관이나 관음당 등 시설이 집중된 마을 중심부와는 상당히 떨어진 거리에 위치해 있고, 더구나 관광객의 시선을 끌 만한 변변한 시설물도 없기 때문에 찾아오는 사람들은 그다지 많지 않다. 관광객들은 현재의 특공평화회관 부지 내에 세워져 있는 '현대화된' 모형 삼각병사 안에 들어가, 죽음의 출격을 앞둔 젊은이들에게 남겨진 몇 주간의 삶을 위해 제공된 열악한 처소의 모습을 떠올리며 '감정이입'을 할 뿐이다.

위령제를 준비하는 주체는 예전 이곳 삼각병사에서 특공대원들에게 잔심부름 및 편의를 제공하라는 군부의 명령으로 동원되었던 지란 고녀高女(지금의 여자고등학교) 출신의 나데시코회なでしこ會 회원들이다. 당시 10대였던 그녀들 역시 세월이 흐른 지금은 어느덧 70-80대의 고령에 접어들었다. 1974년부터 시작된 이 조그만 위령제는 초기에는 이 여성 회원들과 원특공대원, 전사자의 유족들이 참가해 당시를 회상하는 매우 개인적인 성격의 모임이었다. 형식도 간단해서, 공식 위령제가 끝나면 이곳을 찾아와 준비한 술과 간단한 음식을 서로 나누어 먹으면서 특공대에 얽힌 자신의 예전 경험을 이야기하거나 먼저 죽어 간 이들을 애도하면서 시간을 보내는 것이 전부였다. 2000년대에 접어들어, 〈호타루ホタル〉(2001), 〈나는 당신을 위해 죽으러 갑니다俺は君のためにこそ死にに行く〉(2007)와 같은 영화나 TV 드라마(〈천의 바람이 되어: 나데시코 부대千の風になって: なでしこ隊〉(2007)) 등을 통해 대중들에게 알려지면서 특공 관계자 이외에도 영화나 드라마에 출연한 배우들, 그리고 관심을 가진 일반인들의 참가가 늘어나기는 했지만, 어디까지나 위령제의 주체는 나데시코회의 회원들이다.

2009년의 위령제에는 과거 특공대원으로 지란 특공평화회관의

[사진 4-11] 삼각병사의 위령제 풍경

초대관장이자 현 명예관장이기도 한 사카즈 다다마사板津忠正 씨와 나데시코회의 회원 한 명이 대표로 참석해서 당시 삼각병사에서의 생활이나 특공대원들과 여학생들의 교류에 대해 위령객들에게 이야기하면서 추억에 젖는 모습도 보였다. 마을이 주최하는 공식적인 위령제가 있음에도 불구하고, 매년 그들이 이곳에 와서 자신들만의 위령제를 치르는 데는 역시 공식적인 위령제에서는 이야기되기 힘든 특공대원들과의 개인적인 회상들을 서로 공유하고 이를 통해 그들을 기억하고자 하는 또 하나의 위령의 방식이 자리하고 있다고 볼 수 있을 것이다.

우리들의 모임도 쇼와 49[1974]년 특공대원의 동상이 건립되고 제막식을 거행했을 때부터 시작되어, 그때 제29신부타이의 시바타 소위가 여학생들도 모두 예전 병사들이 거주했던 이곳 삼각병사로 오라고 말씀

> 하셔서 여기에 모였습니다. 그때만 해도 (돌아가신) 특공대원의 부인이나 약혼자, 대학의 동급생분들이 참석하셔서, 간단한 음식을 장만해 모두들 울기도 하며 옛날의 기억들을 이야기했던 것이 이 모임(삼각병사 위령제)의 출발이었습니다.(삼각병사 위령제를 준비한 한 나데시코회 회원의 간단한 인사말 및 경과보고, 2009. 5. 3)

하지만 그렇다고 이 조그마한 위령제가 공식 위령제와 대립적인 위치에 있다고, 또 공식 위령제의 서사를 넘어설 수 있는 대안적 기억의 가능성을 만들어 내고 있다고 보기는 어렵다. 확실히 이러한 사적인 장을 통해 공식적인 위령제에서 이야기되기 힘든 특공대원들 개개인의 면모, 그리고 그들과의 인간적인 교감이 이야기될 수 있다고는 해도, 이러한 계기가 현재 일본 사회에서 특공의 성지로서 지란이 만들어 내고 있는 공식적 서사를 교란하거나 전복하는 힘이 될 수는 없기 때문이다. 무엇보다 지란에 위령제가 존재하지 않던 시절, 특공대원을 위해 지역사회 주도로 위령제를 치러야 한다고 주장했던 이들은 바로 그들이었다. 물론 위령제의 규모가 커지고 전시관이 생기는 등 공적 영역으로 전화되면 될수록 특공대원들에 대한 개인적인 회상들—출격을 기다리던 특공대원들의 고뇌나 눈물에 대한 기억 혹은 전쟁이나 특공이라는 작전에 대한 대원 개개인의 생각 등—은 공식 위령제에서는 다루기 어려워진다. 그들 개개인의 회상은 공적 언어를 갖춘 사람들에 의해 대변되지 않으면 안 되는 것이다.

하지만 그들의 감정이 공식적인 위령제에 의해 단순히 소외되었다고 결론 내릴 수 없는 것은, 호타루관이나 전후 일본에서 출판된 다양한 특공 관련 서적들을 통해서 볼 수 있듯이, 특공대원들에 얽힌 개인적인 회상들 역시 여러 모습으로 또 다른 공적 영역에 등장 혹은 상품화되고 있기 때문이다. 이는 전사자에 대한 제사를 국가가 공적인

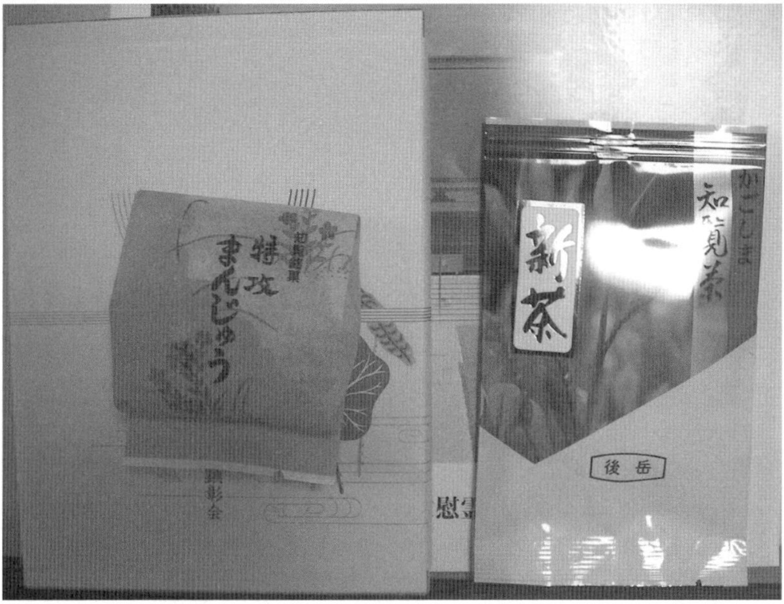

[사진 4-12] 지란 특공위령제의 기념품: 특공만주

방식으로 독점할 수 없었던 전후 일본이 낳은 독특한 현상이라고도 볼 수 있다. 다시 말하면 패전 때문에 정부가 지난 전쟁에 대한 공식적인 의미 부여를 하기 어려운(따라서 전사자의 죽음에 대한 의미 부여를 하기 어려운) 일본 사회에서 그 공백을 유족회나 좌우의 시민단체들이 채우게 되면서, 그 의미 부여를 둘러싼 경쟁이 치열해지고 또 거기에 그 경쟁을 상품화하는 자본의 논리가 개입하는 상황이 연출되고 있는 것이다. 만약 그들이 진정 자신들의 언어가 소외되고 있다고 느끼고 있다면, 그 원인은 모든 것을 상품화해 버리는 '후기 자본주의적 상황'이라는 조건에서 찾아야 할지도 모른다. 하나의 상징적인 예지만, 이 조그마한 위령제의 참가자들에게 나데시코회의 회원들이 나눠 주었던 조그만 과자의 이름은 '특공만주'特攻まんじゅう였다.

5. 피해자 내셔널리즘으로의 도피

이렇듯 전후 60여 년의 세월이 흐르면서 사람들의 체험이 풍화되어 가는 가운데, 특공의 위령은 점차 기억에서 기념commemoration의 영역으로 화하고 있다. 이와 더불어 전후 한 시대의 특징적인 애도의 패턴을 보여 주었던 특공위령제 역시 점차 존속 위기에 직면하고 있다. 이러한 위기의 배경에는 특공대원의 경우 그 죽음을 기억해 줄 후손이 없고, 부모와 형제 등 근친자마저 점차 고령화에 접어들면서 집안 제사 자체가 어려워지는 상황이 가로놓여 있다. 가고시마 지역사회 역시 매년 특공위령제의 존속 여부를 고민하고 있다. 가노야나 고쿠부와 같은 일부 지역에서는 자위대가 위령 주체의 역할을 대신하고 있으며, 지란과 같은 대규모 위령제는 점차 기념의 성격을 짙게 띠어 간다. 살아남은 특공대원들이, 그리고 죽은 자의 유족들이 점차 사라져 가는 상황에서 특공에 대해 이야기하고 이를 후세에 전할 유일한 방법은 기념뿐인 것이다. 그 기념의 장으로서 가장 적합한 것이 '기념관'임은 두말할 나위가 없다. 이즈미 특공위령제 이후 주최자들이 위령제의 존속을 걱정하며 기념관을 가지고 있는 지란을 그 대안으로 언급했던 이유도 여기에 있을 것이다.

마지막으로, 특공의 위령이 지난 전쟁에 대한 비판과 반성을 포함하고 있으면서도 여전히 '피해자 내셔널리즘'victimhood nationalism에 안주하고 있는 측면을 지적하는 것으로 논의를 마치고자 한다. 가해 기억을 지워 나가면서 피해 기억만을 강조하면서 희생과 자기연민에 빠진 폐쇄적 공동체를 만들어 내고 있는 현 상황은 일본 사회의 집합적 기억과 관련해서도 중대한 문제다. 왜냐하면 이러한 경향성은 부재하는 대상과 자신을 동일시하며 그 에너지를 투자할 적절한 대상을 찾지 못한 상태에서, 이를 자기 자신에게로 향하게 하면서 결국 세상과 자신을 격리시키는 '리비도 집중', 즉 프로이트적 의미에서의 '멜랑콜리'라는 병증을 만들어 낼 위험이 있기 때문이다. 이러한 자기연민적 멜랑콜리에 빠진 사회에서는 진정한 과거의 의미화 작업도, 따라서 희생자에 대한 진정한 애도도 불가능하다.

그렇다면 이러한 기념비화 혹은 자기연민으로부터 벗어날 수 있는 해법을 우리는 어디서 찾을 수 있을 것인가. 이 문제는 지난 전쟁과 관련하여 현재 가고시마 사회 내에서 전개되고 있는 여러 주체들의 다양한 활동들을 검토한 제5부에서 보다 본격적으로 논의하고자 한다.

6. 보론: 내셔널한 위령을 넘어서

> **크레온:** 너는 왜 그자에게 호의를 베풀어 그분을 모욕하느냐. … 그자는 이 나라를 유린하다가 죽었으나, 그분은 이 나라의 수호자로서 전사하지 않았느냐!
>
> **안티고네:** 아무튼 하데스는 이러한 의식을 요구해요.
>
> **크레온:** 그래도 착한 이에게 나쁜 자와 같은 몫이 주어져서는 안 되지.
>
> **안티고네:** 그것이 하계下界에서는 신성한 규칙인지 누가 알아요?
>
> **크레온:** 적은 죽어서도 친구가 안 되는 법이다.
>
> **안티고네:** 나는 서로 미워하기 위해서가 아니라 서로 사랑하기 위해서 태어났어요.
>
> **크레온:** 사랑해야겠다면 하계로 내려가서 사자死者들을 사랑하려무나. 내가 살아 있는 한 여인이 나를 지배하지는 못할 것이다.
>
> _소포클레스, 『안티고네』 중에서

특공위령이 전후 일본의 위령사에서 차지하는 독특한 위치를 부정할 수는 없다. 그 독특성은 무엇보다 '특공사'의 의미에 대한 사회 전체의 의견 일치가 불가능한 상황이 빚어내는 '스파크'에서 비롯된다. 앞서 인용한 유족의 발언에서도 드러난 것처럼 특공위령제에서는 특공의 헌신적인 죽음에 대한 기념만이 아니라, 지난 전쟁에서 무모한 특공작전을 계획한 군 수뇌부에 대한 강렬한 비판의식이나, 이미 패전이 확실시되는 전장에 꽃다운 나이의 젊은이들을 인간 폭탄으로 만들어 내보낸 것에 대한 깊은 증오가 때로 표출되기도 한다. 실제로 2010년 4월 반세 위령제의 '전사자에 대한 묵도' 시에는 자리에서 일어나 고개를 숙여 애도를 표하던 한 원특공대원이 국기게양이나 하강식이 이루어질 때에는 허리를 꼿꼿이 한 채 의연히 자리에 앉아 있는 모습을 확인할 수 있었다.[27] 그것은 어쩌면 스모相撲 경기가 열리면 경기장에 가지 않고는 못 배길 정도의 '스모광'이면서도, 경기 전 국기게양 의식이나 기미가요를 부르는 의식儀式을 견딜 수가 없어서 스모 보러 가기를 그만두었다는, 자신을 스스로 '전중파'戰中派[28]로 명명하는 한

27 모두가 기립한 자리에서 홀로 허리를 꼿꼿이 하고 앉아 있는다는 것은 비단 일본 사회뿐만 아니라 어느 사회에서든 상당한 용기가 필요한 행위가 아닐 수 없다. 위령식이 끝난 후, 필자는 그에게 왜 국기게양·하강식 때 자리에 앉아 있었는지 조심스레 물어보았지만, 그는 그 질문에 대한 대답은 회피한 채, 필자의 국적이 한국이라는 사실을 알고 그 사실에 반가워하며 예전 식민지 조선에서의 군대체험(조선 101부대 소속), 그리고 일본 내 소수파인 기독교도로서 가진 한국 사회 기독교도들과의 교류에 대해 애정을 담아 이야기할 뿐이었다. 국기게양·하강식에 기립을 거부하는 그의 행위와 기독교도라는 종교적 신념의 연관성을 생각해 볼 수도 있겠지만, 위령제라는 한정된 시간 안에서 더 이상의 대화는 불가능했다. 위령식이 끝난 후 그는 가나가와현 요코하마에 있는 집으로 돌아가는 비행기 시간에 맞춰 서둘러 버스에 올라탔기 때문이다.

28 전중파/전후파라는 구분은 물론 전후에 만들어진 것이다. 전중파는 아시아·태평양전쟁기에 감수성이 형성된 당시 10대 후반에서 직접 전쟁에 참전했던 당시 20대까지를 일컬으며, 전후파는 전시기 아직 어린아이였거나 전후에 태

지식인의 자세—이를 '사상'이라고 부를 수 있을까—와도 공명하는 것이다.

> (스모 경기장에서) '기미가요'를 듣고 있자니, 내 마음은 후회로 가득 차서 자포자기의 심정으로 관람석에 누워 버렸지만, 관내를 메운 선남선녀가 모두 일어서 엄숙한 기분으로 기미가요를 듣고 있을 때 관람석 한가운데 누워 있는 것은 아무래도 기분이 나쁜 것이다. 때로는 같이 간 친구들이 두 명 정도 있어서 다소 안심하긴 했지만, 언제 어디서 "일본인"이 다가와 "이 비非국민 같은 놈" 하고 소리칠까 봐서 마음이 조마조마했던 것이다. … 기미가요는 국가인가, 그 가사는 비민주적인가, 그런 논의는 아무래도 좋다. 어떻게 논의해도 상관없지만, 어떤 결론이 난다 해도, 나는 두 번 다시 저 멜로디만은 듣고 싶지 않은 것이다.(安田武, 1994: 82-83. 굵은 글씨 강조는 원문)

하지만 특공위령이 전후 일본의 일반적인 전사자 위령과 전반적인 틀을 공유하고 있다는 점도 엄연한 사실이다. 특공위령제 내부에서 서로 부딪치는 여러 논리들이 "전쟁에 대한 비판은 어찌 됐건"이라는 수사에 의해 전후 위령의 키워드이기도 한 '평화의 초석'론으로 봉합되는 것은 그 단적인 예다. 그리고 이 '평화의 초석'론에는 거부하기 어려운 '네이션의 선성善性'이 깃들어 있다. 베네딕트 앤더슨의 논의를 따른다면, '아직 태어나지 않은 자들'은 아직 태어나지 않았다는 이유

어난 세대, 즉 전쟁의 참상을 실제적으로 체험하지 않은 세대를 의미한다. 야스다 다케시와 하시카와 분조 등으로 대표되는 전중파와 이시하라 신타로石原愼太郞, 오에 겐자부로大江健三郞 등으로 대변되는 전후파는 1960년대 당시 일본 사회에서 전후 일본의 방향성을 둘러싸고 격렬한 논쟁을 벌였다.

만으로 '미래완료형=미래완성형'the Future Perfect으로서 네이션의 선성을 보증하는 한편, '죽은 자들'은 '나라를 위해 목숨을 바쳤다'National Death는 이유로 청구서의 지불을 마치고 도덕상의 장부를 청산함으로써 순수한 네이션이 되고, 선성은 그 순수성을 보존한 채 기념묘지에 안치된다. 실로 '과거완료의=과거의 완성된'past-perfect 네이션과 '미래완료의=미래에 완성될' 네이션의 현재에서의 만남, 다시 말하면 죽은 자와 아직 태어나지 않은 자의 유령적 결합幽靈的 結合이 네이션의 선성을 보증한다는 것이다(Anderson, 1998: 363-364). 그리고 그 장을 그는 다음과 같이 마무리 짓는다.

> 국민의 정부가 어떤 죄를 범했다 해도, 그리고 때로 시민들이 그 죄에 어떻게 가담했다 해도 다름 아닌 '우리나라'가 왜 궁극적으로 '선'善인가를, 각각의 사례가 조금씩 다르면서도 관련된 시점에서 보여 주고 있다. 여러 난제를 고민하는 가운데 새로운 밀레니엄이 다가오는 지금, 이러한 '선성'善性의 카드를 버리고 과연 더 좋은 것을 만들어 낼 수가 있을 것인가.(Anderson, 1998: 368)

네이션의 선성을 보증하는 기제로서 "죽은 자와 아직 태어나지 않은 자의 유령적 결합combined ghostliness", 네이션이 가졌던 생명성에 희망을 걸면서도, 과연 현재의 국민국가가 갖는 문제점을 내파內破해 가는 힘/가능성을 찾아낼 수 있을 것인가. 그것은 전사자의 죽음(영혼)을 국가로 소환하고 그들의 죽음을 현창함으로써 그 의미를 부여하는 현재의 내셔널한 위령을 넘어서는 방법에 대한 물음이기도 할 것이다.

이 '선성'이라는 키워드를 둘러싼 잡음을 두고 일본의 사상가 도미야마 이치로富山一郎는 내셔널리즘을 선악의 문제로 환원하는 나이브한 해석을 경계하면서, 이 문제를 그 마지막 장에서도 가장 논쟁적인 마지막 절인 「살아 있는 자들」에 대한 논의를 통해 재사유하고자 한다(冨山一郞, 2006). 여기서 그가 꺼내는 키워드가 바로 '욕망', 즉 사회로부터 승인되지 않은 자가 승인을 얻고자 하는 순간에 국가를 요청하는 문제이자, 이상적인 사회가 국가에 대한 희구로 변모하는 순간의 문제다.

> 우리들은 모두 동일 국민에 속하는 시민들이 어떠한 비유를 사용해서 자신들의 관계를 이해하는가를 잘 알고 있다. 시민들은 안티고네의 형제들과 자매들이며, 남편과 아내, 부모와 자식, 남자와 여자의 관계에 있는 것이 아니다. 하물며 여자들 집단은 있을 수 없다. **시민적 형제애로부터 성적**性的**인 것**은 일체 소거된다. 우리들은 서로의 육체나 서로의 눈을 마주보는 것이 아니라, 저 머나먼 '**전방**'前方을 응시하며 서 있는 것이다.(Anderson, 1998: 367. 굵은 글씨 강조는 인용자)

인용에서 잘 드러나듯, '네이션의 선성에 대한 최후의 원천'은 다름 아닌 '어떤 종류의 정치적인 근친상간 금기로 치장된 시민적 형제애'다. 하지만 이 대목은 미묘하다. 왜냐하면 '어떤 종류의 정치적인 근친상간의 금기'라는 단서조항은, 그러한 금기가 깨졌을 때 네이션의 선성은 보증될 수 있는가라는 물음을 내포하고 있기 때문이다. 이를 부연이라도 하듯, 앤더슨은 해당 구절에 "게이나 레즈비언 병사는 눈을 옆이나 아래에 두는 불온한 가능성을 불러일으킨다. 여성 병사는 공적인 형제자매의 관계를 사적인 연인 관계로 바꿔 버릴 가능성을 끊임없이 내포하고 있다"(Anderson, 1998: 367)는 주석을 덧붙임으로써 해석의 확장을 유도하고 있는 듯이 보인다. 그리고 앤더슨이 머뭇거리고 있는 이 틈새를 도미야마는 주디스 버틀러J. Butler의 텍스트 『안티고네의 주장Antigone's Claim』(2000)을 끌어들이면서 더욱 급진적으로 사유하고자 한다.

잘 알려진 것처럼 소포클레스의 비극인 『콜로누스의 오이디푸스』에서 죽기 직전 오이디푸스가 내린 저주 서린 예언, 즉 자신을 버린 두 아들은 서로 싸우다가 죽음을 당할 것이며, 늙고 병든 자신을 헌신적으로 돌본 두 딸 안티고네와 이스메네 역시 "사랑이라면 너희들은 어느 누구에게서도 나에게서 받은 것보다 더 많이 받지는 못할 것이다"라는 의미심장한 예언은 그의 또 다른 비극 『안티고네』를 통해 실현된다. 즉, 그의 예언대로 오이디푸스의 두 아들은 전장에서 서로 죽고 죽이는 비극을 되풀이하고, 안티고네는 국법으로 엄금된 사랑하는 오빠 폴리네이케스의 매장을 강행하다 결국 국법에 의해 죽임을 당하는 운명에 처한다.

국법으로 금지된 오빠의 시체를 매장하는 안티고네의 행위에 대해서는 지금까지 『정신현상학』 이래 헤겔의 해석, 즉 공적 영역(국가)과 사적 영역(친족) 혹은 남성성과 여성성의 대립으로 간주하는 해석이 지배적이었다. 그리고 오빠에 대한 안티고네의 사랑에 대해서도 이를 실제 오빠라기보다는 오빠의 '순수한 존재'pure being, 즉 상징적 위치에 속한 존재라는 관념성으로 보는 라캉의 해석이 주류를 차지해 왔다. 다시 말하면 안티고네가 옹호한다고 이야기되는 친족은 사회적인 것이 아닌 친족, 즉 근친상간 금기로 상징되는, 완전히 생물학적이거나 전적으로 문화적인 것이라기보다는 '문화의 문지방threshold'에 존재하는 하나의 규칙이라는 것이다(Butler, 2005: 37).

하지만 버틀러의 관심은, 금기로서 이해되는 규칙은 그것이 아무리 효과적으로 기능하고자 해도 현실적으로 기능하기 위해서는 그것이 침범되는 무엇을 생산하거나 유지하지 않고서는 작동될 수 없는 어떤 것, 즉 '유령'spectre적인 어떤 것에 있었다. 『안티고네의 주장』은 이러한 기존의 해석들에 저항Claim하며, 안티고네의 사랑을 친족 간의 사랑이 아닌, 친족 계보를 위반하려 하는, 즉 오빠에 대한 근친상간적 애정으로 해석하며 국가에 의해 허여된 애도의 거부가 초래하는 '공적 멜랑콜리'의 가능성을 읽어 내고자 한 논쟁적인 텍스트다.

이 책에서 버틀러는 "근친상간의 금기가 근친상간이 아닌 어떤 사랑을 폐제foreclosure시키는 작용을 할 때 만들어지는 어슴푸레한 사랑의 영역"(그것이 다름 아닌 멜랑콜리다)이 갖는 힘, 즉 "삶에서 존재론적 확실성의 의미를 빼앗고, 공적으로 구성된 정치 영역 내부의 견고성을 파괴하는"(Butler, 2005: 132) 힘에 주목한다. 다시 말해 애도의 거부 속에서 애도할 권리를 요청하는 안티고네의 주장은 말할 수 없는 곳에서부터 등장하여 말할 수 있는 것의 가능성의 한계선까지 자신을 끌고 가는 폭력을 초래하면서, 이를 통해 말해질 수 없는 것으로 남겨진 것이 무엇인지를 분명히 드러내는 역할을 수행한다는 것이다. 버틀러의 절대적 관심사는 바로 그 사회적 금기와 우울증의 수렴점으로서의 '남겨진 것'이었다. 그것은 아렌트가 포착하고자 했던, 공적 영역에 귀신처럼 나타나는 '그림자 영역', 나아가 아우슈비츠의 증언을 통해 아감벤이 사유하고자 했던 '남겨진 것'remnants(Agamben, 2012)이기도 할 것이다.

이렇듯 안티고네의 주장에 대한 독해를 통해 버틀러는 '구성적 외부'constitutive outside의 생산이라는 측면에 주목하고, 나아가 안티고네를 '새로운 영역의 인간'으로까지 끌어올린다. 이 새로운 영역의 인간은 인간보다 못한 것이 인간으로서 말할 때, 젠더가 뒤바뀌고 친족이 자신이 토대한 법 위에서 비틀거릴 때 생겨나는 존재이지만, 그의 발화행위가 낳은 치명적 범죄가 인식 가능성의 담론 안으로 들어가는 가운데 전례 없는 미래의 담론을 만들어 낸다는 점에서(Agamben, 2012: 138), 앞서 앤더슨이 암시했던 '불온한 가능성'을 떠올리게 한다. 여기서 앤더슨의 저서 제목이기도 한 '유령'spectre의 의미를 더 강하게 끌어당겨 독해할 수 있는 가능성이 열린다. "앤더슨이 무명전사의 묘지에서 발견한 유령ghost에는 버틀러가 발견했던 안티고네의 유령spectre이 함께 깃들어 있다"는 도미야마의 해석 역시 이 지점에서 보다 분명해진다. 결국 "안티고네의 주장은 유령의 이야기다. 하지만 그 말은 명확히 받아들여져 사회를 만든다. **기억은 이때 정치가 된다.**"(이상 冨山一郞, 2006: 15. 굵은 글씨 강조는 인용자)

물론 버틀러의 『안티고네』 독해, 나아가 버틀러의 『안티고네』 독해를 통해 『상상의 공동체』를 내파할 가능성을 찾고자 한 도미야마의 독해를 과연 정치적으로 '책임 있는' 행위라고 볼 수 있을까라는 커다란 문제는 여전히 남아 있다. 왜냐하면 원-비극(『안티고네』)의 결말이 시사하듯, 결국 오빠에 대한 치명적 사랑과 애도의 거부가 몰고 온 멜랑콜리는 안티고네 그녀 자신의 죽음을, 그리고 그녀의 상실로 인한 약혼자 하이몬의 비탄에 찬 자살과 그 소식을 들은 하이몬의 어머니 에르리디케의 죽음이라는 폭력의 연쇄를 불렀기 때문이다. 그 파국적인 결말은 어쩌면 바타유G. Bataille적인 '연인들의 공동체'가 빠지기 쉬운 '검은 구멍'을 연상시키기도 한다. 하지만 여전히 어떤 애도가 가능할 것인가라는 물음, 다시 말하면 '죽은 자와 어떻게 만나야 할 것인가'라는 물음이 네이션을 재사유하는 근원적인 힘이 될 수 있는 가능성을 부정할 수는 없다. 다시 말하면 "안티고네의 주장을 언어화하고, 계속 써 가면서 '이해 가능한 언설'the discourse of intelligibility로 만들며, 전방을 향해 시선을 함께 맞춰 정렬하는 것이 아닌 관계를 만들어 내 가는" 작업으로부터 정치는 비로소 시작될 수 있는 것이며, 그것이 "꿈에 대해 언어가 해 나가야 할 영역"(이상 冨山一郞, 2006: 16)이기도 한 것이다. 내셔널한 위령을 넘어, 애도의 공동체라는 국민의 이야기로 포섭되는 않는 이질적인 존재인 그들과 만나는 하나의 방법을 우리는 이러한 사유의 궤적에서 찾아낼 수 있지 않을까.

제3장 조선인 특공대원[29]이라는 물음

아시아·태평양전쟁이 막바지에 이르면서 학도지원병 제도, 징병제 실시 등에 의해 많은 한국인들이 전장에서 일본군의 깃발 아래 싸울 수밖에 없었던 현실은 '가슴 아픈' 역사로서 현대사 교과서에도 기록되어

29 이 책에서는 오해를 무릅쓰고 '조선인 특공대원'이라는 명칭을 고수하기로 한다. 오해를 무릅쓴다는 것은 '조선인'이라는 호칭이 한국 사회에서 갖는 '이데올로기적' 함의, 또 근대 일본 사회에서 갖는 '차별적인' 함의('조센진')를 부정할 수 없기 때문이다. 실제로 일본 언론에서도 이들 존재를 '조선인 특공대원' 혹은 '한국인 특공대원'으로 별다른 기준 없이 사용하고 있으며, 가고시마에서 조사를 수행하던 시기에 필자의 지인知人들은 이들을 어떻게 부르면 좋을지 물어 오기도 했다. 하지만 17명의 조선인 특공대원의 신상에서 알 수 있듯이, 이들의 출신은 한반도의 남에서 북에 이르기까지 다양하게 걸쳐 있기 때문에, 적어도 아직까지는 대한민국 국적 소유자라는 뉘앙스가 강한 '한국인'이라는 범주를 이들에게 적용하기 어려운 것이 현실이다. 또한 일본 사회 내의 '재일조선인 운동'의 역사가 증명하듯, '조선'(인)은 하나의 '체제'를 의미하는 것이 아닌 조선반도(한반도) 전체를 의미하는 하나의 '기호'이자 '상징'으로 사용되어 온 역사도 있다. 이렇듯 '조선인'이라는 호칭이 지녀 온 역사성(한민족이라는 집단의식과 함께 일본 사회의 차별에 저항해 온 역사)을 존중한다는 의미에서라도, 이 책에서는 '조선인 특공대원'이라는 명칭을 사용하고자 한다.

있는 사실이다. 하지만 당시 일본에서 군신軍神이라고 치켜세워진 '특공대' 속에 조선 출신의 청년들도 있었다는 사실은 한국 사회에 잘 알려져 있지 않다. 다만 고등학교 문학교과서에 나오는, "아아, 레이테만은 어데런가"로 시작되는 서정주의 시 「마쓰이 오장 송가頌歌」 정도가 당시 그들의 존재를 희미하게 그려 내고 있을 뿐이다. 물론 이 작품은 시로서 갖춰야 할 최소한의 압축이나 메타포도 없이 너무나 직설적인 언어로 특공대원을 찬양했던 대표적인 '친일문학'으로 평가되고 있다. 그리고 이 시가 해방 후 감내해야 했던 운명처럼, 해방 이후 '조선인 특공대원'이라는 존재는 감추고만 싶은 민족의 '치부'로서, 혹은 고발하고 규탄해야 할 민족의 '배신자'로서 낙인찍힌 채, 세월이 흐르면서 점차 잊혀 갔다. 이들의 부정적 이미지는 '가미카제'라는 단어가 연상시키는 '제국일본'의 광신적 천황숭배자들의 집단 속에서 이들이 적어도 형식적으로는 '징집'(강제)이 아닌 '자원'自願에 의해 선발되었다는 사실에 의해 더욱 증폭된다.

그런데 지난 세기 동안 한국 사회에서는 '어둠의 자식들'로 치부되어 잊혀 왔던 이들이 2000년대 들어 일본 사회 기억의 장 속에 돌연 등장하기 시작했다. 그 촉매가 되었던 것은 2002년에 개봉한 영화 〈호타루〉였다. 전후 일본 사회에서, 또 그들의 모국인 한국에서도 잊혀 왔던 이들이 돌연 현대 일본 사회에 나타난 이유는 무엇일까. 영화 속에 등장한 이들의 운명에 일본열도의 많은 사람들이 흘렸던 '눈물'의 의미는 무엇인가. 또 특공출격 전야에 우리의 민요 〈아리랑〉을 부르는 행위는 어떻게 이해해야 할 것인가. 이 장에서는 조선인 특공대원의 죽음이 일본과 한국에서 이해되고 기념되는 실천의 양상을 통해, 이들 존재가 전후 일본 사회에 (그리고 한국 사회에) 불러일으켰던 불협화음에 주목하고자 한다. 다시 말하면 전후 50년이 훨씬 지난 시점에 소환된 이들 조선인 특공대원이 일본 사회에, 그리고 한국 사회에 던지는 물음은 무엇인가를 확인하고 검토하는 것이 이 장의 목적이다.

1. 조선인 특공대원의 실체를 찾아서

전후 일본 사회에서 조선인 특공대원이라는 존재가 널리 알려지게 된 계기는 역시 앞서 언급했던 영화 〈호타루〉의 흥행 성공이라고 해야 할 것이다. 영화의 성공을 전후로, 그 무대인 지란과 영화의 모태가 되었던 도리하마 도메의 기억을 다룬 일련의 르포르타주들이 쏟아져 나오면서, 그녀의 기억 속에 남아 있던 한 조선 젊은이의 이미지는 이후 조선인 특공대원의 전형적인 표상으로 자리 잡게 되었다.

하지만 조선인 특공대원에 대한 관심이 과거에도 전혀 없었던 것은 아니다. 우선 다큐멘터리로서는 가고시마의 한 민영방송국이 제작한 〈11인의 묘표11人の墓標〉(南日本放送局, 1985)가 그 효시다. 한국의 한 유족이 특공대원이었던 동생의 과거를 찾아 떠나는 여행의 형식으로 구성된 이 작품은 지역사회에서도 상당한 화제를 불러일으켰고, 그해 예술작품상, 민간방송 연맹상 최우수상, 갤럭시ギャラクシー상, 방송문화기금 장려상 등을 연거푸 수상하면서 작품성에 있어서도 높은 평가를 받았다. 이 작품은 〈호타루〉의 성공에 자극을 받아 제작된 〈남겨진 목소리: 음반이 말하는 태평양전쟁遺された聲: 錄音盤が語る太平洋戰爭〉(NHK, 2004), 〈한일의 틈바구니에서 사라진 "영웅"日韓の狭間に消えた"英雄"〉(TBS, 2005), 〈'산화': 어떤 조선인 학도병의 죽음「散華」: 或る朝鮮人學徒兵の死〉(SBS静岡放送局, 2005) 등의 TV 다큐멘터리와 비교하더라도 20년이 앞서는 것이다. 최근 NHK에서 방영된 〈NHK 스페셜 – 전쟁에 동원된 사람들: 황민화정책의 시대戰爭に動員された人々: 皇民化政策の時代〉(2010)에서는 전시기 소년비행병으로 특공출격해 전사한 한 조선인 특공대원의 유족들을 중점

취재하면서, 유족들이 한국의 강제동원피해진상 규명위원회에 육친의 피해 인정(명예회복)을 요청하고 그것이 인정되기까지의 과정이 보도되기도 했다.

한편 논픽션으로 조선인 특공대원의 실체를 본격적으로 다룬 효시는 이오 겐시飯尾憲士의 『가이몬다케: 폭음과 아리랑의 노래가 사라져 간다開聞岳: 爆音とアリランの歌が消えてゆく』(飯尾憲士, 1985)다. 출격 전야, 동료에게 천황을 위해서 죽을 수는 없다는 심경을 토로한 최정근이라는 인물에서부터 김상필, 박동훈 등 당시 알려진 조선인 특공대원들의 내면세계를 추적해 간 이 작품은, 작가 자신이 육군사관학교 출신이고 또 부친이 한국계라는 사정도 있어, 당시 조선인 특공대원들의 고뇌와 갈등을 상당히 심도 있게 그려 낸 수작으로 평가되고 있다. 그 이후에도 조선인 특공대원을 다룬 저작들이 상당수 출간된다. 김상필이 남긴 출격 직전의 유서의 수수께끼를 풀어 나가는 형식으로 구성된 『특공으로 산화한 조선인: 육군대위 '유서의 수수께끼'特攻に散った朝鮮人: 陸軍大尉「遺書の謎」』(桐原久, 1988), 일본 본토를 공습하던 B29에 몸체공격을 시도해 당시 일본인들에게 강렬한 인상을 남긴 한 조선인 특공대원의 일대기를 그린 『나의 조국에: 한 조선인 학도병의 죽음内なる祖國へ: ある朝鮮人學徒兵の死』(河田宏, 2005), 특공기 방화 사건의 주모자로 처형된 한 조선인 특공대원을 둘러싼 진실을 추적한 르포 작가 하야시 에이다이林えいだい의 『중폭특공대 사쿠라탄기: 다치아라이 비행장 방화사건重爆特攻隊さくら彈機: 大刀洗飛行場の放火事件』(林えいだい, 2005), 그리고 최근 출간된 재일조선인(2세) 작가 배연홍裵淵弘의 『조선인 특공대: '일본인'으로 죽은 영령들朝鮮人特攻隊: 「日本人」として死んだ英靈たち』(裵淵弘, 2009) 등이 그 예다.[30]

30 가장 최근에 출간된 배연홍의 저작은 조선인 특공대원에 대한 한국 사회의 차가운 시각을, 친일파 청산이라는 국민적 감정을 정치적으로 이용하려 한

반면 해방 이후 한국 사회에서 그들은 친일부역자의 대표로서 터부시되고 점차 한국인들의 기억 속에서 잊혀 갔다. 과거 그들은 군신軍神이자 '조선의 자랑'으로 칭송받는 존재들이었다는 점에서, 그 역전은 가히 드라마틱한 것이다. 방송을 포함한 매스컴의 경우를 보더라도, 이들을 본격적으로 다룬 시도는 1995년과 2005년, 즉 '광복' 50년과 60년이라는 시기에 맞춰 제작된 두 편의 다큐멘터리[〈가미카제, 그리고 아직 떠도는 영혼〉(CTN, 1995), 〈야스쿠니의 神이 된 소년 특공대원〉(SBS, 2005)]가 전부다. 그중 SBS의 다큐멘터리는 1년 전에 방영된 NHK의 다큐멘터리와 동일한 소재로, 전후 50년, 한때 일제의 괴뢰국이었던 만주국의 수도 신경新京(현재 중국 지린성의 장춘長春)에서 우연히 발견된 LP 레코드에 담긴 한 목소리의 주인공을 추적해 나간 작품이다. 지지직거리는 음향과 함께 출격 직전 흥분을 가라앉히지 못한 채 소감을 이야기하는 앳된 육성의 주인공은 변성기가 갓 지난 17세의 한 조선인 소년이다. 하지만 이 작품들이 일본제국주의에 대한 고발 및 시대의 희생자라는 관습적인 논의의 틀을 넘어, 이들 조선인 특공대원의 내면이나 그들이 당대 제국주의의 '전쟁기계'로서 겪어야 했던 경험 등에 대한 보다 깊이 있는 접근을 보여 주었다고 보기는 힘들다.[31]

조선인 특공대원이라는 존재에 학계가 주목하기 시작한 것 역시 극히 최근이다(이향철, 2006; 배영미·노기 카오리, 2007; 남상구, 2008). 이들

노무현 정권의 음모로 해석하고 있다는 점에서 흥미롭다. 한국 사회에서 친일파 청산이라는 문제가 도를 넘어서는 사례가 발생하는 경우가 종종 있지만, 이를 단순히 '좌파 민족주의 정권'의 음모나 광기 어린 마녀사냥으로 보는 데는 다소 논란의 여지가 있는 것으로 생각된다.

31 여기에 필자가 학위논문을 탈고한 해인 2012년, 『한겨레신문』의 기자인 길윤형이 쓴 『나는 조선인 가미카제다: 일본군 자살특공대원으로 희생된 식민지 조선인』(서해문집, 2012)을 추가해야 할 것이다. 이 책은 지금까지 나온 조선인 특공대원에 대한 사실들을 정리한 심도 있는 르포르타주다.

연구는 한국 사회에서 여전히 금기시되는 '친일파'라는 불온한 레테르를 조금씩 벗겨 내면서, 조선인 특공대원들의 신원 파악에서 지원 동기에 이르기까지 이들의 실체에 한 걸음 근접했다는 점에서 의의가 있다. 특히 배영미 외裵姈美[外]의 일련의 연구는 이들의 유서 및 조선인 특공대원 생존자들과의 인터뷰 등을 통해 조선인 특공대원의 지원 동기를 분석해 내면서 현재도 그들을 '친일파'로 규정하는 핵심 근거인 '지원'이라는 제도의 실체 규명에까지 이르고 있다. 실제로 조선인 특공대원 출신 중 다수를 차지하는 육군소년비행병陸軍少年飛行兵(이하 '소비'少飛로 표기)이나 항공기승원양성소航空機乘員養成所(이하 '항양'航養으로 표기)는, 당시 비행기 조종사에 대한 소년들의 열망과 관련해서도, 그리고 학비 없이(더구나 수당까지 받으며) 교육을 받을 수 있다는 점에서도 사범학교와 더불어 당시 조선의 소년들이 선망하는 직업군이자 하나의 '진로'였다(裵姈美[外], 2006).[32] 문제는 이러한 선택이 이후 '특공'에 이르는 바로 전 단계였다는 데 있다.

하지만 친일파라는 오명에서 그들을 구해 내기 위해서 그들이 남긴 유서를 재독해하거나 새로운 유서를 발견함으로써 겉으로 드러난 지원 동기와는 다른 '속내'를 찾아내고자 하는 시도는 여러 문제점들을 내포한다. 첫째, 당시의 지원율이라는 수치가 말해 주듯 엄연한 현실로 존재했던 지원병에 대한 조선 청년들의 '열망'에 부딪히게 된다. 둘째, 이러한 시도가 이들을 구제하고자 하는 연구자의 열망으로 인해 그들의 심정에 지나치게 감정이입함으로써 분석의 객관성을 결여할

32 이와 비슷한 맥락에서 식민지 시기 독서 경향을 추적한 천정환은, '진학·취업·처세'와 같이 가치중립적인 외양을 가진 근대적 삶의 원리에서 총독부의 관리나 순사와 같은 직업의 선택을 '친일이냐, 저항이냐' 하는 이분법적 구도로 파악하는 것은 너무 단순하다고 지적한 바 있다(천정환, 2003).

위험성도 존재한다. 셋째, 무엇보다도 그들의 내면세계를 이해할 수 있는 자료가 극도로 부족한 것이 현실이다. 그들은 일본인 특공대원들과는 달리 지란의 호타루관이나 반세의 특공평화기념관에 전시된 것과 같은 방대한 양의 일기나 수필 혹은 편지를 거의 남기지 않았다(못했다). 이는 당시의 상황에서 일본인 특공대원들에게도 사실상 허용되기 힘든 내면적인 감정의 발설이 이들에게 허용될 수 있었을까라는 물음을 떠올려 본다면 납득이 가는 문제이기도 하다.

식민지 출신이라는 차별을 감내하면서, 특공대원으로서 죽음의 출격을 할 수밖에 없었던 상황이 그들의 정신세계에 엄청난 혼란을 가져왔을 것이라는 점에는 의심의 여지가 없다(이향철, 2007; 裵姶美[外], 2008a). 하지만 피억압자가 권력에 영합하는 사례는 식민지적 상황에서는 종종 발생하는 것이며, 이미 아우슈비츠 같은 죽음의 수용소에서 우리는 그 한 극한을 목도한 바 있다. 아우슈비츠의 생존자이자 가장 훌륭한 '증언자'이며 작가였던 프리모 레비P. Levi는 그러한 피억압자의 자발적 영합 혹은 협력의 동기와 관련하여, 자신의 아우슈비츠 경험을 토대로 한 '회색지대'grey zone에 대해 깊이 있는 성찰을 남기고 있다.

> 공포, 이데올로기적 유혹, 승자와의 맹목적 일체화, 그리고 시시하게 여겨질 정도로 시간적·공간적으로 한정된다 하더라도 어찌 됐건 권력이라면 뭐라도 얻고 싶다는 근시안적 욕망. 또한 명령 전반이나 강요된 명령을 회피하고 싶다는 냉정한 계산에 의해 도출되는 비겁함. 이러한 동기는 모두 단독적이건, 몇 가지가 결합되어 있건 이 회색지대를 만들어 내는 데 작용했다. 거기에 속하는 자들은 특권을 갖지 않는 자와 비교하면 공통적으로 자신의 특권을 갖고 확고하게 하려는 의지를 갖고 있었다.(Levi, 2000: 42)[33]

더구나 만주사변, 중일전쟁, 태평양전쟁으로 이어지는 계속된 전쟁 상황에서 일본의 승리를 믿어 의심치 않았던 식민지의 청년들에게 '지원'은 "육박해 들어오는 '국가' 일본과 마주한 식민지의 탈남성화된 주체들이 (병사가 됨으로써) 전쟁 '협력'을 통해 재남성화의 기제를 획득하고 고도 국방국가 시스템 속에서 그들이 지향해 온 근대적 합리성을 발견하는"(이영재, 2008: 41) 한 계기이기도 했다. 하지만 '재'再라는 접두사가 의미하듯 이러한 변화는 언제나 위기의 언설이며, 전환의 국면마다 끊임없이 반복해서 수행될 수밖에 없다는(이영재, 2008: 42) 점을 잊어서는 안 된다. 다시 말하면 이는 '소비'나 '특별조종견습사관'으로 지원한 조선의 청년들이 왜 자신의 목숨을 걸어야 하는 특공대로까지 '자원'할 수밖에 없었는가 하는 물음에 대한 답을 역설적으로 보여 주고 있는 것이다.

2. 특공사를 둘러싼 의문

특공사한 조선인 특공대원은 지란 특공평화회관이 주장하고 있는 11명이 지금까지 일반적으로 알려져 온 수다. 하지만 물론 그 수는 하나의 '추정'에 불과하며, 다음 [표 4-1]에 제시된 것처럼 제8비행사단 소속으

33 레비의 이러한 분석이 다소 냉정하게 느껴지기는 하지만, 그의 의도가 이러한 협력자의 행동에 대해 성급하게 도덕적 판단을 내리고자 하는 데 있었던 것은 아니라는 점은 지적해 두어야 할 것이다. 그는 어디까지나 최대의 잘못은 명확히 체제, 그리고 전체주의 국가의 구조 자체에 있다고 보았으며, 그러한 체험을 하지 않은 자가 판단을 내리는 것에 대해서 경계했던 것이다. 심지어 그는 자신이 절멸 수용소를 몸소 체험한 수용자였음에도 불구하고, "그 죄를 심판할 수 있는 인간의 법정을 나는 모른다"(Levi, 2000: 43)고 덧붙인다.

[표 4-1] 특공사한 조선인 특공대원의 목록

이름	전사연월일 (통보연월일)	사망 연령	출신지	출신 학교	출신 기수	소속부대명	계급	전사 장소
인재웅 (印在雄) [松井秀雄]	1944. 11. 29.	20세	경기도 개성부	개성상업학교	소비 13기	제4항공군 야스쿠니타이 [靖國隊]	오장 → 소위	레이테만
[林長守]	1944. 12. 7.	20세	충청남도 대전부	선천소화국민 학교고등과	소비 12기	제4항공군 긴코타이 [勤皇隊]	오장 → 소위	오르모크만
[野山在旭]	1945. 1. 30.	21세	불명	불명	특간 1기 (선박)	비행 제15전대	불명	필리핀
[岩本光守]	1945. 3. 26. (1945. 4. 20.)	20세	경상남도 울산군	불명	항양 12기	제8비행사단 도쿠히[獨飛] 제23중대	군조 → 소위	나하 서쪽 해안
노용우 (盧龍愚) [河田清治]	1945. 5. 29.	20세	경기도 수원군	경성법학 전문학교	특간 1기	비행 제5전대	소위 → 대위	시즈오카 오마에자키 상공
박동훈 (朴東薫) [大河正明]	1945. 3. 29.	18세	함경남도 함주군	흥남공립 공업학교	소비 15기 을종	제8비행사단 마코토[誠] 제41비행대	오장 → 소위	오키나와 본도 해역
최정근 (崔貞根) [高山昇]	1945. 4. 2.	24세	함경북도 경흥군	경성고등 보통학교	육사 56기	제6항공군 비행제66전대	중위 → 소좌	오키나와 인근 해역
김상필 (金尙弼) [結城尙弼]	1945. 4. 3.	25세	평안남도 진남포부	연희전문학교	특조 1기	제8비행사단 마코토[誠] 제32비행대	소위 → 대위	오키나와 서쪽 해안
[河東繁]	1945. 4. 16.	19세	불명	불명	소비 14기	제6항공군 제106신부타이 [振武隊]	오장 → 소위	오키나와 인근 해역
이윤범 (李允範) [平木義範]	1945. 4. 22.	23세	전라남도 영암군	불명	항양 5기	제80신부타이 [振武隊]	조장 → 소위	오키나와 인근 해역
[木村正碩]	1945. 4. 28.	불명	불명	불명	소비 15기	제77신부타이 [振武隊]	오장 → 소위	오키나와 인근 해역

[표 4-1] 계속

이름	전사연월일 (통보연월일)	사망 연령	출신지	출신 학교	출신 기수	소속부대명	계급	전사 장소
탁경현 (卓庚鉉) [光山文博]	1945. 5. 11.	24세	경상남도 사천군	교토약학 전문학교	특조 1기	제51신부타이 [振武隊]	소위 → 대위	오키나와 비행장 서해안
이현재 (李賢哉) [広岡賢哉]	1945. 5. 27.	18세	경기도 고양군	한영(漢榮) 중학원	소비 14기	제6항공군 제431신부타이 [振武隊]	오장 → 소위	오키나와 인근 해역
김광영 (金光永) [金田光永]	1945. 5. 28.	18세	불명	경성경복 중학교	소비 14기	제6항공군 제431신부타이 [振武隊]	오장 → 소위	오키나와 인근 해역
[石橋志郎]	1945. 5. 29. (1945. 7. 10.)	27세	경성부	도쿠시마[德 島]고등공업 학교	특조 1기	제8비행사단 비행제20전대	소위 → 대위	오키나와 인근 해역
한정실 (韓鼎實) [淸原鼎實]	1945. 6. 6.	20세	평안북도 박천군	경성공업학교	소비 15기	제6항공군 제113신부타이 [振武隊]	오장 → 소위	오키나와 인근 해역
[東局一文]	1945. 5. 12.	18세	경상남도 고성군	불명	소비 15기	제8비행사단 120비행대	오장 → 소위	미확인
[金山常吉]	1945. 3. 30.	19세	전라남도	불명	특간 1기	비행제66전대 [万世]	병장	가고시마 인근 해역

이 표는 배영미·노기 카오리(2007)의 조사를 기초로 필자가 수정·보완한 것이다.

로 오키나와의 나하那覇 서쪽 해안에서 전사한 것으로 알려져 있는 이와모토 미쓰모리 군조岩本軍曹(본명 불명) 같은 사례를 누락하고 있기도 하다. 실제로 특공사의 실체를 명확히 규명하는 것은 지극히 어려운 작업이다. 왜냐하면 패전이 임박한 1945년이라는 시점에서 일본군은 전사자에 대한 정확한 파악 능력을 사실상 결여하고 있었기 때문이다. 현재 존재하는 특공사한 대원들의 명부도 전후 여러 차례의 보완에 의해 만들어진 것이며, 따라서 그 과정에서 기억의 오류가 개입되었을 여지는 다분하다. 더구나 조선인 특공대원의 경우, 창씨개명으로 이름이 바뀌었을뿐더러 출신도 일본인 경우가 많아 면밀한 호적조사를 수반하지 않는 한 그 정확한 수를 파악하는 작업은 한층 어려운 상황이다(이향철, 2006; 배영미·노기 카오리, 2007). [표 4-1]에 제시된 東局一文(본명 및 독음 불명)처럼 지란의 전시관에는 '일본인'으로 분류되어 있으나 한국인 연구자에 의해 '조선인'으로 밝혀진 경우도 있다.[34]

하지만 여기에 덧붙여야 할 것은, 11명 혹은 16명, 17명이라는 숫자 역시 어디까지나 '특공사'에 한정된 죽음만을 가리킨다는 사실이다. 주지하다시피 특공사란 적의 항공기나 군함에 자신의 항공기를 부딪쳐 자폭하는 '몸체공격'에 의한 전사戰死를 의미한다. 다시 말하면 현재 지란에 전시된 1,036명의 특공대원, 그리고 그중 11명의 조선인 특공대원은 당시 군부에 의해(혹은 전후에) '특공사'라고 규정된 이들에 한정되며, 실제로 다른 경위로 인해 죽음을 당한 사람들은 그 숫자에 포함되어 있지 있다. 한 예로 반세 특공평화기념관에 사진이 전시되어 있는 가네야마 쓰네키치金山常吉는, 반세 특공평화기념관에는 전시되어 있지만 특공사한 조선인 특공대원 리스트에는 포함되지 않는다. 특공출격이 아니라 모기지로 이동하는 도중 적기의 피습을 받아 전사했기 때문이다(万世特攻慰靈碑奉賛會, 2008). 또한 여기에는 특공대원이었지만

34 특히 배영미·노기 카오리의 연구(2007)는 방위청 자료 등에 대한 조사를 통해 일본 측 및 이향철(2006) 등 기존 연구에 의해 대략적으로 밝혀진 16명의 조선인 특공대원에 대해 거의 완벽히 신상을 확인하고 '東局一文'이라는 한명의 '특공사'한 조선인 특공대원의 존재를 새롭게 규명해 냈다는 점에서 의의가 크다. 2010년 기준 지란 특공평화회관은 東局一文의 영정 사진 밑에 이시카와현石川縣이라는 출신지 표기와 함께, "유족·연락처 등 불명, 아시는 분은 사무소에 연락 바람"이라는 내용의 쪽지를 붙여 놓은 상태다([사진 4-13] 참조).

[사진 4-13] 일본인 특공대원과 함께 지란 특공평화회관에 전시된 東局一文 소위
(하단 우측 첫 번째 사진)

'비행기 방화'라는 죄목으로 처형당한 야마모토 다쓰오山本辰雄(본명 불명. 林えいだい, 2005)와 같은 조선인 특공대원의 죽음은 애초에 들어설 여지가 없다. 이상의 사례들은 '특공사特攻死란 무엇인가'라는 본질적인 물음을 던지고 있다.

물론 특공사의 경위를 명확히 파악한다는 것은 특공출격 당시의 혼란스러운 상황을 염두에 두더라도 어려운 작업이다. 예를 들어, 출격 직전 대학 시절 일본인 교장에게 보낸 편지(유서)가 전후 비교적 이른 시기에 공개되고, 또 다큐멘터리 〈11인의 묘표〉에서도 비중 있게 다루어지면서 잘 알려진 김상필의 경우에도 그 죽음의 경위에 대해서는 여전히 해석이 분분하다(飯尾憲士, 1985; 桐原久, 1988; 여태순, 1996; 배영미·

노기 카오리, 2007; 裵淵弘[外], 2008b). 특히 "분대장으로서 부하들이 모두 특공사한 것을 기지에 귀환해 확인·보고한 후, 단독으로 특공을 감행한다"는, 당시의 상식으로도 받아들여지기 힘든 유서 내용은 그의 죽음의 경위를 이해하기 어렵게 만드는 커다란 장벽이다. 하물며 유서나 편지를 거의 남기지 못한 대다수 조선인 특공대원들의 경우는 말할 나위도 없다.

이렇게 본다면, 현재 우리에게 요청되는 것은 특공사한 조선인 특공대원의 리스트를 구체적으로 작성하는 것보다도, 당시 전장에서 다양한 이유로 죽음을 맞이해야 했던 그들이 겪었던 경험의 실체와 그들이 특공의 길로 나아갈 수밖에 없었던 객관적 상황에 대한 총체적 이해다. 이는 '11명의 조선인 특공대원'이라는 표어에 깃들어 있는 식민주의적 노스탤지어와, 특공대=친일파를 당연한 등식으로 받아들이는 한국 사회의 인식을 넘어서기 위해 가장 우선적으로 요구되는 과제이기도 하다. 전후 60년이 지나 발견된 오래된 레코드판에서 들려오는 한 조선인 소년 특공대원의 흥분 어린 목소리가 지금의 우리에겐 '충격적'일 수 있지만, 들뜬 소감 뒤에 서려 있는 고민이나 갈등에 귀를 기울이지 않는다면 진정한 의미의 이해Versetehen에 도달했다고 보기는 어렵다. 조선인 특공대원에 대한 기존의 피상적인 이해가 지속될 경우, 우리는 전사한 이는 친일파로, 살아남은 이는 대한민국 공군의 고위관료이자 한국전쟁의 영웅으로 기억되는 역사의 아이러니를 영원히 껴안고 살아가야 할지도 모른다.[35]

35 다치아라이太刀洗 육군비행학교 시절을 회고하는 한 일본군 소년 비행병의 증언에 따르면, 당시 내무반에 두 명의 조선 출신 비행병이 있었다고 한다. 그 중 한 명인 오카와 오장大河伍長(한국명 박동훈)은 졸업 후 마코토誠 제41비행대의 특공대원이 되어 오키나와에서 전사했다. 또 다른 한 명인 슈야마 오장周山伍長(한국명 주영복)은 남방南方에서 살아남아 이후 제13대 한국 공군참모

3. 조선인 특공대원 위령과 〈아리랑의 비〉

지란의 특공위령제에 한국인 유족이 참가하기 시작한 것은 1984년부터다. '특조회'特操會라는 원특공대원 모임의 자체 조사에 의해 한국 유족의 소재가 확인되고, 이들의 참석 요청을 유족 측이 받아들이면서 전후 처음으로 한국 유족이 지란의 특공위령제에 참가하게 된 것이다. 지역 신문인 『미나미니혼신문南日本新聞』에서는 「39년 만에 한국인 유족이 참가」라는 큰 타이틀과 함께 그 정황을 다음과 같이 보도하였다.

> 태평양전쟁 말기, 오키나와 바다에서 산화한 특공대원의 영을 위무하는 지란 특공기지 전몰자추도식이 가와베군川邊郡 지란정町의 특공관음당에서 열렸다. 올해는 39년 만에 한국인 특공대원의 유족이 출석해 특공 아주머니 도리하마 도메(81세)와 눈물의 대면을 했다. 한국에서 참례한 유족은 구舊 육군항공대특별조종견습사관 1기생으로 미야자키현 뉴타비루宮崎縣 新田原에서 출격한 유키 쇼키치結城尙弼(본명 김상필金尙弼) 대위의 형 김상렬(金尙烈, 68세) 씨 김태순(金泰順, 본명은 여태순呂泰順으로 기자의 착오로 보인다—인용자 주, 57세) 씨 부부, 그리고 같은 1기생으로 지란에서 출격한 미쓰야마 후미히로光山文博 소위(본명 탁경현卓慶鉉)의 유족대리 박병식(朴炳植, 64세) 씨 3인. … 마에다前田 회장 등의 안내로 식장의 옆에 위치한 특공유품관을 견학한 3인은 전시되어 있는 두 대위의 영정을 찌르는 듯이 응시하며 감개무량. … "아우의 영에 형이 찾아왔다고 말해 주고 싶다"고 말하던 김상렬 씨도 감정이 극해 달해 분향대 앞에 엎드려 오열. 전국에서 참가한 약 700명의 유족들도 함께 흐느껴 울었다.(『南日本新聞』, 1984. 5. 4)

총장에 취임한다(裵淵弘, 2009: 34).

특히 당시 분향대 앞에서 죽은 동생을 부르며 오열하던 한국인 유족의 모습은 지역 민방에 보도되면서 위령제 참가자들뿐만 아니라 지역사회 내에서도 상당한 반향을 불러일으켰다. 주최 측으로서는 자신들의 위령 행위를 여전히 과거의 망령처럼 보는 일본 내의 비판세력들에게 위령제의 정당성을 보여 줄 수 있는 좋은 기회였을 것이다. 또 한국인 유족의 참석으로 매스컴의 집중조명을 받을 수 있다는 점에서 주최 측은 처음부터 적극적인 자세를 취했다. 이는 1990년대 말까지 『정보 지란』의 위령제 관련 기사에서 한국인 유족의 참석이 매번 기사화되는 점에서도 확인할 수 있다. 한국에서는 여전히 금기시되는 육친의 죽음을 일본 사회가 매년 위령해 줘서 고맙다는 내용이 주를 이루는 (각색된) 인터뷰 기사는, 지란의 특공위령에 정당성을 부여하는 좋은 소재였을 것이다.

이렇듯 표면적으로는 우호적이던 양자의 관계에 균열이 발생한 것은 조선인 특공대원의 위령비 건립이 논의되면서부터였다. 건립 의사를 먼저 타진한 것은 한국 유족 측으로, 이들의 의사에 지란 측이 적극적으로 응하면서 위령비 건립계획은 순조롭게 진행된다. 하지만 몇 차례에 걸친 논의에도 불구하고 비 건립은 결국 실패로 끝난다. "보답 없는 전쟁을 강요당해 / 머나먼 푸른 하늘에 산화한 청춘 / 조국에 돌아갈 수 없는 영혼 여기에 잠들다"라는 자작시를 위령비에 새겨 줄 것을 요청한 유족 측의 요구가 결국 받아들여지지 않은 것이 표면상의 이유였다. 이에 대해 당시의 한 일본 신문에서는 지란 측 관계자의 속내를 알 수는 없지만, "보답 없는 전쟁"이라는 단어가 문제가 된 것 같다고 보도하였다(『朝日新聞』, 1990. 9. 9).[36]

36 물론 비의 건립 경위에 대한 이러한 설명은 일본 측의 보도에 기초한 것이다. 하지만 고故 김상렬 씨의 미망인 여태순 씨가 쓴 회고록(『그날 오키나와의

전후 50주년이기도 한 1995년, 이번에는 지란을 중심으로 조선인 특공대 위령비 건립을 둘러싼 움직임이 다시 일어났다. 하지만 이전의 요구조건 수용 없이 비 건립은 결사반대라는 한국 측 유족들의 강한 반발에 부딪쳐 비 건립은 다시 무산된다. 한국 측 유족의 반대에는 조선인 특공대원이라는 존재가 여전히 받아들여질 수 없는 한국 사회에서 위령비가 야기할 수 있는 오해에 대한 우려(비문을 새기고자 했던 것은 이런 '오해'를 불식시키기 위해서였다), 또 일본 사회에서 위령이라는 행위가 내포하는 종교성에 대한 거부감이 작용했다.

〈아리랑의 비〉가 건립된 것은 이런 논란이 있은 지 4년 후인 1999년이었다. 이 비는 그 이름이 말해 주듯, 지난 전쟁에서 죽은 조선인 특공대원들을 위령하기 위해 세워진 노래비歌碑다. "아리랑의 노랫소리 저 멀리 / 어머니의 나라를 그리워하며 진 꽃잎, 꽃잎"이라는 감상적인 비문이나, "조선반도 출신의 특공대원이 고향에 돌아가지도 못하고 죽은 것을 추도해 우리들 일본인은 진심을 담아 진혼의 노래비를 건립해야 할 것"이라며 한 일본인 독지가가 지란에 협력을 요청하고 이것이 받아들여져(村永薫, 2002) 건립되었다는 동기만을 본다면 이 비는 전후

하늘에서』)에 따르면 비 건립을 먼저 제안한 것은 가고시마 측으로, 한국 측 유족은 처음에는 반대했지만 가고시마 측에서 계속 비 건립을 요청했고, 그 결과 비에 위의 시를 새겨 넣을 것을 전제로 비 건립 제안을 받아들였다고 되어 있다(여태순, 1996: 144-145). 하지만 다큐멘터리 〈11인의 묘표〉에도 비가 건립되기를 바라는 김상렬 씨의 육성이 녹음되어 남아 있고, 당시 그와 동행했던 한 일본인의 회고록(桐原久, 1988)에도 11인의 조선인 특공대원 위령비를 세움으로써 동생의 죽음이 '개죽음'에 불과한 것이었다는 사실을 남기고 싶다는 그의 발언이 기록되어 있다. 따라서 건립 의사 표명의 선후관계는 논란의 여지로 남아 있지만, 비를 세움에 있어 앞의 시를 새겨 넣을 것을 전제로 한 것은 양자의 기억 속에 공통되는 것이기 때문에 이와 같이 재구성하였다.

[사진 4-14] 지란 특공평화회관 부지에 세워진 〈아리랑의 비〉

일본 사회의 양심의 한 발로로 보이는 측면도 있다. 그래서 이 비는 일본의 진보적인 역사 교사들의 모임이 편집한 전적 가이드북에도 "다른 위령비의 '영령현창'의 미사여구와는 대조적으로, … 이 비에는 모국을 생각하면서 타국을 위해 목숨을 버릴 수밖에 없었던 젊은이들의 고뇌가 담겨 있다"(歷史敎育者協議會[編], 2007)며 긍정적으로 소개되고 있다.

하지만 문제는 앞서 지적했던 것처럼 조선인 특공대원 위령비 건립의 전사에서 불거져 나온 한국인 유족과 지란 사이의 갈등이 전혀 해결되지 못한 상황에서 이 비가 돌연 건립되었다는 점이다. 과거 비 건립을 둘러싼 몇 차례의 갈등이 있었음에도 이 비는 한국인 유족들과 아무런 상의 없이 건립되었고, 심지어 제막식에 한국인 유족이 초청되지도 않았다. 더구나 '노래비'의 형태를 띤다 하더라도 조선인 특공대원을 위령하는 비의 제막식을 '신도神道식'으로 거행했다는 것은 건립 주체 측의 역사적 '무감각'을 보여 주는 일이 아닐 수 없다.

위령비는 죽음에 대한 일본 사회의 전통적인 관념, 즉 사람은 죽어서 '가미'神가 되며, 이를 산 자들은 받들고 제사 지내야 한다는 믿음 체계가 구현된 표상이라고 할 수 있을 것이다. 민속학자인 고마쓰 가쓰히코小松和彦는 이러한 믿음 체계를 크게 두 가지로 구분한다. 하나는 사자의 영이 원한을 가지고 있어서 이를 제사를 통해 진정시키지 않으면 사람들에게 재앙을 불러일으킨다는 관념('재앙신'祟り神 계통의 인신人神)이며, 다른 하나는 사자는 생전에 걸출한 업적을 남겼기 때문에 이를 찬양하기 위해 가미로 제사 지낸다는 관념('현창신' 계통의 인신)이다. 이 두 관념은 서로 이질적인 것으로 보이지만, 역사적으로 재앙신이 이후 현창신으로 변화한 사례도 종종 있기 때문에 완전히 대조적인 것은 아니다. 하지만 반대로 현창신이 재앙신이 되는 경우는 없다는 사실은, '사람을 가미로 받드는 풍습'의 원형이 역시 원통하게 죽은 사람의 영이 재앙을 불러일으킨다는 관념에서 비롯된다는 것을 말해 준다(이상 小松和彦, 2001: 10-17 참조). 더욱이 현창신 계통의 신사가 주도적으로 세워진 것은 국민들의 정신세계를 지배하기 위한 도구의 일부로서 국가가 신사·신도체계를 정비하기 시작한 메이지 시기(근대) 이후부터라는 점도 주목을 요한다.

이러한 일본 사회의 전통적인 죽음 관념에서 본다면, 특공대원의 죽음은 앞서 제4부 제1장에서 언급했듯이 '이상사'異常死이며, 따라서 이들의 사령死靈을 이에의 선조, 즉 조령祖靈으로 바꾸기 위해서는 별도의 위령·공양이 필요하다. 하지만 동시에 전전의 야스쿠니 제사가 이에의 선조제사와 커다란 모순 없이 함께 이루어진 것처럼, 이들 위령비에는 점차 이들의 죽음을 현창하려는 의도가 강하게 개입된다. 현재 이들 위령비 및 기념관을 관리하는 주체인 '특공위령현창회'가 자신들의 설립

목적을 '위령을 통한 현창'이라고 명언하고 있는 것은 그 한 예다. 또한 비운의 죽음을 당한 특공대원의 영혼이 이승을 떠돌며 산 자들에게 재앙을 불러일으킨다는 사고나 언설을 전후 일본 사회에서 발견하기 어렵다는 점도, 이들이 현창신 계통의 가미에 보다 가깝다는 해석을 뒷받침한다.

그렇다면 조선인 특공대원의 경우는 어떠한가. 이들 역시 현재 모두 야스쿠니신사에 합사되어 제신祭神으로 모셔져 있다는 점에서 현창신 계열의 가미로 분류될 수 있다. 하지만 이들의 죽음에는 현창신 계열로는 설명할 수 없는 '두려운 낯섦'Unheimlich이 따라다닌다.[37] 그 감정은 식민지 시기 강제연행 장소에서 종종 듣게 되는 유령 이야기가 불러일으키는 두려운 낯섦과 같은 성격의 것이다. 전후 가고시마에서도 예전 특공비행장 기지가 건설 중이었던 아오토青戸 지방에서는, 비행장 건설 과정에서 죽은 조선인들을 매장한 곳에서 전후에 들어서도 이유를 알 수 없는 교통사고가 자주 발생해 지역 주민들이 이를 죽은 조선인의 원혼이 불러일으키는 재앙으로 여기고 위령제를 치러 줬다는 이

37 '두려운 낯섦'으로 번역되는 'unheimlich'는, 프로이트에 따르면 공포감의 한 특이한 변종이다. 새롭거나 낯선 것이 아닌 오래전부터 알고 있었던 것, 오래전부터 친숙했던 것이 억압기제에 의해 고통으로 변형되고, 이것이 다시 주체에게 엄습해 오는(귀환·회귀하는) 과정에서 발생하는 두려운 감정을 프로이트는 'unheimlich'라 명명한다. 다시 말하면 두려운 낯섦은 어떤 의미에서 보면 친숙함의 하위분류로서, 이때 접두사 'un'은 '억압의 표시'다. 프로이트는 두려운 낯섦의 감정이 발생하는 조건들로서 생각의 전능성, 욕망의 순간적인 실현, 숨어 있는 힘들, 죽은 자들의 돌아옴 등의 사례를 열거하는데, 단순히 이러한 조건들의 충족이 두려운 낯섦의 감정을 불러일으키는 것은 아니다. 사람들이 실제로 두려운 낯섦의 감정을 경험하게 되는 것은 '억압된' 어린 시절의 콤플렉스들이 어떤 강한 인상에 의해 다시 살아나거나 혹은 '초극된' 원시적인 믿음들이 다시 새롭게 확인될 때라고 프로이트는 지적한다(이상 Freud, 1996 참조).

야기가 전해져 내려온다.[38]

물론 조선인 특공대원의 유령에 대해 현재 전해져 내려오는 이야기는 없다. 하지만 조선인 특공대원에 대한 비가 별도로 세워져야 했다는 사실 자체가 이들의 죽음을 보는 일본인들의 '불편한' 심정을 방증한다고 할 수 있지 않을까. 다시 말하면 〈아리랑의 비〉는 결코 일반적인 의미의 영령현창의 비는 아니지만 또한 그들의 죽음을 진정으로 애도하고 과거의 잘못을 반성하는 비로 보기도 어렵다는 것, 오히려 이 비에는 과거에 대한 반성보다는 그들의 기구한 운명에 대한 동정과 감상, 나아가 그들의 원혼이 재앙을 불러일으킬지도 모른다는 산 자들의 두려움이 '흔적'처럼 새겨져 있다고 보는 것이 더욱 타당할 것이다.

4. 조선인 특공대원의 귀환

타향만리의 땅에서 죽은 원혼들을 달래기 위해 이들을 고향으로 돌려보낸다는 발상은 적어도 동아시아 사회에서는 지극히 '자연스러운' 것으로 받아들여진다. 2008년 지한파知韓派 배우로 알려진 구로다 후쿠미黑田福美라는 일본의 한 여배우를 중심으로 죽은 조선인 특공대원의 비(〈귀향기념비歸鄕紀念碑〉)를 한국에 세우고자 하는 움직임이 있었을 때, 첫 반응은 한일교류를 위한 '양심적인' 시민들의 활동이라는 긍정적인 것이었다. 물론 위령비 건립에 착수하게 된 구로다 씨의 동기가 지극히 개인적이고 또 다소 '기괴한' 느낌이 들기도 하지만,[39] 건립 사업은 순

38 이 에피소드는 제5부 제2장에서 더 상세하게 다룰 것이다.

39 구로다 씨의 이야기에 따르면, 1991년 꿈에 한 청년이 나타나 자신에게 "전쟁에서 죽은 것에 대해서는 후회하지 않지만, 조선인인데도 불구하고 일본

조롭게 진행되어 비가 세워질 곳으로 영화 〈호타루〉의 실존 모델 조선인 특공대원 탁경현의 고향이기도 한 경상도 사천시의 한 공원 부지가 결정되고, 시도 이 부지를 무상으로 대여하기로 약속하는 등 제막 전의 분위기는 전반적으로 화기애애했다.

문제가 발생한 것은 제막식(이날은 탁경현의 특공출격을 앞둔 하루 전날을 기념하는 날이기도 했다)을 며칠 앞둔 5월의 어느 날이었다. 한 인터넷 뉴스가 "가미카제 전사자 위령비 한국에 세우다니"라는 다소 자극적인 제목과 함께 매일 관련 기사를 쏟아 내면서 사천시의 분위기는 뜨겁게 달아오르기 시작했다. 당장 광복회와 사천진보연합 등 시민단체들은 기자회견을 열고 위령비 건립 반대를 촉구했다. 급기야 이 문제는 인터넷으로 번져 "한국에 가미카제 위령비 반대한다"는 제목의 인터넷 청원운동이 벌어지기도 하고, 사천시 인터넷 홈페이지가 시장을 비난하는 댓글로 도배되는 등 사태는 더욱 악화일로로 치닫게 된다. 결국 제막식 당일 구로다 씨를 비롯한 30명 정도의 일본 측 방문객들은 예정대로 사천을 방문했지만, 제막식은 시민들의 반대를 두려워한 시의 철회 결정, 그리고 광복회 등의 실력행사에 의해 저지되고, 위령비는 결국 시에 의해 철거되었다.

조선인 특공대원의 위령비를 둘러싼 이 해프닝은 한일 양국 역사 인식의 차이, 죽은 자에 대한 애도의 권리 문제, 그리고 여전히 지속되

인 이름으로 죽은 것은 아쉽다"고 말했다고 한다. 그녀가 1995년에 이 꿈 이야기를 신문 칼럼에 쓰자 야스쿠니신사로부터 연락이 와서 탁경현의 사진을 보게 되었고, 이후 긴 세월에 걸쳐 조사를 해 나가면서 자신이 꿈에 보았던 청년이 바로 그 사람이라는 것을 확신하게 되었다고 한다. 그 후 탁경현의 고향인 서천의 땅에 그의 본명을 새겨 방황하는 그의 영혼을 진정시키기를 바라게 되었다는 것이 그녀가 밝히는 위령비 건립 동기다(『朝日新聞』, 2007. 8. 19).

는 아시아·태평양전쟁을 둘러싼 기억 투쟁의 양상을 이해하는 데 몇 가지 중요한 시사점을 던져 준다. 먼저 당시 비 건립을 둘러싼 한국 사회의 반응을 요약한다면, 조선인 특공대원을 전쟁의 희생자 일반에 포함시킬 수 있는가, 그리고 일본을 위해 자진해서 죽은 사람을 기리는 것을 한국 사회가 허용할 수 있는가라는 문제가 그 핵심에 있었다. 일본 제국주의의 폭력에 의해 희생된 이들에 대한 위령은 한국 사회에서도 어느 정도 이루어져 왔다. 하지만 1999년 경상북도 영양군에 세워진 〈한의 비〉 건립 과정을 둘러싸고 지역사회에서 논란이 제기된 사례에서 볼 수 있듯, 강제로 끌려가(징집·징용) 희생을 당한 이들에 대한 위령의 경우도 비 건립이 순탄하지만은 않았다. 하물며 특공대원의 경우는 (물론 지원이냐 강제냐의 논란의 여지는 남아 있지만) 적어도 형식상으로는 지원이라는 틀을 밟았다는 점에서, 더구나 천황을 위해 자살공격을 감행한 극단적 광신주의자라는 인식 때문에 이들을 전쟁 희생자로 위령한다는 것은 더욱 받아들여지기 어려웠다.

그러한 한국 사회의 분위기를 의식했던 탓인지 건립 주체 측도 적어도 비의 앞면에 징용을 포함한 전쟁 희생자 전반에 대한 애도의 비문을, 그리고 뒷면에 탁경현이라는 한 개인의 귀향을 기원하는 비문을 새기는 식으로, 이 비가 특공대원 한 개인을 위령하는 비만은 아니라는 점을 부각시키고자 했다. 그러나 이러한 시도만으로는 당시 이 비에 대한 한국 사회의 인식을 바꾸어 놓기에 역부족이었다. 또 위령과 현창이 하나의 세트로 인식되는 경향이 강한 유교문화권인 한국 사회에서 일본의 위령이라는 개념은 오해를 불러일으키기 쉽다는 점도 지적해야 한다. 한국 사회에서 개인의 비를 세운다는 것은 송덕비頌德碑의 전통에서 알 수 있듯이, 그 덕을 기리고 현창한다는 공적 의미가 강하다. 반면 일본 사회의 경우 위령비 건립은 좀 더 사적인 문제에 속한다.

하지만 사천의 위령비 건립 주체의 주장처럼 '일본 사회의 보편적 위령'이 비정치적인 행위라고 단정 지을 수는 없다. 민속학자인 신타니 다카노리는 일본 사회에서 위령은 비정상적으로 죽은 경우異常死에 이루어지는 행위라고 정의 내리면서도, 사고로 죽은 조난자에 대한 위령의 경우는 위령비가 건립되어 희생자의 영이 위무되고 사자의 안식이 기원되는 것에 그치는 반면, 전쟁에서 죽은 경우는 초혼위령에 의한 적극적 의미가 부여된다고 지적한다(新谷尙紀, 1992). 즉 전사자는 영적 존재로서 제사의 대상이 될 수 있다는 점, 즉 죽은 자가 가미로서 받들어진다는 점에 그 특징이 있다는 것이다.

건립 주체 측은 양국의 이 복잡한 과거사 문제를 '민간 차원에서의 교류'라는 방식으로 봉합하려고 했다. 제막식 중지 사태 이후 건립 주체 측이 지난 경과를 정리하여 당시 참석자들에게 제출한 「경과보고서」(2008. 5. 16)에 따르면, 사천의 위령비 건립은 "민간 레벨에서 교류하려는 의도이며", 자신들이 "국가를 대표해서 사죄할 수 있는 입장은 아니라는" 점이 거듭 강조되고 있다. 애도의 주체로서 비 건립 측의 의도는 민간 교류의 차원에 있다는 것이다. 하지만 일본 정부가 여전히 사죄나 배상 문제에 소극적인 태도로 일관하고 있는 상황에서, '국가를 대표해서 사죄할 수 있는 입장이 아니라는' 입장positioning 표명이 한국 사회에서 과연 '순수한' 의미 그대로 받아들여질 수 있을지에 대한 고려는 적어도 보고서 내에서는 찾아보기 힘들다.[40]

40 이 문제는 지난 1996년 일본 내에서 위안부 보상 문제에 대한 하나의 해결책으로서 제안된 '여성을 위한 아시아평화국민기금'을 둘러싸고 일어난 논란을 동일하게 반복하고 있다는 점에서 흥미롭다. 이 기금은 일본 정부의 공식적인 사죄와 배상이 이루어지지 않은 상황에서 일본 사회 내의 많은 양심적 지식인과 시민단체들의 발의에 의해 제안되었지만, 한국 사회 일각에서는 일본 정부가 이 문제에서 발을 빼고 이를 일본 국민들의 모금으로 전가시키려 한다는 부정적인 방식으로 받아들여졌다.

나아가 이 해프닝은 애도의 권리, 즉 그 권리는 누구에게 속하고 또 그 권리의 행사는 어떠해야 하는가라는 문제를 양국 사회에 던져준다. 물론 이는 그리스 비극 『안티고네』 이후로 모든 사회가 보편적으로 직면하고 있는 문제이며, 같은 민족이기 때문에 애도의 권리는 그 사회에 있다든가 혹은 민족의 배반자이기 때문에 그 사회에서는 애도가 허용될 수 없다든가 하는 민족중심주의적 사고가 갖는 문제점을 여기서 굳이 지적할 필요는 없을 것이다. 하지만 조선인 특공대원을 위령함에 있어, 과거 침략국으로서 일본인의 자세에 대한 근본적인 성찰이 위령비 건립에서 제막까지의 전 과정에서 거의 찾아볼 수 없었다는 점은 안타까운 일이다.

또한 제막식의 파국 이후에도 자신들을 '배신한'(사태를 이 지경으로까지 몰고 간) 사천시에 대한 책임을 묻는 내용이 주를 이룰 뿐, 위령을 둘러싼 이번 논란을 통해 양 사회가 어떤 방식으로 이해를 심화시켜 나갈 것인가에 대한 인식 역시 찾아보기 힘들다. 사천시의 위령비 철거에 대해 이를 사적 재산 침해로 간주하며 비난하는 논리(黑田福美, 2008: 5)에까지 이르면 이들의 역사 인식이 갖는 한계는 더욱 분명해진다. 이는 물론 사천시에 대한 분노의 표출일 수 있지만(실제로 「보고서」에는 "비가 반대파에 의해 철거된다면 본의는 아니지만, 나름의 어떤 의미에서는 어쩔 수 없다고 생각한다"고까지 적혀 있다), 조선인 특공대원의 위령비(나아가 그들이 주장하는 것처럼 전쟁 희생자의 위령비)가 자신의 사유물이라는 본심을 무의식중에 토로하고 있는 것이다.

한편 기념비 건립 사업에는 처음부터 건립 주체 측이 주장하듯 '순수한' 민간 차원의 교류를 넘어선 '관광의 논리'가 깔려 있었다는 점도 아울러 지적할 필요가 있다. 실제로 일본에서 제막식 참가는 '삼진투어'라는 한 관광회사가 주도한 일종의 투어 형식으로 기획되었고, 한국관광공사는 '제막식 투어'를 후원하기도 했다. 사천시의 입장에서는 지역경제 발전이라는 절실한 과제 아래서 기념비 건립이 창출할 수 있는 관광산업 등의 경제적 효과에 대한 유혹을 뿌리칠 수 없었을 것이다.[41] 즉 건립 주체 측은 이 행사가 순수한 민간 차원의 교류라는 점을 강조하면서(黑田福美, 2008: 3) 자신들의 선의를 이해해 줄 것을 한국 사회에 호소했지만, 그들의 개인적 선의와 무관하게 이 사업에는 애초부터 자본의 논리가 강하게 개입되어 있었던 것이다.

마지막으로, 제막식을 둘러싼 해프닝이 죽은 자에 대한 위령의 문제, 나아가 역사 인식을 둘러싼 양 사회의 이해의 차이에서 비롯된 것이라는 점을 인정한다 하더라도, 이 과정에서 나타난 한국 사회의 미성숙한 태도는 여전히 과제로 남는다. 만약 비판의 초점이 시민의 의사를 수렴하지 않은 시 행정에 있었다면 그들의 행동은 우리 사회의 민주주의에 대한 시민사회의 의견 제시로서 이해할 수 있는 측면도 있다. 하지만 소요 과정에서 보다 전면에 나타난 것은, "가미카제 특공대원은 절대로 안 된다", "위령비를 파괴해 버려야 한다", "이런 위령비가 우리 지방에 세워지다니 부끄럽다" 등 과거에 대한 극단적인 감정의 표출이었다.[42] 결국 제막식이 합법적인 절차가 아닌 실력행사에 의해 폭력적으로 저지되고 또 위령비가 강제로 철거되면서, 조선인 특공

41 이는 소요 사태에 대한 시의 입장을 설명하는 자리에서 "처음에는 일본 여배우가 지원하는 등 순수하게 좋은 뜻으로 보았다. 여배우를 통해 지역을 일본에 홍보할 수 있는 기회도 가질 수 있다고 보았다"(『오마이뉴스』, 2008. 5. 7)고 말한 한 시 관계자의 발언에서도 확인할 수 있다.

42 물론 당시 현장에 개입한 민족문제연구소의 입장표명에서와 같이 한 개인의 비극적인 삶과 그 죽음에 대한 위령은 인정하면서도, 이 위령이 현재 일본 사회에서 가해 책임의 회피나 침략전쟁의 미화를 위한 도구로 화할 수 있는 우려가 존재한다는 것을 동시에 고려해야 하며, 따라서 "위령비 건립의 적절성과 타당성에 대한 사회적 합의 과정을 거쳐야 함"을 이야기하는 논리도 없지는 않았지만, 이는 어디까지나 소수 의견에 불과했다.

대원의 문제를 생각할 수 있는 양국 사회의 논의의 공간마저 닫혀 버린 것은 실로 안타까운 일이다.

5. 끝나지 않는 아리랑의 노래

> 오늘 같은 날에 내가 부를 수 있는 노래는 오직 하나밖에 없습니다.
> 그게 뭔가요.
> 조선에서 아주 오랜 옛날부터 내려오는 죽음과 패배의 노래입니다. 〈아리랑〉이지요.
> 나는 이 노래의 의미를 말해 주었다. 그리고 황량한 갈색 벌판을 바라보고 광둥 코뮌과 하이누펑을 생각하면서 낮은 목소리로 아리랑을 불렀다.
>
> _김산·님 웨일스, 『아리랑』 중에서

특공출격 전야, 모자를 푹 눌러쓴 채 〈아리랑〉을 구슬프게 불렀다는 한 조선인 특공대원의 65년만의 귀환은 결국 좌절되었다.[43] 영화 〈호타루〉가 아름다운 영상언어로 그려 낸 것처럼 조선인 특공대원이 '반딧불'이 되어 고향으로 돌아오는 낭만적인 풍경은 적어도 현실세계

43 엄밀히 말하면 2009년의 귀환은 두 번째로, 이미 1984년에 탁경현의 위령비를 사천에 세우려는 시도가 있었다. 비 건립의 주창자는 나가사키현에 거주하는 한 일본인光山稔으로, 그는 자신의 뿌리가 한국이며, 자신 역시 특공대원으로 지원해서 교육을 받았다는 점에서 자신과 성이 동일한 탁경현(일본명: 光山文博)에 관심을 가져 추도식에 참석한 이후 위령비를 건립할 생각을 했다고 한다. 하지만 그의 시도는 당시 한국의 매스컴 및 지역에서의 반발로 결국 무산되었다. 비 건립을 둘러싼 자세한 경위에 대해서는 裵姈美[外](2006): 274-275 참조.

에서는 연출되지 못했다. 아니, 전후 50년이 지난 시점에 조선인 특공대원의 영혼이 반딧불이 되어 돌아온다는 설정 자체가 과거의 역사에 대한 안일한 해석이고, 나아가 지난 역사의 상처를 너무 쉽게 봉합해 버리려는 시도일 것이다. 그리고 그들의 영혼은 전시기 자신들을 군신으로 치켜세우며 찬사를 아끼지 않던 일본 사회에서도, 또 자신들의 조국에서도 받아들여지지 못한 채 여전히 어둠의 골짜기를 표류하고 있다. 이러한 '냉엄한' 시선들이 교차하는 가운데, 그들의 처지를 변호하는 자그마한 목소리가 새어 나온다. 이들의 입장에 일단 '시대의 희생자' 논리라는 이름을 붙이기로 하자.

'시대의 희생자' 논리는 영화 〈호타루〉를 포함하여 조선인 특공대를 다루는 일본의 미디어가 보여 주는 하나의 전형적인 시각이다. 논리라기보다는 심정에 가까운 이 입장을 비 건립 측은 다음과 같이 언어화한다.

> 독립운동에 참가한 사람들은 국민의 1% 정도일 것이다. 당시는 누구도 생활에 쫓겨 일본 이름을 갖고 직간접으로 일본에 공헌하지 않을 수 없는 시대였다. 그렇게 살아가지 않을 수 없었던 것은 개인의 죄가 아니라 그 시대의 비극이다. 시대에 희생된 사람들을 추도하는 것은 실로 독립운동에 참가하지 못한 채 어쩔 수 없이 일본인으로 살아갈 수밖에 없었던 사람들의 마음도 위로할 수 있는 것이다.(黑田福美, 2008: 3)

이는 제막식 당시 침묵으로 일관했던 한국의 중앙 미디어들이 상황이 종료된 후 내놓았던 칼럼의 언설과 좋은 대구를 이룬다.

> 자원했건, 마지못해 끌려갔건 탁경현 또한 역사의 희생양임에 틀림없다. … 질곡과 광기의 역사 앞에서 무릇, 인간의 운명은 왜소하고 나약

한 법이다. 탁경현의 덧없는 죽음은 그래서 연민의 대상으로 다가온다.(「분수대: 탁경현」, 『중앙일보』, 2008. 6. 2)

이러한 양 언설의 교착은 분명히 지난 역사를 둘러싸고 가해자와 피해자 사이에서 일어나는 일종의 '공모'collusion다. 문제는 그러한 언설들에 드리워진, 조선인 특공대원을 바라보는 (구) 식민지 본국의 시선에 깃든 강력한 노스탤지어다. 이는 소설가 최인훈의 「총독의 소리」 연작에서 잘 표현된 것처럼, 한때는 자신에게 속했던, 하지만 지금은 자기의 것이 아닌 대상에 대한 아쉬움과 연민, 그리고 향수나 다름없다. 과거 일본 사회에서 군신으로 불리며 경외의 대상이었던 특공대원 가운데 식민지의 젊은이가 있었다는 사실은 그들에게 기묘한 '울림'(하지만 죄의식을 수반하지는 않는 노스탤지어)을 주는 것이다.

하지만 양 언설이 내포하고 있는 보다 본질적인 문제는 '시대의 희생자'라는 논리에 깔려 있는 장소와 상황에 대한 운명적 수용이라는 태도다. 체코 출신의 소설가 밀란 쿤데라의 유명한 메타포(Kundera, 1990)를 빌린다면, 이 논리는 다음과 같이 정식화할 수 있다. 역사의 수레바퀴는 굴러가고 있었고, 그 수레바퀴에 깔리지 않기 위해서라도 그들은 함께 그 수레바퀴를 굴릴 수밖에 없었다. 그리고 해방을 맞으면서 그 수레바퀴는 다른 방향으로 굴러가기 시작했다. 그렇다면 지난 시기 주도적으로 그 수레바퀴를 굴린 사람들은 어떻게 해야 할 것인가. 오이디푸스의 위대함은 자신의 결함hamartia을 알고 난 후 스스로 자신의 눈을 찔렀다는 데 있다. 하지만 살아남은 자가 아닌 죽은 자에게는 자신의 눈을 찌를 수 있는 선택지마저 주어질 수 없다는 점에서 상황은 더욱 비극적이다. 문제는 그 변호의 논리로 등장하는 '시대의 희생자' 논리가 상황을 하나의 '과정'이 아니라 완전히 '존재'화해 버린다는 점이다. 후지타 쇼조藤田省三는 이러한 논리가 갖는 문제를 다음과 같이 비판한 바 있다.

> '상황'이라는 개념은 '존재'에 대항한 개념이며 과정적인 것을 의미하는 것이지만, 여기서는 상황이 완전히 존재화되어 있다. 이러한 역사에 대한 관심은 존재의 역사에 대한 관심이기는 해도 상황의 과정에 대한 관심은 아니다. 따라서 주체적이지 않다. 우리가 현재 행해야 하는 역사 파악은 존재사적으로 쓰인 문헌을 상황사적인 맥락으로 바꿔 놓는 작업에 의해서만 달성되는 것이다. 그것에 의해서만 역사 안에서 살아갈 수 있기 때문이다.(藤田省三, 1975: 117)

'책임'의 문제에 대해서는 조선인 강제연행을 다루는 제5부 제3장에서 보다 깊이 있게 논의하고자 한다. 다만 여기서는 논의를 마치기 전에 여전히 해결되지 않은 하나의 물음에 대해 생각해 보고자 한다. 그것은 〈아리랑〉이라는 노래에 깃든 의미를 어떻게 해석해야 할 것인가, 다시 말하면 특공출격이라는 죽음을 앞둔 상황에서 〈아리랑〉이라는 노래를 부른다는 행위의 의미에 관한 물음이다.

노래를 부른다는 행위는 얼마 남지 않은 자신의 삶에 대한 한스러움과 개탄의 표현과 같은 개인적인 심정 차원의 문제일 수 있다. 하지만 그렇게 규정해 버리기에 〈아리랑〉이라는 노래가 불러일으키는 힘은 너무나 강력하다. 오랜 세월에 걸쳐 한국 사회에서 불려 온, 죽음과 패배, 그리고 한恨의 노래로서의 〈아리랑〉. 하지만 이와 더불어 〈아리랑〉은 조선시대 사형장에서 불리던 노래로, 죽기 직전 마지막으로 이 노래를 부를 수 있는 권리는 누구도 감히 부정할 수 없다고, 조선의 무정부주의 혁명가 김산은 자신의 생애를 인터뷰하던 님 웨일스에게 말했다고 한다(한홍구, 2003: 136). 일본 경찰에 체포된 상황에서 패배로 일관해 온 자신의 삶을 회고하면서도 결코 혁명에 대한 의지를 굽히지 않았던 노老혁명가 김산이 자신의 죽음을 예감하면서 불렀던 〈아리랑〉과 출격 직전 탁경현 소위가 불렀던 〈아리랑〉은, 그들이 처한 상황과 입장은 다를지언정 죽음을 앞둔 상황에서 부르는 노래에 깃든 '처절함', 그리고 자신이 처한 운명을 넘어서고자 하는 힘에 대한 '갈구'에 있어서는 서로 닮아 있는 것이 아닐까.

물론 이 물음들이 의미를 갖기 위해서는 '지원병'을 비롯한 징병·징용 등 전시기 조선인들의 '동원'에 대한 실증적이고 객관적인 앎과, 동원된 이들을 바로 '친일'로 범주화해 버리지 않고 그 다양한 동원의 궤적들을 공적으로 이야기할 수 있는 사회적 성숙함이 전제되어야 할 것이다. 그리고 이를 체계적으로 규명하는 작업은 아직까지 역사학의 영역이다. 이 글은 조선인 특공대원이라는 존재를 받아들이는 일본과 한국 두 사회의 방식, 즉 한때 '자신'(일본 제국)을 위해 싸웠던 식민지인들의 불행한 죽음을 바라보는 노스탤지어적 수용 방식과, 그들이 민족 공동체의 성원임을 격렬하게 '부인'함으로써 민족의 순수성을 보존하고자 하는 수용 방식이 모두 실재the real를 회피하고자 하는 의도의 부산물임을, 가고시마의 지란에 세워진 〈아리랑의 비〉와 경상도 사천에 세워질 뻔했던 〈귀향기념비〉라는 두 기념물과 이에 대한 해석의 교차들을 읽어 내면서 규명하고자 한 조그만 시도다. 애도의 출발은 상실을 상실로서 받아들이는 것이다. 그런 의미에서 조선인 특공대원이라는 존재는 양 사회의 애도의 결여를 보여 주는 하나의 '징후'symptom다.

제5부

'특공 성지'의 사회적 생산과 구성:

감상적 낭만주의의 주술에서 벗어나기

제1장 산화散華와 난사難死
전후 일본 사회에서 특공의 기억과 재현

우리들의 향토 지란은 지난 전쟁에 의해 더할 나위 없이 소중한 많은 인명과 재산을 잃었고, 또한 특공이라는 인류 역사상 유례를 찾기 힘든 작전으로 지란 특공기지를 거점으로 출격한 1,026명의 특공대원이 남쪽 바다에서 산화했다. 세계의 항구평화는 인류 보편의 원망이라는 점을 생각하고, 히로시마·나가사키에 원폭이 투하된 세계 유일의 피폭국으로서 비핵 3원칙을 견지하고, 핵병기의 불사용不使用·폐절을 바라며, 전쟁의 비극을 두 번 다시 되풀이하지 않을 것을 결의한다. 지란은 전후의 초토에서 떨쳐 일어나 마을 주민들의 지혜와 꾸준한 노력에 의해 오늘 미나미사쓰마南薩摩의 중심 마을로서, 그리고 평화 전승의 마을로서 끝없는 발전을 계속하고 있다. 우리들은 일본국 헌법의 정신에 따라, 다음 세대에 이 풍요로운 향토를 물려주고 평화의 소중함을 계승하기 위해 세계 평화와 인류의 복지를 희구하며 여기 "평화를 계승하는 마을"平和を語り継ぐ町을 선언한다.

_「평화를 계승하는 마을 선언」(1992. 11. 1)

1. 지란으로 가는 길

일본열도의 최남단 가고시마. 지란은 일본열도를 잇는 신칸센新幹線의 남쪽 종착지인 가고시마 중앙역에 내려서도 다시 시외버스를 갈아타서 남쪽으로 한 시간 정도 더 달려야 갈 수 있는 본토 최남단의 시골 마을이다. 예전에는 가고시마에서 지란까지 이어지는 철도南薩線가 있었다고 하지만 이용객이 줄어 이제는 폐선이 되어 버렸고, 한 시간에 한 대 정도 버스가 운행되는 것이 전부다. 그러나 가고시마의 다른 시골 마을로 가는 버스편 수를 생각한다면, 한 시간에 버스가 한 대 다니는 상황 자체가 지란이 가고시마의 주요 관광지임을 의미하는 것이다.

차들로 붐비는 가고시마 시내를 빠져나온 버스는 사쿠라지마桜島가 보이는 가고시마만을 따라 달리다가, 오른쪽으로 돌아 2차선의 구불구불한 산길로 접어든다. 왼편 차창 너머로 바다가 보이는가 하면, 반대편 차창으로는 우거진 숲이 시야에 들어오면서 지란으로 가는 길의 풍경은 마치 소풍을 가는 것 같은 착각을 불러일으킬 만큼 아름답다. 30분 정도 달렸을까. 버스는 산으로 둘러싸인 아늑하고 평화로워 보이는 분지 마을에 도착한다. 지난 전쟁이 없었다면, 그리고 특공기지가 없었다면, 아무도 일부러 관심을 기울여 찾아오지 않을 그런 평범한 시골 마을이다.

이런 시골 마을에 매년 수십만의 일본인들이 찾아오고 있다. 물론 가고시마를 촬영지로 한 NHK 대하드라마 〈아쓰히메篤姫〉 열풍도 있었고, 도로변을 따라 늘어선 야자수들이 내뿜는 남국南國의 분위기와 예전 사쓰마한薩摩藩 무사들의 저택들이 보존된 '무가저택'武家屋敷도 방문객들의 관심을 끄는 요인일 것이다. 하지만 그들이 지란에 찾아오는 또 하나의 이유는 이곳에서 과거 특공의 잔영殘影을 찾아내고 또 느끼기 위해서다. 매년 60만여 명의 관광객이 이곳 지란에 위치한 '특공평화회관'을 방문하고 있으며, 개관('유품관'遺品館 시절을 포함해서) 35주년의 해인 2009년 방문객 수는 1,500만 명을 돌파했다(『南日本新聞』, 2009. 8. 8). 일본 최남단의 작은 시골 마을에 위치한 기념관의 방문객 숫자로 보기에는 상당한 수치다.

물론 전시기 육군 항공특공기지로서 지란은 다른 특공기지에 비해 어느 정도 인지도가 있었던 것이 사실이다. 하지만 당시의 인지도로만 따진다면 가고시마 전체의 특공기지를 관할했던 사령부가 위치한 가노야에 비할 바가 아니다. 또 지란 특공기지의 정식 명칭인 다치아라이 육군비행학교 지란분교大刀洗陸軍飛行學校知覽分校에서 드러나듯, 규모나 지명도로 본다면 다치아라이 쪽이 육군특공기지를 대표하기에 더 적합하다고 해야 할 것이다. 따라서 전후 지란이 '특공 성지聖地'로 자리 잡는 데는 고도의 인위적인 조작과 발명이 있었다고 해야 할 것이다.

이 장에서는 지란이 전후 일본에서 '특공 성지'로 자리매김되기까지의 역사를 거슬러 올라가면서, 그러한 기반을 만들어 낸 주체들의 의도와 전략, 그리고 현재 지란이 특공, 나아가 지난 전쟁에 대한 인식을 둘러싸고 가고시마를 넘어 일본 사회 전체에 발신하고 있는 메시지를 특공평화회관을 비롯한 위령공간과 그 부속 조형물 등을 통해 검토하고자 한다. 특공과 평화라는 사뭇 어울리지 않은 조합이 만들어진 역사를 통해 전후 일본에서 평화의 의미를 다시금 성찰해 보는 것이 이 장의 목표다. 나아가 이 장에서는 특공을 테마로 한 지란의 또 다른 전시관인 호타루관을 통해, 특공대원의 죽음이 일본 사회에서 기억되는 또 하나의 방식을 살펴보고자 한다. 조국을 위해 싸우다 죽은 병사들을 국가가 공식적으로 기념하는 것을 당연하게 여기는 국민국가 체제하에서 이러한 전후 일본 사회의 경험들을 읽어 내는 작업은, 한 사회가 그 죽음들을 어떤 방식으로 기억하고 기념해야 하는가에 대한 비판적 상상력을 제공해 줄 수 있을 것이다.

2. 경관과 기억

2009년 특공위령제에 참석하기 위해 '오랜만'에 지란을 찾은 참배객들은 너무나 달라진 마을의 풍경에 놀라워하곤 했다. 참배객들 사이를 지나다 보면 "예전에는 지금 것의 절반만 한 관음당하고 공원 휴게소 2층에 조그마한 유품관 정도밖에 없었는데…"라는 감탄사가 심심치 않게 들린다. 마을 입구에서 도로를 따라 관음당 입구까지 열 지어 선 석등石灯籠, 거대한 기념관과 관음당, 신사, 잘 정비된 기지 전적 등 지란은 마을 자체가 하나의 '필드 뮤지엄'field museum으로 보인다. 하지만 지란이 오늘날과 같은 면모를 갖추게 된 것은 상당히 최근의 일이다. 이 역시 최근 유행하고 있는 다크 투어리즘dark tourism의 성공적 사례일까. 지란이 지난 전쟁, 특히 특공을 관광상품화하고 이를 디자인함으로써 많은 관광객들을 불러 모으고 있다는 점은 분명하다.[1]

'특공 성지' 지란이라는 이미지의 형상화는 평화공원 진입로에서부터 시작된다. 특공대의 덧없는 죽음을 상징하듯, 벚나무들이 아치를 드리운 가운데 그 양옆으로 길게 늘어서 있는 석등은 소위 '성聖과 속俗'을 구분하는 경계인 듯한 분위기를 만들어 내고 있다. 물론 이러한 경관landscape은 인공적인 것이자 역사적인 것이며, 여기에는 개개인이나 집단, 나아가 사회 전체가 스스로의 과거를 어떻게 해석하고자 하는가,

1 존 레넌J. Lennon과 맬컴 폴리M. Foley는 다크 투어리즘을 20세기 후반부터 새로이 성장하는 후기 근대의 특징적인 문화적 소비현상으로 정의하면서, 특히 죽음, 재해, 잔학 행위가 발생했던 장소와 이러한 사건과 관련된 시설들을 방문하는 것을 주요한 내용으로 한다고 지적한 바 있다(Lennon and Foley, 2000). 예를 들어 독일과 폴란드에 산재해 있는 제2차 세계대전기의 유태인 학살과 관련된 집단수용소, '킬링필드'로 잘 알려진 캄보디아의 형무소 등을 방문하는 것이 다크 투어리즘의 대표적인 사례다.

[사진 5-1] 평화공원 진입로 풍경

그 원망願望을 담은 메시지가 새겨져 있다(Foote, 2002: 5). 다시 말하면 이렇게 만들어진 위령 경관이 하나의 풍경으로 자리 잡으면서 원풍경을 가리는 일종의 '은폐기억'screen memory[2] 역할을 하고 있는 것이다. 그

2 이 개념의 창시자인 프로이트는 은폐기억을 유년 시절의 기억이 다른 심리적 대체물로 전이되는 현상을 가리키기 위해 사용했지만, 라캉은 어떤 현실을 은폐하는 이미지, 즉 커튼, 베일, '억압점'의 역할에 더욱 주목했다. 즉 "왜 베일은 인간에게 현실보다 더 소중한가? 왜 이 환영적 관계의 질서는 대상과 그 관계의 본질적인 구성요소가 되는가? 바로 여기에 페티시즘에 의해 제기된 질문이 있다"(Lacan, 1994: 158. Didi-Huberman, 2017: 124에서 재인용)는 것이다. 미국의 베트남전쟁 기념조형물을 분석한 스터켄(Sturken, 2004), 그리고 오키나와의 위령비를 분석한 기타무라 쓰요시(北村毅, 2009) 역시 이러한 맥락에서 무언인가를 은폐screen out 하거나 혹은 또 다른 무엇인가를 투사하는 스크린의 기능에 주목한다.

[사진 5-2] 지란의 도로변에 늘어선 석등

리고 이렇게 '특공 성지'라는 이미지가 덧씌워지면서 그 이미지에 포섭될 수 없는 다양하고 이질적인 기억들은 은폐되고 소멸되어 버린다.

따라서 경관을 분석한다는 것, 즉 경관에 새겨진 메시지를 주의 깊게 해석해 내는 작업은 그 변형의 과정과 그 과정에서 말소된 '유실물'(Benjamin, 2007a)[3]들을 찾아내는 작업까지 아울러 요청하는 것이다. 다

3 『일방통행로』라는 저작에서 벤야민은 '유실물'에 대해 아래와 같은 인상적인 주석을 남긴 바 있다. "어떤 마을이나 도시를 처음 볼 때 그 모습이 형언할 수 없고 재현 불가능하게 보이는 까닭은, 그 풍경 속에 멂이 가까움과 아주 희한하게 결합하여 공명하고 있기 때문이다. 아직 습관이 작동하지 않은 것이다. 하지만 일단 어디가 어딘지 분간하기 시작하면 그 풍경은, 마치 우리가 어떤 집을 들어설 때 그 집의 전면이 사라지듯이 한순간 증발해 버린다."(Benjamin, 2007a: 120)

음 절에서는 전후 지란이라는 마을이 '특공 성지'로 거듭나기 위해 밟아 온 궤적을, 특공 마을로서의 상징경관을 창출하는 '인프라 정비'와 기념관·관음당 부지의 '위령공간 정비'로 구분해서 살펴보고자 한다.

3. '특공 성지' 만들기

지란에 특공 마을이라는 이미지가 만들어지게 된 출발점은 시기적으로 볼 때 1970년대 초다. 1971년 위령의 주체로서 현재까지 활동하고 있는 '지란 특공위령현창회'知覽特攻慰靈顯彰會(이하 '현창회'로 표기)가 결성된 것을 계기로 현창회의 주도하에 기존의 관음당이 정비된 것은 1974년이었다. 물론 현재와 같이 훌륭한 배전拜殿과 참배길參道까지 갖춘 관음당의 면모를 갖추게 된 것은 비교적 최근(2006년)의 일로, 1970년대 당시만 하더라도 관음당은 조촐한 당우堂宇에 불과했다. 현재 '지란평화공원'知覽平和公園의 상징으로 자리 잡은 〈특공용사의 상とこしえに〉이 건립된 것(1974년)이나, 당시 공원 내 휴게소 2층에 현재 특공평화회관의 전신인 '특공유품관'(이하 '유품관'으로 표기)이 건설된 것(1975년)도 이즈음이다.

물론 이 시기까지만 해도 이러한 공간 정비가 '특공 성지'를 만들겠다는 특별한 청사진이나 계획에 의해 이루어진 것은 아니다. '유품관'이라 해도 그 규모는 보잘것없었고, 유품 수집이나 관리 역시 원특공대원이나 몇몇 지역 주민의 자발적인 노력에 의해 겨우 이루어지는 수준이었다. 커다란 변화가 찾아온 것은 1980년대 중반부터였다. 당시 전 일본열도를 휩쓴 '마을 만들기町づくり 특별대책사업'의 흐름 속에서 마을이 주도적으로 특공기지 지란이라는 이미지 조성에 착수하게 된 것이다.

우선 1985년에 시작된 지란 특공평화회관 건설 사업으로 2년에 걸친 공사 끝에 1987년, 기존 '유품관' 면적의 10배가 넘는 대규모 전시관이 개장된다. 전시관은 대전시실 외에도 각종 소전시실과 야외 전시관, 그리고 200명의 단체 관람객을 수용할 수 있는 시청각실 등을 구비하여 한 시골 마을의 테마 전시관으로서는 상당히 큰 규모다. 한편 거의 같은 시기에 시작된 도로 및 공원 정비 사업, 도로 양측 석등 건립 등의 사업 역시 1990년대 초까지 계속 이어진다. 특히 마을의 입구에서 관음당까지 1,700m에 이르는 도로의 양측에 1,026주(당시 확인된 특공대원 전사자 수와 동일하다)의 석등을 전국의 유족이나 전우회 등 관계자의 후원을 받아 건립하겠다는 기획은 전국적으로 널리 알려지며 많은 후원을 받았다.

그 결과 1990년대 초에 이르면 특공에 대해 이야기하는 전시공간 및 평화공원이 정비되고 도로(평화기념길平和祈念通り) 양측에 늘어선 석등이 어우러지며 현재와 같은 지란의 경관이 완성된다(2009년 기준 석등은 그 숫자가 더욱 늘어 1,238주이며, 석등의 수는 계속 늘어나고 있다). 또한 1990년대 중반에는 마을 전체를 필드 뮤지엄으로 만들자는 기획의 일환으로 특공 관련 전적들, 예를 들어 방공호나 삼각병사 터, 혹은 해상특공 신요震洋의 기지가 있었던 히지리가우라聖ヶ浦 지구 정비 등의 사업도 함께 이루어졌다. 그리고 이러한 변모 과정을 거친 지란은 성공적인 '마을 만들기'의 모델로서 1989년 규슈 지구상을 받는다. 현재의 특공평화관음당은 2004년 제50회 위령제를 기념하며 증축된 것이다.[4]

지란이 '특공 성지'로 자리매김된 것은 결코 전전 지란이 육군특공기지의 대표였다거나 특공대를 기억하고자 하는 지란 주민들의 열정이

4 이상 지란의 마을 만들기 사업과 관련된 기술은 『정보 지란町報ちらん』의 해당 기사들을 참고해서 정리한 것이다.

다른 지역에 비해 남달랐기 때문이 아니다. '도메 전설'은 오히려 정비사업이 완료된 1980년대 후반에 들어서야 정착되었고, 오히려 '특공 성지'라는 이미지를 만들어 내기 위해 의도적으로 부추겨진 것은 아닌가 하는 혐의에서 자유로울 수 없다. 다시 말해 전시기 특공기지 마을이었다는 전사前史, 다른 지역에 비해 일찍부터 관음당이나 기념관이 정비되었다는 조건이 이러한 이미지를 만들어 내는 원천이 된 것은 사실이지만, 이를 직접적인 인과관계로 설정하기는 어렵다. 그보다는 지란이 가고시마 시내에서도 한참 떨어진 산으로 둘러싸인 분지에 위치해 있으면서 농업과 녹차 재배를 중심으로 하는 조그만 마을이었다는 점, 그리고 1970년대 이후 점차 지역경제가 과소화過疎化되어 가는 위기 상황 속에서 '마을 만들기'의 일환으로서 특공 마을이라는 이미지에 착목해 사업을 전개했던 것이 결정적인 역할을 했다고 보는 것이 타당할 것이다.

이는 지란을 찾아오는 관광객 수의 변화 추이에서 확연히 드러난다. 마을 자체 조사에 따르면, 1990년 관광객 수는 특공평화회관과 무가정원 관람자 수를 합해 100만을 넘어섰다. 이러한 신장세는 그 전의 평균 관광객 수(1986년: 48.5만, 1987년: 68.4만, 1988년: 65.9만, 1989년: 78.5만)와 비교해 보더라도 두드러진다. 이러한 관광객 수의 비약적 증가에는 1987년 건립된 지란 특공평화회관의 공이 컸다. 참고로 1886년 이후 관람객 수만을 본다면 지란의 최대 관광지는 무가정원에서 특공평화회관으로 이동하고 있음을 알 수 있다. 소위 '특공 성지' 지란이라는 이미지가 만들어지는 데 있어 '마을 만들기'라는 자치행정의 개입은 엄청난 것이었음을 확인할 수 있는 대목이다(이상 『정보 지란』 참조). 실제로 1993년 이후에는 거의 매해 60만여 명의 사람들이 특공평화회관을 찾아오고 있으며, 2012년 지란 특공평화회관의 관객 수는 누계 1,690만을 넘어섰다. 특히 1990년대 이후 관람객의 증가에는 수학여행차 전시관을 들른 일본의 많은 중·고등학교 학생들의 숫자가 반영

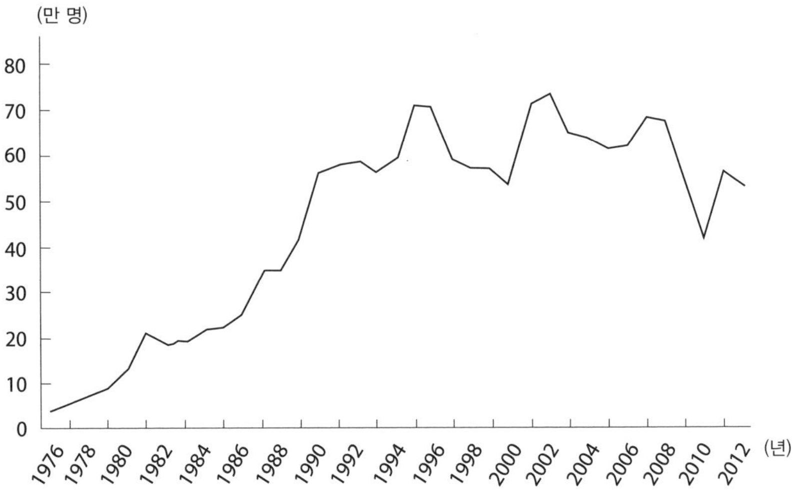

[그림 5-1] 지란 특공평화회관 연도별 입관자 수

출처: 「지란 특공평화회관입관자수」, 지란 특공평화회관 제공, 2012. 福間良明(2015 : 11)에서 재인용

되어 있을 것이다.

관광객 수의 증가는 기존의 위령공간에도 변화를 가져왔다. 일견 성스러운 경관처럼 보이는 진입로에서 조금 옆으로 벗어나면 그 우측에 늘어선 대형 기념품 가게나 음식점들, 그리고 그 옆에 마련된 관광버스용의 널찍한 주차장 등이 위령공간의 부속물들과 기묘하게 공존하고 있는 것을 확인할 수 있다. 이러한 성지와 관광지의 애매한 공존은, 빅터 터너V. Turner가 고찰했듯이 근대 산업사회의 일반적 특징이기도 하다. 터너에 따르면 전통적인 의례의 장의 본질적 속성인 리미널한liminal 공간은, 근대 산업사회로 접어들면서 개인적인 여가play 활동의 의미가 강한 리미노이드화liminoid의 운명을 피할 수 없다. 문제는 이러한 리미노이드화로 인해 일상적이고 권위적인 구조들과 상징들이 '전도'의 차원을 넘어 '파괴'되어 버린다는 것이다. 관광은 후기 산업사회에서 이러한 리미노이드화를 보여 주는 가장 대표적인 사례다(이상

Turner, 1982: 52). '특공'의 위령공간 역시 이러한 관광의 물결에서 결코 자유로울 수 없다.

그렇다면 평화공원 내부로 한 걸음 더 들어가 보자. 평화공원에 들어서는 순간 사람들의 시선을 끄는 것은 도로 양옆으로 즐비하게 늘어선 위령비들이다. 죽은 자를 기억하기 위해 유족과 지인들이 자신들의 심정을 담아 세운 한 기 한 기의 위령비는 영령을 현창하고 기념하는 '모뉴먼트'monument라기보다, 산 자들이 죽은 이들을 잊지 않기 위하여 그들의 이름을 새기고 또 그 죽음의 의미를 기록하는 '메모리얼'memorial에 더 가까운 것이라고 할 수 있다. 여기서 '모뉴먼트'와 '메모리얼'의 구분은 미술사가인 단토A. Danto의 논의를 빌려온 것으로, '모뉴먼트'가 찬미나 기념 혹은 그 비에 새겨진 의미의 절대불변성을 주장하는 조형물이라면, 메모리얼은 추도나 화해를 포함한 치유적인 성격이 강한 조형물을 의미한다(Danto, 1986: 152. 西村明, 2006: 155에서 재인용). 특히 패전으로 인해 지난 전쟁의 정당성이 철저히 훼손됨으로써 전쟁에 대한 '모뉴먼트'를 만들기 어려운 일본 사회에서 죽은 자의 유족들 혹은 지인들이 세운 위령비는 그들의 희생의 의미를 기억하고자 하는 사람들의 솔직한 심정의 표현이었을 것이다. 이는 오키나와를 비롯하여 일본 전토에 건립된 무수한 위령비들에서 확인된다. 지란에 세워진 위령비들 역시 이러한 메모리얼의 계보에 속한 것들이 대부분이다.[5]

5 단토는 모뉴먼트와 메모리얼의 차이를 다음과 같이 구분한다. "우리들은 무엇인가를 항상 기억하기 위해 모뉴먼트를 만들고, 무엇인가를 결코 잊지 않기 위해서 메모리얼을 만든다. 따라서 워싱턴기념탑은 모뉴먼트이며, 링컨기념당은 메모리얼이다. 모뉴먼트는 기념 가능한 것을 현창하고, 기원의 신화를 체현한다. 메모리얼은 상기想起를 의식화儀式化하고, 종언終焉이라는 현실을 체현한다. … 메모리얼은 생활로부터 추방된 공간적 장소이며, 그 안에서 우리들이 죽은 자를 기리는 폐역閉域이다. 이에 비해 모뉴먼트에서 우리들은 우리들 자신을 기리고 있다."(Danto, 1986. Sturken, 2004: 91에서 재인용)

물론 이러한 구분은 어디까지나 '이념형'ideal type이며, 실제 조형물들은 이 두 속성이 서로 뒤섞일 수 있고, 또 시간의 경과에 따른 성격의 변화도 무시할 수 없다. 예를 들어 건립 초기에는 메모리얼의 속성이 강하다 해도, 시간이 지남에 따라 주위 경관의 변화에 따라 점차 모뉴먼트적 성격이 짙어지는 경우도 있을 수 있는 것이다. 지란의 위령공간에서도 상황은 마찬가지다. 초기에 세워진 위령비들 하나하나가 아무리 가족이자 전우로서, 혹은 지역사회의 주민으로서 전사자에 대한 개인적 위령의 성격을 지닌 것이라 하더라도, 그러한 위령비들이 모여 하나의 경관을 만들어 나가는 과정에서 그 위령의 의미는 변화를 겪게 된다. 특히 최근에 세워진 기념비들에는 그들의 죽음을 기리는 메모리얼의 차원을 넘어 그들의 순수한 조국애를 현창하는 모뉴먼트적 성격이 더욱 현저해지고 있다.

대표적으로 지란 특공평화회관 입구에 있는, 고이즈미 준이치로小泉純一郎 전 총리나 이시하라 신타로石原愼太郎 도쿄도지사 등 보수파 정치인들이 세운 기념비, 그리고 〈호타루의 비ホタルの碑〉 등은 모뉴먼트적 성격에 가까운 기념비들이다. 이들 기념비에는 특공대원 개개인의 죽음을 위령하기보다는 지난 전쟁에서 '특공작전'이 갖는 의의('조국방위전쟁')를 현창하고, 그 조국애와 죽음의 '순수성'—고이즈미 전 총리가 세운 위령비의 전면에는 '지순'至純이라는 두 글자가 새겨져 있다—을 기리고자 하는 의도가 강하게 투영되어 있다. 나아가 이 기념비들은 '현대 일본 사회에 어떤 사사로운 감정 없이 순수한 일념하에 조국에

이러한 단토의 구분은, 미국의 여러 기념비들 중에서 베트남전쟁 기념비가 갖는 의미를 분석한 스터켄 역시 차용하고 있다. 즉, 모뉴먼트가 기념 가능한 것을 현창하고 기원의 신화를 체현하는 익명적인, 순수한 상징적 성격을 갖는 비라면, 메모리얼은 죽은 자들 개개의 이름을 새김으로써 그들의 희생을 기리고 또 그 희생의 의미를 담아내는 비다(Sturken, 2004: 91).

목숨을 바친 특공대원들의 유지를 계승하라'는 교육적 효과를 동시에 의도하고 있다. 이러한 모뉴먼트화는 전쟁체험의 풍화와 함께 패전의 기억이 서서히 엷어지면서 지난 전쟁의 의의를 강조하는('도쿄재판 사관 부정' 혹은 '대동아전쟁 긍정론') 사회적 풍토와 맞물리는 것이며, 여기에 특공대를 새로이 이미지화하는 영화들의 제작과 이를 관광상품화하려는 자본의 논리가 개입된다.

한편 같은 부지에 세워진 〈아리랑의 비〉[6]나 〈통곡, 맹세의 비痛哭, 誓の碑〉는 그 성격을 규정하기 어려운 조형물이다. 2000년에 건립된 〈통곡, 맹세의 비〉에는 "이 진혼, 위령, 통곡의 가운데, 우리나라를 넘어, 민족을 넘어 세계인류 영원의 평화를 여기 맹세함"이라는 비문이 일본어와 영어로 동시에 새겨져 있다. 기록에 따르면 이 비가 건립된 것은 특공평화회관을 방문한 한 중국인 유학생이 일본의 한 전국지에 낸 투서에서 비롯되었다고 한다. 투서의 내용은 '지란의 특공평화회관을 방문했는데 전시관은 단순한 슬픔의 기념비에 지나지 않는다', '전쟁과 평화에 대한 대응이나 결의의 표명이 없다'는 것이었다. 이에 대해 지란 측은 이 비의 건립 의의를 다음과 같이 밝히고 있다.

> 중국인 유학생의 자세가 두말할 필요 없이 난징南京의 기념관에 표명된 원한과 분노의 입장이라고 한다면, 이것을 방치해서는 안 된다. 분노와 원한으로부터 평화는 싹트지 않는다. 무엇보다 우선 평화에 대한 확고한 결의를 문언으로 명시해서, 이것을 이해하고 용이한 형태로 제시하지 않으면 안 된다. 이러한 취지로 이 영문병기의 비가 탄생했지만, 이것이 이른바 내외를 통틀어 전 세계 인류의 영원한 평화 확립에 대한 의지표명으로서 지속하기를 소망한다.(村永薫, 2002: 151-152)

6 〈아리랑의 비〉의 건립 경위나 성격에 대해서는 제4부 제3장 참조.

이 건립 의의를 기록한 무라나가 가오루村永薰라는 인물은 현재 미나미규슈시의 도서관장이자 『지란특별공격대知覽特別攻擊隊』(1991)의 저자로서 특공평화회관과도 밀접한 관련을 갖고 있기 때문에, 비 건립 측의 공식 입장으로 해석해도 커다란 무리는 없을 것이다. 그리고 이 공식 입장은 전쟁 당시 특공에 자원한 젊은이들의 순수한 희생과 이로 인한 슬픔, 그리고 그 슬픔과 비극을 다시는 되풀이해서는 안 된다는 특공평화회관의 공식 슬로건을 바탕으로 한 것으로, 전쟁에 대한 전후 일본의 주류 담론인 '희생' 담론과 결을 같이한다. 그리고 투서의 내용을 확인할 수는 없지만, 중국인 유학생의 입장은 대략적으로 지란 측이 이야기하는 '희생' 담론에서 나오는 평화의 맹세 정도로는 피해를 입은 아시아 사회에 대한 대응이나 결의의 표명이 부족하다는 것으로 해석할 수 있을 것이다. 그런데 중국인 유학생의 이런 목소리가 왜 이들에게는 원한과 분노의 입장으로 받아들여지는 것일까. 그리고 이들이 무엇보다 중시하는 '평화'의 구체적 상은 무엇일까. 또 비명에 나오는 "통곡"은 누구를, 그리고 무엇을 향한 것일까. 이런 여러 의문들에 대해 비碑는 아무런 구체적 설명을 제시하지 않는다.[7]

7 그런 의미에서 이 비는 야스쿠니신사 내에 있는 진레이샤鎭靈社와 계열을 같이하는 것이라고 할 수 있다. 진레이샤는 자국의 전사자뿐만 아니라 적군·적국인까지 제사 지내기 위해 1965년 건립된 신사로, 야스쿠니신사의 전후사를 추적한 역사학자 아카자와 시로赤澤史朗는 이 신사의 건립을 전후 초기(1950-1960년대)에 야스쿠니신사 내에 존재했던 평화주의의 한 흐름으로 파악한다(赤澤史朗, 2005: 162-163). 물론 이러한 신사가 건립되었다는 것 자체가 140년에 걸친 야스쿠니신사의 역사에서 본다면 아주 '예외적'인 사건이었다는 점은, 현재 진레이샤가 자물쇠가 채워진 채 일반인들의 출입이 통제되어 있는 상황이라는 것만 보더라도 알 수 있다. 진레이샤는 야스쿠니의 평화주의를 선전하는 일종의 외교적 수단으로 활용될 수는 있지만, 야스쿠니가 견지해 온 공식 입장과는 상충되는 것이기 때문에 현재의 신사로서는 '난감한' 공간이 아닐 수 없는 것이다. 이와 동일하게 〈통곡, 맹세의 비〉는

[사진 5-3] 〈특공용사의 상〉

위령비와 더불어 언급해야 할 구조물은 1974년에 건립된 〈특공용사의 상〉과 이보다 조금 늦은 1986년 〈특공용사의 상〉 옆에 세워진 〈어머니의 상やすらかに〉이다. 〈특공용사의 상〉은 지란의 특공 관련 전시물 중에서도 관음상과 더불어 초창기에 세워진 구조물로, 항공기 파일럿 복장의 젊은이가 남쪽 방향(남태평양)을 바라보는 자세로 서 있는 모습이 조각된 것이다. 그리고 〈어머니의 상〉은 기념관에 전시된 많은 유서들에서 공통적으로 나타나는 특공대원들의 어머니를 향한 사무치는 그리움에 감동을 받은 어느 독지가가 "젊은 나이에 안타깝게 죽은 젊은 이들이 어머니의 품속에서 편안히 잠들었으면 하는 바람으로" 건립한 것이라고 한다(「지란 특공평화회관 팸플릿」 참조).

지란의 위령공간 내에서는 상당히 예외적이고 심지어 돌출적으로 보이기까지 한다. 하지만 비의 건립 경위만 본다면 이 비는 진레이샤보다도 한 걸음 더 후퇴한 전후 일본의 '통속적 평화주의'의 한 전형을 보여 준다.

[사진 5-4] 〈어머니의 상〉

이 두 동상은 조금 더 깊이 있게 분석할 필요가 있는데, 왜냐하면 다른 어떤 전시보다도 '특공 성지' 지란이 전후 일본 사회를 향해 발신하는 메시지를 집약적으로 표현하는 조형물이기 때문이다. 우선 〈특공 용사의 상〉을 보자. 남쪽을 향하고 있는 특공대원의 단호한 얼굴은, 특공이라는 작전을 이해하는 데 있어 전후 가장 논란이 되는 '지원이냐, 강제냐', 즉 왜 당시 그러한 비인간적이며 비극적인 작전이 세워졌고 젊은이들이 그 작전에 동원될 수밖에 없었는가에 대한 논리적 인식이 들어설 수 있는 여지를 차단한다. 이 동상에서 읽을 수 있는 것은 쳐들어오는 적들에 맞서 조국을 위해 기꺼이 자신의 목숨을 바친 훌륭한 젊은이의 헌신적 의지뿐이다. 그리고 이는 특공평화회관을 포함한 지란의 위령공간을 관통하는 테마이기도 하다.

한편 〈어머니의 상〉은 특공대원들의 출격을 후방에서 바라보는 또 하나의 정형화된 시각을 제시한다. 이 동상에서 우리는 오키나와에

[사진 5-5] 〈한의 비〉

세워진 〈한恨의 비〉에 부조되어 있는 것과 같이 두 눈을 천으로 가린 채 전장에 끌려가는 청년의 다리를 부여잡고 우는 어머니의 모습이나, 독일의 전몰자 추도시설인 노이에 바헤Neue Wache에 전시된 케테 콜비츠K. Kollwitz의 〈피에타상〉이 형상화하는 것처럼 '전장에서 죽은 자식을 끌어안고 망연자실 슬퍼하는 어머니'의 모습은 찾아볼 수 없다. 잘 알려진 것처럼 자식의 죽음을 애도하는 어머니의 모습을 형상화한 콜비츠의 일련의 작품들은, 실제로 제1차 세계대전에 자원입대한 아들의 죽음(전사)을 겪으면서 자신이 느꼈던, 그리고 당시 자식을 잃었던 모든 어머니들이 느꼈을 비통한 슬픔과 전쟁을 막지 못했던 데 대한 회한의 감정을 표현한 것이다.[8] 자식을 잃은 슬픔, 그리고 자신의 아들을

8 독일의 유명한 판화가이자 조각가인 콜비츠는 제1차 세계대전으로 사랑하는 아들을 잃은 후 자신의 슬픔을 여러 이미지로 형상화했다. 그녀는 자원입대

[사진 5-6] 케테 콜비츠, 〈피에타상〉

무의미한 죽음으로 몰아넣어 간 세력(국가·군부)에 대한 분노의 표출은 전후 일본 사회에서도 생소하다고 할 수는 없다. 그 한 예로 특공사로 사랑하는 아들을 잃은 한 어머니는 전후에 아들의 죽음을 '개죽음'이

한 자신의 아들이 '조국 독일을 위하여'라는 애국심으로 충만한 순수한 동기로 전쟁에 지원했음을 알고 있었다. 하지만 아들의 전사를 그녀는 명예로운 것으로 받아들일 수 없었다. 전쟁을 겪으면서 그녀는 그 전쟁이 무의미하며 그녀의 아들을 비롯한 아들 세대의 젊은이들이 '속았다'betrayed는 사실을 깨달았기 때문이다. 제1차 세계대전의 전쟁사가로도 유명한 제이 윈터J. Winter는 콜비츠의 대표작이기도 한, 아들의 무덤에 앞에서 무릎을 꿇은 채 애도하는 부모의 상이, 아들이 죽은 1914년에 구상되었으면서도 17년이라는 긴 시간이 걸려 1931년에야 비로소 완성된 이유를, 그리고 그 조각이 부모가 자식 앞에 무릎을 꿇고 있는 모습으로 형상화된 이유를 여기서 찾고 있다. 즉 그들은 자식의 목숨을 빼앗아 간 전쟁의 광기를 막지 못한 자신들의 잘못을 사죄하기 위해 죽은 자식 앞에 무릎을 꿇고 애도하고 있다는 것이다(Winter, 1995: 108-110).

라고 한탄하며, 일생 동안 자신의 아들을 죽음으로 내몬 군부에 대한 분노의 감정을 놓지 않았다고 한다(蝦名賢造, 1983: 124. 大貫惠美子, 2007: 284-285에서 재인용). 자식을 먼저 떠나보내야 했던, 더구나 특공사라는 것이 군부의 발표와는 달리 얼마나 어이없는 '개죽음'이었는가를 전쟁이 끝난 후에야 비로소 알게 된 유족들이 느꼈던 최초의 감정은 분노였을 것이다.

하지만 평화공원에서 그러한 감정의 표출은 철저히 억압되어 있다. 공원에 세워진 〈어머니의 상〉은 한없이 다정한 얼굴로 아들을 바라보고 있지만, 그 어머니는 결국 손을 흔들어 아들을 전장에 보내는 '야스쿠니의 어머니'라는 전전의 이미지를 탈피하지 못하고 있는 것이다. 다시 말해 〈어머니의 상〉은 전시기 야스쿠니신사에서 열린 전사한 아들의 초혼제에 참석해서 감격의 눈물을 흘리는 어머니들 혹은 〈하와이·말레이만 해전ハワイ·マレー沖海戰〉(1942)이나 〈육군陸軍〉(1944) 등과 같은 전시기 일본의 유명한 전쟁영화들에서 그려지는 황군병사의 어머니, 즉 "전시기 일본의 남녀 젠더를 표상하는 모델이기도 했던"(川村邦光, 2007b: 105) '군국의 어머니' 상에 더 가깝다. 심지어 기념관 앞에 서 있는 자애로운 표정의 이 동상에서는 전쟁 막바지 군부의 삼엄한 감시와 검열에서도 감출 수 없었던, 아들을 사지로 보내야 했던 어머니의 '자기회의' 혹은 비애의 표정마저도 보이지 않는다—실제로 〈육군〉이라는 영화는 개봉 후, 출정하는 자식을 배웅하는 어머니의 비애 어린 표정 때문에 물의를 일으키기도 했다(High, 1995). 실로 이러한 부조물들이 위령과 평화의 연결 고리를 애매하게 만들고 있는 것이다.

결론적으로 1980년대 이후 특공의 성지라는 이미지를 만들어 내기 위해 지란이 걸어 온 궤적을 보면, 지역사회의 개발논리와 전후 일본 사회의 감정의 구조가 행복하게 결합하고 있음을 알 수 있다. 전 총리대신인 고이즈미 준이치로가 정치적 결의를 다지기 위해 지란을 방문한다든가, 도쿄도지사인 이시하라 신타로가 일본인의 잃어버린 무엇인가를 찾기 위해 지란을 찾고 또 영화를 만들면, 그만큼 지란의 인지도는 올라가고 거기에 부응하듯 지란은 '특공 성지'로서의 마을 이미지를 만들어 내는 것이다. 특공이 지역 활성화의 소재로 활용되고 또 그에 성공했다는 사실이야말로 전후 일본 사회가 만들어 낸 또 다른 '기괴한' 풍경이다. 그렇다면 전후 일본 사회를 향해 지란이 발신하고 있는 메시지는 무엇인가. 다음에서는 '지란 특공평화회관'과 '호타루관'이라는 두 개의 전시관을 통해 이 문제를 보다 구체적으로 살펴보고자 한다.

4. 특공을 말하는 방식 (1): 지란 특공평화회관

지란 특공평화회관은 적어도 그 영어 명칭The Peace Museum for Kamikaze Pilot상으로는 '평화박물관'의 계보에 속한다. 공식 팸플릿을 보더라도 기념관 측은 특공대원의 유품이나 유서의 전시를 통해 특공대원의 '현창'과 더불어 세계 항구평화를 '기원'한다고 명기하고 있다. "일본의 평화의 초석이 된 이들 특공용사의 숭고한 정신은 잊어서는 안 되는 사실史實이자, 앞으로 후세에 올바르게 계승해 가는 것이 현대를 살아가는 우리들의 사명"(知覽特攻慰靈顯彰會, 2004)이라는 것이다. 공식 입장만을 본다면 기념관의 전시는 전후 일본의 전형적인 위령관인 '희생=초석'론에 입각해 철저히 있다.

현재 전시관에 소장된 특공대원들의 유서와 영정 사진을 수집하는 데 결정적인 역할을 했던 사카즈 다다마사板津忠正 씨(현재 86세, 지란 기지에서 출격한 원특공대원 생존자)의 증언은 초기 기념관('유품관')의 설립에 개인적인 위령의 동기가 훨씬 강하게 작용했음을 암시해 준다.

[사진 5-7] 지란 특공평화회관 전경

특공작전이 거의 막바지에 이르던 1945년 5월 28일 지란에서 출격했지만 비행기 고장 때문에 도쿠노시마德之島에 불시착해서 살아 돌아온 그는, 전후 고향인 나고야로 돌아가 시청 공무원이라는 평범한 일상으로 복귀하지만 혼자 살아남았다는 사실에 항상 괴로움과 죄의식을 느꼈다고 한다. 그리고 '살아남은 것에 대한 그 슬픔'의 감정이 전후 특공대원들의 유품과 영정을 수집해 이를 후세에 전하지 않으면 안 된다는 그의 자각으로 이어졌다.[9]

9 그는 1970년 초반부터 유족 방문과 함께 특공대원들의 유서나 영정을 모으는 작업을 시작했다. 그 작업은 "조사를 끝내기 전까지는 죽을 수 없다고 생각해서 술 담배도 끊고 매일 조깅을 하면서 체력을 유지한다는" 결의에 기초한 "필사적"인 것이었다. 이렇게 그가 모은 영정 사진 550점, 그리고 유서나 편지 등 30-40점이 유품관 전시의 출발이었다. 이후 그는 직장을 그만두고 유족 찾기에 전념해 1984년 지란 유품관의 사무국장, 그리고 1987년에는 새로 개관한 지란 특공평화회관의 초대관장으로서 영정 수집에 매진했다(사카즈 다다마사 씨와의 인터뷰, 2005. 고故 고모토 미쓰기孝本貢 교수[메이지대학]의 필드노트에서 재인용).

죽는 것이 당연했던 특공대원이 살아남았다는 사실이 주는 정신적 가책이 어느 정도인가, 이는 체험한 자가 아니면 이해하지 못할 겁니다. 그때 비행기가 고장 나지 않았다면…. 견딜 수 없는 괴로움에 몇 번이나 잠들지 못하는 밤을 지냈는지 몰라요. 살아남았다는 사실이 주는 죄스러움에서, 나는 소집해제 후 곧장 같은 부대원의 유족을 찾기 시작했습니다. 솔직히 말해서 처음에는 무서웠지요. '왜 너 혼자만 살아 돌아왔느냐'고 꾸중을 들을 것 같은 기분이 들었어요. 하지만 모든 분들이 "찾아와 줘서 너무 고맙다", "내 아들이 살아 돌아온 것처럼 기쁘다"고 말해 줬습니다. … 나 자신이 특공대의 사실을 후세에 전하기 위해 살아남은 것이 아닌가라고 생각하게 되었지요.(사카즈 다다마사 씨와의 인터뷰, 2005. 5)[10]

유품관이 만들어지기 전부터 유품과 영정 사진 수집에 열정적으로 매달려 온(실제로 현재 기념관에 전시된 영정 사진의 거의 전부가 그 혼자의

10 이 인용은 고故 고모토 미쓰기 교수의 필드노트에서 따온 것이다. 현지조사 당시 사카즈 씨와는 지란의 위령제에서 잠시 만나서 이야기를 나눈 적이 있지만, 시간의 한계 때문에 이미 이루어진 인터뷰의 사실을 확인하고 몇 가지 질문을 덧붙이는 데 그쳤기 때문에 이 책에서는 필드노트의 인터뷰를 인용하기로 했다. 여기서 '필드노트'란 고모토 교수의 가고시마 필드조사에 대한 미출간 노트를 말한다. 일본 학계 내의 전사자 위령에 대한 광범위한 연구 중에서도 불모의 영역이었던 특공위령에 대해 2000년대 초반부터 조사를 시작해 다수의 연구논문을 발표했던 그는 필자가 가고시마 필드조사를 시작할 무렵 면식이 없는 필자에게 특공대원에 대한 많은 선행조사 자료들을 선뜻 건네주었고, 필자가 필드조사 중이던 2009년에는 이즈미 특공위령제(2009. 4. 15-16)에 참석하기 위해 가고시마에 내려와 조사에 도움을 주기도 했다. 하지만 2009년 66세의 젊은 나이에 지병으로 영면해 불귀의 객이 되셨다. 이 필드노트는 필자가 그의 생전에 건네받은 것으로, 당시 인용에 대한 동의를 구두로 얻긴 했지만, 다시 동의를 구하는 것이 불가능하게 되어 버렸다. 그런 연유로 '필드노트'에 대한 사연을 삼가 적는다.

힘으로 수집되었다고 말해도 과언이 아니다) 사카즈 씨의 입장에서 본다면, 특공평화회관은 '살아남은 자로서의 가책'과 죽은 특공대원에 대한 위령에서 출발했다고 볼 수 있을 것이다.

살아남은 자로서의 가책의 감정은 종종 '부끄러움'으로 명명된다. 그리고 이 '부끄러움'은 전쟁에서 살아남은 많은 사람들이 느꼈던 보편적인 감정이다. 아우슈비츠의 생존자이자 증언자이며 작가였던 프리모 레비는 그 감정을 다음과 같이 언어화한 적이 있다.

> 너는 누군가 다른 사람 대신에 살아남은 것이라는 부끄러움을 느끼지 않는가. 훨씬 너그럽고 감수성이 예민하고 총명하고 일도 잘해서 너보다 훨씬 더 살아 있어야 할 가치가 있는 누군가를 대신해서 살아남은 것은 아닌가.(Levi, 2000: 90)

그의 증언은 전쟁에서 살아남은 많은 사람들의 가슴을 짓누르고 있는 어떤 감정의 일단을 잘 보여 준다. 하지만 '부끄러움'이라는 감정은 조금 더 많은 주석을 필요로 한다.

아감벤은 "자기 자신으로부터 도망가 숨는 것의 근본적인 불가능성", "자기 자신에게 향하는 자아의 용서 없는 현전現前"에서 '부끄러움'의 의미를 사유하는 레비나스E. Levinas의 논의를 계승하면서, 주체성의 형식으로서의 '수동성'受動性을 새로이 정립하고자 한다. 이때 '수동성'은 단순한 수용성, 즉 단지 외부의 능동적인 원인에 의해 촉발되는 것이 아니라 자기촉발自己觸發적인 것으로 정의되며, 따라서 수동적인 주체는 자기 자신에 대해 수동적인 것으로 행동하면서도 자기 자신의 수동성에 대해 능동적이지 않으면 안 되는 존재로 정의된다. 다시 말해 주체성의 형식으로서의 수동성은 단순히 수용적인 극(回敎徒/Muselmann: 아우슈비츠 수용소의 수인囚人으로, 죽기 직전의 상태에 있는 인간이자 비인간의 상태를 일컫는 표현)과 능동적이자 수동적인 극(증인)이 자기 자신의 내부에서 분열하면서도 분리되지 않고 구별되면서 동시에 뒤섞이는 상태이며, 자기라는 존재는 이러한 능동적이자 동시에 수동적인 자기촉발의 이중적인 운동의 결과, 즉 '잔여'remnants라는 것이다(이상 Agamben, 2012: 157-159 참조).

이러한 아감벤의 사유에는 진정한 증인은 우리들과 같은 소수의 생존자(프리모 레비를 포함한 생존자)가 아닌 "밑바닥까지 떨어진 자들", "메두사의 머리를 보아 버린 자들"回教徒/muselmann이라는 것, 따라서 생존자이자 증언자는 그들의 '대리'代理로서 말하는 자에 불과하다는 레비의 인식이 깔려 있다(Levi, 2000: 93-94. 굵은 글씨 강조는 인용자). 증언이라는 행위는 단적으로 말하면 **'인간이라는 사실에 대한 부끄러움'**에서 촉발되는 것이다. 생존자인 자신들이 희생자임에도 불구하고, 자신이 가해자인 인간들과 같은 인간이라는 종種에 속한다는 사실이 주는 부끄러움, 이 부끄러움은 '인간으로서 부끄럽다'는 인간주의적 언표마저 초월한 하나의 극한limit의 언표다(鵜飼哲, 2001: 41-47).

물론 아우슈비츠와 특공대라는 상황의 차이는 존재한다. 하지만 죽음이 예정되어 있는(죽을 수밖에 없다고 생각했던) 공간에서 자신의 동료들을 먼저 떠나보낸 후 어떤 우연에 의해 '운 좋게' 살아남은 자가 느끼는 부끄러움이라는 측면에서 양자는 닮아 있다. 그런 의미에서 전후 사카즈 씨가 느꼈던 부끄러움은 (적어도 그의 고백에 드러나는) 결코 '살아남고자 하는 것은 수치다'라는 전전의 군국주의가 만들어 낸, 그리고 루스 베네딕트R. Benedict가 일본 문화의 특징으로 지적한 '사이비-도덕'(Benedict, 1946)에서 비롯되는 것이 아니다. 그의 부끄러움은 특공대의 극소수 생존자로서 죽은 자에 대해 느끼는 진실한 감정이자, 정도의 차이는 있겠지만 제2차 세계대전을 거치면서 살아남은 많은 생존자들이 가졌던 공통된 감정이기도 할 것이다.

> 나의 생존이 마치 누가 나 대신 죽은 대가라는 죄의식이 강박감처럼 나를 짓누르고 있으니까요. 죽음을 빗진 사람 같단 말이에요. 살아 있다는 게 결코 죄가 아님에도 불구하고 지금은 살아 있다는 것 자체가 이미 부끄러움이고 죄지요. 그게 참으로 안타까울 뿐입니다.(Levi, 2010: 392)

죽은 전우의 유족들을 찾아 전국을 헤매면서 자신이 보았던 그들의 생전 최후의 모습에 대해 이야기(증언)하고 또 영정 사진과 유품을 수집하는 사카즈 씨의 일련의 행위 역시 이러한 맥락에서 이해해야 할 것이다.

하지만 살아남은 '인간으로서' 그의 부끄러움은 '인간이라는 사실에 대한 부끄러움'이라는 총체적 반성으로 나아가지 않는다. 인터뷰에서 드러나듯 그가 처음 느꼈던 부끄러움의 감정은 유족들과의 만남(그리고 그들로부터의 위안)에 의해 점차 중화되고, 살아남은 자의 역할 역시 죽은 자를 '대리하여' 증언하는 것이라기보다는 죽은 자를 '위하여'라는 방식으로 보다 '적극적으로' 변모하게 되는 것을 확인할 수 있다. '나 자신이 특공대의 사실을 후세에 전하기 위하여 살아남은 것이 아닌가'라는 자기-인식은, 증언이라는 행위가 보다 완벽하고 도덕적인 주체를 재구성하는 방식으로 화했음을 의미한다. 더구나 영정 사진을 수집하고 전시하는 과정에서 만들어지는 내러티브들과 자신의 전쟁체험이 교차하는 과정에서 사카즈라는 한 개인이 느꼈을지 모를(하지만 그 역시 어떻게 표현해야 할지 알 수 없었을) 긴장 혹은 불협화음은 적어도 기념관을 마을 만들기 사업의 가장 중요한 장치로 인식하는(관람객이 몇 명 찾아왔는가가 중요해져 버린) 기념관 실무자들에게는 불가해한, 따라서 재현될 수 없는 것이었다. 지금 여기서 분석하고자 하는 대상인 지란의 특공평화회관은 이미 초기의 '유품관' 시절로부터 40년이 훌쩍 지나 버린, 그리고 많은 후대인들에 의해 첨삭과 변형이 가해진 특공에 대한 기억의 장이다.

그러면 본격적으로 전시관의 내부로 들어가 보자. 전시관 안으로 들어서면 제1전시실 입구에 걸린 〈지란 진혼의 부知覽鎮魂の賦〉라는 거대한 벽화가 바로 정면에 보인다. 이 벽화는 다른 무엇보다 이 전시공간의 성격을 상징적으로 구현하고 있는 작품이다. 불길에 휩싸인 비행기에서 죽은 특공대원의 혼백을 여섯 명의 선녀가 에워싸며 하늘로 끌어올리는 장면을 묘사한 이 그림은, 실로 '조국을 위해 죽는다는 것이 무엇인가'라는 메시지를 선명하게 형상화한다. 이를 군국주의의 미화로 볼 것인가, 아니면 희생당한 젊은이의 혼의 구원, 즉 진혼으로 볼 것인가에 대해서는 논란이 분분하다. 하지만 본질적인 문제는 양자의 논리 모두 특공작전에 내재되어 있는 터무니없는 '비합리성'(산 채로 적의 군함을 향해 자폭한다는 것)과 이러한 상황을 허용한 당시의 군부 및 체제에 대한 비판, 즉 그러한 비합리성에 대한 '자각'을 결여한 채, 젊은이들의 비극적 죽음의 승화라는 측면만 부각시키려 한다는 것이다. 특공작전을 제국주의 침략전쟁의 마지막 귀결이 아니라 '위기에 빠진 조국'을 구하기 위한 방위전쟁의 일환으로 서술하고자 하는 이들에게 전쟁 경험이 없는, 그래서 전장의 피가 묻지 않은 순수한 젊은이들의 희생은 좋은 소재가 된다.

제1전시실 전시관의 좌우 벽면을 빽빽하게 채우고 있는 특공대원 1,036명(육군 전체)의 흑백 영정 사진이 관람객을 맞이한다. 특공이라는 동일한 작전을 수행하다 죽은 병사들 개인의 사진들과 이름, 그리고 출격 직전에 찍은 단체 사진들이 전시관의 입구에 들어서면 관람객의 시야에 한눈에 들어오도록 전시되어 있는 이 공간은 전시가 불러일으키는 정서적 충격을 한층 증폭시킨다. 또한 1차(1945. 4. 6-11)부터 10차(1945. 6. 3-10)에 이르는 특공출격일(≒전사일)순으로 빽빽하게 들어찬 영정 사진들은, 시간이 어느 순간 정지되어 버린 느낌 또는 당시의 전

[사진 5-8] 〈지란 진혼의 부〉

장으로 돌아간 듯한 착각을 불러일으키는 효과를 만들어 낸다. 관람객들은 시계열로 전시된 전사자들의 영정 사진과 아래 전시된 유서를 보면서, 마치 과거로의 여행을 떠나는 것처럼 특공의 현장을 추체험하게 되는 것이다. 실제로 전시관 안에서 눈시울을 적시는 관람객들의 모습을 가장 잘 볼 수 있는 장소도 바로 이곳이다.

여기서 우리는 사진이라는 매체가 갖는 독특한 속성에 주의를 기울일 필요가 있다. 일찍이 발터 벤야민은 전시 가치가 제의 가치를 전면적으로 밀어내는 기술복제 시대에도 사진은 "멀리 있거나 이미 죽고 없는 사랑하는 사람을 기억하는 마지막 도피처"로서, 사진에 찍힌 사람의 얼굴에 순간적으로 나타나는 표정에서 나타나는 아우라Aura야말로 "멜랑콜리에 충만한 그 무엇과도 비교될 수 없는 아름다움의 비결"(Benjamin, 2007c: 58-59)이라고 지적한 바 있다. 또한 롤랑 바르트R.

[사진 5-9] 지란 특공평화회관의 내부 전시실
관람객들이 영정 사진 전시를 보고 있다. 평일임에도 불구하고 상당히 많은 수의 관람객이 찾아오는 것을 확인할 수 있다.

Barthes는 사진에는 찍힌 사람이나 사물의 "일종의 작은 환영" 또는 "대상에 의하여 사출된 환영"이 들어 있으며, 이러한 과거의 출몰을 야기하는 것이야말로 사진의 본질이라며 사진과 죽음의 관계에 대해 논한 바 있다(Barthes, 2004: 15). 이는 사진이 "죽은 자의 발산"the emanations of the dead이자, 사진을 통해 죽은 자들이 "유령의 현존"a spectral presence으로 나타날 수 있음을 의미하는 것이다(이상 이경진, 2008: 49-51 참조). 홍안의 앳된 소년들의 초상이 줄줄이 늘어선 전시관은 바르트적 의미에서 본다면 일종의 '유령의 집'이라고 할 수 있으며, 그곳에서 산 자들은 일상에서는 경험하기 힘든 죽은 자들과의 만남이라는 그로테스크한 체험을 하게 되는 것이다.

물론 전사자의 영정 사진 전시는 새로운 것이 아니다. 이미 전전

[사진 5-10] 특공기 모형 앞에서 이루어지는 가이드의 강연

에도 개별 가정 전사자의 장례식 의례나 제사, 또는 지역사회의 공장이나 소학교의 '영령실'英靈室과 같이 종교적·교육적 의례를 통해 이 사진들은 성전의 대의를 유포하는 역할을 해 왔기 때문이다(川村邦光, 2007b: 220-222 참조). 물론 영령실은 전후 철거되었고, 과거 영정 사진이 뿜어내던 아우라 역시 사라졌다. 하지만 전후의 영정 사진 전시가 과연 과거의 그것과 단절된 것이라고 할 수 있을까. 다시 말해 한 장 한 장의 사진이 가지고 있었을 개성, 불미스러움, 광기를 소거시킨 채, 조국을 위해 목숨을 바친 '꽃다운 영'英靈이라는 전체 집단으로 수렴시켜 갔던 전시기의 방식이 전후에도 이러한 기억의 장의 전시를 통해 계속 되풀이되고 있는 것이 아닌가.[11] 물론 이 물음은 과연 이러한 전시를 통해

11 바르트는 『사진론』의 마지막 절(「길들여진 사진」)에서, 사회는 사진을 길들이려 하고 사진을 바라보는 사람의 면전에서 폭발하는 광기를 진정시키려고

[사진 5-11] 중·고등학생을 대상으로 한 평화학습이 이루어지는 모습

출처: 지란 특공평화회관 홈페이지(http://www.chiran-tokkou.jp)

기념관이 무엇을 환기하고 또 이야기하고자 하는가, 다시 말하면 전시관의 기획 의도를 구체화하는 과정에서 보다 분명해질 것이다.

전시관에서 근무하는 가이드語り部들에게도 사진은 이야기의 중요한 소재가 된다. 무수한 영정 사진들 속에서 전시관을 찾아온 방문객과 같은 고향 출신의 특공대원의 사진을 골라내, 그의 이력 혹은 비행학교 시절의 에피소드라든가 출격 전의 상황들을 드라마틱하게 엮어내면서 단체 관람객들에게 이야기해 주는 것은 가이드들의 주된 임무다. 〈호타루〉, 〈나는 당신을 위해 죽으러 갑니다〉와 같은 최근의 특공

애쓴다고 지적하며 이를 위해 사회는 두 가지 방법을 사용한다고 주장한다. 그 한 방법은 사진을 예술로 만드는 것이며, 다른 방법은 사진을 일반화시키고 집단화시키며 진부하게 만드는 것이다. 그렇게 되면 사진은 스스로 두드러져 보이려 한다거나, 개성, 불미스러움, 광기를 도발할 수가 없게 된다는 것이다(Barthes, 2004: 117-118).

영화들을 통해 비교적 잘 알려진 실제 주인공들의 에피소드를 이야기할 때, 가이드의 연출은 더욱 현란해진다.

특히 출격 전 강아지를 안고 놀고 있는 17-18세 소년 비행병들의 앳된 얼굴에 서린 천진난만한 미소 때문에 특공 관련 서적의 표지를 종종 장식하곤 하는 한 사진([사진 5-12])은 가이드들의 설명에서 빠지지 않고 등장하는 레퍼토리다. 죽음을 직전에 둔 상황에서도 공포의 빛은커녕 너무도 천진난만한 미소를 띠고 있는 그들의 모습은, 특공대원들이 위기에 처한 조국을 구하기 위해 자신의 목숨을 기꺼이 바친 순수한 젊은이들이었다는 기념관 측의 주장을 뒷받침하는 훌륭한 자료 사진이 되기 때문이다. 하지만 영원히 17-18세의 소년의 얼굴로 기억될 수밖에 없는 사진의 운명처럼, 이 사진들은 은밀하게 그들이 살아 있다는 믿음을 부여하는 동시에 그 현실을 과거로 변화시키면서 그 대상이 이미 죽었다는 사실(Barthes, 2004: 79), 그것도 무의미한 전쟁에 동원되어 젊은 나이에 '개죽음'을 당했다는 사실을 역설적으로 드러낸다는 점을 간과해서는 안 될 것이다.

[사진 5-12] 출격 전 강아지를 안고 노는 특공대원들 이 사진은 1945년 4월 반세 기지에서 『아사히신문』의 기자가 촬영한 것이다. 사진 속의 특공대원들은 모두 17-18세의 청소년들로, 죽음을 앞두고 있으면서도 너무나 천진난만한 모습 때문에 많은 특공 관련 서적의 표지를 장식하기도 한다.

가이드들의 이야기가 이루어지는 또 하나의 장소는 전쟁 당시의 실물 특공기가 전시된 공간이다. 깨끗하게 채색된 이들 비행기 앞에서 가이드들은 연합군의 막대한 물량과 비교해 볼 때 너무나도 차이가 나는 당시 일본군의 열악한 상황에도 불구하고 일본의 비행기들은 기술적으로 전혀 뒤처지지 않았다며 그 성능의 우수성을 강조하고, 당시 항공기 조종사들이 받았던 극한훈련이나 특공공격의 어려움(250kg 폭탄을 탑재하고 남태평양의 적 함대에까지 가는 것의 어려움이나 적함에 비행기가 부딪치기 직전까지 눈을 감아서는 몸체공격이 성공할 수 없기 때문에 극도의 '용기'가 필요했다는 이야기 등) 등을 역설한다. 물론 낭만적 감상주의感傷主義로 치장된, 마치 변사로부터 듣는 듯한 이런 이야기들이 결코 사실에 토대를 둔 것이 아니지만, 자칫 무미건조해질 수 있는 전시관의 분위기를 역동적으로 만들어 주고 있다는 점은 무시할 수 없다.[12] 실제로 전시관 안에서 가이드들의 이야기를 들으며 눈물을 흘리는 사람들을 보는 것은 그다지 어렵지 않다.

12 '이야기꾼'語り部으로 번역될 수 있는 가이드들은 전시관의 메시지를 전달하는 데 있어 매우 중요한 역할을 담당한다. 히로시마·나가사키의 평화기념관에서 흔히 볼 수 있는 평화 가이드들은 전쟁(피폭)체험을 가진 사람들로 자신들의 원폭체험을 토대로 관람객들에게 이야기(증언)를 하는 경우가 대부분이지만, 지란의 전시관에 소속되어 있는 가이드들은 특공체험도 전쟁체험도 없는, 단지 지란 출신의 50-60대 남성들로 구성된다. 전시관 내 전시물에 대한 설명 외에 단체 관람객(특히 수학여행객)들을 위한 강연 활동도 그들의 중요한 임무인데, 강연 제목은 일률적으로 "생명의 소중함과 부모자식의 인연: 특공대원의 마음에서 배우기"다. 이 경우 그들은 슬라이드를 사용해서 특공의 역사와 배경, 특공의 요령 등을 간략히 설명하고, 특공대원들의 인간적인 에피소드들과 함께 특공대원들의 유서를 소개하면서, 부모(특히 어머니)에 대한 그리움을 품고 위기에 처한 조국을 구하고자 스스로 목숨을 바친 특공대원들의 헌신적인 희생을 강조하며, 살아남은 자로서 우리는 이들의 희생에 대해 감사하고 이를 현창해야 한다는 정형화된 이야기를 되풀이한다. 그들 역시 이러한 강연 활동을 위해 가이드 교육을 받고 있다는 것은, 가이드가 누구이든 실제 이야기의 흐름이나 억양에 이르기까지 한결같이 동일하게 '연출'된다는 점에서도 알 수 있다.

전시관의 내러티브를 구성하는 또 다른 한 축은 특공대원과 마을 주민들의 짧지만 '진한' 기억이다. 그 한 예로 '살아남은 사람들로부터'라는 부스에서는 사진이나 당시를 기억하는 생존자들(도메 여사나 나데시코회 출신 여성들)의 회상이 담긴 영상 자료를 통해 당시 출격을 기다리던(죽음이 얼마 남지 않은) 특공대원과 마을 주민 간의 '따뜻한' 교류를 이야기한다. 아이들에 둘러싸여 웃고 있는 특공대원이나 마을의 소학교 운동회 풍경 등 사진에 찍힌 사람들의 표정은 모두 밝고 명랑하다. 하지만 이런 '즐거운 한때'를 당시 마을 전체의 공동 경험으로 볼 수는 없을 것이다. 오히려 향토지나 주민들의 체험 문집에서 드러나는 것은 (전전 육군 비행장 유치 과정에 마을이 초기부터 적극적으로 관여하기는 했지만) 토지매수 과정에서부터 비행장 건설에 이르기까지 주민들이 겪었던 많은 어려움들이다. 또 주민들의 '근로 봉사'로도 부족한 노동력을 메우기 위해 조선인 노동자들까지 동원되었다는 것은 잘 알려진 사실이다. 물론 특공평화회관은 이러한 특공기지 마을로서의 역사를 결코 전시하지 않는다. 다시 말하면 현재와 같이 '감정'에 호소하는 드라마로서가 아니라, 특공기지 마을이라는 장소성에 입각해 '특공'을 지역사의 문제로서 고찰해 가는 시점이 이 전시관에는 결여되어 있는 것이다.

지란의 특공평화회관을 야스쿠니신사의 유슈칸과 같은 전쟁박물관과 동일한 범주에 놓을 수는 없다. 이곳에서는 유슈칸과 같이 지난 전쟁을 '대동아전쟁', 즉 성전으로 미화하는 논리를 만들어 내지도 않으며, 또 전사자의 위령을 '성급히' 국가의 제사에 포섭시키려 하지도 않기 때문이다. 전시의 핵심을 이루는 것은 역시 죽음을 앞둔 특공대원이 남긴 유서들로, 여기에는 육친에 대한 그리움과 평화에 대한 소망들이 진솔하게 표현되어 있는 경우가 많다. 그리고 죽음을 앞둔 젊은이들의 진솔한 감정 표현에 관람객들은 때로 눈시울을 적시며 감동을 받는다. 수학여행차 전시관을 찾아온 간사이關西 지방의 한 고등학교

학생들이 전시를 본 후 태도가 180도 달라져서 돌아간 것을 보고, 그 해부터 매년 그 학교는 수학여행지로 지란을 경유한다는 이야기는 '교육효과'를 선전하는 전시관 측에서 되풀이하는 레퍼토리 중 하나다. 실제로 지란에는 매년 수학여행철인 봄·가을이 되면 일본 각지의 중·고등학생들이 찾아온다. 이렇게 본다면 전후 일본에서 평화를 말하는 하나의 방식을 이 전시관은 훌륭히 체현해 내고 있다고 할 수 있을지도 모른다.

하지만 지란 특공평화회관의 전시가 갖는 가장 커다란 문제는, 아시아·태평양전쟁이 갖는 역사적 의미, 그리고 그 기나긴 전사 속에서 오키나와전투가 차지하는 위상, 또 오키나와전투의 일환으로 전개되었던 특공작전의 역사적 맥락을 전부 제거한 채, 특공작전을 애매한 '조국방위전쟁'의 일환으로 기술하고 있다는 점이다. 즉, 히로시마나 나가사키 혹은 오키나와의 평화기념관과는 달리, 그 지역의 근대화 과정과 겹쳐지는 전쟁동원과 군사화의 과정에 대한 '최소한의' 고려 없이 전시관은 1945년 3월 특공출격이라는 시점에서부터 이야기를 전개한다.[13]

문제는 이러한 내러티브는 특공대원의 순수한 죽음을 현창하는 목적에는 기여할 수 있겠지만 지난 전쟁에 대한 '객관적 이해'에는 걸림돌이 될 수밖에 없다는 점이다. 더욱이 특공대원의 죽음을 산화散華로 보는 기념관의 내러티브에서는 특공대를 떠나보낸 기지 마을로서의 관

13 물론 메인 전시관이 아닌 부속 전시공간의 일부를 활용해서 기념관 측은 세이난전쟁에서 패전까지 지난 전쟁의 역사를 전시하고 있다. 하지만 전시 부스에 전시되어 있는 품목들은 당시의 군복이나 군기 등 군사적인 것에 한정되어 있으며, 중일전쟁에서 태평양전쟁에 이르는 아시아·태평양전쟁은 여전히 '대동아전쟁'이라는 관점 아래 기술되어 있는 등 지난 전쟁에 대한 인식에 있어서는 야스쿠니신사로 대표되는 보수적 사관을 답습하고 있다.

점만이 강조되면서, 실제 그들의 죽음을 현장에서 목격했던 오키나와의 시점이 철저히 결여되어 있다. 가고시마에서 출격한 특공기가 향했던 오키나와에서는 당시 '국체'를 유지할 시간을 벌기 위한 말 그대로 "버림수捨て石 작전"이 전개되고 있었으며, 그 과정에서 "풀 한 포기, 나무 한 그루가 전력으로 사용"되고, "군관민 공생공사의 일체화"가 강제된 결과 전체 섬의 3분의 1에 해당하는 주민이 목숨을 잃은 비극적인 사실(이상 『히메유리 평화기념자료관 공식 가이드북ひめゆり平和祈念資料館公式ガイドブック』 참조)에 대한 이해가 이 전시관의 내러티브 안에는 완전히 빠져 있다는 것이다.

두 번째 문제는, 개별 특공대원들의 삶이나 신조를 자신들의 기준에 맞춰 편집한 결과 그것들을 왜곡할 우려가 있다는 점이다. 이는 아시아·태평양전쟁기 일본 전몰학도병의 유고 모음집으로 앞서도 언급한 『들어라 와다쓰미의 소리』에 실린 첫 번째 유서의 주인공 우에하라 료지上原良司를 설명하는 전시의 내러티브에서 명확히 드러난다. 산화와 희생의 미덕을 강조하는 전시관의 입장에서, 권위주의 국가는 자유주의 국가에 질 수밖에 없다는 유서를 남긴 확고한 자유주의자 우에하라는 부담스러운 존재다. 우에하라가 이미 전국적인 지명도를 가진 존재라는 점에서 그를 전시에서 누락시킬 수도, 그렇다고 그의 자유주의 사상을 그대로 전시하는 것도 곤란할 것이기 때문이다. 이러한 곤경에서 벗어나기 위해 전시관은 그의 자유주의적 면모에 대해서는 "권력주의적·전체주의적 군대생활 속에서 점차 회의적인 생각을 가지게 되었다"는 식으로 의미를 축소시키는 반면, 특공대원이 된 것에 대해서는 "그해 이미 태평양에서 산화한 둘째 형의 원수를 갚자는 일념에 불타 있던 차에, 육군항공대특별조종견습사관 시험에 합격한 것으로 그 일보를 내딛게 된 것을 기뻐했을 것"(「평화회관소식지平和會館だより㉖: 自由主義者に憧れた特攻隊員」 참조)이라는 식으로 수정을 가한다. 이는 그의 자유주의자적

면모를 잘 보여 주는 유서나 「소감」과 나란히 출격 직전에 그가 남긴 또 다른 감상적인 단가(「봄비여, 마음을 버린 몸은 젖어 간다」)를 함께 전시함으로써, 유서나 「소감」에 강렬하게 표출되는 권위주의에 대한 반감을 희석시키고 특공대원으로서 죽음을 맞이하는 자세를 더욱 부각시키는 전시 행태에서도 잘 드러난다.[14]

세 번째 문제는 앞에서 기술한 전시 스타일과 연결되는 것이지만, 유서나 에피소드 등을 통해 개별 특공대원들의 면모를 이야기하는 기념관의 논리에 짙게 드리워진 노스탤지어적 감수성이다. 현재 일본 사회에는 결여되어 있는 그 무엇(젊은이들의 순수한 애국심과 용기)인가가 과거에는 있었고, 그것을 다시 현대 사회에서 재평가하고 싶다는 욕망

14 자유주의적 이상을 동경하며 파시즘을 비판하던 젊은이들이 죽음 직전에 이르면 왜 죽음의 허무함을 노래하는 듯한 감상적인 단가를 남기는가 하는 문제는, 전시의 차원을 넘어 당시 전장에 나갔던 일본 젊은이들의 정신사라는 측면에서도 검토할 필요가 있다. 그 한 예로, 특공대원은 아니지만 교토제국대학 출신의 학도병으로서 해군 비행사로 복무하다 1945년 7월에 전사한 하야시 나나오林尹夫는 개인주의를 지지하며("개인주의, 그것이 하나의 '이슴' 이기는 하나 그 이상으로 강력하고 본능적인 인간의 성격이라고 생각한다") 다나베 하지메田辺元의 죽음의 철학에 대해 냉철한 비판을 견지하면서도, 죽음이 임박한 1945년의 시점에 허무주의적 단가를 일기에 적는다. "바람이 불어 빛깔도 향기도 바래. 하늘하늘 흩날리는 꽃이여 아름다워라."(林尹夫, 1993) 이에 대해 가라키 준조唐木順三는 제1차 세계대전 이후 출간된 독일 전몰학생의 수기와 일본 패전 직후 출간된 『들어라 와다쓰미의 소리』를 비교하면서, 독일의 전몰학생들은 전쟁과 죽음의 의미를 최후까지 추궁하는 자세를 보이는 데 반해, 일본의 전몰학생들은 죽음 직전에 이르면 자기에 대한 사색의 추구를 중단한 채 단가의 세계로 자기를 해소解消해 버린다고 지적한 바 있다(唐木順三, 1981[1950]). 오누키 에미코大貫惠美子는 당시 일본 젊은이들의 이러한 경향성을 내셔널리즘의 자연화로 파악하고, 이를 가능케 하는 수단으로 상징적 오인의 문제를 지적한 바 있다(大貫惠美子, 2004). 두 주장은 죽음에 대한 이 젊은이들의 태도를 전시기 낭만주의와 이상주의의 본질을 간파하는 '합리성'의 결여가 빚어낸 비극으로 보는 점에서 일치한다.

이 노스탤지어의 형태로 표출된다는 것이다. 문제는 이러한 노스탤지어적 역사 인식이 과거에 대한 죄의식을 수반하지 않고, 그 결과 국가를 위한 희생을 미화하는 현창의 논리와 매끄럽게 연결될 수 있다는 점이다. 다시 말해 특공작전의 본질은 괄호 속에 넣어진 채 '조국방위전쟁'으로서의 성격만이 부각되고, 그에 따라 위기에 처한 조국을 구하기 위해 목숨을 바친 젊은이들의 행위를 현창하게 되는 순환 고리가 문제라는 것이다.

마지막으로 이러한 노스탤지어는 특공을 상품화하는 산업의 논리와 밀접하게 연결된다는 점을 지적하고 싶다. 기념관의 기프트숍과 평화공원 주위에 늘어선 여러 상점들에는 특공을 테마로 한 다양한 상품들(열쇠고리에서부터 거수경례하는 특공대원의 모습이 그려진 티셔츠, 특공기 프라모델, 심지어 특공만주에 이르기까지)이 관광객들을 맞이한다. 여기서 특공은 전전 편제된 부대명만이 아니라 출격해서 살아 돌아오지 못한 젊은이들의 죽음을 의미한다는 점에서, 극단적으로 말하면 '죽음의 상품화'가 이루어지고 있다고 말할 수도 있을 것이다.

그렇다면 이러한 기념관의 내러티브는 관객들의 마음을 어느 정도까지 파고 들어갔는가. 물론 그 수용 양상을 보여 주는 몇 가지 지표는 존재한다. 그 하나는 가고시마의 지란이라는 일본 최남단의 시골 마을에 위치한 조그만 전시관에 매년 60만 명이 넘는 사람들이 찾아오고 있다는 현실 자체다. 여기에는 '자발적' 관람자 수만이 아닌 수학여행객·단체관광객 등 비자발적 관람객 수도 포함되어 있다는 점에서 선불리 판단할 수는 없지만, 적어도 60만이라는 수치가 주는 의미, 그리고 현대 일본의 청소년들로 하여금 이 전시관에 가서 무엇인가를 느끼게끔 하려고 하는 교육기관의 '의지'는 충분히 읽어 낼 수 있다.

또 하나의 지표는 전시관에 비치된 감상노트에 실린 방문객들의 소감이다. 전시관을 관람한 사람들이 비교적 자유롭게 자신의 느낌을

적을 수 있도록 비치된 감상노트에는 전시에 대한 어느 정도의 솔직한 심정이 적혀 있어, 전시관의 메시지에 어느 정도 공감하는가, 그 감정의 일단은 파악할 수 있다. "교과서에서 배우지 못한 새로운 역사를 알게 돼서 너무 좋았다", "나라를 생각하는 특공대원의 모습에 절로 고개가 숙여진다", "이런 비극적인 역사를 다시는 되풀이해서는 안 된다" 등등 감상노트에 적힌 문구들은 적어도 전시관의 의도가 관람객들에게 어느 정도 받아들여졌는지 확인할 수 있는 하나의 증거가 된다.

물론 관람을 마친 후 감상노트에 글을 남긴다는 것 자체가 상당히 적극적인 의사표현 행위라는 점에서, 감상노트에 실린 글들만으로 전체 방문객들의 성향을 파악한다는 것은 다소 무리가 있다. 하지만 야스쿠니신사 유슈칸의 감상노트에서는 전시에 대한 소감에 있어 개인차(찬성과 반대)가 크게 나타나는 반면, 지란 특공평화회관에서는 비판의 목소리를 찾기가 쉽지 않다. 그 차이는 근대 일본의 전쟁사 전반을 다루는 유슈칸과 달리 특공평화회관은 특공작전이 시작되는 1945년 3월의 시점을 출발점으로 전시를 시작함으로써 지난 전쟁의 성격 논쟁을 의도적으로 비켜 가는 전시 전략의 효과라고 할 수 있으며, 동시에 일본 사회에서 특공이 차지하는 의미장의 강력한 힘을 보여 주는 것이라고 할 수 있을 것이다. 비단 지난 전쟁을 성전으로 미화하는 담론의 장뿐만 아니라 지난 전쟁을 '침략전쟁'이라고 규정하는 담론의 장에서도 특공에 대한 공개적인 비난은 사실상 어려운 것이 일본 사회의 현실이다.

가고시마 지역사회에서 십수 년째 지역의 현대사를 가르치고 있는 중학교 사회과 교사 야마모토 겐지山元研二 씨는 "학생들에게 가장 가르치기 어려운 것이 특공대"라며, 실제로 "특공을 주제로 한 연구수업 이후 심지어 비슷한 정치적 성향—'일교조'日教組라는 진보적인 교원노조—의 동료 교사들로부터도 많은 비판을 받았다"고 털어놓았다.

특공대원들의 죽음을 '개죽음'으로 규정한다 해도 그런 어려운 상황에서 자신의 목숨을 희생한 젊은이들의 행위에 깃든 '숭고성'을 무시하기는 어려우며, 어느 순간 어린 학생들은 젊은이들의 안타까운 죽음을 초래한 전쟁에 대한 비판보다는 특공대원들의 숭고한 희생 쪽에 마음이 쏠려 수업의 목표를 달성하기 어렵다는 것이다(야마모토 겐지 씨와의 인터뷰, 2009. 3. 31). 이렇게 본다면 지란 특공평화회관의 성공은 특공에 대한 전후 일본인들의 복잡한 심정들, 그리고 그 결과로서의 '터부'(특공의 죽음에 대해서는 함부로 이야기하지 않기)를 효과적으로 전유하는 전략에 있다고 평가할 수 있을 것이다.

5. 특공을 말하는 방식 (2): 호타루관의 메시지

호타루관은 현재 지란에서 특공을 이야기하는 공간으로서 특공평화회관과 함께 양대 축을 이루고 있는 전시관이다. 특공평화회관과는 달리, 호타루관은 지자체의 보조를 받지 않는 사설 전시관으로, 전시관을 개관한 이는 전쟁 말기 군 지정 식당이었던 도미야의 여주인인 도리하마 도메의 손자(도리하마 메이큐鳥浜明久, 현 호타루관 관장)다. '호타루'(반딧불)라는 이름은 죽어서도 반딧불이 되어 다시 이곳으로 돌아오겠다고 말을 남기고 출격한 한 특공대원의 일화에서 유래한 것으로, 도리하마 도메가 소개한 이 이야기는 이후 동명 영화 〈호타루〉를 비롯해 많은 특공 관련 영화나 드라마의 소재가 되어 일본 사회에 널리 알려진 바 있다. 전시관의 건립 의도에 대해 도리하마 메이큐 씨는 출격 전야의 특공대원이 마음속에 품었던 생각과 희망 등을 남기고 전달하기 위해서였다고 말한다. "지란 특공평화회관에 전시된 특공대원들은 모두 웃고 있지만, 당시 모든 특공대원들이 웃으면서 출격했던 것은 아니다. 아니,

[사진 5-13] 호타루관 전경

[사진 5-14] 호타루관 내부 전시

그 사진들 중 일부는 그들을 억지로 웃게 하여 찍은 것이기도 하다. 따라서 이런 식으로(지란 특공평화회관과 같이) 특공대를 미화해서는 결코 안 된다"(도리하마 메이큐 씨와의 인터뷰, 2009. 5. 2)는 것이다.

한국 민요 〈아리랑〉이나 과거 일본인의 애수를 자극하는 동요 〈후루사토ふるさと〉(우리말로 고향을 의미한다) 등 애상적인 하모니카 연주가 흐르는 전시관의 분위기는 전반적으로 차분하고 조용한 편이다. 2층으로 된 전시관에는 도메의 추억 속에 남아 있는 특공대원 한 명 한 명의 사진과 함께 그들과 도메 사이에 얽힌 에피소드에 대한 설명 및 그들이 남긴 유품 및 유서, 편지 등이 전시되어 있다.

때로는 관장 자신이 전시관을 찾아온 손님들을 위해 가이드로서 어린 시절 할머니로부터 직접 들었던 당시의 상황들을 드라마틱하게 재연하기도 한다. 출격 전날 눈물을 흘리며 도메 앞에서 〈아리랑〉을 불렀다는 조선인 특공대원인 미쓰야마 후미히로光山文博(한국명: 탁경현) 소위의 일화에서 시작해, 죽어서 반딧불이 되어 돌아온 미야카와 군조宮川三郎의 이야기(미야카와 군조의 일화는 호타루관의 메인 테마로 전시관의 정중앙에 위치하며, 관장이 관람객 앞에서 이야기를 하는 장소도 바로 그곳이다), 항공학교의 교관으로 두 아이의 아버지이면서도 자신이 가르친 대원들만을 죽게 할 수는 없다면서 특공출격을 자원했다는 후지이 하지메藤井一 중위의 이야기에 이르면 그 퍼포먼스는 정점에 달한다. 그의 부인은 남편의 출격을 처음엔 만류했으나, 남편의 결심이 확고한 것을 알자 그가 미련을 남기고 출격할 것을 저어해 두 아이와 함께 강에 투신자살했으며, 출격 전 그 사실을 전해들은 후지이 중위는 혈서를 쓴 후 특공출격하여 전사했다고 한다. 15분 정도 이어지는 관장의 이야기는 마치 '1인극'과 같이 정교하게 연출되며, 당시의 절박한 상황 속으로 관객들을 몰입시키는 힘을 가지고 있다.

호타루관은 특공대의 죽음을 미화하고 현창하는 경향이 다분히 강한 특공평화회관에 비해, 특공대원들의 지극히 인간적인 면모, 죽음을 받아들이는 과정에서 그들이 겪어야 했던 괴로움, 또 그 괴로움 속에서도 잃지 않았던 희망 등을 이야기하고 있다는 점에서 차별성을 띤다. 특공의 희생이 조국의 평화를 가져왔다는 식의 전후 통용되는 '인과론'의 논리에서 조금 벗어나, 특공사라는 비극적인 죽음을 통해 죽기 직전까지 그들이 간절히 소망했던 평화의 소중함을 현시점에서 다시 생각하게 한다는 발상이다. 그래서 호타루관의 전시는 특공대원의 영웅적인 행위를 강조하기보다는, 과거 도미야 식당에 밥을 먹으러 들렀던 특공대원 개개인의 정감 어린 일화에 초점을 맞춘다.

하지만 이렇듯 젊은 특공대원들의 죽음이 갖는 비극성을 극대화시켜 연민을 자아내는 방식은 치명적인 위험성을 내포한다. 사카이 나오키의 표현(酒井直樹, 2007: 107)을 빌린다면 '감상주의'라고 부를 수 있을 이 태도가 갖는 가장 커다란 문제는, 개인의 주체적인 존재방식이나 사회적 관계를 변화시키지 않고 집단적으로 공유된다고 상상되는 정서, 즉 공감共感에 의해서만 문제를 해결하고자 한다는 점이다. 다시 말하면 감상주의는 어린 특공대원들을 죽음으로 몰고 간 지난 전쟁(나아가 군부)에 대한 분노(나아가 혐오)의 감정과 연결될 수는 있지만, 왜 당시 이런 특공작전이 기획될 수밖에 없었는가, 그리고 특공작전을 포함한 지난 전쟁이 과연 어떠한 것이었는가에 대한 논리적 인식을 만들어 내기는 어렵다는 한계를 갖는다. 왜냐하면 감상이란 결국 자신을 미화하는 태도이기 때문에 감상의 노예가 되어 버린 인간은 자신 이외의 인간이 보이지 않게 되며, 결과적으로 객관적이고 리얼한 정세 인식에는 이르지 못한 채 상황을 더욱 악화시키기 때문이다(佐藤忠男, 1974: 84).

또한 특공작전을 "'칠생보국'七生報國(일곱 번 이승에 태어나더라도 국가를 위해 목숨을 바친다는 의미)과 같이 일본 고래의 영혼불멸의 생사관과

무사도 정신을 바탕으로 한 국가와 민족의 존망 위기에 표출된 장절한 전법”(やすくにのいのり編集委員會[編], 1999: 145)으로 이야기하는 호타루관의 감상주의는, 국민국가의 기억을 만들어 내고자 하는 야스쿠니의 논리에 너무나 쉽게 흡수될 위험도 내포한다. 이미 오래전에 르낭은 국민의 기억과 관련해서 슬픔이 승리보다 더 가치가 있음을 지적한 바 있다.

> 국민의 기억과 관련해서는 슬픔이 승리보다 더 가치 있는 것이다. (왜냐하면) 슬픔은 의무를 부과하고 공동의 노력을 요구하기 때문이다.(Renan, 2002: 19)

호타루관의 감상주의가 가장 극대화하는 감정 역시 이런 슬픔이다. 파시즘이 준동하던 1941년 이탈리아에서 사납게 짖어 대는 경비견들의 소리와 파시즘의 밤을 비추던 서치라이트의 ‘강렬한’ 빛 한 귀퉁이에서나마 파졸리니P. P. Pasolini가 찾아냈던 ‘빛나고 춤추고 떠돌고 잡히지 않고 저항하는 존재로서의 반딧불의 이미지’는 이렇듯 현대 일본 사회에서 감상주의라는 강렬한 빛의 자장 속에 포섭되고 만다(Didi-Huberman, 2012: 23-24).

이러한 상상적인 공감의 공동체로서의 국민을 만들어 내는 감상주의의 작동 방식은 분명히 전전의 국민적 자아형성 방식과는 다른 것이다. 정상과 광기의 관계에 대한 푸코의 논의를 식민지적 상황에서 재해석해 본다면, 식민주의자라는 주체의 구성에 있어 필수불가결한 대상은 바로 원주민이다. 다시 말하면 식민주의자는 자신을 직접 인지할 수 없기 때문에, 나르시시즘적인 원망을 ‘문명화된’ 원주민의 입으로부터 듣는 것으로 스스로의 주체화를 달성한다는 것이다(Chow, 1993; 酒井直樹, 2007). 그런 점에서 일본인 동료들과 같이 특공출격하

여 죽은 한 조선인 특공대원, 그리고 그를 존경한 나머지 그의 뒤를 따라 해군에 자원입대하는 충용한 한 조선 소년의 성장기를 그린 이마이 다다시今井正 감독의 〈사랑과 맹세愛と誓い〉(1945)와 같은 영화는, 식민지 조선을 배경으로 하고 있지만 실제로는 일본인들의 아이덴티티 형성 identity-formation과 관련된 작품이라고 보는 것이 타당할 것이다.

하지만 패전과 함께 제국이 해체되면서, 이러한 나르시시즘적인 요구를 충족시켜 줄 수 있는 원주민의 상실에 의해 전후 일본인들의 아이덴티티 구성에는 심각한 위기가 초래된다. 더구나 패전은 바로 얼마 전까지 영령이자 가미로 숭배되었던 존재를 순식간에 사회 부적응자 '퇴물'로 전락시키는 등 극심한 가치전도를 야기한 경험이었다. 그런 점에서 도메라는 여성의 존재는 이런 혼란스런 상황에서 살아남은 특공대원들을 따뜻하게 보듬으며 '왜 죽은 이들의 희생이 소중한지, 그리고 왜 살아남은 사람들의 삶은 가치가 있는지' 이야기해 주면서, "우리야말로 피해자이지 않으면 안 된다는 원망을 인지시키는 주체"의 역할을 완수하는 인물이다. 다시 말하면 지란의 '도메 전설'은 패전 직후의 일본이라는 주체의 위기상황에서 재구성된 하나의 작품인 것이다. 그리고 죽은 특공대원들을 함께 위령하는 작업을 통해 이러한 "자기연민의 회로"는 구축되고, 이를 지켜보는 공동체의 시선에 의해 공감의 공동체는 완성된다.[15]

15 이상의 분석은 사카이 나오키가 영화 〈디어 헌터Deer Hunter〉(1978)에 대한 독해를 통해 베트남전쟁 이후 미국 사회의 '공감의 공동체' 형성 과정을 분석한 성과를 전후 일본의 맥락에서 재구성해 본 것이다.

6. 난사의 사상

특공대원이 남긴 유서나 일기 등 방대한 기록 자료를 통해 특공대원의 심정 세계를 분석한 일련의 연구를 수행한 인류학자 오누키 에미코는 당시 특공대에 지원했던 젊은이들이 "조국을 위해 죽는 것은 달콤하고 또 당연하다"는 고대 로마의 시인 호라티우스Horatius의 유명한 송가를 즐겨 암송했음을 지적하면서, 그들의 '순수한' 애국심을 군국주의적 정부가 주창했던 애국주의와 구분하며 변호한 바 있다(大貫惠美子, 2004, 2007).

하지만 이미 반세기 전에 "조국을 위해 죽는다는 것은 무엇인가"라는 물음을 던지면서 에른스트 칸토로비츠E. Kantorowicz는 호라티우스의 송가가 갖는 의미를 인정하고 인용하면서도, 바로 그 뒤에 당시 로마의 문필가 키케로Cicero의 문장을 덧붙이는 것을 잊지 않았다. 그것은 키케로가 현명한 인간에게 요구되는 덕목에 대해 "현명한 인간이라면, 조국과 그 유지를 위한다 해도 해서는 안 되는 더러움이나 불명예를 수반하는 사정이 있다. … 그 때문에 현명한 인간은 그러한 사정을 '국가'를 위해서라도 받아들여서는 안 되며, '국가' 역시 그러한 사정을 받아들여서는 안 될 것"이라고 언급한 문장이다. 조국을 위한 죽음이라 하더라도 그것이 "조국을 위해서가 아닌", "무모함에 의해 전장에서 죽음을 선택한 경우나, 조국의 정의나 결백을 지키는 대신에 정의를 완전히 무시하며 조국을 위한 명예나 영광만을 추구하는 경우—그 근대적 표현이 '제국주의'일 것이다—'허위'에 불과하다는 것이 칸토로비츠 주장의 핵심이었다"(이상 Kantorowicz, 1951: 489-450).

칸토로비츠가 서구 역사에서 '조국을 위한 죽음' 관념의 변천을 검토하면서 이러한 주석을 덧붙인 이유는, 제2차 세계대전을 거치면서 나치의 국가사회주의자에 의해, 혹은 이탈리아나 스페인의 파시스트에 의해 조국을 위한 죽음이 왜곡되어 가는 과정을 목도했기 때문일 것이다. 혹은 제1차 세계대전 당시 '조국' 독일을 위해 총을 들고 싸운 열렬한 애국주의자였음에도 유대인이라는 이유로 나치 정권 치하 독일을 결국 떠날 수밖에 없었던 망명자로서의 심정이 여기에 투영되어 있는지도 모른다. 하지만 여기에는 그보다 한층 더 커다란 의미, 즉 전쟁의 성격 자체가 달라진 '무차별 대량살육'의 현대전하에서 '희생'이라는 관념이 근본적으로 변화하고 있음에 대한 예리한 자각이 깔려 있다. 다시 말하면 인간의 생명이 바야흐로 '희생되었다'기보다는 '소멸되어 가고 있다'는 '실감'이 그것이다.

특공기념관의 사례에서 보았듯이, 전후 일본에 만연해 있는 감상주의, 나아가 '산화'의 논리를 넘어서기 위해 칸토로비츠가 말한 '실감'의 문제는 여전히 중요한 의미를 갖는다. 그 '실감'의 다른 표현이 전후 일본의 사상가 오다 마코토小田實가 제창했던 "'난사'難死의 사상"일 것이다.

> 산화란 순간적인 극한 상황에서 본다면, 단순한 미美이자 윤리의 반짝임일 것이다. 하지만 나는 산만해지는 것을 두려워하지 않고, 단편소설의 방법보다는 장편소설의 방법을 취해 일상적인 긴 시간의 전개 속에서 보고 싶다. … 이 전개 속에서 난사의 수를 증대시키고 속도를 높이며 방향을 다양하게 변화시키는 것으로 충돌·교착의 기회를 일상적이면서 끝없이 만들어 내고 싶은 것이다.(小田實, 1991b: 39)

낭만주의에 대한 혐오로 보일 수 있는 이러한 제안의 배경에는 전쟁 말기 오사카에서 소년 시절을 보내면서 무수한 공습과 그 결과인 폐허를 목격했던(그리고 그 폐허를 사유와 운동의 출발점으로 했던) 오다 자신이 전쟁에 대해 가지고 있던 '실감'이 작용하고 있었다. 전시기의 군국주의에 대한 반동으로 '사적 상황'이 '공적 상황'보다 우세했던 전후 일본 사회의 분위기가 점차 냉전의 여파, 그리고 전후 보수주의의 부활과 함께 공적 상황의 우위로 바뀌어 가던 1960년대 말의 일본 사회를 주시하면서, 오다는 "전승국 내셔널리즘에 대해 패전국 내셔널리즘을, 낭만주의에 대해 리얼리스틱한 눈을, '산화'에 대해 '난사'"의 입장을 가질 것을 역설했다(小田實, 1991b: 39). 이러한 오다의 사상에는 1936년 육군 하급 장교들의 쿠데타인 2·26을 소재로 한 「우국憂國」이라는 단편소설을 통해 산화의 미학을 뛰어나게 형상화한 미시마 유키오와의 대결의지도 엿보인다.

산화의 논리는 물론 아름답다. 하지만 그것은 단순한 '반짝임'에 불과한 것이다. 특공에 대한 대다수의 표상들은 저 멀리 오키나와를 향해 날아가는 비행기의 뒷모습으로 마무리되지만, 실제로 전장의 오키나와 사람들이 보았던 것은 앞바다에 추락해서 떠다니던 시체들의 모습, "부패하고 손상되어 머리나 손발이 없는 '물에 잠긴 시체'들"(目取眞俊, 2005: 79)의 모습이었다. 특공기들이 오키나와 앞바다에서 미군의 제물이 되어 무수히 격추되고 또 특공대원의 시체들이 바다에 떠밀려 내려오는 모습을 어린 시절 조부모로부터 들어 온 오키나와 출신 소설가 메도루마 슌目取眞俊은 "특공작전을 비극으로 보든 아니면 '순국'의 명예로 보든" 지란의 전시관을 지탱하는 것은 '죽음의 미학'(目取眞俊, 2005: 81)이라면서, 지란의 기념관에는 당시 바다에 떠밀려 내려온 특공대원의 유체를 보며 오키나와 사람들이 느꼈던 것과 같은 죽음에 대한 '실감'이 결여되어 있음을 비판한 바 있다. 만약 오키나와의 앞바다로 떠밀려 온 특공대원들의 유체를 본다면 특공을 미화하는 이미지 조작은 불가능하게 될 것이라는 것이다.[16]

기념관의 전시가 수많은 상징조작을 통하여 감추고자 하는 것도 죽음이 갖는 그러한 실재의 영역일 것이다. 그 실재를 포착하기 위해 필요한 것이, 그들이 남긴 유물과 사진들에서 그들이 얼마나 '어렵게 죽어 갔는가'難死, 그 아름다운 글귀들과 사진들 뒤편에 서려 있는 젊은 이들의 고뇌를 떠올리는 '상상력'이다. 노스탤지어적 자기연민으로 만들어지는 '공감의 공동체'의 허구성을 극복하고, 산 자와 죽은 자의 관계를 새롭게 재구축하는 회로를 만들어 내는 출발점 역시 바로 거기에 있을 것이다.

16 메도루마는 과거 자신의 할머니로부터 들은 이야기를 인용하며 오키나와에서 보는 특공대원의 이미지를 다음과 같이 기술한다. "그러한 공격을 감행하다 추락한 비행병의 유체는 '물에 잠긴 시체'水漬く屍가 되어 바다로 사라졌습니다. 그중 몇몇은 나키진今帰仁이나 모토부本部의 해안에 떠밀려 왔습니다. 할머니는 특공대원 두 명의 유체를 본 적이 있다고 합니다만, 유체 하나는 해안의 바위에 걸려 파도에 흔들리고 있었다고 합니다. 또 한 유체는 끔찍한 상태로 떠밀려 왔다고 말씀하셨습니다. 다른 목격자의 말을 들어도, 부패하고 손상되어 머리나 손발이 없는 유체도 있었다고 합니다. 그러한 유체를 끌어내어 매장했다는 이야기가 나키진이나 모토부에는 몇 건 있습니다."(目取眞俊, 2005: 79-80)

제2장 전적戰跡이라는 기억의 장
가고시마 생협의 '평화 활동'을 중심으로

1. 가고시마에서 특공을 다시 생각하기

전후 일본 사회에서 오키나와, 히로시마, 나가사키라는 지역의 공통점은 지난 아시아·태평양전쟁에 대한 기억을 상기시키는 대표적인 '기억의 장'이라는 점이다. '오키나와전투', 원자폭탄에 의한 '피폭'이라는 비극적인 경험을 겪은 이들 지역은 일본 전국의 중·고등학교 수학여행지의 주요한 답사 코스이자, 매년 많은 순례객의 참배가 줄을 잇는 곳이다.

가고시마도 예외는 아니다. 매년 정례적으로 이루어지는 대표적인 활동만 하더라도 8월 초 현 내 고등학생 참가자가 중심이 된 '일교조'日教組의 '오키나와 평화의 여행'이나, 나가사키 위령의 날에 맞춰 이루어지는 가고시마 생협의 '나가사키 평화의 여행', 원폭 반대라는 취지 아래 가고시마의 고등학생들이 중심이 된 '고교생 1만 명 서명운동' 등을 비롯하여 각종 평화 학습·강연회가 매달 빠지지 않고 달력의 빈칸을 채운다. 하지만 이런 많은 평화 활동 내지 답사는 가고시마 바깥을 향해 있었다. '오키나와 평화의 여행'이나 '나가사키 평화의 여행'

등은 전국적으로 이루어지는 평화 여행(평화 교육)의 일환으로서의 성격이 강하며, 프로그램을 보더라도 가고시마에서 바라보는 오키나와 혹은 나가사키라는 시점에 대한 강조는 거의 없다.

그런데 1990년대에 접어들면서 가고시마는 지난 전쟁을 상기할 수 있는 대표적인 답사지 혹은 관광지로 새로이 주목을 받기 시작했다. 그 계기는 가고시마 현지를 로케이션으로 한 특공 관련 영화들의 제작 붐과 흥행 성공이었다. '한류'韓流 드라마의 원조라고 할 수 있는 〈겨울연가〉 붐 이후 드라마 촬영지 관광이라는 새로운 상품이 일본 관광객들의 수요에 맞춰 만들어진 사례에서 볼 수 있듯, 영화 촬영지를 대상으로 한 관광상품은 일본에서 전혀 새로운 것이 아니다. 앞 장에서 언급했듯이 차를 재배하는 자그만 시골 마을이었던 지란은 일찍부터 마을이 중심이 되어 정비해 온 관광 인프라를 활용해 발 빠르게 그 수요에 응했고, 그 결과 2000년대 이후 '특공 성지'로서의 위상을 전국적으로 알리게 된다.

문제는 대개의 관광 프로그램이 천편일률적으로 과거의 작전 지휘소나 특공대원이 식사를 하던 여관 등 영화의 무대가 되었던 지점들을 단체버스로 돌고 난 후 특공평화회관을 관람하는 것으로 끝나는 대중적이고 상업적인 여행상품으로, 지난 시대의 노스탤지어를 환기시키는 의사-체험적 성격에서 벗어나지 못하고 있다는 것이다. 여행객들은 특공대원들의 영정 사진이 빼곡히 들어찬 전시관에서 어린 나이에 목숨을 잃은 젊은이들의 비극적인 죽음을 슬퍼하면서, 동시에 그들이 남긴 유서나 편지에 담겨 있는 순수한 희생정신과 애국심을 찬미한다. 이러한 관광 프로그램은 실로 전후 일본 사회에서 지난 전쟁의 전사자들에 대한 가장 일반적인 표상인 '희생=초석'론을 노스탤지어라는 포장을 두른 채 그대로 재생산하는 장치들이다.

이러한 가운데 10여 년이 넘도록 가고시마라는 지역사회의 전쟁

경험에 토대를 두고, 그 흔적을 찾고 또 이를 기록해 온 단체들이 소수나마 존재한다는 점은 특기해 둘 필요가 있다. 가고시마현의 전·현직 교원들이 중심이 된 '특공을 생각하는 모임'特攻を考える會, 그리고 불교·기독교 등의 종교가들이 중심이 된 '가고시마 강제연행을 생각하는 모임'鹿兒島 強制連行を考える會(이하 '강제연행을 생각하는 모임'으로 표기), 가고시마 생협 내의 '코프 가고시마 평화 그룹'コープかごしま平和グループ(이하 '평화 그룹'으로 표기) 등이 그것이다.

이들이 가고시마에서 특공을 다시 생각해야 한다는 문제를 제기한 데는, 특공대원이 출격 전 마지막 2-3주라는 짧은 시간을 보낸 지역이 바로 이곳이라는 '위치성'에 대한 자각이 있었다. 특공대원의 마지막 삶을 가장 가까이에서 지켜보았기 때문에, 역설적으로 특공에 대한 표상의 허구성을 직시할 수 있다(직시해야 한다)는 것이다. 또한 이 지역은 전쟁 말기 스무 곳이 넘는 크고 작은 특공기지(비행장)를 만들기 위해 수많은 조선인과 중국인이 강제연행되어 끌려온 곳이자, 특공기지가 있다는 이유만으로 일본의 다른 지방에 비해 압도적인 공습을 당한 역사도 가지고 있다는 점에서, 특공에 대한 기존의 신화에서 벗어날 수 있는 하나의 가능성을 가진 장소이기도 하다.

이 장에서는 특히 '평화 그룹'의 활동에 주목하면서 지역의 전쟁 체험에 기반한 아마추어 평화 운동의 가능성과 그 한계에 대해 검토하고자 한다. 이를 위해서는 제2부 제2장에서 지적한 것처럼 집합적 기억을 단일하고 고정된 전체가 아니라 다양한 기억실천이라는 측면에서 바라보는 접근이 필요할 것이다. 그것은 역사를 매끈하며 필연적인 진화 발전의 흐름으로 보는 것을 거부하며 그 단절과 뒤엉킴, 그리고 그 장에 기입되는 권력의 효과에 천착하는 계보학적 작업들을 통해 승자들의 공적 기억 및 역사에 포섭되지 않는 무수한 파편의 기억들에 주목한, 즉 '대항기억'의 중요성을 역설한 푸코(Foucault, 1975) 이래 기억의 정치 연구의 전통을 계승하는 것이기도 하다.

2. 가고시마 생협의 평화 활동

가고시마 생협의 평화 활동은 1970년대부터 시작된 가고시마 생협의 역사와 궤를 같이한다. 이 활동은 현재 생협 내에서 이루어지는 다양한 분과 활동 중에서도 중심축을 이루고 있다. 언뜻 소비자운동 단체로 보이는 생협과 평화 운동이 밀접한 관계를 맺는다는 사실이 한국인들에게는 의아하게 느껴질 수도 있지만, 전후 일본 사회에서 평화 운동의 한 축이 안전한 '먹거리'에 대한 주부들의 관심에서 출발한 소비자운동에서 연원한다는 점을 떠올리면 그 둘은 결코 동떨어진 것이 아니다. 그 한 예로, 1954년 비키니섬 연안에서 참치잡이 조업 중이던 제5후쿠류마루第五福竜丸의 피폭에 의해 일반 가정의 식탁에 오르는 참치의 오염이 문제가 되면서, 주부들이 중심이 된 독서회를 출발로 원수폭 반대 전국조직이 만들어지게 된 것은 전후 일본의 시민운동사에서도 유명하다(鶴見俊輔, 2001: 215). 생활과 평화·환경 운동의 자연스러운 연계는 전후 일본 시민운동사의 독특한 점이다.

가고시마 생협의 평화 활동 역시 초기에는 반핵 운동과 환경 운동이 주류였지만, 1980년대에 접어들면서 점차 그 관심이 가고시마의 전쟁 경험으로 확대된다. 그 효시로 1982년에는 현재의 '평화 그룹'의 전신이라고 할 수 있는 '평화를 생각하는 그룹'平和を考えるグループ이 발족한다. 그리고 이 단체를 중심으로, 1984년 6월 17일에는 '엄마와 아이가 함께하는 가고시마 전쟁공습전'母子の鹿児島戦争空襲展이라는 기획 아래 가고시마의 전쟁과 공습을 알려 주는 유물과 사진 등을 처음 전시했다. 6월 17일은 1945년 패전 무렵 가고시마에서 있었던 수차례의 연합군

공습 중에서도 가장 피해가 컸던 '가고시마 대공습'(사망자 2,316명, 부상자 3,500명)이 일어난 상징적인 날로, 매년 가고시마는 이날을 기념하며 평화 집회나 강연회 등 다양한 행사를 개최해 왔다. 다시 말하면 '6·17'은 가고시마의 대표적인 기억의 장인 것이다.[17] 그 일환으로 이루어진 행사였던 이 전시회가 당시 지역사회에서 상당한 호평을 받아, 1987년부터는 매년 6월 17일 전시회를 겸한 평화 집회('6·17 평화 집회' 6·17平和のつどい)가 상례화되어 현재까지도 계속되고 있다. 필자가 '평화 그룹' 활동에 참가하게 된 것 역시 2009년 6월의 '평화 집회'에서의 만남이 계기가 되었다.[18]

가고시마 생협 역시 평화 그룹이 주도가 되어 이날 '평화 집회'를 개최한다. 집회는 당시 전쟁과 공습을 직접 체험한 주민들의 증언, 생협 내 여러 분과의 평화 활동 보고, 평화 문제를 중심으로 한 일본 현안 전문가 강연이라는 3부 구성으로 이루어진다. 하지만 체험자들의 고령화가 점차 진행되면서, 집회의 방향성도 가고시마의 전쟁체험을

17 매년 6월 17일이 되면 가고시마에서는 지역사회 곳곳에 세워져 있는 위령비들 앞에 꽃을 든 사람들의 발길이 머물고, 시민단체들을 중심으로 각종 평화 집회나 강연회 등이 개최된다. 또 지역 신문이나 지역 방송국은 대대적인 특집 프로그램을 편성한다. 특히 전후 50년을 기념하여 가고시마의 지역 민방이 가고시마 각 지역 공습 체험자들의 증언을 토대로 편집한 다큐멘터리 〈가고시마 전후 50년 스페셜: 지금부터를 위한 지금까지鹿兒島戰後50年スペシャル: これからのためのこれまで〉(南日本放送局, 1995)는 지금까지도 가고시마 공습의 역사를 증언하는 대표적인 자료로서 지역 내의 도서관이나 학교 등에 비치되어 평화 교육의 도구로 활용되고 있다.

18 당시 필자는 집회에서 자신들의 활동을 소개하던 평화 그룹 멤버들과 이야기를 나눈 것을 계기로, 2009년 7월 평화 그룹 정례모임부터 참가하여 매달 서너 차례의 각종 필드조사 활동 및 정례 모임에 참석했다. 이 절의 내용은 2009년 평화 그룹의 활동에 참가하면서 얻은 여러 데이터들과 2016년 이루어진 추가조사(10월 22-27일)의 결과를 토대로 재구성한 것이다.

이야기하는 1부보다 평화 운동의 현안을 이야기하는 3부의 강연으로 무게 중심이 옮겨 가고 있다고 한다. 집회가 끝나면 시내에 있는 태평양전쟁 민간희생자 위령비에서 헌화와 함께 간단한 위령식이 치러진다. 〈인간의 비人間之碑〉라는 이름의 이 위령비는 3,666명에 달하는 가고시마현 공습 희생자들을 추도하기 위해 가고시마현청 주변의 부지에 세워진 비로, 군국주의적—지역 주민들의 표현에 따른다면 '상무적'尙武的—성향이 짙은 가고시마에서 군인 전사자가 아닌 민간인 희생자들을 위해 건립된 몇 안 되는 기념비 중 하나다. 그 외에도 매년 5월 3일의 헌법기념일을 기념하여 실시되는 '평화 집회'와 자녀들의 여름방학인 8월을 이용해 각 지역 단위 생협을 중심으로 이루어지는 '아이와 함께 보는 평화 영화회', 그리고 11월과 12월 사이에 마찬가지로 지역 단위 생협이 중심이 된 '헌법학습회'도 생협의 중요한 평화 활동 가운데 하나다(生活協同組合コープかごしま, 2001; 평화 그룹 정례회 인터뷰 참조).

평화 그룹은 지난 세기 가고시마의 전쟁 경험을 기록하고 계승하면서 평화의 의미를 되새긴다는 취지로 가고시마에 거주하는 생협 회원들이 주축이 되어 만들어진 단체(회원 10명)로, 일반 시민의 '생활 감각'이라는 렌즈를 통해 지난 전쟁을 이해하고자 한다는 점에 특징이 있다. 가고시마 생협 내에는 평화 그룹 외에도 비슷한 목적으로 지역 단위를 중심으로 만들어진 그룹들이 있다. 이 그룹들 역시 정기적으로 교류회를 가지고 조사 결과를 발표하는 등 활동을 벌이고 있지만, 규모로 보나 역사로 보나 평화 그룹이 가장 대표적인 모임이라고 할 수 있다.

평화 그룹 회원들은 예전부터 개별적으로 생협 내외의 여러 평화 활동에 종사해 오다가 전후 50주년의 해인 1995년 가고시마현 내의 전적 조사라는 공동의 목적하에 결성되었다. 사무국을 담당하는 생협 직원 1명을 제외하고는 모두 50-70대의 여성(주부)들로, 이러한 멤버 구성은 조사 활동의 방향성과 내용에도 커다란 영향을 끼치고 있다. 예를 들어 실측에 기초하면서도 현 내외의 일반 시민들이 누구나 손쉽게 찾아갈 수 있도록 아기자기하게 제작된 전적 관련 지도나 투어 코스에 대한 섬세한 조언 등은, 전문적인 역사학자들이 집필한 '딱딱한' 전적 가이드북에 비해 훨씬 일반인들의 눈높이에 맞춰 구성되어 있다([그림 5-2] 참조). 이들 가운데 전문적인 역사학적 지식을 가진 이나 편집 혹은 사진 관련 업무에 종사한 경험이 있는 사람들은 한 명도 없다. 회원들은 모두 자녀들이 어느 정도 성년기에 달해 (자신들의 언어로) '할 일을 다 한' 주부들로, 평화 그룹의 활동은 그들에게 있어 3차 혹은 4차 사회화 과정이라고 해야 할 것이다.

평화 그룹 활동의 가장 큰 성과로 회원들이 자부하는 것은 역시 가고시마현 내의 전적 조사와 그 결과물로 발간된 일련의 자료집이다. 일본 유일의 '지상전'이 전개된 오키나와에서는 전후 초기부터 전적을 둘러싼 조사 및 투어가 활발히 이루어져 왔지만, 일본 본토의 경우 전적에 대한 관심은 희박한 편이었다. 물론 이는 본격적인 연합군의 일본 본토 진공작전이 전개되기 직전 일본이 패전을 맞이하게 되면서 일본 본토는 전쟁의 참화에서 벗어날 수 있었던 역사적 사실에 기인하는 바가 크다. 전후 50주년의 해인 1995년을 기념하여 일본 각지에서 쏟아져 나온 전쟁체험 문집을 보더라도, 지상전이 일어난 오키나와의 주민이나 해외의 전장에 군인/군속으로 나간 소수의 전장체험을 제외하고[19] 대다수 일본인들의 전쟁체험에 대한 기억은 전쟁 말기의 공습과

19 전쟁체험 문집은 그 이전에도 개인의 자비 출판이나 전후 30·40주년에 맞춰 지역 단위로 발간되어 왔는데 특히 전후 50년이었던 1995년에는 해당 시정촌을 중심으로 대규모 편찬 사업이 이루어졌다. 가고시마 역시 예외는 아니었다. 가고시마 생협 역시 50주년 기념 사업의 일환으로 『어찌 잊으리, 그로부터 50년: 종전 50주년 기념 전쟁체험 문집忘れまいあれから五〇年: 終戰50周年記念戰爭体驗文集: 戰爭の悲慘さと平和の尊さを語り傳えるために』(1995)을 펴내는데, 총

각종 부역노동에 한정되어 있다. 그래서인지 '내 고장도 전쟁터였다'는 실감은 아무래도 희박한 편이다.

하지만 전후 60년이라는 세월이 흐르면서, 일본 사회 내에서도 지난 전쟁에 대한 관심이 점차 증언에서 전적으로 변하고 있다. 물론 이러한 경향은 세월이 흐르면서 지난 전쟁의 체험자들이 고령화에 접어들고 지난 전쟁이 하나의 역사로서 기념비화되는 현상과도 무관하지 않다. 특히 가고시마의 경우는 오키나와전투의 일환으로 도처에 특공기지가 건설되었고, 또 오키나와 점령 이후 미군의 공격 루트는 규슈 남부, 즉 가고시마나 미야자키의 해안이 될 것이라는 예상 아래 대규모의 병력 주둔과 함께 방어기지 정비가 이루어졌기 때문에, 본토의 다른 지역에 비해 전쟁의 흔적이 보다 많은 장소에 남아 있는 지역이다. 이렇게 보면 평화 그룹의 조사가 증언에서 전적으로 눈을 돌리게 된 것은 자연스러워 보인다.

조사는 단지 예전의 기지 터에 대한 확인 조사뿐만 아니라, 당시의 기억을 가지고 있는 지역 거주자들과의 인터뷰 및 문헌 자료 조사 등을 통해 공습 및 비행장 건설 사업의 동원에 대한 경험 등 일반 시민들이 지난 전쟁에 어떻게 휩쓸려 들어가고 또 그 전쟁을 어떻게 체험했는가에 대한 구체적인 사례연구의 성격을 갖는다. 그 결과물들이, 평화 그룹의 최초 조사 지역인 도카라トカラ열도와 아마미 오오시마奄美大島[20]열도의 주변 섬들離島(1995)에 관한 자료집을 시작으로(이 자료집은

600여 페이지에 달하는 분량으로 지역 주민들의 전쟁체험 증언을 집대성한 기록집으로 평가받고 있다. 생협은 전후 60주년인 2005년에도 비슷한 기획의 체험 문집을 발간하였다.

20 아마미 오오시마는 행정구역상 가고시마현에 속하며, 가고시마 사쓰마반도와 오키나와의 중간 지점에 있는 섬으로, 섬의 규모로 보면 오키나와에 이어 일본에서 두 번째로 큰 섬이다. 아마미에는 주요한 특공기지는 없었지만 가

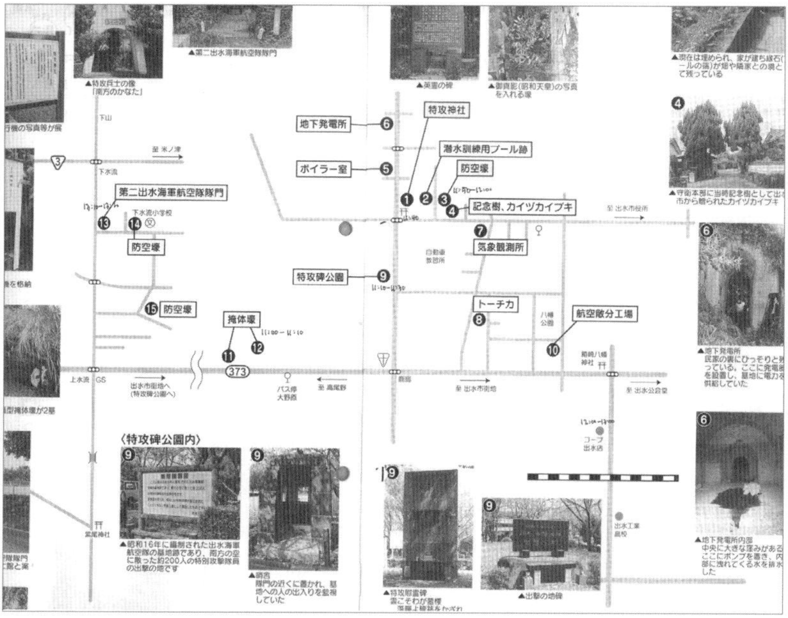

[그림 5-2] 평화 그룹이 만든 가이드북에 실린 이즈미 전적 지도
평화 그룹의 이즈미 답사 시에는 이 지도를 토대로 해서 답사가 이루어졌다.

엄밀히 전적 조사 자료라기보다는 체험 문집에 가까우며, 전적에 관한 사항은 마지막에 지도와 표로 정리되어 있다), 가노야 해군항공기지가 위치해 있었고 가고시마의 다른 지역들에 비해 전후에 '개발'이 뒤처졌기 때문에 전쟁의 상흔이 여전히 그대로 남아 있는 오스미반도大隅半島(1998), 지란·가세다·이부스키 등 전전 특공기지가 위치하고 있던 난사쓰 지역(2001), 이즈미 특공기지를 중심으로 한 호쿠사쓰北薩 지역(2008)에 대한 자료집 등이다. 필자가 현지조사 중이던 2009년에는 전전 하카마고시袴腰 해군기지 터와 해군 특공잠함정인 고류蛟竜의 발사호 흔적이 그

고시마에서 오키나와에 이르는 수로의 중간에 위치해 있어, 전함 야마토를 필두로 일본의 무수한 선박들이 인근 바다에서 침몰했다.

대로 남아 있는 화산섬 사쿠라지마桜島 조사와 더불어 가고시마 시내의 전적 조사가 이루어지고 있었다. 이 조사 결과는 2010년 2월『아시아·태평양전쟁과 가고시마 전적 조사: 가고시마시·현 중부편アジア·太平洋戰爭と鹿兒島戰績調査: 鹿兒島市と縣中部編』이라는 이름의 자료집으로 발간되었다. 2010년 이후 최초의 조사지이기도 했던 아마미 오오시마와 주변 섬들에 대한 재조사를 통해 2013년 '주변 섬들 편'離島編에 관한 자료집을 마지막으로 발간하였다.

물론 평화 그룹의 활동은 전적 조사에만 국한되지 않는다. 매년 정기적으로 '아시아·태평양전쟁'이나 '헌법'과 관련된 외부 강연회를 기획하고 또 내부적인 평화 학습도 주최하고 있다. 회원들의 연령대로 볼 때 유년 시절 전쟁체험자들도 다수 참가하고 있어, 그들이 평화 학습의 '연사'語り部로 참여해 젊은 세대들에게 공습이나 당시의 학교 교육 등과 같은 체험을 이야기하면서 서로 교류하는 것은 이들의 또 다른 주요 활동이다. 전쟁체험 세대들의 수가 점점 줄어들고, 또 자신들의 전쟁체험을 공적인 자리에서 이야기하는 사람들의 수도 한정되어 있기 때문에 이들의 강연 활동은 지역사회에서도 호평을 받고 있다.

평화 그룹의 또 다른 주요 활동은 '평화 답사'다. 평화 답사는 지역에 거주하는 주민들에게 자신들이 잘 알지 못하는 지역의 역사, 특히 지난 전쟁의 흔적들을 둘러보고, 이를 통해 평화의 의미를 재확인한다는 기획하에 지역 내의 단위 생협들이 비정기적으로 주관하는데, 평화 그룹 회원들은 이 답사에 가이드로 참여하게 된다. 그 한 예로 2009년 8월 가고시마 생협 난사쓰 서부 지역이 기획한 난사쓰 답사 투어에는 이전 이 지역 전적 답사에 참여했던 두 명의 평화 그룹 회원이 가이드로 참여했다. 평일에 답사가 있었던 만큼 여성 참가자가 많았고, 미취학 어린이들을 데려온 주부들도 있었다. 답사 일정은 난사쓰 일대의 전적들, 즉 가와나베정川邊町의 특공기 은폐참호掩体壕, 반세의 특공기지 터 및 평화회관 견학, 아오토의 특공기지 터(토치카·격납고 등), 지란의 특공기지 터 등을 하루 일정으로 둘러보는 것이었다.

매달 한 차례 열리는 평화 그룹 정례회에서는 회원들의 개별 활동 보고와 지난달의 전적 답사 성과에 대한 평가와 반성, 이달의 전적 답사 계획 수립, 그리고 이달 회원들의 임무에 대한 역할분담 등의 논의가 이루어진다. 전체적으로 볼 때 생협의 평화 그룹 활동은 지역 주민들이 중심이 되어 평화 문제와 관련된 현안들을 이야기하고 또 지역의 전쟁 경험을 기록하며 계승하는 풀뿌리 지역 운동의 대표적 사례라고 할 수 있을 것이다. 물론 구성원 모두 전문적인 역사지식을 갖고 있지 않으며 또 그에 대한 훈련을 받은 것도 아니기 때문에, 조사 역시 아마추어의 수준을 넘어설 수는 없다. 또한 '왜 전적 조사를 하는가' 혹은 '전적의 기준은 무엇인가'라는 질문에 대해서도, '전쟁의 실상을 명확히 이해하는 데 도움을 주는 것', 혹은 '지난 전쟁의 흔적으로 현재 가고시마에 남아 있는 것'이라는 극히 소박한 인식에 머물러 있는 것이 사실이다. 하지만 1998년 오오스미반도, 2001년 난사쓰 지역 조사 자료집까지만 해도, 자료집의 표제가 "제2차 세계대전과 가고시마 전적 조사"이던 것이 2008년의 이즈미 지역 조사 자료집부터는 "아시아 · 태평양전쟁과 가고시마 전적 조사"로 바뀐 것에서도 알 수 있듯, 지난 전쟁의 성격을 어떻게 이해해야 할 것인가에 대한 고민은 내부 학습을 통해 회원들 사이에서도 공유되고 있다.[21] 다음 절에서는 2009년 11월

21 자료집의 표제가 바뀐 것이 '의도적'이었다는 것은 평화 그룹의 방향성을 묻는 연구자의 질문에 대한 평화 그룹 회장 미와三輪 씨의 답변에서 확인된 바 있다. 참고로 일본 사회에서 '아시아·태평양전쟁'이라는 용어는 기존의 명칭인 '대동아전쟁'이나 '15년전쟁', '제2차 세계대전'이라는 용어가 갖는 한계를 성찰하는 가운데 나왔다. 2000년대 '아시아·태평양전쟁'이라는 용어를 일본 학계에 정착시키는 데 결정적인 역할을 한 『이와나미 강좌: 아시아·

에 있었던 '이즈미 전적 답사 버스투어'出水戰跡めぐりバスツアー 사례를 통해 평화 그룹의 활동이 갖는 성격과 의의, 그리고 한계에 대해 구체적으로 살펴보고자 한다.

3. 가고시마 전적을 여행하기: 이즈미 전적 답사 버스투어

일본 사회에서 근대적 의미의 전적 보존 및 답사의 역사는 러일전쟁의 대표적 격전지였던 뤼순旅順을 어떻게 보존할 것인가에 대한 논의에서부터 시작된다(一ノ瀨俊也, 2010). 주지하다시피 뤼순은 당시 세계 최강이라 불리던 러시아 제국의 육군과 일본 육군 사이의 접전이 벌어진 전장으로, 무모한 백병전을 구사하여 엄청난 희생자를 내면서도 결국 누구도 예상하지 못했던 기적적인 승리를 일구어 낸 일본 육군에게는 '성지'聖地와 같은 곳이다. 그 한 예로 1939년에 발행된 「만주 관광버스 안내」라는 팸플릿을 보면 뤼순의 관광 프로그램은 1일 3회로 운영되며, 백옥산(납골표와 표충탑, 1909), 전리품진열관(1906), 동계관산 북쪽

태평양전쟁岩波講座: アジア太平洋戰爭』(전 10권, 2005)의 제10권 서문에서 편자인 나리타 류이치成田龍一는 '제2차 세계대전' 혹은 '태평양전쟁'에서 '아시아·태평양전쟁'으로의 인식 변화를 다음과 같이 이야기한다. "이 전쟁은 전시에는 '대동아전쟁', 전후에는 '태평양전쟁'이라고 불려 왔다. 하지만 '태평양전쟁'으로는 대영미전쟁의 측면만이 강조되어 아시아와의 전쟁이 경시되어 버린다는 비판도 있었다. 그 후 1931년의 '만주사변', 1937년부터의 '중일전쟁', 1941년부터의 '태평양전쟁'을 1945년의 패전과 연결되는 연속적인 전쟁으로서 고찰하는 '15년전쟁'이라는 호칭이 제창되어 그것이 역사 교육에서도 어느 정도 정착해 왔다. 하지만 이 강좌에서는 전쟁의 시대뿐만 아니라 전후를 적극적으로 대상화하는 것을 의도하고 있으며, '15년전쟁'이라는 시기를 명확히 한정한 호칭에는 신중해지지 않을 수 없다."(成田龍一[外編], 2005: 2-3)

보루, 수사영 회견소, 이령산 등 러일전쟁의 격전지와 기념비를 네 시간여에 걸쳐 돌아보는 형식으로 이루어져 있다(高媛, 2007: 222 참조). 나아가 중국 본토 침략이 본격적으로 시작되면서부터는, (연합군에 비해) 전쟁을 수행하기에 부족한 물량을 극복할 수 있는 힘으로서 일본군의 '희생'과 '정신주의'를 강조함과 동시에 만주 지배를 정당화하는 국민교육의 장으로서의 성격을 더욱 강하게 띠게 된다(一ノ瀬俊也, 2010).[22] 다시 말해 1945년 이전의 전적 답사는 실로 군국주의적 국민교육의 장이었다.

이러한 과거 역사를 상기한다면, 평화 그룹이 주도한 가고시마 전적 답사는 이러한 과거와의 '단절'을 강하게 의식하면서 전후 오키나와에서부터 시작된 전적 답사, 그리고 이후 히로시마·나가사키 순례로 이어지는 전후 일본 평화 교육의 연장선상에서 이해해야 할 것이다. 물론 전후 일본유족회를 중심으로 재개된 오키나와의 전적 답사 역시 '순국'의 의의를 강조하는 전시기의 답사와 무관했던 것은 아니지만,[23]

22 당시 뤼순의 전적지를 안내하는 가이드를 위한 대본을 보면 이 프로그램이 갖는 교육적 성격이 명확히 드러난다. "모두들 봐 주십시오. 여기저기 보이는 묘비는 이 전투로 타향의 흙이 되어 버린 43명의 용사가 이 땅에 마지막으로 계시던 장소입니다. 바다에 가면 물에 잠긴 시신, 산에 가면 풀이 무성한 시신. 천황을 위해, 조국을 위해 바치신 고귀한 육체는 보시는 바와 같이 하얀 묘비로 변했지만, 그 충성스러움은 호국의 신으로 변해 영혼은 영구히 이 땅에서 우리의 생명선을 지켜 주고 계십니다."(高媛, 2007: 226 참조)

23 1960년대부터 일본유족회의 주도 아래 재개된 오키나와 전적 답사의 주 대상은 전쟁으로 아버지를 잃은 유아遺兒들과 유족들이었고, 따라서 '순국미담'殉國美談의 기조 아래 전사자(아버지)의 죽음이 갖는 내셔널한 의의를 강조하는 경향이 지배적이었다. 다시 말하면 오키나와에서 죽은 아버지와 재회한 유아들이 아버지의 죽음의 '진정한 의미'를 알게 되고, '사회인'으로서, '유아'로서 스스로의 사회적 사명을 자각하도록 하는 것이 프로그램의 진정한 목적이었던 것이다. 오키나와에서 울려 퍼지는 아버지의 소리가 '피'와 '평화'의 이데올로기를 내재화하고, 그들을 유족 공동체의 구성원으로 '주체화'

이러한 움직임에 대해 1960년대 후반부터 오키나와 지역사회의 반발이 거세지면서, 점차 오늘날과 같은 '평화 답사'가 정착하게 된다. 기존의 위령탑이나 기념비 등과 같은 잘 알려진 장소뿐만 아니라, 오키나와전투 당시 주민들이 집단으로 학살당한 '가마'ガマ(자연동굴로, 오키나와전투에서 마을 주민 혹은 일본군의 피신처로 활용되었고 마을 주민들의 집단 자결이 이루어진 곳이기도 하다)와 같은 동굴들이 새로이 '전적'으로 인식되기 시작했던 것도 이 시기다(北村毅, 2009: 33-34 참조).

특히 가고시마가 새로이 전적지로서 주목을 받게 된 것은 본토에서 지난 전쟁의 흔적이 남아 있는 몇 안 되는 지역 중의 한 곳, 특히 특공기지의 흔적이 남아 있는 곳이라는 인식이 서서히 싹트기 시작하면서부터다. 물론 그 이전에도 지역의 평화 운동 단체를 중심으로 가고시마 특공기지 답사가 이루어져 오긴 했지만, 그 성격은 평화 단체 구성원들의 내부 교육적 성격이 강했다. 전국 각지의 평화 운동 단체들이 내부 구성원들을 대상으로 한 답사를 가고시마 지부에 의뢰하면 가고시마 지부에서 가이드를 파견하여 이에 대응하는 형식이었다.

2009년 가을에 실시된 가고시마 생협의 '이즈미 전적 답사 버스투어'出水戦跡めぐりバスツアー 기획은 이렇듯 성원들의 내부 교육적 성격이 강한 기존 답사의 틀에서 벗어나면서도, 지란이 독점해 온 상업적인 관광 프로그램으로부터 탈피하여 이즈미·아오토·반세·이부스키 등 '관광'의 손이 닿지 않음으로 인해 역설적으로 예전 전쟁의 흔적이 아직 생생하게 남아 있는 여러 지역들을 발굴해 냈다는 데서 의의가 크다고 할 수 있다. 생협으로서도 평화 그룹의 조사 결과를 일반 지역 주민을 대상으로 한 관광상품으로 기획한 것은 이번이 처음이었다. 투어

해 가는 일대 계기가 된다는 점에서 오키나와의 전적은 유아들의 주체화가 이루어지는 장소이기도 했다(北村毅, 2009: 제3장, 특히 231-232 참조).

대상 지역은 과거 연합군의 공습으로부터 항공기를 숨기기 위한 특공기 은폐참호나 기지 터, 활주로 등이 그대로 방치된 채 남아 있는 곳이 많아, 향토사가나 지역의 역사 교사들로부터 지난 전쟁의 흔적을 보고 느낄 수 있는 좋은 현장교육의 장이라는 평가를 받아 왔지만, 교통의 불편이나 지역의 사정에 밝은 가이드 혹은 가이드북의 미비로 일반인들이 방문하기에는 다소 어려운 곳들이었다. 그중에서도 이즈미 지역은 평화 그룹으로서도 장기간(7년)에 걸쳐 조사한 지역이고, 가고시마의 다른 지역에 비해 훨씬 많은 전쟁의 흔적들이 마을 곳곳에 남아 있어 첫 번째 지역으로 선정되었다.[24]

주요 답사 코스는 제4부 제2장에서 언급한 〈구름의 묘표〉가 위치한 '특공비 공원'特攻碑公園에서부터 아시아·태평양전쟁 당시 '적기'(미군기)를 격추시키기 위해 설치된 지상의 고사포대 흔적이나 예전 이즈미가 해군기지였음을 보여 주는 군함기 게양대, 현재 근처 보육원이나 소학교 등에 남아 있는 방공호, 공습 등의 비상시를 대비하여 만들어진 지하발전소 흔적, 비행장의 활주로, 그리고 특공기 은폐참호 등까지를 포함한다. 특히 연합군의 B29 공습으로 60kg 폭탄을 직격으로 받아 100여 명에 가까운 사상자가 발생했다고 하는 한 특공기 은폐참호에는 아직도 천장 윗부분에 폭탄이 떨어진 흔적인 커다란 구멍이 그

24 초기 기획 단계에서는 난사쓰(이부스키·지란 코스) 지역과 호쿠사쓰(이즈미 코스) 지역이 대상지로 선정되었지만, 사업성 문제를 포함한 여러 의견 수렴 절차를 거치면서 2009년에는 이즈미 지구만을 시범적으로 실시하기로 하고, 그 결과에 대한 평가를 거쳐 2010년 난사쓰 지역 투어를 기획하는 것으로 결정이 났다. 그리고 예정대로 난사쓰 지역 투어는 2010년 3월에 이루어졌다. '난사쓰 투어'는 이부스키의 해군특공기지(수상기 특공)와 미완성으로 끝났던 아오토의 마노히まのひ 특공기지의 전적들, 그리고 육군특공기지의 대명사인 지란에 남아 있는 여러 전적들을 하루 일정으로 돌아보는 기획으로 진행되었다.

대로 남아 있다. 예전에 이즈미를 방문했을 때 필자에게 주위의 전적지들을 안내해 주었던 다케조에 씨는 전쟁의 비참함이나 평화의 소중함을 느낄 수 있는 가장 쉬운 방법은 이렇게 직접 손으로 전적을 만져 보는 것이라며, 전적으로서 은폐참호의 중요함을 이야기한 바 있다(다케조에 쓰구오 씨와의 인터뷰, 2008. 12). 하지만 2009년 당시 이 은폐참호는 논밭에 방치된 채, 다음 사진([사진 5-15], [사진 5-16])에서 보이듯이 농가의 쓰레기가 그대로 널려 있는 등 도저히 평화의 소중함을 떠올릴 수 있는 전적으로서의 역할을 하지 못하는 듯 보였다.[25]

지난 전쟁과 관련된 유적으로 또 하나 흥미로운 곳은 특공비공원에서 조금 떨어진 곳에 세워져 있는 '특공신사'다. 이 신사는 원래 이즈미 해군기지 안에 설치되어 있던 신사로, 전후 항공대가 해체되면서 함께 철거되었다가 1980년대 후반 택지조성 공사 도중 신사의 대좌가 발견되면서 지역의 유지들에 의해 1989년 '특공신사'로서 재건립되었다. 전적 투어 일정에 신사를 포함시킨 것은, 현재까지 이곳에 전전 천황의 초상화(소위 '고신에이'御眞影)를 전화戰火로부터 보호하기 위한 장소가 남아 있다는 점 때문이다.[26] 당시 답사에 참가한 70대 이상의 전쟁 체험 세대들은 어린 시절의 추억을 되새기며 흥미롭게 둘러보고, 또 '고신에이'라는 말 자체를 모르는 손자손녀들에게 그 뜻을 설명해 주

25 2016년 8월 이곳을 다시 방문했을 때 은폐참호는 깨끗하게 정비되어 있었다. 지역 생협을 중심으로 이즈미 전적 답사가 계속되면서 전적 보존에 대한 요구가 지역사회 내에서도 제기된 것처럼 보인다.

26 '고신에이'는 전전 일본에서는 가장 신성한 상징의 하나로서 전 국민적인 참배의 대상이었다. 당시 유수의 학교들에만 배분된 '고신에이'는 그 학교의 자랑으로, 학교 화재 시 '고신에이'가 불타 해당 학교의 교장이 자살했다는 일화는 유명하다. '교육칙어'와 함께 '봉안'된 '고신에이'는 기원절紀元節이나 천장절天長節 등 국가의 중요한 행사가 있는 날에 강당에 걸려 교사와 학생이 일제히 참배하기도 했다.

[사진 5-15] 이즈미에 남아 있는 특공기 은폐참호

[사진 5-16] 특공기 은폐참호 내부

기도 했다.

답사 당시 가이드의 설명에는 빠져 있었지만, 이 신사가 전후 일본에서 갖는 더욱 중요한 의미는 이 신사에 '모셔져 있다고' 하는 제신들에 있다. 원래 과거 해군기지가 있던 시절, 이 신사의 제신은 가시마신궁鹿島神宮의 한 신이었다. 전후 국가신도의 폐지를 강제한「신도지령」神道指令 등의 조치나 마을 주민들의 무관심에 의해 폐허가 된 이 신사는 1989년 특공신사로 재출발하면서 새로운 제신들이 추가되었다. 그 제신들은 해군특공대원 1호로 레이테 전투에서 전사하면서 군신으로 추앙받았던 세키 유키오關行男 대위를 비롯해 3천 명에 달하는 해군특공대원들이다. 전사자들을 군신으로 추앙하며 제신으로 삼았던 전통이 패전과 함께 사라진 후 전후 45년이 지난 1989년에 이르러 부활했다는 것은 매우 이례적인 현상이다. 그러나 이 신사가 지역사회에서 중요한 기억의 장으로 여겨지지는 않는 것 같다. 실제 특공위령제가 열리는 4월 16일에 이곳은 순례의 공간에서 빠져 있으며 개인적으로 찾아오는 참배객도 거의 눈에 띄지 않는다. 또한 매년 봄과 가을 두 차례에 걸쳐 '정기적인 제사'例大祭가 열리지만 그 규모는 4월의 특공위령제에 비할 수 없을 정도로 작다.

2009년의 투어에는 평화 가이드(2명)와 사무국 직원(2명)을 포함해서 총 37명(연구자 포함)이 참가했다. 주말이라서 그런지 평일에 이루어진 난사쓰 답사에 비하면 참가자들의 연령이나 성별도 다양했다. 가고시마 시내에서 이즈미까지는 버스로 두 시간이 넘는 꽤 긴 여정이다. 가이드들은 이 시간을 지난 아시아·태평양전쟁의 마지막 귀결로서 특공작전의 의미 및 이즈미 특공기지에 대한 간략한 설명과 다큐멘터리(〈NHK 스페셜 – 학도병 허용되지 않은 귀환: 육군특공대의 비극學徒兵 許されざる帰還: 陸軍特攻隊の悲劇〉[2008])[27] 상영 등으로 구성했다. 이는 2009년 8월 난사쓰 답사 이후 이루어진 자체 평가에서 문제점으로 지적된 '지난

전쟁의 전개 과정 속에서 특공작전이 차지하는 위치에 대한 이해 부족으로 전적 답사가 피상적인 감상에 그치는' 것을 막기 위한 프로그램이었다.

가이드는 근대 일본의 역사를 전쟁으로 점철된 역사로, 그리고 특히 1931년부터 전개된 소위 '15년전쟁'을 전체적인 의미에서 '침략전쟁'으로 규정했다. 특히 특공작전에 대해서는 연합군의 압도적인 화력 아래 궁지에 몰린 군부가 순진한 젊은이들을 죽음으로 내몰았다고 평가했다. 이러한 시각은 상업적인 지란 관광상품의 주된 내러티브인 '위기에 처한 조국을 방위하기 위해 순수한 젊은이들이 기꺼이 자신의 목숨을 바쳐 남쪽 바다를 향해 날아갔다'는 감상주의적 시각과는 분명히 결을 달리하는 것이다.

지란의 특공평화회관과 관광지로 개발된 그 주변 전적들에 의해 독점되어 오던 가고시마의 전적 답사가 생협 등 시민단체들의 기획에 의해 발굴되고 또 확대되는 일련의 움직임은 지난 아시아·태평양전쟁에 대한 지역사회의 인식을 심화하고 성찰한다는 문제의식에서 볼 때 고무적인 현상이다. 하지만 가고시마의 전적들은 직접 지상전이 벌어지고 전투에 연루된 무수한 사람들이 죽은 전장戰場이 아니라 본토 방어를 위한 기지들의 흔적이라는 점에서 전쟁의 비참함을 생생하게 떠

27 참고로 이 다큐멘터리는 투어 사전 모임 때 필자가 평화 그룹에 추천한 것이기도 했다. 당시 출격했던 육군특공대원의 절반 이상이 '임무를 완수하지 못하고' 자의 반 타의 반(기체 고장 등)으로 기지로 귀환했고, 이들은 당시 육군의 비밀 숙사인 신부료振武寮에 감금되어 인간적인 멸시와 비난을 받으며 재출격을 강요당했다는 것이 이 다큐멘터리의 주된 내용이다. 물론 이들의 존재는 특공에 관한 공식 담론에서는 철저히 은폐되어 왔다. 왜냐하면 이들은 특공출격, 그리고 전사라는 비극적이면서 동시에 낭만적인 내러티브에 균열을 가하는 존재들이기 때문이다. 신부료가 대중적으로 알려지게 된 것도 이 다큐멘터리가 제작된 이후로 비교적 최근의 일이다.

올리게 하는 데는 어려움이 따른다. 또 포탄의 흔적이나 폐허가 된 특공기 은폐참호 등 지난 전쟁을 상기시키는 얼마 안 되는 상흔들도 대개 연합군의 공습과 관련된 것들이 많아서, 피해자로서의 전쟁의 기억만을 재생산할 위험도 내포한다. 다시 말하면 전쟁은 평범한 일반 국민인 자신들에게마저 엄청난 고통과 피해를 입혔기 때문에 두 번 다시 '전쟁은 싫다'戰争はいやだ는 실감에서 나오는 소극적 평화주의의 교육 자료로 이용될 가능성이 크다는 것이다.

이는 평화 그룹이 지향하는 '아마추어리즘'에 필연적으로 뒤따르는 한계이기도 하다. 아마추어리즘이 자신들의 지역사를 직접 조사하고 그 의미를 이해하고자 하는 지역 주민들의 자발적 열의에서 비롯되며, 이러한 열의가 전후 일본 정치의 보수화를 저지하는 중요한 힘으로 작용했다는 점을 간과해서는 안 된다. 하지만 아마추어리즘은 아카데미와 같이 전문성 혹은 전위운동 조직과 같이 명확한 운동 목표를 가질 수도 없으며, 또 일반인들의 참여에 기초한다는 그 전제상 여론에 좌우되기 쉬운 한계가 있다.

지난 전쟁 당시 그러한 상황에 저항하지 못하고 심지어 협력하기도 했던 자신들을 포함한 일반 시민에 대한 반성은 평화 그룹 내부의 구성원들에게 공유되고 있었다. '이즈미 전적 답사 버스투어' 프로그램 역시 야스쿠니신사나 지란의 특공평화회관이 현재 일본 전역으로 발신하고 있는 '특공=순국'이라는 인식에 대한 우려에서 기획된 것이다. 버스에서 답사 참가자들에게 기획 의도를 설명하면서 아시아·태평양전쟁과 특공작전의 성격을 거듭 강조했던 것도 그 때문이었다. 실제로 참가자들은 답사를 마친 후, "이번 기회를 통해 전국적으로 잘 알려진 지란 말고도 우리 고장 여기저기에 특공기지가 있었다는 것을 처음으로 알게 됐다", "평화 그룹의 안내와 사전 설명, 그리고 이해하기 쉬운 자료집과 함께 당시의 상황을 상상하면서 많은 전적들을 볼 수

있어서 너무 좋았다" 등 기획에 대해 상당히 좋은 평가를 내렸다.[28]

하지만 평화 그룹 회원들조차도 스스로 토로하듯 10여 년에 걸친 전적 조사의 의미는 "전쟁의 기억이 사라져 가는 현실에 대한 안타까움에서 비롯된, 절반은 자기 자신을 위한 조사 활동"이다. 즉 평화 그룹의 기획은 처음부터 전후 일본 사회에서 지난 전쟁을 이야기하는 주류 담론인 '전쟁은 싫다' 혹은 '군부가 나빴다'는 식의 피해자주의에 입각한 감상주의에 포섭될 위험을 내포하고 있었다.[29] 물론 이를 전쟁을 체험한 민중의 소박한 평화사상이라고 볼 수도 있다. 하지만 문제는 이러한 기획에는 왜 그러한 상황이 일어났는가에 대한 총체적인 이해, 그리고 그러한 상황을 야기한 대상에 대한 분노가 종종 누락된다는 것이다.

이러한 감상주의에서 벗어나기 위해서는 전적 자체에 대한 근본적인 인식의 전환이 요구된다. 전적은 그 자체로는 아무런 이야기도 해주지 않기 때문이다. 따라서 노스탤지어의 대상이자 거기서 일어난 사건을 회고하는 장으로서의 전적에 대한 인식을 넘어, "전쟁에서 사람들이 죽은 장소"이자 "전사자를 둘러싼 산 자의 실천의 전개, 즉 산 자와 전사자의 관계성을 기록한 장소"이며, 동시에 "죽은 사람들을 추도하고, 애도하고, 슬퍼하며, 현창하고, 기억하고 망각해 온 산 자의 행위가

28 이상의 내용은 가고시마 생협이 자체 실시한 '이즈미 버스투어 참가 후기 설문조사'를 참조했다.

29 전쟁체험에 대한 이런 방식의 서사 구조는 특히 신문 등과 같은 공적 미디어를 통해 표출될 경우 더욱 현저하게 드러난다. 한 예로 2005년부터 현재까지 100회가 넘도록 계속 연재되고 있는, 가고시마의 지역 신문인 『미나미니혼신문南日本新聞』의 특집 「증언: 전승해야 할 전쟁証言: 語り継ぐ戰爭」에 실린 일련의 전쟁체험 기사는 비참했던 지난 전쟁의 경험에 대한 회고와 더 이상 이런 비참한 전쟁이 일어나지 않았으면 하는 바람이라는 '천편일률적인' 2부 구성으로 이루어져 있다.

공간적으로 기록되어 있는 곳"으로서 전적을 바라볼 필요성이 제기된다(北村毅, 2009: 24). 그리고 답사 참가자들이 이러한 인식에 이를 수 있도록, 평화 가이드는 그 전적이 과거 어떤 용도로 사용되었는가 하는 사전적 해설을 넘어서, 전적이 내포하고 있는 산 자와 죽은 자의 관계성, 나아가 전후 이러한 상태로 남아 있는 상황이 의미하는 것(즉 무엇이 전적으로 분류되며 또 어떤 것들은 버려지는가, 이러한 전적의 분류 기준은 무엇인가, 거기에는 어떠한 힘이 작동하는가)까지 전달해야 한다.

이렇게 본다면 평화 가이드는 일반적인 관광 가이드와는 달리, 지식이나 사상의 확고한 전달자, 즉 '엔터테이너'라기보다는 '교사'로서의 성격이 강하다. 맥캐널D. MacCannell은 고프만E. Goffman의 이론 틀을 빌려 관광의 핵심은 전경 혹은 앞면, 즉 무대에 가려진 뒷면에 주목해서 자신들이 보고 있는 대상의 진정성authenticity을 경험하는 데 있다고 지적한 바 있다(MacCannell, 1977: 5). 물론 여기에는 관광의 대상이 대개 관광을 위해 꾸며진 것, 따라서 진정한 모습이 아니라는 가정이 깔려 있다. 가이드의 임무는 관광객들이 그 이면을 볼 수 있도록 도와주는 것이다.

하지만 '전경=관광을 위해 꾸며진 것', '후경=진정한 모습'이라는 등식이 반드시 어디서나 성립하는 것은 아니다. 오히려 '날것' 그대로의 모습 역시 관련 지식이 없는 이들에게는 아무런 상상을 불러일으킬 수 없기 때문이다. 안내판 하나 없이 논밭 한가운데 휑하니 서 있는 콘크리트 구조물이나 농가의 쓰레기가 그대로 방치된 특공기 은폐참호를 보면서 과연 일반인들이 전쟁의 참상을 감지해 낼 수 있을까. 그런 점에서 이즈미의 가이드들에게는 폐허 속에서 "의미심장한 파편", 그리고 자기 작품 구조의 객관적 결정인자를 발견한 바로크 극작가들의 눈이 요구된다(Benjamin, 2009).

물론 일반인들로 구성된 평화 그룹에 이 정도의 인식을 요구하는 것은 지나치게 가혹한 것인지도 모른다. 그것은 실제로 '전문가들'(인문·사회과학자들)이 직업인이자 동시에 시민으로서 이 사회에서 담당해야 할 역할이다. 다만 세월이 흐르면서 전문가들이 그 책임을 방기해 버린 사회에서 생겨난 이 공백을 풀뿌리 시민단체의 여성들이 오랜 세월 동안 묵묵히 수행했다는 것, 그리고 그 과정에서 지역사회의 전쟁체험과 그 흔적으로서의 전적이라는, 아직 다듬어지지는 않았지만 소중한 가치가 있는 '원석'을 발굴해 냈다는 데 초점을 맞추어 평화 그룹 활동의 의의를 평가하는 것이 더욱 타당할 것이다. 그리고 10여 년에 걸친 전적 조사를 통해 특공비행장을 비롯한 지역사회 곳곳에 남아 있는 전적들이 비단 자신들만이 아니라 전쟁 말기 강제연행되어 끌려온 조선인들과 중국인의 피땀으로 만들어졌다는, 지역사에서는 지금껏 은폐해 왔던 사실들을 새로이 발굴하면서 지역과 동아시아의 관계성을 확인하는 계기를 찾아냈다는 점 역시 평화 그룹 활동의 중요한 성과로 기록될 필요가 있다.

하지만 구성원들의 고령화로 인해 평화 그룹이 2016년 3월을 기해 공식적으로 해산하면서[30] 그들의 활동을 어떻게 계승해야 할 것인가가 긴급한 과제로 대두되었다. 현재는 이즈미·난사쓰·오스미 등 각 지역에서 생협 조합원들을 중심으로 한 새로운 전적 가이드들이 평화 그룹의 뒤를 이어 독자적으로 답사 가이드 활동을 하고 있지만, 20여

30 2016년 3월 해산을 통해 활동을 중지하면서 평화 그룹은 '복지 그룹'으로 명칭을 변경하고 고령화와 지역사회, 가정의 복지를 중심으로 새로운 활동을 재개하고 있다. 이는 구성원 자신들의 일상 현실로부터 문제를 발견하고 이를 해결하고자 하는 평화 그룹 자체의 원래 의도와도 부합하는 것처럼 보인다. 그들은 지역사회 곳곳에서의 새로운 전적 가이드들의 출현에 대해 그것이 자신들의 운동의 (일종의) 확산이라고 의미를 부여하면서도, 전적 조사와 평화 운동의 관계를 어떻게 설정해야 할 것인가를 고민하고 있었다.

년간의 활동을 통해 평화 그룹이 축적해 온 유산들이 이들에게 제대로 계승되고 있지 못하다는 위기감도 아울러 커져 가고 있다. 이러한 문제들을 해결하기 위해 생협 내부에서도 각 지역의 전적 가이드들의 모임을 별도로 구성하고 이전 평화 그룹 회원들과의 교류도 만들어야 한다는 목소리가 제기되고 있다. 가고시마 생협의 평화 운동 자체가 새로운 전기를 맞이하고 있는 것이다.

4. 과거의 이미지를 붙잡기

제5부 제1장에서 지적한 것처럼, 가고시마 각지에서 전개되고 있는 특공의 관광상품화로 인해 현재 가고시마에서는 특공에 대한 노스탤지어적 기억들이 끊임없이 생산·유포되고 있다. 그리고 사람들은 과거 '특공 성지'의 아우라를 찾아 가고시마를 방문하고 있다. 보수적 성향이 강한 가고시마에서 특공에 대한 '불온한' 상상을 하는 것은 쉽지 않다. 이러한 분위기 속에서 지난 전쟁을 기억하고 평화의 유산을 계승하고자 하는 소수의 움직임으로서 가고시마 생협의 평화 활동과 전적 답사는 중요한 의의를 갖는다.

물론 전적 답사가 남아 있는 폐허들과 거기에 얽힌 개인적인—때로는 낭만적이고 또 때로는 비극적인—에피소드들에 매몰될 경우, 연합군의 계속되는 공습에서 위기에 처한 '조국을 지키기 위해' 특공대에 자원해서 사라져 간 일본 젊은이들의 순수한 희생을 떠올리고 감동하는, 즉 특공대에 대한 전형적인 담론들을 현장학습하는 장으로 전락해 버릴 위험성은 앞에서 여러 차례 제기한 바 있다. 현재 가고시마에서 이루어지는 답사를 둘러싼 여러 실천들 역시 전쟁에 대한 실감과 감상주의 사이의 애매한 줄타기를 하는 모습이 종종 목격된다.

이러한 상황에서 남겨진 폐허를 통해 지난 과거가 얼마나 끔찍했는가 하는 과거형의 회고가 아닌, '우리는 여전히 그 시대의 한가운데 살고 있다'는 위기의식을 스스로에게 환기할 필요성이 제기된다. 벤야민은 「역사의 개념에 대하여」라는 글에서 지난 과거를 역사적으로 이해함에 있어 "단순히 그것이 '원래 어떠했는가'를 인식하는 것이 아니라, 그 위험의 순간에 섬광처럼 스치는 어떤 기억을 붙잡고자" 시도해야 한다고 쓴 바 있다.

> 역사적 유물론의 중요한 과제는 위험의 순간에 역사적 주체에게 예기치 않게 나타나는 과거의 이미지를 붙드는 일이다.(Benjamin, 2008: 334)

이 비의적인 문장에는 적들이 승리를 거듭하는 가운데 죽은 자들조차 더 이상 안전하지 못한 '비상사태'에서 개입의 지점을 명확히 제시하지 않으면 안 되는 상황에 직면한 역사 유물론자로서의 '다급함'이 깃들어 있다.

깨끗하게 정비된 지란의 특공평화공원이나 기념관과 같은 공간은 그러한 폐허를 가리기 위해 만들어진 환등상phantasmagoria이라고 할 수 있다. 따라서 펼쳐진 논밭의 평화로운 정경과 조화를 이루지 못하고 흉물스럽게 남아 있는 거무튀튀한 이즈미의 저 특공기 은폐참호를, 그리고 지금은 도로의 일부로 그 흔적만이 남아 있는 아오토의 특공기지 활주로를 답사하는 지역사회의 움직임은 분명 고무적이다. 하지만 전적 자체는 아무런 이야기를 해 주지 않는다. 지금 필요한 것은 매스미디어가 연출해 내는 특공대원들의 숭고한 조국애와 같은 미화된 스펙터클 뒤에 가려진, 다시 말하면 10-20대의 젊은 나이에 이 세상과 작별할 것을 '강요받았던' 그들이 출격 직전 생의 마지막에 밟았던 땅에 떨어뜨렸을 눈물의 의미, 그리고 자신의 목숨과 바꾸고자 했던 새로운 삶에의 희구를 읽어 내는 눈이다. 나아가, 지금은 흔적도 없이 사라져 그 장소를 표시하는 팻말조차 없는 조선인 노동자들의 집단숙사 터에서, 전쟁 말기 이곳 가고시마에 끌려와 한번 이륙하면 절대로 돌아오지 못할 특공비행기들을 띄워 보낼 비행장을 만들기 위해 바위들을 나르고 땅을 고르며 활주로를 만드는 가혹한 잡역에 시달리다 스러져 간 '이름 없는' 조선인들의 무념無念의 한恨을 떠올려야 한다. 다음 장에서는 바로 가고시마 사람들의 기억 속에서 사라져 버린 이 이름 없는 존재들의 이야기를 다룬다. 그것이야말로 과거에서 우리가 발견할 수 있는 "구원의 은밀한 색인索引"(Benjamin, 2008: 331)이다.

> 과거는 그것을 구원으로 지시하는 은밀한 색인을 함께 간직하고 있다. 우리 주변에도 옛날에 고인들이 숨쉬었던 약간의 공기가 맴돌고 있는 것은 아닐까? 우리 벗들의 목소리에는 지상에서 우리보다 앞서간 자들의 목소리가 이따금 메아리쳐 울려 퍼지고 있는 것은 아닐까? 오래전 여인들의 아름다움은 우리 여자 친구들의 아름다움과 닮은 것은 아닐까? 과거 세대들과 우리 세대 사이에는 암묵적 합의가 있다. 우리는 이 지상에서 기다려졌던 사람들이다. 우리에게는 앞서간 모든 세대와 마찬가지로 희미한 메시아적 힘이 주어져 있고, 과거는 이 힘을 요구하고 있는 것이다.(Benjamin, 2008: 331-332)[31]

31 이 인용은 벤야민의 「역사의 개념에 대하여」 2번 테제의 일부다. 번역은 Löwy (2017)에 실린 양창렬의 번역을 참고했다.

제3장 전시기 가고시마의 조선인 강제연행을 둘러싼 기억의 정치

성문이 일곱 개나 되는 테베는 누가 건설했는가.
그 책 속에는 왕의 이름들만이 있다.
그리고 몇 차례나 파괴되었던 바빌론.
그때마다 누가 그렇게 많이 도시를 재건했는가.
황금빛 찬란한 라마에서 건축 노동자들은 어떤 집에서 살았던가.
만리장성이 완공된 날, 그날 저녁 벽돌공들은 어디로 갔는가.

_베르톨트 브레히트B. Brecht, 「어느 책 읽는 노동자의 의문」 중에서

1. 물음의 전환: '특공기지'에서 '강제연행'으로

가끔씩은 아주 사소한 발상의 전환이 문제의 틀 자체를 새롭게 바꿔 버리는 결과를 낳기도 한다. 오다 마코토가 1965년에 썼던 「특공기의 행방特攻機のゆくえ」이라는 아주 조그만 에세이가 필자에게는 그런 경우였다. 그 글에서 오다는 특공대에 대한 기존의 진부한 담론과 이미지들로 넘쳐나던 당대 일본 사회의 분위기를 비판하면서 하나의 흥미로운 물

음을 던진다. 그의 주장을 한마디로 요약하면, 그것은 비행장에서 날아오르는 특공기를 향해 손을 흔드는 것에 그치지 말고, 특공기가 날아가다 추락한 최후의 현장까지 주시해야 한다는 것이다.

> 나는 지금 특공기가 날아오르던 풍경뿐만 아니라 그 행방을 최후까지 주시할 필요가 있다고 썼다. 그 이유는 간단히 말하면 다음과 같다. 나는 우선 과거를 낭만주의의 장막을 통해 보는 것을 멈추고 싶은 것이다. 그것은 잘못일 뿐만 아니라 터무니없이 위험한 것이다. 낭만주의의 장막을 통해 볼 때 과거는 모두 아름답게 보인다. 혹은 위대하게 보인다. 그것은 필연적으로 현재는 추하고 왜소하다는 성급한 결론을 끌어내게 된다. 그리고 또 한 걸음 내딛으면 미래는 그 추하고 왜소한 현재보다도 아름답고 위대한 과거에서 배워야 한다는 결론에 도달한다. 일본 사회의 여러 분야에서 대규모든 소규모든, 의식적·무의식적으로 행해지는 것은 이러한 낭만주의에 의한 과거의 미화, 현재의 경멸, 미래의 조작인 것은 아닐까.(小田實, 2000: 226)

이러한 주장의 배경에는 전후 20년 고도경제성장기로 진입하던 일본 사회에서 지난 전쟁에 대한 기억이 점차 풍화되어 가는 현실에 대한 오다 자신의 불만이 자리하고 있었다. 실제로 1960년대 일본의 극장가를 보더라도 전쟁, 특히 특공대를 소재로 한 영화들이 한창 붐처럼 쏟아져 나오고 있었다. 〈아아 특별공격대ああ特別攻擊隊〉(1960), 〈아아 동기의 벚꽃ああ同期の桜〉(1967), 〈인간어뢰, 아아 가이텐 특별공격대人間魚雷、ああ回天特別攻擊隊〉(1968), 〈아아 요카렌ああ予科練〉(1968), 〈최후의 특공대最後の特攻隊〉(1970) 등 제목만 보더라도 지난 전쟁에 대한 노스탤지어로 가득한 영화들이 연이어 개봉되고 또 많은 관객들의 마음을 사로잡던 시절이었다(中村秀之, 2006; 福間良明, 2007).

흥미로운 것은—아마 그것이 오다가 간파한 지점이겠지만—그 영화들이 공통적으로 출격을 앞둔 특공대원들이 일렬로 서서 최후의 잔을 마시는 모습과 벚꽃나무 가지를 흔들며 그들을 배웅하는 지역 주민들의 서글픈 표정, 그리고 가고시마를 떠나 오키나와를 향해 멀어져 가는 비행기의 뒷모습으로 끝난다는 사실이다. 이러한 엔딩 장면이 죽음을 앞둔 특공대원들의 '비장한' 결의를 극대화하려는 낭만주의적 의도의 산물이라는 것은 두말할 나위가 없을 것이다. 다소 '엉뚱하게' 들리는 오다의 제안의 밑바닥에는 그러한 낭만주의에 대한 혐오가 자리하고 있었다. 그 혐오는 전쟁 말기 오사카에서 소년 시절을 보내면서 무수한 공습과 그 결과인 폐허를 목격했던(그리고 그 폐허를 사유와 운동의 출발점으로 했던) 오다 자신이 전쟁에 대해 가지고 있던 '실감'을 바탕으로 한 것이라고도 할 수 있을 것이다.[32]

현재까지도 가고시마의 여기저기에 산재해 있는 특공기지들의 흔적을 걷고 있노라면, 오다가 역설한 리얼리즘은 또 다른 문제영역으로 우리를 인도한다. 그것은 특공에 관한 전후 일본의 담론에서 한 번도 본격적으로 다루어진 적이 없는 '기지 건설'이라는 문제다. 특공 관련

32 당시의 체험을 오다는 다음과 같이 이야기한다. "나에게 있어 죽음이란—영화에서 보거나 신문에서 읽는 죽음이 아니라, 실제 눈으로 무수히 보았던 죽음은—결코 특공대원의 죽음과 같이, 예를 들어 '산화'散華라는 이름에 걸맞은 아름답거나 훌륭한 것은 아니었다. 또 그들의 죽음과 같이 '공적 상황'에 있어 유의미한 죽음도 아니었다. 내가 본 것은 무의미한 죽음이었다. 그 '공적 상황'을 위해 아무런 도움도 되지 않는, 단지 '죽고 싶지 않아', '죽고 싶지 않아'라며 도망치던 도중 검게 타 버린, 말하자면 벌레 같은 죽음이었다. … 8월 15일을 둘러싼 죽음을 생각할 때 떠오르는 것은 우익 젊은이들의 죽음이 아니다. 내가 떠올리는 것은, 좋든 싫든 나의 기억 속에 언제까지도 남아 있는 것은 그 전날인가 있었던 오사카 대공습 속에서 죽어 가던 사람들의 모습이다."(小田實, 1991b: 6-7)

영화에서 기지는 그들 특공대원의 마지막 남은 일상을 따뜻하게 어루만지면서도 출격의 시기가 되면 (비정하게) 그들을 하늘로 띄워 보냈던 곳, 즉 항상 거기에 있음으로 그 존재를 의심할 수 없는 '소여'所與의 영역이었다. 하지만 가고시마만 해도 (미완성 4개소를 포함하여) 19개소가 넘는 이 항공특공기지(비행장)들은 1940년대 전반에 급조된 것이었다(鹿兒島縣[編], 1967). 그렇다면 이미 성인 남성들은 징병되어 아시아 각지의 전장으로 떠났고 기계나 물자의 부족으로 정상적인 생산 라인 자체가 가동되기 힘들었던 이 시기에 특공기지는 어떻게 만들어진 것일까. 다시 말하면 '그 많던 비행장을 누가 건설했을까'라는 브레히트적인 물음이 여기서 제기되는 것이다.

물론 그 노고를 감내해야 했던 것은 일차적으로 지역사회의 주민들이었다. 전후 50년을 기점으로 지자체의 기획이나 개인 출판 등을 통해 물밀듯이 쏟아져 나온 체험담 및 회고록들에는 당시 비행장 건설 과정의 어려움이 생생하게 묻어 나온다(生協コープかごしま平和グループ, 1995; 知覽町史談會[編], 1993-1995; 西俊寛, 1995). 젊은이들은 모두 전장으로 동원되고 건설장비도 변변치 않던 당시, 비행장 건설은 하나부터 열까지 마을에 남아 있던 노인들과 부녀자들의 노동력만으로 이루어지는 고난의 과정이었다. 특공 관련 영화나 소설에 나오는 것처럼 특공대원과 기지 주민들 사이의 애틋한 감정도 없지는 않았겠지만, 지난 전쟁에 대한 지역 주민들의 기억 속에서 가장 큰 비중을 차지하는 것은 역시 기지 건설 과정의 어려움에 대한 것이다.

그런데 이 기억들 속에서 우리는 간혹 스쳐 지나가는 어떤 이질적인 존재들과 조우하게 된다. 그들은 '우리 일본인'과는 다른, 어느 날 갑자기 '우리' 마을에 출현한 낯선 타인, 함께 일했지만 이야기를 나눌 수는 없었던, 그리고 전쟁이 끝나자 갑자기 사라져 버린 사람들이다. 지금부터 고찰하고자 하는 '강제연행'의 문제는, 이들의 존재를 극도로 터부시해 왔던 전후 일본 사회에서 그들의 삶의 궤적을 추적해 온 소수이지만 일군의 사람들이 이 문제를 공론화하기 위해 제시한 '문제틀'이라고 할 수 있다. 이 장에서는 전후 일본 사회에서 잊혀 버린 그들의 존재를 통해 그 망각의 과정, 그리고 그들을 자신들의 사회에 자리매김하려는 일본 사회 내부의 노력에 대해 간단히 살펴보면서 전후 일본 사회에서의 기억과 망각의 한 단면을 재구성하고자 한다.

2. 강제연행이란?

'강제연행'이라는 말은 우리에게 두 가지 문제를 떠올리게 한다. 첫째는 당시 그들은 어떤 경로를 통해 일본으로 건너왔는가 하는 문제이고 둘째는 당시 도항한 조선인들의 수는 어느 정도였는가 하는 문제다. 첫번째 문제는 당시 그들의 도항 루트를 과연 '강제연행'이라는 단일한 경로로 정리해 버릴 수 있는가라는 어려운 물음을 내포하고 있다. 이 시기를 다루는 무수한 재일在日 문학이 그리고 있듯이, 재일 한국인·조선인 1세들이 일본에 건너오게 된 계기는 시기에 따라, 그리고 개개인의 상황에 따라 실로 다양하며, 이들의 도항을 '강제연행'이라는 개념 하나로 일원화하기는 어렵기 때문이다. 또한 일본 사회 내에서는 모리타 요시오森田芳夫의 선구적인 연구(『재일조선인 처우의 추이와 현상在日朝鮮人處遇の推移と現狀』[1955])에서 제시된 이래, 조선인들이 일본에 건너온 것은 더 좋은 환경을 찾아 돈을 벌기 위해서였다는 관념이 현재까지 여전히 뿌리 깊게 남아 있다. 이런 어려움을 반영하듯 식민지 시기 조선인의 전시동원에 대해서는 '강제연행' 이외에도 '전시노무동원', '강제동원' 등 국내 역사학계 내에서도 그 용어가 아직 통일되지 않은 상태다(김민영, 1995; 한혜인, 2003; 정혜경, 2004b; 飛田雄一[外], 1994).[33]

하지만 '강제연행'이라는 말을 학문적 용어로 정착시킨 재일 사학자 박경식의 선구적인 연구(朴慶植, 1965) 이래 한국 학계에서 이루어진 조선인 노동자들의 연행 경위에 대한 몇몇 실증적 연구들(한혜인, 2001; 정혜경, 2004a)이 지적하고 있는 것처럼, 1930년대 말부터 일본에서 실시되는 「국가총동원법國家総動員法」(1938. 4)과 「국민징용령國民徵用令」(1939. 7)의 공포 이후, 조선인들의 집단 이주가 점차 강제연행의 경향성을 띠게 된다는 것은 부정할 수 없는 사실이다. 이 장의 목적은 재일 한국·조선인들의 도항 실태에 대한 상세한 해명보다는 전쟁 말기인 1943-1944년 가고시마 비행장 건설현장에서 일했던 조선인들의 이동 루트를 찾는 것이며, 이 시기 가고시마에 온 조선인 노동자들의 도항 경위에 대한 체험자들의 증언이 상당 부분 '강제연행'에 부합한다는 전제하에 이들이 일본으로 건너오게 되는 하나의 루트로서 '강제연행'이라는 용어를 사용하고자 한다.

일본 본토에서 「국가총동원법」과 「국민징용령」이 차례로 공포·시행되고 있는 상황에서도 당시 조선에서는 여전히 '모집'의 형태를 취

33 '전시노무동원'(김민영, 1995)은 '강제연행'이라는 용어의 무비판적 사용에 대한 재검토에서 제기된 용어로, 한반도 내의 동원과 한반도 외의 동원을 포괄하는 집단적 개념이다. 한편 '강제동원'은 '전시노무동원'이 간과할 수 있는 '강제적인 노동력 이동'이라는 점이 강조된 개념으로 과거 참여정부에 의해 추진된 「강제동원 진상규명 특별법」 제정 과정에서 사용되었으며, 일본에서도 1990년대에 들어서 '강제동원'이라는 용어가 사용되고 있다. 참여정부 시절 특별법에 따라 국무총리 직속으로 발족한 기관의 정식 명칭 역시 '일제강점하강제동원피해진상규명위원회'日帝强占下强制動員被害眞相糾明委員會였으며, 그 조사 자료의 보관 및 전시를 위해 2015년 부산에 세워진 박물관의 명칭 역시 '국립일제강제동원역사관'이다. 하지만 이에 대해 해당 위원회의 연구원이기도 한 정혜경은 특별법 제정 과정에서 '강제동원'이라는 용어는 학문적인 고민을 반영하기보다는 다분히 정치적이고 전략적인 전망 아래 사용되었다고 밝힌다(정혜경, 2004b: 51 참조).

하고 있었다. 전황이 더욱 어려워지고 노동력 부족 현상이 더욱 가중되면서, 1942년 2월에는 「조선인내지이입알선요강朝鮮人內地移入斡旋要綱」, 즉 소위 '관 알선'官斡旋이라는 방법으로 동원의 방법이 바뀌고, 이마저 여의치 않게 되자 1944년 2월부터는 연행 조선인 노동자에 대한 '일반 징용령'이 실시된다(이상 朴慶植, 1965: 50-55 참조). 하지만 '집단모집'에서 '관 알선', 나아가 '일반 징용'으로의 변화라는 법령의 통시적 구분을 법적 강제성이 점차 커져 갔다는 식으로 해석해서는 곤란하다. 왜냐하면 '모집'으로 분류되는 시기(1939-1942. 2)에도 실제로 조선인 노무자를 모집하는 방법에 있어서는 경찰 등 행정기관이 동원되어 노무자를 공출하는 식으로 강제성이 수반되었다는 점에서, 그러한 구분은 집단모집 시기와 관 알선 시기의 강제성을 축소시킬 위험성이 있기 때문이다.

그 한 예로 1930-1940년대 홋카이도탄광기선주식회사(이하 '홋카이도 기선'으로 표기)의 조선인 노무자 모집의 실태를 조사한 한 연구에 따르면, 집단모집 시기에도 조선 현지의 사정을 잘 모르는 일본 회사들은 조선 노무자를 확보하기 위해 현지 행정기관과의 (뇌물을 포함하여) 많은 '교섭'이 필요했고, 현지 행정기관은 자신들이 담당한 인원수를 모아 주기 위해 강제적인 방법을 동원했다고 한다.[34] 하지만 점차 모집 인원이 감소하기 시작하자 이를 타개하기 위해 만들어진 제도가

34 물론 조선인들이 스스로 도항을 원할 정도로 그 열기가 대단하지 않았는가라는 반론이 제기될 수 있다. 실제로 이 시기 조선인들의 도항이 증가한다는 사실은 출입국 관련 여러 통계지표를 통해서도 입증되고 있다. 하지만 초기 모집 시기를 제외하고는 취업 희망자 수가 점차 줄어들고 있으며, 특히 1940년대에 들어서면 조선에서도 노동력 부족 현상이 제기되고 또 일본 취업지의 대부분인 탄광지에 대한 기피도 있어 조선인 노동자를 모집하는 것이 점차 어려워졌다고 한다(이상 한혜인, 2001: 273-277 참조).

소위 '관 알선'이었다. 홋카이도 기선의 사례를 계속 보면, 관 알선의 경우 모집 송출의 주체를 총독부의 외부기관인 '조선노무협회'로 해서 유료모집으로 하고, 알선된 노무자는 대隊 조직으로 편성하여 '동아여행사'라는 회사가 일괄적으로 송출을 담당하는 '계획수송'의 형태를 취했다. 이는 앞서의 집단모집에 비해 훨씬 비용이 덜 드는 '합리적인' 방식이었으며, 일본 기업의 횡포를 억제하려는 의도도 다분히 가지고 있었다. 하지만 실제로는 조선인 노무자 수를 확보하기 위한 회사들의 경쟁이 치열해지는 가운데 처음에는 형식적으로나마 지켜졌던 법령들도 점차 무용지물이 되면서, 회사들이 노무자 확보를 위해 관청 매수 등의 편법을 동원하고 매수된 관청은 이에 부응하여 모집 인원수를 채우는 것이 현실이었다고 한다(이상 한혜인, 2001: 273-289 참조).

가고시마 지역의 특공비행장 건설은 대략 1942년 이후부터 이루어졌기 때문에 시기적으로 본다면 '관 알선' 시기와 겹친다. 지역적으로 보더라도, 이즈미 지역은 니시마쓰구미西松組, 반세 지역은 철도공업회사鉄道工業會社, 아오토 지역은 니시다구미西田組 등 형식상으로는 건설회사가 조선인 노동자들의 관리를 담당하고 있었다. 1942년 이즈미에 끌려온 한 조선인 노동자는 증언을 통해, 고향(조선)에 있을 때 면사무소에 배급물품을 받으러 갈 때마다 관리나 경관이 일본에 있는 탄광이나 군수공장에 가라고 하는 것을 운 좋게 피하다가, 어느 날 면사무소와 철도공업주식회사의 공모로 행선지도 모르는 채 끌려 나와 같은 조선인 80여 명과 함께 일본으로 강제연행되었다고 회상한다(『朝日新聞』, 1974. 4. 29). 또 미야자키현 미야코노조 지역의 비행장 건설에 동원된 경험이 있는 한 증언자(1991년 당시 가고시마현 고쿠부시 거주)는 징용 통지가 왔던 당시의 상황을 다음과 같이 구체적으로 기억한다.

[일본인 면사무소 직원이 말하기를] 내지[일본 본토]는 사람이 부족하다. 젊

은이들은 내지에 가야 할 의무가 있다. … 당시는 면사무소의 명령으로 마을의 호장戶長이 징용 대상자를 적당히 골라 명부를 제출했다. 체격이 좋고 힘이 세 보이는 젊은 남자는 거의가 일본에 끌려갔다. 그래서 연령 미달이었던 나에게까지 차례가 돌아왔던 것이다. 부자의 자식들은 뇌물을 써서 인선人選에서 제외됐지만, 가난한 사람은 어쩔 수 없었다.(『南日本新聞』, 1991. 8. 9)

한편 '일본에 좋은 일거리가 있다'는 말에 속아 모집에 응해 처음엔 홋카이도에 갔다가 추위와 열악한 환경으로 고생하던 중 감독관으로부터 "여기에 있다가는 죽는다. 반세는 따뜻하니까 아직 괜찮다"는 말을 듣고 탈주를 결행해 규슈 남부의 반세까지 온 조선인 노동자도 있었다(『南日本新聞』, 1991. 8. 8). 이렇듯 '모집'의 형식을 취하면서도 실제로 이루어지는 동원 과정의 양상이나 조선인 노동자들의 증언에 기초해 보면, 당시 가고시마의 특공비행장 건설 노역을 하던 조선인 노동자들의 상당수가 '강제연행'이나 그에 가까운 방법에 의해 끌려왔음을 확인할 수 있다.

동원 루트보다 더욱 파악하기 어려운 것이 당시 가고시마에서 일했던 조선인 노동자들의 총수다. 강제연행과 관련하여 연구자들이 공통적으로 겪는 문제는, 패전 후 그들 대다수가 바로 현장에서 사라졌으며 관의 기록이나 경찰기록 등과 같은 증거 자료들도 공습으로 인해 소실되거나 의도적으로 인멸되었기 때문에 사료를 통해 그들의 존재를 밝혀내기가 극히 어렵다는 점이다. 가고시마의 경우에도 1974년 '규슈조선인강제연행진상조사단'九州朝鮮人強制連行眞相調査團(이하 '조사단'으로 표기)의 조사와 이후 가고시마현 내의 소수 활동가들에 의해 관련 조사가 간헐적으로 이루어져 왔지만, 명부는 물론 남아 있는 기록도 거의 없어 정확한 수를 파악하기는 불가능한 상황이다. 단지 가고시마

현 경찰지에 "본 현의 조선인은 전시 중 대략 3천 명에서 6천 명 정도였지만, 쇼와 18년[1943년] 중엽에는 6,250명이었다. 그 가운데 비행장 건설 등 군사시설에 동원된 노동자가 매우 많았다. …"는 기록으로 당시의 상황을 추정할 수 있을 뿐이다. 민단이나 총련, 연구자들이 한정된 자료를 통해 파악한 숫자를 보더라도 규슈 전체는 약 287,000명, 그 중 가고시마현이 약 5,873명이다(『南日本新聞』, 1991. 8. 10). 하지만 1974년 가고시마현 자체 내에서 행해진 실태조사에서는 반세·가노야·이즈미·지란 등지에서 청취조사를 통해 당국 자료를 훨씬 넘는 1만 명의 연행자가 있었다고 결과를 발표한다(『毎日新聞』, 1974. 4. 28). 또 지역 주민들의 증언에 기초해 보더라도, 아오토 3천 명, 그리고 이즈미 2천 명 등 두 지역 합계만도 벌써 5천 명을 넘어선다는 점에서 1만 명 이상설은 그 신빙성을 더한다. 특히 가고시마로의 강제연행은 다른 지역에 비해 특히 전쟁 말기의 단기간에 집중되었고, 더욱이 비밀과 긴급을 요하는 군의 비행장 건설 등에 무리하게 동원되었기 때문에 희생자 수가 많았다는 점에 주목할 필요가 있다(『南日本新聞』, 1991. 8. 10). 결국 현재까지도 정확한 희생자 수는 여전히 파악되지 않은 채 '여기서는 몇 명 죽었다, 또 여기서는 몇 명 죽었다'는 소문만이 떠도는 상황이다.

3. 겹치는 기억, 엇갈리는 기억

특공기지가 있었던 지역들 대다수는 가고시마 시내에서도 한참 떨어진 시골 마을들이었다. 외국인을 그다지 접해 본 적이 없는 주민들에게 돌연 마을에 나타난 수백수천 명의 조선인들은 분명히 강렬한 인상으로 다가왔을 것이다. 하지만 전쟁 말기 급박한 시기에 갑자기 나타났다 갑자기 사라져 버렸기 때문에, 또 마을 주민들의 거주 지역과는 격리된 별도의 지역에 집단 거주하면서 마을 사람들과의 접촉도 헌병들에 의해 금지되는 경우가 많았기 때문에(西俊寬, 1995; 다카키高木○○ 씨와의 인터뷰[35], 2009. 8. 23), 이들에 대한 마을 주민들의 기억은 일반적으로 어렴풋한 편린 정도로 남아 있을 뿐이다. 더구나 당시의 동원 상황을 기록한 문서 사료들은 대다수가 패전 직후 의도적으로 소각되었기 때문에 그들의 존재를 찾아 나가는 작업은 더욱 어렵다. 우리는 남아 있는 기억의 조각들 혹은 떠다니는 소문들을 하나하나 건져 내어 이를 모자이크식으로 재구성할 수밖에 없는 것이다.

그들의 눈에 비친 조선인 노동자들의 모습은 어느 정도의 '타자화'가 수반된 것일 수밖에 없다. 자신들과 같은 제국일본의 '신민'臣民이면서도 동시에 '이등 국민'이자 '열등한' 존재로서의 조선인. 전후 재일문학에서 섬뜩하리만치 사실적으로 묘사되는 일본인의 차별적인 조선인관은 바로 두 타자가 제국이라는 울타리 안에서 직접적으로 조우하는 상황에서 더욱 구체성을 띠게 되었는지도 모른다. 무리한 강제연행과 불결하고 비위생적인 노동환경하에서, "햇볕 나는 날에는 모두들 옷을 벗은 채 이를 잡고 있는" 조선인들은 그들에게 혐오스러운 존재로 비쳤을 것이다. 또한 "상반신은 벌거벗은 채 적동색의 피부에 등에는 커다란 묘석墓石 모양의 문신을 하고 있었는데, 모두 못 본 체했지만 어떤 사람들은 꽃이나 여자의 문신을 하고 있는 자도 있었다"는 증언에서 보이듯, 그들은 평온한 일상을 침범하는 '위협적인' 존재로도 여겨졌다(이상 知覽町史談會[編], 1993: 218 참조).

하지만 같은 인간으로서, 또 비행장 건설이라는 노역에 함께 종사

35 다카키 씨(2009년 조사 당시 77세)는 현재 반세에 거주하고 있으며, 1945년 당시 '국민학교' 6학년 학생이었기 때문에 당시의 사실을 어느 정도 소상히 기억하고 있었다.

하는 자로서, 자신들보다 더 열악한 환경에서 일할 수밖에 없었던 조선인들을 보는 그들의 눈에는 조선인들이 겪어야 했던 고통에 대한 공감과 동정도 깃들어 있었다. 당시를 기억하는 증언 가운데는 전반적으로 어려운 작업환경에서 힘들게 일하던 조선인 노동자들에 대한 회고와 함께 당시 조선인 노동자들이 자신들 일본인에 비해 훨씬 위험하고 힘든 작업(예를 들어 다이너마이트 작업이나 무거운 짐을 나르는 일 등)에 종사했다는 이야기들이 종종 등장한다. 가노야의 기지 건설 과정에서 당시 기지의 시설부에 근무했던 한 직원은 "전쟁 말기 엄청난 기세로 격납고가 건설되었다. 조선인 노동자는 체격이 건장하고 힘이 세서, 일을 시킬 때는 정말 끔찍했다"고 말한다(『南日本新聞』, 2005. 3. 1).

> 조선인 노동자의 합숙소는 지금의 난사쓰 가축보건 위생소 동쪽 골짜기의 텃밭에 수십 채 세워져 있었습니다. 숫자는 알 수 없지만, 지란·반세·아오토 비행장 건설 청부회사였던 철도공업주식회사가 전후 외무성에 제공한 보고서에 반세의 중국 포로 노동자 수가 342명이라고 기록되어 있기 때문에, 지란도 거의 그 정도가 아니었을까 생각합니다. 내 밑에서 근무한 반장의 이야기로는 지란에 오기 전 홋카이도에서는 다수의 사망자가 나왔다고 합니다. 연령은 20세 이하인 자가 많이 있었다고 기억합니다. 점심의 도시락도 변변치 못한 보리밥이었습니다. 지란역에서는 조선인 노동자들을 이용해 매일 도착하는 시멘트를 내리고 창고로 운반시켰습니다.(知覽町史談會[編], 1994: 193)

당시의 상황을 재구성하는 데 회고록이라는 자료를 사용할 경우 주의가 필요한 이유는 회고자의 주관에 따라 그 기억이 윤색·미화될 위험이 있기 때문이다. 이즈미 지역을 조사하면서 필자는 "우리 마을[이즈미]은 가고시마의 다른 지역과는 달리 조선인 노무자를 격리시키는 숙사가 존재하지 않았다. 조선인들도 일반 일본인 노무자들과 한솥밥을 먹었다"는 '미담'美談을 도처에서 들을 수 있었다.[36] 물론 이러한 이야기는 자신의 기억이 아닌 '들은 이야기'라는 전제가 붙는 경우가 많다. 또한 아오토의 마노비 비행장에 대한 회고록에는 당시 증언자가 다니던 국민학교青戶國民學校에 편입해 온 조선인 아이들과의 학창 시절 기억이 나오기도 한다. 증언자가 기억하는 조선인 마을(약 500가구, 3천 명 거주)은 남자들은 비행장 건설현장에서 일하고, 여자들은 집안일을 하며, 아이들은 학교에 다니는 극히 평범한 일상의 공간이다.[37]

물론 이러한 증언들에서와 같은 '미담' 사례들은 분명히 있었을 것이다. 그리고 이러한 미담은 조선인 강제연행을 기획 취재하는 뉴스 기사에서는 빠짐없이 등장하는 소재이기도 하다. 반세 지역 비행장 건설 과정에서 죽은 조선인 노동자들의 영혼靈을 위로하기 위해 회사가 근처 절에서 공양을 해 주었다는 이야기(『南日本新聞』, 1991. 8. 11)나 국적을 가리지 않고 환자들을 따뜻하게 돌봐 준 한 의사의 이야기(『南日本新聞』, 1991. 8. 14)는 그 예들이다. 하지만 개인적 차원에서의 '훈훈한' 기억들과, 이즈미와 같은 마을 수준의 기억들은 구분될 필요가 있다. 어머니의 심부름으로 배고파하는 중국인 포로들에게 고구마를 가져다 주었다는(다카키 씨와의 인터뷰, 2009. 8. 23) '개인적' 기억과, 이즈미 지역은 마을 주민들과 조선인들이 서로 격 없이 사이좋게 지냈다는 '집단

36 이 이야기는 이즈미 지역의 한 중학교高尾野中學校 2학년생을 대상으로 한 특별수업의 일환으로 이루어진 이즈미 특공위령현창회 부회장 다케조에 쓰구오 씨의 강연(2009. 5. 22)에서 나온 것이다.

37 회고록의 저자는 당시 아버지가 아오토에 있는 조선인 집락 거주지(약 500가구, 3천 명 거주)의 치안·보건위생 상황을 감독하는 임무를 맡고 있었기 때문에 아버지를 따라 종종 그들이 사는 마을朝鮮人村을 보러 다녔다고 쓰고 있다.

적' 기억은 전혀 다른 차원의 것이기 때문이다. 실제로 이즈미 지역의 중학교에서 근무하는 한 사회과 교사는, 인근에 사는 할머니로부터 지금은 숲이 되어 버린 한 지역이 예전 조선인들이 집단적으로 거주하던 지역이었고 그곳에서 사람들도 많이 죽었다는 이야기를 들은 적이 있다고 연구자에게 '은밀히' 이야기하기도 했다(사토佐藤 씨와의 인터뷰, 2009. 4. 20).

전후 일부 주민들의 기억에 의해 아름답게 각색된 이즈미의 이미지는 당시 이 지역에 동원된 한 조선인 노동자의 증언에 의해서도 여지없이 산산조각 난다. 다음 증언은 1974년 규슈의 조선인강제연행 조사단의 조사 결과를 보도한 신문 기사에 실린 것이다. 당시의 실상을 완벽하게 증명할 수 있는 기록이 거의 전무한 가운데, 누구의 기억이 옳은가를 밝혀낸다는 것은 불가능하다. 하지만 피해자의 기억과 가해자(혹은 공모자/방관자)의 기억이 엇갈리는 지점에서, 연구자가 당시의 상황을 어떻게 재구성해야 할 것인가에 대한 좋은 문제를 던져 주고 있는 것은 분명하다.

> [이즈미] 비행장 건설은 오전 6시부터 오후 6시까지 땅 파기와 흙 운반하기 등 중노동의 연속이었다. 식사는 콩깻묵과 감자, 보리에 쌀을 조금 섞어 주는 정도였다. 양이 적었을뿐더러, 병으로 작업을 하지 못한 자에게는 그 식사마저도 주지 않았다. 그래도 그들은 일하지 않으면 안 되었다. 조금이라도 게으름을 피우거나 점호에 늦거나 하면 현장 감독의 곤봉이나 회초리로 얻어맞기 때문이었다. 끔찍했던 것은 식사만이 아니었다. 당시의 숙사는 중앙이 통로로 양측에 침상이 있었다. 벽 쪽에 머리를 향하고 자려고 하자, '머리를 통로 쪽으로'라는 명령이 내려졌다. 처음에는 이유를 알 수 없었지만, 다음 날 아침이 되자 알게 됐다. 오전 5시 기상 벨이 울렸을 때 일어나지 않은 자들의 머리를 감독

이 때리기 좋게 하기 위해서였다.(『讀賣新聞』, 1974. 5. 1)

한편 가혹한 노동을 견디다 못한 '탈주'는 당시를 회상하는 조선인 노동자들의 증언에서 빈번히 등장하는 소재다. 하지만 탈주는 성공보다 실패 확률이 더 높았고, 박경식의 연구(朴慶植, 1965)에서 거듭 확인되듯이 탈주하려다 잡힌 조선인 노동자들은 회사의 사적 폭력뿐만 아니라 경찰 등의 공권력에 의해 엄청난 처벌을 받았다. 그러한 처벌 때문에 숨진 이들도 많았다. 1974년 규슈 지역 조사단의 활동을 다룬 한 신문 기사는 조사 인터뷰를 토대로 당시 가고시마의 상황을 다음과 같이 그린다.

> 이런 상태였기 때문에 숙사의 주위에는 높이 2m 정도의 쇠창살이 쳐져 있었지만 탈주자는 끊이지 않았다. 강만석 씨[증언자]도 10월에 동료 세 명과 함께 탈주를 시도했다. 숙사를 빠져나가 사람들의 눈을 피해 산길을 걸어 미나마타水俣에 도착, 일자리를 얻었다. 좋아했던 것도 잠깐, 바로 발각되어서 계약위반이라는 이유로 경찰로부터 고문을 당한 다음 회사에 인도되었다. 회사에는 고문 전용 방이 있어, 호되게 얻어맞은 후에 전원 앞에 끌려갔다.(『讀賣新聞』, 1974. 5. 1)

탈주하다 붙잡힌 조선인 노동자의 비참한 운명은 당시 현장을 목격한 일본인들의 증언에서도 확인되는 바다.

> 도망치다 잡혀 돌아오면 콘크리트 바닥에 정좌시켜서 현장 감독이 몽둥이로 후려쳤습니다. 젖먹이 아이를 안고 있던 부인이 '아이고, 아이고' 하면서 울부짖었습니다. 그 모습을 잊을 수가 없어요.(『南日本新聞』, 1995. 7. 31)

현재 가고시마의 가노야시에 있는 '외국인 납골당'(보다 정확히 말하면 비행장 건설에 동원되어 죽은 조선인 노동자의 납골당이다)을 홀로 관리하고 있는 이 일본인 증언자는 그 비참한 모습을 기억에서 지울 수가 없어 참회의 마음으로 이후 수십 년 동안 아무 보상 없이 이 위령 작업을 계속하고 있다고 한다.[38]

사망자들도 속출했다. 당시 규슈에 강제연행된 조선인 노동자 수 약 150만 가운데 6만 이상이 목숨을 잃었다고 전해지지만 정확한 실태 파악은 요원한 상태다(『南日本新聞』, 1991. 8. 11). 가고시마도 사정은 마찬가지다. 왜냐하면 무엇보다 당시의 상황을 파악할 수 있는 사료가 거의 남아 있지 않기 때문이다. 그런 점에서 반세는 예외적인 지역이다. 왜냐하면 반세는 조선인 외에도 중국인 포로들이 함께 강제노역에 종사한 곳이라는 이유로, 전후 비교적 초기인 1958년 중국 정부의 요청에 의해 중국인 포로순난자 위령제 실행위원회가 조직되고 본격적인 조사가 이루어졌기 때문이다. 그 과정에서 신원을 알 수 없는 조선인 47명의 유골이 집단으로 가매장되어 있는 것이 확인되었는데, 같은 비행장 건설에 종사했던 한 지역 주민의 증언에 따르면, 당시 반세 지역에 발병한 발진 티푸스로 죽은 많은 사람들의 사체를 근처 소나무 숲에서 태워 매장했다고 한다(『南日本新聞』, 1958. 12. 7). 그리고 그중

38 현재 가노야시에 위치한 이 '외국인 납골당'은 가고시마현 내 단 한 개뿐인 조선인 사몰자의 납골당이다. 『미나미니혼신문』(1991. 8. 11)의 기사에 따르면, 이 납골당은 당시 가노야 기지 건설 과정에서 조선인 노동자들의 노무관리를 담당했던 한 조선인의 발의로 1962년 가노야시가 주도하여 건립한 것이라 한다. 건설 과정에서 죽은 조선인 노동자들을 위령하는 시설임에도 불구하고, 그 유래에 대한 기록은 납골당 주변 어디에서도 찾아볼 수 없으며 '외국인 납골당'이라는 애매한 이름으로 현재까지 유지되고 있다. 현재 이 납골당은 가노야시가 관리하고 있고, 매년 8월 4일 시 직원들과 가노야에 거주하는 재일 한국·조선인들에 의해 조그만 위령제가 거행되고 있다.

신원이 확인된 시체 일곱 구는 한국으로 인도되었지만, 확인되지 않은 40구는 인근 화장터에서 화장되었다(『南日本新聞』, 1958. 12. 17).

또한 당시 중국인 노동자들의 현황을 기록한 보고서가 우연히 발견되면서 반세는 가고시마 내 다른 여러 지역보다 당시 노동현장의 실태가 소상히 밝혀진 지역이기도 하다. 「중국인 노무자 취로사업소 보고서華人労務者就労事業所報告書」라는 이름의 이 보고서는 GHQ의 BC급 전범 재판을 위해 일본 외무성의 요청(명령)에 따라 전국 135개의 사업소가 만든 보고서들 중 하나로, 전후 한동안 그 소재를 찾을 수 없어 '환상의 보고서'로 불려 왔던 것이 1993년에 발굴·공개되었다(『南日本新聞』, 1993. 9. 18). 여기에는 당시 중국인들이 집단적으로 거주하던 숙사(삼각병사)의 도면부터 중국인들의 개별 신상명세서·계약서 외에도 작업 도중 숨진 사람들의 사망진단서(대다수가 병사病死였다) 등까지 첨부되어 있어서 당시의 노동현장을 어렴풋이나마 파악할 수 있다. 작업실시요강을 보더라도 "일반 내지인, 특히 조선인과는 격리수용하는 시설을 만들 것", "1개월간은 외출 금지, 2개월부터는 집단적으로 인솔자를 동반하여 외출할 것" 등의 규정 등을 통해 추론할 수 있듯, 당시 노동자들은 일반인들로부터 격리되어 자유로운 외출도 금지당한 채 노예와 같은 환경에 처해 있었다. 물론 이 보고서는 전후 전범재판을 위해 만들어진 자료라는 점에서 여러 면에서 허위와 날조가 많을 것이라는 사실은 미루어 짐작할 수 있지만, 그나마 당시 강제연행된 노동자들의 작업환경을 알 수 있는 유일한 공식 문서라는 점에서 의의가 있다.[39]

39 반세 기지 건설을 담당했던 철도공업주식회사는 도쿄에 본사를 둔 토목건축 회사로, 가시마구미鹿島組나 구마타니구미熊谷組 등 종합건설회사에 이어 당시 서열 6위의 대기업이었다고 한다. 이 회사는 전전 중국인 강제연행에 꽤 적극

그 외에도 앞서 언급한 가노야나 지란, 이부스키 등의 지역에는 신원을 알 수 없는 조선인 노동자들의 유골함이 인근의 절에 맡겨진 채 전후 50년이 지난 1990년대까지 계속 방치되었다. 『미나미니혼신문』의 기획 연재 기사 제목이기도 했던 「끝나지 않은 여로終りなき旅路」라는 표제가 상징적으로 보여 주듯, 그들은 죽어서도 조국으로 돌아가지 못한 채 강제로 끌려온 '원한의 땅' 일본의 이곳저곳을 아직도 떠돌고 있는 것이다.

4. 그 많던 조선인들은 어디로 갔을까: 패전 이후의 기억의 정치학

1945년 8월 연합군의 포츠담 선언을 무조건 수락하면서 '대일본제국'大日本帝國은 해체되었다. 그러나 이는 '제국일본'이라는 영토의 해체만을 의미하는 것은 아니었다. 전전 일본의 언설공간을 지배했던 다민족제국의 수사학이 전후 단일민족국가의 수사학으로 축소 변화되어 가는 과정을 분석한 오구마 에이지의 연구(小熊英二, 1995)가 보여 주듯, '제국일본'의 해체는 한때 자신의 영토였던 지역들에 대한 책임의 방기 및 기억 상실을 수반하는 것이기도 했다. 한때 제국의 신민이었던 재일 조선인들이 조국의 해방에도 불구하고 '제삼국인'第三國人이라는 애매한 신분 아래 전후 일본 사회에서 겪어야 했던 차별은, 전후 일본이라는 국가가 행했던 책임 방기의 가장 대표적인 예라고 할 수 있을 것이다. 물론 전후 다케우치 요시미竹内好와 같이 전전 자신들이 세운 괴뢰국가 만주국을 서서히 잊어 가는 일본 사회에 대해 "일본 국가는

적으로 관여한 회사로도 알려져 있는데, 홋카이도의 비바이美唄에서는 상당히 가혹한 노무관리를 행한 것으로도 유명하다(野添憲治, 2009: 47-50).

만주국의 장례식을 치르지 않았다. 발을 빼고는 모른 체하고 있다. 이것은 역사 및 이성에 대한 배신 행위다"(竹內好, 1980)라고 경종을 울리며 전후 일본의 기억 상실과 무책임성을 비판했던 소수의 양심적인 지식인들도 있었지만, 이들의 목소리는 전후의 번영과 풍요와 함께 점차 묻혀 갔다.

조선인 강제연행과 관련하여 가장 확인하기 어려운 점도 전후 이들의 '행방', 즉 '그 많던 조선인들은 어디로 갔을까'라는 문제와 관련되어 있다. 남아 있는 것은 실체를 알 수 없는 소문들뿐이다. 그 소문들의 가장 일반적인 형태는 "공습이 격해지고 이들을 감독했던 회사가 철수하면서 함께 바람처럼 사라졌다"(西俊寬, 1995: 8; 다카키 씨와의 인터뷰, 2009. 8. 23)는 것이다. 하지만 적게는 500명, 많게는 3천 명에 달하는 사람들이 어느 지역에서 갑자기 '바람처럼' 사라졌다는 것이 가능한 일일까.

앞서 언급한 「중국인 노무자 취로사업소 보고서」(1946)에 따르면, 반세에 강제연행된 중국인 노동자의 경우 1945년 6월 반세에서 철수해 구마모토의 탄광 지역 등지에서 일하다가 1945년 11월 24일 사세보佐世保에서 미군의 배로 중국에 단체 송환되었다는 기록이 남아 있다. 하지만 이 경우는 중국이 제2차 세계대전의 승전국이었기 때문에 가능한 것으로, 조선인 노동자들에게까지 이런 행운이 뒤따랐으리라 보기는 어렵다.[40]

40 또한 보고서에서 밝히고 있는 것처럼 그 송환 과정이 반드시 매끄럽고 순탄하게 진행되었으리라고 보기는 어렵다. 지역은 다르지만 동일한 '철도공업회사'의 관리하에서 일하던 중국인 노동자들이 일본의 패전 후에도 자유의 몸이 되지 못하고 '포로의 신분확인과 보상요구'를 위해 회사와 싸워야 했고, 또 미군으로부터는 '취로 권고'를 포고받아 거부하면 검속을 받아야 했던 상황은 홋카이도의 비바이 탄광에서도 보고되고 있다(野添憲治, 2009: 50).

지역 주민들의 기억 속에서도 그들은 대개 1945년 8월 이전에 마을에서 사라졌으나(이즈미의 경우 1945년 8월 패전 이후까지 거주) 그들이 어디로 갔는지 행방은 묘연하다. 1945년 종전 당시 이즈미 지역의 한 기차역野田郷駅에서 근무했던 여직원은 당시 가장 인상 깊은 기억으로, 자신이 근무하던 역 주변에 조선인들이 찾아와서 시모노세키역(시모노세키는 식민지 시기 부산으로 가는 '관부연락선'이 다니던 항구도시다)까지 가는 기차표를 구하던 정경을 회고한다. 당시는 기차표 구하기가 하늘의 별 따기처럼 어려운 시절이었기 때문에, 그녀가 역장과 상의해서 이즈미 역까지 표를 끊고 나머지 구간은 시모노세키역에서 지불하도록 하는 편법을 써서 조선인들에게 표를 구해 준 적이 있었다는 것이다.[41] 하지만 또 어떤 지역에서는 풀려난 조선인들이 현지 주민들에게 조각배를 사서 조국을 향해 떠났지만 며칠 후 조각배만이 부서진 채 바다로 떠내려왔다는 슬픈 이야기도 전해져 내려온다.[42] 이렇듯 강제연행된 조

41 이 이야기는 『이즈미 문화出水文化』 제71호 특집 「고향도 전장이었다ふるさとも戦場だった」에 실린 쓰루다 다요鶴田たよ라는 1945년 당시 이즈미 인근 한 기차역 여직원의 회상에서 나오는 것이다. 여기서 또 한 가지 흥미로운 대목은 '왜 그들(조선인들)이 황급히 일본을 떠났을까요'라는 물음에 대한 여직원의 대답이다. 이는 원문 그대로 인용하기로 한다.

> 하마다浜田(대담자): 조선인들은 왜 그렇게 황급히 일본을 떠났을까요?
> 쓰루타鶴田: 지금 생각해 보면, 자신들이 역시 살해당하지 않을까 생각해서 빨리 고국으로 돌아가려고 한 게 아닐까 생각해요. 아무래도 매우 혼란스러운 시기였으니까.
> 하마다: 일본인에게 살해당할 거라 생각했을까요?
> 쓰루타: 그런 식으로 생각하지 않았을까요. … 종전이 돼서 만주나 조선에서 인양해 온 사람들의 이야기로는 역시 소련군이 총을 가져왔느니 뭐라니 말하곤 해서, 그런 이야기를 듣고 하루라도 빨리 고향에 돌아가고 싶은 마음이 있었던 것은 아닐까요.(鶴田たよ·浜田慎一郎, 1990: 14)

42 이 이야기는 가고시마 현지조사 당시 과거 규슈조선인강제연행조사단(1974)의 일원으로 참여했던 가고시마대학의 마에다 다케시前田毅 교수로부터 들은

선인들의 행방에 대해 현재 가고시마에 남아 있는 기억들은 과거 식민지 혹은 전쟁에 대한 전후 일본의 의식적·무의식적 '기억 상실'의 한 전형을 이룬다고 할 수 있을 것이다.

뒤늦게나마 그들의 존재를 찾아가려는 시도가 일본 사회에서 일어난 것은 1970년대부터였다. 그 하나가 앞서 언급한 '조사단'이다. 학자, 변호사 등 일본의 진보적 지식인층과 재일조선인 측(특히 총련總連)이 주축이 된 민간 수준의 조사단은 1972년 8월 오키나와, 1973년 4월 홋카이도에 이어 1974년 4월 10일부터 30일까지 20일에 걸쳐 규슈 지역 조사에 착수했다. 그리고 그 일환으로 가고시마 지역도 4월 27일부터 29일까지 3일간에 걸쳐 예전 특공비행장이 있었던 반세·이즈미·가노야 등지와 탄광 지역인 가스가春日·다마노야마玉ノ山 등지에서 조사가 이루어졌다(九州地方朝鮮人強制連行眞相調査團[編], 1974). 물론 '조사단'의 「결의문」("일본의 새로운 신식민주의 정책에 의한 남조선 재침략에 반대하고, 재일조선인에 대한 부당한 처우의 시정을 요구한다")에서 보이는 바와 같이 본 조사가 상당한 정치적 목적을 띠고 전개된 것임은 분명하지만, 이들 '조사단'의 조사에 의해 전후 처음으로 가고시마를 포함한 규슈 각 지역에서 자행된 강제연행의 실태가 조금이나마 드러난 것은 중요한 성과라고 할 수 있을 것이다.

가고시마 지역 내에서의 움직임으로는 1993년 가고시마 내의 불교 종파(특히 히가시혼간지東本願寺를 비롯한 조도신슈淨土眞宗) 및 기독교 등의 종교가와 학자들이 주축이 되어 결성된 '가고시마 강제연행을 생각하는 모임'鹿兒島 強制連行を考える會의 활동이 특기할 만하다. 모임의 대표자이

것이다. 마에다 교수는 2009년 필드워크 당시 필자에게 당시 조사 경험을 몇 차례에 걸쳐 이야기해 주었고, 또 당시 자신이 쓴 필드노트를 선뜻 건네주기도 했다. 이 자리를 빌려 감사드린다.

기도 한 사사키 도모노리佐々木智憲 씨가 밝히고 있듯이 이 모임은 1993년부터 현재까지 가고시마에서의 강제연행 실태 및 특공비행장 등 군사기지 조사, 중국인·조선인 전쟁희생자 유골조사 등 다양한 활동을 수행해 오고 있다(佐々木智憲, 2002: 73). 이들의 활동 중에서도 가장 큰 성과는 1995년 가고시마에 연행된 아홉 구의 조선인 유골을 한국으로 송환하는 사업이었다. 한국의 '태평양전쟁 한국인 희생자 유족회'와 공동으로 진행한 사업으로, 신원을 알 수 없는 아홉 구의 유골은 1995년 8월 4일 강원도 춘천시의 '태평양전쟁 강원도 유족회'의 납골당에 안치되었고, 한국과 일본의 불자들에 의한 '유골반환법요'가 공동으로 이루어졌다(寺本是精, 2002). 그 외에도 한국인 강제연행 소송의 원고를 초청해 학습회를 연다든가, 강제연행과 관련된 일본 각지에서 교류집회를 실행한다든가 등의 활동이 계속 이루어지고 있다.

이 모임은 2006년 8월에 열린 '한국·조선의 유족과 함께: 유골 문제의 해결로' 가고시마 집회에서도 주도적인 역할을 했다. 이 행사는 전국적으로 전개된 운동의 일환으로, 홋카이도 등 전국의 30개 지역에서 한국·북한의 유족 20명이 초청되었는데, 당시 불거진 북한과의 외교적 문제(일본인 납치 문제) 때문에 북한의 유족은 결국 참석하지 못한 가운데 행사가 진행되었다. 당시 가고시마에도 야쿠시마屋久島로 강제연행되어 사망한 부친의 유골을 찾기 위해 한국인 유족 한 명이 방문해 조사팀이 꾸려져 섬 내부 조사가 이루어졌고, 이는 지역 미디어에 상세히 보도되기도 했다(『南日本新聞』, 2006. 8. 6).[43]

43 유골 탐색조사는 일회성으로 끝난 사업이 아니다. 2006년 조사는 결국 현장을 확인하지 못한 채 실패로 끝났지만, 그 이후로도 '강제연행을 생각하는 모임'의 사실상 대표자인 사사키 씨의 주도 아래 야쿠시마에 대한 방문조사 및 현지 주민과의 인터뷰 작업이 계속되었고, 그 결과 2009년 봄에는 예전 작업장 인근에 조선인 노동자의 매장지로 생각되는 봉분의 위치까지 확인되

그러나 이러한 움직임을 가고시마 전체의 분위기로 파악해서는 곤란하다. 오히려 전후 일본의 보수화와 함께 전체적인 흐름은 기억의 왜곡 혹은 망각화로 치닫고 있다고 보는 것이 더 적절할 것이다. 실제로 당시의 비행장 건설 상황을 기술한 가고시마 각 지역의 공식 역사서라고 할 수 있는 향토지를 보더라도, 이들 조선인 노동자에 대한 언급은 아주 적거나 혹은 아예 생략되어 있다. 그 한 예로 반세의 현 행정구역인 가세다시의 향토지인 『가세다시사加世田市史』에는 "공사는 철도공업주식회사 및 후지와라구미藤原組가 중심이 되고, 주변 지역 주민에 근로봉사대도 여기에 가담했다"(加世田市史編纂委員會[編], 1986: 405)는 기록과 함께 비행장 건설 당시 노동현장의 어려움이 기술되어 있지만, 조선인·중국인 노동자에 대한 언급은 전혀 없다. 이는 지란이나 가노야의 향토지의 경우도 마찬가지다.

이러한 기억 왜곡의 과정을 보여 주는 또 다른 예가 반세의 특공평화기념관 부지에 세워져 있는 〈반세 육군항공기지 전몰자·순직자의 비万世陸軍航空基地戰沒者·殉職者の碑〉를 둘러싼 기억의 변화라고 할 수 있을 것이다. 1974년에 실시된 '규슈조선인강제연행진상조사단'의 조사에 대한 신문 보도에 따르면, 이 비는 지역 주민들에게 당시 "주로 조선인 노동자의 영을 위령하기 위해 건립된 비"(『每日新聞』, 1974. 4. 26)로 인식되고 있었다. 당시를 기억하는 지역 주민 역시 "기지 건설 과정에서 죽은 일본인들은 없으며(공습에 의해 죽은 일본인들은 있지만), 죽은 사람들 대부분은 조선인 노동자들이었고 그 비는 죽은 조선인들을 위령하

었다. 2009년 11월에는 사사키 씨의 초청으로 한국인 유족이 가고시마를 재방문했는데, 당시 필자도 동행하여 2박 3일에 걸쳐 함께 야쿠시마 현지조사를 수행했다. 하지만 야쿠시마가 세계자연유산에 등록되어 있는 상태라 임의 발굴이 불가능하기 때문에, 11월 조사는 발굴 작업이 가능하도록 야쿠시마 시청 및 산림청 관계자에 협조요청을 의뢰하는 것으로 끝났다.

[사진 5-17] 〈반세 육군항공기지 전몰자·순직자의 비〉

기 위해 세운 비"(다카키 씨 및 오다小田○○ 씨[현재 86세, 당시 반세 특공기지 통신병]와의 인터뷰, 2009. 8. 23)라고 증언한다. 한 지역 주민은 "저 비를 세우고 나서야 비로소 밤에 잠을 잘 이룰 수 있게 되었다"고 회상하기도 했다(1974년 조사에 참가했던 마에다 다케시 교수의 필드노트 참조).

문제는 비의 명칭이 말해 주듯 그 위령의 대상이 애매하고 또 희생자의 이름도 비에 새겨져 있지 않기 때문에, 세월이 흐르면서 비의 해석을 둘러싸고 지역사회 내에서 기억의 변형이 이루어지고 있다는 점이다. 필자가 반세의 기념관 측에 그 비의 유래에 대해 질문했을 때, 기념관 측은 이 비가 "당시 기지 건설에 동원되었던 마을 주민들과 '일부' **조선인·중국인 노동자**의 죽음을 위령하기 위해 세워진 것으로", "사망자 전원의 이름을 확인할 수 없는 상황에서 결국 무기명으로 남기기로 했다"(반세 특공평화기념관 직원과의 인터뷰, 2009. 4. 29. 굵은 글씨 강조는 인용자)고 설명했다. 『가세다시사加世田市史』에도 이 비에 대해 "**반세 기지 관련 부대의 전몰자 및 비행장 건설에서 순직한 사람들의 위령비**"(加世田市史編纂委員會[編], 1986: 408. 굵은 글씨 강조는 인용자) 이상의 언급은 없다. 이러한 기억의 풍화와 왜곡은 당시 조선인들과 중국인들이 집단으로 격리되어 거주했던 숙사가 논밭으로 변하고, 또 그들의 유골이 발견되었던 소나무 숲에도 그 사실을 설명하는 아무런 안내판 하나 세워져 있지 않은 상황에서 본다면 이미 예견된 것이었다.

기억의 망각화 과정은 새로운 기억의 창출과 맞물려서 진행되는 것이기도 하다. 앞서 언급한 것처럼 반세의 특공평화기념관은 육군의 마지막 항공특공기지가 이 지역에 있었다는 점을 강조하면서, 여기서 출격한 특공대원들의 순수한 조국애와 희생을 기념하고 현창하는 데 전시의 주안점을 두고 있다. 전사한 특공대원들의 영정 사진과 유서·유품들로 빼곡한 전시관에서, 그들을 출격시키기 위한 비행장을 건설하던 도중 공습·중노동·질병 등 여러 이유로 죽은 지역 주민이나 조선인·중국인 노동자들의 흔적을 찾기는 어렵다.

물론 이러한 전시 행태에 대해 변화를 촉구하는 움직임은 있었다. 그 발단은 미야자키현의 미야코노조 지역 일중우호협회 지부의 조사를 통해 반세 특공기지 건설 과정에 강제연행되어 동원된 중국인 노동자 한 명의 소재가 우연히 발견된 2003년으로 거슬러 올라간다. 일중우호협회는 바로 중국 현지에 조사원을 파견해서 그 실존 인물을 만나고, 그로부터 당시 반세에서 사용하던 찻잔과 일본 패전 당시의 기념 사진을 건네받는다. 한 신문 기자는 그 중국인이 유품을 건넨 이유가 두 번 다시 강제연행의 비극이 되풀이되지 않도록 이 유품들이 어딘가에 전시되기를 바라는 소망이었을 것이라고 적고 있다(『南日本新聞』, 2003. 9. 20). 하지만 일중우호협회가 반세 특공평화기념관에 유품 전시를 문의했을 때, 시는 '불가'하다는 입장을 밝혔다. 그 이유에 대해 시장은 "평

[사진 5-18] 논밭으로 변해 버린 예전 조선인 숙사 터

화기념관은 특공대의 유족들에 의해 제안되어 전국 각지의 기부 등을 통해 건립되었고, 이 때문에 특공대의 유품만이 전시되어 있으며 이는 조례에도 정해져 있다"(『南日本新聞』, 2004. 1. 17)고 답변하고 있다.

이 에피소드는 결국 이 기념관이 공적 예산이 투입된 시설임에도 불구하고, 운영에 있어서는 그 공공성에 관한 논의가 제대로 이루어지지 않고 있다는 사실을 보여 주는 한 사례라고 할 수 있을 것이다. 다시 말하면 이 기념관은 결코 '평화기념관'이 아닌 '특공유품관'임을, 그리고 특공기지 건설 과정에 동원된 조선인·중국인 등의 존재를 공적인 장에 자리매김하는 것과 같은 과거사 문제에 여전히 소극적인 자세로 일관하고 있는 전후 일본 사회의 현주소를 보여 주는 것이다. 이는 매년 치러지는 반세의 특공위령제가 기지 건설 과정에서 숨진 지역 주민이나 조선인·중국인 노동자에 대해 아무런 관심을 표명하지 않는 것과 결을 같이하는 것이기도 하다.

실제로 필자가 필드조사를 수행하던 2009년에도 이러한 신경전

이 벌어졌다. 전투의 진원지는 2009년 가을 반세중학교 문화제 행사였다. 문화제를 위해 1학년 학생들이 중심이 되어 상연된 연극은 특공과 강제연행을 테마로 한 것이었는데, 문화제 전날 '전쟁에서의 차별을 알리자'라는 타이틀로 한 지역 신문에 상세히 보도되기도 했다(『南日本新聞』, 2009. 11. 4). 연극은 학부모를 비롯한 마을 주민들의 호평 속에 전체적으로 성황리에 끝났지만, 이 공연에 대해 해당 학교의 교장은 문화제 행사의 말미에 "학생들이 [교사에 의해 주입된 것이 아닌] 자신의 생각을 가지기를 바란다"는 '싸늘한' 평가를 내렸고, 지역의 한 유지로부터는 당시 반세에는 그 정도 인원이 수용될 수 있는 숙사가 없었다며, 강제연행된 조선인과 중국인의 수가 800명이라고 말한 근거가 뭐냐는 내용의 투서가 들어오기도 했다. 지난 전쟁에 대한 기억을 둘러싼 전투는 여전히 진행 중이다.

5. 끝나지 않은 여로

> 역사적 유물론자라면 그 문화재들을 멀찍이 거리를 두고 바라볼 수밖에 없다. 사실 개괄적으로 그 문화재의 출처를 떠올려 보면 어찌 두려움에 전율하지 않을 수 있겠는가. 문화재들은 그것을 창조한 위대한 천재들의 노고뿐만 아니라 그 천재들과 함께 살았던 동시대인들에게 부과된 무명의 노역에도 힘입고 있다. 통상 야만의 기록이 아닌 문화의 기록이란 결코 없다.
>
> _발터 벤야민, 「역사의 개념에 대하여」 중에서

'전후 50년(1995년) 가고시마의 특공기지를 어떻게 다시 바라보아야 할 것인가'를 주제로 한 강연에서 전前 가고시마대학의 역사학 교수

로서 지역사 발굴 작업에 참여했던 야나기하라 도시아키柳原敏昭는 특공기지가 "결국 애국심에 불탄 일본인들의 손에 의해 만들어진 것이 아니라, 근로봉사로 동원된 지역 주민, 그리고 무엇보다 강제연행되어 온 조선인과 중국인들의 저주 섞인 목소리로 충만한 장소怨嗟の聲にみちみちた場所"(柳原敏昭, 1995: 20)라고 결론 내린다. '강제연행'은 과거 어느 한 시기에 불행하게 일어난 사건일지도 모른다. 하지만 특공작전이 위기에 처한 조국을 구하기 위한 젊은이들의 헌신적 희생으로 신화화되고 지역 주민들의 전쟁체험이 구술작업이나 회고록 등을 통해 끊임없이 기억되는 반면, 강제연행의 문제가 전후 일본의 기억의 장 안에 현재까지도 제대로 자리매김되지 못하고 있는 현실은 이 사건이 결코 과거의 문제만은 아님을 역설적으로 이야기해 준다.

덧붙여 여기에는 이들의 존재를 망각해 가는 사회적 분위기에 대한 경계와 함께, 이들의 존재를 '감상적으로' 바라보거나 그들을 '동정하고' '연민하는' 또 하나의 낭만주의적 시선에 대한 경계가 깔려 있음을 밝혀 둔다. 일찍이 플라톤이 『국가Republic』에서 말한 것처럼, 타인에 대한 연민은 결국 자기 자신에 대한 연민이며, 비극이 주는 쾌감 역시 천박한 자기연민의 달콤함에 빠지기 쉬운 속성을 갖고 있는 것이다.[44] 이는 타인의 고통에 대한 공감이, 편안한 소파에 앉아 스크린에

44 비극시인에 대한 플라톤의 뿌리 깊은 반감은 그의 저서 『국가』에서 다음과 같이 표출된다. "앞서 제 한 몸에 일어난 불행의 경우에는 억지로 눌리고 있었지만, 실은 실컷 울고 한탄해서 그것으로 만족되기를 애타게 구하고 있었던 '영혼'의 부분, 원래 그런 것들을 욕구하는 성질을 가진 그 부분이야말로 바로 시인들을 통해 만족을 얻고 즐거워하는 부분이라는 것일세."(Platon, 1997: 606a) 플라톤이 가장 경계했던 것은 이런 나르시시즘 혹은 자기연민이 공화국 시민의 정신에 끼칠 해악이었다. 그래서 공화국의 시민이 이런 독성에 빠질 바에야, 차라리 공화국에서 시인을 쫓아내야 한다고까지 주장했던 것이다. 물론 플라톤의 이러한 반감이 비극 전반에 대한 것이라고 볼 수 없는

펼쳐지는 과거 식민지 청년들의 불행한 운명에 눈물을 흘리거나 부끄러움과 죄책감을 느끼는 데서 얻어질 수 있는 것이 아님을 의미한다. 오히려 책임을 진다는 행위는 윤리의 영역을 떠나 법률의 영역에 들어서는 것, 즉 순수하게 법률적인 것이다(Agamben, 2012: 30).[45] 여기서 우리는 아우슈비츠 재판에서 피고 아이히만 변호인의 변론 — "피고는 신 안에서는 죄의식을 느끼지만 법률 앞에서는 죄의식을 느끼지 않는다" — 을 상기하게 된다. 이는 전후 일본 사회에서 강제연행을 둘러싸고 진행되는 재판에서 피고인 회사 측이 종종 변론하는 입장, 그리고 그 타협으로서 원고 측 변론인과의 사이에서 이루어지는 '보상'('배상'이 아닌)이라는 일련의 절차와 너무나 흡사하다. 다시 아감벤의 말을 빌린다면, "윤리의 범주와 법률의 범주가 혼동되어(이 혼동에는 회한의 논리가 암묵적으로 포함되어 있다)", "도의적 책임을 지는 것이 법률상의

것처럼, 이 책에서도 비극 전반에 대한 비판을 의도한 것은 아니다. 단지 여기서는 타자에 대한 연민이 천박한 자기연민의 달콤함에 빠지기 쉬운 경향성에 대해 상기할 것을 촉구한 것뿐이다. 한편 플라톤의 작업에 대해서는, 특히 그가 그려 내는 소크라테스의 죽음을 비극의 패러디로서의 '순교자'극으로 보는 시각도 존재한다. 벤야민은 플라톤의 작업 자체가 하나의 비극이라고 규정하면서 다음과 같이 말한다. "플라톤은 자신의 4부작 드라마를 불태웠는데, 그 이유는 아이스킬로스적 의미에서 작가가 되기를 포기했기 때문이 아니라 비극작가가 이제는 더 이상 민족의 스승도 우두머리도 될 수 없다는 것을 인식했기 때문이다. 물론 그는 새로운 형식의 비극적인 인물을 창조하려고 노력했다. 그만큼 비극의 힘은 강했다. 그리고 그는 이미 극복된 영웅전설 대신 소크라테스의 전설권을 창조했다."(Benjamin, 2009: 169)

45 이를 아감벤은 '책임'이라는 말의 라틴어적 어원을 통해 다음과 같이 설명한다. "책임을 감수하겠다는 제스처는 순전히 사법적인 것이지 윤리(학)적인 것이 아니다. 그것은 고귀하거나 빛나는 어떤 것을 표현하는 것이 아니며, 다만 의무, 곧 맹세로 묶이는 행위만을, 법적인 약속이 책임자의 신체 속에 새겨진다고 믿었던 세계에서 채무를 보증하기 위해 자신을 인질로 내어 준 행위만을 표현할 뿐이었다. 그와 같이 책임은 넓은 의미에서 손해에 대한 귀책을 가리키는 'culpa'라는 개념과 긴밀히 얽혀 있는 것이다."(Agamben, 2012: 30)

책임을 면하기 위해 제창되는 현상"(Agamben, 2012: 33)은 도처에서 이루어지고 있다. 그리고 낭만화와 자기연민은 이 과정의 '껄끄러움'을 미화하는 훌륭한 장치다.

가고시마의 대다수 지역 주민들의 기억 속에서 그들은 갑자기 나타났다가 갑자기 사라진 존재들이었다. 전쟁 말기 그들은 거의 반강제적으로 끌려와 감내하기 어려운 고통을 견뎌 내야 했고, 또 그 과정에서 많은 수의 사람들이 사고 또는 질병으로 목숨을 잃었다. 전후 조사사업 등을 통해 그 진상의 일부가 확인되고, 또 그 과정에서 우여곡절 끝에 희생자의 유골이 발견되기도 했다. 하지만 신원을 확인할 수 있는 문서들이 사라지고 당시 자행된 창씨개명으로 이름까지 바뀐 상황에서 그들 유골의 이름을 찾아 준다는 것은 지난한 작업이 아닐 수 없었다. 다시 말해 원통하게 죽은 그들은 죽어서도 고향에 돌아가지 못하고 이역의 땅에서 여전히 떠돌고 있는 셈이다. 살아남은 사람들 역시 상황은 크게 다르지 않다. 운 좋게 고향으로 돌아간 사람들도 있었지만, 대다수는 여러 사정으로 고국에 돌아가지 못하고 일본 사회에서 또 다른 차별을 받으며 전후를 살아가야 했다.

일본인들의 기억 속에서 그들의 존재가 사라져 버린 이유는 어디에 있을까. 먼저 우리는 '가해자'라는 지위가 주는 '껄끄러움'에 대한 반감을 들 수 있을 것이다. 전후 일본 사회에서 전쟁책임에 대한 문제제기가 전혀 없었던 것은 아니지만, 자민족 중심주의적 전쟁관, 전통적인 아시아 멸시관, 천황관 등은 형태를 바꿔 가면서도 강고하게 존속되었다(吉見義明, 1992: 99). 전후의 '평화국가', '민주일본'의 건설에 대한 열망이 과거에 대한 진지한 대결을 회피한 채 추구되었던 것이다. 오키나와 전장의 기억에 대해 끊임없이 문제를 제기해 온 도미야마 이치로冨山一郎의 언어를 빌린다면, 전후 일본의 내셔널리즘은 전범戰犯이라는 외부를 만들어 내어 가해자를 일부분으로 한정시키고, 천황을 포함한 모두가 자기 자신을 전쟁의 희생자로 연출함으로써 시작되었다고도 말할 수 있다.

> 피해자 의식의 강조는 평화주의로 연결되고 가해자 의식의 망각은 전전 대동아의 꿈을 연명시키는 것이다. 그리고 그 과정에서 전사자들 역시 가해자도 피해자도 아닌 '희생자'라는 애매한 아이덴티티를 부여받게 된다.(冨山一郎, 2006: 168-169)

대동아전쟁과 평화를 동시에 말하는 지란의 특공평화회관이나 반세의 특공평화기념관의 수사학(나아가 야스쿠니신사의 유슈칸)은 이런 의미에서 본다면 논리적으로 연결되는 것이라고도 말할 수 있다.

그렇다면 가해자로서의 자각과 책임을 주장하는 것으로, 다시 말하면 피해자를 가해자로 바꾸는 것으로 문제는 해결되는 것일까. 이 논리의 세련된 한 형태가 '역사주체논쟁'으로 유명해진, 300만 일본 전사자와 2천만 아시아 희생자라는 구도 아래 이들 2천만 아시아 희생자에 진정으로 사죄할 수 있는 주체를 만들어 내자는 가토 노리히로의 논리(加藤典洋, 1997)일 것이다. 물론 얼핏 보면 '정치적으로 올바른' politically correct 것처럼 보이는 이 논리가 '우리 일본인'이라는 국민 창출의 이야기로 화할 위험에 대한 우려는 일본 사회 내에서도 다양한 방식으로 제기된 바 있다(高橋哲哉[編], 2002). 무엇보다도 이 논리에는 왜 사죄를 해야 하는가에 대한 본질적인 감정인 '부끄러움'에 대한 성찰이 결여되어 있다. 또 이러한 성찰의 바탕 위에 전쟁가해자임을 자각하는 과정에서 생겨난 불협화음을 상기하고 국민의 이야기로 포섭되지 않을 이질적인 존재를 불러들이는 것, 그것이야말로 아시아를 상기하는 것이라는 지적도 도미야마에 의해 제기된 바 있다(冨山一郎, 2006: 170). 이러한 도미야마의 지적은 특히 이를 통해 타자의 고통에 귀를 기울이고 공감하는, 하지만 국민주체로 안이하게 포섭되지 않는 새로운 주체 설정에 대한 문제제기로서도 중요한 의미를 갖는다.

하지만 이보다 더욱 근본적으로 집단적 죄 혹은 무실無失에 대해 말해도 전혀 의미가 없다는 것, 자신의 민족이나 자신의 아버지가 범한 행동에 죄를 느끼는 것은 비유比喩로밖에 말할 수 없다는 레비의 언명을 상기할 필요가 있다. '배신당해 잘못된 길로 들어선 가엾은 우리 민족에 무거운 죄가 있다' 혹은 '모든 독일인이 그렇게 행동한 것은 아니다'라고 위선적으로 말해 오는 독일인들에게, 독일인을 하나의 구별 없는 전체로 말하는 것의 위험성에 동의하면서도 그는 "죄와 과오에 대해서는 개개인이 스스로 책임을 지지 않으면 안 된다. 그렇지 않으면 문명의 흔적이 지표로부터 완전히 사라져 버릴 것이다"(Levi, 2000: 207-211)라고 대답한다. 나아가 그는 독일인의 집단적인 죄에 대해 다음과 같은 견해를 피력한다.

> 대다수의 독일인은 몰랐다. 그것은 알고 싶지 않았기 때문에, 알지 못한 채 그대로 있고 싶다고 바랐기 때문이다. 국가가 저지르는 테러리즘은 확실히 저항 불가능할 정도로 강력한 무기다. 하지만 전체적으로 봤을 때, 독일 국민은 전혀 저항을 시도하지 않았다는 것이 사실이다. … 일반 독일 시민은 무지에 안주하고 그 위에 껍질을 덧씌웠다. 나치즘에 동의한 것에 대한 무죄증명에 무지를 사용한 것이다. 눈, 귀, 입을 막고 눈앞에서 무엇이 일어나는지 알지 못했고, 따라서 자기는 공범이 아니라는 환상을 만들어 낸 것이다. 이를 알고 알리는 것은 나치즘으로부터 거리를 두는 하나의 방법이었다(그리고 결국 그렇게 위험하지도 않았다). 독일 국민은 전체적으로 봤을 때 그렇게 하려고 하지 않았다. 이러한 의도적 태만이야말로 범죄 행위라고 나는 생각한다.(Levi, 2007: 276. 번역 일부 수정)

레비의 언명은 민족/국민의 죄책에 대한 '집단책임'의 문제를 제기한 아렌트의 논의(Arendt, 1968)와 연결된다. 그녀는 '비非관여'라는 행위가 갖는 문제는 자신의 태도가 어떤 정치적 귀결을 초래할 것인가에 대해 한 번도 생각하지 않은 데 있다고 말하면서, 집단책임을 받아들이는 행위를 공동체에서 살아가는 우리 자신이 지불해야 할 대가라고 주장한다. 레비와 아렌트의 이러한 문제제기는 '사라져 버린 그 많던 조선인들'에 대해 침묵으로 일관하는, 혹은 '집단적 기억 상실증'에 빠져 있는 전후 일본 사회 내부에서 진실을 이야기하는 극히 소수이지만 용기 있는 증언자들의 활동을 다룬 이 장의 논의에도 시사하는 바가 크다.

논의를 맺기 전에 하나의 문제만 남겨 두기로 하자. 그것은 고향으로 돌아가지 못한 채 여전히 이역을 떠돌고 있는 이들에게 '학문적' 언어는 무엇을 이야기해 줄 수 있을까 하는 문제, 나아가 산 자가 죽은 자를 위령한다는 것이 과연 가능한가 하는 문제다. 이는 산 자와 죽은 자가 만나는 방식이라는 보다 근원적인 문제로 우리를 인도한다. 물론 이 문제들은 학문의 영역을 넘어서는 것이며 필자 역시 이에 대한 해답을 가지고 있지 않다. 다만 이 글이 전후 일본 사회에서 아직도 유령처럼 떠돌고 있는 이들의 해소되지 않은 "'원한'과 '분노'라는 느낌과 정서에 보다 적합한 언어를 제공하려는 노력"(정문영, 1999: 4)의 하나로 자리매김되기를 바랄 뿐이다.

제6부

결론:

죽음과 어떻게 마주할 것인가

1. 죽은 자들의 귀환

일본이 졌다는 것 / 농지개혁 / 사회주의적 개혁 / 우리 조국의 패배 / 패전의 짐을 모두 지는 것, 다 좋다 / 우리 국민은 그 짐을 잘 짊어졌고 / 시련을 견디고 나서도 아직 힘이 있다. / 굴욕을 견디는 것 / 반항할 수 없는 요구를 깨끗하게 받아들이는 것, 다 좋다. / 하지만 단 하나, 단 하나 / 어떠한 강제, 어떠한 탄압 / 어떠한 죽음의 협박이 있다 하더라도 / 천황폐하는 인간이라고 선언하면 안 된다. … 그것을 허구라고, 그것을 거짓이라고 꿈에도 말하지 못할 것 / (만약 사람의 마음속이 깊어서, 그렇게 생각하더라도) / 의복에 옥체를 감싸 안으시고, 밤낮 / 궁중 안채의 그 깊은 곳에 황조황종皇祖黃宗의 영혼 앞에 무릎 꿇고 / 신을 위해 죽은 자들의 영혼을 기리고 / 그저 머리 조아리고, 그저 기원하오니 / 어찌 신성하지 않으리오.

어찌하여 천황폐하는 인간이 되었사옵니까.

어찌하여 천황폐하는 인간이 되었사옵니까.

어찌하여 천황폐하는 인간이 되었사옵니까. …

_미시마 유키오三島由起夫 「영령의 소리英靈の聲」(1966) 중에서

> 우리는 죽은 자들이 이루 말할 수 없는 행복 속에서 살고 있다고 주장하면서도 그들을 생각하면 마음이 편해지지 않는 것은 무엇 때문인가. 살아 있는 자들이 죽은 자들을 침묵시키려고 그렇게 애쓰는 것은 무엇 때문인가. 무덤 속에서 노크 소리가 난다는 소문만으로도 도시 전체가 공포에 휩싸이는 것은 무엇 때문인가. 이 모든 것은 결코 무의미하지 않다.
>
> _허먼 멜빌H. Melville, 『모비딕Moby Dick』 중에서

죽은 자들의 귀환이라는 테마는 비단 전후 일본뿐만 아니라 대전쟁을 치른 거의 모든 사회에서 공통적으로 다양한 매체를 통해 다루어져 왔다. 윈터J. Winter는 제1차 세계대전 이후 유럽 사회에 드리운 어두운 전쟁의 기억과 죽은 자에 대한 애도의 사회문화적 양상을 다룬 그의 저서 첫머리를, 프랑스 영화감독 아벨 강스A. Gance의 〈나는 고발한다J'accuse!〉(1917-1918)의 압도적인 한 장면으로부터 시작한다(Winter, 1995). 그것은 죽은 자(전사자)의 군대가 무덤에서 일어나 산 자들의 도시를 향해 진군하는 묵시록적apocalyptic 이미지다.

죽은 자들은 자신들의 희생이 정말 조국의 평화와 번영의 초석이었는지 아니면 무익하고 헛된 것에 불과한 것이었는지 확인하기 위해 산 자들의 도시를 향해 진군한다. 하지만 산 자들의 도시에서 그들이 본 것은 살아남은 소시민들의 보잘것없는 삶과 전쟁특수로 엄청난 이득을 챙긴 사업가들의 화려한 삶의 극명한 대비, 전쟁에서 남편(바로 자기 자신)을 잃은 미망인들이 다른 사내와 놀아나는 풍경이다. 그들은 분노한다. 산 자들의 사회로 진군한 죽은 자들은 산 자들에게 "너희들은 무엇을 했는가?"라고 꾸짖으면서, 전쟁을 통해 이익을 챙긴 자본가들, '쾌락을 즐겼던' 아내들, 그리고 말로는 국가를 위해 죽은 자를 위한 명예와 유족 원조를 번지르르 부르짖으면서도 실제로는 이를 깡그리 잊어버린 부패한 정치인들, 다시 말해서 자신들의 희생을 망각한

사회에 대해 저주를 퍼붓는다. '살아남은 자들 증후군'이라는 이름으로까지 불리며 유럽 사회를 휩쓸고 지나갔던 이 집단 공포증은 자기들만 '살아남았다'는 사실이 주는 회한과 부끄러움이 만들어 낸 하나의 환상이자, 좌우를 막론하고 전후 사회의 부조리에 이의를 제기하는 산 자들이 만들어 내는 집단적 주술이기도 했다.

전후 일본에서 죽은 자들의 귀환이라는 테마에 가장 심취했던 작가는 미시마 유키오였다. 후기 작품인 「영령의 소리英靈の聲」(1966)에서 그는 전쟁 당시 신적 경배의 대상이었던 천황을 위해 스스로 목숨을 바쳤던 특공대원들이 전후 느꼈던 배신감과 절망감을 영매의 입을 통해 격렬하게 표출해 낸다. 그들이 배신감을 느꼈던 가장 큰 이유는 전후 1년이 채 지나지 않아 천황이 '인간선언'을 함으로써 자신들의 죽음이 소위 '개죽음'이 되어 버렸기 때문이다. "어찌 천황폐하는 인간이 되었사옵니까"라며 비장하게 외치는 망령亡靈들의 목소리는 전후의 경제부흥 속에서 일상의 쾌락에 탐닉하는 산 자들의 공동체에 결코 봉합될 수 없는, 사자들의 원한怨恨에 넘치는 절규라고 할 수 있을 것이다.

미시마에게 "영령의 소리"를 그려 내는 작업은 산 자의 공동체에 회수될 수 없는 죽은 자들을 다시 자리매김하고자 하는 일종의 초혼제사와 같은 것이었다. 그리고 그 초혼제사를 죽은 자와 산 자의 에로스적 신체관계를 통해 이루어지는 것으로 설정한 점에서, 미시마는 국민국가에서 사자제사가 갖는 "귀기 서린 국민적 상상력"(Anderson, 1991)을 누구보다 잘 체득하고 있었다고 할 수 있다. 적어도 죽음의 문제에 대한 그의 인식은 '성전'聖戰, '영령현창'이라는 낡은 슬로건에 여전히 집착하고 있는 야스쿠니 제사의 논리보다는 분명히 한 차원 수준이 높은 것이다.

하지만 미시마의 시도를 전후 일본 사회의 부조리에 대한 하나의 처방책이라 보기는 어렵다. 미시마가 그려 내는 특공대의 상, 즉 천황이 가미라고 믿고 스스로 죽음을 선택했다는 특공대원의 상은 철저히 이상화된, 작가 자신의 머릿속에서 만들어 낸 하나의 가상 이미지에 불과하기 때문이다. 또한 빙의된 젊은 궁사神職가 격렬하게 분노하는 영령들에게 앙얼殃孽을 입어 죽음을 당한다는 소설의 '허망한' 결말이 보여 주듯, 미시마는 사자들의 원한과 욕망을 자기식대로 그려 내는 데는 성공했지만, 이들의 죽음을 산 자들의 세계에 어떻게 자리매김할 것인가에 대해서는 답을 제시할 수 없었다.

아이러니하게도 「영령의 소리」를 집필한 지 4년 후인 1970년, 미시마는 총감을 인질로 육상자위대 건물을 무단점거하고 옥상에서 자위대의 각성과 궐기를 외쳤지만, 자위대원들의 야유를 받고는 할복자살한다. 그렇다면 그 할복자살이라는 행위는 바로 그가 줄기차게 부르짖었던 '도의적 혁명'을 위한 일종의 제물과 같은 것이었을까. 하지만 죽은 자는 결코 말이 없다. 미시마의 그 격렬한 "영령의 소리"도 산 자가 멋대로 소환해 낸 귀신의 소리, 산 자의 시체애호증necrophilia적인 욕망의 표현과 다름없는 것이다.

그렇다면 동시대를 살았던 황무지파 시인으로 잘 알려진 아유카와 노부오鮎川信夫가 읊조리는 또 하나의 귀신의 소리는 우리에게 무엇을 이야기해 주고 있는 것일까. 다나베 하지메田辺元의 「사생死生」, 그리고 야스다 요주로保田与重郎를 비롯한 일본 낭만파의 작품들이 잘 보여 주는 것처럼, 전전의 사상가나 시인들이 죽음에 의해 인간은 최종적으로 국민과 동일화될 수 있다는 '죽음의 미학'을 만들어 내고 또 유포했다는 사실은 종종 지적된 바 있다.[1] 사카이 나오키酒井直樹 역시 전쟁 말

1 그 자신이 청소년 시절 일본 낭만파의 커다란 영향력 아래 있었던 하시카와 분조橋川文三는 일본 낭만파에 관한 연구서로서 현재까지 가장 영향력 있는 고전인 『일본 낭만파 비판서설日本浪漫派批判序說』(1998[1960])에서 일본 낭만파

기 일본 시문학에서 나타나는 자연의 아름다움에 대한 묘사가 죽음의 공포에 앞서 있었음을 지적하고, 이러한 입장은 집단의 미적 상상력과 개인의 죽음 사이에 항상 존재하는 틈을 은폐하는 것이며, 집단적 표상체계 속에 개인을 놓음으로써 죽음에 대한 공포가 굴절되고 집단적 표상 속의 주체위치에 대한 욕망으로 변질되었다고 해석한다. 다시 말해 일본 낭만파의 세계에서 죽음은 의미 있는 것으로 표상되지만, 그 의미는 집단적 표상체계 속에서만 주어질 수 있기 때문에 결국 국가/국민의 입장에서 의미 있는 죽음으로 화할 수밖에 없다는 것이다. 따라서 전쟁의 폐허와 여기저기 널려 있는 죽음들을 몸소 체험한 전후파 시인들에게 전전에 대한 반성은, 시인이라는 자신의 발화 위치에 대한 고민으로부터 출발하지 않을 수 없었다(Sakai, 2005: 301-305 참조).

"전우여, 왜 침묵하고 있나. 한동안 잊어버렸다고 생각하고 있었다오"라고 시작하는 아유카와의 시 「전우戰友」(1968)는 '산 자가 죽은 자에게'가 아니라, '죽은 자가 살아남은 자에게' 말을 걸면서 과거의 전장을 이야기하고 또 그 상기를 촉구하는 독특한 시점을 보여 준 바 있다. 이 시에서 죽은 전우는 시인을 포함하여 전후 살아남은 이들의 나태와 침묵을 질타하고, 침묵하는 전우에게 "기다리는 것이 지루하군, 세계의 끝이"라고 말하며, "안녕, 전우여. 우리들이 신성으로 삭멸하는 것은 이번이 처음이지만, 유다의 입맞춤은 필요없네. 안녕히"라며 작

의 아이러니가 갖는 도착성을 다음과 같이 지적한다. "사실 우리와 같은 나이의 젊은이들은 야스다가 이야기하는 말의 궁극적 양상을 느끼며, 『고자키古事記』를 품에 안고 단지 남양의 정글에서 썩은 시체가 되기를 열망하고 있었다! 적어도 '순수한' 청년의 심리 구조는 야스다의 아이러니의 귀결과 같은 형태를 취하고 있었다고 생각된다. 이는 나치즘의 심리 구조와는 대단히 다른 형태다. 나치즘의 니힐리즘은 '우리는 싸우지 않으면 안 된다'는 주박呪縛된 영속적 운동으로 나타나지만, 우리가 느낀 일본 낭만파는 실로 '우리는 죽지 않으면 안 된다'는 것 이외의 의미는 아니었다."(橋川文三, 1998: 49-50)

별을 고한다(이 구도는 루쉰의 시 「그림자의 고별」과 너무나도 닮아 있다).[2] 한편 시인은 자신의 또 다른 시 「죽은 남자死んだ男」를 통해 죽은 자의 이야기를 듣는다는 행위란 무엇인가에 대해 다음과 같이 말한다.

매장의 날은 어떤 말도 없었고
입회인도 없었다.
분격憤激도, 비애悲哀도, 불평不平의 유약柔弱한 모습도 없었다.
하늘을 향해 눈을 들어
너는 단지 무거운 군화 속에 발을 쑤셔 넣은 채 조용히 누워 있었던 것이다.
"안녕, 태양도 바다도 믿을 수 없다."
M이여, 지하에 잠든 M이여,
너의 가슴에 있는 상처는 아직도 고통스러운가.

죽은 자는 말이 없다. 죽은 자가 남긴 것은 누워 있는 자신의 망막에 비친 상像일 뿐이다. 거기에 비친 이미지는 태양일 수도, 바다일 수도, 또 그 죽음의 순간 옆에 있던 동료일 수도 있다. 그런 의미에서 "안녕, 태양도 바다도 믿을 수 없다"는 말은 침묵하고 있는 죽은 자의 '속내'이고, 시인에게 유일하게 주어진 것은 그 죽은 자의 속내를 말하는 '유언집행인'으로서의 의무뿐이다. 이렇듯 전후파 시인들의 시에는 주어진 표상체계 내에서는 결코 표상될 수 없는 죽은 자의 경험을 형상화하기 위해 어떻게든 표상체계의 외부를 찾고자 하는 강한 욕망이, 나아가 죽은 자의 입을 빌려 산 자들이 자신의 이야기를 하는 전후 사회의

2 아유카와 노부오라는 시인의 존재에 대해서는 오사카대학의 가와무라 구니미쓰川村邦光 교수로부터 가르침을 받았다. 이 자리를 빌려 감사를 표한다.

풍토에 대한 강한 경멸이 깃들어 있다.

이렇듯 죽은 자의 귀환은 가고시마의 지란에서 만들어진 저 반딧불의 이야기(제5부 제1장 참조)처럼 결코 아름다운 것이 아니다. 오키나와의 소설가 메도루마 슌이 그려 낸 것(目取真俊, 1997)처럼, 그들은 평화로운 어느 날 불현듯 아무런 예고도 없이 살아남은 전우를 찾아와(그것도 엄지발가락이 부어오르고 기거서 물방울이 떨어지는 것과 같은 강렬한 신체적 이상증상이라는 징후의 형태로) 지난 전쟁의 고통과 죽음을 상기remember 시키는 존재들이다.[3] 즉, 상기라는 행위는 결코 편안한 의자에 앉아 과거를 떠올리는 평온한 행위가 아니며, 오히려 현재라는 시대에 아로새겨진 정신적 외상外傷에 의미를 부여하기 위해서 조각난 과거를 다시 일깨워re-membering 구축한다고 하는, 고통을 수반하는 작업이다(Bhabha, 1994: 63). 그런 의미에서 또 다른 전후파 시인 다무라 류이치田村隆一의 시는 역설적이다.

3 전후 오키나와를 무대로 한 메도루마 슌의 소설 『물방울水滴』(1997)은 평화로운 일상을 불현듯 엄습해 오는, 지금까지 억압되고 봉인되어 왔던 지난 전쟁의 기억과 그 치유의 문제를 생생하게 그려 낸 수작이다. 소설은 오키나와 전장에서 살아남아 전후 오키나와의 고향 마을에서 평범하게 살아가는 주인공에게 갑자기 원인을 알 수 없는 이상한 병이 생기는 것으로 시작한다. 오른쪽 다리가 갑자기 부어오르더니 엄지발가락 사이에서 물방울이 떨어지는 것이다. 의사의 치료도 아무런 효과가 없어 며칠을 누워서 보내던 중, 어느 날 밤 갑자기 과거 일본군복을 입은 망령들이 찾아온다. 그들은 아무 말 없이 차례로 줄을 서 주인공의 엄지발가락에 입을 대고 맛있다는 듯이 물을 마시고 떠난다. 매일 밤 계속되는 그들과의 만남에서, 주인공은 과거 자신이 학도병으로 참전했던 오키나와 전장을, 또 부상당한 전우들을 버리고 떠났던 기억을 떠올린다. 그 망령들은 바로 자신과 같은 전장에 있었던 전우들이었던 것이다. 또 오른발은 전우를 버리고 도망치던 때 헛디뎌 다쳤던 발이기도 했다. 주인공은 전우에게 그를 버리고 도망쳤던 것을 진심으로 사죄한다. 그리고 전우가 그 사과를 받아들이면서("고마워, 이제야 갈증이 풀렸어") 그들은 떠나고, 이후 발의 붓기도 가라앉으면서 주인공의 병은 회복된다.

우리는 그리운 것들을 죽여야 한다.

이것이 죽은 자들을 다시 살려 낼 유일한 길이며,

우리는 그 길을 가야 한다.

(「사천의 서와 밤四千の書と夜」[1966]. Sakai, 2005: 308에서 재인용)

전장을 경험하고 돌아온 시인에게 구체제의 도덕 혹은 낭만주의와 같은 집단적 표상체계는 혐오의 대상이자 거부의 대상이다. 이는 제1차 세계대전 이후 유럽 사회와는 양상이 조금 다르다. 제1차 세계대전에서 살아 돌아온 시인들에게도 희생에 대한 기존의 낭만적 찬미는 혐오스러운 것이었지만, 적어도 전간기까지 유럽 사회에서 전쟁을 다룬 시는 여전히 전통적인 낭만주의적 언어의 형태를 포기하지 않았으며, 오히려 이를 쇄신하는 방향으로 나아갔다. 하지만 윈터가 "재신성화의 복합적 과정"(Winter, 1995)이라고 명명했던 이러한 상황은 전후 일본에는 도래하지 않았다. 전후 일본의 시인들에게 낭만주의는 전전 일본 낭만파에 대한 환멸과 함께 가장 먼저 폐기되어야 할 대상이었던 것이다. '죽은 자들을 다시 살려 내기 위한 유일한 길은 그리운 것들을 죽이는 것'이라는 역설은 여기서 나온다. 그리고 이 역설에는 주어진 집단적 표상체계로 담아낼 수 없는 죽음 그 자체의 강한 실감이 내포되어 있다. 그러나 죽음이 갖는 '실재'the real의 속성을 인정한다 하더라도, 산 자들은 산 자들의 언어로 죽음을 이야기하지 않으면 안 된다. 거기서 우리는 '죽은 자와 어떻게 마주할 것인가'라는 문제와 마주치게 된다.

2. 애도와 그 거부

> 진정, 진정하시오. 심란해하는 혼령이여! 자, 친구들, 내 모든 우정을 걸고 자네들에게 부탁하네. 비록 지금은 힘없는 신세기는 하지만, 하느님의 뜻대로 장차 넉넉히 자네들에게 보답할 것이네. 자, 함께 들어가세. 항상 입을 봉해 주길 바라네. 시간이 어긋나 있어The time is out of joint. 오, 저주받은 이 운명, 내가 그걸 바로잡도록 태어났다니! 그만 가세, 함께 가세.
>
> _윌리엄 셰익스피어W. Shakespeare, 『햄릿Hamlet』 제1막 제5장 중에서

『햄릿』은 애도의 결핍이 불러일으키는 저주와 폭력의 연쇄를 다룬 텍스트다. 너무나 잘 알려진 스토리지만, 조금만 환기해 보자. 햄릿의 아버지인 덴마크의 왕은 자신의 동생이자 햄릿의 삼촌인 클로디어스에게 독살당한다. 하지만 누구도 죽은 왕에게 적절한 애도를 표하지 않았다. 왕비 거트루드는 자신의 시동생인 클로디어스와 재빨리 재혼하면서 서둘러 슬픔을 벗어던졌고, 햄릿 자신도 당시 외국에 있었기 때문에 조급하게 거행된 장례식에 참석하지 못했다. 아버지의 죽음에 괴로워하며 방황하는 햄릿에게, 뒤를 이어 새로 왕이 된 클로디어스는 조카인 햄릿에게 무익한 비통을 거두라고 충고한다. 하지만 햄릿에게 궁궐은 아버지가 죽자마자 왕위를 계승한 삼촌, 그리고 그 삼촌과 곧바로 재혼한 자신의 어머니가 살고 있는 '퇴락한 정원'이다. 멜랑콜리에 빠져 있던 어느 날 밤, 햄릿은 갑옷을 입고 무장을 한 유령, 즉 아버지의 혼령과 마주한다. 위의 제사題辭는 그 혼령의 이야기를 통해 아버지의 죽음에 대한 진실을 알게 된 후 비탄에 잠긴 햄릿의 독백이다.

비탄의 세월, 혹은 이음매가 어긋나 버린 시간The time is out of joint. 하지만 여기서 '어긋나 있음'은 시간 질서의 일시적인 왜곡이나 일탈을

의미하지 않는다. 데리다에 따르면 그것은 시간 질서 안에, 따라서 현존으로서의 존재 질서 안에 근원적인 탈구와 이접, 간극이 존재함을 의미하는 것이다. 나아가 이 시간은 유령들, 죽은 자들과 만나는 시간이자, 계산 가능한 현존 질서에서 벗어나 메시아적 미래가 도래하기 위한 조건이며 정의가 실행될 기회이기도 하다. "『햄릿』이 죽은 왕의 예견된 복귀와 함께 시작되듯이", "역사의 종말 이후에 정신은 **망령의 되돌아옴**에 의해 도래하며, 정신은 되돌아오는 죽은 사람을 형상화하면서 **동시에** 그것의 예견된 복귀가 계속 반복되는 어떤 환영을 형상화함"을 데리다는 이 어긋나 버린 시간에서 찾고자 한다(Derrida, 2007: 34-35. 굵은 글씨 강조는 인용자).

『햄릿』의 이야기, 그리고 앞 절에서 다룬 전후 시를 비롯한 전후 문학에서 드러나듯, 죽은 자와 마주한다는 것은 결코 오늘날의 전쟁기념식에서와 같이 죽은 자의 공적을 미화하고 현창하는 대변인의 자세, 즉 기념의 포즈는 아니다. 도미야마 이치로冨山一郎의 말을 빌린다면, 죽은 자와 마주한다는 것은 죽은 자의 긴장 어린 시선과 침묵과 마주하는 것, 죽은 자의 시신을 응시하면서 침묵에 개입하는 것에서부터 출발하는 것이다. 다시 말해 "죽은 자를 대신해서 말하는 것이 아니라, 죽은 자와 함께 어떤 시간성 속에서 대화해 나가는 것", 나아가 "국민의 이야기로 완전히 회수될 수 없는 죽은 자를 둘러싼 영역에서 발화라는 실천을 다시 설정"(冨山一郎, 2006: 150)하는 작업을 통해 우리는 죽은 자와 만나는 한 지점을 확보할 수 있다는 것이다.

여기서 우리는 '애도mourning란 무엇인가'라는 근원적인 문제로 다시 돌아오게 된다. 일찍이 「애도와 멜랑콜리」(1917)라는 논문에서 프로이트가 지적했듯이, 진정한 애도란 상실해 버린 과거의 대상을 타자로 인정하고 그에 대한 애착을 포기하는 것에서부터 시작하는 것이다. 프로이트적 의미에서 멜랑콜리melancholy는 대상에서 강제로 철회된 리비도가 다른 대상으로 향하지 않고 자기 자신에게로 향하는 나르시시즘적 단계로의 퇴행에서 일어나는 극심한 심적 우울증을 의미한다. 멜랑콜리적 주체는 상실된 대상과 자아를 동일시하기 때문에 극도의 자기비하나 자기학대로 자아를 소모시키며, '심각할 정도로 고통스러운 절망감', '외부세계에 대한 관심의 중단', '사랑할 수 있는 능력의 상실' 등의 증상을 호소한다. 말 그대로 '산 죽음'으로 살아가게 되는 것이다.

이러한 멜랑콜리적 상태에서 벗어나기 위해 자아는 한때 존재했던, 하지만 지금은 부재하는 그 대상에게 부여된 리비도를 거두어들이고 애착을 위한 새로운 대상을 찾아내야 한다. 이 과정은 물론 커다란 고통을 수반하지만, 이 작업을 통해 포기된 대상은 나의 일부로 화하고 나는 바로 자아의 현존 속에서 그것을 끊임없이 기억하게 된다는 것. 프로이트 애도론의 핵심은 바로 여기에 있었다. 죽은 자의 위령제에 참가해서 그들의 이름을 다시 한 번 불러 보는 행위, 혹은 그의 죽음을 기리며 위령비를 세우는 행위는, 죽은 자와 자신을 단절시키고 멜랑콜리에서 애도로 나아가는 과정이라고도 할 수 있을 것이다. 여기서 우리는 기념commemoration이라는 행위가 단순히 기억만이 아닌 망각을 의미하는 것이기도 함을 깨닫게 될 것이다.

프로이트적 의미의 애도는 지나간 과거의 일이 어차피 불가항력적이라는 것을 우리가 겸허하게 받아들이도록 독려한다는 점에서는 고무적이다. 산 자는 계속해서 살아 나가야 하며, 그러기 위해서는 상실을 상실로 받아들이고 과거와 명랑하게 작별할 필요가 있는 것이다. 하지만 이러한 의의에도 불구하고 프로이트의 애도 개념이 트라우마의 역설(혹은 억압된 자의 귀환)에 충분히 주목하고 있지 않다는 점에 대해서는 여러 지적이 제기되어 왔다(이상 Jay, 2003; 전진성, 2009).

특히 프로이트의 애도론이 트라우마가 일깨우는 환기력을 간과했다는 라캉의 지적은 프로이트 이후의 애도론을 전개했던 논자들 사이에서 많은 주목을 끌었다. 라캉에게 트라우마는 사라진 타자와 만나는 한 가지 방식이자, 타자의 호소에 적절히 응답하지 못했음을 일깨우는 동시에 그럼에도 불구하고 그에 부단히 응답하려고 노력해야 함을 일깨우는 것, 즉 근본적인 윤리의 문제를 환기하는 것이었다(전진성, 2009: 34). 상실의 슬픔을 봉합하고 이를 승화하려는 시도는 환자로서 주체가 자신의 병을 극복하고 살아가기 위한 하나의 처방일 수는 있지만, 성급한 봉합은 결국 그러한 트라우마를 만들어 낸 관계성까지 묻어 버리는 우를 범할 수 있다. 이런 의미에서 봉합의 일시성과 억압된 것들의 귀환에 주목하는 포스트 식민주의적post-colonial 정신분석 연구들은 라캉의 계승자들이라 해야 할 것이다.[4]

한편 프로이트와 전간기戰間期라는 동시대를 경험했던(프로이트보다는 한 세대가 늦은) 벤야민은 정신분석과는 다른 차원에서 독특한 애도론을 전개한다. 그것은 단적으로 말한다면 '애도의 거부'(Jay, 2003)라고 명명할 수 있는 태도다. 물론 이는 애도 행위 자체를 거부한다는 의미는 아니다. 그보다는 상실을 성급히 봉합해 버리고 이를 신화화하는 당시 사회의 분위기, 즉 전간기 유럽 사회에 만연해 있던 국제적인 '기념식전 문화'에 대한 거부다. 다시 말하면 "생존자에게 의미와 위무를 제공하기 위한 방식이 될 수 있는 모든 것을, 전통이나 성스러움을 필사적으로 끌어오는"(Mosse, 1990), 그리고 '민족/국민이라는 이름 아래 이루어진 희생을 정당화하도록 작동하는' 시스템으로서의 '기념식전 문화'에 대한 거부다.

벤야민이 타협 없이 저항하고자 했던 것은 민족적 아이덴티티를

4 특히 식민지의 흑인들이 백인들에게 느끼는 공포증에 대한 파농의 정신분석 작업(Fanon, 1967)을 새롭게 전유하는 바바의 작업(Bhabha, 1994)은 포스트 식민주의적 정신분석 연구의 한 전범을 보여 준다.

현재로 고정화하면서 그 이름 아래 이루어진 희생을 정당화하도록 작동하는 기념식전의 공간적 장소(전몰자기념비와 같은 물질화된 '기억의 장')를 구축하는 행위였다(Jay, 2003: 11-20 참조). 그리고 그는 "그들의 죽음을 이해 가능한 스토리('국가를 위한 고귀한 희생')로 만들어 내면서 과거를 종료시키는 것으로서의 이야기적 상기narrative memory보다는, 과거를 단순히 되풀이하는 것으로서의 '트라우마적 기억'에 대한 고수"(Jay, 2003: 24)를 통해서 자신만의 애도론을 구축하고자 했다.

물론 현실적으로 벤야민이 주장한 것과 같은 애도의 거부라는 '부정변증법'을 어느 정도 실천해 낼 수 있을까 하는 문제는 여전히 남아 있다.[5] 무엇보다도 '기념식전적인 치유에 대해 타협을 비통히 거부하며 저항하고자 하는 벤야민의 절망적 시도가 최종적으로 그가 열망하는 진정한 구제에 대한 보증을 줄 수 있을까'라는 의문이 바로 뇌리를 스친다. 하지만 제이가 지적하는 것처럼, 벤야민에게 구원은 원래부터

5 이러한 벤야민의 애도론에 대해 비판적인 주석가들의 논의를 제이M. Jay는 세 가지 입장으로 정리한다. 첫 번째는 헤겔주의적 입장(Rose, 1993)으로, 벤야민의 사고를 황폐상태, 착란적 애도, 보이지 않는 신적 폭력에 대한 동경으로 규정하며 '공인된 애도'의 중요성을 강조하는 입장이다. 두 번째는 기념식전적인 치유에 대해 타협을 비통히 거부하며 저항하고자 하는 벤야민의 절망적 시도가 최종적으로 그가 열망하는 진정한 구제에 대한 아무런 보증도 줄 수 없다는 것으로, 특히 그가 스스로의 부정신학否定神學을 계급 없는 사회라는 마르크스주의적 꿈과 결합할 때 구제보다도 사기를 만들어 낼 우려가 훨씬 커진다는 식의 반론이다. 세 번째는 벤야민이 어떤 형태를 취하든지 그러한 공상에 계속 집착하는 것에 의해 그가 표면적으로는 투쟁하고자 한 실로 그 파시즘적인 '정치의 심미화審美化'에 부주의하게 접근해 버리게 된다는 반론이다. 그 예로 베르사니(Bersani, 1990)와 같은 반反헤겔주의자들은 어떤 종류의 애도라 해도 그것을 요구하는 욕망은 그 자체로서 많은 문제를 포함한 전체론적이며 조화론적인 욕망이므로, 이는 타락으로 치닫는 기원의 노스탤지어, 예전에 한 번도 존재한 적이 없는 행복상태의 노스탤지어에 기초하고 있다고 본다(이상 Jay, 2003: 24-27 참조).

조화론적 완결이나 충실한 현전現前을 지향하는 것이 아니었다. 오히려 구원의 길은 충실한 현전으로서의 긍정적 장소를 거부하고, 또 시간적으로도 단절적disjunctive이며, 트라우마가 만들어지는 시간의 어긋남의 경험에 대한 주목을 통해서만 확보될 수 있는 것이다(Jay, 2003: 28-29 참조).

이렇듯 거짓 완결을 강조하는 전간기 유럽에서 유행한 국제적 기념비 문화, 나아가 받들어진 전사자와 자신들의 순교자들 사이에 이음새 없는 연속성을 추구하는 나치스식의 상징적 애도를 거부하며 벤야민이 주목했던 것이 알레고리allegory였다. 알레고리에 대한 벤야민의 관심은 이미 그의 첫 저서이기도 한 『독일비애극의 원천』에서부터 시작된다. 그가 알레고리에 관심을 가진 것은 알레고리가 의미의 유동성과 복수성, 그리고 이미 의미를 상실한 지 오래된 관습의 맥락을 해체하는 동시에 그 파편들을 조립하면서 새로운 의미를 구성하는 수단이 될 수 있다는 가능성 때문이었다. "멜랑콜리는 앎을 위하여 세계를 폭로" 하지만 동시에 "그 끈기 있는 침잠은 죽은 사물을 명상 안으로 받아들여 구제하는" 것이다(문광훈, 2014: 571에서 재인용).

하지만 바로크 비극의 알레고리는, 알레고리 이후의 모든 관념철학 전통과 마찬가지로 죽은 것들의 세계, 무한한 절망의 영역으로서의 사물의 세계에서 영혼, 즉 부활로 '비약'해 버린다. 벤야민에게 이러한 비약은 알레고리라는 이름으로 이루어지지만 그 부정에 지나지 않는 것으로 비쳤다. 다시 말하면 비애극의 알레고리가 시도한 죽음에 대한 자의적 해석은 객관세계 전체를 환등상phantasmagoria으로 일소하면서 그 스스로가 주관 영역에서 벗어나지 못하는, 즉 개입보다는 관조로 일관하는 "우울증 환자의 정치학"에 머무르고 있을 뿐이다(Buck-Moss, 2004: 227-228).

이러한 바로크적 알레고리를 부정하면서 벤야민이 주창했던 것이 바로 "이 세계에 난입하여 조화로운 구성물들을 깨트리고 파괴하기 위해 필요불가결한 내적 분노의 흔적"(Benjamin, 2010: 274)을 간직한 '멜랑콜리적 알레고리'였다. 벤야민에게 알레고리는 신화의 해독제이자 현 세계를 구원해 낼 수 있는 하나의 수단이었다. 그리고 이때 구원이란 "역사적 사물을 역사의 연속체로부터 분리시킴과 동시에 시대의 균질성을 '폭파'"(Benjamin, 2005: 1078)해 내고, 역사의 서사시적 기술(물화된 '역사적 연속성')에서 벗어난다는 의미에서 신학적인 동시에 정치적인 것이다. "과거 속에서 희망의 불씨를 일으키는 재능은 적이 승리한다면 죽은 자들도 그 적 앞에서 무사하지 못할 것이라는 점을 완벽하게 확신하는 역사가에게만 주어진다"(Benjamin, 2008: 334-335 번역 일부 수정)는 유명한 테제에는 되풀이되는 재난, 그리고 패자들의 영원회귀에 관한 공포를 표현하는 멜랑콜리, 하지만 또 거기서 비관론을 조직하며 구원의 계기를 발견하고자 하는 혁명적 멜랑콜리가 엿보인다. 결국 그의 독특하고 난해해 보이는 애도론 역시 전쟁에 반대하며 자살한 친구에 대한 단순한 미망迷妄이 아닌, 자신의 철학에 입각한 현실 개입이자 비판으로 보아야 할 것이다.[6]

다시 전후 일본이라는 시공간으로 돌아가면, 당대 벤야민의 이러한 자세와 가장 유사한 입장에서 비판의 목소리를 제기했던 이들은 야스다 다케시安田武나 하시카와 분조를 비롯한 '전쟁체험론자'들이었다. 소위 '전중파'戰中派라 불리는(혹은 스스로 명명했던) 이들 전쟁체험론자가

6 이와 유사하게 도미야마는 1960년대 일본 사회에서 경찰 권력에 희생된 사람들을 다룬 다카하시 가즈미高橋和巳의 평론집 『내일을 위한 장례明日への葬列』(1970) 서장 「죽은 자의 시야에 있는 것死者の視野にあるもの」이라는 에세이에 나오는 시체의 망막에 최후의 영상이 남아 있다는 우화를 인용하면서, 그 죽은 자의 망막에 비친 아직 죽지 않은, 하지만 살해당할 위험에 처한 사람의 얼굴에서 폭력에 대항할 가능성을 찾고자 한다(冨山一郎, 2006).

일관되게 비판했던 것 역시 전쟁체험의 풍화, 그리고 그 풍화의 한 증거라고도 할 수 있는 전쟁 사자에 대한 기념식전 문화였다. 전쟁 사자의 죽음이 과연 무엇이었는가를 진지하게 묻지 않고 바로 조국의 번영과 평화가 그들의 선물이라는 식으로 그들을 다시 이 세계로 소환하는 것, 상실이라는 사건이 갖는 의미를 추구하기보다는 그들을 이 세계로 불러들임으로써 현재의 세계를 정당화하는 데 목적이 있는 애도의 방식에 대해 전중파들은 줄기차게 비판해 왔던 것이다.

그들은 왜 전쟁체험에 고착했는가, 아니, 왜 '고착하지 않을 수 없었을까.' 이 물음에 대한 답을 우리는 전중파의 대표 주자였던 야스다 다케시가 자신의 저서 『전쟁체험戰爭体驗』(1963)의 서두에서 꺼낸 한 경험담에서 확인할 수 있다. 천황의 항복선언인 소위 '종전의 소칙'終戰の詔勅이 공표되기 직전인 1945년 8월 15일 새벽, 당시 야스다는 일본군 병사로서 중국과 조선의 한 접경지대에서 소련군과 대치 중이었다. 그리고 그날 새벽 자신의 곁에 있던 전우가 소련군 저격병의 총탄에 맞아 절명한다. 자신과는 불과 열 걸음 떨어진 거리. 만약 그 총탄이 자신에게 날아왔다면, 그 '소치'이라는 것이 전날인 8월 14일에 내려졌다면, 아니 16일에 내려졌다면, 상황은 어떻게 달라졌을까. 책 전체를 통해 줄기차게 되풀이되는 야스다의 이러한 자문自問은 살아남은 자로서의 부끄러움, 전후의 평화 속에서 살아가는 자신의 삶에 대한 각성이자 동시에 죽은 전우에 대한 연대감의 발로였다.

물론 그것은 야스다 한 개인의 성향 문제가 아니라 전장에서 살아 돌아온 많은 이들이 전후에 공통적으로 나타내는 감정이기도 했다. 제1차 세계대전의 악명 높은 서부전선을 경험했던 독일의 작가 레마르크E. M. Remarque는 전후에 썼던 한 소설에서 "우리들의 죽은 전우는 그때 다시 부활하여 우리들과 함께 진군할 것"(Remarque, 1989: 101)이라며 그 연대감을 표명한다. 또한 스페인 내전에서 공화국을 위해 싸우고 그 이후 연합군의 일원으로 파시즘을 위해 싸웠지만 전쟁이 끝난 후 조국 스페인으로부터 버림받고 프랑스의 어느 한 복지시설에서 쓸쓸히 노년을 보내던 한 스페인 병사가 소설가에게 털어놓는 고백은 전후 살아남은 자들이 느꼈던 부끄러움과 회한을 절절하게 담아낸다.

> 내가 1936년에 전선을 향해 나설 때 다른 청년들도 함께 갔었소. … 아주 젊었지요. 거의 애들이었어요, 나처럼 말이죠. … 그들과 함께 전쟁을 했어요. 두 개의 전쟁을 함께요. 스페인 내전과 다른 전쟁을 말입니다. 비록 두 전쟁이 똑같은 것이었지만. 그런데 그들 중에 살아남은 사람이 아무도 없어요. 모두 죽었지요. … 정말 어린 친구들이었는데… 전부 죽었습니다. 죽었어요. 죽었어. 모두 다. 어느 누구 하나 이 세상의 좋은 것을 맛보지도 못했어요. 어느 누구도 자기만의 여자를 가져 보지 못했어요. 아이를 낳고, 그 아이가 서너 살쯤 되는 어느 일요일 아침, 햇살이 가득한 침실에 아내와 자신이 누워 있는 침대로 와 그 사이를 비집고 들어오는 그 황홀함을 그 누구도 맛보지 못했단 말입니다….
>
> 나는 가끔 그 친구들 꿈을 꿉니다. 그때마다 죄책감을 느끼지요. 모두들 그때 모습 그대로 농담을 하면서 내게 인사를 건네요. 그때처럼 젊지요. 그들에겐 시간이 흐르지 않으니까요. 내게 왜 자기들하고 같이 있지 않느냐고 물어요. 마치 내가 그들을 배신한 듯이요. 내가 정말 있을 곳은 거기였으니까요. 아니면 내가 그들 중 누군가의 자리를 대신 차지한 듯 말이죠. 아무도 그들을 기억하지 않습니다. 아세요? 아무도 기억하지 않는다고요. 그들이 왜 죽었는지, 왜 아내와 아이와 햇살 가득한 방을 가지지 못했는지, 그 이유조차 기억하는 사람이 없습니다. 아무도, 그리고 내 친구들이 싸워 준 그 은혜를 입은 사람들은 더더욱 기억을 하지 않습니다. … 무슨 말인지 아시겠어요? 이해하시겠지요. 그렇지요? 아! 하지만 저는 기억하고 있습니다. 유감스럽게도 저는 기

억하고 있습니다. 모두를 기억합니다.(Cercas, 2010: 264-266)

죽은 이에 대한 부끄러움과 연대감은 그들의 죽음을 이용하려 하는 사회에 대한 위화감과 분노로 표출되기도 한다. 1959년 10월에 정부 주최로 열린 '대동아전쟁 전몰학도 위령현창회'大東亜戰爭戰歿學徒慰靈顯彰會에 참석했던 당시 하시카와(橋川文三, 1985a)는 그 자리에서 느꼈던 거부감을 문제화한다. 그 거부감은 이 위령제가 그들의 죽음을 애도하는 것이 아니라 학도병들의 죽음을 '완벽한 죽음', '다마쿠시나 아악雅樂으로 받들어져야 할 죽음'으로 현창하는 것에 대한 강한 혐오에서 비롯된 것이었다. 그들의 죽음을 '개죽음'이 아닌 '민족의 영원한 생명을 위한 죽음'으로 찬미하는 이들 지도자의 논리에서 전몰자를 완벽한 죽음으로 몰아넣음으로써 자신들의 생존에 완벽한 위신을 세우고자 하는 동기가 엿보였기 때문이다. 하시카와에게 이러한 위령제는 '전사자를 완벽하게 부재자로 만드는' '저주받은 의식'이며, '그들 학도병을 흠잡을 데 없는 완벽한 사자로서 제사 지내는 것을 통해 그들의 전몰의 의미로부터 도망치고자 하는 행동'에 불과했다. 다시 말하면 이러한 비판에는 죽은 자들을 국가의 이름으로 현창해야 한다는 논리와 육친의(혹은 전우의) 죽음을 정치적으로 이용하고자 하는 것에 대한 전쟁체험 세대로서의 뿌리 깊은 반감이 자리하고 있었던 것이다.

'와다쓰미회'わだつみ會는 이러한 공감대를 바탕으로 전후 일본에서 전중파들이 조직해 낸 정치결사(1950년 4월 발족)였다. 그 구성원의 면면을 보더라도 오다기리 히데오小田切秀雄, 하시카와 분조, 야스다 다케시 등 당시의 대표적인 전중파들을 아우르고 있었다. 지난 전쟁에 대한 강한 반감과 비전非戰·평화에 대한 지향을 슬로건으로 하는 이 모임의 존재 의의를 하시카와는 다음과 같이 밝힌다.

> '와다쓰미회'는 다행인지 불행인지 당시 [전장에서] 죽지 않았다. 그들은 기억하고, 감각하고, 이해한다. 전후의 삶에서 전쟁을 보고, 또 기억 속에서 현재를 상기한다. 그들에게 있어 완벽하게 죽은 전우들은 존재하지 않는다. … 그 자신이 현실 속에서 완벽하게 살아갈 수 없다는 것과, 자신이 전쟁에서 죽지 못했다는 것은 의미와 상징에서 완전히 동일한 것이다. 거기서 그들은 일본의 역사 내지는 일본의 국가를 투시하는 능력을 획득한다. 말하자면 반존재半存在의 반면半面에서, 그들은 국가와 역사, 권력과 전쟁의 모든 의미를 파악한다. 제사 지내지는 것에 대한 거부, 완벽하게 죽는 것에 대한 거부—그것은 일본 역사에서 저항의 원천으로서 기능할 것이다. '와다쓰미'에 형이상학은 없다. 하지만 그들은 권력과 죽음에 대한 최후의 저항자가 될 것이다. 왜냐하면 그들은 죽음보다 굳건한 하나의 원리原理—**"죽을 기회를 놓친"** 원리를 가지고 있기 때문이다.(橋川文三, 1985a: 320-321. 굵은 글씨 강조는 인용자)

전중파 세대들이 와다쓰미회를 하나의 정치결사로 만들고자 한 데는 전후 일본의 시대정신에 대한 반항과 함께, 그러한 반항의 힘을 사자와의 교감에서 찾고자 하는 공통된 동기가 작용했다. 와다쓰미회의 정신이야말로 벤야민이 "도래할 세대들에게 줄 유품"이라 생각했던 "패배한 세대들의 이미지"(Löwy, 2017: 245)였는지도 모른다.[7] 그리고 실제로 이러한 전쟁체험에 토대를 둔 전쟁체험에 대한 강한 반감과 혐오는 전후 일본의 반전·평화 운동을 지탱하는 버팀목이었다. 1962

7 뢰비M. Löwy에 따르면 이 구절은 벤야민 자신이 직접 프랑스어로 번역한 「역사의 개념에 대하여」 12번 테제의 마지막 문장이다. "바로 우리 세대는 이 점을 알아야 할 의무가 있다. 왜냐하면 우리 세대가 남길 유일한 이미지는 패배한 세대의 이미지이기 때문이다. 그것이 바로 도래할 자들에게 줄 유품이 될 것이다." 이 구절은 독일어판에는 삭제되어 있다.

년부터 일본유족회나 자민당을 중심으로 이루어지던 '야스쿠니신사국가호지'靖國神社國家護持의 움직임이 결국 1975년 폐안에 이르기까지의 과정에서 드러나듯, 전쟁체험은 전후 일본 사회에서 전쟁희생자들에 대해 만들어지는 기념비적 이야기, 즉 '고귀한 죽음'이라는 이데올로기의 허위성을 누구보다 예리하게 간파하는 눈을 만들어 내는 토양이었던 것이다.

하지만 와다쓰미회를 비롯한 전쟁체험자에게 공통적으로 나타나는 피해자로서의 전쟁체험에 집착하는 센티멘털리즘이 동시에 일본인이라는 집단의 구성원으로서 자기인식을 곤란하게 하고 타자에 대한 자신의 전쟁책임 문제에 근접하는 것을 방해했다는 점을 간과해서는 안 된다. 다시 말하면 희생자에 대한 공감에 기초한 센티멘털리즘을 버리지 않으면서도, 그 센티멘털리즘을 눈에 보이는 '일본인 희생자'가 아닌 희생자 전반으로 확대해 나가는 것, 그리고 이를 통해 이러한 사고의 연쇄를 가로막는 현실정치에 저항하며 비전非戰의 정치를 모색하는 자세가 전중파들에게는 결여되어 있었던 것이다. 그런 의미에서 전중파의 전쟁체험론이 체험자의 자기중심적인 에고이즘에 빠진 채 아시아 민중에 가한 피해에 대해서는 완전히 무자각적이었다는 전후 세대의 비판에는 어느 정도 공감의 여지가 있다고 한 아카자와 시로의 지적(赤澤史朗, 2003b)은 설득력이 있다.

전쟁체험론은 그 순수성에도 불구하고 운동으로서의 이데올로기성에는 전혀 주의를 기울이지 않았다는 점에서 비판을 받을 수밖에 없었던 것이 아닐까. 이데올로기의 시대에 이데올로기를 버린다는 행위가 더욱더 의미 있는 정치운동의 출발점이 되기 위해서는 무엇이 필요했던 것일까에 대한 고려가 당시 전쟁체험론자들에게는 존재하지 않았기 때문이다. 와다쓰미회의 내부 균열과 와해는 실로 1960년대 일본 진보정치가 겪었던 갈등의 축소판이었던 것이다. 이런 의미에서 본다면 현재의 시점에서 (2000년대 이후 부쩍 늘어난) 1960년대의 전쟁체험론을 다시 소급하면서 그것을 (지금은) 일본 사회가 상실해 버린 소중한 '무엇'으로 규정하는 진보파들의 글쓰기에는 동시대성이라는 현실감각이 결여되어 있다.

따라서 그들이 슬로건으로 내세웠던 '전쟁체험의 사상화思想化'를 위해서는 당사자들의 기억 속에 엄격히 고정되어 있는 개별적인 사실들에 의해 형성되는 체험을 넘어, 그것을 동시대, 나아가 후대의 세대들도 이해하고 그 가치를 공유할 수 있는 한 사회의 유산으로 만들어 가는 작업이 이루어져야 했다. 그리고 이 작업이 성공했을 때야 비로소 전후라는 공간에서 갈라져 버린 '민주'와 '애국'(小熊英二, 2002)을 접붙일 수 있는 가능성도 발견할 수 있었을 것이다. 이 양자의 결합은 전후 민주주의의 공허함을 채워 줄 수 있을 뿐만 아니라, 상처 입은, 그럼에도 불구하고 여전히 강력한 힘을 갖고 있는 내셔널리즘을 '긍정적인' 방향으로 인도할 유일한 열쇠이기도 했다.

하지만 벤야민이 근대의 특성으로 지적했듯이, 이미 종합적 기억의 토대인 지속적 흔적들의 축적이라고 할 수 있는 경험이 서서히 소멸해 가는 상황에서,[8] 개개의 체험들을 한 사회 구성원들이 공유하는 하나의

8 "우리는 언제나 경험의 가치가 새로운 하강선을 긋고 있고, 또 외적 세계의 이미지뿐만 아니라 도덕적 세계의 이미지까지도 하룻밤 사이에 전혀 상상도 할 수 없을 정도의 변화를 겪고 있음을 알 수 있다. 제1차 세계대전과 함께 하나의 현상이 명백해지고, 그 후 이 현상은 한층 가속화되고 있다. 전쟁이 끝났을 때 전장으로부터 귀환한 병사들이 모두 입을 다물고 있는 것, 그러니까 직접적 경험을 서로 나누는 일이 더 풍성해진 것이 아니라 더 빈약하게 되었다는 사실이 부쩍 눈에 띄지 않았던가. 그로부터 10년 후, 전쟁에 대한 각종 책들이 범람하게 된 것도 사람의 입에서 입으로 전해진 경험은 결코 아니었다. 그것은 결코 이상한 일이 못 되는데, 경험은 모두 위선이 되었기 때문이다. 전략상의 경험은 진지전에 의해, 경제상의 경험은 인플레에 의해,

유산으로 만드는 것은 지난한 작업을 필요로 한다. 결국 와다쓰미회는 전후 1960년대를 거치며 전쟁체험의 정신사적 의미가 공론화될 수 있는 토양을 만들어 내지 못하는 가운데, 이들을 구세대의 유물처럼 보는 당시 (전후파) 학생 운동권과의 반목과 내부균열로 와해되면서, 그들이 꿈꾸었던 '전쟁체험의 사상화'라는 과제 역시 유산되어 버렸다. 현재 일본 사회의 각지에서 전개되고 있는 지난 전쟁의 기념비화는 전후 일본 사회에서 전쟁체험의 정신사적 의미가 계승되지 못하고 유산流産되어 버린 뼈아픈 결과라고 해야 할 것이다.

3. 회한과 분노, 그리고 원한의 정치

다시 죽은 자의 귀환 문제로 돌아와 보자. 마지막으로 고찰하고자 하는 것은 살아남은 자들의 회한, 산 자의 세계에 찾아와 자신이 죽어야 했던 의미를 묻는 죽은 자의 응어리진 원한, 그리고 그 원한을 산 자들이 어떻게 풀어 나가야 할 것인가解寃와 관련된 문제다.

전쟁의 막바지인 1945년 봄, 특공대원들은 조국으로부터 스스로 죽음으로써 조국을 사수하라는 명을 받았다. 당시 군의 최고통수권자인 천황이 병사들에게 죽음을 명할 수는 없었기 때문에 그들은 형식상 '자원'이라는 형태로 특공대에 편입되었다. 특공대를 조직한 군 지도자들은 "너희들의 출격이 조국의 마지막 희망"이고, "너희들의 죽음을 헛되이 하지 않을" 것이며, "너희들만 그렇게 보내지 않겠다. 마지막엔 우리도 너희를 따르겠다"고 그들에게 약속하면서 그들을 결코 살

육체적 경험은 과학전에 의해, 도덕적 경험은 권력자의 실태에 의해 그 시절만큼 철저하게 정체를 드러낸 적은 없었다."(Benjamin, 2001: 166)

아 돌아올 수 없는 사지死地로 떠나보냈다. 그리고 그런 절망적인 몸부림에도 불구하고, 결국 일본은 8월 14일 연합군 포츠담 선언을 수락하면서 패전을 맞이하게 된다. 그날 밤, 특공작전의 창시자로서 '특공대의 아버지'로 불렸던 오니시 다키지로大西瀧治郎 중장은 최고지휘관으로서의 책임을 통감하며 할복 자결했고, 또 어떤 지휘관은 패전 다음 날 몇몇 부하와 함께 자신의 비행기를 몰고 연합군 함대를 향해 특공출격했다고 한다.

하지만 '죽음의 행진'은 그것으로 끝이었다. 특공에 관여했던 대다수의 지휘관들은 전쟁이 끝나자마자 얼굴을 싹 바꾼 채 새로운 전후를 맞이했다. 한때 절대적인 신으로서 그들 위에 군림했던 천황이 자신이 신이 아님을 스스로 명언한 것도 이 시기였다. "짐과 너희들 신민臣民 사이의 유대는 시종 상호의 신뢰와 경외에 의지하여 맺어진 것이지, 단순한 신화나 전설에 의지하여 만들어진 것이 아니다. 천황을 현존 신으로 삼고, 또한 일본 국민이 다른 민족보다 우월한 민족이며 나아가서는 세계를 지배할 운명을 가졌다는 가공의 관념에 기초한 것이 아니"라는 소위 「인간선언人間宣言」(1946)은 '천황폐하 만세'를 부르짖으며 특공출격한 젊은이들의 죽음에 대한 배신 행위였다.

1949년 발간된 『들어라 와다쓰미의 소리』를 비롯한 일련의 전사자 유고집들이 전후 일본인들의 마음을 사로잡은 데는, 벚꽃나무 가지를 흔들며 그들 특공대원을 죽음의 전장으로 보냈던 사람들이 전후 '살아남은 자'로서 느꼈던 부끄러움의 감정이 자리하고 있었는지도 모른다. 죽기 직전 남긴 그들의 유서에는 전전 신문에 보도되던 것처럼 조국을 위해 기꺼이 자진하여 목숨을 바치던 가미의 모습이 아닌, 육친과 사랑하는 사람을 그리워하고 닥쳐올 죽음에 번민하는, 그리고 세계정세를 읽지 못하고 조국을 파멸의 구렁텅이에 몰아넣은 어리석은 군부의 전횡에 분노하는 인간의 면면이 그려져 있었다. 또한 거기에는 이 지경에 이르기까지 아무런 행동도 하지 못하고 수수방관했던 자신들의 과거에 대한 '후회·회한'도 깃들어 있었다.

이는 전쟁에서 살아남은 사람들이 느꼈던 감정이기도 했다. 전우의 시체가 즐비한 전장을 헤치고 살아 돌아온 사람들, 혹은 무의미한 전쟁으로 육친을 잃은 유족들에게 회한은 단순한 자기반성의 차원을 넘어서는, 그래서 결코 잊힐 수 없는 강렬한 감정이었을 것이다. 남북전쟁에 참전한 군인이자 제20대 미국 대통령이기도 했던 제임스 가필드J. Garfield가 말했던 것처럼, "자신들과 같은 인간이 죽어 시체가 된 전장을 목격한 다음에는, 어떻게 해도 예전의 자신으로는 돌아갈 수 없는"(Faust, 2008: 60) 것이다. 앞서 언급한 1960년대의 대표적인 전쟁체험론자인 야스다 다케시는 죽은 자와 살아남은 자의 그 '결정적인 운명의 차이'가 만들어 내는 허무감과 공백감의 밑바닥에 자리하는 '분노'("왜 죽어 버린 것이 그이고, 10년이 지난 지금 원호국援護局에 보관된 한 서류철에서 그의 기록을 읽고 있는 것이 나여야 하는가!")에 대해 언급한다(安田武, 1994: 35-36). 그 분노는 자신이 좋아하는 스모 경기를 보기 위해 경기장에 갔을 때 확성기에서 울려 퍼지는 기미가요 소리를 듣고도 관중석에 앉아 있던 다른 사람들처럼 기립하지 못하고 그냥 주저앉아 버리고 싶은 그런 강렬한 감정이기도 하다(Faust, 2008: 82-83).

여기서 '후회·회한'이라는 감정의 의미에 대해 좀 더 고찰해 보자.[9] 도미나가 시게키冨永茂樹에 따르면, 후회·회한은 시간을 거슬러 올

9 도미나가 시게키冨永茂樹는 '후회'regret와 '회한'remorse이 비슷해 보이지만 서로 다른 원인에 의해 성립된다고 지적하며 그 차이를 다음과 같이 정리한다. 후회가 소중히 여겼던 것을 잃은 상실감에 의해 성립하는 것이라면, 회한이란 죄의 감정, 즉 양심의 가책이라는 충동에서 유래하는 감정의 상태라는 것이다. 나아가 기능적으로 보더라도, 후회가 리비도로 하여금 대상을 단념시키도록 하는(다시 말해 대상상실이 자아상실로 바뀌는 '멜랑콜리'에 이르지

라가 행위주체가 지나간 과거의 행위를 반추하는 과정에서 생겨나는 것이다. 물론 그 거슬러 올라감이라는 행위에는 일정한 제한이 있어서, 후회와 회한을 거듭하면서도 결국 사람들은 일시적인 일탈에서 벗어나 다시 새로운 현실의 생활을 시작하게 된다. 이는 반대로 말한다면 주체의 내면에서 계속 반복되는 후회·회한은 본래의 시간적 질서로 복귀하지 못하는 퇴행의 양상이자, '실패 증후군'으로 화할 위험성을 내포하는 것임을 의미하는 것이기도 하다. 하지만 후회·회한의 '반복 또는 과격화'는 불확실하고 위험한 증상임에도 불구하고, 강렬한 내적 성찰의 계기를 가져오며 동시에 자신의 의미를 되찾는 길을 열어주는 방식으로 전화될 수 있다. 다시 말하면 후회·회한은 초월, 그리고 '보다 커다란 주체'의 존재를 감지하게 하는 적극적인 역할을 수행하는 감정이기도 하다(冨永茂樹, 1984).

회한이라는 감정이 불러일으키는 강력한 힘은 분명히 패전 직후 변혁의 에너지로 작동하고 있었다. 그 한 예로, 우리는 마루야마 마사오를 비롯한 소위 '진보 지식인' 진영 내에서 제기한 '회한 공동체'를 떠올릴 수도 있을 것이다. 이때의 회한이란, 패전으로 인해 '배급받은 자유'를 자발적인 것으로 전화하기 위해서는 일본 국가와 같이 자신들도 지식인으로서 새로운 출발을 하지 않으면 안 된다는 전제 아래, 과거 전시기를 지배했던 초국가주의의 가공할 만한 권력과 회유에 끝까지 저항하지 못하고 패전을 맞이한 자신들이 지난날에 대해 느끼는 강렬한 자책감을 의미하는 것이었다(丸山眞男, 1982: 114). 물론 이러한 회한의 감정이 전전 유일하게 전향하지 않았던 공산당에 대한 무조건적 맹종 등 전후의 역사에서 반드시 좋은 결과를 낳은 것은 아니지만, 적

않게 하는) 기능을 한다면, 회한은 인간의 초자아가 야기하는 공격성을 무력화하는 방향으로 작동한다(冨永茂樹, 1984: 76-80 참조).

어도 전후 일본의 보수화에 저항한 가장 강력한 세력을 형성했다는 것은 부정할 수 없는 사실이다.

하지만 '원한의 정치'는 단순히 타자(자신들을 '버린' 일본, 혹은 자신들을 '스파이'로 몰며 학살을 서슴지 않던 일본군)에 대한 격렬한 증오만을 의미하지 않는다. 또 그것은 니체가 『도덕의 계보』에서 말했던 것처럼 복수가 이루어질 수 없을 때 그것이 내면화되고 정신화되며 동시에 반동화되어 형성되는 퇴영적인 상태로서의 '원한'(르상티망ressentiment), 즉 저 탁월한 원한을 품은 성직자 민족에서 기인한 시기·양심·무능에 바탕을 둔 "도덕에서의 노예반란"과도 다르다(Nietzsche, 2002: 364, 367).[10] 오히려 원한은 그보다는 그러한 증오를 만들어 내는 총체적인 상황이나 제도에 대한 분노, 그리고 현재의 곤경을 초극하고자 하는 어떤 힘, 즉 능동적 반란이자 혁명적 실천의 원천에 가깝다.

전후 일본 사회에서 회한이라는 감정이 갖는 구성적 힘을 찾아내기 위해, 도미야마가 오키나와 전장에 서려 있는 오키나와인들의 원한에 주목했던 것도 그 때문이다. 그 원한은 아시아·태평양전쟁 당시 일

10 니체는 분명히 귀족주의적 관점에서 원한을 "도덕에서의 노예반란"으로 규정한다. "도덕에서의 노예반란은 원한 자체가 창조적이 되고 가치를 낳게 될 때 시작된다. 이 원한은 실제적인 반응·행위에 의한 반응을 포기하고, 오로지 상상의 복수를 통해서만 스스로 해가 없는 존재라고 여기는 사람들의 원한이다. 고귀한 모든 도덕이 자기 자신을 의기양양하게 긍정하는 것에서 생겨나는 것이라면, 노예도덕은 처음부터 '밖에 있는 것', '다른 것', '자기가 아닌 것'을 부정한다. 그리고 이러한 부정이야말로 노예도덕의 창조적인 행위인 것이다. 가치를 설정하는 시선을 이렇게 전도시키는 것—이렇게 시선을 자기 자신에게 되돌리는 대신 반드시 밖을 향하게 하는 것—은 실로 원한에 속한다. 노예도덕이 발생하기 위해서는 언제나 먼저 대립하는 어떤 세계와 외부 세계가 필요하다. 생리적으로 말하자면, 그것이 일반적으로 활동하기 위해서는 외부의 자극이 필요하다—노예도덕의 활동은 근본적으로 반작용이다."(Nietzsche, 2002: 367-368)

본 내에서 벌어진 유일한 지상전이자, 병사뿐만 아니라 섬 내 민간인 3분의 1의 생명을 앗아간 오키나와 전장에서 살아남은 사람들이 느꼈던 감정, 즉, 왜 자신들과 자신들이 살던 섬이 본토 공격을 지연시키기 위한 하나의 '버림돌'捨て石로 전락해 버렸는가, 또 왜 일본군의 전쟁수행을 돕던 자신들이 오히려 군인들에 의해 학살당하게 되었는가라는 자문自問을 통하여 자기 내면에서 발견한 감정이기도 했다. 하지만 그 원한은 결코 부정적인 감정이 아니다. 오히려 원한의 정치는 전후의 오키나와인들에게 '오키나와어' 혹은 '오키나와 민족'이라는 정체성을 발견하는 하나의 계기를 만들어 내는 힘으로 전화되기도 한다. 그것은 전황이 불리하자 아군이라 믿었던 일본군이 자신들을 내쫓고 심지어 집단자결을 강요하는 상황, 다시 말하면 일본인이라는 공동성으로부터의 이탈이라는 경험이 과거에 대한 질문을 던짐으로써 획득되는 '오키나와어'이자 '오키나와 민족'이기도 하다(冨山一郞, 2006: 125-129 참조).[11]

이렇게 본다면 증오를 "증오의 대상을 배격하거나 아예 제거함으로써 카타르시스를 얻는 감정"과 같이 내부의 불만을 불특정한 타자에게 투사시킴으로써 체제의 안정을 유지하고자 하는 제도 측의 전략에 휘둘리기 쉬운 감정이라고 했을 때, 분노는 오히려 그러한 증오를 끝없이 재생산하는 총체적인 상황이나 제도를 파괴·해체하는 힘의 기반이라는 식으로 구분하는 것도 가능할 것이다. 그것은 에드워드 사이드E. Said가 팔레스타인에 대해 '거절의 벽'을 세우는 이스라엘에 느끼

11 물론 도미야마의 작업은 그 원한이라는 감정이 현실을 새롭게 구성하는 '긍정적인' 힘으로 전화되는 과정에 대한 세밀한 분석에까지 이르지는 못했다. 오히려 총탄과 포탄이 쏟아지는 전장에 내팽개쳐진 벌거벗은 인간, 즉 호모 사케르Homo Sacer로서 오키나와인들이 느꼈던 원한에 주목한 그의 시도는, 그 원한을 읽어 내는 것으로부터 새로운 공간을 열 수 있는 것이 아닐까 하는 '희망'에 가까운 것이라고 보는 편이 더욱 타당할 것이다.

는 감정으로서 분노와 증오를 구분하는 방식과도 맞닿아 있다.[12]

> **사이드:** … 저런 거대한 거절의 벽을 세우는 것에서 오늘날까지 이어지는 이스라엘인들의 삶의 방식이 그대로 드러나고 있습니다. 당신은 이스라엘인이므로 검문소, 이를테면 에레즈 검문소의 행렬에 섰던 적이 단 한 번도 없겠지요. 그 경험은 대단히 불쾌합니다. 아주 굴욕적입니다. 나처럼 특권이 주어진 인간에게조차 그렇습니다. 타인에 대한 비인간적인 행위는 용서받을 수 없습니다. 그러므로 나의 반응은 분노입니다. 커다란 분노입니다.
>
> **[이스라엘] 기자:** 당신은 우리를 증오하고 있습니까?
>
> **사이드:** 아니요. 이상하게도 **증오**는 내가 느끼지 않는 감정 중의 하나입니다. **분노** 쪽이 훨씬 건설적입니다.
>
> (Said, 2001. 酒井隆史, 2007: 224에서 재인용. 굵은 글씨 강조는 인용자)

하지만 전후 37년이 지난 시점(1982년)에서 마루야마도 토로하듯 '회한 공동체'는 일본 사회에서 전쟁체험의 풍화와 더불어 점차 소멸해 갔다.[13] 분노라는 감정을 "항상 부정적인 것으로 평가하는", 즉 그

12 사카이 다카시酒井隆史는 증오와 분노를 구분하면서, 제2차 세계대전 시기 일본 군부가 미국과 유럽의 연합군을 '귀축영미'鬼畜英美라고 규정하며 국민들에게 그들에 대한 증오를 표현하도록 강요한 것, 조지 오웰의 『1984』에서 '증오의 시간', 크메르 루주가 쫓겨난 이후 새로 성립된 캄보디아 정권이 크메르 루주의 학살을 상기시키기 위해 만든 '증오의 날'과 같은 사례를 대표적인 증오의 감정 표출로 파악한다. 나아가 사카이는 이 양자의 차이를 보다 명시적으로 드러내기 위해, 마르티니크 출신으로 알제리 해방 전선에 관여했던 지식인 파농의 폭력론이나 팔레스타인의 지식인이자 투사인 사이드의 입장을 사례로 제시한다(酒井隆史, 2007: 57-61).

13 '회한 공동체'의 한계에 대해 마루야마는 다음과 같이 부연한다. "이는 전쟁

러한 감정을 계속 가지고 있는 것 자체를 "'미덕'에 반하는" 것으로 폄하하는(安田武, 1994: 83), 그래서 "원怨과 한恨을 잊어버린"(滝沢秀樹, 1987: 49) 근대 일본이라는 '윤리적' 세계에서 회한이라는 감정을 긍정적으로 전유하는 것은 어려운 과제였을 것이다. 실제로 오늘날 일본 사회에서 지난 전쟁의 고통스런 체험을 이야기할 때 전면에 드러나는 지배적 감정은 비참했던 당시의 상황에 대한 체념과 영탄, 그리고 노스탤지어다. 다시 말하면 평화로웠던 자신들의 삶을 이 지경으로까지 만든 체제 혹은 적에 대한 분노가 표출되어야 할 자리를, 이제는 두 번 다시 이런 비참한 전쟁이 일어나서는 안 된다는 소망이나 과거에 대한 노스탤지어가 대체하고 있는 것이다.[14]

책임 문제가 흐지부지된 것, '전범'으로서 한번 추방된 지도자들이 재등장한 것, '민주주의'가 부정否定의 정열을 잃어버린 채 이념이나 운동이라기보다 법률제도 안에 고정된 무엇인가로 변모된 것—그러한 전후의 역사 과정과 일치하는 것입니다. 일본의 부흥이 1960년 전후부터 고도성장 시대로 급속히 진전됨에 따라 정치·경제·교육 등 모든 영역에서 어느 시기 마비상태에 빠졌던 기구는 급속히 정비되고, 조직은 비대화되고 국민생활 전체가 일상의 레일 위에 올라 진행되게 되었습니다. 말할 필요도 없이 전문화와 관료화의 경향은 세계적으로 선진국에 공통되는 현상이지만, 내가 되풀이해서 강조하고 싶은 것은 그러한 경향은 근대 일본의 소위 '업'業이며, 그것이 '전후는 끝났다'고 이야기되는 시기부터 한층 가속화되었다는 것입니다. … 이리하여 지식인은 다시 각 직업영역의 참호에 들어가 버리게 되고, 소위 반체제 측도 나름의 폐쇄적인 동료 집단이 되어 버렸다는 것이 오늘날의 상황이 아닐까 생각합니다."(丸山眞男, 1982: 124-125)

14 이러한 근대 일본 민중의 심정 세계를 당시 유행가의 모티프를 통해 분석한 훌륭한 연구로 사회학자 미타 무네스케見田宗介의 작업을 거론해도 좋을 것이다. 미타에 따르면, 분노라는 모티프는 메이지 초기에 잠깐 등장해 유행한 것을 제외하고는 전후 1970년대에 이르기까지 결코 유행가의 주요한 모티프로 등장한 적이 없다. 그 대신에 등장하는 것이 원한うらみ이고, 뒤이어 '자포자기'やけ이며, 이는 나아가 체념과 미련으로 변질된다. 분노의 심정이 단순히 증오나 반발과 달리 '어떤 침해된 정의에 대한 의식에서 생기는'(橋川文三, 「失われた怒り」) 것이라고 한다면, 분노가 공동共同의 심정으로서 성립할 수

이렇듯 분노를 항상 부정적인 것으로 폄하하는, 그리고 원과 한을 망각하게 하는 감정적 토양의 지배 구조 속에서 자신들을 전쟁의 지옥으로 몰아넣어 간 그 모든 총체에 대한 분노를 단순한 감정의 차원을 넘어 '사상화'하고자 했다는 점에서 야스다 다케시를 비롯한 와다쓰미회의 시도가 갖는 의의를 평가해야 할 것이다. 이는 "전쟁체험이 전중파의 독점물이 아닌 민족 총체의 체험"이며, 나아가 "극한상황에 처한 일본 민족의 체험은 일본 및 일본인이라는 것의 정신과 체질을 그 근원에서 명확히 밝힐 수 있다는 믿음"(安田武, 1994: 96)이기도 했다.

> 폭발적·일시적 격분에 사로잡히기 쉬운 일본인은 시간이 흘러도 사라질 수 없는 집요한 증오나 원한, 분노의 감정을 지속하는 데 약하다(우리들은 전쟁의 책임자에게 전후의 재건을 맡기고 있다!). 하지만 그래도 좋은 것인가. 분노는 삭여야 하고, 굴욕은 해소되지 않으면 안 되는 것이 아닌가. 복수를 하지 않는 사회에서 우리들은 한없이 무책임해질 수 있는 것이다. 민족 전체의 굴욕은 민족 전체의 분노가 되어, 복수를 행하지 않으면 안 된다.(安田武, 1994: 98-99)

물론 간절한 바람에도 불구하고 결과적으로 본다면 이들의 정치적 입장은 일본 사회에 뿌리내리지 못했다. 이는 야스다 등과 같은 전중파들이 무기로 하고자 했던 체험이 여전히 일반 대중과 소통하기 힘

있기 위해서는 분노를 지지하는 공동의 가치체계가 있지 않으면 안 된다. 이렇게 본다면 일본 유행가의 모티프에서 분노가 사라지는 것은, 메이지 초기 민중 운동의 좌절과 흡수, 그리고 청일·러일전쟁을 거치면서 제국화된 일본의 신민 스스로가 억압민족의 일원으로 전화하는 과정과 겹친다. 그리고 분노의 감정의 밑바탕인 비판정신은 시대를 거치면서 풍자로, 나아가 자포자기·자조로 굴절되어 간다는 것이 미타의 해석이다(見田宗介, 1977).

든 애매한 것이었기 때문이다. 단적으로 말하면 그들의 분노는 증오나 원한과 뒤섞여, 그들 자신도 정확히 파악하기 힘든 감정의 과잉 상태를 넘어서지 못했다. 나아가 피해자 의식에서 유래하는 후회를 넘어서는 회한·원한의 정서가, 심정적 낭만주의를 극복하고 전후 일본 사회의 물질적 조건들을 포함한 역사의 객관적 파악으로 변혁에 대한 구체적 이미지와 프로그램을 만들어 내지 못한 점도, 그들의 운동이 결국 좌초하고 만 하나의 원인이라고 할 수 있을 것이다. 전중파는 자신의 청년 시절을 지배했던 '과도한' 정신주의에서 끝내 벗어나지 못했던 것이다.

하지만 이를 '원한의 정치' 자체가 갖는 한계라거나 그것의 필연적 귀결이라고 일반화할 수는 없다. 이시무레 미치코(石牟礼道子, 1969)가 섬세하면서도 절절한 필치로 그려 내고 있듯이, '미나마타병'水俣病이라는 전후 최대의 공해병을 둘러싸고 환자들과 일반 시민들이 힘을 합해 '짓소'日本窒素株式會社라는 거대자본과 맞서 수십 년에 걸쳐 투쟁한 끝에 승리한 역사는, 자본주의의 최대 희생자인 하층민들의 원한이 전후 사회의 물질적 조건 위에 토대를 두고 시민운동과 결합했을 때 어떤 성과를 만들어 낼 수 있는지를 생생하게 보여 준다. 현 사회의 모순 앞에서 눈을 감아 버리지 않고 그 모순 속에서 싹트는 새로운 힘을 '선취'할 수 있는 가능성을 확보해 내기 위해 그녀가 주목한 것은 증오가 아닌 원한, 즉 현 사회의 모순을 객관적으로 이해하면서 이를 깨트려 나갈 수 있는 합리적인 감정이자 힘으로서의 분노였다(이영진, 2014b: 236 참조).[15]

15 물론 고도자본주의의 혜택을 받지 못한 변두리 시골 바다의 어민들을 픽픽 쓰러지게 만든, 원인을 알 수 없는 희귀병이 공해병으로 인정되고 보상을 받게 되기까지의 과정은 지난한 것이었다. 미나마타병 환자들은 질병이 주는 직접적인 고통을 겪었을 뿐 아니라 그 병이 희귀병이라는 사실, 전염될 수도 있을 거라는 사회적 무지와 편견, 또 논란이 일어 회사가 철수함으로써 지역

이와 마찬가지로 피해자 의식이라는 것도 지난 전쟁의 기억과 관련하여 일본 사회가 갖는 한계로서 종종 지적되어 왔지만, 반드시 이를 부정적으로만 볼 수는 없다. 피해자 의식의 심화는 피해자 일반에 대한 공감으로, 나아가 이러한 피해를 야기한 권력에 대한 비판, 가해 인식에 대한 자각으로 나아갈 수 있는 가능성도 내포하고 있기 때문이다(岩松繁俊, 1982: 50). 이러한 주장에는 전후 일본 사회는 오히려 피해자로서의 의식이 박약했기 때문에 가해자로서의 의식과 인식 역시 박약할 수밖에 없었으며(岩松繁俊, 1982: 52), 오히려 피해자 의식을 심화시킴으로써 피해자 내셔널리즘에서 벗어나 가해자를 추궁하고, 나아가 전쟁책임을 인식하는 데까지 이를 수 있는 가능성을 확보해야 한다는 역설이 내포되어 있다.

물론 이는 역설이다. 하지만 다케우치 요시미竹内好가 강조했던 것처럼, 전후 민주주의의 공허함을 채울 수 있을 뿐만 아니라 전쟁체험자들의 감정 기억을 흔들고 감정 기억 속에서 살아 있는 원리를 발굴함으로써 지난 시기 역사를 통해 '상처 입은', 그럼에도 불구하고 여전히 현실사회에서 강력한 힘을 갖고 있는 내셔널리즘을 '긍정적인' 방향으로 인도하기 위해서는 전쟁체험의 사상화와 같은 역설적 방법이 유일한 것이 아닐까(이영진, 2014a: 45). 나아가 이러한 문제제기는 '원한의 정치'라는 기획을 심화시키는 데도 매우 유용한 통찰을 제공해 준다.

경제가 붕괴될지도 모른다는 지역 주민들의 두려움 때문에 병에 대해 지역사회 내에서도 터놓고 이야기하지 못하는 등 이중으로 고통을 받았다는 점도 덧붙이지 않으면 안 된다. 하지만 피해자인 어민들과 그들의 활동을 지지하는 소수 운동가들의 끈질긴 노력으로 미나마타병은 1960년대에 접어들면서 일본 사회가 풀어 나가야 할 사회적 과제로 부각되고, 의학진과 사회운동가들이 대거 미나마타로 몰려오면서 점차 그 진상이 규명된다. 미나마타병 투쟁을 일본 사회의 원한이라는 감정의 중요한 계보로 파악한 글로는 이영진(2014b) 참조.

근대 일본 사회에서 항상 부정적으로 평가되어 온 민중의 원한이라는 감정을 재사유함으로써 일본인들은 근대 일본제국이 수행한 전쟁이 낳은 식민지와 전장의 무수한 원한들을 이해하고, 또 이러한 원한을 풀고자 하는 사람들의 활동에 공감하며 나아가 연대할 수 있다는 것이야말로 원한의 정치의 핵심적 교의라고 할 수 있을 것이다.[16]

16 '민중사'民衆史라는 관점에서 일본과 한국에서의 '원'怨과 '한'恨의 문제를 다룬 다키자와 히데키滝沢秀樹는 '한'이라는 개념을 다음과 같이 정리한다. "한국·조선이나 재일在日의 '한'이라고 할 때, 사회적 생활을 영위하는 '삶'生이 있는 인간이 그 생활사 자체에서 '한'을 형성해 가는 것이기 때문에, 그것은 구체적으로는 나타나는 형태에 있어 억압된 자(조선인)의 억압자(일본제국주의·일본인)에 대한 감정이나 정신 상황만을 의미하는 것은 아니다. 억압자가 눈에 보이는 형태로 존재하면서 피억압자가 모름지기 억압으로부터 해방을 요구하면서 싸울 때, 미래에 대한 (주관적으로는) 일차적인 희망과 광명이 보이는 것이기 때문에 그러한 한 '한'을 푼다'는 주체적 정신 형성은 필요하지 않다. 억압의 구조가 피억압자의 내면세계에까지 침투하고 '도대체 무엇이 적인지' 불분명한 상황에까지 이를 때, 억압으로부터의 해방은 직접적으로는 우선 그 생활사에서의 자기(아이덴티티)의 재발견·확립이라는 차원에서의 '한풀이'를 출발로 하지 않으면 안 되는 것이다. '한풀이'는 전 인격을 건 주체에 대한 물음이 된다. 그리고 억압자를 발견하고 '억압 구조의 해체=억압으로부터의 해방'을 노리는 그 싸움의 전 과정이 억압자 자체를 구제의 대상으로 설정하지 않을 수 없는 '한풀이'의 과정이 된다."(滝沢秀樹, 1987: 39-40) 다키자와는 한국어의 '한'에 대응하는 일본어를 찾기 힘들다는 점을 지적하면서, 이는 "일본인의 정신생활 속에서 '한'의 계기를 찾기 힘들다는 것을 의미할지도 모른다"고 하면서도, "일본의 근현대사가 '원과 한'을 망각한 근현대사이자, 근대 일본의 민중이 전부 '행복의 신의론'神義論에 빠져 있는"(滝沢秀樹, 1987: 49) 역사가 아니었음을, 1960년대 미나마타병을 둘러싼 투쟁이나 여자 갱부, 가라유키상からゆきさん(근대 규슈의 시골 마을에서 가난 때문에 매춘부로 팔려 나간 어린 여성들)의 생활세계를 다룬 이시무레 미치코의 저작들에서 고찰한다.

4. 해원의 의미

지금까지의 논의는 다음과 같은 물음으로 귀결된다. '그렇다면 죽은 자들과 어떻게 마주해야 할 것인가.' 죽음을 치켜세워 현창하는 것이 아닌, 그들의 죽음을 진정으로 애도하는 산 자의 언어를 어떻게 만들어 낼 수 있을까. 어떻게 하면 죽은 자들에게 그들이 죽어야 했던 이유를 납득시키고, 또 그들이 이 세상과 진정 작별할 수 있도록 도움을 주는 언어를 만들어 낼 수 있을까. 이는 '해원'解冤의 문제이기도 하다.

전쟁체험론자들이 1960년대 일본이라는 시공간에서 '애도의 거부'라는 다소 극단적인 방식을 취했던 배경에는 기존의 국가 주도 기념식전 문화를 답습하는 것으로는 결코 그 문제를 해결할 수 없으며, 오히려 파국의 중심으로 침잠해 들어가면서 진정 상실된 것이 무엇인지를 깨닫는 충격 요법이 더욱 적절하다는 생각이 깔려 있었다. 전쟁체험론의 의의는 무엇보다 위로부터가 아닌 아래로부터의 전쟁체험을 통해, 위로부터의 기념의 논리가 아니라 산 자들이 죽은 자들과 어떻게 만나야 할 것인가에 대한 실제적인 윤리적 지침을 제공해 주었다는 점에 있다. 하지만 전쟁에서 살아남았다는 강력한 '실감'에 기초한 전쟁체험론은 당대 일본 사회에서 제대로 이해되지 못한 채 결국 유산되고 말았다.

전후 일본 사회에서 전쟁체험론의 유산은 안타까운 것이었다. 왜냐하면 일본 사회의 전사자 위령·기념이라는 '장치'dispositif가 결국 '평화의 초석'이라는 공허한 수사학에 의존할 수밖에 없는 사태로 귀결되었기 때문이다. 물론 '평화의 초석'론은 전후 일본 사회의 감정의 구조인 피해자 내셔널리즘과 맞물리면서 그들의 죽음이 전후 일본의 평화의 초석이 되었다는 식의 의미를 부여하며, 한동안 전후 위령의 '비틀림'을 봉합하는 담론으로 기능하면서 일정한 역할을 수행했다. 하지만 이러한 애도의 방식은 냉전 체제 아래 봉합되어 왔던 기억의 항아리가 열리고 아시아 각지에서 지난 전쟁을 둘러싼 여러 기억들이 쏟아져 나오면서 점차 균열을 일으키며 힘을 잃어 가고 있다. '전사자=평화의 초석'이라는 자리매김은 어디까지나 일본 국내에 한정된 수사학에 불과했기 때문에, 다양한 외부의 기억들에 응답하지 못하면서 스스로 모순을 노정했던 것이다. 문제는 일본 사회가 현재 아시아적 차원에서 전개되고 있는 기억의 전쟁을 종식시키기 위해 평화의 초석이라는 기존의 수사학을 대체할 만한 다른 애도의 논리를 찾아내지 못하고 있다는 것이다.

1960년대의 전쟁체험론이 갖는 한계는 분명하다. 당사자성에 입각한 실감주의, 그리고 그 결과 체험자의 자기중심적인 에고이즘에 사로잡혀 소통의 회로를 스스로 막아 버린 오류는 변명의 여지가 없다. 더구나 그들의 피해자주의가 가해자에 대한 추궁, 나아가 자신의 전쟁책임에 대한 인식으로 나아가기 위해서는 여전히 많은 연결 고리가 필요하다. 하지만 그럼에도 불구하고 현대 일본 사회에서 전쟁체험론을 다시금 상기할 필요성을 강조한 이유는, 무엇보다 죽은 자들의 원한의 목소리에 귀를 기울이는 것이 산 자들의 책무라는 애도의 가장 근원적인radical 부분을 이들의 주장이 짚어 내고 있기 때문이다.

그렇다면 남는 과제는 전쟁체험론이 계승되지 못한 이유에 주목하면서 그들의 애도론이 현재 일본 사회에서 여전히 갖는 유효성을 검토하고, 이를 통해 새로운 애도의 논리를 모색하는 것이다. 다시 말해 지난 전쟁에서 살아남은 자들이 가졌던 회한이나 원한과 같은 감정이 불러일으키는 힘들에 주목하면서도, 과도한 심정적 낭만주의로 치장된 애도의 공동체라는 국민적 공동체에 포섭되지 않고, 전후 일본 사회라는 사회구성체를 객관적으로 이해함으로써 이 힘들을 변혁의 구체적 프로그램으로 전화轉化하는 것이다. 우리가 모색하는 애도의 정치의 가능성 역시 그러한 과정에서 떠오를 것이다.

보론

광신과 애국 사이:

전후 일본 영화에 비친 특공의 표상

1. 특공에 대한 두 개의 이미지

조국을 위해 목숨을 바치는 것은 정말 영예롭고 달콤한 것인가. 무명전사의 묘지에 서린 "귀기 서린 국민적 상상력"(Anderson, 1991)의 저주呪縛에서 우리는 벗어날 수 있는가. 지극히 근대적인 상상력이면서 동시에 고대 그리스 페리클레스의 장례식 연설로까지 거슬러 올라가는 이 오래된 물음은 그 역사의 무게만큼이나, 그리고 전 세계 국민국가의 숫자만큼이나 많은 이야기들을 만들어 냈다. 전후 일본 사회에서 '특공'은 아시아·태평양전쟁의 전사자들 중에서도 유독 관심의 대상이 되어 왔다. 그것은 아마 앞에서도 지적했듯이 어린 나이에 '자살'이라는 극단적인 전술의 희생자가 되어 목숨을 잃었다는 사실에 대해 전후 살아남은 사람들이 가졌던 여러 감정들이 응축된 결과일 것이다.

특공의 표상을 주제로 글을 쓰고자 했을 때 두 개의 이미지가 바로 눈앞에 펼쳐졌다. 하나는 제5부 제1장에서 다룬, 지란 특공평화회관의 제1전시실 입구에 걸린 벽화 〈지란 진혼의 부知覧鎮魂の賦〉에서 표상된 특공대원의 이미지다. 불길에 휩싸인 비행기에서 죽은 특공대원의 혼백을

여섯 명의 선녀가 에워싸며 하늘로 끌어올리는 장면을 묘사한 이 그림은, 실로 '조국을 위해 죽는다는 것이 무엇인가'라는 메시지를 선명하게 형상화한다. 다른 하나는 2001년 9월 11일 뉴욕의 세계무역센터 빌딩에 자폭 테러를 감행하는 항공기 사진과 포개져 나타난 아시아·태평양전쟁 당시 일본 특공기의 이미지다. 3천 명 이상이 희생된 테러 사건을 보도하면서 당시 미국의 뉴스 미디어들은 '세컨드-펄하버'Second Pearl Harbor(제2의 진주만)나 '9·11 가미카제 공격'9·11 Kamikaze Attack이라는 표현을 여과 없이 표제로 썼고, 당시 대통령인 부시는 진주만 공격 당시 루스벨트 대통령이 빈번히 사용하면서 유명해진 '오명의 날'a day of infamy이라는 표현을 되풀이했다. 이 전대미문의 사건과 함께 소급된 특공기의 이미지는 미국 사회에서 특공의 이미지가 대중적으로 소비되는 하나의 방식이라고 할 수 있을 것이다. 여기에는 비합리적이며 나아가 도무지 이해할 수 없는, 따라서 위험한 광기가 드리워져 있다.

특공에 대한 미국 사회의 이러한 인식에 대해 재미 일본계 인류학자인 오누키 에미코大貫惠三子는 강한 우려와 반감을 표명한 바 있다.[1] 당시 특공대원들이 남긴 방대한 유서나 독서노트들에 대한 일련의 분석을 통해 그녀가 내린 결론을 간단히 요약한다면, 특공대원은 고도의 (서구적인) 지적 교양을 갖춘 지식인으로, "조국을 위해 죽는 것은 달콤하고 또 당연하다"고 말한 고대 로마의 시인 호라티우스Horatius의 유명한 송가를 즐겨 암송하던 이상주의(낭만주의)에 심취한 당시의 젊은이

1 오누키는 그 우려와 반감을 특공에 관한 자신의 일련의 저작들(大貫惠三子, 2004, 2007)에서 표명하는데, 특히 두 번째 책의 서문에서 그러한 자신의 의도가 "(진주만 공격을 포함한 일본군이 저지른 침략 행위에 면죄부를 주거나 정당화하려는 것은 아니지만) 2001년 테러 사건에 잘못된 해석을 갖다 붙이기 위해 일부러 진주만 공격과 특공대의 이미지로 사실을 왜곡해서 구성·보도하는 것의 위험성을 지적하는 데 있다"(大貫惠三子, 2007: 17)고 밝힌다.

들이 특공에 지원한 것은 애국주의의 발로이며, 이러한 성향은 이데올로기로서의 내셔널리즘과는 철저히 구별된다는 것이다(大貫惠美子, 2004). 이러한 논의의 이면에는, 미국 사회에서 불가침의 권위를 갖는 애국주의[2]에 호소하면서 특공대를 '광신적 군국주의자'로 치부하는 구미의 스테레오타입에 맞서 당시 특공대원들의 행위를 변호하려는 욕망도 강하게 내포되어 있다.

하지만 내셔널리즘과 애국심을 이론적으로 구별하는 것은 가능한가. 오누키는 애국자란 "극단적인 대외강경론자나 자국의 권익을 타국의 권익보다도 우선하려고 하는 사람들을 의미하는 것이 아니라, 포악한 정치 체제로부터 자국을 방위할 만큼 나라를 사랑하는 사람을 의미한다"(大貫惠三子, 2004: 551)는 펜턴의 정의(Fenton, 1998)를 인용하면서, 이러한 입장에서 선한 애국심과 나쁜 내셔널리즘을 구분하고 있다. 하지만 이러한 구분 시도 자체가 너무나 미국적인, 마블Marvel 시리즈에서나 통용될 듯한 나이브한 애국주의의 소산이 아닐까.[3] 왜냐하면 내셔

2 미국 사회에서 애국주의의 높은 위상은 9·11 테러 이후 미국 사회가 보여 준 행태에서 이미 철저히 입증된 바 있다. 아프가니스탄과 이라크에서의 전쟁, 그리고 연이은 "테러와의 전쟁" 및 '국가위기사태'라는 명목 아래 국민의 권리를 제한하는 법안인 "애국자법"Patriot Act(정식 명칭은 Uniting and Strength-ening America by Providing Appropriate Tools Required to Intercept and Obstruct Terrorism Act of 2001이지만, 앞 글자를 따서 '애국자법'으로 약칭되고 있다) 통과 등 일련의 사태는 애국이라는 대의명분 아래 미국 사회의 가장 중요한 권리로 여겨져 온 자유라는 가치마저 침식당할 수 있음을 잘 보여 준다. 또한 9·11은 미국인 자신들을 순진무구한 피해자로 범주화하면서 동시에 대외적으로 타자에 대한 집단적 폭력을 행사하는 감상적 국민주의sentimental nationalism의 강력한 파괴력을 다시금 확인케 하는 계기이기도 했다.

3 제2차 세계대전이 끝난 1945년, 영국의 좌파 지식인 조지 오웰 역시 부정적인 의미의 내셔널리즘에 반하여 애국주의를 "특정 지역과 특정 생활양식에 대한 애착이며, 그것이 세상에서 제일 중요한 것이라 믿되 남들에게 강요할 마음은 없는" 것, "속성상 군사적으로도 문화적으로도 방어적"인 것으로 규

널리즘과 애국심을 두부 자르듯이 그렇게 나눈다는 것 자체가 불가능하기 때문이다. 오히려 여기서 제기되어야 할 물음은 그들의 애국심의 토대에 있는 의식들이 왜 당대 이데올로기에 그토록 취약했는가, 그리고 왜 그들은 그러한 이데올로기에 저항할 수 없었는가 하는 물음일 것이다.

보론에서는 이렇듯 현재까지도 거듭 소환되고 또 소비되고 있는 특공에 대한 이미지가 그 당사국인 일본 사회에서 패전 이후 어떻게 표상되고 또 기억되어 왔는가를 전후 일본에서 제작된 특공 관련 영화들을 통해 고찰하고자 한다. 전후에 걸쳐 일본 사회에서 특공에 대한 언설이 어떻게 구성되고 또 유통되었는지를 파악하는 것은, 현재 일본에서 특공이 왜 특정한 방식으로 표상되고 이야기되는가, 즉 그 언설의 정치학을 이해하는 작업이기도 하다. 특히 영화는 소설이나 연극 등의 장르보다 거액의 자본이 투입되는, 즉 흥행에 민감한 상업 장르라는 점에서 당시 사회의 감수성에 어떤 장르보다 예민할 수밖에 없으며, 동시에 관객들로 하여금 '있을 수 있는 국민공동체의 역사'를 꿈꿀 수 있도록 촉발하는 힘(酒井直樹, 2007)을 갖고 있다는 점에서 당대 사회의 '감정의 구조'를 읽어 내는 데 가장 적합한 장르다(Chow, 1995).

정하였다(「민족주의 비망록Notes on Nationalism」[1945]. Orwell, 2010에 수록). 물론 애국주의에 대한 오웰의 입장은 당대 좌파 지식인들의 세계주의와 대비되는 것으로, 오웰은 「좌든 우든 나의 조국My Country Right or Left」(1940)이나 「영국, 당신의 영국England Your England」(1940)과 같은 일련의 논고에서 자신의 애국주의를 피력한 바 있다. 하지만 이러한 오웰의 애국주의는 파시즘, 나치즘과 맞서 싸워야 했던 긴박한 1940년대 초반 영국 지식인이 가졌던 위기감의 한 표현이지, 이를 애국주의=선, 내셔널리즘=악이라는 식의 일반론으로 환원하는 것은 곤란하다. 나아가 내셔널리즘을 둘러싼 이러한 견해차는 영미 사회와 식민/반제운동으로 점철된 근대 동아시아 사회의 역사적 경험의 차이를 반영하는 것이기도 하다.

요컨대 전후 일본에서 제작된 특공 관련 영화들은 전후 일본에서의 특공의 표상을 고찰하고자 하는 본 작업에 여타의 장르보다 적합한 소재를 제공해 줄 수 있을 것이다.

하지만 표상의 변천 과정을 다루는 것 자체가 하나의 독립적이고 거대한 연구 분야인 만큼, 여기에서는 전후 특공의 표상을 개관한 기존 선행연구의 성과를 참조하면서도, 특히 이들 연구에서 다루어지지 않은 1980년대 중반 이후의 변화에 좀 더 주목하는 방식으로 논의를 진행하고자 한다. 1980년대 중반 이후의 변화에 주목하는 이유는, 이 시기에 들어서면서 특공에 대한 기존의 표상과는 다른 새로운 특공대원의 상이 출현함과 동시에 그 내러티브 역시 점차 지역성locality을 띠면서 구체화되어 가는 양상을 보이기 때문이다. 다시 말해 이 시기부터 가고시마를 비롯한 특공기지가 있었던 지역들에서 만들어진 특공에 대한 언설들이 중앙의 미디어와 연동하는 과정에서 특공에 대한 표상공간이 재구성되는 것을 확인할 수 있고, 그러한 이유에서 이 시기에 더욱 주목하고자 하는 것이다.

2. 군신에서 퇴물까지: 패전을 경계로 한 특공 표상의 급격한 전락

1945년 패전 직전까지 신문 등 주요 미디어를 휩쓴 키워드는 단연 '특공'이었다. 실제로 1945년 1월부터 7월까지의 『아사히신문朝日新聞』을 검색해 보면 특공 관련 기사가 약 620건, 즉 매일 지면에 3-4건의 특공 관련 기사가 실렸음을 확인할 수 있다. 표제만 보더라도 "호국의 '방패' 출격, 만요슈万葉集의 옛 노래로 살아난 신의 매神鷹"(1945. 2. 23), "'지금 [적] 항공모함空母에 돌입', 특공기 최후의 무전에 불타오르는 기지"(1945. 4. 1), "신텐神雷 특공대를 찬양하며: 아, 불화살의 가미神들"(1945.

6. 5), "포신砲身 파괴, 사상 90명, 미군 신텐 특공대에 전율"(1945. 6. 13) 등 특공의 전과에 대한 찬양 일색이다. 심지어 독일이 항복을 선언하는 1945년 5월 8일 이후에는 독일 패전 이유에 대해 일본과 같은 특공의 '혼'魂이 결여되었기 때문이라는 분석 기사—"특공혼의 결여, 독일의 패전"(1945. 5. 10)—가 나올 정도다. 물론 이러한 전과가 실제 태평양에서 전개되던 실제 현실과 전혀 달랐음은 패전 직후 일본 국민들 앞에 일목요연하게 드러날 것이다.

전과에 대한 보도 외에도, 각 보도기관은 자사의 기자들을 현지로 파견해서 출격 직전의 특공대원들의 생생한 모습과 그들의 각오 등을 전하기도 했다. 당시 일본 사회의 대표적인 종합 문예지였던 『분게이슌주文藝春秋』는 자사 기자를 육군특공항공대인 핫코타이八紘隊에 파견해 출격을 하루 앞둔 특공대원들을 밀착 취재한 기사(「핫코타이는 간다八紘隊は征く」. 中野實, 1945)를 특집으로 싣는다. 패전 직전의 물자 부족 때문에 잡지의 페이지 수가 절반 정도로 줄어든 당시 상황에서 전체 지면의 거의 절반 이상을 차지하는 이 특공 관련 취재기사는 출격(=죽음)을 앞둔 그들의 담담한 모습, 순수함, 애국심 등을 강조하면서 그들을 살아 있는 '군신'軍神으로 그려 낸다.[4] 이제 전쟁은 군사나 정치가 아닌 미학의

4 일본의 야스쿠니 신앙 자체가 전사자의 영을 합사하여 가미로 만드는 장치라는 점에서 군신은 이들 전사자의 총칭을 의미하는 것일 수도 있지만, 근대 일본에서 '군신'이라는 말은 나름의 계보를 가지고 있는 표현이다. 근대 일본에서 군신의 탄생이 러일전쟁에서 마지막까지 부하를 구출하다 전사한 히로세広瀬 중좌에서 비롯되었다는 사실은 잘 알려져 있다(山室建德, 1999; 新谷尙紀, 2006). 물론 그의 죽음을 미화한 데는 군부의 의도가 개입되어 있었지만, 당시 매스컴을 비롯한 일본 사회가 그의 죽음을 헌신적이고 고결한 희생의 발로로서 열광적으로 받아들일 준비가 되어 있지 않았다면 군부의 노력만으로 그처럼 광범위한(동상 건립을 포함하여) '군신 히로세 열풍'을 불러일으키지는 못했을 것이다. 러일전쟁 이후 한동안 수면 아래로 내려가 있던

영역에 근접해 있었다. 이러한 보도들이 당시 국민들의 전의를 북돋우기 위한 이데올로기 전략의 일환이었다는 것은 두말할 나위가 없을 것이다.

비단 특공대와 직접적인 관련은 없다고 하더라도, 전시상황을 다룬 글들에는 예외 없이 '특공대정신', '일억 총특공'이라는 슬로건이 마치 현재의 곤경을 타개할 마법의 '주술'처럼 사용되고 있었다. 이를 전력의 압도적 열세를 목도하면서도 여전히 '정신주의'에 매달려 있는 육해군 지도부의 방침에 따른 검열과 규제 탓으로 볼 수도 있지만, 문제는 이미 전황의 심각성을 어느 정도 파악하고 있었을 지식인들마저 연합군과의 압도적인 전력의 차이에 기인하는 '패배주의'를 극복하기 위한 하나의 '부적'처럼 '특공대정신'을 읊조리고 있었다는 점이다. 또 이러한 매스컴의 보도와 궤를 같이하듯 1945년 5월부터 7월에 걸쳐 '특공대 현창 및 유족원호 강화운동'이 전국적으로 전개되고, 특공대원의 고향 시정촌에는 '특공대정신 현창회'가 설립되었다. '특공'은 단지

군신이 재등장하는 것은 쇼와 시기에 접어들면서부터의 일이다. 특히 군부는 1941년 진주만 공격 도중 육탄돌격으로 전사한 아홉 명의 군인들을 '9군신'九軍神으로 치켜세우며 군신에 대한 열기를 더욱 고조시킨다. 하지만 이 과정에서 군신의 이미지에도 미묘한 변화가 나타난다. 그 차이에 대해 야마무로 겐토쿠山室建德는 메이지의 군신이 고결한 인격자로서 고대의 사무라이를 체현한 존재를 투영한 것이라면, 쇼와 시기에 군신이 되기 위한 충분조건은 군인으로서의 결사 행동 자체에 있다고 지적한다. 쇼와 시기에 등장한 군신은 훌륭한 인격을 지닌 지휘관의 최후라는 점에서 모방하기 어려운 메이지 시기의 군신과는 달리, 행동을 의도적으로 재현하는 것을 통해 될 수 있는 존재라는 점에서 당시 대중사회화되어 가는 일본의 현실을 반영한 것이기도 하다는 것이다. 이렇게 본다면 9군신을 효시로 하는 특별공격대가 전쟁 말기 수천의 규모로 확대된 것은 이러한 군신상의 전환에 뒷받침되는 면이 크며, 그리고 이러한 쇼와 시기의 군신상은 지난 전쟁에 대한 평가와 관계없이 현재까지도 특공대에 대한 전후 사회의 담론에서 알 수 있듯 형태를 바꿔 계승되고 있다는 해석도 가능해진다(이상 山室建德, 1999: 104-109 참조).

언설만이 아닌, 일상생활의 실제적인 면까지 당시 일본 사회를 뒤덮고 있던 중요한 아이콘이었다.

이렇듯 전쟁 말기 한 시대를 장식했던 특공이라는 이름은 8월 15일 패전과 함께 돌연 자취를 감추게 된다. 그리고 그해 12월부터 이들은 이전과는 전혀 다른 모습으로 사회면의 어두운 기사에 다시 모습을 드러낸다. "특공대 재교육"(1945. 12. 16), "특공대원, 길거리 강도로 전락"(1945. 12. 26), "'특공대'는 거절, 청년의 노력봉사로"(1946. 1. 8), "특공퇴물"(1946. 1. 13) 등등의 표제(이상 『朝日新聞』)는 전후의 현실에 적응하지 못하고 방황하는 살아남은 특공대원들에 대한 사회 일반의 싸늘한 시선과 같다. 얼마 전까지만 해도 '살아 있는 군신'으로 추앙받았던 이들이 돌연 현 사회에 적응하기 위해서는 "재교육이 필요한" '특공 퇴물'로 전락하게 된 것은 전후 일본이 겪었던 가장 커다란 가치전도의 한 측면을 반영한다.

패전 직후의 사회는 사카구치 안고坂口安吾가 「타락론墮落論」(1946. 5)에서 냉소적으로 그려 낸 것처럼, 얼마 전까지 군신이라 불리던 특공대 용사가 암거래 상인이 되고, "오래 살기를 바라지 않고 언젠가 비천한 방패[5]로서 죽어야 할" 병사들과 결혼해서 "장하게 남편을 전장으로 보냈던 여자들"이 새로운 사내의 품에 안기는 꿈을 꾸는 사회였다. 소설가 우메자키 하루오梅崎春生 역시 「사쿠라지마桜島」(1946. 9)라는 소설에서 암호병으로 가고시마에서 군복무 경험을 하면서 보았던 퇴락한 특공대원의 모습을 그려 낸다. 우메자키의 눈에 비친 그들은 "목에 두른 하얀 명주 머플러가 이상하게 촌스러워 보이고", "피부는 꺼칠꺼칠하고 거친", "한마디 하면 모두 웃어 버릴 그 목소리는 뭐라고 표현할

5 비천한 방패醜の御楯란 『만요슈』에 실린 사카모리防人의 노래에 나오는 표현으로 전시기 천황을 지키는 자신을 낮춰 부르는 말이었다.

수 없는 기분 나쁜 여운을 담고 있는" 존재들이었다. 그 모습을 보며 소설가는 "이것이 특공대인가"라고 탄식하며 "슬픔인지 분노인지 알 수 없이 그런" 감정을 느낀다(梅崎春生, 1984[1946]). 물론 우메자키는 패전 직전의 상황을 묘사하고 있으나, 그의 눈에 비친 특공대원의 모습은 그가 소설을 쓰던 패전 직후의 이미지가 덧씌워진 것이다. 어찌 됐건 패전이라는 경험은 분명히 하나의 표상이 갖는 밝음과 어두움, 고상함과 추함의 극단적인 양면을 동시에 보여 주는 흔치 않는 기회였다.

3. '순국'론과 '개죽음'론의 긴장과 교착: 1949년 – 1970년대

전몰학도병의 유고집으로 전후 이른 시기에 출간되어 인기를 모은 대표적인 작품은 1949년에 출간된 『들어라 와다쓰미의 소리きけわだつみのこえ』(이하 '『와다쓰미』'로 표기)이지만, 전사자들의 유고집 발간 붐이 본격적으로 일어나기 시작한 것은 역시 1952년 샌프란시스코 강화조약 발효 이후의 일이다. 강화조약의 발효는 연합군의 군정이 공식적으로 끝났음을 의미하는 것으로, 그동안 군정의 검열 등에 의해 억눌려 있던 지난 전쟁에 대한 생각들이 여러 방식으로 표출되는 계기가 되었다. 1952년 이후 공공용지·공립학교 격지 내의 위령비 건립, 공무원의 위령제 참석을 인정하는 「전몰자의 장제 등에 대하여戰沒者の葬制などについて」와 같은 통달 발령(大原康男, 1993), 전몰자의 유족에 대한 「전상병자전몰자유족등원호법戰傷病者戰沒者遺族等援護法」(1952. 4), 「구군인은급부활舊軍人恩給復活」(1953) 등 패전 직후 GHQ에 의해 금지되었던 경제적인 원호조치의 부활은 주목을 요한다(厚生省援護局[編], 1977: 399). 강화조약 이후의 유고집 발간 붐은 『와다쓰미』에 배어 있는 강한 '정치성'에 대한 반작용이기도 했다.

이러한 유고집들 중 특공과 관련된 것만을 보더라도, 해군비행예비학생海軍飛行予備學生 제13기의 유고를 편집한 『구름 너머 저편에雲ながるる果てに』(1952), 해군비행예비학생 제14기의 유고를 편집한 『아, 동기의 벚꽃あ、同期の桜』(1966), 당시 15-16세의 소년 특공대원이었던 요카렌予科練의 유고집인 『청춘의 유서青春の遺書』(1968), 수중특공인 인간어뢰回天 대원들의 유고집인 『인간어뢰人間魚雷』(1967), 그리고 한 특공대원의 고뇌에 대한 자전적 소설인 아베카와 히로유키阿川弘之의 『구름의 묘표雲の墓標』(1956) 등 실로 다양하다. 이 유고집들은 모두 당시의 베스트셀러들이었고, 이후 영화화되어 대중적 인기를 누렸다는 점에서도 공통점을 갖는다. 〈구름 너머 저편에雲ながるる果てに〉(1953)를 비롯해 〈신풍특별공격대神風特別攻擊隊〉(1954), 〈인간어뢰 가이텐人間魚雷回天〉(1955), 〈인간어뢰 출격人間魚雷出擊す〉(1956), 〈하늘에 가면空ゆかば〉(1957), 〈아아 특별공격대ああ特別攻擊隊〉(1960), 〈아아 동기의 벚꽃ああ同期の桜〉(1967), 〈인간어뢰, 아아 가이텐 특별공격대人間魚雷、ああ回天特別攻擊隊〉(1968), 〈아아 요카렌ああ予科練〉(1968), 〈최후의 특공대最後の特攻隊〉(1970), 〈아아 결전항공대ああ決戰航空隊〉(1974) 등 대표작만 거론한다 해도 상당수다. 비단 특공영화가 아니라 하더라도, 1960-1970년대에 만들어진 다수의 전쟁영화들에서 특공은 빠지지 않고 등장하는 중요한 에피소드였다. 그렇다면 이렇듯 '특공 장르'라고까지 불릴 만큼 전후 일본 사회에서 특공대를 다룬 작품들이 다수 제작되고 대중의 공감을 받은 이유는 무엇일까.

그 이유로 우선 생각해 볼 수 있는 것은 특공작전 자체가 갖는 비극적인 속성이다. 많은 수의 젊은이들(심지어 17-18세의 소년들)이 죽음을 전제로 한(귀환이 불가능한) 출격을 감행하다 꽃다운 일생을 마쳤다는 사실은 전후 초기만 하더라도 다수의 일본 국민들에게 잊을 수 없는 경험이었다. 더구나 특공작전에 참가한 젊은이들은 중국 대륙이나 남양南洋의 전쟁과 같이 명백히 '침략'적인 전장에 동원된 것도 아니며,

말 그대로 조국이 풍전등화의 위기에 직면해 있는 상황에서 연합군의 본토 침공에 맞서 조국방위를 위해 싸운다는 대의명분도 갖추고 있어, 전후 중국이나 동남아에서 자행된 일본군의 학살이 알려지면서 군부가 수행한 지난 전쟁에 혐오감을 갖게 된 사람들의 경우라도 특공대에 대해서만큼은 입장을 유보하는 경우가 많았다. 한마디로 특공사는 적군, 나아가 전장의 민간인들의 피가 튀지 않은(오염되지 않은) 가장 순수한 형태의 죽음이라는 점에서, 지난 전쟁의 '죽음'을 다루는 일본 사회의 담론 구조에 가장 적합한 측면을 갖추고 있다. 전후 특공영화 장르가 유행했던 배경에는 이렇듯 '특공사'라는 죽음의 의미에 대한 전후 사회의 물음과 공감이 내포되어 있었던 것이다.[6]

하지만 특공대원의 죽음을 둘러싼 전후 일본 사회의 세론世論과

6 전후에 만들어진 전쟁영화 중에서 특공대를 다룬 작품의 비율이 높은 이유에 대해, 전후의 영화 평론가 사토 다다오佐藤忠男는 다음과 같이 지적한다. "특공대는 주로 항공대 혹은 잠수함대이기 때문에 직접 적병이나 적지의 민중과 바로 부딪치는 기회가 여러 부대 중에서도 가장 적다. 즉, 일반 군대처럼 적병을 총검으로 찌르는 일도 없고, 따라서 그 때문에 훈련이나 담력 시험용으로 결박된 적 포로를 찔러 죽이는 일을 강요당하는 경우도 없다. 그런 일로 정신이 황폐해져서 적지에서 여자를 강간하고 죽이거나 그것을 은폐하기 위해 불까지 지르는 경우도 없다. 특공대는 가장 불운한 병사이지만, 동시에 군대 안에서도 가장 손을 더럽히지 않을 수 있었던 귀공자들이기도 하다. 최전선의 보병을 그린다면, 아무래도 포로나 일반 민중에 대한 학살이나 강간, 강제노동, 그리고 그 외의 비행 문제를 피할 수는 없을 것이다. 전쟁 중의 전쟁영화는 엄격한 검열 때문에 그런 묘사를 피할 수가 있고 그 덕분에 관객도 정의로운 일본군의 용감한 모습을 유쾌하게 즐길 수 있었지만, 전장의 비행이 널리 폭로된 전후의 전쟁영화는 그런 장면들을 피한다면 자연스럽지 못하게 되어 버릴 것이고, 당연한 사실을 그린다면 일본인으로서는 유쾌하게 받아들이지 못할뿐더러 적어도 흥행이 될 수도 없다. 그 점에서 특공대를 다룬 작품은 출격해서 죽어 간 젊은이들의 마음속을 상상하면 가슴이 아프지만 도덕적인 불쾌감은 느끼지 않을 수 있는 것이다."(佐藤忠男, 2010: 64-65)

여론輿論은 그리 간단히 정리될 수 있는 문제가 아니다.[7] 전후 일본 사회에서 그들의 죽음에 대해서는 '순국'론에서 '개죽음'론에 이르는 다양한 관점들이 제기되고 또 논의되어 왔으며, 이는 지난 전쟁을 바라보는 일본 사회의 중요한 담론의 장을 형성해 왔던 것이다(福間良明, 2006, 2007; 青木秀男, 2008a, 2008b). 여기에는 패전과 뒤이은 전후 민주주의 교육 등에 의해 전쟁의 실상이 알려지면서 지난 전쟁이 정당하지 못하다는 점을(나아가 '침략전쟁'이라는 점을) '논리적으로는' 받아들이면서도, 그 전쟁에 동원되어 죽은 자국의 병사들을 침략자로, 혹은 그들의 죽음을 '개죽음'이라고 '심정적으로' 받아들이기 어려운 여론과 세론의 간극 및 길항이 작용하고 있었다.

관습적인 의미장에서 '순국'과 '개죽음'은 전혀 상반된 성격의 죽음처럼 보인다. '순국'이 천황을 위한, 그리고 위기에 빠진 조국을 구하기 위한 헌신적인 죽음을 의미하는 말이라면, '개죽음'은 그러한 죽음의 전략적 무의미성, 나아가 역사적 무의미성을 강조하기 때문이다. 하지만 '순국'이 반드시 이러한 고정적 의미를 갖는 것만은 아니다. '순국'과 충절에 대한 강조는 전전의 이데올로기에 대한 무비판적인 수용과 이로 인한 죽음에도 불구하고, 자신들의 충절과 순사殉死를 「종전선언終戰宣言」(엄밀하게 말하면 항복선언)과 뒤이은 「인간선언」(1946)으로

7 '세론'世論은 일본 사회에서 흔히 '여론'輿論과 비슷한 의미로 쓰이고 있지만, 여기에서는 세론과 여론을 구분하는 사토 다쿠미佐藤卓己의 논의를 따르기로 한다. 간단히 요약하면 근대 초기 일본 사회에서 세론과 여론은 서로 구분되어 사용되는 경향이 강했으며, 전자가 사회의 분위기 혹은 대중적 감성public sentiments과 유사한 것이라면, 후자는 공론公論, public opinion에 가깝다. 하지만 이러한 구분은 전후에 접어들면서 오히려 약화되고 '세론'世論이라는 한자어를 '요론'ヨロン, 즉 우리말의 '여론'輿論으로 발음하는 것이 일반화되면서, 여론이라는 단어의 소멸과 함께 원래 의미인 공론 자체가 일본 사회에서 사라져 갔다(佐藤卓己, 2008: 13-23 참조).

'무의미'하게 만들어 버린 천황에 대한 강한 비판으로 이어질 수도 있기 때문이다.[8]

〈아아 결전항공대〉(1974)는 1970년대에 제작된 특공영화 중에서 '순국'의 이미지가 가질 수 있는 변주를 가장 잘 보여 주는 작품이다. 악명 높은 '특공의 창시자'로 불리던 해군 중장 오니시 다키지로大西瀧治郎를 주인공으로 등장시킨 이 영화는, 젊은이들을 무의미한 죽음으로 몰아갔으면서도 전후 아무런 책임을 지지 않는 군 지도자들의 행태를 오니시의 할복과 대비시키면서 은연중에 전후 일본 사회의 안일한 분위기를 비판한다. 오니시가 전쟁 말기 결사항전을 주장하면서 상관에게 "살아 있는 사람도 소중하지만 죽은 영령들을 생각하지 않는다면 그들을 국가가 책임을 졌다고 할 수 없지 않은가"라고 반박하는 장면이나, "지금 성상이 평화를 선택하신다면 그것은 전몰장병의 혼에 대한 배신입니다"라고 말하는 장면은, 처음부터 무모한 전쟁에 국민들을 끌어들인 책임과 동시에 그들의 명령하에 죽어 간 병사들을 도외시한 채 전쟁을 끝내려고(항복하려고) 하는 것에 대한 책임을 천황을 비롯한 군부 지도자들에게 묻고 있는 것이다. 이는 천황에 대한 충절로 '순국'한 젊은이들의 목숨을 배신하려는 천황을 비롯한 상층부에 대한 강한 불

8 충절이 현 체제에 대한 강한 반감으로 이어질 수 있다는 점은 1944년 16세의 나이로 해군에 지원, 전함 무사시武蔵에 탑승해 레이테 해전에서 전함이 침몰된 후 기적적으로 생환한 자칭 '군국소년' 와타나베 기요시渡邊清가 전후에 느꼈던 체제 혹은 천황에 대한 반감과도 공통되는 것이다. "나는 천황에 배반당했다. 기만당했다. 하지만 속은 쪽에도 분명히 속았다는 점에서 약점이 있었다고 생각한다. … 따라서 천황에게 배신을 당한 것은 실로 천황을 그렇게 믿고 있었던 자기 자신이다. 현실의 천황이 아니라, 내가 제멋대로 내부에 간직하고 있던 허상의 천황에 배반당한 것이다. 다시 말하면 내가 나 자신을 배반했던 것이다. 자기가 자신을 속였던 것이다."(渡邊清, 2004[1983], 220-221)

신감의 표출로, 충절과 '순국'이 체제에 대한 동화만이 아닌 현 체제에 대한 강력한 반항으로 작용할 수 있음을 보여 주는 것이자, 아무런 자각 없이 "패배를 끌어안은"(Dower, 1999) 전후 체제에 대한 통렬한 비판이기도 하다.

그렇다면 충절에 대한 강조가 지난 전쟁을 수행한 일본이라는 국가에 대한 총체적인 비판, 나아가 그 책임을 물을 수 있는 논리로 전화될 수 있을까. 이에 대한 평가는 이 영화를 둘러싸고 당시에 제기된 비평들(『키네마준보キネマ旬報』[1974년 11월 상순])에서도 확인할 수 있듯이 다소 부정적이다. 간단히 요약하면, 충절에 대한 강조를 통해 '젊은 영령'들의 죽음을 무의미하게 만들어 버린 천황의 항복선언을 강하게 비판하고 있다는 점에서 이 영화의 메시지는 신선하지만, 이러한 천황제 비판이 국가 비판으로까지 나아가기 위해서는 국가의 전쟁책임, 즉 가해책임으로까지 나아가야 함에도 거기까지 이르지는 못했다는 것이다. 이를 '국가 비판 없는 천황제 비판의 한계'라고 말할 수도 있을 것이다. '충절에 대한 강조'가 전후의 부조리에 대한 비판이 될 수는 있겠지만, 기존의 장에 균열을 가하는 내파의 진원이 될 수는 없는 것이다.

여기에는 두 가지 장애가 가로놓여 있었다. 하나는 냉전 체제가 지속되던 당시의 사회에서 과거 일본이 수행한 전쟁의 피해자인 아시아를 상기한다는 것의 어려움이다. 1970년대 베트남전쟁의 격화와 그에 항의하는 일본의 반전운동("ベ平連": 베트남에 평화를! 시민연합) 등과 같은 사회적 움직임이 일본의 가해책임에 대한 의식을 낳았으며, 이러한 사회의 분위기가 〈아아 결전항공대〉와 같은 특공영화에 대한 앞에서와 같은 비평들에도 영향을 끼쳤다는 지적(福間良明, 2007: 186)이 제기되기도 했지만, 이를 당시 일본 사회의 전반적인 분위기로 보기는 어려울 것이다. 가해책임이 표면적으로나마 일본 사회에서 본격화된 것은 냉전 체제의 종식과 더불어 과거의 피해자였던 한국이나 중국 등

아시아의 국가들이 일본 사회에 문제제기를 시작한 1980년대 이후부터였다(吉田裕, 1995).

가해책임으로 나아가기 어려운 또 하나의 장애는 특공영화라는 장르가 갖는 성격 자체에서 기인한다. 전쟁의 막바지인 1944년 가을부터 1945년 봄이라는 시기, 즉 레이테·이오지마·오키나와전투 등 연합군의 진공작전이 본격화되면서 (수세에 몰린 일본의 측면에서 본다면) '조국방위전쟁'의 성격을 띠어 가는 시기에 조직화된 특공에 초점을 맞춘 영화에서 아시아 침략의 역사는 그 스토리 구조상 불필요한 것이다. 이는 앞서 15년에 걸친 아시아·태평양전쟁의 여러 전장 중에서도 하필이면 왜 특공이 전후에 영화의 소재로 가장 많이 채택되고 하나의 장르로 만들어져 왔는가에 대한 또 다른 대답을 제공한다.

한편 '개죽음'론은 그들의 죽음이 무의미한 희생이었다는 것을 강조하는 입장이지만, 이 역시 하나로 정리할 수 없는 다원성을 내포한다. 사회학자 아오키 히데오青木秀男의 분석에 따르면 '개죽음'론은 크게 세 가지로 구분할 수 있다. (1) 특공은 전황의 전환을 만들어 내지 못했기 때문에 특공사는 무의미한 죽음이었다는 입장(여기서는 특공작전의 무모성이 비판된다), (2) 죽음의 공포마저 억압당한 채 인간병기로 화한 특공대원의 '자기 소외'를 강조하는 입장, (3) 특공대원의 죽음은 역사적으로 무의미했다는 입장, 즉 '초석'론(특공대원의 죽음은 전후 평화의 초석이다)에 대한 비판의 입장이 그 세 가지 입장이다(青木秀男, 2008b: 77).

우선 (1)의 입장에 대해서는 특공이 미군의 일본 본토공격을 지연시키고, 나아가 일본의 강렬한 저항의식에 대한 인상을 줌으로써 미국과의 강화를 촉진시켰다는 점에서는 전략적으로 성공했기 때문에 그들의 죽음을 무의미하다고는 볼 수 없다는 반론(森本忠夫, 2005: 208)이 제기된 바 있지만, 작전이 도입된 초반부를 제외하면 특공작전의 실체가 연합군에 의해 완전히 파악되어 오키나와로 날아오는 비행기가 거의 도륙당하는 상태였다는 것은 주지의 사실이다.[9] 나아가 특공과 같은 무자비한 전법으로 인한 자국군의 희생을 두려워한 미국이 본토 상륙에서 원폭투하로 작전을 선회했다는(生田惇, 1977: 211) 점을 고려한다면, 특공작전이 전략적인 가치가 있다는 주장은 한층 들어설 여지가 좁아진다.

하지만 (2)의 입장에 대해서는 사정이 그렇게 단순하지 않다. 당시 특공대원의 수기나 편지를 보더라도, 자신의 죽음이 '개죽음'은 아닌가 하고 회의하면서도 이러한 자기소외를 뛰어넘어 자신의 죽음에 어떤 방식으로든 의미를 부여하려는 강렬한 열정과 고뇌가 엿보이기 때문이다. 마지막으로 (3)의 입장은 특공의 죽음에 대한 일종의 역사적 평가의 문제, 즉 가치의 문제로서, 개개의 역사관에 따라 차이가 날 수밖에 없다. '개죽음'론을 둘러싼 공방이 가장 치열하게 전개되는 지점도 바로 여기다.

예를 들어 '개죽음'론에 대해 (1)의 입장은 인정한다 하더라도, 이것이 (3)의 입장에 대한 인정으로까지 자연스럽게 연결되는 것은 아니다. 왜냐하면 특공대원들이 남긴 일기나 유서 속에는 전쟁과 군국주의

9 특공작전이 처음 실시된 1944년 가을의 레이테 전투 이래 특공대는 연합군에게 공포의 대상이었고, 연합군은 특공을 상대하기 위한 많은 전략·전술을 고안해야 했다고 한다. 하지만 1945년에 이르면 특공작전의 패턴이 어느 정도 학습되고 또 연합군의 레이더망이 비약적으로 향상되면서 특공은 연합군에게 그다지 두려운 상대가 아니게 된다. 그들은 바다에 정박한 채 일본 특공기의 진로를 이미 레이더망으로 포착한 상태에서, 250kg 폭탄이 장착되어 기동성이 현저히 떨어진 특공기에 비해 기동성이 월등히 우월한 전투기 편대를 발진시켰고, 설사 그들 전투기 편대를 피해 몇 기의 특공기가 연합군의 함대에 도착한다 해도 연합군의 엄청난 대공 포화에 표적에 도달하지도 못하고 추락하는 것이 현실이었다. 당시 전투에 참전한 연합군 병사들은 일본 특공기와의 전투를 '칠면조 사냥'에 비유하기도 했다.

에 반발하고 자신의 죽음이 전술적으로 무의미함을 자각하면서도, 오히려 일본이 패함으로써 전화위복으로 "불사조처럼 잿더미 속에서 솟아오르는 새로운" 국가가 다시 건설되기를 바라며 자신의 죽음에 의미를 부여하는 논리들도 찾아볼 수 있기 때문이다(특공대원 사사키 하치로佐々木八朗의 일기. 大貫惠美子, 2007: 118). 다시 말하면 '개죽음'론은 일개 개인의 죽음의 현상적 무의미성을 넘어선다는 점에서, 그리고 왜 그러한 무의미한 죽음이 발생할 수밖에 없었는가, 그 책임의 구조를 묻는 사상으로 발전할 수 있는 가능성이 있다는 점에서, 그 역사적 의미를 확보할 수 있다.

1968년에 만들어진 대작 영화 〈아아 동기의 벚꽃〉은 '개죽음'론이 갖는 다양성을 잘 보여 주는 텍스트로 자주 언급되어 왔다(佐藤忠男, 1974; 中村秀之, 2006; 福間良明, 2007). 외견상 영화에 등장하는 특공대원들은 특공사라는 죽음에 대해서는 서로 견해 차이가 있지만, 조국을 위해, 그리고 사랑하는 이를 위해 목숨을 바친다는 결의에 있어서만큼은 예외가 없다는 점에서 '순국'의 이미지를 형상화한다. 하지만 미군의 기록 필름을 끼워 넣은 결말부에 이르면 실제 특공기들이 미군의 대공 포화 속에 얼마나 무참하게 바닷속으로 추락했는지가 가시화되고, 특공기가 추락하는 마지막 장면에서는 "그 순간 그들은 살아 있었다", "그리고 불과 4개월 후 전쟁은 끝났다"라는 자막을 통해 그들의 죽음이 갖는 무의미성을 부각시키는 이중성을 보여 준다. 이러한 이중성은 〈구름 너머 저편에〉(1953)나 〈인간어뢰 가이텐〉(1955)에서 〈아아, 요카렌〉(1968)에 이르는 이 시대에 만들어진 특공영화에서 일반적으로 드러나지만, '돌입해서 죽었다(산화했다)'고 끝내지 않고 "그 순간 그들은 살아 있었다"고 끝을 맺는 것은 이 영화만이 갖는 독특한 여운이다(中村秀之, 2006: 326; 福間良明, 2007: 104).[10]

이렇듯 '충군애국'忠君愛國을 강조하는 '순국'론과 군부 이데올로기에 속은 젊은이들의 헛된 죽음을 강조하며 가련함과 연민을 표출하는 '개죽음'론은 '물과 기름'같이 섞일 수 없는 것처럼 보이지만, 양자 모두 순수한 젊은이들의 희생을 강조한다는 점에서는 그 의미장이 서로 겹쳐짐을 확인할 수 있다. 또한 충군애국이라는 기표가 단순히 '천황'이나 '국가'를 위하여가 아닌 향토, 그리고 사랑하는 가족·연인으로까지 그 의미장이 확대될 수 있다는 지적은 특공대원들의 유서를 분석한 오누키의 일련의 연구(大貫惠美子, 2004, 2007)에서 규명된 바 있다. 차이가 있다면 한쪽은 그 희생의 자발성을, 다른 한쪽은 강제성을 강조하는 것의 차이일 뿐이다. 하지만 앞서 언급한 것처럼, 특공을 이해하는 데 있어 '지원이냐, 강제냐'라는 이분법이 커다란 변별점이 없다는 점을 주지한다면, '순국'과 '개죽음'을 둘러싼 이데올로기적 공방을 지양하고 순수한 젊은이들의 희생이라는 공통의 의미장으로부터 출발하여 그러한 희생을 초래한 책임의 소재를 규명하면서 특공사의 의미를 공유하는 방향으로 나아갈 여지가 만들어질 수도 있다.

그럼에도 불구하고 현실적으로 '순국'론과 '개죽음'론은 절대로 함께 갈 수 없는 정치적 입장으로 간주되었으며, 결국 전후 일본 사회에서 양자가 소통할 수 있는 공간을 만들어 내지 못했다. 무엇보다 육

10 흥미롭게도 이 영화의 '자매편'으로 불리며 개봉된 〈인간어뢰, 아아 가이텐 특별공격대〉라는 작품은 다소 상이한 결말을 제시한다. 이 영화는 기존의 특공영화들이 학도병, 즉 예비사관이나 소년병予科練을 주인공으로 내세운 데 반해 가이텐을 고안하고 스스로 특공출격을 지원한 두 직업군인을 주인공으로 설정하면서 이들의 충절과 '순국'을 강조한다. 영화에 등장하는 예비사관이나 소년병들은 처음엔 이들 주인공과 갈등을 겪지만 점차 이들의 충절과 헌신에 감동하게 되고, 결국 모두들 자진하여 가이텐 특공에 지원한다. 가이텐 잠수정에 탑승한 주인공이 연합군 함선에 부딪치기 직전 "천황폐하 만세"를 부르짖는 마지막 장면은 전후에 제작된 여타 특공영화에서는 보기 힘든 것임이 분명하다.

[표] '순국'론과 '개죽음'론의 의미장

'순국'론의 의미장	'개죽음'론의 의미장
• 충군애국(특공대원들의 애국심에 대한 찬미) • 존경과 현창 • 순수한 젊은이들의 희생(자발성이 강조됨)	• 군부 이데올로기에 속은 헛된 죽음 • 가련함과 연민 • 순수한 젊은이들의 안타까운 죽음(강제성이 강조됨)

친을 잃은 유족들에게 육친의 죽음이 '개죽음'이었다는 이야기는 아무리 논리적으로 타당하다고 하더라도 심정적으로 받아들이기 어려운 것이었을 테다. 자식의 죽음 앞에서 "우리 아이는 오키나와에서 '개죽음'을 당한 것이 아닐까"라고 생각하는 유족에게, "그 생각은 잘못된 것"이며, 현재 경제대국으로 번영하고 있는 "일본의 초석으로서, 평화 일본의 토대석土臺石으로서 (그들은) 훌륭하게 전사한 것"이라고, 그래서 "잘했다고", "자부심을 갖고, 명예라고 생각하며, 당당히 살아가야 한다"(北海道遺族會[編], 1967. 北村毅, 2009: 301-302에서 재인용)고 일본유족회 측이 그 죽음에 의미를 부여해 주었을 때, 유족들은 심정적으로 이를 받아들이지 않을 수 없었다.

중국이나 남양의 전장으로 간 병사들처럼 잔악과 폭력으로 점철된 전장을 경험하지 못한 채 몇 개월의 비행 훈련을 거친 후 바로 죽음의 출격을 한 17-25세 젊은이들의 죽음을 이야기할 때, '개죽음'론은 논리적으로는 받아들일 수 있지만 심정적으로는 수긍하기 어려운 것이다. 여기에는 '개죽음'이라는 단어 자체에 내포되어 있는 관습적인 의미장의 강력한 규정력도 작용하고 있었다. '평화의 초석'론이 전후 유족과 전우를 비롯한 살아남은 국민들에게 폭넓게 받아들여진 배경에는 초석론의 애매함이 주는 포용성 외에도 '개죽음'론에 대한 이러한 심정적 거부가 깔려 있었다고도 할 수 있을 것이다.

하지만 '전중파'로서 지난 전쟁에서 함께 싸웠던 전우들의 죽음을 누구보다도 애석해했던 야스다 다케시가 이들의 죽음은 '개죽음'이라고 말했을 때, 거기에는 '개죽음=무의미한 죽음'이라는 관습적 어법을 넘어서는 논리가 내포되어 있었다. 즉 "젊은이의 물리적인 죽음은 '죽은 자'의 입장에서 본다면 모두 헛된 '개죽음'이라는 것, 그리고 그 죽음은 영웅시할 수도 그렇다고 무시할 수도 없는, 다른 말로 하면 산 자의 평가를 넘어서는 것이고, 산 자가 이를 평가하는 것은 사자에 대한 모독"(安田武, 1994: 145-146)이라는 논리다. 야스다의 '개죽음'론은 죽음을 산 자의 입장에서 평가해서는 안 된다는 강력한 경고의 메시지라고 할 수 있을 것이다. 다시 말하면 전쟁체험의 허사虛辭를 배제하고, 체험 그 자체를 직시直視하며, 거기서 전쟁의 폭력을 다시금 파악하고자 하는 입장(福間良明, 2007: 125)이었던 것이다.[11]

물론 대중의 취향과 세론世論에 민감한 영화라는 장르의 속성상 특공영화들이 특공사의 의미를 끝까지 추적해 나간다는 것은 쉽지 않았을 것이다. 이 시기 특공영화들은 저마다 약간의 차이는 있지만 특공에 대한 전후 사회의 대중적인 취향과 공감을 충실히 반영하고 또 이를 선도하는 역할을 했다고 보는 편이 타당하다. 실제로 1945년 일본의 패전이 임박한 시점에 이르면, 항공기 외에도 베니어판으로 만들어

11 하지만 이러한 전중파의 '개죽음'론은 보수 진영뿐만 아니라 당시의 진보 진영에게도 선뜻 이해되기 어려운 것이었다는 점을 덧붙일 필요가 있다. 안보투쟁의 유일한 희생자인 간바 미치코樺美知子의 죽음에 대한 의견을 제시해 달라는 인터뷰에 야스다가 그녀의 죽음을 '개죽음'이라고 말했을 때, 진보 진영의 젊은 세대들은 그런 그를 도저히 이해할 수 없었다. 그들 젊은 세대로서는 '권력의 추수자追隨者'로서의 전사자들의 죽음과 안보투쟁의 투사인 여학생의 죽음을 결코 야스다처럼 동일선상에서 볼 수 없었던 것이다. 이에 대해 야스다는 "지난 전쟁의 전사자에 대한 젊은 세대의 '개죽음'론은 전중파가 주장하는 '체험에의 직시直視'를 거부하는 자리에서 만들어진 것"이라고 비판한다(安田武, 1994: 145-146).

진 모터 보트에 폭탄을 싣고 적함에 돌진하는 신요震洋나 상륙용 함정에 잠수 도구를 착용한 인간이 손에 폭탄을 들고 그대로 돌진하는 후쿠류伏龍 등 다양한 특공작전이 계획되고 실제로 훈련이 이루어졌다. 그럼에도 대다수의 특공영화가 항공특공만을 다루고 있다는 것은 의미심장하다. 이들 특공작전이 영화화되지 않은 이유에는 실전에 투입되기 이전에 전쟁이 끝났다는 점도 있겠지만, 역시 이런 '원시적인' 특공작전들이 전후 대중들의 감성을 자극하기 어렵다는 점도 작용했을 것이다. 당시의 최첨단 무기인 항공기나 잠수함이 아닌, '원시적인' 방법에 의존한 특공작전이 시도되었다는 사실 자체가 '개죽음'론을 더욱 부각시킬 수 있기 때문이다. 문제는 이 시기에 굳어진 '순국'론과 '개죽음'론의 대립이 지양되지 못한 채, 현재까지 특공의 표상에 무거운 그림자를 드리우고 있다는 것이다.

마지막으로, 전사자의 죽음의 의미를 둘러싸고 진행된 격렬한 정치적 대립에도 불구하고, 1945년-1970년대의 전후 일본 영화나 매스컴 등 대중적인 언설 공간에서, 즉 〈들어라 와다쓰미의 소리〉와 같은 소수의 반전 지향 영화를 제외한 거의 대다수의 특공영화인 〈아아 동기의 벚꽃〉(1967)을 필두로 하는 일련의 '아아-' 시리즈에서 특공은 의리義理·인정人情·인의仁義를 강조하는 '임협도'任俠道(야쿠자의 철학)의 수준에서 상상되고 또 이야기되어 왔다는 점을 덧붙이고자 한다(福間良明, 2007: 107-112 참조). 특공 장르와 임협 장르는 모두 "어찌 됐건 자신들은 행복한 삶이 불가능하다고 체념하는 것으로 이야기가 시작되고, '어쩔 수 없이'라기보다 스스로 앞장서서 사지로 뛰어드는 것으로 끝난다"(佐藤忠男, 1968: 82)는 점에서 공통된 플롯을 가진다. 하지만 의리나 인정이라는 감정은 관습이라는 중력에 함몰되기 쉬운 것으로, 열정적인 영웅주의에 대한 갈망으로 나아갈 수는 있지만 결코 시대의 폐색을 꿰뚫어보는 인식으로 심화될 수는 없다는 점은 지적해 둘 필요가

있다.[12]

보다 본질적인 문제는 임협 장르가 애국심이라는 극히 추상적인 관념만을 부각시키면서, 애국심으로 들끓는 젊은이들이 어떻게 살아서 돌아올 수 없는 출격을 앞두고 죽음의 결의를 다졌는가만을 문제로 하는 자학적인 드라마의 패턴에 안주해 버린다는 것이다. 사토 다다오는 적을 어떻게 인식했는가, 적을 죽이는 것에 어떤 환희를 느꼈는가, 적에게 진다면 어떻게 될 것인가 등과 같은 의식 없이 단지 애국심이

12 미타 무네스케見田宗介는 의협義侠을 "자기 안에 있는 거센 애착이나 욕구를 타자 내지 집단에 대한 충성 때문에 자진해서 단념하는 것"으로 정의하면서, 일본 사회에서 의협에 대한 "민중의 **심정적인 공명**의 핵은 결과로서의 행위의 방향성보다 오히려 전제인 **애착의 단념**에 있는 것처럼 보인다"고 지적한다. 다시 말하면 "의협의 **심정의 핵심**은 '주체적'인 **단념**에 있다"는 것이다. 인간적 행복 추구의 가능성을 상실당할 때, 이 세계를 초월하는 가치 기준을 내면화하는 신앙 속에서 이 상황을 객관적으로 타파하고자 하는 방식이 나타날 수도 있다. 하지만 이렇듯 현세를 완전히 초월하는 사고의 전통을 거의 갖지 못한 일본 민중에게 초월신의 신앙에 의한 주관적 구제의 완성은 오히려 '피부에 와 닿지 않은' 것이다. 따라서 그 주관적 구제에 있어 필요한 것은 **인생 초월적**이면서 **세계 내재적**인 가치의 기준이 되지 않으면 안 되는데, 그러한 가치 기준이야말로 개인의 행복을 초월한 집단의 규범(법도·의리)이자 다른 한편으로 '미'이며, 이 양자를 한층 통합하는 것이 의협 혹은 인협이라 불리는 윤리미의 세계다(이상 見田宗介, 1977: 96-97. 굵은 글씨 강조는 인용자). 이러한 미타의 시각은, 왜 당시 특공대원으로 지원한 젊은이들이 죽음 이외의 다른 선택지를 찾지 못한 채 자신의 목숨을 '주체적으로' 단념하는 것으로 귀착할 수밖에 없었는가, 그리고 전후의 특공영화가 왜 계속해서 '임협'이라는 장르에 고착되어 왔는가 하는 점을 근대 일본의 심정의 역사라는 틀을 통해 이해할 수 있는 하나의 단서를 제공해 준다. "황국皇國의 위기에 있어 사랑하는 처자와 생이별하고 그리운 고향을 버리고라도 신민의 길을 가는 것이 남자다운 삶의 방식이다. 현실에 있는 그러한 운명을 변혁할 수가 없는 이상, 그러한 고뇌의 길을 스스로 선택한 영웅으로 자신을 일컬으며 운명을 의협으로 미화하는 것에 의해 비로소, 고뇌 그 자체를 가치로 전화하는 것에 의해 비로소, 민중은 부조리를 견뎌 냈던 것이다."(見田宗介, 1977: 109)

라는 것을 위해 죽는다는 과정과 그 결과만을 문제로 삼는 것은 근본에 있는 커다란 착란 없이 그 결과의 순정에만 애착을 보이는 것이라고 비판한다(佐藤忠男, 1968). 그것은 실로 정치적 리얼리즘을 일체 배척하고 모든 정세 분석을 거부하면서 현실을 절대적으로 용인했던, 그리고 "우리들은 죽지 않으면 안 된다"고 부르짖었던 전쟁 말기 일본 낭만파의 니힐리즘적 감수성(橋川文三, 1998: 49-50)을 전후 20여 년이 지난 시점에서도 전혀 극복하지 못했음을 방증하는 것이기도 하다.

4. 부드러운 내셔널리즘의 대두: 1980년대 후반 – 현재

1980년대 이후(특히 1990년대 이후) 특공의 표상공간에 나타난 중요한 변화는 크게 세 가지다. 첫째는 그 표상에 있어 특공기지라는 지역성locality이 두드러지게 나타난다는 점이다. 둘째는 기존의 남성주의적(임협도적) 특공대원의 이미지에서 탈피한 새로운 특공대원의 이미지가 출현한다는 점이다. 셋째는 기존의 특공영화에는 등장하지 않았던, '조선인 특공대원'과 같은 종족적으로ethnically 이질적인 타자가 등장한다는 점이다.

우선 첫 번째 변화에 주목해 보면, 1980년대 후반부터 특히 가고시마 내 특공기지가 있던 지역들에서 특공이 지역 활성화 사업의 중요한 테마로 인식되고, 또 이에 맞춰 기념관이나 위령경관(공원·참도 등)과 같은 인프라 정비 사업이 전개된다는 점을 지적할 필요가 있다. 가고시마의 지란에 '마을 만들기 특별대책사업'의 일환으로 특공평화회관 및 석등 길, 평화공원 정비 사업이 전개된 것은 바로 이 시기의 일이다(제5부 제1장 참조). 그리고 이러한 지역 인프라의 구축과 보조를 함께하듯, 특공 관련 영화나 드라마의 테마도 기지에 얽힌 에피소드들을 중심 소재로 옮겨 가면서 현지 로케이션 등의 방식을 통해 지역과의 유착이 더욱 강화되는 움직임이 보인다.

1990년대 등장한 새로운 특공영화의 효시는 1993년에 개봉한 〈월광의 여름月光の夏〉이다. 이 영화는 가고시마의 지란 기지에서 출격 대기 중이던 두 명의 음악학교 출신 특공대원이 출격 전야 근처 사가현佐賀縣 도스시鳥栖市의 한 소학교 음악실에 찾아와 베토벤 피아노소나타 〈월광〉을 연주하고 학생들의 작별인사를 받고 돌아가 출격했다는 '실화'를 소재로 한 작품이다. 특공대원으로 차출되었지만 끝까지 음악에 대한 열정을 잃지 않는 순수한 젊은이로서 특공대원들의 모습은 무의미한 죽음을 앞두고 고뇌하는 학도병이나 임협도의 체현자였던 이전 특공대원들의 상과는 분명 거리가 있는 것이다. 또한 이 영화는 이 실화에 바탕을 둔 이야기를 보존하고 널리 알리고자 하는 지역사회의 운동에 의해 자극을 받아 제작되고, 또 제작비의 일부도 지역의 지원이나 시민들의 모금으로 마련되었다는 점(毛利恒之, 1993: 118)에서 기존의 특공영화와는 구별되는 독특성을 찾아볼 수 있다.

하지만 '특공 성지'라는 지란의 이미지를 가고시마를 넘어 전국에 알린 대표적인 작품은 2002년 개봉되어 5월부터 9월까지 누적 관객수 210만이라는 엄청난 흥행을 불러일으킨 영화 〈호타루〉('호타루'는 우리말로 반딧불을 의미한다)였다. 이 영화는 촬영 대부분이 가고시마 현지에서 진행되고, 예전부터 특공대원 역을 도맡았던 다카쿠라 겐高倉建을 비롯해 캐스팅도 화려해서 제작 단계부터 상당한 관심을 불러일으켰다. 영화는 가고시마에서 어부로 평범하게 살고 있지만 한때 특공대원으로 출격한 경험이 있는 주인공(다카쿠라 겐)과 병든 아내 — 그녀는 특공대 시절 자신의 상관이었던 한 조선인의 전前 약혼자이기도 하다 — 의 평화로운 일상에 불현듯 찾아오는(그 시기가 1989년 쇼와 천황의 죽음과 겹친다는 점도 흥미롭다. 물론 그것은 감독의 의도이기도 했다) 과거의 인연들,

그리고 그 해원解寃의 이야기가 중심 모티프다.

특공대원으로 차출되어 죽을 운명이었지만 출격 직전 전쟁이 끝나 살아남게 된 주인공에게 어느 날 같은 부대의 생존자였던 오랜 지인이 자살했다는 소식이 전해져 온다. 영화는 지난 과거의 에피소드들(자신은 천황폐하가 아닌 조선 민족을 위해 출격한다고 말하면서 출격 전야 〈아리랑〉을 불렀다는 한 조선인 특공대원의 에피소드, 그리고 죽어서 반딧불이 되어 돌아오겠다고 말하고 실제 출격일 저녁 반딧불이 되어 돌아왔다는 한 일본인 특공대원의 에피소드)과 그 과거의 유산인 현재의 얽힘을 하나씩 하나씩 풀어내는 방식으로 전개된다.

특히 이 영화의 관전 포인트는 1945년 7월에 식민지 조선에서 개봉한 조일朝日 합작영화 〈사랑과 맹세愛と誓い〉 이후 60여 년 만에 다시 일본의 스크린에 조선인 특공대원이라는 존재가, 그것도 조연이 아닌(주인공의 과거 에피소드의) 중심인물로 출현했다는 것이다. 전형적인 국책영화였던 전작[13]에 비해 이 영화는 조선인 특공대의 지원이 갖는 의

13 〈사랑과 맹세〉는 1945년 7월에 조선에서 개봉한 이마이 다다시今井正 감독의 영화로, 해군성의 검열을 거치고 해군성과 조선총독부가 후원한 전형적인 국책영화다. 전체적인 줄거리는 간단하다. 전쟁 말기 조선 출신의 한 일본군 해군 소위가 가미카제 특공대로 전사하자 관례대로 신문사는 특공대원의 생가에 기자를 파견한다. 소위 '미담'美談 기사를 싣기 위해서다. 전사한 해군 소위와 친분이 있던 『경성일보』 국장은 그 임무를 자신의 집에 기거하고 있는 한 조선인 소년에게 맡긴다. 소년은 원래 고아로 길거리를 배회하다 친절한 신문사 국장의 도움으로 겨우 그 집에서 살 수 있게 되었다고 한다. 절도가 있으면서도 친절한 일본인 국장과 고아이자 방랑벽이 남아 있어 종종 가출을 일삼고 문제를 일으키는 조선인 소년의 대비는 너무나 선명하다. 특공대원의 생가에 가서 며칠을 머물면서 소년은 특공대원의 가족들이 너무나 의연하게 그 죽음을 받아들이는 것을 보고 진한 감동을 받는다. 그런데 때마침 마을에서 또 다른 조선인 청년이 지원병으로 전장에 가게 된다. 이를 축하하기 위해 가족과 마을 사람들이 성대한 출정식을 해 주는 것을 보고 소년은 질투가 나서 그만 다음 날 입소를 위해 청년이 타고 갈 버스의 윤활유를

미를 일본인이 아닌 식민지인의 입장에서 문제제기 하는 등 기존의 특공영화와 비교하더라도 그 시각에서 상당한 파격을 보여 준다. 이것이 파격인 이유는 이러한 인물 설정 자체가 지배자이자 우월한 식민자와 열등한 피식민자라는, 지금까지도 계속해서 만들어지고 있는 강력한 인종주의적(혹은 오리엔탈리즘적) 서사 구조(酒井直樹, 2007)를 벗어나면서, 위기에 처한 조국을 구하기 위한 일본 젊은이들의 순수한 열정이라는 기존 특공대 영화의 언설 구조를 교란할 수 있는 위험성도 내포하기 때문이다. 다시 말하면 식민지의 젊은이들이 왜 특공작전에 동원될 수밖에 없었는가, 그리고 자신의 나라를 빼앗은 식민지 본국 일본을 위해 강제로 죽어야 하는 상황에 처하게 되었을 때 그들은 어떤 심정이었을까라는 물음을 던지는 것만으로도, 이 영화는 이전 특공영화들의 공통된 서사 구조를 근저에서 흔드는 작품이 될 수 있었다.

물론 이전 영화인 〈사랑과 맹세〉와는 달리, 이 영화에 등장하는 조선인 특공대원은 제국일본의 정책에 순응하는 '충량한' 조선인은 아니다. 하지만 아쉽게도 영화는 특공대원을 둘러싼 전후 일본의 언설 구조 자체에 균열을 기하는 데까지는 이르지 못한다. 특공출격 직전, 일본인 동료들에게 자신은 천황폐하가 아닌 조선 민족을 위해, 그리고 사랑하는 일본인 연인을 지키기 위해 출격한다고 심경을 고백하는 장면은 아무래도 작위적인 느낌이 강하다. 또한 죽음을 앞둔 아내를 위해 주인공이 아내의 전 약혼자이자 자신의 상관이었던 조선인 특공대원의 유품을 들고 그의 고향인 한국을 찾아간다는 설정 역시 다소 어

빠 버린다. 하지만 다음 날 그 청년이 마을 사람들의 전송을 받으며 입소장까지 12km나 되는 거리를 뛰어가는 모습을 본 소년은 울음을 터뜨리며 자신의 잘못을 고백한다. 경성으로 돌아간 소년은 자신이 특공대원의 생가에서 체험한 사실을 기사로 적은 후, 곧바로 자신이 연모하는 그의 뒤를 이어 해군에 지원한다.

색하다. 여기에는 식민지 지배 혹은 과거사와 같은 무거운 문제에 대하여, 전후 50년이라는 세월이 흘렀음에도 죽은 조선인 특공대원을 잊지 않는 한 일본인 부부의 선행을 통해 '화해'를 시도한다는, 지극히 낭만적이고 나이브한 의도가 깔려 있기 때문이다. 더구나 그들이 찾아간 그의 고향은 1990년대 한국 사회의 풍경과는 너무나 동떨어진, 과거 일본인들의 심상지리心象地理에 머물러 있는 지극히 '조선적'이자 '오리엔탈적인' 하회마을이다.

그런 의미에서 전후 50년이 지난 시점에 과거를 잊지 않는 일본인의 선행 덕분에 죽은 조선인 특공대원의 영혼이 반딧불이 되어 고향으로 돌아온다는 설정은 지난 역사의 상처를 성급히 봉합하려는 시도나 마찬가지다. 그리고 영화는 지난 세기 전쟁에 휘말렸던 사람들은 모두 시대의 희생양이었다는, 일본 사회 주류의 '감상주의'에서 조금도 벗어나지 못하고 있다. 문제는 많은 일본인들이 (영화에 등장하는 것처럼) 출격 직전 〈아리랑〉을 부르는 조선인 특공대원의 모습에 눈시울을 붉히고 또 지란의 기념관에 전시된 그의 사진이나 조선인 특공대원을 기리는 비(〈아리랑의 비〉) 앞에서 발길을 멈추는 것처럼, 이 영화가 그려낸 조선인 특공대원의 상이 아무런 거부감 없이 일본 사회에서 유통되고 소비되고 있다는 것이다.

여기에는 식민주의자의 노스탤지어이자 제국적 국민주의의 나르시시즘(酒井直樹, 2007)이 개입될 수 있는 여지도 다분히 존재한다. 이러한 노스탤지어는 특공대원으로 죽은 조선인 전우들에 대해 "이들은 (지금은 아니지만) 전전 제국일본의 국민으로서 제국일본을 위해 함께 싸우다 전사했다"는 동료 일본인 특공대원들의 증언[14]에서 잘 드러나듯,

14 실제로 2009년 반세의 특공위령제에서 만난 원특공대원은 당시 같은 부대로 반세 지역에서 출격했던 두 명의 조선인 특공대원에 대해 이야기해 달라는

한때 자신에게 속했던, 하지만 지금은 자기 것이 아닌 대상에 대한 아쉬움과 연민, 그리고 향수다. 그리고 제국일본을 위해 싸웠던 그들을 '우리' 일본인이 위령해 주는 가운데 조선인 특공대원이라는 존재는 다시 '우리 일본인'이라는 주체의 구성에 관여하게 된다.

한편 이 영화에서 주목해야 할 또 다른 포인트는 당시 지란의 군 지정 식당 여주인이자 어린 특공대원들을 어머니와 같은 자애로운 사랑으로 보살펴 주었다는 도리하마 도메라는 존재다. 영화의 줄거리를 이루는 에피소드들이 그녀의 증언을 재구성해서 만들어졌다는 것은 차치하더라도, 이 영화에서 그녀는 이야기 전개의 중심인물로 등장한다. 이시하라 신타로 도쿄도지사가 시나리오 및 제작을 맡아 화제가 된 〈나는 당신을 위해 죽으러 갑니다俺は、君のためにこそ死ににいく〉(2007)에서는 도메가 주인공이자 화자로 등장하기도 한다. 〈호타루〉는 가고시마에서 만들어진 '도메 전설'이 전국으로 확산되는 데 결정적인 역할을 한 작품이었다.

자애롭고 헌신적인 어머니와 같은 존재인 도메의 등장은 특공대원에 대한 이미지에도 미묘한 변화를 가져온다. 1950년대 특공영화들이 고뇌하는 학도병의 상을, 그리고 1960-1970년대 성황리에 만들어진 특공영화들이 시대극의 사무라이 혹은 임협도의 체현자로서 그 남성적인 영웅주의를 강조해 왔다면, 1980년대 중반 이후(특히 1990년대) 새롭게 등장한 특공대원의 표상에서 일관되게 나타나는 것은 그들의 한결같은 젊음과 순수성이다. 그리고 도메와 같은 여성은 바로 자칫하면

연구자의 질문에, 바로 카랑카랑한 목소리로 "당시 그들은 일본인으로서 싸웠다. 그건 당연한 것이다. 그래서 절대로 차별이나 구별은 하지 않았다"는 다소 뜬금없는 답변을 했다. 몇 번을 다른 식으로 바꿔 말해도 답변은 동일했고, 이미 굳어져 버린 상황에서 다른 이야기를 꺼낸다는 것이 사실상 불가능했다(나에무라 시치로苗村七郎 씨와의 인터뷰, 2009. 4. 12).

변질되기 쉬운 젊은 남성들의 순수성을 보증하는 존재이며, 이들의 운명을 연민 어린 시선으로 지켜보면서 공감으로 성립된 자기연민의 공동체를 만들어 낸다. 특공대를 바라보는 전후 일본 사회의 노스탤지어적 감상주의가 갖는 가장 커다란 힘 역시 여기에 있다.

2005년의 흥행대작(누적 관객수 400만) 〈남자들의 야마토男たちの大和〉는 이렇듯 변화하는 특공대원의 상을 더욱 뚜렷이 보여 주는 대표적인 작품이다. 이 영화는 오키나와에 단기單機 출격하는 당시 제국일본 최대의 전함 야마토大和의 특공작전에 투입된 10대 소년들을 주인공으로 내세우면서, 그들의 순수성과 용기, 그리고 그들을 보살펴 주는 멋진 하사관들(물론 대조적으로 그들을 괴롭히는 나쁜 하사관도 등장한다)과 특공작전을 지휘하는 수뇌부의 고뇌, 마지막으로 마지막 전투를 앞둔 상황에서 왜 무의미하기까지 보이는 특공작전을 수행하지 않으면 안 되는지 고민하는 소년들에게 그들이 죽어야 하는 이유를 담담히 이야기하는 장교까지 적절하게 곁들이는 등 2000년대 특공영화의 '종합선물세트'와 같은 면모를 보여 준다. 영화는 이들이 결코 군국주의 이데올로기에 사로잡힌 광신적인 집단이 아니며, 오히려 국가라는 거대한 폭력에 의해 희생되어 가는 소년들이라고 역설한다. 하지만 동시에 그들은 천황 혹은 국가를 위해서가 아닌, 부모나 형제, 연인 등 사랑하는 사람들을 지키기 위해 스스로 죽음을 선택하는 멋진 남자들이기도 하다.

이러한 서사 구조는 분명히 이전의 특공서사를 지배했던 전형적인 '애국미담'식의 이야기 구조와는 다른 것이다. 왜냐하면 젊음과 순수성에 대한 강조는 전쟁이라는 현실에 의해 그것이 파괴되어 버린다는 논리적 귀결 때문에 전쟁의 비극, 나아가 그러한 무모한 전장에 젊은이들을 인간폭탄으로 동원한 군부의 만행을 드러내는 방향으로 나아갈 수 있기 때문이다. 비슷한 계열의 작품으로 1993년에 제작된 〈Winds of God〉이라는 영화에서는 '타임 슬립'에 의해 1945년 8월

규슈 가노야의 특공기지에 떨어져 버린 두 젊은이의 눈을 통해, 당시 출격을 기다리던 특공대원들의 고뇌에 찬 심정의 세계에 다가가고자 한다. 그들의 눈에 비친 특공대원들은 한결같이 조국애에 충만한 순수하고 아름다운 청년들이다. 그런 그들이 하나둘 특공출격으로 전사하는 모습을 보면서, 주인공은 그들에게 '특공'이라는 작전은 결국 국가가 제멋대로 정한 강제적 '살인'에 불과한 것이라며, 현실로부터 도망가지 말라고 부르짖는다.

또한 전후 50주년을 기념하여 두 번째로 리메이크된 〈들어라 와다쓰미의 소리〉의 경우, 원작 자체가 갖는 반전주의의 영향도 있어서 젊은이들을 무의미한 전쟁으로 끌어들이는 군부의 광포함, 제국일본의 아시아 침략, 그리고 위안부 문제도 상당히 리얼하게 그려 낸다. 하지만 이러한 영화들에서조차도 특공은 풍전등화의 위기에 직면한 조국을 방어하기 위한 '일본 남아의 어쩔 수 없는 선택'으로 그려지고 이들의 순수한 헌신·조국애·가족애가 강조되는 것이다.

전장의 범위를 1945년의 오키나와 특공으로 한정하는 최근의 다른 특공영화들의 경우—그 극단적인 예로 2007년에 개봉한 〈나는 당신을 위해 죽으러 갑니다〉를 들 수 있다—는 두말할 나위가 없다.[15]

15 이는 두 영화에 공통적으로 등장하는 인물인 자유주의자 우에하라 료지上原良司를 그리는 방식에서 선명히 드러난다. 〈들어라 와다쓰미의 소리〉에서 우에하라는 특공이라는 작전에 대해 고민하면서도 사랑하는 가족과 연인을 지키기 위해 출격하는 자유주의적 학도병의 모습으로 그려진다. 하지만 〈나는 당신을 위해 죽으러 갑니다〉에서 그는 전쟁을 싫어하는 염세주의자로서, "일본은 이 전쟁에서 반드시 진다"고 입버릇처럼 되뇌며 출격 때마다 기체결함의 문제로 되돌아오다가 마침내는 기체결함인지 파일럿의 의도인지 알 수 없는 기체폭발로 어이없는 죽음을 당하는 존재로 묘사된다. 더 나아가 영화는 마지막 장면에서 벚꽃 떨어지는 지란의 관음당에서 죽은 자신의 동료들과 함께 활짝 웃는 그를 등장시킴으로써 그 죽음의 의미를 그가 남긴 '유서'와는

그들은 출격 직전 자신들의 죽음의 의미를 되묻지만, 이러한 되물음은 특공이라는 작전 자체의 부조리와 전쟁의 성격에 대한 집요한 추궁으로 나아가기보다는, 죽음의 이유를 천황이 아닌 자신이 상상할 수 있는 가족, 친구, 그리고 연인으로 뒤바꿈으로써 모든 부조리와 모순을 자기식대로 해소한 채 '멋있게' 죽어 간다. 이는 1990년대 이후 일본 사회를 감싸고 있는 부드러운 내셔널리즘의 한 변형, 사카이 나오키酒井直樹가 비판하듯이 "개인의 주체적인 존재방식이나 사회편제의 관계를 변화시키지 않고 집단적으로 공유된다고 상상된 정서, 즉 공감을 통해서만 문제를 해결"(酒井直樹, 2007: 127)하는 감상주의의 극치라고 할 수 있을 것이다.[16]

5. 계보로부터의 일탈: 특공을 재현하는 또 하나의 방법

이런 흐름에서 본다면 동시기에 개봉한 〈출구가 없는 바다出口のない海〉

다른 방식으로 왜곡해 버린다.

16 박진한은 이러한 경향성을, 1990년대 이후 특공영화에서 공통적으로 나타나는 '생존자에 의한 회상'이라는 표상전략의 변화에서 분석한 바 있다. 특공생존자의 자기 진술에 따라 재구성된 특공체험은 평화롭고 개인주의적인 시대를 살아가는 오늘날의 세대가 잊고 사는 가족애·전우애·조국애에 근거한 '비장한 행위'로 묘사됨으로써, 젊은 관객에게 교육적인 효과는 물론이고 이들의 이성적이고 논리적인 접근을 차단한 채 미리 정해 놓은 감성적이고 심정적인 반응만을 강제하는 효과를 거둘 수 있다는 것이다(박진한, 2008). 또한 특공의 기억이 특공생존자의 회상을 통해 환기됨으로써, 이를 재현하는 과정에서 타자의 입장이나 시선, 이를테면 전쟁의 최대 피해자인 아시아 민중의 입장이나 성폭력의 문제는 애시당초 배제될 수밖에 없다는 지적은 앞서 언급한 〈호타루〉에서의 조선인 특공대원과 관련된 설정이 갖는 문제와 관련해서도 음미할 만한 것이다.

(2006)라는 영화는 지금까지 살펴본 특공영화들의 계보에서는 조금 벗어난 작품으로, 꽤 독특한 여운을 준다. 당시 해군의 특공병기인 인간어뢰 가이텐回天[17]을 소재로 한 이 영화는 지금의 관객들에게 다소 불편할 수 있는 물음을 던진다. 그 물음은 한마디로 이렇게 표현할 수 있을 것이다. '탈출 자체가 불가능한 가이텐이라는 인간어뢰에 몸을 실은 당시 젊은이들의 심정心情은 어떠한 것이었을까.'

영화 속에 등장하는 세 명의 특공대원들은 모두 그 물음에 대해 자신을 납득시킬 수 있는 답을 찾아내지 못한 채 주저하며 고뇌한다. 이들 중 유일하게 출격해 자폭공격에 성공하고 전사한 병사는 출격 직전 모든 것을 체념한 채 조종석에서 어머니를 외치며 프로펠러 발동을 건다. 한편 자신의 가이텐이 고장 나서 두 번째 출격도 실패로 돌아간 한 병사는 동료의 가이텐에 대신 태워 달라고 무릎을 꿇고 애원한다. 그는 가난한 농가의 아들로 태어난 자신이 출세할 수 있는 길은 죽어서 군신이 되는 것밖에 없기 때문에 출격을 해야 한다고 울부짖는다. 이러한 절규에 주인공은 "그건 자살에 불과한 것 아닌가, 자살한 인간이 군신인가"라고 만류하지만 주인공 역시 자신이 죽어야만 하는 이유에 대한 명확한 답을 찾아내지 못한 것은 마찬가지다. 특공출격 전 마지막 휴가차 집으로 돌아온 그는 아버지에게 "가족과 사랑하는 사람을 적으로부터 지키기 위해 목숨을 바칠 것"이라고 말한다. 당시 일

17 가이텐은 아시아·태평양전쟁의 막바지에 해군이 고안한 비밀병기로, 승무원 한 명이 탑승하여 간단한 조종을 할 수 있도록 만들어진 인간어뢰다. 가이텐이라는 이름의 유래는 '하늘天을 휘저어回 전세를 역전시킨다'는 말에서 왔다고 한다. 하지만 일단 발진하면 앞으로 움직이는 것 이외의 미세한 조종이 불가능하고, 조종법이 복잡할뿐더러 해류의 영향도 많이 받아 실전에서는 거의 힘을 발휘하지 못했으며, 탈출장치도 없어서 사망률도 높았다고 한다. 패전까지 실제로 훈련을 받은 승무원의 수는 1,375명, 그중 전사자는 106명으로 알려져 있다.

본 사회에서 그 적은 물론 '귀축미영'鬼畜米英이다. 하지만 "너는 적의 모습을 본 적이 있는가", "과연 국가라는 게 무엇일까"라는 아버지의 물음에, 그가 할 수 있는 대답은 "적은 적일 뿐"이라는 궁여지책의 답변뿐이다.

이 영화에서 특기할 만한 점은 마지막까지 주인공에게 '장렬하고 명예로운' 특공사를 허락하지 않는다는 것이다. 영화는 패전이 임박한 어느 날, 기지 근해에서 실시된 모의훈련 중 기계 고장으로 인해 심해로 가라앉는 가이텐에서 탈출하지 못한 채 질식사하는 주인공의 모습을 비추면서 끝이 난다. 그가 최후를 맞이하는 곳은 주위의 모든 세계와 단절된 컴컴한 깊은 바다, 팔다리조차 뻗을 수 없는 고립되고 밀폐된 비좁은 공간이다. 실내의 산소가 점점 엷어져 가면서 서서히 의식이 몽롱해지는 가운데 그는 노트에 최후의 유서를 쓰기 시작한다. 죽음이 임박해 오는 그의 머릿속을 스쳐 지나가는 장면들은 짧았던 자신의 삶에서 가장 찬란하고 소중한 순간들이다. 이윽고 화면은 지난번 출격이 실패로 끝나고 귀환한 기지에서 정비병과 캐치볼을 하는 장면에 고정된다. 특공출격을 지켜보며 손을 흔들어 주는 것 외에는 해 줄 수 있는 것이 아무것도 없어 안타까워하며 "무엇을 위해 가이텐에 타느냐"고 묻는 정비병에게 주인공은 다음과 같이 대답한다.

> 무엇을 위해 죽느냐고 묻고 싶은 거지? 사실은 그게 문제야. 나는 가이텐이라는 걸 후세에 전하기 위해 죽으려고 해. 인간어뢰라는 병기가 있었다는 것을. 사람이 그 병기의 일부가 되었다는 것을. 이 슬픈 사실을 전하기 위해 죽을 거야. 그걸로 됐어.

영화의 이러한 메시지가 2000년대의 일본 사회에서 어느 정도 이해되고 또 수용되었는지는 미지수다. 흥행 면에서 보더라도 2005년

400만 명의 관객을 동원한 초대형 흥행작 〈남자들의 야마토〉에 비해 〈출구가 없는 바다〉가 거둔 성적은 상대적으로 초라한 것이었다. 〈출구가 없는 바다〉와 같은 음울한 영화보다는, 조국을 위해 혹은 자신이 사랑하는 사람들을 위해 기꺼이 목숨을 바치는 '멋진' 젊은이들의 이야기가 훨씬 '매력적으로' 지금의 대중들에게 어필하는 것이다. 그럼에도 불구하고 이 영화는 죽음을 결코 장렬한 전사戰死로 치환하지 않으면서, 죽음의 이유로 '조국을 위해'라는 말에 결코 동의하지 않는다는 점에서 기존의 특공영화들과는 다른 기묘한 여운을 남긴다.

나아가 인간어뢰라는 너무나 비인간적인 병기의 승무원석 이미지를 만들어 냈다는 것 역시 특공에 대한 표상에 있어 2000년대 일본 사회가 거둔 하나의 '성과'라고 해야 할 것이다. 물론 이 이미지 역시 영화라는 상업자본주의에 포획되어, 그 결과 이미지를 정지시키고 전체주의화하는 페티시-이미지로 전화될 위험성은 얼마든지 있다. 하지만 그 침침하고 질식할 것만 같은 승무원석 이미지가 현대 일본 사회를 뒤덮고 있는 특공에 대한 낭만적이고 기념비적인 환영幻影, 즉 베일을 찢어 내는 "갈라진 틈-이미지"(Didi-Huberman, 2017: 126)를 만들어 내고 있다는 점에서 그 이미지는 소중하다.

6. "꽁무니를 빼라, 도망가라, 숨어라"

결론적으로 볼 때 1990년대 이후 일본 사회에서의 특공에 관한 표상은 〈출구가 없는 바다〉와 같은 독특한 예외를 제외하고는, 한층 '부드러운 내셔널리즘' 속으로 흡수되는 듯이 보인다. 미야자키 하야오宮崎駿 감독의 마지막 작품 〈바람이 분다風立ちぬ〉(2013) 역시 그러한 혐의를 둘러싼 논란에서 자유로울 수 없었다. 특공 자체를 소재로 하지는 않지만

아시아·태평양전쟁 당시 일본 해군의 주력기이자 특공기로 사용되었던 제로센의 설계자 호리코시 지로堀越二郎의 일대기를 다룬 이 작품은, 아름다운 비행기를 만들고 싶다는 한 설계자의 꿈과 그 비행기가 전쟁 무기로 사용되는 현실 사이의 '모순'irony을 그린다. 하지만 이 모순을 주된 테마로 다루기보다는 "바람이 분다, 사람은 살아가지 않으면 안 된다"(발레리P. Valéry)는 다소 운명론적인 메시지를 제시한다는 점에서, 군국주의·파시즘·기계문명을 비판해 왔던 그의 작품세계 전반에서 본다면 후퇴하고 있는 것이 아닌가 하는 비판이 쏟아졌다. 영화에서는 그다지 주의 깊게 다루지 않지만, 호리코시가 견지하고자 했던 설계상의 미학에 뒤따르는 기체 경량화 문제가 결과적으로 조종사를 보호해 줄 두터운 갑판을 포기하게 함으로써 (연합군에 비해 상대적으로) 많은 조종사들이 공중전에서 목숨을 잃게 되었다는 것은 또 하나의 모순이다. 모순의 자각이 시대 현실에 대한 객관적 인식에 입각한 비판Kritik의 논리로 전화하지 못한 채 무한한 자기부정의 지향(즉, 아이러니)으로 자기를 주장하는 비극에 머물고 마는 사례를 우리는 일본 낭만파의 역사적 경험에서 이미 확인한 바 있다(橋川文三, 1998).

물론 이상의 결론은 영화라는 텍스트 분석을 통해 도출된 한정적인 것이긴 하지만, 그렇다고 해서 단순히 제작자나 감독의 이데올로기적 성향의 탐구에 그칠 문제는 아니다. 왜냐하면 앞서 지적한 것처럼 거대자본이 투입되는 영화는 그 흥행이 영화의 존속과 직결된다는 점에서 다른 어떤 매체보다도 대중의 요구에 가장 민감하게 반응하고 이에 공명하는 형태로 만들어지는 장르이기 때문이다. 이렇게 본다면 이들 영화가 전후 60년이 지난 일본 사회에서 그다지 무리 없이, 혹은 엄청난 인기를 얻으며 수용되었다는 현실이 갖는 의미에 대해서는 숙고할 필요가 있다. 여기에는 전후 일본 사회에서 일견 당연시되었던 '가해'나 '전쟁책임'에 대한 인식이 자유주의 사관 등의 논리에 의해 '자학사관'으로 뒤바뀌는 전도의 구조, 그리고 야스쿠니신사의 유슈칸이나 지란의 특공평화회관에서 젊은 특공대원들의 영정 사진들을 보고 눈물을 흘리며 비장미와 순수함에 이끌리는 현대 일본 사회의 감정의 구조가 자리하고 있는 것이다.

원특공대원이었던 마쓰우라 기이치松浦喜一가 경고하듯, 특공을 아사나 질병사와 같은 다른 전장의 죽음과는 다른 특수한 것으로 생각하면 거기서부터 미화가 일어나기 시작한다(松浦喜一, 1994). 하지만 이때 미화에 대한 경고는 '정부는 나라를 지키고, 자위대원은 특공대원과 같이 목숨을 아낌없이 바치고, 국민은 애국심을 기르도록 특공대를 찬미하는' 이데올로기의 횡행에 대한 경고이지, 물질주의에 충만한 전후 사회에서 특공대원들이 죽음을 통해 보여 주었던 인간적인 가치에 대한 무시는 아닐 것이다. 실제로 특공의 죽음에 대한 전후 일본의 광범위한 수용의 양상에는 이러한 측면이 존재하고, 따라서 그만큼 특공비판이 어려운 것도 사실이다.

하지만 비록 패전이라는 부의 유산을 통해서였더라도, 국가를 위한 죽음이라는 신화의 허구성을 가장 예민하게 자각하면서 애국주의의 위험성을 경계해 온 전후 일본 사회의 역사적 경험을 무시할 수는 없다. 실제로 1960-1970년대 〈아 동기의 사쿠라〉와 같은 비장한 노래들을 배경으로 특공에 대한 낭만적 표상들이 만들어지는 상황에서도, 일본 사회 안의 또 다른 곳에서는 "생명은 하나, 인생도 한 번, 그러니 목숨을 버리지 말자. … 누군가 나라를 위해서 부추기기라도 하면 파랗게 질려 꽁무니를 빼라. 도망쳐라. 숨어라. 죽어서 신으로 불리기보다는 살아서 바보라고 불리는 것이 낫다"(加川良, 〈教訓 I〉[1971]), "자위대에 들어가자, 들어가자! 자위대에 들어가면 이 세상은 천국, 남아 중의 남아는 모두 자위대에 들어가 꽃처럼 진다"(高田渡, 〈自衛隊に入ろう〉[1969])와 같은 예리한 현실풍자적 포크송들이 만들어지고 또 불렸던 것이다.

이 노래들에는 감상주의라는 베일에 가려진 마초주의 성향에 대한 반감 혹은 풍자와 함께 전후 일본 사회가 견지해 온 평화주의의 한 측면이 잘 반영되어 있다. 이에 대해 목숨 바치며 남자가 되라고 누군가 부추길 때는 두려워하고 꽁무니를 빼라는 메시지를 전하고 있다는 점에서 그것은 전후 세대의 소극적인 평화주의에 불과하며 단지 풍자(“자위대에 들어가자”)에 그치고 있는 것이라 한계를 지적할 수도 있다. 하지만 과거 중국 전장에서 12년간 헌병으로 근무하면서 ‘특고特高의 하나님’(특고는 주로 사상범이나 스파이 등을 검거하는 기관으로, 헌병 내부에서도 가장 악명이 높았다)으로 불렸던 한 일본 병사가 패전 후 토로하는 다음과 같은 한탄은 곱씹을 필요가 있다.

> 국가에 맹종해서는 안 돼. 전쟁만큼 큰 죄악은 없어. 그것만큼 쓸데없는 것은 없어. **그러니까 반드시 도망쳐야 돼.** 전쟁에 이겨서 행복해진 나라는 없어. 이겨도, 져도 수십 년 지나면 세상은 완전히 바뀌어 버려.(野田正彰, 2000: 310-311. 굵은 글씨 강조는 인용자)

도망치는 것 자체가 불가능했던 전전 일본 사회의 현실을 감안한다면 “맞서 싸워라”가 아닌 “꽁무니를 빼라”, “반드시 도망쳐라”라는 메시지야말로, 지금까지 살펴본 특공의 표상에서 볼 수 있듯 전시기와 같이 노골적이지는 않지만 여전히 죽음의 미학이라는 낭만주의를 계승하고 있는 전후 일본 사회에 대한 강력한 비판의 목소리라고 할 수 있다. 비록 ‘폼은 많이 떨어지지만’ 이러한 국가주의에 대한 불신, 산화의 미학에 대한 비판의식은 악몽 같은 전장에서 살아남은 세대들이 전후 세대들에게 줄 수 있었던 가장 소중한 유산일 것이다.

참고문헌

1. 신문·잡지 자료

『연합뉴스』, 오마이뉴스, 『중앙일보』.

『朝日新聞』, 『毎日新聞』, 『讀賣新聞』, 『南日本新聞』.

『文藝春秋』, 『キネマ旬報』.

2. 전사자 제사 관련 자료

沖縄縣福祉部援護課, 1996, 『沖縄の援護のあゆみ: 沖縄戰終結五〇年記念誌』.

軍事保護院援護課長 青柳一郎, 1941, 「戰没者遺族援護事業について」, 軍事保護院[編], 『遺族家族指導囑託講習會講義錄』.

軍人援護會秋田縣支部[編], 1941, 『社頭の感激 3』, 秋田: 軍人援護會秋田縣支部.

九州地方朝鮮人強制連行眞相調査團[編], 1974, 『九州朝鮮人強制連行の實態: 新聞報道資料』.

厚生省, 1963, 「全國戰没者追悼式實施について」.

厚生省援護局[編], 1977, 『引揚げと援護三十年の歩み』, 東京: 厚生省.

財團法人女師一高ひめゆり同窓會平和祈念資料館, 2004, 『ひめゆり平和祈念資料館公式ガイドブック』, 沖縄.

日本遺族會[編], 1962, 『日本遺族會十五年史』, 東京: 日本遺族會.

______, 1963, 『いしずえ: 戰没者遺族の体験記錄』, 東京: 日本遺族會.

______, 1976, 『日本遺族通信 縮刷版(第一號: 第三〇〇號)』, 東京: 日本遺族會.

______, 1990, 『日本遺族通信 縮刷版(第三〇一號: 第四七一號』, 東京: 日本遺族會.

北海道遺族會[編], 1967, 『會報 第七輯』.

靖國神社[編], 1911, 『靖國神社誌』, 東京: 靖國神社.

______, 1983a, 『靖國神社百年史 資料編 上』, 東京: 靖國神社.

______, 1983b, 『靖國神社百年史 資料編 中』, 東京: 靖國神社.

______, 1984, 『靖國神社百年史 資料編 下』, 東京: 靖國神社.

靖國神社やすくにのいのり編集委員會[編], 1999, 『やすくにの祈り: 目で見る明治·大正·昭和·平成』, 東京: 靖國神社.

3. 가고시마 지역 자료 및 정기간행물

出水基地特攻碑保存會, 1960,『特攻碑 雲の墓標』, 出水市.

出水郷土誌編集委員會, 1967,『出水の歴史と物語』, 出水市.

______, 2003,『出水郷土誌 上/下』, 出水市.

出水市特攻碑顯彰會, 1996,『慰靈祭記念誌: 出水海軍航空隊』, 出水市.

______, 2009,『特攻碑慰靈祭五十年記念誌: 出水海軍航空隊』, 出水市.

出水市立圖書館, 1960,『出水基地特別攻擊隊』, 出水市.

鹿兒島縣[編], 1967,『鹿兒島縣史第五卷』, 鹿兒島.

鹿兒島縣教職員組合「平和教育研究委員會」[編], 1984,『鹿兒島の平和教育: 平和の願をみんなのものに』.

______, 1994,『子どもたちを平和の担い手に: みんなで取り組む平和教育』.

______, 1995,『敗戰·被爆50年を迎えて: 平和の誓い新たに』.

鹿兒島縣中學校社會科教育研究會[編], 1998,『かごしま郷土資料集』, 鹿兒島: 鹿兒島縣中學校社會科教育研究會.

鹿島郷土史編集委員會, 2008,『郷土史考出水市鹿島: 歴史と展望』, 出水市.

加世田市史編纂委員會[編], 1986,『加世田市史 上』, 加世田市.

國分基地發進特攻隊員戰沒者遺族會[編], 2008,『國分基地發進戰沒者慰靈祭の記錄』, 國分市.

國分郷土誌編纂委員會[編], 1973,『國分郷土誌』, 鹿兒島.

十三塚原特攻保存委員會[編], 1992,『鎭魂白雲にのりて君還りませ』, 鹿兒島: 朝日印刷.

生活協同組合コープかごしま, 1996,『忘れまいあれから五〇年: 終戰50周年記念戰争体驗文集: 戰争の悲慘さと平和の尊さを語り傳えるために』, 鹿兒島.

______, 2001,『生協コープかごしま三十年史』, 鹿兒島.

生活協同組合コープかごしま·ピースフラン終戰60周年体驗繼承企画實行委員會 2005,『傳えたい私からあなたへ: 戰争の悲慘さと平和の尊さを』, 鹿兒島.

生協コープかごしま平和グループ, 1995,『[終戰50周年記念戰争体驗文集]マタトゥイクサヤバードー: 二度と戰争はごめんだ』.

______, 1998,『第二次世界大戰と鹿兒島戰跡めぐり: 大隅半島篇』.

______, 2001,『第二次世界大戰と鹿兒島戰跡調査: 南薩地方篇』.

______, 2008,『アジア·太平洋戰争と鹿兒島戰跡調査: 北薩地方篇』.

知覽高女なでしこ會[編], 1979,『知覽特攻基地』, 文和書房.

知覽町郷土史料調査委員會, 2008,『知覽郷土誌』, 鹿兒島: 知覽町郷土史料調査委員會.

知覽町史談會[編], 1993-1995,「知覽特攻基地にまつわる思いで」,『知覽文化』30-32.

知覽特攻慰靈顯彰會, 2004,『魂魄の記錄: 舊陸軍特別孝擊隊知覽基地』, 鹿兒島: 知覽特攻平和會館.
鶴田たよ·浜田慎一郎, 1990, 「戰爭はいや: 女性駅員が見た野田郷駅の終戰前夜」, 『出水文化』 71.
苗村七郎, 1976, 『万世特攻隊員の遺書』, 東京: 現代評論社.
______, 1993, 『陸軍最後の特攻基地: 万世特攻隊員の遺書·遺影』, 大阪: 民芸閣.
______, 2009, 『[第14刷改訂版]世界の誤解を解いたの至純の心: 特攻とテロは違う』, 大阪: 民芸閣.
西俊寛, 1995, 『幻の舊陸軍: まのび(青戸飛行場)回想記: 平成七年八月戰後五十年に寄せて』, 鹿兒島.
福島集落史編纂委員會[編], 2004, 『福島のうつりかわり』, 鹿兒島: 福島集落史編纂委員會.
万世特攻慰靈碑奉贊會, 2008, 『よろずよに語り繼がん: 万世陸軍航空基地概要』.
溝邊町鄉土誌編纂委員會[編], 1973, 『溝邊町鄉土誌』.
南日本新聞社[編], 2006, 『記憶の証人: 鹿兒島戰爭遺跡』, 鹿兒島: 南日本新聞社.
『町報ちらん』.
知覽特攻平和會館, 「平和會館だより」.

4. 논문 및 단행본

권숙인, 2003, 「일본 문화를 보는 세 가지 눈: 루스 베네딕트, 나카네 지에, 노마 필드」, 『국제지역연구』 12(1).
길윤형, 2012, 『나는 조선인 가미카제다: 일본군 자살특공대원으로 희생된 식민지 조선인』, 서해문집.
김광억, 1998, 「문화에 대한 인류학적 개념과 연구방법」, 김광억 외, 『문화의 다학문적 접근』, 서울대학교출판부.
______, 2000, 「문화실천의 공간으로서의 죽음의 의례: 영남인의 상례와 제사」, 『민족문화논총』 22, 영남대민족문화연구소.
김민영, 1995, 『일제의 조선인 노동력 수탈 연구』, 한울.
김영범, 1999, 「알박스(Maurice Halbwachs)의 기억사회학 연구」, 『사회과학연구』 6(3).
김인덕, 1997, 「일본지역 강제연행 연구: 연구사에 대한 비판적 검토」, 『한국민족운동사연구』 17.
김종엽, 2006, 「동작동 국립묘지의 형성과 그 문화·정치적 의미」, 박영은 외, 『한국의 근대성과 전통의 변용』, 한국정신문화연구원.
김홍중, 2009, 『마음의 사회학』, 문학동네.
남근우, 2008, 「보론 야나기타 민속학과 식민주의: 순국이데올로기의 창출」, 『'조선민속학'과 식민주의』, 동국대학교출판부.

남상구, 2008, 「조선인 특공대원의 기억」, 한일관계사학회·동북아역사재단 편, 『전쟁과 기억 속의 한일관계』, 경인출판사.
문광훈, 2014, 『가면들의 병기창: 발터 벤야민의 문제의식』, 한길사.
박진한, 2008, 「특공영화의 표상전략과 기억의 정치학」, 『사회와 역사』 79.
배영미·노기 카오리, 2007, 「일제말기 조선인 특공대원의 '지원'과 '특공사'」, 『한일민족문제학회』 13.
신지영, 2016, 『마이너리티 코뮌: 동아시아 이방인이 듣고 쓰는 마을의 시공간』, 갈무리.
여태순, 1996, 『그날 오키나와 하늘에서』, 뿌리.
이경진, 2008, 「제발트 문학에 나타난 멜랑콜리연구: 발터 벤야민의 멜랑콜리적 역사철학을 중심으로」, 서울대학교 대학원 독어독문학과 석사학위논문.
이영재, 2008, 『제국 일본의 조선영화: 식민지말의 반도: 협력의 심정, 제도, 논리』, 현실문화연구.
이영진, 2004, 「상처입은 제국주의: 식민지 조선에서의 무속 담론과 神道정책에 관한 연구」, 서울대학교 사회과학대학 대학원 인류학과 석사학위논문.
______, 2014a, 「'제국'의 그림자와 마주한다는 것: 竹内好와 동아시아」, 『일본연구』 59.
______, 2014b, 「근대 일본 사회의 원한의 한 계보」, 『일본비평』 11.
______, 2015, 「감정기억의 굴레에서 벗어나기 위하여: 야스쿠니 문제 재론」, 『기억과 전망』 32.
______, 2017, 「근대성과 유령: 근현대 동아시아의 죽음의 정치를 넘어서기」, 이영진 외, 『애도의 정치학: 근현대 동아시아의 죽음과 기억』, 도서출판 길.
이용재, 2011, 「'기억의 장소'의 국제적 확산과 변용」, 『프랑스사연구』 25.
이향철, 2006, 「카미카제 특공대와 한국인 대원」, 『일본연구논총』 24.
______, 2007, 「옮긴이 후기」, 오누키 에미코, 『죽으라면 죽으리라: 카미카제 특공대의 사상과 행동』, 우물이 있는 집.
임경택, 2005, 「야나기타 쿠니오의 일국민속학과 문화내셔널리즘: 단일민족론의 민속학적 형성과 전개」, 『일본사상』 8.
전진성, 2005, 『역사가 기억을 말하다』, 휴머니스트.
______, 2009, 「서론: 트라우마의 귀환」, 전진성·이재원 엮음, 『기억과 전쟁: 미화와 추모 사이에서』, 휴머니스트.
정근식, 2009, 「한국의 전쟁기억과 기념: 진실과 화해의 가능성과 한계」, 『동북아 평화벨트 국제학술대회 2009 가고시마 발표논문집: 동아시아에 대한 일본의 전쟁의 기억』.
정문영, 1999, 「광주 오월행사의 사회적 기원: 의례를 통한 지방의 역사읽기」, 서울대학교 대학원 인류학과 석사학위논문.
정지영·이타가키 류타·이와사키 미노루 편, 2015, 『동아시아 기억의 장』, 삼인.

정혜경, 2004a, 「기억에서 역사로: 일제 말기 일본제철(주)에 끌려간 조선인 노동자」, 『한국민족운동사연구』 41.

_____, 2004b, 「국내 강제연행 연구, 미래를 위한 제언」, 『한일민족문제연구』 7.

지영임, 2004, 「한국 국립묘지의 전사자 제사에 대한 일고찰: 묘를 매개로 한 국가의 의례와 유족의 의례」, 『비교민속학』 27.

천정환, 2003, 『근대의 책읽기: 독자의 탄생과 한국근대문학』, 푸른역사.

최정운, 1999, 『오월의 사회과학』, 풀빛.

한혜인, 2001, 「'조선인 강제연행'에서의 강제성의 단면: 홋카이도 탄광기선 주식회사를 중심으로」, 『일본어문학』 10.

_____, 2003, 「강제연행에서의 공출구조」, 『한일민족문제연구』 4.

한홍구, 2003, 『대한민국사 2: 아리랑 김산에서 월남 김상사까지』, 한겨레신문사.

Agamben, Giorgio, 2008, 박진우 역, 『호모 사케르: 주권 권력과 벌거벗은 생명』, 새물결.

_____, 2012, 정문영 역, 『아우슈비츠의 남은 자들: 문서고와 증인』, 새물결.

Anderson, Benedict, 1991, *Imagined Communities: Reflections on the Origin and Spread of Nationalism*, London, New York: Verso (revised edition).

_____, 1998, *The Spectre of Comparisons: Nationalism, Southeast Asia and the World*, London, New York: Verso.

_____, 2009, 서지원 역, 『세 깃발 아래에서: 아나키즘과 반식민주의적 상상력』, 도서출판 길.

Arendt, Hanna, 1968, "Collective Responsibility," *Journal of Philosophy* LXV(21).

_____, 2006[1963], 김선욱 역, 『예루살렘의 아이히만: 악의 평범성에 대한 보고서』, 한길사.

Ariès, Philippe, 1997[1975], 이종민 역, 『죽음의 역사』, 동문선.

Barthes, Roland, 2004[1980], 송숙자 편역, 『(바르트와 손탁) 사진론』, 현대미학사.

Benedict, Ruth, 1946, *The Chrysanthemum and the Sword: Patterns of Japanese Culture*, Boston: Houghton Mifflin Company.

Benjamin, Walter, 2001[1986], 반성완 편역, 『발터 벤야민의 문예이론』, 민음사.

_____, 2005[1982], 조형준 역, 『아케이드 프로젝트』, 새물결.

_____, 2007a[1928], 김영옥·윤미애·최성만 역, 『일방통행로』, 도서출판 길.

_____, 2007b[1938], 윤미애 역, 『1900년경 베를린의 유년시절/베를린 연대기』, 도서출판 길.

_____, 2007c[1936], 최성만 역, 「기술복제 시대의 예술작품」, 『기술복제시대의 예술작품』, 도서출판 길.

_____, 2008[1940], 최성만 역, 「역사의 개념에 대하여」, 『발터 벤야민 선집 5: 역사의

개념에 대하여/폭력 비판을 위하여/초현실주의 외』, 도서출판 길.
_____, 2009[1974], 최성만·김유동 역, 『독일비애극의 원천』, 한길사.
_____, 2010, 김영옥·황현산 역, 「중앙공원」, 『발터벤야민 선집 4: 보들레르의 작품에 나타난 제2제정기의 파리/보들레르의 몇 가지 모티프에 관하여』, 도서출판 길.
Bersani, Leo, 1990, *The Culture of Redemption*, Cambridge, MA: Harvard University Press.
Bhabha, Homi, 1994, *The Location of Culture*, London, New York: Routledge.
Bourdieu, Pierre, 1984, *Distinction: A Social Critique of the Judgement of Taste*, translated by Richard Nice, Cambridge, MA: Harvard University Press.
Brecht, Bertolt, 1999, 김광규 역, 『살아남은 자의 슬픔』, 한마당.
Buck-Moss, Susan, 2004[1989], 김정아 역, 『발터 벤야민과 아케이드 프로젝트』, 문학동네.
Butler, Judith, 1990, *Gender Trouble: Feminism and the Subversion of Identity*, London, New York: Routledge.
_____, 2005, 조현순 역, 『안티고네의 주장』, 동문선.
Cercas, Javier, 2010[2001], 김창민 역, 『살라미나의 병사들』, 열린책들.
Chow, Rey, 1993, "Where Have All the Natives Gone?" in *Writing Diaspora*, Bloomington, Indianapolis: Indiana University Press.
_____, 1995, *Primitive Passions: Visuality, Sexuality, Ethnography, and Contemporary Chinese Cinema*, New York: Columbia University Press.
Cole, Jennifer, 2005, "Memory and Modernity," in Conerly Casey and Robert Edgerton (eds.), *A Companion to Psychological Anthropology: Modernity and Psychological Change*, MA: Blackwell.
Comaroff, Jean, and John L. Comaroff, 1991, *Of Revelation and Revolution, Volume 1: Christianity, Colonialism, and Consciousness in South Africa*, Chicago: University of Chicago Press.
Danto, Arthur, 1986, "The Vietnam Veterans Memorial," *The Nation* (1986. 8. 31).
Derrida, Jacques, 2004[1997], 남수인 역, 『환대에 대하여』, 동문선.
_____, 2007[1993], 진태원 역, 『마르크스의 유령들』, 이제이북스.
Didi-Huberman, George, 2012[2009], 김홍기 역, 『반딧불의 잔존』, 도서출판 길.
_____, 2017[2004], 오윤성 역, 『모든 것을 무릅쓴 이미지들: 아우슈비츠에서 온 네 장의 사진』, 레베카.
Dower, John, 1993, "Sensational Rumors, Seditious Graffiti, and the Nightmares of the Thought Police," *Japan in War And Peace: Selected Essays*, New York: New Press.
_____, 1999, *Embracing Defeat: Japan in the Wake of World War II*, New York: W. W.

Norton & Company, Inc.
Eng, David L. and David Kazanjian, 2003, "Introduction: Mourning Remains," *Loss: The Politics of Mourning*, LA, London: University of California Press.
Fanon, Frantz, 1967[1952], *Black Skin, White Masks*, translated by Charles Lam Markmann, New York: Grove Press.
Faust, Drew Gilpin, 2008, *This Republic of Suffering: Death and the American Civil War*, New York: Alfred A. Knopf.
Fenton, James, 1998, "Keats the Radical, Review of John Keats and the Culture of Dissent by Nicholas Roe," *The New York Review of Books* 15(8).
Field, Norma, 1995[1991], 박이엽 역, 『죽어가는 천황의 나라에서』, 창작과비평사.
Foote, Kenneth E., 2002[1997], 和田光弘[外譯], 『記念碑の語るアメリカ: 暴力と追悼の風景』, 名古屋: 名古屋大學出版會.
Foucault, Michel, 1975, "Film and Popular Memory: An Interview with Michel Foucault," *Radical Philosophy* 11.
______, 1990[1976], 이규현 역, 『성의 역사 1: 앎의 의지』, 나남.
______, 2003[1972], 이규현 역, 『광기의 역사』, 나남.
______, 2011[2004], 오트르망 역, 『안전, 영토, 인구: 콜레주드프랑스 1977-1978』, 도서출판 난장.
Freud, Sigmund, 1957, "Mourning and Melancholia," *The Standard Edition of the Complete Psychological Works of Sigmund Freud* 14, London: Hogarth Press.
______, 1996[1919], 「두려운 낯설음」, 정장진 역, 『프로이트 전집 18: 창조적인 작가와 몽상』, 열린책들.
______, 2005[1977], 임진수 역, 『끝이 있는 분석과 끝이 없는 분석』, 열린책들.
Fujitani, Takashi, 1996, *Splendid Monarchy: Power and Pageantry in Modern Japan*, Berkeley: University of California Press.
Geertz, Clifford, 1980, *Negara: The Theatre State In Nineteenth-Century Bali*, Princeton, N.J.: Princeton University Press.
______, 1998, 문옥표 역, 『문화의 해석』, 까치.
Girard René, 1993[1972], 김진식·박무호 역, 『폭력과 성스러움』, 민음사.
Gluck, Caroll, 1997, "The 'End' of the Postwar: Japan at the Turn of the Millennium," *Public Culture* 10(1).
Halbwachs, Maurice, 1980[1950], *The Collective Memory*, New York: Harper and Low.
Hammon, Ellen H., 1997, "Commemoration and Controversy: The War, the Peace and Democracy in Japan," in Laura Hein and Mark Selden (eds.), *Living with the bomb: American and Japanese cultural conflicts in the Nuclear Age*, Armonk, N.Y.:

M.E. Sharpe.

Hardcare, Helen, 1989, *Shinto and the State, 1868-1988*, Princeton, N.J.: Princeton University Press.

Harding, Jennifer and Pribram, E. Deidre, 2004, "Losing Our Cool: Following Williams and Grossberg on emotions," *Cultural Studies* 18(6).

Harootunian, Harry, 1996, "'Ambiguous Silhouette': Institutional Knowledge and Ideology in Japanese Area Studies Programs," *Misuzu* (1996) (in Japanese).

______, 2000[1999], 遠藤克彦[譯], 「持續する記憶·忘却される歷史: 日本文化における「戰後」, あるいは消え去ることのない轉議」, 『批評空間』 II-24.

______, 2002, 「國民の物語 / 亡靈の出現: 近代日本における國民的主体の形成」, キャロル·グラック[外編], 『日本の歷史 25: 日本はどこへ行くのか』, 東京: 講談社.

Heisig, James W., 1990, "The Self That is Not a Self: Tanabe's Dialectics of Self-Awareness," in Taitestsu Unno and James W. Heisig (eds.), *The Religious Philosophy of Tanabe Hajime*, Berkeley: Asian Humanities Press.

Hertz, Robert, 1960, *Death and the Right Hand*, translated by Rodney and Claudia Needham, Glencoe, Ill.: Free Press.

Hobsbawm, Eric, J., 1994, *The Age of Extremes: a History of The World, 1914-1991*, New York: Vintage Books.

Hobsbawm, Eric, J. and Terence Ranger, 2004, 박지향·장문석 역, 『만들어진 전통』, 휴머니스트.

Jay, Martin, 2003, *Refractions of Violence*, London, New York: Routledge.

Kantorowicz, Ernest, 1951, "Pro Patria Mori in Medieval Political Thought," *The American Historical Review* 56(3).

Kedourie, Elie, 1993, *Nationalism* (4th expanded edition), MA: Blackwell.

Kim, San and Nim Wales, 2005, 송영인 역, 『아리랑: 조선인 혁명가 김산의 불꽃 같은 삶』, 동녘.

Kundera, Milan, 1990, 송동준 역, 『참을 수 없는 존재의 가벼움』, 민음사.

Kwon, Heonik, 2008, *Ghosts of War in Vietnam*, Cambridge, New York: Cambridge University Press.

Lacan, Jacque, 1994, *Le Séminaire IV: La relation d'objet* (1956-1957), edited by J.-A. Miller, Paris: Seuil.

Le Naour, Jean-Yves, 2004[2002], 황순희 역, 『살아있는 무명용사 이야기』, 생각의 나무.

Lennon, John and Malcolm Foley, 2000, *Dark Tourism: The Attraction of Death and Disaster*, New York: Cengage Learning Business Press.

Levi, Primo, 2000[1991], 竹山博英[譯], 『溺れるものと救われるもの』, 東京: 朝日新聞社.

______, 2007[1958], 이현경 역, 『이것이 인간인가』, 돌베개.

______, 2010[1982], 김종돈 역, 『지금이 아니면 언제』, 노마드북스.

Löwy, Michael, 2017[2001], 양창렬 역, 『발터 벤야민: 화재경보』, 난장.

MacCannell, Dean, 1977, "Staged Authenticity: Arrangements of Social Space in Tourist Settings," *American Journal of Sociology* 79.

Matsuki, Keiko, 2001, "Negotiation of Memory and Agency in Japanese Oral Narrative Accounts of Wartime Experiences," *Ethos* 28(4).

Mitscherlich, Alexander and Margarete, 1984[1967], 林 峻一郎, 馬場謙一[譯], 『喪われた悲哀: ファシズムの精神構造』, 東京: 河出書房新社.

Morris-Suzuki, Tessa, 2005, *The Past Within Us: Media, Memory, History*, London: Verso.

Mosse, George L., 1990, *Fallen Soldiers: Reshaping of the World Wars*, Oxford: Oxford University Press.

Nelson, John, 2000, *Enduring Identities: The Guise of Shinto in Contemporary Japan*, Honolulu: University of Hawai'i Press.

______, 2003, "Social Memory as Ritual Practice: Commemorating Spirits of the Military Dead at Yasukuni Shinto Shrine," *The Journal of Asia Studies* 62(2).

Nietzsche, Friedrich, 2002[1887], 김정현 역, 『선악의 저편, 도덕의 계보』, 책세상.

Nora, Pierre, 1996[1992], "Generation," in Pierre Nora (ed.), *Realms of Memory: Rethinking the French Past*, translated by Arthur Goldhammer, New York: Columbia University Press.

______, 2010a[1992], 김인중·유희수 역, 「기억과 역사 사이에서: 기억의 장소들에 관한 문제제기」, 『기억의 장소 1』, 나남.

______, 2010b[1992], 김인중·유희수 역, 「기념제의 시대」, 『기억의 장소 7』, 나남.

Nussbaum, Martha Craven, 1996, "Patriotism and Cosmopolitanism," in Joshua Cohen (ed.), *For Love of Country: Debating the Limits of Patriotism*, Boston: Beacon Press.

______, 2001, *Upheavals of Thought: The Intelligence of Emotions*, Cambridge, New York: Cambridge University Press.

Olick, Jeffrey, K., 1999, "Genre Memories and Memory Genres: A Dialogical Analysis of May 8, 1945 Commemorations in the Federal Republic of Germany," *American Sociological Review* 64(3).

Orwell, George, 2010, 이한중 역, 『조지 오웰 에세이: 나는 왜 쓰는가』, 한겨레출판.

Platōn, 1997, 박종현 역주, 『국가·정체』, 서광사.

Rabinow, Paul, 1977, *Reflections on fieldwork in Morocco*, Berkeley: University of Cali-

fornia Press.
Remarque, Erich Maria, 1989[1929], 박환덕 역, 『서부전선 이상 없다』, 범우사.
Renan, Ernest, 2002[1996], 신행선 역, 『민족이란 무엇인가』, 책세상.
Rosaldo, Renato, 2002[1993], 권숙인 역, 『문화와 진리: 사회분석의 새로운 지평을 위하여』, 아카넷.
Rose, Gillian, 1993, *Feminism and Geography: the Limits of Geographical Knowledge*, Cambridge, UK: Polity Press.
Ryang, Sonya, 1997, *North Koreans in Japan: Language, Ideology, and Identity*, Boulder, Colo.: Westview Press.
Said, Edward, 2001, "My Right of Return in Power, Politics and Culture," in Gauri Viswanathan (ed.), *Interviews with Edward Said*, New York: Pantheon Books.
Sakai, Naoki, 2005, 후지이 다케시 역, 『번역과 주체: '일본'과 문화적 국민주의』, 이산.
Seraphim, Franziska, 2006, *War Memory and Social Politics in Japan, 1945-2005*, Cambridge, MA: Harvard University Press.
Shakespeare, William, 2014, 노승희 역, 『햄릿』, 펭귄클래식코리아.
Simmel, Georg, 1971, *On Individuality and Social Forms*, edited by Donald N. Levine, Chicago: University of Chicago.
______, 2005[1905], 김덕영·윤미애 역, 「이방인」, 『짐멜의 모더니티 읽기』, 새물결.
Sontag, Susan, 2005[1973], 이재원 역, 『사진에 관하여』, 도서출판 이후.
Sophocles, 1998[1959], 천병희 역, 「안티고네」, 『소포클레스 비극』, 단국대학교출판부.
Sturken, Marita, 2004[1997], 岩崎稔[外譯], 『アメリカという記憶: ベトナム戰爭、エイズ、記念碑的表象』, 東京: 未來社.
Taussig, Michael, 1984, "Culture of Terror, Space of Death: Roser Casement's Putumayo Report and the Explanation of Torture," *Comparative Studies in Society and History* 26(3).
Turner, Victor, 1982, "Frame, Flow and Reflection: Ritual and Drama as Public Liminality," *From Ritual to Theatre: the Human Seriousness of Play*, New York City: Performing Arts Journal Publications.
Wachtel, Elenor, 2007, "Ghost Hunter," in Lynne Sharon Schwartz (ed.), *The Emergence of Memory: Conversations with W. G. Sebald*, New York: Seven Stories Press.
White, Geoffrey M., 2005, "Emotive Institutions," in Conerly Casey and Robert Edgerton (eds.), *A Companion to Psychological Anthropology: Modernity and Psychological Change*, MA: Blackwell.
Wierzbicka, Anna, 2003, "Emotion and Culture: Arguing with Martha Nussbaum," *Ethos* 31(4).

Williams, Raymond, 1975[1961], *The Long Revolution*, Westport CT.: Green Wood.
______, 2009[1977], 박만준 역, 『마르크스주의와 문학』, 지만지.
Winter, Jay, 1995, *Sites of Memory, Sites of Mourning: The Great War in European Cultural History*, Cambridge, New York: Cambridge University Press.
Yoneyama, Lisa, 1999, *Hiroshima Traces: Time, Space, and the Dialectics of Memory*, Berkeley, Los Angeles, London: University of California Press.

相星雅子, 1992, 『華のときは悲しみのとき: 知覧特攻おばさん鳥浜トメ物語』, 鹿兒島: 高城書房出版.
青木保, 1990, 『「日本文化論」の變容: 戦後日本の文化とアイデンティティー』, 東京: 中央公論社.
青木秀男, 2008a, 「悶死と散華の間: 戰歿學徒の意味世界」, 『部落解放研究』 14.
______, 2008b, 「殉國と投企: 特攻隊員の必死の構造」, 社會理論·動態研究所[編], 『理論と動態』(創刊號).
赤羽礼子·石井宏, 2001, 『ホタル歸る: 特攻隊員と母トメと娘礼子』, 東京: 草思社.
赤澤史朗, 1985, 『近代日本の思想動員と宗教統制』, 東京: 校倉書房.
______, 2003a, 「戰後日本における戰沒者の『慰靈』と追悼」, 『立命館大學人文科學研究所紀要』, 京都: 立命館大學人文科學研究所.
______, 2003b, 「「戰爭体驗と平和運動: 第二次わだつみ會試論」, 『日本現代史第八號: 戰後日本の民衆意識と知識人』, 東京: 現代資料出版.
______, 2005, 『靖國神社: せめぎあう〈戰沒者追悼〉のゆくえ』, 東京: 岩波書店.
朝日新聞西部本社[編], 1990, 『空のかなたに: 出擊·知覽飛行場』, 福岡: 葦書房.
畔上直樹, 2009, 『「村の鎭守」と戰前日本: 「國家神道」の地域社會史』, 東京: 有志舍.
鮎川信夫, 1969, 『鮎川信夫詩集』, 東京: 思潮社.
栗津賢太, 2006, 「集合的記憶のポリティクス: 沖繩におけるアジア太平洋戰爭の戰沒者記念施設を中心に」, 『國立歴史民俗博物館研究報告』 126.
飯尾憲士, 1985, 『開聞岳: 爆音とアリランの歌が消えてゆく』, 東京: 集英社.
生田惇, 1977, 『陸軍航空特別攻擊隊史』, 東京: ビジネス社.
石田雄, 1989, 『日本の政治と言葉 下: 平和と國家』, 東京: 東京大學出版會.
石牟礼道子, 1969, 『苦海淨土: わが水俣病』, 東京: 講談社.
磯前順一, 2003, 『近代日本の宗教言説とその系譜: 宗教·國家·神道』, 東京: 岩波書店.
______, 2007, 「死靈祭祀のポリティクス: 慰靈と招魂の靖國」, 『喪失とノスタルジア: 近代日本の余白へ』, 東京: みすず書店.
板垣竜太 鄭智泳 岩崎稔[編], 2011, 「序文 東アジアの記憶の場を探求して」, 板垣竜太[外編], 『東アジアの記憶の場』, 東京: 河出書房新社.

一ノ瀬俊也, 2002,「戰後地域社會における戰死者「追悼」の倫理」,『戰争責任研究』37.
______, 2004,『近代日本の徵兵制と社會』, 東京: 吉川弘文館.
______, 2005,『銃後の社會史: 戰死者と遺族』, 東京: 吉川弘文館.
______, 2010,「戰跡と語り: 日露戰爭の旅順戰跡をめぐって」, 關沢まゆみ[編],『戰争記憶論: 忘却、變容そして繼承』, 東京: 昭和堂.
伊藤公雄, 2005,「戰中派世代と戰友會」, 高橋三朗[外編], 2005[1983],『新裝版共同研究: 戰友會』, 東京: インパクト出版會.
今井昭彦, 2005,『近代日本と戰死者祭祀』, 東京: 東洋書林.
岩田重則, 2003,『戰死者靈魂のゆくえ: 戰争と民俗』, 東京: 吉川弘文館.
______, 2006,『お墓の誕生』, 東京: 岩波書店.
岩松繁俊, 1982,『反核と戰争責任』, 東京: 三一書房.
岩本通弥, 2003,「記憶の暴力: 新潟縣佐渡の戰沒者祭祀と御靈化過程」, 岩本通弥[編],『現代民俗學の地平: 記憶』, 東京: 朝倉書店.
色川大吉, 1990,『昭和史: 世相篇』, 東京: 小學館.
______, 2015[1970], 박진우 역,『메이지의 문화』, 삼천리.
色川大吉·大貫恵美子, 2003,「特攻隊員、出陣學徒の生死觀を見つめて」,『世界』(2003. 9).
鵜飼哲, 2001,「어떤 감정의 미래: 〈부끄러움恥〉의 역사성」, 나오키 사카이·유키코 하나와 편,『흔적 1: 서구의 유령과 번역의 정치』, 문화과학사.
內海愛子, 2008,『キムはなぜ裁かれたのか: 朝鮮人BC級戰犯の軌跡』, 東京: 朝日新聞出版.
梅崎春生, 1984[1946],「桜島」,『梅崎春生全集 1』, 東京: 沖積舍.
江藤淳, 1971[1966],「文芸時評(朝日新聞)より」, 日本文學硏究資料刊行會[編],『日本文學硏究資料叢書 三島由起夫』, 東京: 有精堂出版.
蝦名賢造, 1983,『太平洋戰争に死す: 海軍飛行予備將校の生と死』, 東京: 西田書店.
大江志乃夫, 2001[1984], 양현혜·이규태 역,『야스쿠니신사』, 소화.
大岡昇平, 1971[1967],『レイテ戰記』, 東京: 中央公論社.
______, 2010[1948], 허호 역,『포로기』, 웅진출판.
大澤眞幸, 2008,『不可能性の時代』, 東京: 岩波書店.
大貫恵美子, 2004[2003], 이향철 역,『사쿠라가 지다, 젊음도 지다: 미의식과 군국주의』, 모멘토.
______, 2007[2006], 이향철 역,『죽으라면 죽으리라: 카미카제 특공대의 사상과 행동』, 우물이 있는 집.
大貫健一郎·渡邊考, 2009,『特攻隊振武寮—証言: 帰還兵は地獄を見た』, 東京: 講談社.
大濱徹也, 1973,「「英靈」崇拜と天皇制」, 田丸德善[編],『日本人の宗教 3: 近代との邂逅』, 東京: 佼成出版社.
大原康男, 1984,『忠魂碑の研究』, 東京: 曉書房.
______, 1993,『神道指令の研究』, 東京: 原書房.
大村英昭, 1990,「社會現象としての宗教: 宗教は鎮めの文化装置」, 宇澤弘文[編],『岩波講座: 轉換期における人間九宗教とは』, 東京: 岩波書店.
岡正治, 1975,「道ひとすじに」,『道ひとすじに』, 創刊委員會.
奥田博子, 2010,『原爆の記憶: ヒロシマ·ナガサキの思想』, 東京: 慶應義塾大學出版會.
小熊英二, 1995,『日本單一民族神話の起源:〈日本人〉の自畫像の系譜』, 東京: 新曜社.
______, 2002,『〈民主〉と〈愛國〉: 戰後日本のナショナリズムと公共性』, 東京: 新曜社.
小田實, 1991a[1966],「平和の倫理と論理」,『同時代ライブラリ「難死」の思想』, 東京: 岩波書店.
______, 1991b[1969],「「難死」の思想: 戰後民主主義·今日の情況と問題」,『同時代ライブラリ「難死」の思想』, 東京: 岩波書店.
______, 2000[1965],「特攻機のゆくえ」,『小田實評論選: 60年代』, 東京: 筑摩書房.
折口信夫, 1956[1952],「民族史観他界観念」,『折口信夫全集 16』, 東京: 中央公論.
______, 1968[1943],「招魂の御儀を拜して」,『折口信夫全集 28』, 東京: 中央公論.
高媛, 2007[2002],「樂土を走る觀光バス: 1930年代滿州都市と帝國のドラマトルギ」, 吉見俊哉[外],『岩波講座 近代日本の文化史 6: 拡大するモダニティ 1920-1930年代』, 東京: 岩波書店.
篭谷次郎, 1994,「戰沒者碑と忠魂碑」,『近代日本における教育と國家の思想』, 京都: 阿吽社.
柄谷行人, 2004,『定本柄谷行人集: ネーションと美學』, 東京: 岩波書店.
河田宏, 2005,『內なる祖國へ: ある朝鮮人學徒兵の死』, 東京: 原書房.
加藤典洋, 1997,『敗戰後論』, 東京: 講談社.
神島二朗, 1961,『近代日本の精神構造』, 東京: 岩波書店.
唐木順三, 1981[1950],「自殺について」,『唐木順三全集 3』, 東京: 筑摩書房.
川崎教育史編纂委員會, 1958,『川崎教育史 上』, 川崎: 川崎市教育研究所.
川村邦光, 2003,「戰死者とは誰か」, 川村邦光[編],『戰死者のゆくえ: 語りと表象から』, 東京: 青弓社.
______, 2006[1990],『幻視する近代空間: 迷信·病氣·座敷牢』(再版), 東京: 青弓社.
______, 2007a,「戰死者の亡靈と帝國主義: 折口信夫の弔いの作法から」, 鎌田東二[編],『思想の身体: 靈の巻』, 東京: 春秋社.
______, 2007b,『聖戰のイコノグラフィ: 天皇と兵士·戰死者の圖像·表象』, 東京: 青弓社.
北村毅, 2009,『死者たちの戰後誌: 沖縄戰跡をめぐる人びとの記憶』, 東京: 御茶の水書房.

北元靜也, 1991,「終りなき旅路: 鹿兒島の朝鮮人强制連行(1)-(9)」,『南日本新聞』, 1991. 8. 8-16.
桐原久, 1988,『特攻に散った朝鮮人: 陸軍大尉「遺書の謎」』, 東京: 講談社.
草柳大藏, 2006,『特攻の思想: 大西瀧治郎傳』, 東京: グラフ社.
黑田福美, 2008,「「歸鄕祈念碑」除幕式中止の經過報告」.
小泉八雲, 1928,「叶へる願」,『小泉八雲全集 5』, 東京: 第一書房.
孝本貢, 2005,「現代日本における戰死者慰靈祭祀: 特攻隊戰死者の事例」,『死者と追悼をめぐる意識變化: 葬送と墓に附いての總合的硏究』, 東京: 吉川弘文館.
______, 2009,「戰後地域社會における戰爭死者慰靈祭祀: 慰靈碑等の建立·祭祀についての事例硏究」,『明治大學尋問科學硏究所紀要』64.
小國喜弘, 2001,『民俗學運動と學校敎育: 民俗の發見とその國民化』, 東京: 東京大學出版會.
小林秀雄, 1978,「歷史と文學」,『小林秀雄全集 7』, 東京: 新潮社.
駒込武, 1996,『植民地帝國日本の文化統合』, 東京: 岩波書店.
小松和彦, 2001,『神になった人びと』, 京都: 淡交社.
______, 2002,「「たましい」という名の記憶裝置」,『神なき時代の民俗學』, 東京: せりか書房.
子安宣邦, 2002,『鬼神論: 神と祭祀のディスクール』, 東京: 現代書館.
______, 2003,『日本近代思想批判: 一國知の成立』, 東京: 岩波書店.
______, 2004,『國家と祭祀: 國家神道の現在』, 東京: 靑土社.
坂口安吾, 1998[1946a],「戰爭と一人の女」,『坂口安吾全集 4』, 東京: 筑摩書房.
______, 2007[1946b], 최정아 역,『백치·타락론 외』, 책세상.
阪本是丸, 2007,「「國家神道体制」と靖國神社: 慰靈と招魂の思想的系譜·序說」,『神社本廳敎學硏究所紀要』12.
酒井隆史, 2007[2006], 김은주 역,『폭력의 철학: 지배와 저항의 논리』, 산눈.
酒井直樹, 2002,『過去の聲: 十八世紀日本の言說における言語の地位』, 東京: 以文社
______, 2007,『日本·映像·米國: 共感の共同体と帝國的國民主義』, 東京: 靑土社.
作田啓一, 1976,『恥の文化再考』, 東京: 筑摩書房.
佐々木智憲, 2002,「戰爭責任と鹿兒島の强制連行」,「鹿兒島、韓國封印された歷史を解く」, 刊行委員會[編],『鹿兒島、韓國封印された歷史を解く』, 鹿兒島: 南方新社.
佐藤早苗, 1997,『特攻の町·知覽: 最前線基地を彩った日本人の生と死』, 東京: 光人社.
______, 2008,『特攻基地知覽始末記』, 東京: 光人社.
佐藤卓己, 2005,『八月十五日の神話』, 東京: 筑摩書房.
______, 2008,『輿論と世論: 日本的民意の系譜學』, 東京: 新潮社.
佐藤忠男, 1968,「人間魚雷 ああ 回天特別攻擊隊」,『キネマ旬報』461.

______, 1971, 「忠誠心の映像」, 『間隙を埋める思想』, 東京: 讀賣新聞社.

______, 1974, 「特攻隊映畫の系譜」, 『シナリオ』 30(9).

______, 2010, 「特攻隊を考える」, 佐藤忠男[編], 『シリーズ日本のドキュメンタリー』, 東京: 岩波書店.

重信幸彦, 2002, 「顯彰と贊美のことば: '空閑少佐という美談から」, 田中丸勝彦, 『さまよえる英靈たち: 國のみたま, 家のほとけ』, 東京: 柏書房.

獅子文六, 1973a[1952], 「無賴の英靈」, 『獅子文六全集 12』, 東京: 朝日新聞社.

______, 1973b[1966], 「戰後の英靈」, 『獅子文六全集 12』, 東京: 朝日新聞社.

島薗進, 2003, 「宗教の戰後体制: 前進する主体、和合による平和」, 『岩波講座: 近代日本の文化史 ―問われる主体と歷史』, 東京: 岩波書店.

______, 2006, 「戰後の國家神道と宗教集團としての神社」, 『日本人の宗教と庶民信仰』, 東京: 吉川弘文館.

______, 2010, 『國家神道と日本人』, 東京: 岩波書店.

神社本廳教學研究所, 2000, 「「戰沒者の慰靈に關する意識調査」報告」, 『神社本廳教學研究所紀要』 5.

新谷尙紀, 1992, 「人を神に祀る風習」, 新谷尙紀, 『日本人の葬儀』, 東京: 紀伊國屋書店.

______, 2000, 「慰靈と軍神」, 藤井忠俊·新井勝紘[編], 『人類にとって戰いとは 3: 戰いと民衆』, 東京: 國立歷史民俗博物館.

______, 2002, 「戰爭と柳田民俗學」, 福井勝義·新谷尙紀[編], 『イデオロギーの文化裝置』, 東京: 東洋書林.

______, 2006, 「慰靈と軍神再考」, 『國立歷史民俗博物館研究報告』 133.

______, 2009, 『お葬式: 死と慰靈の日本史』, 東京: 吉川弘文館.

孫歌, 2002, 『アジアを語ることのジレンマ』, 東京: 岩波書店.

創價學會青年部反戰出版委員會, 1979, 『戰爭を知らない世代へ49鹿兒島篇: 特攻基地』, 東京: 第三文明社.

徐京植, 2002, 『半難民の位置から: 戰後責任論爭と在日朝鮮人』, 東京: 影書房.

高木俊朗, 1965, 『知覽』, 東京: 朝日新聞社.

高橋三朗, 1988, 『「戰記」ものを讀む: 戰爭体驗と戰後日本社會』, 京都: アカデミア出版會.

______[外編], 2005[1983], 『新裝版共同研究: 戰友會』, 東京: インパクト出版會.

高橋哲哉, 2000[1995], 이규수 역, 「오욕의 기억을 둘러싸고」, 『일본의 전후책임을 묻는다』, 역사비평사.

______[編], 2002, 『歷史認識論爭』, 東京: 作品社.

______, 2005, 『靖國問題』, 東京: 筑摩書房.

滝沢秀樹, 1987, 「怨と恨: 民衆史の方法に關連して」, 歷史學研究會編集, 『歷史學研究』

569.
竹內好, 1961,『魯迅』, 東京: 未来社.
______, 1980[1963],「満州國研究の意義」,『竹內好全集 4』, 東京: 筑摩書房.
______, 2011[1953], 윤여일 역,「굴욕의 사건」,『다케우치 요시미 선집 1: 고뇌하는 일본』, 휴머니스트.
太宰治, 1950,「トカトントン」,『ヴィヨンの妻』, 東京: 新潮社.
______, 2010[1945], 박현석 역,『판도라의 상자』, 현인.
多田治, 2004,『沖繩イメージの誕生: 青い海のカルチュラル·スタディーズ』, 東京: 東京經済新聞社.
田中純, 2004,『死者たちの都市へ』, 東京: 青土社.
______, 2008,『政治の美學: 權力と表象』, 東京: 東京大學出版會.
田中伸尙·田中宏·波田永實, 1995,『遺族と戰後』, 東京: 岩波書店.
田中伸尙, 1998,『さよなら、「國民」: 記憶する「死者」の物語』, 東京: 一葉社.
田中宏, 1991,『在日外國人: 法の壁、心の溝』, 東京: 岩波書店.
田中雅一, 2006,「旅が照射する沖繩戰: 二つのオキナワ·バトル·サイト·ツアー—をめぐって」, 西井涼子, 田邊繁治[編],『社會空間の人類學: マテリアリティ·主体·モダニティ』, 京都: 世界思想社.
田中丸勝彦, 2002,『さまよえる英靈たち: 國のみたま, 家のほとけ』, 東京: 柏書房.
田邊元, 1964[1943],「死生」,『田邊元全集 8』, 東京: 筑摩書房.
谷口貢, 1998,「戰沒者の慰靈と民俗信仰: 福島縣會津高田町の事例を中心に」, 松山憲三[編集],『近代庶民生活の展開: くにの政策と民俗』, 東京: 三一書房.
田村隆一, 1968,『田村隆一詩集 1 四千の書と夜』, 東京: 思潮社.
田母神俊雄, 2008,「日本は侵略國家であったのか」.
角田三朗, 1977,『靖國と鎭魂』, 東京: 三一書房.
鶴見俊輔, 2001,『戰後日本の大衆文化史: 1945-1980』, 東京: 岩波書店.
寺本是精, 2002,「強制連行被害者·韓國人遺骨返還をめぐって」,「鹿兒島、韓國封印された歷史を解く」刊行委員會[編],『鹿兒島、韓國封印された歷史を解く』, 鹿兒島: 南方新社.
東大協同組合出版部[編], 1947,『はるかなる山河へ』, 東京: 東大協同組合出版部.
TOSS鹿兒島, 2003,『航空特攻「知覽」を授業する』, 東京: 明治圖書出版.
冨永茂樹, 1984,「後悔と近世世界」, 作田啓一·冨永茂樹[編],『自尊と懷疑: 文芸社會學をめざして』, 東京: 筑摩書房.
冨山一郎, 2006[1995],『增補 戰場の記憶』, 東京: 日本經濟評論社.
中尾武德, 1997,『探求錄: 中尾武德遺稿集·戰沒學生の手記』, 福岡: 櫂歌書房.
中島三千男, 1995,「戰爭と日本人」,『岩波講座: 日本通史 20: 現代 1』, 東京: 岩波書店.

中野實, 1945,「八紘隊は征く」,『文藝春秋』(1945. 2).
中野稔, 2004,「追悼の政治: 戰沒者慰靈をめぐる第二次世界大戰後の日本·フィリピン關係史」, 池端雪浦, リディア·N. ユー·ホセ[編],『近現代日本·フィリピン關係史』, 東京: 岩波書店.
中村秀之, 2006,「特攻隊表象論」, 吉田裕[外編],『アジア·太平洋戰爭5: 戰場の日本人の諸相』, 東京: 岩波書店.
夏目漱石, 1914,『こゝろ』, 東京: 岩波書店.
波平恵美子, 2004,『日本人の死のかたち: 傳統儀礼から靖國まで』, 東京: 朝日新聞社.
成田龍一[外編], 2005,『岩波講座アジア·太平洋戰爭: なぜ、いまアジア·太平洋戰爭か』, 東京: 岩波書店.
南相九, 2004,「戰後日本における戰爭犧牲者の「記憶」: 國家による戰沒者の追悼·顯彰·「補償」」, 千葉大學大學院社會文化科學研究科博士學位論文.
南原繁, 1945,「學徒の使命」, 立花隆[編],『南原繁の言葉: 8月15日·憲法·學問の自由』, 東京: 東京大學出版會.
______, 1947[1946],「戰歿學徒を弔う」,『祖國を興すもの』, 東京: 帝國大學新聞社出版部.
西村明, 2006,『戰後日本と戰爭死者慰靈: シズメとフルイのダイナミズム』, 東京: 有志舎.
新田光子, 2005[1983],「慰靈と戰友會」, 高橋三朗[外編],『新裝版共同研究: 戰友會』, 東京: インパクト出版會.
日本戰沒學生記念會[編], 1995,『[新版]きけ、わだつみのこえ: 日本戰沒學生の手記』, 東京: 岩波書店.
野添憲治, 2009,『企業の戰爭責任: 中國人強制連行の現場から』, 東京: 社會評論社.
野田正彰, 2000[1998], 서혜영 역,『전쟁과 인간: 군국주의 일본의 정신분석』, 도서출판 길.
High, Peter B., 1995,『帝國の銀幕』, 名古屋: 名古屋大學出版會.
羽賀祥二, 1994,『明治維新と宗教』, 東京: 筑摩書房.
朴慶植, 2008[1965], 박경옥 역,『조선인강제연행의 기록』, 고즈윈.
橋川文三, 1972[1960],「失われた怒り」,『〈增補版〉歷史と體驗』, 東京: 春秋社.
______, 1974,「靖國思想の成立と變容」,『中央公論』(1974. 10).
______, 1985a[1960],「幻視の中の「わだつみ會」」,『橋川文三著作集 5』, 東京: 筑摩書房.
______, 1985b[1961],「テロリズムの精神史」,『橋川文三著作集 5』, 東京: 筑摩書房.
______, 1998[1960],『日本浪漫派批判序說』, 東京: 講談社.
秦郁彦, 2010,『靖國神社の祭神たち』, 東京: 新潮社.
原田敬一, 2004,「日本近代の戰爭認識と戰沒者祭祀: 國家と民衆」, 大日方純夫·山田

朗[編],『講座戰争と現代 3: 近代日本の戰争をどう見るか』, 東京: 大月書店.
ハルトゥーニアン, ハリー, 2005,「記憶、追悼、そして國民道德: 靖國神社と戰後日本における國家と宗教の再統合」,『現代思想』33(9).
林尹夫, 1993[1980],『わがいのち月明に燃ゆ: 一戰沒學徒の手記』, 東京: 筑摩書房.
林えいだい, 2005,『重爆特攻隊さくら弾機』, 東京: 東方出版.
林博史, 2005,『BC級戰犯裁判』, 東京: 岩波書店.
半藤一利, 2004-2006,『昭和史』, 東京: 平凡社.
裵淵弘, 2009,『朝鮮人特攻隊:「日本人」として死んだ英靈たち』, 東京: 新潮社.
裵姈美·酒井裕美·野木香里, 2006,「朝鮮人特攻隊員に關する一考察」, 森村敏己[編],『視覺表象と集合的記憶: 歷史·現在·戰争』, 東京: 旬報社.
裵姈美·野木香里, 2008a,「朝鮮人特攻隊員をどう考えるか」,『歷史地理教育』733.
______, 2008b,「聞き書き: 陸軍少年飛行兵から特效隊員になった朝鮮人」,『在日朝鮮人史研究』37.
飛田雄一·金英達·高柳俊男·外村大, 1994,「朝鮮人戰時動員に關する基礎研究」,『青丘學術論集』4.
広田照幸, 1997,『陸軍將校の教育社會史: 立身出世と天皇制』, 横浜: 世織書房.
福井忠俊, 2000,『兵たちの戰争: 手紙·日記·体驗記を讀み解く』, 東京: 朝日新聞社.
福間良明, 2006,『「反戰」のメディア史: 戰後日本における世論と輿論の拮抗』, 京都: 世界思想社.
______, 2007,『殉國と反逆:「特攻」の語りの戰後史』, 東京: 青弓社.
______, 2015,『「知覽」の誕生: 特攻の記憶はいかに創られてきたのか』, 東京: 柏書房.
藤井隆至, 1995,「「比較民俗學」の政治思想: 太平洋戰争下のアジア認識」,『柳田國男經世濟民の學』, 名古屋: 名古屋大學出版會.
藤田大誠, 2008,「日本における慰靈·追悼·顯彰研究現狀と課題」, 國學院大學研究開發センター[編],『慰靈と顯彰の間: 近現代日本の戰死者觀をめぐって』, 東京: 錦正社.
藤田省三, 1975,『轉向の思想史的研究』, 東京: 岩波書店.
______, 2009[1966], 김석근 역,『천황제국가의 지배원리』, 논형.
保阪正康, 2002,『『きけ、わだつみのこえ』の戰後史』, 東京: 文春文庫.
______, 2005,『「特攻」と日本人』, 東京: 講談社.
松浦喜一, 1994,『昭和は遠く: 生き残った特攻隊員の遺書』, 東京: 径書房.
眞繼不二夫[編], 1994,『海軍特別攻擊隊の遺書: 2600余名の特攻隊員の人間記錄』, 東京: ベストセラーズ.
松本清張, 2004[1962],『日本の黑い霧 上/下』, 東京: 文春文庫.
丸山眞男, 1956,「思想の言葉」,『思想』381.

______, 1982,「近代日本と知識人」,『後衛の位置から:『現代政治の思想と行動』追補』, 東京: 未来社.
三島由紀夫, 1949,『仮面の告白』, 東京: 河出書房.
______, 1956,『金閣寺』, 東京: 新潮社.
______, 1973[1966],「英靈の聲」,『三島由起夫全集 17』, 東京: 新潮社.
______, 2009[1949], 양윤옥 역,『가면의 고백』, 문학동네.
三島由紀夫·東大全共闘, 2006a[1969], 김항 역,『미시마유키오 對 동경대전공투 1960-2000』, 새물결 中 1부.
三島由紀夫·芥正彦他, 2006b[2000], 김항 역,『미시마유키오 對 동경대전공투 1960-2000』, 새물결 中 2부.
見田宗介, 1977,『近代日本の心情の歴史: 流行歌の社會心理史』, 東京: 講談社.
道場親信, 2005a,「Not in our names!:「戰爭被害者」であることと靖國問題」,『現代思想』33(9).
______, 2005b,『占領と平和:〈戰後〉という經驗』, 東京: 青土社.
村上重良, 1970,『國家神道』, 東京: 岩波書店.
______, 1974,『慰靈と招魂: 靖國の思想』, 東京: 岩波書店.
______, 1977,『天皇の祭祀』, 東京: 岩波書店.
村永薫, 1991,『知覽特別攻擊隊: 寫眞·遺書·日記·手紙·記錄·名簿』(改訂版), 鹿兒島: ジャプラン.
______, 2002,「「アリランの鎭魂歌碑」と「痛哭, 誓の碑」の建立について」,『知覽文化』39.
目取眞俊, 1997,『水滴』, 東京: 文藝春秋.
______, 2005,『沖繩戰後ゼロ年』, 東京: 日本放送出版協會.
本康宏史, 2002,『軍都の慰靈空間: 國民統合と戰死者たち』, 東京: 吉川弘文館.
毛利恒之, 1993,「特攻の實相をとらえるために:「月光の夏」シナリオノート」,『シナリオ』(1993. 7).
森岡清美, 1993,『決死の世代と遺書: 太平洋戰爭末期の若者の 生と死』, 東京: 吉川弘文館.
______, 1995,『若き特攻隊員と太平洋戰爭: その手記と群像』, 東京: 吉川弘文館.
森本忠夫, 2005,『特攻 外道の統率と人間の條件』, 東京: 光人社.
森山康平, 2003,『圖說特攻』, 東京: 河出書房新社.
靖國神社問題特別委員會[編], 1978,『國家と宗教:「靖國」から「津」、そして大嘗祭へ』, 東京: 日本基督教團出版局.
安田武, 1994[1963],『戰爭体驗: 1970年への遺書』, 東京: 未来社.
安丸良夫, 1979,『神々の明治維新』, 東京: 岩波書店.

______, 2008[1992], 박진우 역,『근대 천황상의 형성』, 논형.
柳田國男, 1998a[1929],「葬制の沿革について」,『柳田國男全集 15』, 東京: 筑摩書房.
______, 1998b[1946],『先祖の話』,『柳田國男全集 15』, 東京: 筑摩書房.
______, 2001a[1934],「民間傳承論」,『柳田國男全集 28』, 東京: 筑摩書房.
______, 2001b[1935],『郷土生活の研究方』,『柳田國男全集 28』, 東京: 筑摩書房.
______, 2001c[1926],「人を神に祀る風習」,『柳田國男全集 27』, 東京: 筑摩書房.
柳原敏昭, 1994,「「特攻」は地域でどのように記述されてきたか」,『九州の平和研究』3(4).
______, 1995,「鹿兒島の特攻基地と戰後50年: 95·8·15「戰後50年を不戰の誓いの年に」縣民集會から」, 鹿兒島縣敎職員組合[編],『敗戰·被爆50年を迎えて: 平和の誓い新たに』.
矢野敬一, 2003,「戰死者の記憶 / 戰死者の行方」, 赤坂憲雄[外編],『いくつもの日本: 神神のいる風景』, 東京: 岩波書店.
______, 2006,『慰靈·追悼·顯彰の近代』, 東京: 吉川弘文館.
山口隆, 2010,『他者の特攻: 朝鮮人特攻兵の記憶·言說·實体』, 東京: 社會評論社.
山口昌男, 1985,「知覽の印象と文化人類學」,『知覽文化』24.
山室建德, 1999,「軍神論」, 青木保[外編],『近代日本文化論 10: 戰爭と軍隊』, 東京: 岩波書店.
山元研二, 2008,「鹿兒島における「特攻」の授業」,『歷史地理敎育』733.
山本七平, 2016[1976], 최용우 역,『어느 하급장교가 바라본 일본제국의 육군』, 글항아리.
吉田裕, 1995,『日本人の戰爭觀: 戰後史の中の變容』, 東京: 岩波書店.
______, 2002,『日本の軍隊』, 東京: 岩波書店.
吉見俊哉, 2005,『万博幻想: 戰後政治の呪縛』, 東京: 筑摩書房.
吉見義明, 1992,「占領期日本の民衆意識: 戰爭責任論をめぐって」,『思想』811.
米谷ジュリア, 2006,「記憶裝置としての博物館」, 吉田裕[外編],『アジア·太平洋戰爭 8: 20世紀の中のアジア·太平洋戰爭』, 東京: 岩波書店.
讀賣新聞戰爭責任檢証委員會[編], 2006,『檢証戰爭責任 I』, 東京: 中央公論新社.
歷史敎育者協議會[編], 2007,『石碑と銅像で讀む近代日本の戰爭』, 東京: 高文硏.
渡邊淸, 2004[1983],『碎かれた神: ある復員兵の手記』, 東京: 岩波書店.
魯迅, 1996a[1922], 김시준 역,「납함」,『루쉰 소설전집』, 서울대학교출판부.
______, 1996b[1929], 유세종 역,『들풀』, 솔.

찾아보기

발간사

다가오는 미래가 아시아의 시대가 될 것이라는 인식은 이제 우리에게 그리 새롭지는 않습니다. 그렇다면 우리에게 주어진 과제는 한국인과 한국사회는 어떤 존재로서 아시아의 시대를 살아가고자 하는가 하는 질문을 통해 우리와 남의 모습을 상상하고, 우리와 남의 관계에 대한 그림을 그리고, 그것들을 실천하는 일일 것입니다.

그러나 아시아의 시대가 온다고 해서 아시아 사람들이 저절로 잘 살게 되는 것도, 아시아가 저절로 평화롭고 정이 넘치는 공동체가 되는 것도 아닐 것입니다. 그러므로 우리는 아시아 지역을 살아가는 사람들이 어떤 공동체를 만들어가고 싶은가, 아시아 공동체가 잘되면 인류에게 무슨 도움이 되는 것인가 하는 질문을 해야 하지 않을까 싶습니다. 오히려 아시아의 시대가 왔다고 생각하기 시작한 지난 20여 년간 아시아 내부의 갈등과 적대, 민족주의와 인종차별 등은 더 심해지고 있다는 착각이 듭니다. 그것을 착각이라고 생각하는 까닭은 외양으로 보면 그렇게 보이지만, 실제 내부에서 일어나는 현상을 찬찬히 살펴보면, 아시아 내부의 상호 이해와 교류가 느리지만 거대한 규모로 일어나고 있다고 믿기 때문입니다. 지표면에서 보면 날씨 변화도 심하고 지진도 자주 일어나지만, 땅속 깊은 곳에서 아시아의 시대를 만들어가는 지하수의 물줄기가 형성되고 있는 것 아닌가 싶습니다.

20세기 유럽과 미국이 축적한 자연과학과 인문·사회과학 등 근대의 학문적 지식은 인류 문명의 새로운 길을 열었고, 인류의 행복과 안정에 커다란 기여를 했습니다. 물론 제국주의 지배와 전쟁, 차별과 빈곤을 동시에 가져다주기도 했습니다. 아시아의 세기는 서양의 근대를 넘어서서 새로운 '근대 이후'를 만들어 나가는 일이어야 합니다.

지식의 생산과 공유, 인재 양성을 책임지고 있는 대학이라는 공간에서 아시아에 대한 어떤 지식을 생산하고, 아시아에 대해 무엇을 어떻게 가르칠 것인가 하는 문제의식이야말로 서울대학교 아시아연구소에 주어진 책무일 것입니다. 서울대학교 아시아연구소는 2009년 9월 출범한 이래 지역과 주제의 결합에 기초한 아시아 연구의 세계적 허브 구축을 목표로 아시아 연구 기반 구축과 우수 연구활동 지원 등의 다양한 학술 활동을 진행해 왔습니다. 특별히 아시아에 대한 지식 생산의 기반을 다지는 작업으로서, 우수한 기초 연구 활성화를 위해 노력해 왔습니다.

서울대학교 아시아연구소총서는 바로 이러한 학문적 노력의 결실입니다. 앞으로도 서울대학교 아시아연구소는 국내외 연구자들의 우수한 연구를 지원하여 그 결과물을 지속적으로 발간해 나갈 것입니다. 이러한 아시아연구소총서가 아시아의 시대를 열어 가는 데 필요한 기반을 만드는 중요한 지적 자산이 되기를 기대합니다. 이를 바탕으로 아시아 시대를 만들어 가는 지하수를 실증적으로 드러내고, 아시아 내부의 상호 이해와 교류를 넓혀 갈 수 있길 바랍니다.

서울대학교 아시아연구소